ロシア革命

ペトログラード 1917年2月

和田春樹

作品社

ロシア革命

ペトログラード 1917 年2月

和田春樹

第2章　革命の序幕

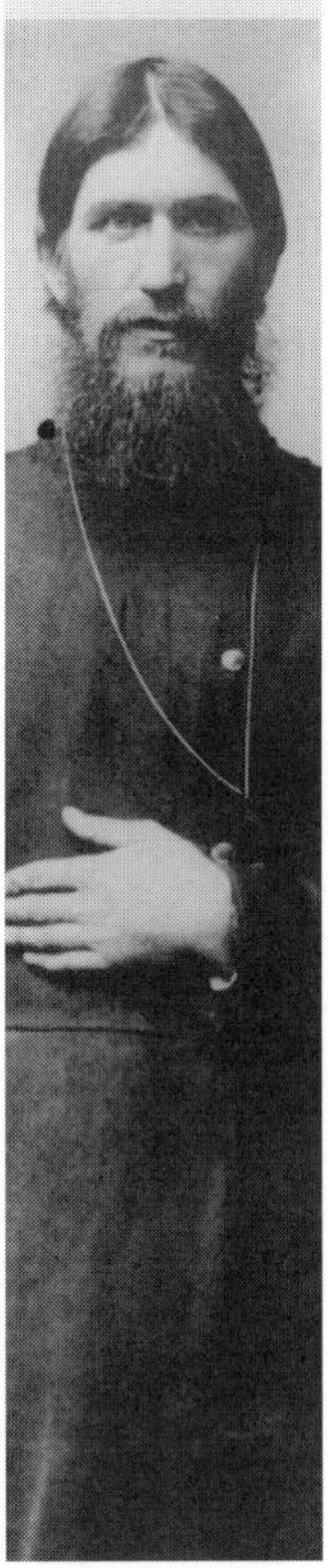

第3章　首都ペトログラードの民衆

第4章 首都の民主党派

第5章 首都の革命

第6章 国会臨時委員会とソヴィエト

第7章 二つの革命——さまざまな路線

第8章 軍部と皇帝

第9章

臨時政府の成立と帝政の廃止

第10章

革命勝利の日々

［凡例］

一、本文中の◆印は、注記が付されていることを示す。注記は見開き左端に掲載した。
一、本文中の▼印は、巻末にその箇所の出典が掲げられていることを示す。章ごとの通し番号を振っているので、巻末「出典一覧」の該当番号を参照されたい。
一、主な登場人物については、巻末に解説および登場ページ数を掲載した。
一、引用文中の〔　〕は、引用者の補足である。

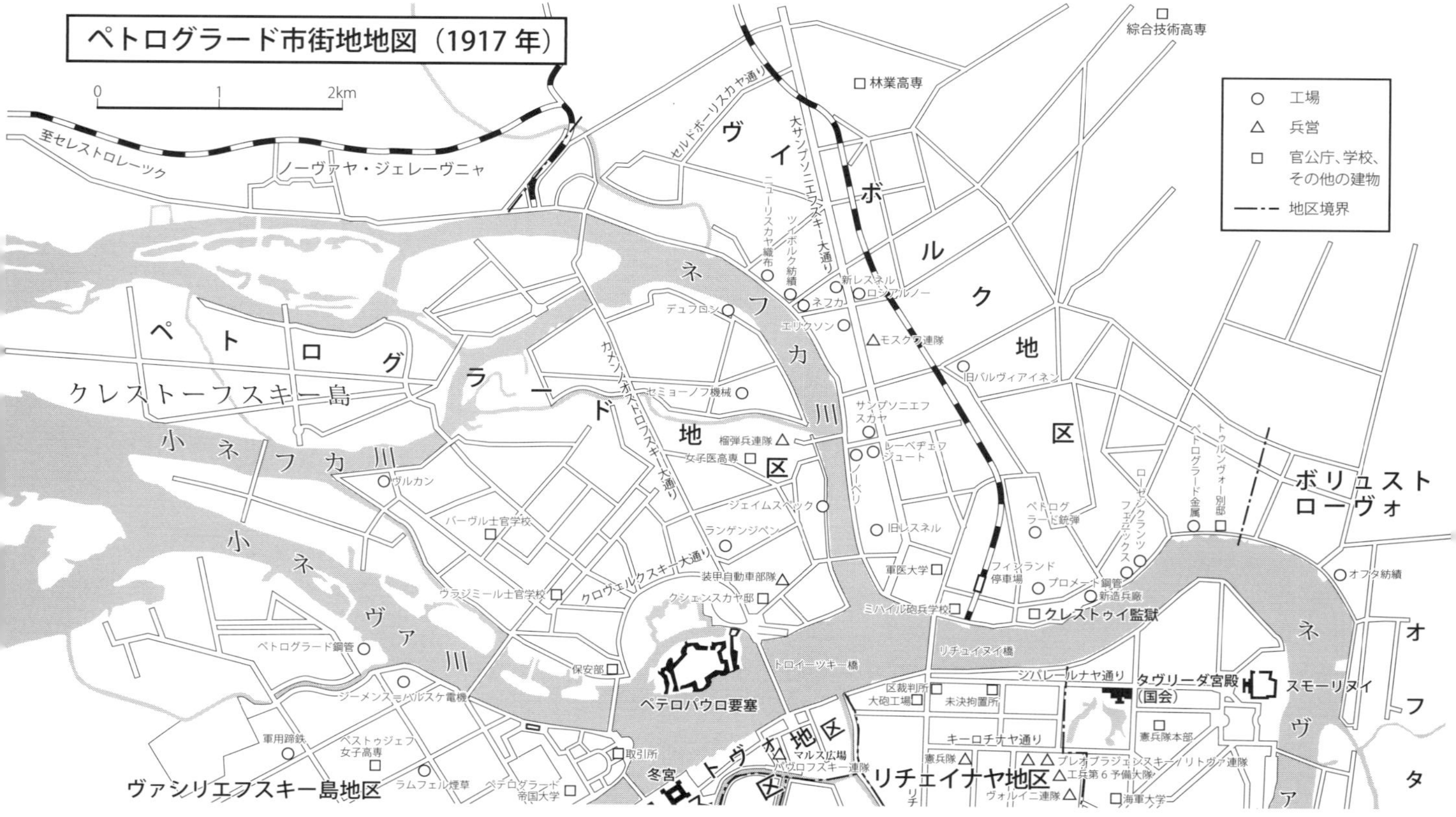
ペトログラード市街地地図（1917年）
0
1
2km
工場
兵営
官公庁、学校、その他の建物
地区境界
至セレストロレーツク
ノーヴァヤ・ジェレーヴニャ
セルドボーリスカヤ通り
ヴィボルク地区
林業高専
綜合技術高専
大サンプソニエフスキー大通り
ニューリスカヤ織布
ツィボルク紡績
新レスネル
ロジアルノー
ネフカ
エリクソン
モスクワ連隊
旧バルヴィアイネン
サンプソニエフスカヤ
レーベヂェフジュート
ノーベリ
旧レスネル
軍医大学
フィンランド停車場
ペトログラード銃弾
ローゼンクランツ
フェニックス
ペトログラード金属
トゥルンヴォー別邸
プロメート
鋼管
新造兵廠
ミハイル砲兵学校
クレストゥイ監獄
ボリュストローヴォ
オフタ紡績
ネフカ川
デュフロン
セミョーノフ機械
ペトログラード地区
カメンノオストロフスキー大通り
榴弾兵連隊
女子医高専
ジェイムスベック
ランゲンジペン
クロヴェルクスキー大通り
装甲自動車部隊
クシェシスカヤ邸
クレストーフスキー島
小ネフカ川
ヴルカン
バーヴル士官学校
ウラジミール士官学校
小ネヴァ川
ペトログラード鋼管
保安部
ジーメンス＝ハルスケ電機
ペテロパウロ要塞
トロイーツキー橋
リチェイヌイ橋
シパレールナヤ通り
タヴリーダ宮殿（国会）
スモーリヌイ
区裁判所
大砲工場
未決拘置所
キーロチナヤ通り
憲兵隊本部
憲兵隊
プレオブラジェンスキー／リトヴァ連隊
工兵第6予備大隊
ヴォルイニ連隊
海軍大学
リチェイナヤ地区
マルス広場
パヴロフスキー連隊
取引所
冬宮
軍用蹄鉄
ペストゥジェフ女子高専
ラムフェル煙草
ペテログラード帝国大学
ヴァシリエフスキー島地区
ネヴァ川
オフタ

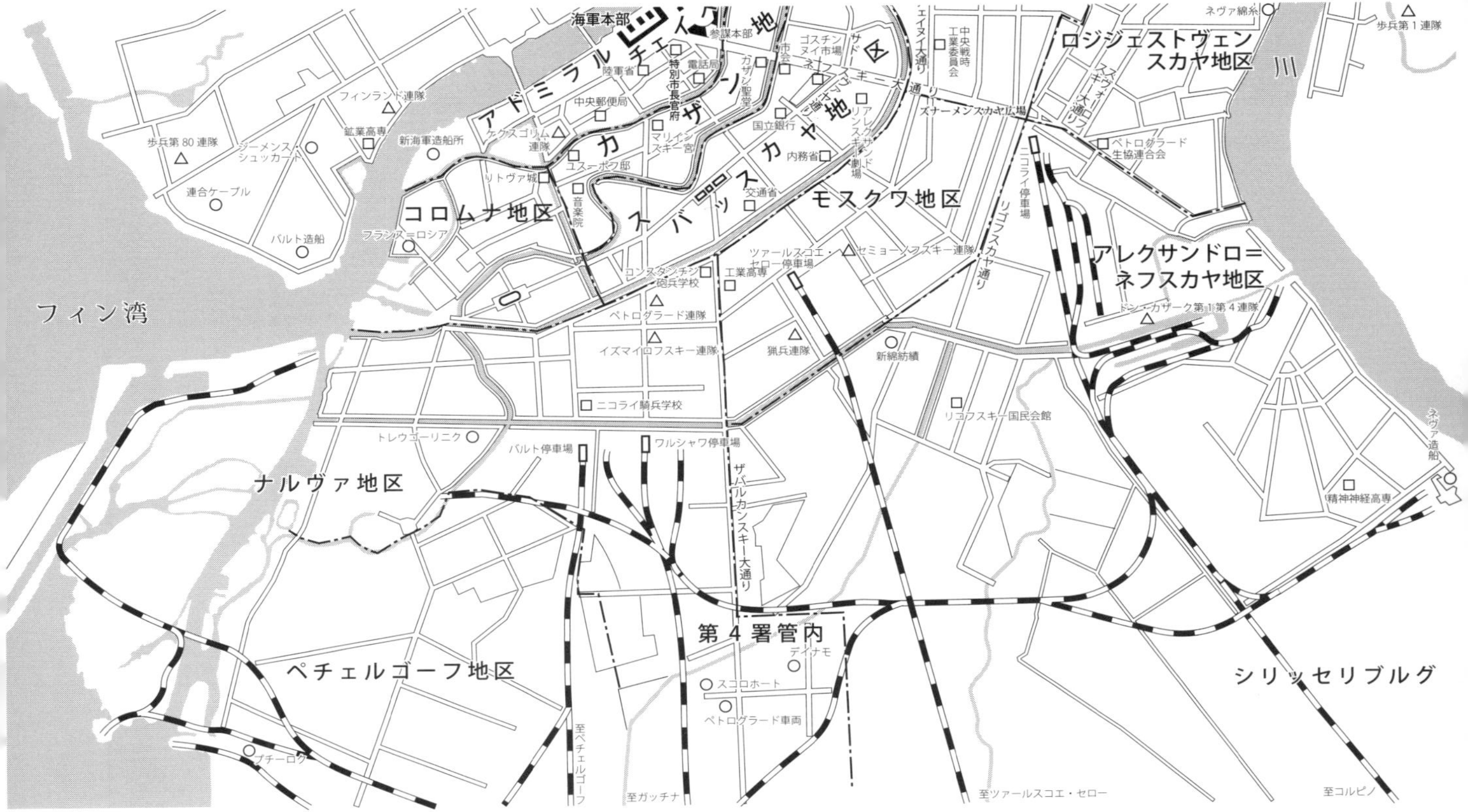

フィン湾
海軍本部
参謀本部
アドミラルチェイスカヤ地区
カザンスカヤ地区
スパッスカヤ地区
コロムナ地区
モスクワ地区
ロジジェストヴェンスカヤ地区
アレクサンドロ＝ネフスカヤ地区
ナルヴァ地区
ペチェルゴーフ地区
第４署管内
シリッセリブルグ
川
特別市長官府
陸軍省
電話局
中央郵便局
カザン聖堂
市会
ゴスチンヌイ市場
国立銀行
内務省
交通省
音楽院
ユスーポフ邸
リトヴァ城
マリインスキー宮
中央戦時工業委員会
ズナーメンスカヤ広場
ペトログラード生協連合会
ネヴァ綿糸
歩兵第１連隊
フィンランド連隊
鉱業高専
新海軍造船所
歩兵第 80 連隊
連合ケーブル
バルト造船
フランス＝ロシア
コンスタンチン砲兵学校
工業高専
ペトログラード連隊
イズマイロフスキー連隊
猟兵連隊
新綿紡績
ツァールスコエ・セロー停車場
セミョーノフスキー連隊
ニコライ停車場
リゴフスカヤ通り
ドン・カザーク第１第４連隊
ニコライ騎兵学校
リゴフスキー国民会館
トレウゴーリニク
バルト停車場
ワルシャワ停車場
ザバルカンスキー大通り
精神神経高専
ネヴァ造船
デイナモ
スコロホート
ペトログラード車両
プチーログ
至ペチェルゴーフ
至ガッチナ
至ツァールスコエ・セロー
至コルピノ

［序章］

世界戦争に抗する革命

——ロシア革命・ペトログラード1917年2月

世界戦争と民衆

一九一六年末、ヨーロッパ全体は巨大な戦場と化していた。戦争は、ヨーロッパ以外にも、アジアとアメリカに拡大し、文字通り〝世界戦争〟となろうとしていた。黙示録に描かれたような破壊と殺戮が、人々の生活と肉体を滅ぼし、その精神を引き裂いていた。過酷な陣地戦で殺しあう両軍の兵士たちは、三度目のクリスマスを塹壕の中で迎えていた。銃後の女と子どもたちにとっても、夫や父のいない三度目のクリスマスであった。兵士が戦場で戦っている以上、銃後もすべてを耐え忍ばねばならなかった。

ヨーロッパの強国は、すべて世界戦争の逃れがたい陣形に組み込まれていた。前線でも銃後でも、嘆きと憤りと絶望が高まっていたが、耐えることしかできなかった。

だが、東部戦線の一角、ロシア軍の塹壕の中では、兵士たちが抵抗をはじめた。一九一六年一〇月一日（ロシア暦、以下同様）、西南方面軍の一部隊で兵士が攻撃命令を拒否し、この抵抗の首謀者とみなされた一人が銃殺されている。そして、この部隊の周囲の部隊でも、兵士の「抗命」がつづいた。一一月に入ると、同じ西南方面軍の部隊で、さらに規模の大きい攻撃命令の拒否行動が発生した。兵士たちがはっきりと、「攻撃には行かないぞ」「陣地は最後の血の一滴まで守るが、攻撃には出ない」「俺たちは九か月も陣地にいて疲れているんだ」「交代要員、休暇をよこせ」「俺たちは裸足なんだぞ」と叫んだことが記録されている。この件で軍法会議にかけられた兵士の数は、一九七人にのぼっている。軍法会議で死刑に処せられる者が続出したが、兵士の抵抗は止むことはなかった。

戦争はもう嫌だ、軍隊はうんざりだ、という兵士たちの強い想いが、このような抗命運動となって噴出したのである。この行動の背景には、戦争を推進する帝国秩序からの疎外感、政府に対する反発、そして皇帝と皇后に対する不信があり、さらに将校士官の身分制的な特権意識に対する反発も大きかったという事情が作用したと考えられる。民衆は、戦争を憎悪するとともに、皇帝を信じなくなっていたのである。

はじまった革命

そして、ついに一九一七年二月、ロシア帝国の首都ペトログラードで、革命がはじまる。

戦時工業委員会「労働者グループ」は、国会再開日の二月一四日、労働者に対して、仕事をやめ、各工場で集結して、国会議事堂であるタヴリーダ宮殿に向かって行進し、自分たちの要求を宣言しよう、という呼びかけを行なった。当日は、多くの工場で労働者が職場を放棄したが、当局が敷いた厳戒態勢のため、行進はほぼ完全に阻止された。ただ一部の学生が、ペトログラードの中心であるネフスキー大通りで、デモを試みたにすぎなかった。

鬱屈した感情を抱えて、労働者たちは九日のあいだ沈黙した。二月二三日は、国際婦人デーであった。この日、首都の東北にあるヴィボルク地区にある五つの繊維工場の女子労働者がストを決行し、「パンをよこせ」と叫んで街頭にくり出し、近隣の工場に、ともに行動するよう呼びかけた。すると、呼びかけを受けた労働者たちは一斉に立ち上がり、爆発的に行動を開始した。仕事を放棄し、街頭に出て、警官の制止を突破して、ネフスキー大通りに向かって行進を試みた。二四日、労働者のストは首都のすべての工場に広がり、二五日には、文字通り全都がゼネスト状態となった。ネフスキー大通りには、連日、労働者が姿を現わし、警官と衝突し、各所で集会が行なわれた。

二六日、軍隊がデモ隊に激しく発砲し、多数の死者が出る。同胞である民衆の射殺を強いられた兵士たちは、二七日の朝、ついに命令を拒否し、将校たちに銃を向け、反乱を起こす。そして監獄を襲撃し、囚人たちを解放した。その日のうちに、首都の皇帝政府は無力化した。

国会議事堂が置かれたタヴリーダ宮殿が革命の本部となり、〝国会臨時委員会〟が午後に誕生する。一方で、労働者と兵士の代表がそこに集まり、深夜に総会を開き、〝ソヴィエト〟が結成される。その直後、国会臨時委員会は権力を握る意志を固め、臨時政府の樹立に向かった。ソヴィエトは、三月一日、軍隊民主化のための「命令第一号」を出し、兵士の支持を得ていく。

帝政の崩壊・臨時政府の樹立

国会臨時委員会は、ケレンスキーらブルジョア市民革命の勢力によって動かされていた。一方、ソヴィエトは、労働者・兵士の革命勢力を代表していた。前者は、戦争継続のために専制を排せよという路線をとり、後者は、速やかに戦争をやめろと願っていた。両者は対立をはらんでいた。

首都ペトログラードは、完全に革命の砦と化し、さらに革命はモスクワやクロンシタットに広がっていく。そうしたなかで、国会臨時委員会は、皇帝と軍首脳がいる大本営との交渉を進めた。国会臨時委員会側は、軍首脳に対して、戦争を継続するためには、皇帝の退位と皇太子への譲位、ミハイル大公を摂政として任命する必要性があると説得し、軍首脳はこれらすべてを受け入れた。首都革命は、この大本営の承認を得て勝利したと言ってよい。

三月三日、皇帝ニコライ二世は退位した。しかし、最後の瞬間に、皇帝は、血友病の息子・皇太子アレクセイにではなく、弟ミハイル大公に譲位するとしたため、臨時政府はこれを認めず、帝政の廃止に向かった。かくして帝政は崩壊した。国会臨時委員会はソヴィエトと協定を結び、それにもとづいて、リヴォーフを首班とする臨時政府が組織された。英仏などの協商国は、三月一一日、この臨時政府を承認した。

二月革命への評価の変遷

二月革命は、ブルジョア市民による革命と、労働者兵士による革命が結合したことによって勝利した。二月革命は、世界戦争のなかでロシア帝国を倒潰した革命であったということができる。それはまさに、ロシア革命の時代を開く、もっとも重要な革命であった。

この二月革命の意義について、歴史家はさまざまに評価してきた。リベラルの党であるカデット党の指導者で、二月革命の重要な主役の一人であり、職業的な歴史家でもあるミリュコーフは、革命後の最初の著作『第二次ロシア革命史』（ソフィヤ、一九二一年）において、ブルジョア市民革命をなしとげた二月革命こそ、ロシア革命の真髄であり、これ以降は「権力の崩壊」「ロシアの崩壊」が進む道であった、という見解を提示した。

穏健社会主義者、エスエル党の指導者で、二月革命後に帰国して臨時政府の閣僚となり、一〇月革命で憲法制定会議議長となったチェルノフは、『革命ロシアの誕生（二月革命）』（プラハ、一九三四年）で同じ見方を示した。彼にとっても、二月革命の後の動きは、二月革命で生まれた民主共和国が崩壊していく過程であった。

これに対して、二月革命はロシア革命の初期段階にすぎず、一〇月社会主義革命によって乗り越えられたという見方が、トロツキー『ロシア革命史』（ベルリン、一九三一～三三年）以来、支配的となった。トロツキーは「民主主義革命としての二月革命の破滅の運命」ということを語り、「二月革命は、一〇月革命という核心を内に秘めていた外殻にすぎなかった」と述べている。

ソ連国内では、一九二七年刊行されたポクロフスキー編『十月革命史概説』（第二巻）の中に、ゲンキーナの論文「二月の変革」が収められた。一九三八年の『全連邦共産党史小教程』では、二月革命は「ブルジョア民主主義革命」と規定され、一〇月社会主義革命とは別の章で論じられている。つまり二月革命とは、一〇月革命への通過点にすぎないという評価である。

このような見方は、ソ連社会主義体制が崩壊した一九九〇年以降は後退し、ミリュコーフ的な評価が復活しているのである。

二月革命から一〇月革命へ

では実際には、二月革命後、革命の流れはどうであったか。

四月には、ミリュコーフ外相が協商国に送った一八日付の覚書に、「世界戦争を決定的な勝利にまで貫徹するという全国民的志向は、万人の各個人の共通の責任の自覚によって、強まる一方である」と書かれていることが明らかになると、首都の民衆のなかから強い反対デモが発生し（四月危機）、ミリュコーフは辞任に追い込まれる。陸海軍大臣のグチコフは自ら辞任した。五月には、国会臨時委員会とソヴィエト執行委員会の双方に基盤をもつ、いわゆる「連合政府」が成立する。二月革命の英雄ケレンスキーが陸海軍相になった。六月、ケレンスキーは、協商国の計画に従い、ドイツ軍に対する大攻勢を仕掛ける（六月攻勢）。しかしこの決断によって、臨時政府と民衆のあいだの亀裂は、さらに深まることとなった。

七月、首都の労働者兵士は、臨時政府打倒を叫んで武装デモをはじめるが（七月危機）、失敗に終わり鎮圧される。ケレンスキーは、前線で抗命する兵士に対して死刑を復活する。八月になると、最高総司令官となったコルニーロフが、戦争を遂行するために政府と軍の体制の強化を求めて、銃後でも死刑を復活するなどの要求を、ケレンスキーに突き付けた。ケレンスキーはこれを受け入れることはできず、ソヴィエト勢力に依拠して、コルニーロフによるクーデターを壊滅させた。

臨時政府は、政府の選出母体をつくりだそうと「民主主義派会議」を開き、「予備議会」と呼ばれた共和国評議会をスタートさせるが、これらの組織からも戦争をやめるように、という勧告を受ける始末だった。臨時政府のまわりでも、カデット党の中でも、戦争をやめるべきだという声があげられていた。ソヴィエトでは、臨時政府を信任しない左派が多数派を握る。この結果、新しい革命、一〇月革命が起こるのである。

一〇月革命は、レーニンが望んだような武装蜂起で臨時政府を倒したものではない。ペトログラード・ソヴィエト議長であったトロツキーが中心となって、ソヴィエトの機構への攻撃に対して防衛体制を固めるというかたちで、臨時政府を浮き上がらせ無力化することで実現されたのである。

一〇月二五日の朝には、首都のすべての拠点は、ペトログラード・ソヴィエトの軍事委員会に忠誠を誓う部隊に握られていた。臨時政府の閣僚たちは冬宮に立てこもった。ケレンスキー首相は、いち早く脱出していた。この日の夜、「第二回 全国労兵ソヴィエト大会」が開会したころ、冬宮はソヴィエト側に接収され、残っていた臨時政府の閣僚は拘束された。革命軍が冬宮に総攻撃をかけて、臨時政府を打倒したという一〇月武装蜂起の物語は、ボリシェヴィキによる神話にすぎない。ソヴィエト大会は、臨時政府の打倒を宣言し、単独で権力の主体となったソヴィエト政府が実現すべき政策は、以下の五つであると明らかにした。

(1) 即時の民主主義的な講和と即時の休戦の提議
(2) 地主が所有する土地の没収と農民委員会への引き渡し
(3) 軍隊の完全な民主化
(4) 生産に対する労働者による統制
(5) 憲法制定会議の招集

二六日も続けて開かれた大会は、まず「平和に関する布告」を採択した。この布告が採択されると、全員が立ち上がり「インターナショナル」を合唱した。ジョン・リードが『世界を震撼させた一〇日間』で描いた感動の瞬間である。

それから「土地に関する布告」が採択され、最後にレーニンを首班とする臨時労農政府が選ばれたのである。

こうして見てくれば、一〇月革命とは、二月革命に表われた労働者・兵士の革命のユートピア的な志向の高まりの頂点で起こった出来事であったことがわかる。この革命は、世界戦争を望ましい民主主義的なかたちで終わらせることを願った。それは実現できなかった。しかしこの革命は、軍隊の民主化は徹底的に実現した。一一月、軍事人民委員クルイレンコは、将校選挙制、さらには階級と軍法会議の廃止をめざすことを明らかにし、一二月には「全軍人の権利についての法令」と「軍隊における選挙制と権力の組織についての法令」を提出した。これらの法令は、一九一七年末までに実施されたのである。一〇月革命は、反戦・反軍の革命として、民衆の観点からすれば、二月革命ではじまった反戦反軍・平和の革命を完成するものであった。

この意味では、一〇月革命は二月革命の完成であったと言うことができる。だからこそロシア革命は、人類の希望の灯を掲げ、世界を震撼させたのである。

このように見れば、二月革命こそ、ロシア革命のもっとも根源的な革命であったと言うことができる。

レーニンによる〝第三革命〟

しかしながら、現実を直視すれば、ロシア革命は、民衆が望んだ平和で軍隊のない社会をつくりだすことはできなかった。和平の提案に欧米は応じず、ドイツ・オーストリア側はロシア領内に攻め込んだ。戦争が終わらない状態のなかで、すでに軍隊は解体していた。そこで世界戦争からロシアを救うには、社会主義をめざして、革命戦争を戦うほかないという〝レーニンによる第三革命〟が発動されることになった。一〇月革命で政府を握ったレーニンは、憲法制定会議を暴力的に解散させ、社会主義の名においてクーデターを決行したのである。

徐々にはじまっていく内戦のなかで、レーニンの政権は、赤軍を結成し、赤色テロルの装置としてのチェカーを使い、強力な共産党独裁国家を樹立し、農民革命を制圧し、国家社会主義・戦争社会主義の経済体制の基幹部分を構築し、ロシア帝国に代わるソ連（ソヴィエト社会主義共和国連合）を生み出した。そして、ソ連を砦とする共産主義インターナショナル、世界共産党を創出し、資本主義と帝国主義に対して宣戦布告するのである。

ここに、二月革命の願ったところは異なる方向に向かう、ロシア革命の新しい章がはじまったと言わなければならない。

第１章

ロシア帝国と世界戦争

ロマノフ王朝 300 年祭

専制君主制――ながすぎた支配

一七八九年、フランス大革命がはじまり、以後一〇年間、ヨーロッパ世界を震撼させた。発端は、王が招集した三部会が、国民議会たることを宣言したことだった。国民議会は、議場の閉鎖に抗議して、憲法が制定されるまではけっして解散しないと誓いあった。パリ民衆がこれに呼応して蜂起し、バスチーユ監獄を襲撃し、占領した。国民議会は八月二六日、人権宣言を発する。「人は自由かつ権利において平等なものとして生まれ、存在する」ことが宣言された。身分制は否定され、基本的人権が認められたのである。

一七九一年六月、国王ルイ一六世と王妃マリー・アントワネットは国外逃亡を企てて、捕らえられた。同年九月三〇日、憲法制定会議は立憲君主制憲法を定めて、立法議会がはじまる。立法議会は、保守的な王朝国家オーストリア、プロイセンに革命戦争をしかけた。フランスの各地方から「ラ・マルセイエーズ」を歌いながら、パリに詰めかけた連盟兵たちがパリ民衆と一緒になって起こしたのが、一七九二年八月一〇日の蜂起である。王宮は占領され、王権は停止された。新たな制憲機能をもつ国民公会が生まれ、ついに九月二一日、共和制を宣言した。国民公会ではジロンド派が優勢だったが、やがてジャコバン派が勢力を伸ばし、一七九三年一月、旧国王・王妃らを裁判にかけ、パリの広場においてギロチンで公開処刑した。ジロンド派は没落していき、ジャコバン派は民衆を動かし、六月、ジロンド派を逮捕し、独裁を確立した。以後「テルール」、革命テロルが猛威を振るうにいたるのである。ジャコバン独裁の時期は、一七九四年七月のテルミドールのクーデターにより、ロベスピエール派が逮捕されることで終わった。ここまでが、フランス大革命の第一部、五年間の歴史である。▼1

フランス革命・バスチーユ襲撃と人権宣言（1789 年）

このフランス大革命が勃発し、進展していたとき、ロシアはエカチェリーナ女帝による啓蒙的専制君主制のもとにある農奴制の国であった。生粋のドイツ人であるが、ロシアの専制君主となったエカチェリーナは、ロシアの国家権力の本質について次の言葉を残している。

「ロシア帝国はあまりに広大であるがゆえに、専制君主以外のいかなる統治形態も、この帝国では有害である。なぜなら、ほかのすべての形態では、執行がより緩慢だからである[2]」。

エカチェリーナは、当然、フランスからの自由思想の流入に目を光らせ、遮断しようとした。最初の犠牲者が『ペテルブルクからモスクワへの旅』（一七九〇年）の著者ラジシチェフであった。農奴制を批判したこの書物は発禁処分となり、著者はシベリアへ流刑された。

エカチェリーナが死亡すると、女帝が殺害した夫ピョートル三世との間にもうけた実子で、皇太子であったパーヴェルが帝位を継承した。彼は、女帝を生んだ宮廷革命の連鎖を嫌って、帝位の継承を直系男子に限定する帝位継承法を制定した。にもかかわらず、多く奇矯な行動があった彼は、露暦一八〇一年三月一一日（以後、ロシア暦◆で記す）、近衛連隊を動かした大貴族の宮廷革命により、その居城内で殺害され、エカチェリーナが愛した孫である皇太子アレクサンドルが帝位に就いた。

このアレクサンドル一世の時代に、ロシアは、フランス革命から誕生したナポレオン軍の侵略を受けた。ロシアの貴族たちは、一八一二年の祖国戦争を必死の思いで戦った。ナポレオン軍を撃退して、ヨーロッパに攻め込んだロシア軍は、ついに一八一四年、パリに入城する。だが、

1825 年 12 月 14 日、元老院広場に集結したデカブリストの反乱軍を包囲する
ニコライ一世の軍隊。正面奥が元老院広場（クリマン作、1930 年代）

戦争に勝利したロシア軍の将校たちは、ヨーロッパの解放的な空気にふれて圧倒された。帰国した彼らは、専制君主制と農奴制に対する闘いを開始したのである。秘密結社をつくり、革命をめざした。デカブリスト◆の運動である。

一八二五年一二月一四日、皇帝アレクサンドル一世が死去した。後継君主の即位が遅れた権力の空白を突いて、デカブリストの将校たちは、近衛連隊三〇〇〇人を率いて首都の元老院広場に集結した。しかし、攻撃に出なかった反乱軍は、急ぎ即位した先帝の末弟ニコライ一世の軍隊に包囲され、大砲を撃ち込まれて、壊滅した。一八二六年七月一三日、ペステリら五人の反乱首謀者は絞首刑に処せられ、百数十人のデカブリストたちはシベリアへ流された。妻たちは貴族の身分を放棄して、その夫たちの後を追った。

一年後、モスクワ全市を見下ろす丘の上で、二人の貴族の少年が抱擁しながら、デカブリストの後を継いで、全生涯を専制君主制との闘いに捧げることを誓った▼3。ゲルツェンとオガリョフである。こうして、ロシアの貴族、知識青年は闘いつづけることになったのである。

権力に抵抗する知識人は過酷な抑圧にさらされた。ゲルツェンは、後年の著書『ロシアにおける革命思想の発達について』の中で、次のように記している。

ロマノフ朝系図

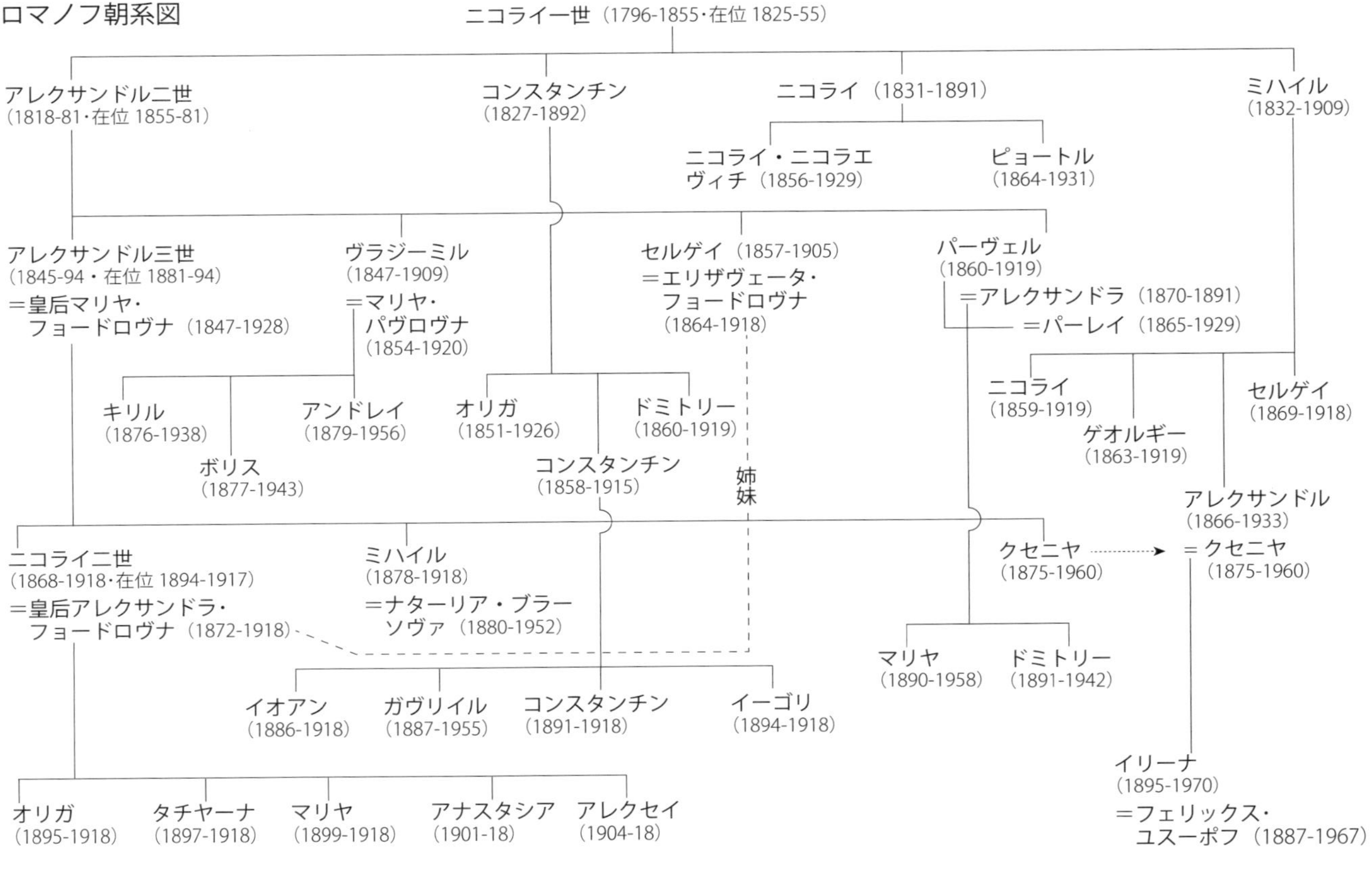
ニコライ一世（1796-1855・在位 1825-55）
アレクサンドル二世
（1818-81・在位 1855-81）
コンスタンチン
（1827-1892）
ニコライ（1831-1891）
ミハイル
（1832-1909）
ニコライ・ニコラエヴィチ（1856-1929）
ピョートル
（1864-1931）
アレクサンドル三世
（1845-94・在位 1881-94）
＝皇后マリヤ・フョードロヴナ（1847-1928）
ヴラジーミル
（1847-1909）
＝マリヤ・パヴロヴナ
（1854-1920）
セルゲイ（1857-1905）
＝エリザヴェータ・フョードロヴナ
（1864-1918）
パーヴェル
（1860-1919）
＝アレクサンドラ（1870-1891）
＝パーレイ（1865-1929）
キリル
（1876-1938）
ボリス
（1877-1943）
アンドレイ
（1879-1956）
オリガ
（1851-1926）
コンスタンチン
（1858-1915）
ドミトリー
（1860-1919）
姉妹
ニコライ
（1859-1919）
ゲオルギー
（1863-1919）
セルゲイ
（1869-1918）
アレクサンドル
（1866-1933）
＝クセニヤ
（1875-1960）
ニコライ二世
（1868-1918・在位 1894-1917）
＝皇后アレクサンドラ・フョードロヴナ（1872-1918）
ミハイル
（1878-1918）
＝ナターリア・ブラーソヴァ（1880-1952）
クセニヤ
（1875-1960）
イオアン
（1886-1918）
ガヴリイル
（1887-1955）
コンスタンチン
（1891-1918）
イーゴリ
（1894-1918）
マリヤ
（1890-1958）
ドミトリー
（1891-1942）
オリガ
（1895-1918）
タチヤーナ
（1897-1918）
マリヤ
（1899-1918）
アナスタシア
（1901-18）
アレクセイ
（1904-18）
イリーナ
（1895-1970）
＝フェリックス・ユスーポフ（1887-1967）

> わが国では、恐るべき暗黒の運命が、皇帝の指し示す水準以上にあえて頭を上げようとする、すべての者の上に襲いかかる。詩人も、市民も、思想家をも、すべて仮借なき運命が墓場へ追いつめる。
> （……）
> ルイレーエフは、ニコライによって絞首刑に処せられた。プーシキンは、三八歳のときに決闘で殺された。グリボエードフは、テヘランで斬殺された。レールモントフは、二七歳のときにカフカースにおいて決闘で殺された。（……）ベストゥージェフは、シベリアにおける苦役ののちに、まだまったく若くしてカフカースで死んだ。「災いなるかな、おのが預言者を石にて撃たんとする民は」――と聖書は言う。しかしロシアの民は恐れる必要はない。なぜなら、おのが不幸な運命につけ加えるべき、何ものをも持っていないからである。[4]

一八四八年、ふたたびヨーロッパは革命の波でおおわれる。パリからはじまった革命は、ベルリン、ウィーンに飛び火し、最後はハンガリーで燃えつづけた。ここにロシア皇帝は反革命軍を差し向ける。ハンガリーの革命詩人ペテーフィは、カザーク（コサック）騎兵の槍先で刺し殺された。ニコライ二世の権力は、ヨーロッパの革命をはね返す強力な砦と見えた。マルクスは、ロシアの帝政を「ヨーロッパの憲兵」と呼んだ。勝ち誇る反動のロシアと対決して、わずかに亡命者ゲルツェンは自らの思想を実らせ、ロシアの共同体を発見し、農民社会主義の理論を構築することができたのであった。

だが、それから一〇年も経たないうちに、ロシアは、クリミア戦争において英仏トルコの連合軍と戦い敗北した。専制国家体制も、農奴制度も、ヨーロッパの近代国家、産業革命をへた資本主義経済の力の前に屈服せざるをえなかったのである。農奴出身の兵は頑強に戦ったが、セヴァストーポリ要塞は、三四九日の籠城戦のすえに陥落した。国内では、知識人や開明的な官僚の中から体制批判が噴出した。意見書が筆写されて、国中に広められた。それが国外でゲルツェンが発行する『コーロコル（鐘）』や『北極星』などの新聞や論集に掲載されて、ふたたび国内に還流した。

クルリャンド県知事ヴァルーエフは、セヴァストーポリ陥落の直後、一八五五年八月二五日、意見書を執筆した。

ヨーロッパの半分を向こうにまわした現在の戦闘において、われわれの国力がどの面でどれほど敵に遅れているかを、公式の自画自賛でおおい隠すことは、もはやできなかった。戦闘を対等に戦うのに必要な艦船も大砲も、われわれの海軍、われわれの陸軍にはないのだ。（……）われわれの兵力を移動させるために、どこの国よりも必要な鉄道はわが国にはなく、街道すらも十分でないのだ。（……）

うわべは金ピカだが、中身は腐っている。[5]

一八五五年二月に急死した父ニコライ一世の後を継いだ新帝アレクサンドル二世は、屈辱的なパリ講和条約を結んで、戦争を終結し、終戦の詔書の中で改革路線を宣言した。同じ月、ロシア皇帝はモスクワ県の貴族に向かって、領主と農奴の間には敵対感情が存在している、「遅かれ早かれ」両者の関係の変革に着手しなければならない、とすれば「これが下から起こるより、上から起こす方がはるかによい」と説得している。農奴解放への意志の表明であった。

この皇帝が主導した一連の改革は「大改革」と総称される。農奴制度を廃止し、鉄道建設と工業化を進め、陪審裁判、地方自治制、大学の自治など、一連の近代的社会制度を導入した。だがロシア国家は、こ

◆ロシア暦　日付はロシア暦（露暦）を基本とする。ただし必要に応じて、西暦（グレゴリウス暦）で記したもの、露暦と西暦を併記したものもあり、その場合は注記した。なお露暦は、西暦よりも、一九世紀では一二日、二〇世紀では一三日遅れている。

◆デカブリスト　武装蜂起の中心となった貴族の将校たちを指し、反乱が一二月（ロシア語でデカーブリ）に起こされたことからデカブリスト（一二月党員）と呼ばれた。

れらの近代化改革を専制君主の権力によって断行したので、専制権力自体の改革、政治改革はなされなかった。むしろ保守的な貴族が改革にブレーキをかけるために、立憲制を求める動きをはじめるなかで、専制権力こそ改革の保証だと考えられていたのである。[6]

専制権力は、批判的急進派を弾圧した。一八六二年、批判的な知識人の中心人物、雑誌『現代人』の編集責任者チェルヌイシェフスキーが逮捕され、シベリアへ永久流刑に処せられた。一八六三年にはポーランド反乱が勃発するが、これは鎮圧された。鎮圧軍の司令官ムラヴィヨフは、リトアニア県だけでも、一二八人のポーランド人を絞首刑にし、九四二三人をロシアとシベリアへ追放した。[7] 一八六六年四月四日、元カザン帝大生カラコーゾフは、夏の庭園での散歩の日課を済ませた皇帝アレクサンドル二世をピストルで撃った。気づいた通行人が彼の腕を押さえたため、銃弾はそれた。皇帝は、取り押さえられた犯人に「お前はポーランド人か？」と問うている。皇帝の命を救った通行人は貴族に取り立てられ、犯人カラコーゾフは絞首刑に処せられた。この農奴を解放して「解放者」と呼ばれた皇帝の生命を狙う革命派のテロの最初の試みは、「大改革時代」の終わりを画するものとなった。

一八六〇年代末には首都で学生運動が高まり、弾圧を受ける。そして、その後の討論のなかから、ナロードニキ運動と呼ばれる青年たちの革命運動が発生した。「大改革」の恩恵を受けた知識学生として、「大改革」から何も得なかった民衆《ナロード》に負っている負債を返すという動機ではじまった運動であった。めざすところは、農村共同体に土地と自由を与えて解放し、資本主義の道ではない社会主義の道に進むことだという合意が生まれた。最初の波が、一八七四年の「民衆の中へ《ヴ・ナロード》」の運動であった。その後「土地と自由」結社の結成を経て、一八七九年には、皇帝暗殺を主たる闘争の手段とし、まず憲法制定会議の召集を勝ち取るという「人民の意志」党執行委員会が誕生した。

皇帝に対する狙撃は、一八七九年四月、冬宮前の広場で元小学校教師によってなされていた。「人民の意志」党は、ダイナマイトで同年一一月、モスクワ到着寸前の皇帝の乗るお召し列車を爆破し、一八八〇年二月には、皇帝の居城、冬宮（現在のエルミタージュ美術館）の地下室に爆弾を仕掛け、爆発させた。

皇帝政府は、ロリス＝メリコフ将軍に独裁的権限を与えて、対策にあたらせた。将軍は、立憲制には及ばないが、その一歩となるかもしれない政治改革案を立案して、皇帝の承認を得た。その日、一八八一年三月一日、「人民の意志」党執行委員会は、首都の路上で皇帝に向けて爆弾を投擲し暗殺した。

「人民の意志」党執行委員会は、新帝アレクサンドル三世に書簡を送り、憲法制定会議の召集を訴えて、それがかなえられれば、テロを中止すると申し出た。しかし、その書簡はなぜか、新帝のもとには届かなかった。新帝は、主要メンバーのジェリャーボフ、ペロフスカヤら五名を裁判にかけ、絞首刑にした。処刑されたデカブリストの五人につづいて、彼らは、新たにロシアの抵抗する知識人にとっての聖なる象徴となった。新帝アレクサンドル三世は、父帝が同意していた政治改革案を退け、一八八一年四月二九日、専制護持の詔書を発した。▼8

アレクサンドル三世は安定した統治をつづけたが、一八九四年に急死する。皇太子ニコライが即位し、直後に、婚約していたヘッセン・ダルムシタット公の娘と結婚した。戴冠式は一八九六年五月一四日に執り行なわれた。皇帝ニコライ二世と皇后アレクサンドラ・フョードロヴナが誕生したのである。

かくして、ロシアは専制体制のまま、一九世紀の九〇年代の経済成長を遂げ、世紀末から二〇世紀初頭にかけて、東アジアで日本と対立するにいたるのである。一九〇四年一月二七日（西暦二

「人民の意志」党は、首都の路上で爆弾を投擲し、
皇帝アレクサンドル二世を暗殺した（1881 年 3 月 1 日）

月九日)、専制君主ニコライ二世の国ロシアは、同じ後進国でも憲法も議会も首相も存在する天皇制国家日本との厳しい戦争に突入する。ロシア軍は満州で連戦連敗し、ついに旅順要塞が陥落する。専制君主体制の権威は大きくゆらいだ。[9]

このとき、一九〇五年一月九日、司祭ガポンに率いられた首都の労働者とその家族数十万人は、皇帝のいる冬宮をめざして、「プラウダ」(真実・正義、またはそれらが実現された世界)を求める決死の行進を開始した。ガポンの労働者組織は警察公認の労働者親睦団体であった。ガポンはこの組織で皇帝に訴えることを考え、時を待っていた。旅順の陥落を、その時が到来したとガポンは受けとめた。彼は、憲法制定会議の召集などの要求を「プラウダ」の実現と表現し、それを皇帝に求めて、それが受け入れられなければ宮殿の前で死ぬつもりだという請願書に署名を集めたのである。労働者たちは、首都の各地から冬宮をめざして、求心的に行進した。彼らは死をも覚悟していた。だからこそ軍隊の威嚇にもかかわらず前進したのである。軍隊は発砲し、多数の死者(公式発表では一〇〇人前後)を出した。民衆のツァーリ崇拝は揺れ動き、抗議のストライキが全国に広がった。「血の日曜日」事件は、「一九〇五年革命」(第一次革命)の発端となった。[10]

ついに世界を一周したバルト海艦隊は、五月、日本海を北上した。これを迎え撃った東郷平八郎提督の率いる連合艦隊は、対馬沖海戦でバルト海艦隊をほぼ全滅させる勝利を得た。「ツシマ」による遠征艦隊壊滅の報は、専制政府の威信を決定的に失墜させた。六月のポーランドのウッジで発生したゼネストは、反乱の様相を呈し、黒海艦隊の戦艦ポチョムキン号の水兵による反乱も衝撃を与えた。

ロシアは、セオドア・ローズヴェルト米大統領の仲介を受け入れ、ポーツマスでの日本との講和交渉に臨んだ。全権はウィッテであった。ウィッテは皇帝の意志を無視して、サハリンの南半分を日本に割譲することによって妥結することを決断し、八月二三日、講和を締結した。

この間、警察の監視をまぬがれた大学高等教育機関は解放区となり、農民の反地主闘争が全国に広がった。高まりつつある革命の気運は、一〇月に絶頂に達した。一〇月七日、モスクワの鉄道員のストからはじまった動きは、全国民的な政治ゼネストに発展した。労働者だけでなく、学生も教師も、市民も役人も加わった。ペテルブルクでは、労働者代表ソヴィエトがストライキ委員会として誕生した。ポーツマス講和から帰ったウィッテは、事態打開の対策として市民的自由と国会開設の約束を行なうことを、皇帝に進言した。ニコライ二世は、動揺のすえ、皇太后マリヤ・フョードロヴナや大伯父ニコライ・ニコラエヴィチ大公の説得を受け、ついに一〇月一七日、一〇月詔書を発布した。人身の不可侵、良心・言論・集会・結社の自由が認められ、法は国会の承認なしには効力をもたないことが宣言されたのである。ウィッテは、新たに設けられた首相職に就任した。

ほとんどの市民層・ブルジョアジーは、一〇月詔書とその後の措置を満足をもって受けとめた。しかし、労働者ソヴィエトは革命をさらに進めようとし、農民も反地主闘争をなお推進したので、国民の中に亀裂が走っていった。当局は、フルスタリョフ＝ノサーリやトロツキーら、ペテルブルク・ソヴィエトの幹部たちを逮捕した。

皇帝となったニコライ二世と皇后アレクサンドラ（1894年）

1905年1月9日、「血の日曜日」事件（マコフスキー作、1905年）

一九〇六年二～三月に、国会（国家ドゥーマ）の第一回の選挙が全国的に行なわれた。この選挙は、クーリア制・多段階選挙であった。有権者を四つのクーリア（分類）に分割し、クーリアごとに多段階で選挙を行なう制度である。四つのクーリヤは、財産資格のある土地所有者クーリヤ、都市民クーリヤのほか、農民クーリヤ、労働者クーリヤであった。革命派では、社会民主党はボリシェヴィキもメンシェヴィキも選挙ボイコットを表明し、最大政党のエスエル党（社会革命党）は無視という態度をとった。結果は、解放同盟の流れをくむ立憲民主党（カデット）が四四八議席のうちの一五三議席、穏健な農民派トルドヴィキが一一七議席を獲得した。国会議事堂はタヴリーダ宮殿に設置された。

ついで一九〇六年四月二三日、欽定憲法が制定された。革命の退潮のなかで、この憲法はあまりに保守的なものとなったと言えるだろう。第四条は「全ロシア皇帝に最高専制権力が属す。その権力に対して畏怖の念によるのみならず衷心より服従することは、神の命じ給《たま》うところである」とあり、専制君主制という国体に変化がないことが宣言されている。第七条では「皇帝陛下は、国家評議会および国会（国家ドゥーマ）と一体となって立法権を行使する」と規定され、第四四条（最終八六条）に「いかなる新法律も国家評議会と国会（国家ドゥーマ）の是認なくして生まれず、皇帝陛下の承認なくして発効しえない」と規定された。皇帝が任命する議員と諸団体から選ばれる代表から構成される「国家評議会」が上院、国民から選挙される「国会」（国家ドゥーマ）が下院となった。皇帝は立法発議権をもち（八条）、統治権を完全に握る（一〇条）。外交交渉の最高指導者であり（一二条）、宣戦を布告し、講和を締結する（一三条）。ロシア陸海軍の統帥者である（一四条）。これは立憲専制体制と呼ぶべきものだろう。マックス・ウェーバーは、これを「見せかけの立憲体制」と規定している。

さらにこの憲法において、初めて「臣民の権利と義務」が明記された。身分制に変化がなかったが、身分の差別を超えて、全国民が臣民として一体に捉えられることがはじまったのである。しかし、臣民は基本的には権利の主体ではなく、義務の主体であった。[11]

この体制で改革を進めたのが、名門貴族の出身で、ペテルブルク帝大で自然科学を学び合理的な思考をし、西部や農民県での知事の経歴をもつ首相ストルイピンであった。彼は、改革構想の中心に、農民の共同体からの離脱を促進する土地改革を置いた。革命運動に対しては仮借なく弾圧しながら、対外的には親英・親独の平和政策をとり、体系的に改革を推進しようとした。

だが、ストルイピンの改革法案は、下院の「国会」ではしばしば保守的として修正され、それが上院の「国家評議会」へまわると、政府の原案自体が過激だとして修正されるか、棚上げにされてしまう。こうした「ストルイピン症候群」と呼んでもいい状況となってしまった。これを突破するためにストルイピンが考えた方法は、憲法八七条（当初四五条）を使って、国会を一時休会させ、その間に皇帝の勅令で法律を公布するというやり方であった。一九一〇年、西部の諸県にゼムストヴォ（地方自治体）制度を拡大する法案の処理にこの手法が使われた。これは国会・国家評議会をねじ伏せるだけでなく、ツァーリ（ロシア皇帝）の権限も道具に使うもので、皇帝との衝突を招いた。ストルイピンは、一九一一年九月、キエフの劇場で、皇帝の面前で元警察スパイのユダヤ人青年に暗殺されたが、すでにこの時、彼の政治生命は終っていたのである。一九〇六年憲法体制の深刻な行き詰まりが明らかになっていた。

一九〇六年憲法体制に対する根深い批判は、まず軍内部からはじまった。日露戦争に敗北した軍人たちの軍事思想と軍体制に対する批判的な検討は、一九〇六年から本格的にはじまり、以後深められていった。一九〇六年、陸軍大学校の優秀な参謀将校アレクサンドル・ネズナーモフの著書『日露戦争の経験より（一参謀将校の観察）』、元シベリア第三軍団参謀長エヴゲーニー・マルトゥイノフの著書『悲痛なる日露戦争の経験より』が刊行されている[12]。軍人たちの批判は、ロシア軍の徹底的な改造を主張して、その先にロシア国家のより徹底的な改造を求める方向にあった。めざすところは、二〇世紀の戦争を戦いうるようなロシア軍とロシア国家体制を構築することであった。しかし、軍人は皇帝に忠誠の誓いを立てているため、制約が厳しく、軍内部の批判が、オスマン帝国末期の「青年トルコ党」のような改革派将校の運動として公然化することはなかった。

一九〇六年憲法体制に対するもう一つの本質的な批判の動きは、モスクワのブルジョアジーによって起こされた。それはすでに一九一〇年から公然とはじまっていた。その中心に立つのは、モスクワの大綿業資本家パーヴェル・リャブシンスキーとアレクサンドル・コノヴァーロフである。リャブシンスキー家は、綿業企業のほか、機関銀行をもち、財閥型に似たコンツェルンをなしていた。リャブシンスキーは、一九一三年、新設された綿工業工場主協会会長に就任する。[13]

リャブシンスキーとコノヴァーロフは、一九〇五年革命当時、モスクワ資本家のなかでも自由主義的な「青年派」をなしていたが、結局は、一九〇六年憲法体制の支持にまわったのであった。[14] しかし、彼らは一九一〇年にはじまる「ブルジョアジーの左翼化」の中心的担い手となった。トルストイ追悼ストに参加した学生処分問題をめぐる、一九一一年一～二月のモスクワ帝大と文部省との対立（総長マヌイロフらは辞職し、大学から追放された。そして教授・講師一〇七人が抗議の辞職をした）の際には、コノヴァーロフ、リャブシンスキーは、六六人のモスクワの資本家の署名を集めて抗議声明を出している。[15]

一九一二年、このブルジョアジーの動きは本格化する。リャブシンスキーは一九〇七年から、次弟ヴラジーミル、トレチャコーフ、スミルノーフ、ブルイシキンらとともに、日刊新聞『ウートロ・ロシーイ（ロシアの朝）』を発行していたが、一九一二年の一月一日付には次のように書かれている。

　われらの新年の乾杯は、ブルジョアジー、現代ロシアの第三身分に向けられる。（……）その精神的・物質的な富の点で、もはや退化しつつある貴族と国の運命を握る官僚たちを遠く引き離した。強まり、強力に発展しつつあるこの勢力に。

　この今や強固になったブルジョアジーの高い歴史的使命を悟っているわれわれは、その健全な創造的エゴイズムを歓迎するし、その個人的な物質的な完成、われわれ一人一人の個人生活の物質的な組織化への志向を歓迎する。この創造的エゴイズム、国家のエゴイズム、国家を構成する個々人のエゴイズムこそが、敗北した夢想、何も生まない志向、苦い失敗をくり返すロシアに対して、新しい強い偉大なるロシア、われわれの将来の勝利の保証にほかならない。[16]

さらにリャブシンスキーは、一月三〇日と二月一日に、古儀式派の第一二回大会を主宰した。古儀式派は、一七世紀にロシア正教会から分離した宗教分派だが、一九世紀には正教会に容認されるにいたった。モスクワの商人の多くが信者で、それまで保守的リベラルの大立者、オクチャブリストのグチコフを支持していた。[17] 彼らの気分が変わったのである。

四月、ココフツォフ首相を迎えたモスクワの商工業者の会合で行なった、リャブシンスキーの挨拶も評判となった。彼は締めくくりに「政府のためではなく、真の解放を待ち望む、苦しみ多きロシアの人民のために」乾杯を提案したのである。[18]

このとき、シベリア・レナ金鉱で一九一二年四月四日に発生した労働者一七〇人の虐殺事件が報じられると（『ズヴェズダー』紙、四月八日付）、全国に労働者の抗議ストの嵐を呼び起こし、労働運動の新たな高揚の時期がはじまった。リャブシンスキーは、この抗議ストを、労働者の「市民的義務」の表われ、「現時点で極度に望ましい政治的要因」として、精神的に支持すべきだと主張した。[19] 労働者のストライキ闘争の規模は、一九一四年前半にはすでに一九〇六年の水準を超え、政治スト参加者数では、一九〇五年の水準にほぼ匹敵するところにまで達するであろう。[20]

第四国会の開会を報じる『モスクワの声』付録画報（1912年12月2日付）

さらに、一九一二年一月のプラハ協議会で誕生したレーニンのボリシェヴィキ党は、国内における「革命的危機の拡大」を確認し、「(一) 民主共和制、(二) 八時間労働日、(三) すべての土地の没収」という革命のスローガンを掲げて活動を展開し、第一次大戦前夜には、首都の労働者闘争のヘゲモニーを掌握するにいたるのである。

ブルジョアジーの左翼化と労働運動の高揚、左翼政党の活発化といった動きが現われていたが、この一九一二年の九月から一〇月にかけて行なわれた第四国会の議員選挙は、さほどの変化も生み出さなかった。右派が四六議席を六五議席に、国権派と穏健右派が一〇二議席を一二〇議席に増やした。つまり、右派の勢力が一四八から一八五に激増したのである。これに比してオクチャブリストは、党首グチコフの落選もあり一二〇議席を九八議席に減らし、中道の退潮を示した。カデットは、五二議席を五九議席へと微増を示しただけであったが、進歩派がコノヴァーロフの初当選もあり、三六議席から四八議席に増やしたことが時の兆しを示した。第四国会では、カデットと進歩党の勢力がオクチャブリストを制して、大きな役割を演じるようになる。左派は、トルドヴィキが一四議席を一〇議席に減らしたが、社会民主党は一三議席から一四議席とほぼ現状維持を果たし、とくにボリシェヴィキがすべての労働者選挙区で全勝し、一挙に六議席を得たことは注目に値する。トルドヴィキのケレンスキー、社民党のスコベレフらが初当選した。この他は、三つの民族諸派が二七議席から二一議席に微減した。[21] 無所属は七議席である（表「第四国会の党派と議席数」参照）。

コノヴァーロフらは、国会開会の直前の一一月一一〜一三日に進歩党の結党大会を開いた。リャブシンスキー、コノヴァーロフ、ゲオルギー・リヴォーフらモスクワ委員会と古参地主議員エフレーモフ、市会議員フョードロフ、国家評議会議員マクシム・コヴァレフスキーらのペテルブルク委員会が話しあって、結党にいたったものであった。リャブシンスキーの新聞『ウートロ・ロシーイ（ロシアの朝）』は、こののち進歩党の実質的な機関紙となる。[22]

さらに注目すべきは、一九一二年に「ロシア諸民族の大東洋」というフリーメーソン団体◆が結成され、メンバーを集めはじめたことである。この結社の前身であるフランスのフリーメーソン結社のロシア支部に加わり、新たにロシアの結社として独立させたのが、初代の最高会議議長となったネクラーソフである。彼はトムスク工業技術高専教授で、第三国会からカデット党の国会議員であり、第四国会にも議席を確保

第四国会の党派と議席数（1912 年）

［右派］

右派……65 議席

マルコフ、プリシケーヴィチら。

一〇月詔書に反対し、専制の全面復活を求める

国権派と穏健右派……120 議席

シュリギン、バラショフら。ストルイピン改革を支持

［リベラル派］

オクチャブリスト（一〇月党）……98 議席

ロジャンコ、ドミトリューコフら。党首グチコフは落選。

一〇月詔書支持、1906 年憲法体制を支持、ストルイピン与党を自任

カデット（立憲民主党）……59 議席

ミリュコーフ、シンガリョフら。立憲主義を主張し、立憲君主制を求める。

［進歩派］

進歩派……48 議席

エフレーモフ、コノヴァーロフら。新党、急進リベラルの立場をとる

［左派］

トルドヴィキ……10 議席

ケレンスキー、ヴェルシーニンら。ナロードニキ系、土地改革を要求

（社会民主党）メンシェヴィキ……8 議席

チヘイゼ、スコベレフら。マルクス主義党右派

（社会民主党）ボリシェヴィキ……6 議席

ペトロフスキー、バダーエフら。マルクス主義左派、レーニン派の党

［民族三派］

ムスリム・グループ

リトワニア＝ベロルシア・グループ

ポーランド・コーロ派……計 21 議席

無所属……7 議席

議員総数 442 人

ネクラーソフ。カデット党国会議員、フリーメーソン団体の最高会議議長

していた。[23]

この結社の政治的目的について、ネクラーソフは、一九三九年七月の供述で、「祖国の解放とこの解放の定着のために闘う」ことであったと述べている。「まさに革命の際に、進歩勢力がたちまち分裂して、ツァーリ政府によって容易に個別撃破されてしまった、一九〇五年の過ちを繰り返させないことが念頭にあった」と言っている。[24] この結社に、コノヴァーロフ、エフレーモフ（進歩党）、ケレンスキー（トルドヴィキ）、プロコポーヴィチ、クスコーヴァ（元社会民主主義者）、チヘイゼ（メンシェヴィキ）、ガリペールン、ソコロフ（弁護士）などの議員や活動家が加わっている。[25] 一九一二年、国会議員になった直後に参加したケレンスキーは、このようなフリーメーソン形式の秘密結社であった理由を、「世論が、異なった政党のメンバーを共通の目標に向かって統一する連合には、眉をしかめたから」だと説明している。[26] この秘密結社は、ペテルブルクとモスクワの両首都、キエフほかの数都市、国会議員・文筆家など、地方・職能ごとに単位組織をもち、その代表が最高評議会を構成していた。

その段階でコノヴァーロフらは、一九一四年、モスクワのメンシェヴィキ、ボリシェヴィキと情報委員会をつくり、一時はレーニンの意を受けたスクヴォルツォーフ＝スチェパーノフの求めに応じて、ボリシェヴィキ党大会開催資金の提供をも約束するのである。スクヴォルツォーフ＝スチェパーノフも、フリーメーソン結社のメンバーであることが知られている。[27]

もちろん、左翼自由主義者から革命民主派までを包括する路線は、いまだ政治路線としては明確になってはいなかった。この段階で生まれたのは、むしろ気分と人間関係だけであったと言うこともできる。

一九一二年一一月一五日、第四国会が開会し、前国会議長であったオクチャブリストのロジャンコが、引きつづき選出された。一九一二年にはじまった新しい変革への動きは、いまだ胎動の段階にあった。一九〇六年憲法体制を打ち破り、専制体制を終わらせるのは、前途遼遠と言わなければならなかった。

専制君主制はなお力を誇示しており、「ロマノフ王朝三〇〇年祭」を祝賀した。一九一三年二月二一日(西暦三月五日)、晴れ上がった空の下、春のような日差しのなかで、一二時一五分、皇帝ニコライ二世は、皇太子アレクセイと幌付きの馬車に乗り込んだ。つづくロシア式箱馬車には、皇后アレクサンドラと皇太后マリヤが乗り込んだ。最後の大型馬車には四人の内親王が乗り込んだ。先頭と後尾は騎兵小隊が固めた。皇帝一家を中心とする騎馬行列は冬宮を出発し、ネフスキー大通りのカザン聖堂へ向かった。沿道を埋める軍隊と臣民が絶え間なく「ウラー」(万歳)の声を挙げて、皇帝一家の列を迎えた。首都の教会と聖堂の鐘が鳴らされた。カザン聖堂を満たした貴顕百官とともに、皇帝は祈祷会に臨んだ。東方アンチオ

◆フリーメーソン団体 フリーメーソン形式の秘密政治結社については、一九五五年に刊行されたミリュコーフの回想が初めて示唆し(P. N. Miliukov, *Vospominaniia*, Vol. II, New York, 1955, p. 332)、クスコーヴァらが私信で明らかにし、一九六三年にケレンスキーが回想の中ではっきりと存在を認めた(A. Kerensky, *Russia and History's Turning Point*, New York, 1965, pp. 88-90)。これが、一九六五年からレオポルド・ヘイムソンやジョージ・カトコフら歴史家に取り上げられた(L. Haimson, The Problem of Social Stability in Urban Russia, 1905-1917, *Slavic Review*, Vol. XXIV, No. 1 (March 1965, pp. 13-16. G. Katkov. *Russia 1917. The February Revolution*, London, 1967, pp. 163-173)。私は一九六八年の論文で、この存在を事実と認めて、立論の基礎とした(和田春樹「二月革命」、江口朴郎編『ロシア革命の研究』中央公論社、一九六八年、三二五~三二六頁)。欧米では、この存在を重視しない論者もいて、評価は定まらなかったが、ペレストロイカ以後、一九九八年に、一九三〇年代にソ連で逮捕されたネクラーソフの調書が完全に公表され、スタールツェフがフーヴァー研究所のニコラエフスキー文書の調査にもとづいて研究を進め、ほぼ全面的にこの組織の活動を明らかにした(V. I. Startsev, *Tainy russkikh masonov*. Sankt-Peterburg, 2004)。ニコラエフスキーの資料も公刊された(B. I. Nikolaevskii, *Russkie masony i revoliutsiia*. Terra, Moscow, 1990)。

キアより招かれた総主教グリゴーリーがギリシア語で祈りを捧げ、府主教ヴラジーミルがロシア語で祈りを捧げた。ロマノフ王朝への神のご加護を感謝し、王朝が末代までつづくようにと祈られたのである。午後四時からは冬宮で百官からの祝辞が捧げられ、その中には国会議長ロジャンコの姿もあった。夜は市会ホールでの大宴会が催された。市民はすべて道路にくり出し巨大な流れとなり、空には絶え間なく花火が上がっていた[28]。

しかし、祝賀ムードは長くはつづかなかった。ストルイピンが国内再編成に成功するための条件とした「内外における二、三〇年間の平静」の確保は不可能となり、戦争が近づいていたのである。西暦一九〇八年一〇月七日、オーストリアがボスニア＝ヘルツェゴヴィナの併合を強行し、ロシアとしてそれを承認しなければならなかったことが大きな屈辱と受け取られていた。一九一一年には、リビアをめぐるイタリアとトルコの戦争が勃発し、ロシアは強く刺激され、ダーダネルス＝ボスポラス海峡支配への意欲を強めた。一九一二年からは第一次バルカン戦争が発生し、ブルガリアが勝利した。ロシアはトルコの弱体化を歓迎したが、戦争の結果、ブルガリアが両海峡に関心をもつことを嫌い、ブルガリアの意欲を西へ向けさせようとした。一九一三年六月からブルガリアとセルビア、ギリシアが戦う第二次バルカン戦争がはじまった。ブルガリアは敗北し、セルビアは勝者となった。大セルビア主義が高まり、ロシアはその庇護者となったのである。

ロシアは専制君主権力のもと、身分制社会のままで、国民国家になりえていなかった。国会はあっても、真の立憲主義はなかった。大臣はすべて皇帝によって選ばれ、皇帝に対して責任をもつ存在で、首相と呼ばれる大臣はいたが、首相の率いる内閣という政府は存在しなかった。皇帝ニコライ二世はなんとかここまで帝国を統治してきたが、もしもドイツ、オーストリア＝ハンガリーとの戦争に引き込まれるなら、ロシアの国家体制がもちこたえられるかどうかは不明であった。日露戦争を戦ったロシアの軍人たちが直面した大きな問いが、心あるロシア人のすべてにとって現実のものとなっていた。一九一四年という年にその問いを言葉にして、答えを書き出したものとしては、右翼の大立者、元内相ピョート

「ロマノフ王朝三〇〇年祭」の日の冬宮前広場。
皇帝一家の騎馬行列が出発するところ（1913 年 2 月 21 日）

ル・ドゥルノヴォーがツァーリに提出した一九一四年二月の意見書が知られている。

自由主義に反対し、ツァリーズムの護持を主張する右翼は、英仏と組んでの対独戦争に絶対反対の立場をとっていた。ドゥルノヴォーは次のように記している。

> 将来の英独戦争は（……）、二つの強国グループの間の衝突に転化するだろう。（……）
>
> 英と露が接近することは、現在までいかなる現実的利益も、われわれにはもたらさなかった。将来において、それは不可避的にドイツとの軍事的衝突をわれわれに運命づける。（……）
>
> 戦争の主要な負担は、疑いもなくわれわれに振りかかる。〔ロシアは長期戦の準備ができていない〕。
>
> 戦敗国では不可避的に社会革命が発生し、事情の力で戦勝国に飛び火する。（……）もちろん、社会的震動にとってとくに好都合な土壌をなすのは、疑いもなく、人民大衆が無意識的に社会主義の原理を信奉しているロシアである。（……）ロシア公衆の反政府性にもかかわらず、ロシアでは政治革命はありえない。いっさいの革命運動は不可避的に社会主義革命に発展する。わが国の反政府派の背後には誰もいない。人民は政府の官吏と〔革命派の〕インテリとに違いがあることがわからないので、革命派は人民の支持を得ていないのである。（……）

> 戦争が勝利に終われば、社会主義的運動の鎮圧は克服しがたい困難というわけではない。（……）
> しかし、（……）敗北した場合は、もっとも極端な形態での社会革命が、わが国では不可避となる。[29]

戦争がロシアの敗北に終われば、深刻な社会革命が巻き起こるだろうという予言は、危機が戦争の過程で起こるという、より深刻な事態に目をふさぐ右翼イデオローグの自己欺瞞を表わしていた。なによりも深刻であったのは、革命は戦争が終わったときに起こるのではなく、戦争のただ中で起こることであった。問われていたのは、専制君主体制は世界戦争を戦い抜けるのか、ということなのである。

世界戦争――不安な開戦

もとよりヨーロッパ大戦＝世界戦争は、ロシアが望んだものではなく、巻き込まれたものだった。専制君主制は、よろめきながらその火中に踏み込んでいったのである。

すべての起こりは、西暦一九一四年六月二八日（露暦一五日。以下、本節「世界戦争」のみ西暦で日付を記す）、オーストリア帝位継承者であるフェルディナンド夫妻が、ボスニア＝ヘルツェゴヴィナの中心都市サラエヴォで暗殺されたことであった。五一歳のフランツ・フェルディナンドは、老人皇帝フランツ・ヨゼフの弟の長男で、政治的には、反ロシア・反セルビアの強硬派であると見られていた。彼がめざしていたのは、セルビア人もふくめた南スラブ王国を樹立し、オーストリアを三重王国に改組することであった。[30]セルビアの情報局参謀長であったドラグーティン・ドミトリエヴィチ、「一名アピス（雄牛）」は、オーストリアによるボスニア＝ヘルツェゴビナ併合ののち、黒手組（正式名「統一か死か」）という秘密結社を結成しており、セルビアの敵であるフェルディナンドの暗殺を企てたと見られている。[31]

フェルディナンドのボスニア行きは、ボスニアでの軍事演習を観閲するためであった。彼は、皇帝には認められていない左手結婚（身分がつりあっていない貴賤結婚）の妻ゾフィーを連れて行くことを決断した。訪問日は六月二八日（露暦一五日）となった。この日は、セルビア人の民族的屈辱の記念日であ

Následník trůnu
arcikníže František Ferdinan
a jeho choť Žofie
obětí atentátu.

Ze Sarajeva, 28. června. (Zvl. telegr. „Národ
Listů".) Při návratu z návštěvy na radnici byl na
sled. trůnu arciknížete Františka Ferdinanda a jeho
Žofii učiněn atentát. Útočník vypálil z browningu
rány na následníka a jeho choť a smrtelně je
Arcikníže František Ferdinand a jeho choť Žofie
nění záhy podlehli.

Hrozná katastrofa otřásla včera říší i jejími národy. Nikdo jí zprvu nevěřil, protože nelze si ani představiti ránu, která by tak mocně, hluboce a nenadále mohla dopadnouti na politické osudy monarchie. Ale pověst ukázala se záhy pravdivou, a dnes již tíží svým hrozným dojmem jak veškeru veřejnost naši, tak i celého světa osudná zvěst o zločinu, kterému za oběť padly včera v Sarajevě životy následníka trůnu Františka Ferdinanda a jeho choti Žofie z Hohenbergu. Oba najednou za-

sáhl včera nenadálý a nad všecko po
šlení krutý osud. V několika chvílích
rvaly dvě koule mladistvého vraha z úst
celé monarchie dva životy a s nimi vše
co v nich bylo obsaženo budoucí rako
historie. Osud, který nezná zákona ani
tování, osud skrývající nejhorší nahodi
a libovůli, postavil jim do cesty srbsk
studenta s jeho pistolí a ve chvíli odná
si smrt tak děsnou kořist, jaké neznaj
ště dějiny monarchie a jaká sotva se shl
také jinde. Tragická smrt následníka i j
choti vzbudí všude dojem tím pronikav

オーストリア帝位継承者フェルディナンド夫妻が、サラエボで暗殺（西暦 1914 年 6 月 28 日）。左：病院へ向かうため自動車に乗り込む夫妻。その途上で射殺される。右：暗殺を報じるチェコの日刊紙

る。一三八九年、トルコ軍がセルビア軍をコソヴォで破り、セルビアを隷属させた日であった。この日に、サラエヴォをオーストリア帝位継承者が訪問するということは、挑発そのものであった。フェルディナンドの訪問を要請したボスニアの総督ポティオレクは、無責任にもサラエヴォ市内での安全を保証した。だが、黒手組に連なるボスニアのセルビア人民族組織は、テロ決行の準備を整えていた。[32]

この日、午前九時四五分、サラエヴォ駅に到着したフェルディナンド一行は、自動車に乗って市役所へ向かった。一〇時一〇分、走行するフェルディナンドの車に、テロリストが爆弾を投げつけた。しかし、爆弾ははずれ、夫妻は無事だった。市役所に着いてから、フェルディナンドは負傷した副官を見舞いに病院へ行くと言い出した。妻には残るようにと命じたが、妻は同行すると言い張り、結局、二人は一〇時四五分、ふたたび市中を通って病院へ向かった。それは異常な判断であった。道筋には、第二陣のテロリストがピストルを持って待ち構えていた。フェルディナンドの車がスピードを落として、カーブを曲がったとき、まさにその地点に立っていたプリンツィプが三発を撃ち込み、二人はともに致命傷を負い、絶命した。[33]

六月二八日（露暦一五日）、オーストリア駐在のロシア大使シェベーコは、悲劇の第一報を本国のサゾーノフ外相に打電している。翌二九日（露暦一六日）に電報を受け取ったサゾーノフは、それを皇帝に伝えた。[34]ところが、その報せを聞いたという記述は、皇帝ニコライの日記にはまったくない。[35]オーストリアに対する反感があったためか、帝位継承者の横死にもかかわらず冷たい反応である。各国の指導者もこの事件からヨーロッパ戦争になるとは予想もしなかったのである。

以降の三週間、ニコライは、オーストリア政府とセルビア政府の間に交わされる文書のやりとりを通じて危機が高まっていくのに、ほとんど無関心であった。日記にはいかなる言及もない。

七月二〇日（露暦七日）、フランス大統領ポアンカレが予定されていたロシア訪問を行ない、クロンシタットに到着した。ニコライ皇帝は出迎えて、歓迎の言葉を述べたが、オーストリアとドイツとの軍事衝突が予想されることについて、フランスに同盟国としての援助を求めるといった気持ちは込めていなかった。このときまで、ニコライは迫りくる危機を理解していなかったのだろう。だが、ポアンカレの言葉の方は意味深長であった。

「陛下は確信されていい。フランスは、これまでもこれからも、自国の同盟国と緊密に日常的に協力して、平和と文明の事業、両国政府と両国国民が働くことをやめない幸福のために、働くであろうことを[36]」。

三日後、七月二三日（露暦一〇日）、ポアンカレは帰国した。別れの挨拶で、ポアンカレは述べた。

「連日、両国政府の前に現われ、外交官の協調した活動を要求するすべての問題について、合意が確立されてきたし、これからも確立されるだろう。（……）両国にとって、力・名誉・尊厳をもとにした平和という同一の理想がある」。

ニコライの挨拶も、今度は積極的だった。

「われら両国の外務省の協調した活動と、われら陸海軍の友情は、平和の理想によって鼓舞されており、両国政府による同盟や国民の利益を守るための任務の遂行を容易にする[37]」。

ここにきて、ようやく危機の存在に気づいたようであった。

クロンシタット港に到着した、フランス大統領ポアンカレを乗せた軍艦（西暦 1914 年 7 月 20 日）

実際この日、オーストリアは、最後通牒をセルビアに突きつけたのである。四八時間以内に、セルビア国内でのいっさいの反オーストリア運動を禁止すること、反オーストリア団体を解散すること、暗殺に関わった者の審理にオーストリア政府の代表を立ち合わせることなどを要求するものであった。

七月二四日（露暦一一日）午前一〇時、ロシアのサゾーノフ外相はオーストリアの最後通牒を知ると、「C'est la guerre européenne（これではヨーロッパ戦争だ）」とつぶやいた。外相の報告を聞いた皇帝も「これはけしからぬ」と叫んだ、と記録されている。[38] 皇帝は大臣会議の召集を命令した。皇帝は翌日の日記に、「〔最後通牒のうち〕八項目は、独立国にとって受け入れがたいものである」と記している。[39]

大臣会議は、午後三時、エラーギン島で開かれた。まず、外相サゾーノフが長い演説をした。ドイツは「大国の間での覇権を強めるために系統的な準備〔策〕を講じている。同盟国側（ドイツ・オーストリアなど）と協商国側（イギリス・フランス・ロシアなど）との対立は根深く、「ドイツは、もっとも好都合な時点で、武力によって自らの軍事的・政治的勢威を確立するための口実を求めているにすぎない」。「日露戦争のときから、ロシアは衝突が発生すると絶えず譲歩をせざるをえなくなっており、ドイツの行動様式はますます厚かましくなっている。セルビアの滅亡の危険に直面しながら、ロシアが何もできなければ、大国としての国際的権威を完全に失いかねない。セルビアに突きつけられた最後通牒は、おそらくドイツによる直接の圧力のもとに発されたものだ。セルビアが従えば、自らの主権を放棄し、オーストリアによって完全に隷属化される」。そのような要求に従うわけにはいかない。独墺（ドイツ・オーストリア）側は拒否されることを予期している。拒否されるのを待って、オーストリア軍は小国セルビアへ侵攻し、この国を蹂躙するだろう。「ロシアは、バルカン諸民族の一つが権利を侵害されるのに、無関心な傍観者にとどまれない」。ロシアは、スラブ諸民族の擁護に全政策を傾けてきたのだ。これを棄て去ることは「二流の大国に落ち込むことになる」。

さらに、ドイツの鉄拳の前に譲歩をつづければ、将来、武力攻撃も受けかねない。このままではドイツはますます執拗に、強権的になるばかりだ。ドイツはさらなる恫喝をしかけてくる。そうなれば、ロシアは必ず戦争に引き込まれるだろう。

サゾーノフは、外相としての義務とは平和的解決を求めて最善を尽くすことだが、得られた情報では、独墺両国はセルビアを壊滅させ、バルカンでのロシアの威信に決定的な打撃を加えようと決意しているらしいと述べ、以下のように締めくくった。

「このような状況では、国際問題での自らの権威を維持するために残されたロシアの唯一の道は、これまで以上に毅然とした立場をとり、セルビアのために声をあげることだと思う。そして、もしわれわれがセルビアを決然と擁護するなら、われわれは中央大国〔独墺〕との戦争に引き込まれる危険があるということを承知しておかなければならない。したがって陸海軍相が、帝国政府はどのような政策をとるべきか決断しておくことが重要である▼40」。

サゾーノフの次に立ったのは、農業相クリヴォシェインであった。彼は、日露戦争後のロシアの悲しむべき現状を想起させて、語った。社会的な危機を経験したが、「改造の綱領における最大の部分は達成された」。一九〇六年からは立憲制となった。国会もあり、財政も健全化した。ただし軍の再建は終わっていない。最新装備の面において、独墺と対等に渡りあえるかどうか疑わしい。「ロシアでは、誰も戦争を望んでいない。したがってわれわれの政策は、その可能性を減少させる方向に向けなければならない」。

しかし、クリヴォシェインは、われわれが消極的になれば、目的を達成できないと考えて、次のように主張した。平和維持のための最善の政策は、これまでの政策より、もっと毅然とした政策をとることだ。[41]

この農相の演説は、強い印象を大臣たちに与えた。陸相スホムリーノフ、海相グリゴローヴィチはつづけて話した。二人とも軍備再建プログラムは完成していないことを認めた。しかしなお、彼らは、「政策の動揺」は帝国政府にとって好ましくない、と言明した。独墺との外交交渉において、より毅然とした態度をとることに反対しなかった。

次に指名された財務相バルクは、財政は安定しているが、戦争は膨大な出費を必要とする、しかし、経済的観点からのみ考えるべきでない、ロシアの名誉と尊厳、さらに大国としての存在がかかっているとすれば、自分も閣員の多数意見に与すべきであると思うと発言した。他の大臣が、サゾーノフ、クリヴォシェインの意見に同調し、最後に首相ゴレムイキンも同調した。[42]

かくしてサゾーノフは、閣僚全員から自分の交渉方針の承認を取りつけ、次のことが合意された。ウィーンにはタイム・リミットを延ばすように働きかける。セルビアには和解的な態度をとるように説得する。陸軍大臣は、必要になれば、オデッサ、キエフ、カザン、モスクワの四軍管区で兵力の動員、部分動員をかける許可を求める、などである。[43]この結論はこの日のうちに皇帝に報告され、翌日、皇帝臨席のもと大臣会議が開かれることになった。

この会議のあと、外相はセルビア公使と会談し、ロシアの平和への願望とセルビアの独立支持の約束を伝えた。これはセルビア政府を大きく力づけたのである。

翌七月二五日（露暦一二日）、宮殿のあるクラースノエ・セローで、皇帝臨席のもと、六大臣の会議が招集された。外相は前日の報告をくりかえした。皇帝は平和解決に努力する必要があると述べたが、軍事的な方策の準備について、いかなる抑制も加えなかった。陸相は部分動員の許可を求めた。そして彼は、士官学校生を早く任官させる方策を講じる必要があると主張して、認められた。[44]

こうして、ロシアは戦争準備の体制に入った。だが、ここには深刻な問題があった。他の強国では軍隊の兵員補充は地域システムによって行なわれていたのに、ロシアでは軍管区ごとの動員は行なわず、複雑な方式によって他の多くの地域から兵員が補充されていたのである。だから、部分動員は、のちの総動員を極度に困難にするものであって、本来は行なってはならないことだった[45]。皇帝が開戦を回避したいと願っていることを知っている大臣たちは、部分動員を提案したのだが、陸相はこの困難さについて大臣会議で説明すべきであった。しかしそれをせず、部分動員の提案に同調したのは無責任であったと言うべきであろう。外相サゾーノフはこの点を誤解していた。

同じ七月二五日（露暦一二日）、セルビアはきわめて妥協的な回答をオーストリアへ送った[46]。一方、二六日と二七日には、サゾーノフはオーストリアの交渉態度はある程度の柔軟性があると見て、なお戦争回避に努力すべきだと考えていた。大臣会議もそれを支持した[47]。

七月二七日（露暦一四日）、皇帝は、サゾーノフの報告から、オーストリアはロシアの軍事的措置の噂を聞きつけ敏感になっていることを知った[48]。皇帝はこの日、セルビア国王に電報を打った。

「セルビアの尊厳を守りながら、新たな戦争の惨禍を防ぐことを可能にする決定〔を下すことを望む〕。（……）陛下はいかなる場合においても、ロシアがセルビアの運命に無関心であることはないということを確信されよ[49]」。

七月二八日（露暦一五日）夜八時半、サゾーノフは皇帝を訪問し、この日、オーストリアがセルビアに宣戦布告したと伝えた[50]。セルビアが妥協的な態度を十分に示していただけに、この宣戦布告は驚きであった。このとき、サゾーノフは皇帝から部分動員の同意を得た。皇帝は、ドイツ皇帝に「弱小国に卑劣な戦争が宣言された。ロシア国内の怒りは巨大で、私も完全に同調している」、このままいけば、圧力を受けて戦争に向かう日は近い、したがって「あなたの同盟国に行き過ぎないよう止めて〔ほしい〕」と電報を打った[51]。

七月二九日（露暦一六日）、皇帝はこの日の日記に書き残している。

「他に例のない不安な一日だった。私は絶えず、サゾーノフやら、スホムリーノフやら、ヤヌシケーヴィチやらに電話口に呼び出された。そのほか、ヴィルヘルムとの緊急電話のやりとりがつづいた[52]」。

皇帝は、侍従武官イリヤ・タチシチェフを接見し、ドイツに派遣することを決定した。

この日の午前一一時、ドイツ大使プールタレスは外相サゾーノフを訪問し、ウィーン政府に譲歩するように働きかけることに同意するが、それは秘密にしてほしい、またロシアが時期尚早の動員を開始することにより、ドイツによる働きかけを困難にしないでほしい、と要請した。この話を、外相は幹部たちと分析したが、ロシアの動員を遅らせて、時間稼ぎをしようというのではないかという見方で一致した。

午後三時、ドイツ大使プールタレスは外相サゾーノフを再訪し、ロシアが戦争準備を中止しなければ、ドイツは兵力の動員を行ない戦争となる、との宰相からの電報を読み上げた。サゾーノフは「いまや私は、オーストリアの強硬さの真の理由について、いささかの疑いももたない」と切り返した。両者は冷たい態度で別れた[53]。

この直後に皇帝から外相に電話があり、ドイツ皇帝から戦争にいたらせないでほしいという要請の電報がきた、と知らせてきた。外相は、ドイツ大使の言葉を伝え、皇帝の電報との食い違いを指摘した。皇帝は、すぐこの件をドイツ皇帝に問い合わせると言ったが、外相が陸相・参謀総長と動員の件で協議することを許した。このとき、オーストリア軍のベオグラード砲撃のニュースが伝わった。外相と陸相、参謀総長による三者会談では、ドイツ皇帝の話は信頼できず、総動員に踏み切るべきだとの結論に達した。この結論はただちにニコライ二世に報告され、皇帝は総動員令の公布を許可した[54]。

しかし、この日の夜九時二〇分、ドイツ皇帝からの電報が届いた。オーストリアの行動を「卑劣な戦争」とは言えない、セルビアは信用できない、ロシアが二国間の紛争に「傍観者」として留まれば、ヨーロッパ戦争は回避できる、しかしロシアの戦争準備がオーストリアに脅威を与えれば、破局に進むことになる、自分も仲裁者の立場には留まれないと脅しをかけてきた[55]。これを受けとった皇帝は、夜一一時前、陸相に総動員令を取り消して、部分的動員に戻すように求めた[56]。そこで深夜一二時に、キエフ、オデッサ、モスクワ、カザンの四軍管区司令官に、部分動員の命令が発された[57]。皇帝は、深夜一時三〇分、ヴィルヘルムに侍従武官タチシチェフ少将を派遣する、軍事的決定は五日前に決定していたものだと弁解し、これがあなたの仲介者としての役割をさまたげないことを願う、という電報を打った[58]。

翌七月三〇日（露暦一七日）、この日の朝、さらに外相は農相と電話で相談し、総動員令の取り消しを心配し、皇帝に働きかけることで合意した。その後、外相は午前一一時、陸相、参謀総長と話した。二人は総動員の実施を強く望んでいた。二人が皇帝に電話をかけるが、皇帝は陸相らの要請を強く拒否し、最後には話は終わりだと言い放った。参謀総長が、外相がここにおり、お話ししたいと申しておりますと言うと、皇帝はしばし無言であったが、話を聞こうと言った。サゾーノフが上奏を求めると、「〔午後〕三時にタチシチェフと一緒でいいな、今日は時間がないのだ」と応えた。

こうして三時に、外相はタチシチェフとともに皇帝に会った。外相は戦争は不可避であり、そのための準備を早くする必要があると説得した。皇帝はなかなか説得を受け入れなかった。タチシチェフが「確かに決断するのは難しいです」と言葉をはさむと、皇帝はきびしく「決断するのは私なのだ」と言って、黙らせた。しかし一時間ほどの説得の結果、皇帝はついにオーストリアの対セルビア宣戦布告に対抗して総動員令を下すことを決断した。外相は電話でこれを参謀総長に伝えた[59]。

総動員令の電報は、この日の午後六時から七時の間に発された。予備役の出頭は三一日（露暦一八日）と指定された[60]。

だが、皇帝はこのことを日記では触れていない。なお不満であったのである。彼はここまで来ても、ドイツとの戦争回避の道を探ろうとしていた。皇帝は、タチシチェフに持たせるドイツ皇帝への書簡をしたためた。そこでは、フェルディナンドの暗殺は一部のセルビア人の「大きな犯罪」だと認めたが、セルビア政府が関与している証拠はないとし、オーストリア政府の宣戦布告を非難し、セルビア政府の回答を擁護している。「したがってこの戦争は、わが国においてこれほど深い怒りを呼び起こしている」。私にも止められないと記した。「平和仲裁者」たるあなたに期待するとは結ばれていたが、困難なことは皇帝も理解していた。[61]

翌七月三一日（露暦一八日）、大臣会議が、ペチェルゴーフのパヴィリオン「農場」で開かれたが、戦争は不可避であるという形勢はすでに動かしがたくなっていた。会議の終盤に皇帝ニコライは、開戦となった場合、自ら総司令官となるとの決意を表明した。日露戦争のとき、「最高統帥者は、自分の兵と運命の試練をともにすべきである」と思ったにもかかわらず、そうしなかった自分を許せない、その過ちを繰り返さないと述べた。大臣たちは驚愕した。首相ゴレムイキンは、ヨーロッパ戦争となると国内統治も極度に困難になる、陛下が首都から離れることは問題解決を不可能にすると発言して、反対した。農相クリヴォシェインも戦争指導の失敗が陛下の責任にされることを避けねばならないとして、反対した。他の大臣も全員が反対であった。ニコライはショックを受けたようであったが、何も言わずに、会議を閉会した。[62]

八月一日（露暦七月一九日）、皇帝は朝食の後、ニコライ・ニコラエヴィチ大公に最高総司令官任命を伝えた。夜七時、ドイツはロシアに宣戦を布告した。

大戦の現実

露暦七月二〇日（西暦八月二日。以下、日付は露暦で記す）、冬宮の聖ゲオルギーの広間には、文武高官、各国大公使ら、五、六〇〇〇名が集まった。広間の中央には祭壇がつくられ、そこにはカザンの聖母の奇蹟のイコンがかけられていた。一八一二年、ロシア軍総司令官クトゥーゾフが、ナポレオンの遠征軍を壊滅させるため、スモレンスクに出陣する際に、この前で祈ったというイコンである。ロシアの勝利を祈った祈祷の後で、皇帝ニコライ二世は、開戦の詔書を読み上げた。

　いまや不公正に傷つけられたるわれらが血縁の国を擁護するのみでなく、ロシアの名誉・尊厳・領土保全、大国の間でのその地位を守ることが急務である。朕《ちん》は、朕が忠良なる臣民がロシアの地の守りのために結束して、献身的に立ち上がるとの不動の確信を抱いている。恐るべき試練のときに国内の不和は忘れられ、ツァーリと国民との一体化はさらに緊密に強化され、一人の人間のごとく立ち上がったロシアは、敵の野蛮な攻撃を撃退するであろう。われらの事業の正義を深く信じ、全能の神慮を心静かに讃えつつ、朕は聖なるルーシ〔ロシア〕と勇敢なる朕が将兵に神の御加護を祈るものである。[63]

詔書を読み上げると、皇帝は祭壇に近づき、イコンに向かって右手を上げながら、ゆっくりと次のように述べた。

「列席のわが近衛軍の将校たちよ。朕は諸君に挨拶を送り、わが全軍に祝福を与えるものである。朕は厳粛に誓約する。祖国の地に一兵たりとも敵がいるかぎり、朕は和議を結ぶことはしないであろうと」。

一八一二年のアレクサンドル一世の誓いにならったこの言葉に対して、「ウラー」の叫びがあがった。ロシア軍最高総司令官に任じられたニコライ・ニコラエヴィチ大公は、フランス大使パレオローグを抱擁した。それを取り巻いた人々は「フランス万歳、フランス万歳」の声を挙げた。冬宮前の広場からも歓声があがっていた。皇帝が正面のバルコニーに姿を現わすと、広場を埋めた群衆は一斉にひざまずき、国歌「神よ、ツァーリを守らせ給え」を歌いはじめた。

「この瞬間、ひざまずいたこの数千の人々にとって、ツァーリは、真に神がつかわされた専制君主であり、その臣民の軍事的・政治的・宗教的な長であり、身体と魂の絶対的な主であった」と、フランス大使パレオローグは日記に書いている。[64]

翌七月二一日（西暦八月三日）、ドイツはフランスに宣戦布告をし、フランスはそれを待って、ドイツに宣戦布告した。翌日、首都ペテルブルクのマリインスカヤ広場にそびえていたドイツ大使館が、暴徒化した民衆によって破壊された。[65]

開戦は、かつてない国内の団結を生みだした。七月二六日に開かれた臨時国会では、議長ロジャンコが「ロシアのツァーリの忠良なる臣民との一体化」を讃え、各党代表・各民族代表が、戦争遂行・政府

開戦の日、戦争を支持して冬宮前に集まった民衆（1914年7月20日）

協力を誓う演説を行なった。[66]七月三〇日には、モスクワで全ロシア・ゼムストヴォ（地方自治体）大会が開かれ、傷病兵救護全ロシア・ゼムストヴォ連合が結成された。その代表委員には、地主貴族の元カデット党国会議員で、一九一三年にモスクワ市長候補に選ばれたものの、政府に拒否されたリヴォーフ公爵が就任した。八月八〜九日には、モスクワで第一回全ロシア市長大会が開かれ、同様の目的で全ロシア都市連合が結成され、三人目の候補でモスクワ市長になったカデットのチェルノコーフが代表者となった。政府は、この二つの自治体連合を早速に承認した。[67]

八月一八日、首都ペテルブルクは、その名がドイツ風である

マリインスカヤ広場にそびえていたドイツ大使館。開戦の翌日、暴徒化した民衆によって破壊された（1914年7月21日）

との考慮から、ロシア風のペトログラードに改称された。[68]

ロシアの総動員は七月一八日（西暦三一日）からはじまっていた。開戦前のロシア軍の兵力は一四二万三〇〇〇人であったが、総動員令によって三一一万五〇〇〇人が動員された。さらに過剰な壮丁（成年）男子からなる第一種国民兵から予備役に編入された四〇万人も動員された。合わせてほぼ三五〇万人が新たに動員されたのである。[69] うち二二〇万人が各部隊を戦時定員にまで拡充するのに向けられ、残り一三〇万人は予備軍と銃後部隊の編制に向けられた。[70] 歩兵について言えば、動員一五日目にまず二七個師団、ついで二三日目にさらに二〇・五個師団から二三個師団が動員され、二九日目に三～五師団、三〇～六〇日の間に六・五個師団から一一・五個師団、六〇日後に二～四師団、総計で五九～七〇・五個師団が動員されるというテンポで実行された。[71] ロシア軍の総動員は、総動員令が軍全体にとって思いがけないものであったにもかかわらず、かなり順調に進んだと言えるだろう。

ところで、ロシアとフランスは一八九二年にドイツとの戦争の際の相互支援を約束していたが、一九〇八年にスホムリーノフが陸相になると、ロシアはフランスの要求を受け入れて、無理な約束をするようになった。一九一一、一二、一三年の協議で、フランスは動員一〇日目にドイツ軍に対して一三〇万の部隊を差し向け、攻撃を開始し、ロシアは動員一五日目に八〇万の兵を差し向け、攻撃を開始するとの合意がなされたのである。一九一二年の協議では、ジリンスキー参謀総長は、ロシア軍は東プロイセンに

戦時公債のポスター。
「あなたの購入が、わが軍に力を与える」

向けて攻撃するか、ベルリン方向に向けて攻撃するかのいずれかにすることを約束していた。これは、実行できないことを無責任に約束したものであった。ロシアの利害からすれば、まずロシアはオーストリア＝ハンガリーに主要打撃を加える方向に進まなければならなかったからである。一九一二年の軍管区参謀長会議では、オーストリア＝ハンガリーに四八・五個師団、ドイツに三〇個師団を振り向けることを決定した。これでは、ドイツには動員四〇日目に四五万の兵を当てることができるにすぎなかった。

開戦後、ドイツの電撃的攻撃を受け、後退をつづけたフランスは、ロシア軍に約束の履行、早期対独攻撃を執拗に要求した。そこで、やむなく最高総司令官ニコライ・ニコラエヴィチ大公は、軍隊の集結と展開の完了をまたずに対独攻撃を開始した。[72]

七月三一日（西暦八月一三日）、西北方面軍総司令官ジリンスキーは、第一軍司令官レンネンカンプフ、第二軍司令官サムソーノフに東プロイセンに向かって即時攻勢に出よ、と命令した。[73]ところが、この二人の司令官は、日露戦争時の沙河作戦の過程で、サムソーノフの応援要請にレンネンカンプフが応じなかったため、サムソーノフ軍は占領した拠点を失う羽目に追い込まれたという過去があった。二人は戦争終結後に奉天駅のホームで出会い、大立ち回りを演じている。この二人の因縁を知る日露戦争の観戦武官が、ドイツ軍の参謀になっているという致命的な状況も存在した。[74]

緒戦は順調であった。北の第一軍もその南の第二軍も、東プロイセンを速攻で進撃した。八月四日（西暦一七日）ケーニヒスベルクの方向へ前進した第一軍は、八月七日（西暦二〇日）、グムビンネン地域でドイツ軍第八軍の二つの軍団を打ち破った。ドイツ軍は、歩兵だけでも一〇〇〇人が失われ、将校二〇〇人が死傷した。[75]ドイツ側は危機意識にかられ、八月九日（西暦二二日）には早くも第八軍の参謀長にルーデンドルフを任命し、司令官にはヒンデンブルクを任命した。彼らを助けたのが、日露戦争の観戦武官であったホフマンであった。この強力な布陣で、ドイツ軍はロシア軍をはね返しにかかった。前進すればするほど、第一軍と第二軍が離れていったロシア軍の態勢を見て、ドイツ軍はより南のアレンシュタイン方面へ進むサムソーノフの第二軍に集中的に攻撃を加え、これを包囲していった。第一軍のレンネンカンプフは、第二軍へ応援の部隊を送らない。ついに八月一七日（西暦三〇日）、「タンネンベルクの戦い」でサムソーノフ軍は包囲全滅させられた。サムソーノフは自決し、第一五軍団と第一三軍団は文字通り壊滅した。ソ連の正史では三万人、砲二〇〇門が失われたと記されているが[76]、ドイツ側の資料によると第二軍の捕虜は九万二〇〇〇人にのぼっている。砲は三〇〇〜五〇〇門が捕獲された。死者と行方不明者は三万人と推定された[77]。

こののちドイツ軍第八軍は、レンネンカンプフの第一軍に八月二四日（西暦九月六日）から攻撃を加え、三日後、マズール湖周辺で決定的な打撃を与え、退却させた[78]。

かくして、ロシア軍の東プロイセン侵攻作戦は惨敗に終わり、大きな犠牲を出したのであるが、マルヌで戦うフランス軍にかかる圧力を減じ、フランス軍は壊滅をまぬがれたのである。

一方、オーストリア領ガリツィア（現在のウクライナ南西部）に侵攻したロシア軍は、オーストリア軍に壊滅的な打撃を与えた。八月二一日（西暦九月一日）には、ルーズスキーの率いる第三軍が拠点リヴォフを占領し、さらに九月初めにはプシェミシル要塞を占領して、全ガリツィアがロシア軍の占領下に入った[79]。

すでに述べたように、開戦前のロシア軍の兵力は一四二万三〇〇〇人であった。開戦直後の総動員で三五〇万人が集められ、その後一九一四年年末までに動員された兵は一六〇万人にのぼったので、動員は全体ではすでに六五二万三〇〇〇人に達していた。さらに一九一五年に入って四月までには、第一種国民兵一〇八万人、新兵七〇万人が動員されたから、動員総数は八三〇万三〇〇〇人に達した[80]。

国家は世界戦争遂行のため、これだけの父や息子を生活の場から奪ったが、さらにその人々には戦場での過酷な運命が待ちかまえていた。開戦時から一九一五年四月末までのロシア軍の損失は、死者一二万四九八七人、負傷者六一万二一一九人、捕虜・行方不明者四五万四九九六人で、総計一一九万二一〇二人が失われた[81]。動員された者の一四・四％、およそ七人に一人にあたる。

この苦難のとき、皇帝は国内を巡幸し、戦争に勝ち抜く決意を国民に伝え、国民とともにあることを訴えた。皇帝ニコライ二世は、九月にバラノヴィチ駅に置かれた大本営を訪問した。九月二四日には、ロヴ

戦地の野戦病院。司教が見舞っているところ

ノにあるオリガ大公妃が主管する兵士のための病院を見舞った。一〇月からは、西部前線地方の各都市を巡幸した。二二日にはミンスク、二六日にはホルム、二九日にはロヴノ、三〇日にはリュブリンにおもむいて、ここではこの間、三回にわたりドイツ軍の攻撃を撃退したイヴァンゴロド要塞を訪問した[82]。一一月にも、皇帝は大本営を訪問し、今度は二〇日のスモレンスクを皮切りに、二一日はトゥーラ、二二日にはオリョール、二三日にはハリコフと中央ロシアを南下する巡幸を行ない、そこからトルコとの戦闘の最前線となったカフカースへの巡幸に向かったのである。一一月二四日、皇帝はエカチェリノダールに到着し、二六日にはチフリスに入った。三〇日には露土戦争の古戦場カルス要塞に到着した。一二月四日はテール州の中心ヴラジカフカースに入った。これでカフカース巡幸を終え、五日にはドン地方に出て、ロストフ＝ナ＝ドヌーに到着した。そこから、ヴォロネシ、タムボフ、リャザンを経て、一二月八日、モスクワに戻ったのであった[83]。

「大退却」の衝撃

開戦後五〇日しか経たない九月九日、早くも陸軍大臣スホムリーノフは、兵員の輸送の難と砲弾の補給の難という、「信じがたい困難」に直面していることを確認している。とくに「第二の災難は砲弾だ。消費量が膨大で、信じがたいほどなのに、われわれの冶金工場の生産能力は弱い。工場は生産を倍増させたが、これでは消費量と比べると、大海の一滴だ」と述べている[84]。数日後、参謀総長ヤヌシケーヴィチ大将が答えている。

「われわれの歩兵は、銃を使うことなく、ますます砲兵におぶさって前進している。砲兵は最初、パトロール隊にでも個々の兵士にでも無慈悲に砲撃していたが、今では砲弾を節約し銃を使え、と厳しく命令されている。われわれの砲弾についての要求は、すべてを計算し、予備まで考えあわせてのものである。砲弾の消費を節約せよ、というあらゆる要求に対する答えは一つである。それだったら攻撃を中止するぞ、だ[85]」。

さらに翌月には、参謀総長は書いている。

「だが重大な、巨大な悪夢は砲弾だ。端的に言って、『むさぼり食っている』。脅したり、すかしたりしても、どうにもならない[86]」。

砲弾の生産が、戦場の要求に追いつけないだけではなかった。あらゆる軍需物資の増産が間に合わなかった。前線は、年末にはまったく危険な状態に立ちいたった。一二月六日、参謀総長は、陸相に報告している。

「多くの兵士は、長靴がなくて足が凍傷にかかっている。半外套も綿の入った上衣もなく、ひどい風邪をひきはじめている。その結果、将校が戦死した場合には、ときには、少尉補の主導で集団投降がはじまる。『なぜ俺たちは、飢えて、凍えて、長靴もなく、ばたばたと死ななければならないのか。大砲は鳴りをひそめ、われわれは、蝦蛄《しゃこ》のように射ち殺されている。ドイツの方がよい。あっちに行こう[87]』」。

こういう状態で、いつまでももちこたえられるはずもない。火力で圧倒的に優勢なドイツ軍とオーストリア軍は、一九一五年四月一九日（西暦五月二日）、オーストリア領ガリツィアで、ロシア軍の第一線をゴルリーツェ――グロムニーク線で突破した。五月二〇日、プシェミシル陥落。六月九日、リヴォフ陥落。

七月初めまでに、ロシア軍はガリツィアから全面的に退却した。[88] ついで、ポーランドにおける退却がはじまった。七月二三日、ワルシャワ撤退。八月五日、コヴノ陥落。八月一九日、グロドノ陥落。ポーランドからもロシア軍は完全に追い出された。ドイツ軍はロシア領内にも侵入し、九月一九日（西暦一〇月二日）、ついにヴィリノがドイツ軍に占領された。[89] 〝大退却〟の果ての事態である。

この大退却のはじまる前に、三月、スホムリーノフ陸相と個人的に親しかったミャソエードフ憲兵大佐が、開戦直後の敗北の責任をかぶせられ、スパイ罪で処刑されるという事件があり[90]（この告発はでっち上げであった）、注目を集めていただけに、広まった印象は軍にとっては最悪のものであった。

一九一五年五～七月の三か月間の損失は、死者六万三五一九人、負傷者二七万七一一〇人、捕虜、行方不明者五万二二三一人、総計三九万二九〇六人であった。しかし、八月には一か月間だけで死者三万三〇五四人、負傷者一四万六八二〇人、捕虜・行方不明者四〇万五〇五七人、総計五八万四九三一人の損失となった。[91] 開戦以来の損失の総計は、二一六万九九三九人にのぼった。兵士とその家族の苦しみと

大戦時のポスター。上：戦争犠牲者の援助の催し。1915年8月20-21日（パステルナーク画）。下：難民援助の催し。1915年8月18-19日

悲しみははかりしれない。

だが大退却は、新たな苦しみを生みだした。戦場となり、占領された地の住民の苦しみである。このポーランドとガリツィアの地には、ポーランド人・ロシア人・ユダヤ人が居住していた。ポーランド人は別にして、ロシア人はドイツ軍から逃れるため、難民化した。ユダヤ人の場合は、さらに複雑な状況に追い込まれていた。ポーランドでは、ポーランド人とユダヤ人の関係が対立的であった。さらにポーランドのユダヤ人は古い文化を保っており、ポーランド人にはドイツ的な印象を与えていた。ポーランドとガリツィアで戦争をするロシア軍の将兵は、ユダヤ人は親独的だと敵視する傾向を示していった。大退却の原因はユダヤ人の裏切りにある、という観念が広まるようになったのである。[92]

一九一五年一月、ロシア軍最高総司令官ニコライ大公名の布告が、ガリツィアの各地に貼り出された。

> 現在の戦争では、ポーランド、ガリツィア、ブコヴィナのユダヤ人住民が、われわれに明らかに敵対的な態度を明らかにした。（……）わが軍を、ユダヤ人が全戦線で行なっているスパイ活動から保護するために、最高総司令官は軍の作戦地域にユダヤ人が居住することを禁止する。さらにユダヤ人のスパイ活動の摘発のために人質を取ることを命じる。人質には絞首刑が適用される。[93]

こうして、ユダヤ人住民の強制的立ち退きがはじまり、大量の難民が発生し、人質として多数の者が逮捕されたのである。一九一五年四月、ドイツ軍がロシアのコヴノ県・クルリャンド県に迫ると、ユダヤ人

ロシア軍最高総司令官ニコライ・ニコラエヴィチ大公（右）と皇帝

の強制立ち退きが強行された。クルリャンド県からは四万人、コヴノ県からは一二万人、グロドノ県からは三万人が退去させられた。みな、二四時間の期限で立ち退かされたのである。[94]

この過酷な事態に対して、帝国内のユダヤ人弁護士スリオーズベルクらがロシア政府に対して行動を起こした。ニコライ大公とヤヌシケーヴィチ参謀総長に対する批判は、さまざまなルート◆から皇帝にも伝えられた。[95]

このような危機的状況のなかで、軍需物資生産のための工業動員の努力がはじまった。政府は、ようやく一九一五年五月になって工業動員のための新しい組織を結成した。国会議長ロジャンコや、ロシア＝アジア銀行、プチーロフ工場を握るプチーロフの提案によって、火器砲弾補給強化特別審議会が設置されたのである。その中心メンバーは、プチーロフのほか、一連の軍需工場を握る国際銀行のヴィシネグラツキー、割引貸付銀行のウーチン、ソルモヴォ＝コロムナ・グループのメシチェルスキーらであった。[96] ロシアの重機械工業は、国家による鉄道建設と結びつき、国家の手厚い庇護を受けて機関車製造業として発展してきた。一九〇五年革命後、これらの企業はいずれも、兼営銀行に成長した首都大銀行との金融資本的結合を遂げ、外国資本とも結んで、軍需企業に転換してきたのである。首都の巨大工場プチーロフとロシア最大の銀行ロシア＝アジア銀行、それを媒介とするフランスの軍需企業シュネイデル、パリのバンク・ド・リュニオン・パリジエンヌとの結びつきは、その典型的な事例である。この結びつきを人格的に体現するのがアレクセイ・プチーロフで、大蔵次官からロシア＝アジア銀行の頭取に天下りした人物である。[97] 首都を中心とするこの業種の資本家たちは、政府発注の独占を望み、現体制の存続に強い関心をもち、したがってツァリーズムにもっとも忠実であった。

◆さまざまなルート ユダヤ人社会の皇帝への訴えのルートの一つは、ラスプーチンのユダヤ人の秘書シマノーヴィチであった。和田春樹「ラスプーチン、皇后、皇帝――ピークリの歴史小説を読む」(『ロシア史の新しい世界――書物と史料の読み方』山川出版社、一九八六年、一〇二～一一二頁)。

これに対し、この審議会設置法が閣議にかけられた五月二三日、モスクワのブルジョアジーの代表者パーヴェル・リャブシンスキーの新聞『ウートロ・ロシーイ（ロシアの朝）』は、「一分も遅れることなく、全工業を動員し、全工場を戦争のためだけに適応させねばならない」と主張した。これは、これまで軍需生産をしていなかった企業も動員せよ、参加させよ、という主張であった。三日後に開かれた第九回全ロシア商工業代表大会は、リャブシンスキー提案を生かして、工業家自身がイニシャティヴを執り、学会、技術界、鉄道、ゼムストヴォ・都市全国連合などの代表も加えた工業動員の組織として、中央・地方の戦時工業委員会を設置することを定めた。中央戦時工業委員会の初代議長には、南部石炭資本の代表アヴダーコフが就任し、従来の産業界の実力者が新組織のヘゲモニーを握るよう画策されたが、モスクワ資本からの強い反撃がなされた。七月二五～二七日に開かれた戦時工業委員会の第一回大会では、モスクワの資本の側から、戦時工業委員会に労働者の代表を加えて、工業動員への労働者の協調を確保する案が提案され、採択された。八月四日の閣議で戦時工業委員会の設置規則が承認された際、労働者代表の参加も許可されたのである。そして、九月にアヴダーコフが死去すると、モスクワ・ブルジョアジーの古い代表者で、第三国会のオクチャブリストの指導者、現国家評議会議員グチコフが後継の議長に、モスクワ綿業資本の代表者コノヴァーロフが副議長に就任した。モスクワ地方委員会議長はリャブシンスキー、副議長はトレチャコーフ、スミルノーフ、キエフ地方委員会議長はチェレーシチェンコである。かくして、戦時工業委員会はコノヴァーロフ＝リャブシンスキーのグループが動かしうる全国的組織となった。これは、火器砲弾補給強化特別審議会に集まる従来からの重工業・軍需産業資本家たちと激しく対立するものであった。[98]

一方で、政府は特別審議会の体系づくりも進めていた。[99]六月半ば、激しい非難を浴びていたスホムリーノフ陸相が更迭されると、後任になった新陸相ポリヴァーノフは、従来の特別審議会を全面的に改組し、各省、立法府、中央戦時工業委員会、ゼムストヴォ・都市連合などの代表よりなる国防特別審議会を設けるとの法案を、七月一九日に再開された国会に提出した。国会は、燃料・食糧・輸送問題についても、そ

国会内の会派の変動（1915 年夏）

［右派］	
右派	65 議席
国権派と穏健右派	74 議席
［中道派］	
進歩ブロック参加党派	計 236 議席
国権派進歩グループ（ボブリンスキーら）、28 議席	
中央派（ヴェ・エヌ・リヴォーフら）、34 議席	
一〇月一七日同盟（シドロフスキーら）、22 議席	
ゼムストヴォ議員オクチャブリスト（ドミトリューコフら）、60 議席	
カデット（立憲民主党）、54 議席	
進歩党、38 議席	
［左派］	
トルドヴィキ	10 議席
（社会民主党）メンシェヴィキ	8 議席
（社会民主党）ボリシェヴィキ	0 議席
（5 人が開戦時に逮捕され、1 人は警察のスパイだと告発され失踪）	
［民族派］	
民族諸派	21 議席
	現職議員総数 414 人

れぞれ別個に特別審議会を設けると法案を修正して、八月一日に可決した。国防特別審議会には、ロジャンコ、ミリュコーフ、シンガリョフ、リヴォーフ、チェルノコーフ、グチコフ、コノヴァーロフらが入った。[100] この機構からもプチーロフらの軍需工場資本家たちは、すべて排除された。

　このような新しい機構が、どれだけ軍需物資の生産の拡大に貢献したかは定かではないが、全体の生産量は急速に増加した。官営工場だけでも、一九一五年一月の生産量は小銃三万四七六〇挺、機関銃二一九挺、銃弾四九八〇万発であったが、一二月にはそれぞれ八万四八三五挺、五二四挺、一億七一〇万発と増えたのである。大砲の砲弾については、官営・民間合わせて、一月の生産量は五一万四八〇〇発であったものが、一二月には一八四万八六〇〇発とほぼ三・五倍に増えたのである。[101]

　大退却のなかで、七月の末から政府の改組を求める声が公然とあがった。八月一三日、リャブシンスキーの新聞『ウートロ・ロシーイ』が、ロジャンコ首相、グチコフ内相、ミリュコーフ外相、シンガリョフ財務相、ネクラーソフ交通相、コノヴァーロフ商工相、ポリヴァーノフ陸相からなる「国防内閣」の名簿を発表し、一八日には、モスクワ市会が「国の信任を得る人よりなる政府」、いわゆる「信任内閣」を要求する決議を行なった。[102]国会と国家評議会内では、ミリュコーフを中心とする中道派の大同団結工作が、八月に入って急速に進展し、国会ではカデット党五四人を中心に、国権派進歩グループ二八人（代表者ボブリンスキー）、中央派三四人（ヴェ・エヌ・リヴォーフ）、ゼムストヴォ議員オクチャブリスト六〇人（ドミトリューコフ）、一〇月一七日同盟二二人（シドロフスキー）、進歩党三八人（エフレーモフ）と議員総数四二二人中の二三六人を集め、国家評議会では学者グループ（グリム）と中央派（メルレル＝ザコメリスキー）を集めた「進歩ブロック」が形成された。これは、立法府両院議員内のかつてない大同団結を表わすものであった。国会でこれに加わらなかったのは、右派国権派と穏健右派の一部、および民族三派、左翼のトルドヴィキ、メンシェヴィキのみであった（表「国会内の会派の変動」参照）。八月二五日に発表された進歩ブロックの綱領は、「強力にして、毅然たる、活動的な権力のみが祖国を勝利に導きうるし、そのような権力となりうるのは、ただ国民の信任に依拠し、全市民の積極的協力を組織しうる権力のみだ、との確信から出発して」、「国の信任を得、一定の綱領をもっとも早期に実現するにあたって、立法府と協調する人々よりなる統一政府の組織」、すなわち「信任内閣」の実現と、一連のきわめて穏健な自由主義的な改革要求を定めていた。コノヴァーロフらの進歩党は、議会が組織し、皇帝ではなく議会に対して責任をもつ内閣、「責任内閣」を主張したが、これは入れられなかった。改革要求の中には、政治的自由の要求も入っていなかった。しかし、このときは、進歩党もこれに妥協している。[103]

　政府部内では、皇帝が明らかにした、ニコライ・ニコラエヴィチ大公を罷免し、みずから最高総司令官に就任するとの意志をめぐって、皇帝・首相と大臣たちが激しく対立した。八月二一日の閣議では、八大臣連署の皇帝宛ての諫言の書簡が送られた。しかし皇帝は、これを無視して、八月二三日、みずからの意志を実現した[104]。二六日の閣議では、サゾーノフ外相を中心とする大臣たちは進歩ブロックの綱領の検討を求め、検討の結果、ブロック側と話し合いを行なうことを決めた[105]。その結果が報告された二八日の閣議では、農相クリヴォシェインが「われわれが進歩ブロックに、何を言おうと、何を約束しようと、（……）われわれは少しも信用されない。国会と全国の要求は綱領ではなく、権力が委ねられる人間の問題に帰着するのだから」と述べて、皇帝に国会休会と同時に内閣改造を行なうことを求めるように主張した。大半の大臣がこれに同調し、この線が決められた[106]。ところが九月二日の閣議では、ゴレムイキン首相が翌日から国会を休会にせよ、とのツァーリの命令を受けたとのみ報告した。激昂した大臣たちは首相につめ寄ったが、どうすることもできなかった[107]。

こうして皇帝は、国会への譲歩を拒否した。全経過を通じて、皇帝と大臣たちの関係が断絶し、皇帝は以後、もっぱら皇后とラスプーチンの助言によって政治を行なうことになっていくのである。しかし、軍事指導の面では、最高総司令官になった皇帝は参謀総長のヤヌシケーヴィチを罷免し、軍内に信望のあるアレクセーエフを後任とし、事実上の実権を与えたので、改善がなされたのであった。

ロシア帝国の危機

協商国とドイツ

一九一四年七月からはじまった大戦は、一九一六年夏にはすでに三年目に入った。ヨーロッパの主戦場は、独仏間の西部戦線と、ロシア対独墺間の東部戦線の二つの戦線である。一九一六年には、西部戦線のベルダンとソンムで英仏軍とドイツ軍の死闘がつづいた。両軍の奮闘で戦線は基本的に動かなかった。東部戦線は、バルト海の海軍基地リガの西からはじまり、ほぼまっすぐ南下して、ドゥブノ、チェルノヴィツィ、ブライロフをへて、黒海にいたる戦線である。ロシア帝国から見ると、ポーランドは全土が失われ、コヴノ県、ヴィリノ県、ミンスク県も半分を失っている状態であった。

この戦線の両側に塹壕が掘られ、大軍が対峙していた。火砲のレベルが拮抗していて、塹壕戦を歩兵の攻撃では突破できない。一九一六年夏、ブルシーロフの西南方面軍のガリツィア攻撃の成功はあったが、全体として一九一五年の夏以来、戦局は膠着し、戦線は固定化したのである。その後、新兵器の開発が進み、航空機による空爆、戦車による塹壕線の突破、毒ガスによる虐殺が実行されたが、塹壕戦による対峙という基本的な状況を変えるにはいたらなかった。この塹壕戦は、兵士の厭戦気分を高めていく基本的な条件となった。

この情勢のもとで、一九一六年年末、ロシアは完全なる危機に直面していた。第一には世界戦争による専制君主制の危機であり、第二には世界戦争によるロシア国家・社会の危機である。

皇帝・皇后・ラスプーチン――崩壊する権力中枢

当時のロシアは、一九〇六年憲法体制のもとにある専制君主制の国家であった。皇帝は専制君主として、憲法のもとで、国会と国家評議会という二院制の議会と協力して立法権を行使し、首相と大臣たちを動かして行政権を行使し、外交を行なっていた。皇帝は全軍の最高統帥権を保有していたが、名目的にもこのときロシア軍の最高総司令官となっていた。その皇帝の統治が、皇帝自身の無能さ、および皇后とラスプーチンの介入によって混乱・自壊し、完全なる機能不全状態におちいっていったのである。

皇帝ニコライ二世は、一八六八年生まれで、このとき四八歳の壮年であった。彼は一八九四年、父の死の直後に、婚約者であるドイツのヘッセン＝ダルムシュタット公国大公の娘アリックスと結婚した。アレクサンドラ・フョードロヴナと呼ばれたこの皇后は、結婚後、隔年に一人の割合いで子どもを産んだ。一八九五年に長女オリガ、九七年に次女タチヤーナ、九九年に三女マリヤ、一九〇〇年には四女アナスタシヤと、すべて女子であった。男子のみが帝位継承権を有するロシア帝国の皇后として、皇太子を産みたいという願望を異常に高めたのは当然であった。
その結果、一九〇一年に皇太子が誕生するとの予言をするフランス人オカルト学者フィリップと出会うと、皇帝とともに彼をあがめるようになった。パリ駐在のロシア保安部の代表は、何度も投獄されたヤマ師であると警告していたが、皇帝・皇后はフィリップを「われらが友」と呼び、宮廷に迎え入れた。一九〇一年七月一〇日から二一日まで、文字通り「奇蹟のような」時間をフィリップとともに過ごしたと、皇帝は日記に書いている。彼の言葉を聞き、ともに祈ったのである。[108] そして、フィリップの予言通り、一九〇四年七月三〇日、待望の男子が誕生した。

しかしながらこの息子は、皇后が祖母のイギリス・ヴィクトリア女王から受け継いだ血友病の因子をもって生まれており、やがてそれを発症することになったのである。血友病によって出血すると止まらず、たいへんな苦痛を味わう息子アレクセイの姿に、皇后アレクサンドラは絶望の淵にお

上：皇帝一家（1906年）。左から、オリガ、マリヤ、皇帝ニコライ二世、皇后アレクサンドラ、アナスタシア アレクセイ、タチヤーナ
下：皇太子アレクセイ

ちいる。そしてその皇后の前に、この息子の苦痛を癒す呪術をもつ農民宗教家グリゴーリー・ラスプーチンが現われた。一九〇五年一一月一日の皇帝の日記には、「われわれは、神の人、トボリスク県出身のグリゴーリーと知りあった」とある。[109]

　ラスプーチンは、この県のチューメニ郡ポクロフスコエ村に一八六九年に生れた。父と同じく酒好きな乱暴者であった彼は、ウラルのヴェルホトゥーリエ修道院にこもって修行したのち、別人のようになり、宗教家となった。その信仰は、多分に「フルイスト」（鞭身派）と呼ばれる新宗派に近かったと見られている。一九〇四年に首都に姿を現わし、皇帝・皇后の非公式懺悔聴聞僧であったフェオファンに「有徳の賢者《スターレツ》」という印象を与えて、ピョートル・ニコラエヴィチ大公の妃に紹介されたのである。この人物が、皇太子の血友病に悩む皇后にとっては、言葉通りの「神の人」となった。ラスプーチンは皇太子が傷を負って、極度の痛みに苦しむたびに、それを落ち着かせたからである。とくに一九一二年一〇月初めに皇太子が重態となった際、ラスプーチンのシベリアからの電報を皇太子の額にあてたところ、容態が好転したということで、皇后のラスプーチン崇拝は絶対的なものとなった。[110]

　皇帝には弟が三人いたが、二人は早く死に、残っていたのは一八七八年生まれで一〇歳年下の末弟ミハイル大公であった。皇太子に万一のことがあれば、彼が帝位を継承する順位にあった。しかしながらミハイルは、一九一〇年、二度の離婚歴のある美女ナターリヤ・セルゲーエヴナ・ヴリフェルトを愛し同棲する。これは深刻な事態であった。この女性は非貴族の弁護士の娘で、最初の夫は歌手、二度目の夫ヴリフェルトは騎兵士官であった。一九一〇年のゴシップでは、ユダヤ人女性だとも言われた。二人には早々に子どもが生まれた。当然ながら、このような関係を、皇帝が許すことはありえなかった。ついに一九一二年秋、ミハイルたちは国外に駆け落ちし、ドイツの保養地で結婚を強行した。この「左手結婚」の結果、この年の一二月三〇日、皇帝ニコライは、ミハイル大公から、皇太子アレクセイが即位した場合、成人までの「国家統治者」、つまり摂政になる義務を公式に剝奪した。これはミハイルが帝位継承権を喪失したことも意味した。これ以後、ミハイルは国外で一私人として生きていくことになった（妻はブラーソヴァ姓の伯爵位を与えられたが、宮中参内は認められなかった。だが大戦開始後、ミハイルは願い出てペトログラードに戻り、カフカース師団の師団長になって働くことになった[▼111])。

ミハイルの帝位継承権喪失の結果、帝位継承順位は傍系に移り、皇帝の祖父アレクサンドル三世の次弟、ヴラジーミル大公の子たるキリル・ヴラジーミロヴィチ大公（一八七六年生まれ）が、皇太子アレクセイに次ぐ帝位継承順位にあると目されることになった。

皇太子は血友病、皇帝の弟大公は許されざる結婚により摂政になることもできないというわけで、ロマノフ王朝は世界戦争開戦前から帝位の継承もおぼつかない危機に直面していたのである。

大戦中の一九一五年夏から、皇帝はロシア軍の最高総司令官に就任した。就任とともに軍隊内で信望の高いアレクセーエフ大将を参謀総長に任命し、実質的には作戦の指導は彼に任せたので、作戦指揮の面では皇帝が総司令官であることに問題はなかった。しかし大本営は、首都ペトログラードから七〇〇キロも離れているモギリョフに置かれていた。皇帝は一か月のうち、二〇日以上も大本営で過ごしていた。皇帝

上：ラスプーチン。中：ラスプーチンと皇后（右側）、皇太子たち。下：女性信者たちに囲まれるラスプーチン

ミハイル大公とブラーソヴァ夫人

が首都を離れている間は、ツァールスコエ・セローの宮殿に皇后がいて、二人の間では、毎日のように手紙が交わされていた。皇后が首都の首相と政府を動かし、大本営の皇帝に助言をするというのに好都合な環境が整ったのである。

皇后の政治介入は、このとき明らかに異常なレベルに達していった。彼女が意志の強い女性であったことは確かであり、皇帝に対しては早くからリードする意欲を表わしていたが、永らく政治に介入する意欲を示したことはなかった。それが、一九一五年の六月初めにマクラコーフ内相が解任され、さらに、激しい非難を浴びていたスホムリーノフ陸相の更迭、サブレル宗務院総監の更迭、シチェグロヴィートフ司法相の更迭とつづく形勢になったところで、皇后の政治介入がはじまった。

ラスプーチンは、最初に彼が関与した人事であったサブレルが解任されることを阻止しようと、皇后への働きかけを強めた。皇后は、このすべての流れは、「神の人」ラスプーチンの敵であるニコライ・ニコラエヴィチ大公に皇帝が押し切られたせいだと考えた。それだけに許しがたい事態であった。すでに一九一五年六月一〇日、皇后は次のように皇帝宛ての書簡を書いている。

あなたはいっさいのことを一人で、あんなに雄々しく、堪え忍んでおられるのです！　私の宝よ、私があなたを助けるのを許してください。きっと、女性が役に立ちうることがあるでしょう。私は、あらゆる点で、あなたを楽にしてあげたいのです。だのに、大臣たちは、みな個人的損得にとらわれず、仲良く仕事をし、ツァーリと祖国のためにのみ働かなければならないときに、互いに対立しているのです。私は気も狂わんばかりにさせられます。言い換えれば、これは裏切りです。なぜなら、人民はこのことを知り、政府のなかに不和を見るし、左翼政党はこれを利用するからです。あなたが、ただ厳しくできさえすれば——私の大事な人よ、これは本当に必要なことです——、彼らはあなたの声を聞き、あなたの目の中に不満の色を見なければなりません。（……）彼らは、あなたの前で震え上がることを学ばなければなりません。ミスターPh〔フィリップ〕とGr〔ラスプーチン〕も同じことを言ったのを憶えているでしょう。あなたは、それが実行できるか否かを問うことなく、これこれのことが実行されねばならぬと、端的に命令しなければならないのです。[112]

われわれの友（our Friend）の言うことを聞きなさい。あの方（He）を信じなさい。あの方の心には、あなたの利益とロシア人とが大事なのです。神があの方をわれわれに遣わされたのは、意味のないことではありません。——私たちが、あの方の言葉にもっと注意を払わなければならないだけなのです。[113]

上：皇后アレクサンドラと皇太子アレクセイ（1913年）。下：皇帝ニコライ二世と皇太子

「あの方（He）」とは、ラスプーチンのことである。この言葉が、六月半ば以後、皇后とラスプーチンの介入が皇帝統治の変わらぬ要因となることを説明している。皇帝は大敗北のなかで、最高総司令官ニコライ・ニコラエ

上：シチュルメル首相。
下：プロトポーポフ内相。二人とも皇后とラスプーチンの推薦で任命された

ヴィチ大公を解任して、自らが後任となるとの決意を表明して、大臣たち全員と衝突した。さらに皇帝は、国会に誕生した連合勢力「進歩ブロック」の信任内閣要求を蹴飛ばした。

孤立した皇帝は、皇后・ラスプーチンとの協議によって、大臣の任免をくり返すことになった。内務大臣にフヴォストフが選ばれ、彼に期待をかけたが、彼もラスプーチンの殺害を企てるにいたる。一九一六年一月、今度は首相にシチュルメルを選び、彼に外相も内相も兼務させた。バルト・ドイツ人出身の首相はさすがに猛烈に不人気で、ついには、一九一六年九月、プロトポーポフを内相事務取扱に任命する。このすべてが、皇后とラスプーチンの推薦で皇帝が行なった人事である。この中心的な流れのまわりで、「大臣の蛙飛び」と呼ばれた大臣の首のすげ替えが恐ろしい勢いで進められた。一九一五年九月から一六年一二月までの一年四か月の間に、首相は三人、内相は四人、国有財産・農業相は三人、外相は二人、陸相は二人、司法相は二人、交通相は二人、宗務院総監は二人、会計検査院長は二人、文相は一人が任命された。変わらないのは、海相・財務相・商工相の三ポストだけであった。▼114

この異常な人事のなかでも、プロトポーポフの内相任命は権力の危機をもっともよく表わしている。プロトポーポフは一八六六年生まれ、シムビルスク県の大地主の子で、第一幼年学校・騎兵士官学校を出て、近衛選抜騎兵連隊に入隊した生粋の貴族である。健康上の理由で五年で軍務を辞めた後は、領地のある郡で貴族団の仕事をしていた。一〇月詔書が出るとオクチャブリストとなり、第一国会選挙では落選したが、第三国会から議員となった。一九一四年よりロジャンコ議長のもとで国会副議長を務め、進歩ブロックのメンバーとなった。彼はまた、叔父より相続したラシャ毛織物工場を経営し、一九〇七年にはヴォルガ地方の業界団体の会長となっている。この業者は製品の大部分を軍服・囚人服として国家に納入しており、業界団体の役割は官庁との折衝が主なものであった。いつのころからか不明だが、戦時中、彼は南部の重機器工場ハルトマンの経営陣に入った。一九一六年二月末〜三月初めに開かれた第一回金属加工業代表大会で、国防特別審議会からの排除を不満とし、戦時工業委員会への不信任を表明する大会主流の意見を表明したのは、このプロトポーポフとコロムナ＝ソルモヴォ・グループのメシチェルスキーの二人であった。プロトポーポフは、結成された金属加工業代表者大会評議会の議長に就任した▼[115]。

だが、そうした名士が、一九〇三年にはチベット医師バドマーエフの治療を受けて、精神的にその影響下にあった。国会議員になってからは、ひそかにバドマーエフに大臣になりたいとか、首相になりたいとかの夢を語って、助言を求めていたと言われる。バドマーエフからラスプーチンを紹介され、大戦前に知りあっていた。ラスプーチンは、早くからプロトポーポフのことを、皇后にも皇帝にも話していたのである▼[116]。

チベット人の医師バドマーエフ。皇族や有力者に治療を施し、政治的な影響力を持つ

この彼は、一九一六年春、海外視察国会議員団団長として英仏伊三か国を訪問した。帰途、ストックホルムで、彼は銀行家ワールブルクと会った。この人物は同地のドイツ大使と関係がある人物であったため、このことは帰国後に物議をかもすことになった▼[117]。

帰国した直後、七月二〇日、プロトポーポフは皇帝に拝謁した。皇帝は「私はたいへん気に入った」と皇后に書き送った▼[118]。皇后は、書簡では九月七日に初めて彼のことを記している。

> シチュルメルは、内相のポストに（……）オボレンスキー公爵を提案したがっていますが、Gr〔ラスプーチン〕は、説得力をもってこのポストにプロトポーポフを任命するように求め

ています。あなたも知っているでしょう。あなたによい印象を与えた人です。

この書簡は次のようにつづく。

あの方の言うところに耳を傾けなさい。あの方は、あなたに善のみを願っています。神は、すべての軍人を合わせたよりも、大きな予見力・叡智・洞察力をあの方に与えられました。あの方のあなたとロシアに対する愛は無限です。神はあの方を、あなたの助手として、指導者として送って下さったのです。[119]

九日後の九月一六日、プロトポーポフは内相に任命された。すると九月二七日、皇后は皇帝に向かって、翌日にプロトポーポフが大本営に最初の上奏に行くことを知らせ、彼にはラスプーチンの言うことを聞き、その助言を信頼せよと、はっきり言ってほしいと書き送った。ラスプーチンが望んでいる六項目も書き添えられている。[120]

国会の中にはプロトポーポフの内相任命を歓迎する動きも一時はあったが、早々にプロトポーポフ批判の声があがり、それがシチュルメル首相批判と一緒になって、政府不信任の気分を強めた。一一月九日、シチュルメルが解任され、後任にトレポフが任命されると、こんどはトレポフ首相が大臣たちと語らって、プロトポーポフ解任を皇帝に求めるようになった。[121]皇帝は動かされた。一一月一〇日、皇帝は皇后にプロトポーポフへの不信を表明した。

「数年前に周知の病気のあと、彼はまったく正常だとは言えなかった〔彼はバドマーエフの患者だった〕と言われている。こういう時期に、そんな人間の手に内務省を委ねたままにするのは危険だ[122]」。

この皇帝の変化に、皇后とラスプーチンは猛然とプロトポーポフ解任反対の圧力をかけはじめた。一一月一一日、皇后は、「私はあなたに懇願します。プロトポーポフを今、交代させないで下さい。（……）彼に、食糧問題を自分の手に握る可能性を与えて下さい」。「プロトポーポフはわれわれの友を敬っています。だから神が彼とともにあるのです」と記している。[123] 翌日には、昨日、プロトポーポフとよく話した、「彼は完全に健康です」として、「プロプを交代させないで下さい」とくり返した。そのうえでこの日、皇后は大本営へ出発した。大本営では皇后は反感がみなぎっているのを感じながら、皇帝を必死に口説いて、内相更迭の意志を撤回させた。[124] 皇后は、一一月二五日にまで大本営にいて、皇帝と一緒にツァールスコエ・セローの宮殿に戻った。[125]

一二月四日、皇后は大本営に戻った皇帝に書き送っている。

> 私は深く信じています。あなたの治世とロシアの存続の偉大な、美しい日々が近づいていると。精神の活力を保ちつづければいいのです。デマや手紙の影響に屈しないでください。(……)万人に、あなたは実権者であり、あなたの意志は実行されるということを示して下さい。(……)
>
> 彼らに服従を教えなければなりません。この言葉の意味がみなにはわからないのです。あなたは人のよさと寛大さで甘やかしてきたのです。私はなぜ憎まれるのでしょうか。それは、彼らが知っているからです。私には強い意志があり、いったんことの正しさを確信したら、私は意見を変えないということを。このことが彼らには耐えられないのです。[126]

皇帝と皇后の関係◆は、完全に異常なレベルに達していた。

人的資源の枯渇

世界戦争の三年目にして、ロシア社会は兵力動員の限界にいたり、戦争を継続することが困難になるという危機的な状況に立ちいたった。

兵力の損失は、開戦から一九一五年末までの一年五か月の間に、死者三一万七五七四人、負傷者一五三万七八四九人、捕虜・行方不明者一五四万七五九〇人、総計三四〇万三〇一三人にのぼった。一九一六年の損失も、死者二六万九七八三人、負傷者九九万五一〇六人、捕虜・行方不明者一一七万二四四八人で、損失の総計は二四三万七三三七人であった。[127] したがって、一九一六年末までには、五八四万人が失われた。

そのような損失を埋め合わせるために、兵員の動員が根こそぎに行なわれた。すでに述べたように、開戦前のロシア軍の兵力は一四二万三〇〇〇人であったのに、開戦後から一九一四年年末までに動員された兵は五一〇万人にのぼったので、動員された者の総数は六五二万三〇〇〇人であった。

大戦二年目の一九一五年には、過剰な壮丁（成人男子）からなる第一種国民兵から一四八万五〇〇〇人、新兵徴兵二二三万七〇〇〇人が動員され、早くも徴兵検査不合格者と第一級徴兵免除の恩典を与えられた者からなる第二種国民兵も一三二万五〇〇〇人動員されたのである。この年の動員数は、五〇四万七〇〇〇人であった。累積動員数は一一五七万人に達した。

一九一六年にも、第一種国民兵から三二万人、新兵徴兵で九〇万八〇〇〇人が動員されたが、第二種国民兵からはさらに一七二万人が動員された。この年の動員総数は三〇四万八〇〇〇人であった。累計動員数は、一九一六年末には一五〇一万五〇〇〇人に達したのである。[128] これは日露戦争時の予備役一一七万五〇〇〇人の召集[129]とは、比較にならない膨大な数である。

この動員された者一五〇一万人のうち、すでに述べたように五八四万人、三八・九％が失われていた。動員数から損失数を引いた現有兵力数は、一九一五年末には八一七万人であったものが、一九一六年末には九一七万人を維持していた。

しかしこのとき、ロシアの人的資源は枯渇◆に近づいていたのである。一九一六年末の国防特別審議会においてヴラジーミル・グルコー、スチシンスキー（国家評議会議員）、ボリス・エンゲリガルト、ニコライ・シュリギン（国会議員）をはじめとする国会と国家評議会の二八議員が意見書をまとめ、皇帝に提出した。[130]

そこには次のような計算がなされている。戦争の過程で一九一六年末までに動員された総人員は、一四五〇万人である。それを、ロシアにおいて兵役可能な一八歳から四三歳までの男子人口二六〇〇万人から差し引くと、残っている未動員者は一一五〇万人にすぎない。

このうち二〇〇万人は被占領地の住民、亡命者、兵役拒否者であり、五〇〇万人は肉体的に兵役には就けない身体虚弱者、三〇〇万人は軍需産業・鉄道・政府機関などで働く兵役に向けられない人々である。とすれば、動員できる残りは一五〇万人でしかない。その半分は一九一九年に徴兵される一八歳の青年であり、あとの半分は四〇歳を超える身体虚弱者と第二種国民兵などである。

「したがって、わが軍隊を月に三〇万人ずつ補充していけば、五か月後には、その補充の可能性がないま

◆皇帝・皇后の関係　この往復書簡からうかがえる関係は、当時の人々には知りえぬ世界であったが、民衆の間での皇帝・皇后イメージはいっそう途方もないものになっていた。ラスプーチンに帰依する皇后は、ラスプーチンと男女の関係にあるとの噂が大戦前から流れていたが、大戦中にはドイツ人である皇后の敵国への内通の疑いが噂されたのと結びついて、いっそう広がった。その結果、意志の弱い皇帝は、妻を寝取られた情けない夫だという印象が形成された。強い男性であるべき皇帝としては、致命的な権威の喪失が生じたのである。二月革命後に出版されたパンフレット『ツァーリの阿呆、淫乱皇后、太まらグリーシカの物語（*Skazka o tsare-durake, o tsaritse-bludnitse i Grishke-Rasputnoi Shishke*）』（ペトログラード）は、典型的な反帝政宣伝の一つだが、このような印象は革命前にすでに漂っていたと考えられる。このパンフレットは、ニューヨーク市立図書館のジョン・リード・コレクションの中で見つけた。Boris Kolonitskii, *"Tragicheskaia erotika": Obrazy imperatorskoi sem'i v gody Pervoi mirovoi voiny*. Moscow, 2010 は、皇帝・皇后イメージについての唯一の研究である。

◆ロシアの人的資源は枯渇に……　私は一九六八年に、次のように計算した。開戦時より一九一六年一一月一日までに、徴兵検査不合格者と一家生計維持者よりなる第二種国民兵三〇七万人を含めて、開戦時の現役兵と合わせて一四二九万三〇〇〇人が召集を受けた。これは大戦前夜にいた兵役該当者（一六～四三歳の男子）三三六六万人の四二・五%に達している。同日までの損失は、戦死五三万一六二〇人、ガス中毒二万八四〇二人、負傷二二九万八七七二人、捕虜行方不明二五一万二〇三三人、計五三七万八二七人である。召集される者は、適格者の二人に一人の線に近づきつつあり、召集された者の三分の一は失われていたと判断された。

ま、予備大隊を食いつぶして、戦争をつづけるほかなくなるのである」。

ロシアの戦争国家が、いわば絶対的な危機に立ちいたったことが確認されているのである。意見書は、これまで動員外とされていた「異族人」、一部のイスラム教徒を動員するか、四三歳という限界年齢以上の高齢者を動員するかが考えられるが、どちらもあまり解決策にはならないとしている。

そして、さらにこの軍隊への動員資源の涸渇という問題は、今一つの重大問題と関連していることが指摘される。

> 国民労働のすべての最重要部門、なかんずく軍隊からのあらゆる大量で多様な要求に応えている生産部門での労働力の不足が、国内においてますます強く感じられているのである。最近、国防特別審議会が軍隊のために働くあれこれの産業部門の増産施策をどんなに議論しても、たえず同一の壁——人がいないということにぶつかった。（……）
>
> ようするに、国家メカニズム全体と全国民経済が、完全に明らかなる人手不足を経験しているのである。

意見書は、最後に五項目の対策を提案していた。一方では、一八歳の徴兵、異族人の動員、第二種国民兵の動員を提案しながら、他方では、熟練労働者を兵役解除することを主張せざるをえず、結局は戦闘での兵士の損耗を避けるように慎重な配慮を求めるほかなかったのである。つまり、意見書はこの危機に対する対策を提案できなかったのである。

この意見書が出されたとき、参謀総長アレクセーエフは健康を害して、カフカースで静養中であった。参謀総長代行に任じられていたヴァシーリー・グルコー（意見書の筆頭署名人の兄）は、一九一七年二月八日になって、意見書を各方面軍司令官たちに見せたとして、回答を送ったが、内容がまったくない回答であった。うろたえた司令官たちは何も言えなかったのである。▼[131]

軍需物資の生産もまた、危機的な様相を呈していた。一九一五年に生まれた国防特別審議会が、国会、国家評議会、陸軍省、海軍省、財務省、会計検査院、商工省、交通省、ゼムストヴォ・都市連合、中央戦時工業委員会の代表を招集し、若干の招待者も加えて、頻繁に会議を開いて協議・調整を行なっていた。そこでは軍需物資の生産が危機的であることが、一九一六年の末には毎回報告された。さらに民需用の工業生産も同様であることが指摘された。大量の軍需物資の輸送で鉄道もマヒ状態に陥っていた。食糧危機・燃料危機が発生し、経済的解体は加速度的に進行した。

兵士の「抗命」

一九一六年一〇月、ついに世界戦争の苦しみに堪えかねた兵士が、上官の攻撃命令を拒否して公然たる抵抗を開始した。前線では兵士の脱走が頻々として起こっていた。個々の兵士の反抗、暴力事件もあった。しかし、兵士大衆の気分の変化を直接反映した「抗命」の行動は、このときはじまったのである。

一九一六年一〇月一日の夜、シベリア狙撃兵第四八連隊の兵士のなかから攻撃命令拒否の叫び声があがったことが確認され、中心人物と見られた兵士一人が翌日に銃殺されている。[132] この連隊は、シベリア第七軍団中のシベリア第一二師団に属しており、西南方面軍の一部である。一〇月三日、攻撃命令が出されると、ふたたび第四八連隊の第一中隊、さらに第四七連隊の第一一・一三中隊でも命令拒否の行動があった。第四八連隊では、四日に二人の兵が軍法会議で死刑判決を受け、即日処刑された。第四七連隊では、一〇月七日の軍法会議で二名に懲役一〇年が宣告され、一三日の軍法会議では仲間の兵士に攻撃に出るなと説得した一人が死刑を宣告された。さらに一〇月九日には、第二二歩兵師団長が同師団に属す第八五・八七連隊に不穏な空気があり、攻撃には出たくないという話があることを報告している。[133]

兵士の直接的な反抗は首都でも発生した。一〇月一七日、首都の歩兵第一八一予備連隊の兵士による警官襲撃事件が起こり、驚かせた（第1章162・175頁参照）。予備連隊の兵士は召集を受けて入隊し、訓練を受けており、これから前線に送られる兵士である。そのような新兵たちが、労働者を弾圧する警官に憤激して、兵営を飛び出して警官に暴行を加えたのであった（第3章169頁「兵士」参照）。

一方、一一月に入っても、前線では兵士による抗命がつづき、拡大していた。一一月一六日には、第九軍の第四〇九ノヴォホペールスキー連隊で、予備大隊から到着した補充兵たちが上官に従わず、食事を改善しなければ攻撃には出ない、と抗命した。そこで上官は発砲するぞと脅して命令に従わせた。一二月三日、抗命した者は軍法会議にかけられ、三名は銃殺、一六名は懲役、他の三二名も刑罰を受けた。[134] 一一月一七日には、西南方面軍の歩兵第三二六ベルゴライスキー連隊の第一・三中隊が、塹壕の中で攻撃準備行動の命令を拒否した。兵士は次のように叫んだ。


「攻撃には行かないぞ」。

「陣地は最後の血の一滴まで守るが、攻撃には出ない」。

「俺たちは、九か月も陣地にいて疲れているんだ」。

「交代、休息をよこせ」。

「俺たちは裸足なんだぞ」。


この結果、抗命した一九七人もの兵士が軍法会議に送られた。[135] 一一月一八日には、同じく西南方面軍の狙撃兵第七連隊の第三・四・五・七中隊の兵士が、一二二二高地の占領をめざす攻撃命令を拒否した。「攻撃には出ないぞ」「陣地は守るが、それ以上はやらないぞ」と兵士たちは叫んだ。この抗命の首謀者七人が確認され、軍法会議の結果、四人が銃殺され、一人に二年半の禁固刑が宣告された。[136]

一二月下旬、北部方面軍で、リガの南方ミタヴァのドイツ軍を攻撃し、ミタヴァの奪還をめざす作戦が実行された。この際、作戦の主力部隊となった第一二軍のシベリア第二軍団で大きな騒乱が発生した。第一二軍は軍の上層部から危険視されていた。一二月一七～一八日の大本営の会議で北部方面軍総司令官ルーズスキーは「リガとドヴィンスクは北部方面軍の不幸だ。とくにリガが悪い。この二つは、宣伝工作ですっかりやられた悪の巣窟だ」と発言している。ここにいたシベリア第七軍団は、この前にルーマニア方面軍に移動させなければならなくなったのだが、それを迎え入れた西南方面軍総司令官ブルシーロフも、この軍団が「宣伝工作ですっかりやられた」状態で到着したと回想している。「兵士たちは攻撃に出ることを拒否していた。公然たる反抗のケースもあった。一人の中隊長は銃剣の先で持ち上げられた。厳しい措置をとり、数人を銃殺し、指揮官を変えなければならなかった」[137]。

第一二軍の第一五・一六・一七・一八・一九連隊では、兵士の間で反戦・反軍の宣伝工作が行なわれていた。とくに第一七連隊では、一二月の半ばから「攻撃には出るな」という手紙やビラが広められていた。一二月二〇日には、同連隊の第二中隊の兵士の間に、戦線右翼の二個師団、左翼の一連隊が攻撃を拒否したという噂が流れていた。一二月二一日、第九中隊は塹壕に入ることを拒否した。一二月二二日には、あ

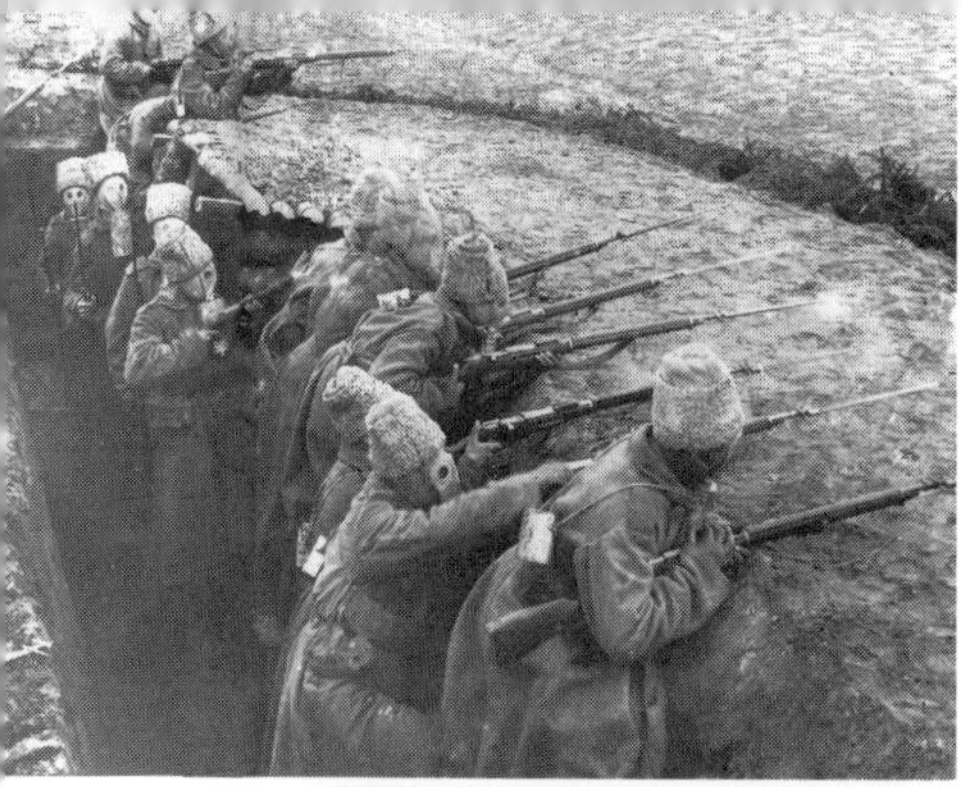

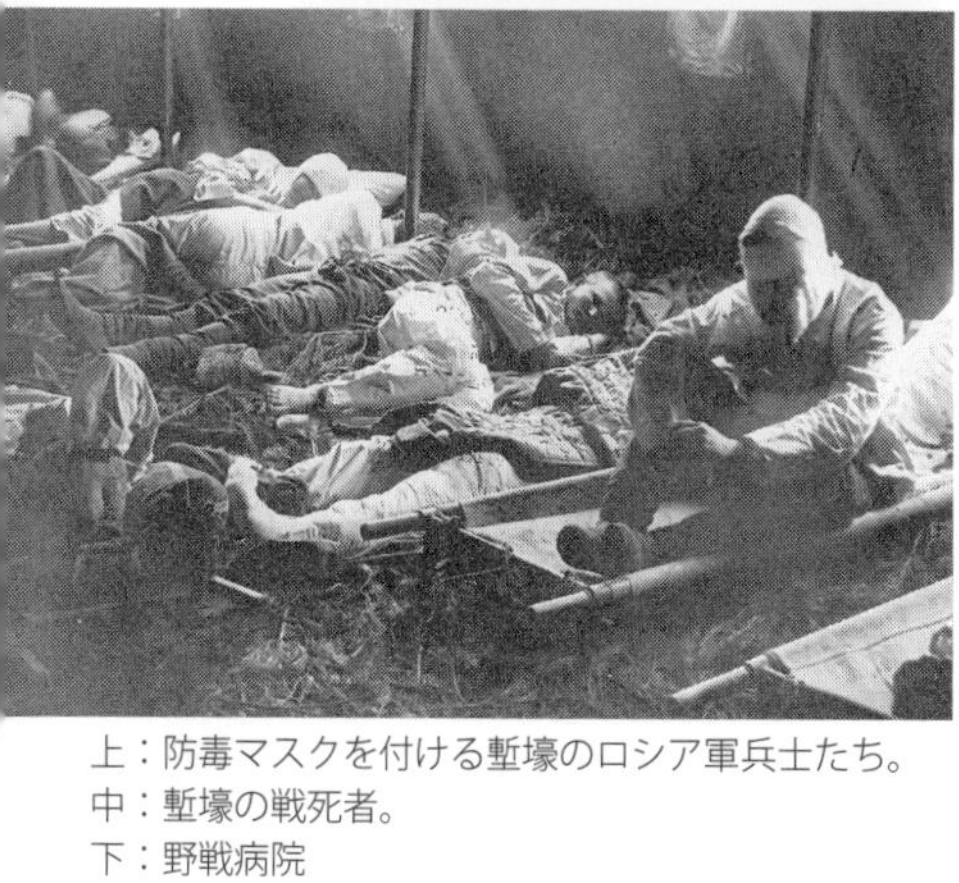

上：防毒マスクを付ける塹壕のロシア軍兵士たち。
中：塹壕の戦死者。
下：野戦病院

る大隊で攻勢反対の公然たる宣伝がなされた。

一二月二三日、第一二軍はミタヴァ作戦の命令を受けて、ドイツ軍への攻撃を開始した。二三日の夕方には、第一七連隊の第一大隊では出撃準備がなされていた。まさにこのとき、第一大隊は、公然と出撃に抗議する動きを見せたのである。大隊長も中隊長も、夜を徹して兵士を説得した。しかし、兵士からは次のような声があがった。

「防衛はするが、攻撃はしない」。

「どこもかしこも裏切りだらけだ。白昼、兵を送り出すのか」。

「三月の戦闘、七月の戦闘と同じことになる」。

「わが軍には、いたるところドイツに内通した司令官がいる」。

「われわれはどこでも収奪されている。家族は飢えている。貧しい者から最後に残った物まで取り上げるのに、金持ちはすべてを持ったままだ」。

「リガはすでに売り飛ばされた。なぜ今まで責任内閣制がないのだ。われわれはすべての行動で裏切られるのか」。

四個中隊の兵は、完全に大隊長の攻撃命令を拒否した。連隊長が駆けつけ、兵士を叱りつけたが、効果はなかった。一二月二四日には、抗命者たちは「われわれは前進はしない。ドイツ軍を前に一歩も退くことはしないが」と通告した。この日、第三中隊だけを孤立させ、武装解除させた。二四人を逮捕して、軍法会議送りにしたが、将校たちは動揺して軍法会議を開けなかった。ようやく一二月三一日に一六七人が裁かれ、二四人が有罪となった。銃殺されたのであろう▼[138]。

同じころ、第一四師団の第五五シベリア狙撃兵連隊でも抗命が発生した。一二月二二日に攻撃命令が出されたが、第一五中隊が命令を拒否した。この隊は後備にまわされた。二四日、第五中隊と第七中隊が命令を拒否した。連隊長ポポフはこれに対して厳罰をもって臨まなかった。そこで師団長ドゥボル＝ムスニツキーが乗り出して、直接、抗命者の取り調べを指揮した。一三人が首謀者とされ、軍法会議なしで銃殺が命令された。のちに二つの中隊で六八人が逮捕され、六一人が軍法会議にかけられた。うち三七人に銃殺の判決が出た。[139]

ミタヴァ作戦は結局、なんの戦果も得られずに終わった。ミタヴァを奪い返すことはできなかった。[140]

世界戦争の危機の瞬間に、ロシア軍の最前線部隊のいたるところで兵士たちが攻撃命令拒否の声を上げ、自分の命を投げ出して抵抗した。「防衛はするが、攻撃はしない」「ドイツ軍を前に一歩も退くことはしないが、前進はしない」という兵士たちの叫びは、世界戦争に対抗し、専守防衛以外の軍隊を拒否する深い意味をもっていたのである。

辺境の反乱――キルギス人

兵力・労働力不足を補うために、政府は一九一六年六月二五日の勅令により、従来、兵役を免除してきた中央アジア諸民族、アストラハン県、シベリア、カムチャトカ、サハリンの異族人、ザカフカース（南カフカース）のイスラム教徒住民を、軍事施設の建設と軍事鉄道の敷設の作業、その他の国防作業に動員することを告示した。[141] これに対する中央アジア、カザフスタンの住民の憤激は、激しい反乱となって現われた。反乱は七月上旬にはじまり、年末までつづいた。

一九一七年二月二二日付のトルキスタン総督クロパトキンのニコライ二世宛ての報告によって、この反乱の概況を見てみよう。[142]

サマルカンド州

反乱は、この州ではじまった。七月一三日、ジザク郡で公然たる反乱となった。ここでは、郡長ルーキン大佐、警視ゾトグロフ大尉がジザクで殺害され、郡下では警視ソボレフ、ロシア人住民、森林番人、農務省の統計官など八三人が殺された。二〇人が負傷し、捕虜として連れ去られた者七〇人、女たちの大多数が暴行された。これに対して、タシケントから鎮圧部隊を派遣して、八月一日までに鎮圧した。

州内のその他の地域では、官吏への襲撃行為がくり返され、四人死亡、一人負傷という程度であった。鉄道線路の破壊、駅舎への放火がなされ、官庁の建物四〇棟、民間の建物九棟が焼失し、ロシア人住民の馬一五〇頭、牛二五五頭、羊豚一〇〇〇頭が掠奪された。[143]

シル＝ダリヤ州

タシケントでも、七月一一日に騒乱状態が発生していた。小規模のもので、警官二人が負傷した程度で終わったが、中心都市での騒乱は波及効果があり、ジザクの反乱にも影響したのであろう。タシケント周辺では、動員労働者の名簿作成に抗議する運動が起こり、官吏六人が殺された。またアム＝ダリヤ郡では、七月二四日、チムバイスキーの警視夫婦がキルギス人の暴徒に殺された。セミレーチエ州に隣接するアウリエ＝アタ郡の東部では、八月一一日から騒乱がはじまり、八月末、九月初めになると、郵便局や集落が襲撃され、ロシア人農民が殺害された。とくにひどかったのは、アウリエ＝アタ郡とピシネク郡の境にあるノヴォ＝トロイツコエ村で、住民四〇人近くが殺害された。軍隊が派遣され、九月二四日に騒乱は鎮圧された。この州では、カザリンスキー郡で一一月半ばに、キルギス人の不穏な空気が認められた。州全体では、ロシア人官吏三人、現地人官吏六人が殺害され、ロシア人住民は四五人が殺害された。[144]

フェルガナ州

最初の騒乱は七月九日、メドレセの生徒たちが加わった群衆が、役人はすべて切り殺せと叫んで、警察とカザーク兵（コサック兵）に投石し棍棒で襲いかかった。発砲がなされ二一人に負傷させると、群衆は解散した。七月一一日には、ナマンガン市で大群衆を解散させるのに、発砲が行なわれ、死者一二人、負傷者三八人を出した。[145]

セミレチエ州

ここでの最初の反乱の知らせは、八月六日に届いた。この日、ヴェルヌイ郡の南東部で、労働者の名簿作成のために到着した郡長補佐に対し、武力抵抗がなされた。ヴェルヌイから西に八〇キロの所にあるサムスイ駅周辺では、電信柱が切り倒され、郵便局が破壊された。クドルイよりヴェルヌイまでのすべての郵便局が、八月九日までに破壊された。ピシペクとトクマクの地域の六郷のキルギス人たちは反乱を起こし、プルジェヴァリスクとの連絡を完全に遮断した。同時にプルジェヴァリスクの周辺でも反乱が起こった。武装したキルギス人の大集団が、アッサ、チリク、スサムイル、大ケビン、小ケビン川の流域の谷に姿を現わし、ロシア人部落を襲撃して、財産を掠奪した。その行動には一定の組織性が認められる。反乱者は旗も掲げ、帽子には金属製のバッジを付けている。鎮圧軍の動きを知らせるシグナルも使われている。山中に火薬や刀槍の工場をもっている。蜂起の開始前にキルギス人は、プルジェヴァリスクで輸送隊を襲撃し、一七〇挺の銃、四〇〇〇発の弾薬を掠奪した。また一部の武器は中国からも入手されている。

蜂起の中心は、ピシペク郡南部、プルジェヴァリスク郡全体、ジャルケント郡の南部であり、そこではすべてのロシア人部落は破壊された。プルジェヴァリスク郡内だけでも六〇二四戸が被害を受け、郡長補佐の中佐、警視、それに三九人のカザーク兵、八人の兵士などが殺害された。セミレチェンスク州のその他の郡では、そのような激しい反乱は見られなかったが、キルギス人の大衆は興奮状態を呈した。中国へ移住しようという動きが見られたが、くい止められた。人々は恭順を誓い、旧居住地へ戻った。

セミレチェンスク州の反乱鎮圧のために、別の州から予備狙撃兵連隊の七個中隊、騎兵五個中隊、それにシベリア・カザークの二個連隊が派遣された。軍隊が出動すると、わずかな抵抗をしただけでキルギス人反乱者は国境の山中に逃れることになり、食糧が尽きると降伏した。三九郷のキルギス人反乱者は、ロシア人捕虜を連れて山中に逃れ、最後は中国領内へ逃れた。

セミレチェンスク州の反乱の民間人の死者は、ヴェルヌイ郡一六人、ジャルケント郡三二人、同行方不明二〇人、ピシペク郡九八人、同行方不明六五人、プルジェヴァリスク郡二一七九人、同行方不明一二九九人であった。ロシア軍側は、将校三人、兵士五二人、負傷者四七人、行方不明七五人であった[▼146]。

ザカスピ海州

ここでは、一九一六年六月二五日の勅令は、住民に静かに受け取られた。メルヴ郡のトルクメン人たちは後方作業でなく、戦士として動員してほしいと嘆願書を出したほどである。しかし、クラスノヴォーツク郡では、次第に不満が募り、反乱がはじまった。アトレク川地方では、八月一五・一六日にチキシリャールの警視に対し武装抵抗が行なわれ、死者二人、負傷者三人が出た。八月の後半には、大量のイオムード人がペルシャの草原に脱出した。九月には脱出した者のテントは二〇〇〇を数えるほどになった。彼らは武装して、九月二〇日ごろからアストラバード（ペルシャ側の町）の周辺でロシア軍パトロールを攻撃し、アク＝カラの要塞を占領した。ロシア軍はここの奪回をめざして砲撃を加え、トゥルクメン人を追い出した。だが、この戦闘は秋いっぱいつづいた。ついにロシア側は、マドリートフ将軍率いる鎮圧軍（六個大隊、騎兵一五個中隊）を編制し、アストラバードとチキシリャールから出撃した（マドリートフ将軍は、日露戦争の前夜、ロシアの朝鮮侵略の先兵だと目された鴨緑江林業会社の防衛部隊の指揮官であった人物である）。一二月六日、派遣された鎮圧軍は、反乱者が棄てたアク＝カラの要塞を占領した。そこから、グムベト＝カブーザを経て、モラヴァ＝テペに進撃し、一二月二八～三一日に反乱軍を壊滅させた。

総督クロパトキンは書いている。

「いまやトゥルクメン人＝イオムード人の投降、彼らの中心頭目ババ＝クルイチの帰順をもって、全トルキスタン地方の騒乱と反乱は終息させられたと認めることができる[147]」。

クロパトキンは騒乱の原因については次のように分析している。原因はもとより動員令にあった。拙速な動員は困難な状況をつくりだした。この地方では、一九歳から三一歳までの男子の名簿を作成することからして困難であったのである。ありとあらゆる噂が発生した。とくに悪質な噂は、これは隠されたかたちで兵役にとるものだというものであった。また労働者を砲火のもとにさらし、死に追いやり、残った彼らの土地をロシア人移民に引き渡すことを狙っているという噂もあった。

現地の宗教者の影響もあった。ジザク郡の反乱者は、ロシア人を殴りつけ、もはやロシアの臣民でいたくない、「ゲルマン」の民になりたい、アフガニスタンが助けてくれる、と叫んだ。旧チャルダリンスクのベク（長）の息子が、ジザクのベクに選ばれ、独立の支配国を建設するためにジザクに軍を進めたことが明らかになっている。サンザール管区でも、トゥルダベーコフなる人物がサンザールのベクに選ばれた。ザーミン管区でもカスイム・ホッジャなる人物がザーミンのベクに選ばれた。

現地人の間に、ドイツやトルコの捕虜やエージェント（手先）がいたことも一定の役割を演じた。これは、ドイツ人捕虜の中の一部の者がロシア帝国を分裂させるために、ムスリムに接近し、反露活動を扇動したということをクロパトキンが示唆している部分である。

さらに一般的には、一八八六年の「トルキスタン地方行政法」に不備があり、行政官が少なく、現地人の行政官に大きな力が与えられていたことも影響した[148]。

トルキスタン地方のキルギス人二六一万五〇〇〇人は、土地の利用に関して、最悪の無権利状態に置かれていた。当時の法律によれば、キルギス人が遊牧生活を営んでいる土地は国有地と認められキルギス人が使っていたが、剰余部分は国庫の管理のもとに置かれることになっていた。この剰余分についての法解釈を拡大して、一九〇四年以来、キルギス住民から膨大な土地が取り上げられた。そこにロシア人集落がつくられ、官営牧場・官営林がつくられた。キルギス人の利用に残された土地も、牧畜に圧迫された。クロパトキンはこのことを反乱の前提要因として指摘している。トゥルクメン人は基本的には平静さを保った。しかしロシア政府の保安部が、メルヴ郡で下部のエージェントを無思慮に住民の無教育な人々の中から獲得したため、住民内部の争いが保安部の活動にもち込まれ、混乱を生じた。もっとも過激な動きをしたのは、越冬生活をペルシャ領内で行なっているイオムード人であった。彼らは武装して動員に抵抗することをあえてしたのである。[149]

　反乱の犠牲者となった者は、トルキスタン全体で、ロシア人の死者三七〇九人、うち虐殺された者二三二五人、行方不明が一三八四人であった。ロシア人の行政官は七人死亡、現地人行政官は二二人が死亡した。九〇〇〇戸以上が破壊された。鎮圧には一四・五個大隊、三三騎兵中隊が投入され、砲四二門、機関銃六九挺が使用された。軍の損害は死者九七人、負傷者八六人、行方不明七六人であった。

　鎮圧作戦の際、反乱者三三七六人が殺害された。内訳はセミレチエ州一〇五人、シル＝ダリヤ州（アム＝ダリヤ郡を含め）七四四人、フェルガナ州一三四人、サマルカンド州八一一人、ザカスピ海州一五八二人である。

　反乱に対する懲罰としては、一九一七年二月一日までに三四七人に対して死刑判決が確定した。一六八人が懲役刑を受け、三五七人が禁固刑を受けた。しかし総督クロパトキンは、指導者と参加者とを区別し、五一人に対してのみ死刑判決の執行を命じた。土地の没収は、ジザク郡で二〇〇〇デシャチナ（約二一八五ヘクタール）であった。セミレチエ州では、キルギス人はもといたところからすべて立ち退きさせられた。帰順したキルギス人に対するロシア人住民の怒りは強く、武器を持たなかったキルギス人が殺されるケースもあったので、キルギス人を旧地に戻すことは許さなかったのである。[150]

　この総督クロパトキンの報告がいつ首都に届き、皇帝に提出されたかは定かでない。おそらく、皇帝は退位以前にこの報告を読むことはなかったであろう。

ドイツ側としてみれば、脆弱な国内体制をもつロシア帝国が内部崩壊を起こし、東部戦線を瓦解させられれば、西部戦線に兵力を集中して、起死回生をはかれると考えた。開戦当初より構想されていた「革命化政策（Revoliutsionierungspolitik）」が引きつづき考えられていたことは確かである。[151]そのような工作が、この反乱となんらかの関係をもっていたかは知られていない。

いずれにしても、トルキスタン地方の反乱は、戦争遂行のために試みられた新たな動員がロシア帝国内部の矛盾に火をつけ、最底辺から帝国解体の動きを始動させる端緒となった。それは来るべき大変動の予言であった。

第2章

革命の序幕

ラスプーチンの遺体の頭部

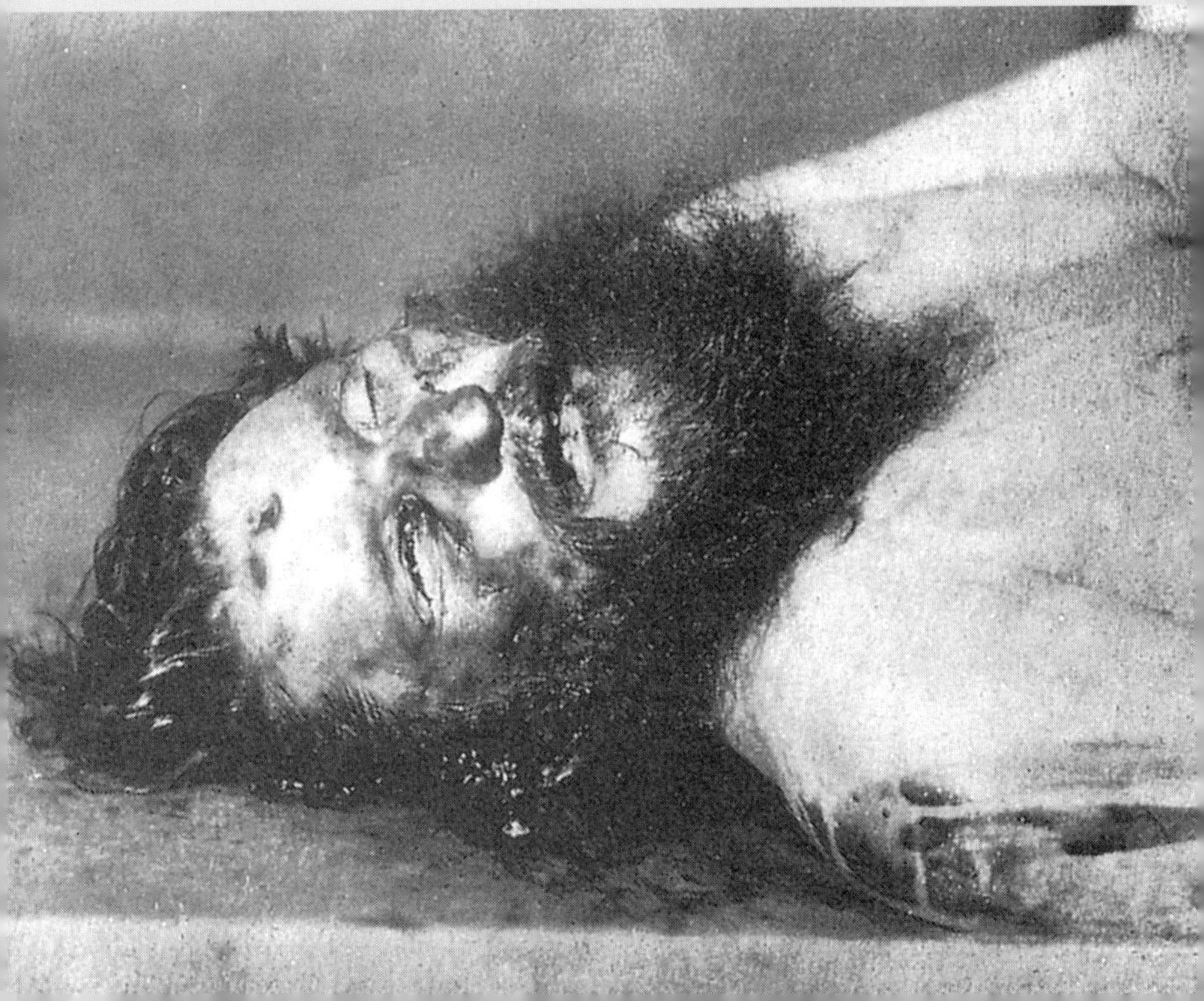

国会の再開

一九一六年一〇月末、露英協会の再建発足の会が、ペトログラード市会のホールで開かれた。会長ロジャンコにうながされて挨拶に立った英国大使ブキャナンは、ロシアにおける「ドイツ党」が、危険な活動を活発化させていると主張した。「ヨーロッパの戦場でこそ、戦争は勝利するまで戦われなければなりません。また、われわれの国内のさらに油断のならない敵に対しても、最終的な勝利を収めなければなりません」[1]。これは露骨な警告であり、圧力であった。

協商国側（英仏）は、ロシアが政治的・社会的に危機に陥りつつあることを認識しており、ロシアがドイツ側の提案を受け入れ単独講和に向かうのではないか、との懸念を抱いていた。もしもツァーリ政府が戦争遂行の意欲も能力もないのであれば、政府を変えてでも、最後の勝利まで戦争をともに継続させることが必要ではないか、という意識がないわけではなかった。戦争四年目に入る一九一七年には、協商国軍の大攻勢をかけて、独墺（ドイツ・オーストリア）側を最終的に降伏に追い込みたいという計画が立てられていただけに、ロシアの動向は強い関心事であった。

一一月一日、国会が再開された。この国会再開の当日に、ミリュコーフは名高い「愚かなのか、裏切りなのか」の言葉をくり返す演説を行なった[2]。この演説は、明らかに英国大使の先の演説に対する応答だった。ミリュコーフは言った。

開戦後、二七か月が過ぎた。「われわれは、あいかわらず完全な勝利をめざしている。あいかわらず必要な犠牲を引き受け、あいかわらず国民的団結を保持せんと欲している。しかし、はっきり言おう。情勢は変わった。われわれは、この権力がわれわれを勝利に導かせてくれるという信頼を喪失したのだ」。

ミリュコーフは、一〇月のモスクワでのゼムストヴォ（地方自治体）連合代表者会議の声明から、「背信と裏切り、ドイツの利益のために闘い、国民の団結を破壊（……）し、恥ずべき講和のための基盤づくりをしようとしている暗黒の勢力がいるという、苦しい、恐ろしい疑い、不気味な噂」があるとの言葉を引き、万人が不安を抱いていると指摘した。ドイツとの内通の動きについては、ブキャナン大使も公然と指摘しているとあえて語り、司法による取り調べを要求した。そのうえで、ドイツ・オーストリアの新聞『ノイエ・フライエ・プレッセ』の記事を引用するという形で、「暗黒の勢力」とは、マナセーヴィチ＝マヌイロフ、ラスプーチン、ピチリム、シチュルメルらであり、彼らがめざしたのはシチュルメル首相の実現であった、これは「若き皇后のまわりに集う宮廷党の勝利」であると指摘した[3]。これは国会の演壇から行なわれた、初めての皇后への攻撃であった。

だが、いかなる行動に出るかというと、ミリュコーフが主張したのは、あいかわらず進歩ブロックの宣言であった。「われわれは、あなた方と闘うであろう。あなた方が去るときまで、あらゆる合法的手段に

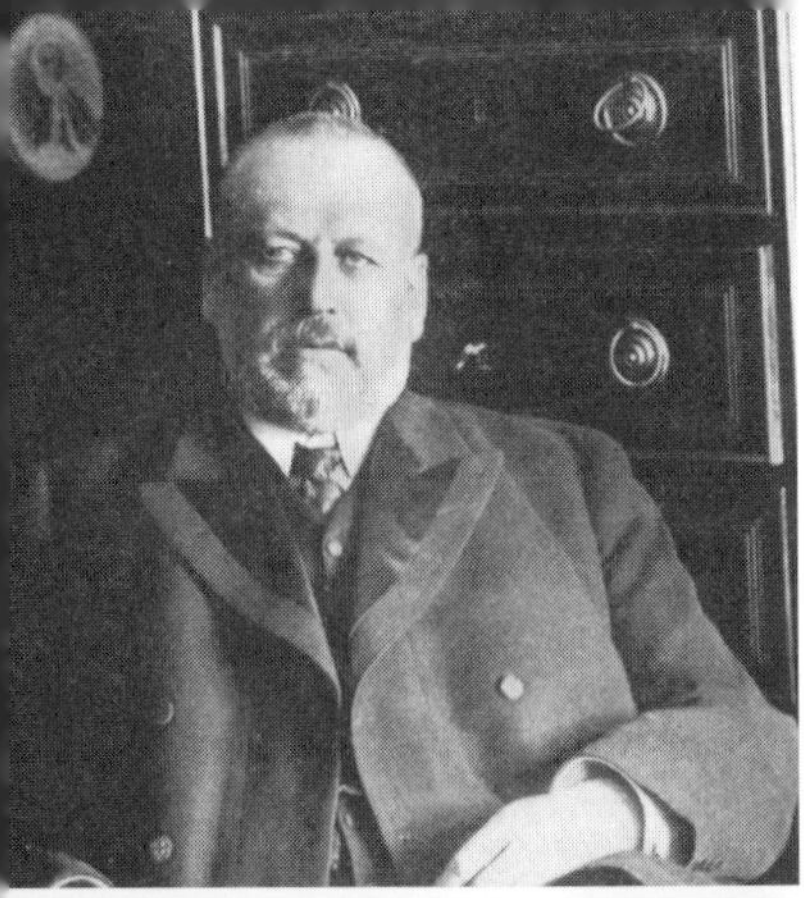

上：オクチャブリストで、第三・第四国会議長、ロジャンコ。中：英国大使ブキャナン。下：カデット指導者ミリュコーフ

よって闘いつづけるだろう」。これでは何も変えられないことが、すでに明らかになっていた。

この演説は、結びの前に「愚かなのか、裏切りなのか」という言葉を三回くり返して迫力を出していた。具体的に取り上げたのは、ルーマニアを見殺しにしたこと、ポーランドに自治を約束するというサゾーノフ外相をつぶしたこと、国会が組織を呼びかけるのに、政府は混乱を望んでいることの三つであった。ほとんど内容には関係がなかったが、「裏切り」という言葉が三回くり返されたことが、強い印象を与えたのである。

この演説は、協商国向けの演説であったのかもしれない。自分の挨拶が引用されたことで、英国大使は気をよくした。さながら「an English day」の感があったと回想に書いている。[4]

当然ながら、ミリュコーフ演説では国会は変わらない。一〇日後の一一月一〇日、シチュルメル首相が解任されると、進歩ブロックの主流派はまたもや後任の新首相トレポフとの交渉に期待をかけた。だが社会的には、ラスプーチンに支配される皇帝・皇后の政治への批判は、さらに強まっていった。ついに超保守派が「暗黒勢力」への糾弾の声をあげた。一二月一日、連合貴族会議第一二回大会が「暗黒勢力」糾弾の決議を採択したのである。

> 古来、自らの専制君主に忠誠なる連合貴族団第一二回大会は、大いなる悲しみをもって、現在のロシアが迎えている嵐の時に、国家の強固さと団結のために君主制原理がとくに重要である時に、この国家の数世紀来の基礎が自らの本来の原則において動揺しつつあることに注目する。国家の統治に根を下ろしているのは、合法的権力とは無縁の、無責任な暗黒勢力である。この勢力は権力のトップを自らの影響力に服従させ、教会の管理にさえ手を伸ばしている。（……）国事に対する暗黒勢力の影響を、決然と排除することが必要である。強力で、思考と情緒においてロシア的な国民の信任を得て、立法府との共同作業をなしうる、しかも君主にのみ責任を取る政府をつくることが必要である。（……）そのような政府だけが戦争を完全な勝利に導くことができる。勝利なしに、国民意識は講和

を認めない。[5]

もともとは皇帝暗殺のテロリスト党の理論家で、転向後は右翼君主主義の評論家、そして『モスクワ報知』主筆となり、今はすべてを退いて、一人の批判的市民になっているレフ・チホミーロフ[6]は、一二月四日、この第一二回連合貴族大会決議を歓迎し、日記にこう書き残している。「〔ラスプーチンという〕この取るに足らぬ醜悪な人間によって、君主制の基礎そのものが震撼させられている」。チホミーロフは、すでに恐るべき結末が必至であると感じていた。「つまり、われわれの状態は出口のないものだ。人民のなかには、もっとも（……）一揆的な本能が熟しており、血が川のように流れる恐れがある」。「全人民的な精神異常は、流血の狂気のなかでのみ解決されうるのかもしれない[7]」。さらに五日後、彼ははっきりと書いている。

「そうだ。革命の機が熟しており、進んでいる。いまやそれを現実的にしているのは上層階級であり、最大の責任者はラスプーチンだ[8]」。

この状況のなかで、ラスプーチンと皇后との結びつきをよく知り、もっとも嫌悪し、憎悪してきた皇族とその周辺から、ラスプーチン暗殺による宮廷革命の志向が生まれるのは必然であった。

宮廷革命の企て——ラスプーチン暗殺

宮廷革命は君主制の生理現象であり、無能で愚鈍な王を排除して、資質ある王と交代させる唯一の手段であった。したがってロシアでは、とくに一八世紀にくり返し行なわれてきた。ピョートル三世を暗殺して、ドイツ人の女傑皇后をエカチェリーナ女帝とした一七二五年の陰謀が最大の事例である。エカチェリーナ女帝の子で、母の死後に即位したパーヴェル一世は、母帝に反発しており、皇帝から継承者指名の権利を奪い、直系男子が自動的に継承するとした皇位継承法を制定した。だが皮肉なことに、一八〇一年三月一一日、そのパーヴェル一世を大貴族が殺害し、その子、皇太子アレクサンドルを帝位につける宮廷革命が起こった[9]。以後、ロシアでは宮廷革命は後を絶っていた。以降の四代の皇帝は、特別問題ある性格をもたず、能力の欠陥を表わすことはなかった。だが、一八九四年に即位したニコライ二世は、明らかに治世二〇年を過ぎた時点で、性格と能力の特別な欠陥を露呈した。皇帝はラスプーチンに信服する皇后に支配され、彼らに人事と政治への介入を許したのである。ことここにいたり、二〇世紀の文明国家では許されない宮廷革命の必然性が現われた。

一九一六年末のロシアの宮廷で陰謀をはかるとすれば、君側の奸、危険な助言者ラスプーチンを暗殺することにより、彼を盲信する皇后を精神的虚脱状態に追い込み、彼らに従うばかりの意志の弱い皇帝に正気を取り戻させるというのが、もっとも初歩的なシナリオであろう。皇后・皇帝を殺害することが心理的に難しかったとすれば、これが唯一の実行可能な行動であった。

実際にこの陰謀は、宮廷周辺に強まりつつある反皇后感情から生まれた。その感情が、ジナイーダ・ユスーポヴァ公爵夫人を中心に結晶したのである。ユスーポフ侯爵家は、一四世紀末のタタールの将軍エディゲイ・マンギートにはじまる。一五世紀には、ノガイ族のハン、ムーサ・ムルザが現われ、一六世紀には、イヴァン雷帝の臣下となるユースフとなる。そして、ピョートル大帝の治世にユスーポフ公爵となったのである。その公爵家の一人娘ジナイーダが、ドイツ系の伯爵フェリックス・スマローコフ＝エリストンと結婚したのは、一八八〇年代のことであった。夫のスマローコフ＝エリストンは、陸軍中将で、モスクワ総督セルゲイ大公の副官をしていて、一九一五年にモスクワ軍管区司令官からモスクワ総督となった。特別の人物ではない[10]。他方で、妻のジナイーダ・ユスーポヴァは、名門公爵家の継承者として、誇り高く、男勝りの性格であり夫を圧していた。一九一〇年に画家セローフが描いた彼女の肖像画は、昂然と眉を上げた美女の内面を描き出している[11]。

ジナイーダ・ユスーポヴァは、一九〇五年革命（第一次革命）の前夜に暗殺されたモスクワ総督セルゲイ大公の妃で、皇后アレクサンドラの実の姉であったエリザヴェータときわめて近い関係にあった。そのこともあってか、彼女は皇后とも親しい関係にあった。だが、エリザヴェータが実妹である皇后に対して厳しい批判を抱いていくにつれて、ジナイーダも皇后に批判的になり、ついに一九一二年三月九日、皇后に対して、ラスプーチン問題で直言するにいたった。彼女は、皇后に、社会全体がラスプーチンが宮廷に出入りしていることに憤激している、彼は「背徳者」「不道徳的な存在」だと説得したのである。[12] 皇后との関係は一挙に冷たいものとなった。

ジナイーダの息子、公爵家の次男のフェリックスが陰謀の立役者となったのは、不思議ではない。彼は一八八七年の生まれで、このとき二九歳であった。このフェリックスの肖像も、一九〇三年にセローフが描いている。女にも見える好男子である。彼は中学生のころから女装に夢中になっていた。同性愛の志向があった。大学には入らず、公務にもつかず、二〇代前半は遊んで暮らしていた。女装し、シャンソンをナイトクラブで歌い、両親の怒りを買ったこともある。[13] 一九〇八年六月、兄のニコライが決闘で命を落とすと、フェリックスは心を入れ換える決意をした。イギリスに留学し、一九一〇～一二年にオックスフォード大学に在学した。[14] フェリックスが帰国したのは、彼の母が皇后と激突したあとだった。しかし、

上：ジナイーダ・ユスーポヴァ公爵夫人。ラスプーチン暗殺の中心人物。中：ジナイーダの肖像画（セローフ画、1910 年）。下：エリザヴェータ大公妃（左）と夫のセルゲイ大公。皇后アレクサンドラの実の姉

帰国したフェリックスとアレクサンドル・ミハイロヴィチ大公の娘、絶世の美人と評判のイリーナとの結婚話が進み、一九一四年二月に実現したことで、ユスーポフ家と皇帝・皇后の関係は改善された。イリーナの母クセニヤは皇帝ニコライ二世の実妹であり、フェリックスは皇帝の姪を妻にしたことになったからである。[15]彼らには、すぐに娘が生まれた。フェリックスはバイセクシュアルであったのであろう。

しかしユスーポフ家に大事件が巻き起こる。モスクワ総督であったスマローコフ＝エリストンが、開戦後、モスクワから外国人・ドイツ人を追い出す措置を講じたが、それによって一九一五年五月二七日、モスクワ市内で反ドイツ人・ポグロム（集団的略奪襲撃行為）が発生したため、引責辞職させられたのである。このことを不当として、ユスーポフ家の当主と妻ジナイーダは怒りに燃え、クリミアの領地に引きこもった。[16]同じころ、ラスプーチンのモスクワでの乱行が注目を集めたこともあって、ジナイーダのなかで、皇后とラスプーチンに対する怒りがいっそうかき立てられたのである。

このラスプーチンに対する母ジナイーダの気持ちが、兄が命を落としたため一人息子となったフェリックスに吹き込まれた。彼は兵役は免除されていたので、大戦中は病院で働いていたが、それだけでは不足だと考えて、有爵貴族の子弟のための軍人養成機関である貴族幼年学校で、将校養成のコースに通っていた。[17]

このフェリックス・ユスーポフは、一九二七年に刊行した最初の回想録で、ラスプーチン排除の発想は、一九一五年の妻と母との会話から思いついたと書き残している。[18]しかし、一九五二年の二番目の回想録では、そのことには触れず、一九一六年夏、母ジナイーダが皇后に対してラスプーチン批判を進言したところから、ことがはじまったかのように書いている。このとき皇后は冷たく迎え、話の用件を聞くと、帰ってくれと言ったという。しかしジナイーダは、話すべきことを話さなければ帰らないと強引に迫った。皇后は聞き終えると、立ち上がり、「もう二度とあなたに会うつもりはない」と言い捨てて、部屋を出ていった。[19]おそらく、ここが決定的なはじまりとなったのではないだろうか。

フェリックスのオックスフォード大学時代の友人オズワルド・ライナーは、イギリスの秘密情報機関ＳＩＳの一員として、この一九一五年末にペテルブルクに着任していた。[20]ライナーはユスーポフに接近して、間違いなく影響を与えたはずである。母の影響下で反皇后・反ラスプーチンの志向を強めていたユスーポフが宮廷革命の首謀者となるについては、ライナーからの後押しも促進要因として働いたと考えることができる。

ジナイーダが、一九一六年一一月一八日、息子フェリックスにしたためた手紙が残っている。

> このところの日々は、はなはだ問題が重大です。わたしはかつてなく事態を暗く見ています。なぜなら腫瘍はいまや膨れ上がっており、破裂させせようと思えば、誰も止めることはできません。メドヴェージェフ（熊公）〔ロジャンコ〕は暗い気持ちで帰りましたが、わたしはいささかも驚きません。すべてをヴァリデ〔皇后〕が台なしにしています。わたしはこのことを確信しています——l'interier〔内相〕を支えています。なぜなら彼〔プロトポーポフ〕は、パンフ〔ラスプーチン〕の読者で、彼がいないと、自分が危険だからです。本〔ラスプーチン〕を処分して、ヴァリデを抑えないかぎり、何もできません。このことをミーシャおじさん〔ニコライ・ミハイロヴィチ大公〕に話しなさい。パンフ〔ラスプーチン〕を首都から追放するよう要求しなければなりません。これは必要なことです。メドヴェージェフはこのことを理解したがりません。[21]

ジナイーダは、ロジャンコの妻アンナとも非常に仲がよかった。ロジャンコ夫人はゴリーツィン公爵家の出であった。彼女の姉マリヤがロジャンコの兄パーヴェルと結婚していて、この人物は近衛騎兵連隊の将校で、皇太后と関係があった。[22] フェリックスも、自分の手紙のなかでロジャンコについて「おじさん」と呼んでいる。

ラスプーチン暗殺を決断したフェリックス・ユスーポフは、まず知人の近衛将校セルゲイ・スホーチン中尉に話して、仲間にした。[23] この人物は、戦場で負傷し治療中であった。さらにフェリックスは、陰謀の構想を友人のドミトリー・パヴロヴィチ大公に打ち明けて、仲間に取り込んだ。ドミトリー大公は、皇帝の叔父（皇帝の父の末弟）パーヴェル大公が最初の妃との間にもうけた二人の子どもの一人である。母を早く亡くし、父が左手結婚で再婚したため、皇帝の勅書によって、姉マリヤともども父の弟セルゲイ大公と妃エリザヴェータに引き取られることになった。エリザヴェータは子どもがなく、夫は一九〇五年に暗殺されていたので、この姉弟、とくにドミトリーに愛情を注いだのであった。[24]ドミトリーは皇帝と皇后にも配慮を受け、宮殿に出入り自由の関係にあった。彼は二五歳で、騎兵士官学校を出て、近衛騎兵連隊の将校であった。若手の皇族の筆頭の地位にあったと言える。ドミトリーもエリザヴェータの影響を受け、ラスプーチンと皇后の結びつきを危険視していた。しかし、彼は暗殺の実行はできるとは思えないと語っていた。[25]

フェリックスはスホーチンと相談して、まずラスプーチンと知り合って、親しくなることにした。彼の得意の分野である。彼は簡単にラスプーチンの信頼を得ることに成功した。

次にフェリックスは、国会議員も仲間に入れたいと考え、大物国会議員ヴァシーリー・マクラコーフに目をつけた。この人物は法律家で、カデット党に属していたが、一歳下の弟ニコライが官途につき、開戦前後に内務大臣を務めていたので、特異な政治的ポジションにあった。彼は、一九一五年九月に『ロシア報知』紙に「悲劇的な状態」というエッセーを書いたことで知られていた。それは、山道を自動車で走っている男の万事休すの状態を書いたものだった。運転手は明らかにまともな運転ができなくなっているが、ハンドルを握って離さない。力ずくで運転手を排除しようとすれば、車は谷底に落ちてしまうかもしれない。しかたなく運転手を落ち着かせ、助言をしようとすると、同乗している母親から、「私が死ぬかもしれないのに、お前は何もしないのか」と非難されるという話である。皇帝と皇后を「狂った運転手」になぞらえたこのエッセーは、大きな波紋を呼んだのだった。[26]

フェリックスは一一月中旬にその執筆者に会った。シチュルメル首相の解任で安心していては駄目だ、ラスプーチンがいるかぎり、国会の望むようには変わらないと主張した。「したがってあなたには、二つの活路があるだけです。ラスプーチンを買収して、彼を自分たちの側につけるか、それとも彼を殺すかです」。マクラコーフはいろいろと疑問を並べてはぐらかしたが、フェリックスは、自分がラスプーチン暗殺を実行すると説得した。このときは話はまとまらなかった。[27]

一一月一九日、国会で右翼議員プリシケーヴィチが、ミリュコーフ演説をはるかに超える爆弾演説を行なった。彼は「ロシアの現実の悲しむべき、痛ましい深刻な様相」について語りたい、「統治権力のカオス状態のために、われわれが置かれている状況」のことだと話し始めた。彼は、大臣たちが私的利益のために働いていると指弾し、皇宮警備司令官ヴォエイコフ、前農業相ボブリンスキーらを実名で挙げて暴露を行ない、内相プロトポーポフの罪状に糾弾の声をあげた。

しかし、皆さん、こんなことは些末なことです。（……）悪の根源は、プロトポーポフにあるのではないのです。（……）

私は、あえてここで国会の壇上から申します。いっさいの悪は暗黒勢力から、あれこれの人々に地位を与え、その任に堪えられない人々を高位に昇らせるあの影響力からくるのです。グリーシカ・ラ

ラスプーチン暗殺の実行者たち。
上から、フェリックス・ユスーポフ、ドミトリー・パヴロヴィチ大公、右翼議員プリシケーヴィチ

スプーチンが握るあの影響力からです。（……）

私は大臣会議に訴えます。大臣諸公にとって責務が経歴より大事であるなら、（……）ツァーリのところへ行って、言っていただきたい。このままではこれ以上やっていけないと。これは権力のボイコットではないのです。陛下に対するあなた方の責務なのです。（……）恐るべき現実に目を開いていただきたいとお願いしてください。ロシアを、ラスプーチンと大小のラスプーチン派から救ってくれるようにお願いしていただきたい。（……）

かつて幾世紀も前には、グリーシカ・オトレーピエフがロシア国家の基礎を動揺させたことがありました。グリーシカ・オトレーピエフは、グリーシカ・ラスプーチンとして甦りました。しかし、このグリーシカは、別の条件の下に生きており、グリーシカ・オトレーピエフより危険です。

グリーシカ・オトレーピエフとは、一七世紀の動乱時代《スムータ》に殺害された皇太子ドミトリーを名乗って挙兵した人物である。プリシケーヴィチは最後に大臣席に向かって、言い放った。

「みなさんは陛下の下僕《しもべ》、陛下の意志を実行するために命を受けておられる方々ですから、ロシアという国家の船の航行に責任があります。だから、われわれと同じ心をもって、大本営にいる陛下にお願いしなければなりません。グリーシカ・ラスプーチンが、ロシアの内政、社会生活の指導者であってはならないと」[28]。

一一月二〇日、フェリックスは国会の討議の印象を母に書き送っている。プリシケーヴィチの演説が彼を興奮させていた。「トレポフ首相は思考不能者の状態です。五回も口ごもってしまいました。プリシケーヴィチの演説は素晴らしいもので、みなに大きな感銘を与えました」[29]。

彼は、この日ただちにプリシケーヴィチ議員に面会を申し入れ、翌二一日の朝九時に訪問した。前日の演説を絶賛し、ラスプーチンの排除が必要だと述べ、自分はもう一人とそれを実行する決意であると明かした。そして今日の夕刻、自分の邸宅に来てくれないかと言った。プリシケーヴィチはフェリックスの率直さに好意を抱き、夕刻、彼を訪ねた。ドミトリー大公とスホーチンも来て、四人でラスプーチン暗殺の相談が進められた[30]。

息子フェリックスの手紙を読んだ母ユスーポヴァも、息子に一一月二五日、次のように書き送っている。「もはや手遅れです。スキャンダルなしにはすまされないでしょう。そうなれば、戦争の期間中、統治者◆（upravliaiushchii）の排除と国事へのヴァリデ〔皇后〕の不介入を要求してこそ、万事を救うことができるでしょう。今、わたしはくり返して言います。この二人の問題が清算されないかぎり、何も平和的な方法ではいかないでしょう[31]」。

フェリックスは仲間三人に具体的な計画を披露した。妻イリーナに紹介すると言ってラスプーチンを自邸に招待して、そこで殺すという計画である。すでにラスプーチンにそのことを話すと、大乗り気で来ると約束している。ラスプーチン殺害の手段については、フェリックスもプリシケーヴィチ議員もともに、まず毒殺することを第一の目標としたと記している。モイカ運河ぞいにあるユスーポフ家の宮殿は、近くに警察の詰め所があり、拳銃を使うと銃声が聞かれる懸念があったという。プリシケーヴィチは自分の赤十字列車の医師ラゾヴェリトを仲間に入れることを提案した。翌日も、さらに一一月二四日も殺害計画を練り、ほぼ細部まで決定したと書かれている[32]。

このとき国際情勢も動いていた。一一月二二日（西暦一二月五日）、ルーマニアの首都が陥落したのを好機として、ドイツの首相ベートマン＝ホルヴェークが一週間後に、協商国側に講和を提案する書簡を送った。つづいて参戦国でない米国のウィルソン大統領も、一二月五日（西暦一八日）、覚書を発表し、交戦諸国に和平に向けてその条件の提示を求めた[33]。ロシアがどう動くか、協商国の政府は注視していた。ロシア

◆統治者（upravliaiushchii）　この手紙を文書館で発掘したユージンは、upravliaiushchii をラスプーチンと取り、「二つの問題の清算」という言葉はフェリックスのラスプーチン殺害と関係はなく、ジナイーダ・ユスーポヴァは陰謀とは関係がなかったと主張しているが、正しくない（E. E. Iudin, Iusupovy i Nikolai II(1890-1916 gg.), VI, 2009, No.7, p. 131）。スピリドーヴィチによれば、この手紙は秘密開封で読まれ、皇后・皇帝に報告されていた。

内部の親独勢力の動きはあるのか。皇帝政府はどうするのか。ロシアにいる協商国の秘密情報機関は緊張したに違いない。

暗殺陰謀家たちは、一二月一日に話し合い、一六日の深夜に、ラスプーチン暗殺を決行すると決定した[34]。一二月三日、ツァールスコエ・セローの宮殿に、皇后の姉エリザヴェータ・フョードロヴナ大公妃が訪問した。大公妃は皇帝に会うことを望んだが、皇帝は翌朝、モギリョフの大本営へ出発するので時間がないと言われ、皇后とだけ話をすることになった。彼女はラスプーチンの危険性を語り、皇后に考えを改めるように説得した。皇后は立腹し、このとき姉妹は完全に決裂した。◆皇后は姉に、「もう何も言わないで、帰ってほしい」と命令口調で言った。大公妃は別れしなに、「ルイ一六世とマリー・アントワネットの運命を思い出すことよ」と言い捨てたという[35]。この最後の言葉が本当に語られたものか、モスクワでこの姉妹の激突の話が噂となって広まったときに付け加えられたものなのか、真実はわからない。

一二月八日、フェリックスは母に書いた。「もう三日間、メドヴェージェフのところへ行っていません。代わりに数回ほどプリシケーヴィチと会い、彼らとすっかり仲よくなりました[36]」。

このころフェリックスは、国会議員マクラコーフに二度目に会った。マクラコーフは、行動に対する疑問をもはや述べなかった。彼は自分を助言者の位置に置いて話した。つまり、殺害は実行者が発覚しないように行なわれなければならない。逮捕されれば、裁判になる。それは大きな社会的興奮をかき立てて、事件は「革命のプロローグとなりうる」。これは回避しなければならない。フェリックスはマクラコーフに、一六日の当日、自邸で計画を実行するので来てほしいと求めた。「モスクワでの講演がある」と言われると、「講演を延期してほしい」と言った[37]。マクラコーフはそれに応じて、モスクワに電報を打つまでした。しかし、のちほどフェリックスは、来てくれなくていいという連絡をしている。ドミトリー大公が、行動は「真の、献身的な君主主義者の行為」としてやるべきで、カデット党のマクラコーフを入れるべきでないと主張したとのことであった[38]。

ところで、フェリックスらのこの陰謀は、イギリスの秘密情報機関ＳＩＳは承知していた。この機関の責任者サミュエル・ホーアは、彼の回想で、プリシケーヴィチから彼と仲間が「ラスプーチン問題を解消する」決意だと聞かされていたが信じなかった、と記している。[39] それ以上のことは何も書かれていないが、情報機関の責任者がラスプーチン陰謀の計画について知れば、部下と相談して対応を考えるはずであり、本国と上司である大使に報告しないはずはない。そもそも、この情報機関で働いていたオックスフォード留学中の学友ライナーが、フェリックスと話していた内容をホーアが聞いていないはずもない。ホーアの回想はごまかしである。

フェリックスの二つの回想では、二冊目の回想で初めて、ラスプーチン暗殺の翌日の夕刻に「同窓生の英国士官オズワルド・ライナー」と会ったと記している。「彼はわれわれの事件のことをわかっていて、ニュースを聞きにきたのだ」とある。その日の深夜、すっかり気力が萎えたフェリックスは、ライナーに電話して、自分に付き添ってくれるように頼んだと言う。[40] 明らかに回想のこの記述は、ライナーとの関係、ライナーの関与について隠しているものである。

今日イギリスでは、ライナーがフェリックスの陰謀の参加者で、殺害時にユスーポフ邸にいて、殺害行為に加わったという主張が強く行なわれている。ライナーは、フェリックスの回想の英訳者だが、死にあたって自らの文書はすべて焼却したという。彼の家族が出した死亡広告には、彼が事件当時にフェリックス邸にいたと書かれていた。さらにイギリスの研究者カレン◆は、ライナーの殺害参加を主張した上で、ライナーの同僚のジョン・スケイルも、殺害時はルーマニアに派遣されていたが、彼も暗殺計画を知っており、計画に参画していたということを聞いたという娘（九〇歳代の老女）の証言を紹介している。[41]

だが、ドミトリー大公が君主主義者だけで事を決したいと主張して、カデット議員マクラコーフの参加

◆姉妹は完全に決裂した　皇后は一二月五日の手紙の中で、姉を「説得することに成功した」と虚偽を伝えている（*Perepiska Nikolaia i Aleksandry*, Vol. V, p. 160）。

◆カレン　元ロンドン警視庁の高官で、退官後にアマチュアとしてこの問題の解明に努力をした。英国BBCの特別番組に協力し、この問題についてネット上で討論を行なっている。

に反対したことを考えると、イギリスの情報部員の参加を認めることは到底考えられない。したがって私は、このイギリスの論者の説には同調しない。しかしサミュエル・ホーアの承認のもとに、ライナーがこの陰謀に協力し、監視したことはいまや疑いないところである。

この間に、ドイツの和平提案に対して、ロシア政府が異例のスピードで反応した。皇帝ニコライ二世は、陸海軍将兵への命令を、一二月一二日（西暦二五日）に発した。

「ロシアは、戦争から発生した課題、ツァーリグラード〔コンスタンチノープル〕と両海峡の獲得、分散三地域を合わせた自由ポーランドの創設をなし遂げていない。今、講和を結ぶことは、諸君たち、英雄的ロシア陸海軍のもの言わぬ功労の成果を活用しないことを意味する。まして戦場に倒れた勇敢なるロシアの息子たちの神聖なる記憶は（……）敵に対する最終的勝利を待たずに講和するという考えを許さない[42]」。

一五日には、ペトログラードでは皇帝の命令支持の示威行進が行なわれた[43]。

そのさなかの一二月一六日（西暦二九日）、夜一一時過ぎ、フェリックスはかねてからの約束であった妻イリーナに紹介するという名目で、ラスプーチンを自動車に乗せて、モイカ運河に面した自邸に連れてきた。運転をしていたのは医師のラゾヴェリトである。イリーナはもとよりいない。フェリックスは改造した地下の小客間にラスプーチンを案内し、階上で妻が客を接待しているので、しばらく待ってほしいと言った、と記している。一階には、ドミトリー大公、プリシケーヴィチ、近衛将校スホーチンらが潜んでいた。

殺害の経過は、次のように説明されている。フェリックスは、地下の小客間で、ラスプーチンに青酸カリをまぶしたピローグ（ロシア伝統のパイの一種）を勧め、さらに青酸カリ入りの酒を飲ませたが、まったく効果が表われず数時間が経過したので、ついにフェリックスが自分の机から拳銃（ブローニング）を取り出し地下に行き、ラスプーチンを撃った。その報告を聞いて、一階の三人が地下へ降りてラスプーチンの死を確認し、一階に戻り、ことの成就を喜んでいると、そこにラスプーチンが現われた。四名が驚いていると、ラスプーチンは建物の外へ逃れた。プリシケーヴィチが自分の拳銃をもって追いかけ、四発発射し、ラスプーチンを最終的に倒した。そして遺体を邸内に運び入れた[44]。

この経過については疑問が呈されている。青酸カリを飲ませてもなんともなかったということはありえず、ラスプーチンの魔力を強調するための創作と考えられる。睡眠薬入りの酒を飲ませて身体の自由を奪い、ラスプーチンを縛り上げて拷問を加えて、自供をとるということが考えられたのではないかというのが、現代のイギリスの研究者の推測である[45]。

この推測の根拠とされているのは、コソロートフ教授の遺体検案書なるものである。この遺体検案書は、ロシアの研究者によれば、一九三〇年代に行方不明になったとされているものだが、イギリスの研究者カレンの著書には引用されている[46]。しかし、どこからこの資料を入手したのかは明記されていない。今日、明らかなことは、ラスプーチンの遺体の写真三枚がペテルブルクの元革命博物館に保管され、公表さ

上：暗殺が実行されたユスーポフ邸の地下の小客間。

左：ユスーポフ邸の玄関（著者撮影、2018年3月）。

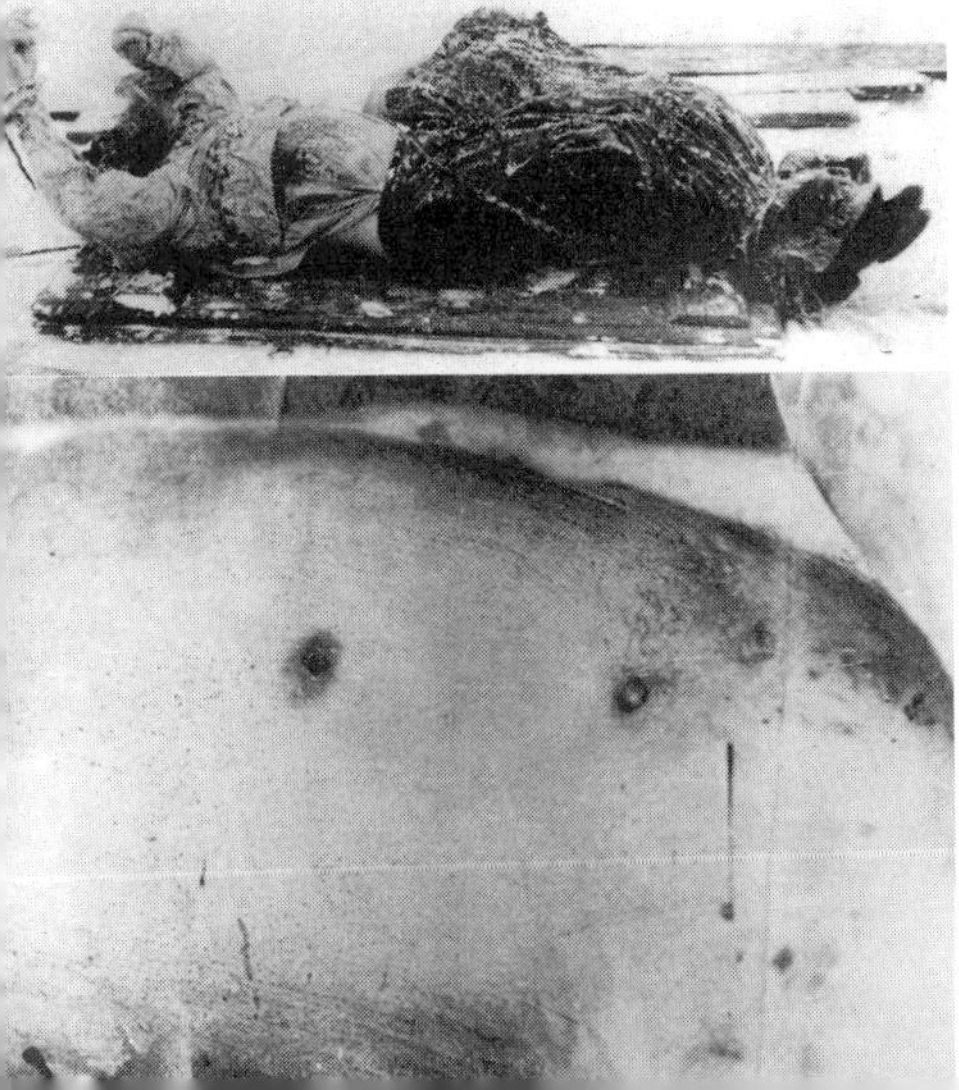

下：川から引き上げられたラスプーチンの遺体と遺体の腹部の銃創

れていることである。[47] プリシケーヴィチの伝記の著者イヴァーノフは、幻の遺体検案書からの次のような引用が、一九一七年に出たラスプーチンの犯罪暴露のパンフレットに収められていることを発見している。[48]

> 解剖の際、きわめて多くの外傷が発見された。その多くは死後に加えられたものである。右側頭部の全体は、橋からの落下の際の死体打撲の結果、粉砕され押しつぶされている。死因は、腹部の銃創の結果の大量の出血である。銃撃は、私の結論ではほとんど正面から、左から右へ、胃と肝臓を貫通して、肝臓の右半分を粉砕している。出血はきわめて大量であった。死体には背中に、背骨の部分に銃創があり、右の腎臓を粉砕している。さらに正面から、額に銃創（おそらく死後か、瀕死のときのもの）があった。胸部器官は無事であり、表面から観察したが、溺死した痕跡はなかった。肺は膨らんでおらず、気管には水も気泡性の液体も入っていなかった。ラスプーチンは、水中に投げ込まれたときには死亡していた。（……）私の意見では、ラスプーチン氏は拳銃の発射によって殺害された。一発の弾丸は取り出した。あとの発射は近距離からなされ、銃弾は貫通していた。（……）疑いもなくラスプーチンは泥酔状態で殺害された。死体からはコニャックの臭いがした。[49]

保安部の高官で、宮廷を間近に見ていたスピリドーヴィチの本にも、コソロートフが三発の銃創を確認し、アルコール臭がした、毒の痕跡は発見されなかった、としているとある。[50] 三発の銃創は、遺体写真によっても確認できる。

イギリス人のカレンの著書に収録されているコソロートフ検案書なるものにも、右記の内容がくり返されているが、最大の違いはラスプーチンの「性器（genitals）がつぶされていた」とある点である。[51] これが拷問の根拠とされており、さらにそれがイギリス情報部員ライナーが殺害に参加した根拠とされているのだが、ロシア側では検案書は保存されていないと主張されているので、疑いは強い。

銃創が三か所あったことを考えると、青酸カリによる毒殺が意図されたというのは疑わしい。やはり飲ませて酔わせてから、縛り上げて、なんらかの自白を得ようとされたのだが、成功せず、動けなくなっているラスプーチンを銃で撃って殺害したと考えられる。三発の銃創のそれぞれが別の銃によるものと見られ、最後に額を撃ったのは、回転式リボルバー、イギリス製の四五口径の銃ウェブレイであり、これはライナーの銃だとイギリスでは主張されている。[52]仮にそうだとしても、フェリックスがライナーから拳銃を借用したと考えることもできる。イギリス人たちが主張する秘密情報部員ライナーの殺害参加説を採用することはできない。

ラスプーチンの遺体は、外套にくるみ自動車に乗せ、ドミトリー大公、プリシケーヴィチ、ラゾヴェリト、スホーチンが運んでいった。ペトログラード地区のはずれのクレストフスキー島の手前の小ネフカ川にかかるペトロフスキー橋の上から、氷の中に投げ込まれたのである。[53]

この日の深夜、午前三時、ラスプーチンから連絡がないことに不安を感じたユダヤ人の秘書シマノーヴィチは、ラスプーチンの留守宅を訪ね、娘マーラを起こし、皇后に近い女官ヴィルボーヴァに電話させた。[54]一七日の朝になって、ラスプーチンがフェリックスのところへ出かけたまま帰ってこない、と聞いたヴィルボーヴァは、宮殿の皇后に連絡した。[55]プロトポーポフ内相からも宮殿に電話があり、皇后はラスプーチンが暗殺された可能性があることを知った。ドミトリー大公が関与しており、プリシケーヴィチも参加しているということもすでに伝えられ、皇后は強い衝撃を受けた。皇后は、皇帝に書きかけていた手紙に、鉛筆で「われわれの友人が消えた」とはじまる長い経過の説明を書き加えて送った。[56]

さらに午後四時三七分、皇后は、皇帝に電報を打った。

「ヴォエイコフ〔皇宮警備司令官〕をただちに戻してくれませんか。彼の助けが必要です。私たちの友が昨晩から姿を消したからです。なお神のお慈悲に期待しています。フェリックスとドミトリーが関与[57]」。

皇后は、午後に呼び寄せた宮廷付きの武官デーンの夫人リリーに、ヴィルボーヴァの家へ行って、今夜は一緒に泊まってやってくれと頼んだ。ヴィルボーヴァの家へ行くと、秘密警察が警備を固めていた。皇后とヴィルボーヴァの暗殺計画の陰謀が摘発された、と聞いた。[58]

フェリックスの方は、この日の午前一〇時に特別市長官バルクと司法相を訪問し、無関係であると表明した。その一方で彼は、ロジャンコ夫妻を訪問し本当のことを打ち明けた。ロジャンコ夫人は涙を流して祝福を与え、ロジャンコも行動を肯定した。[59]フェリックスは皇后をあざむくために、皇后に拝謁を願い出た。皇后は当然にも拒絶し、言いたいことがあるなら書簡にまとめるようにと回答した。そこでフェリックスは、ドミトリー大公、プリシケーヴィチと一緒に書簡を起草した。一六日の夜は、ドミトリー大公と一緒に、お客を呼んで食事をしていた。深夜一二時頃にラスプーチンが電話してきて、ジプシーの店に行こうと誘われたが、お客がいるのでと断わった。お客が帰ったあと、銃声がしたので調べたところ、ドミトリー大公が犬を撃ったとのことだった。そういった内容だった。[60]

皇后は、この書簡を信用せず、フェリックスの首都出発の禁止措置を命令した。彼が夕方、停車場に行くと憲兵が待ち構えていて、首都から離れることを阻止された。[61]

この日、一七日の夕刻、『ビルジェヴイエ・ヴェドモスチ』紙がラスプーチンの死を報じた。皇后の希望は消えた。皇帝は、夜八時五分に皇后に電報を打ってきた。「ひどいことだが、ヴォエイコフのための列車が明日まで出ない。カリーニンに頼めないか。やさしくキス」[62]。カリーニンとは内相プロトポーポフの呼び名である。皇后から知らせを受けた皇帝が、ラスプーチンについて何もふれていないというのは、何を意味しているのだろうか。

首都では、ヨット・クラブでニコライ・ミハイロヴィチ大公らが会食しているところへ、ドミトリー大公がやってきたが、その「死人のように青ざめた」顔色で、みなを驚かした。ドミトリー大公は、事件への関与を否定した。[63]

一八日、この日になって、初めて一般新聞に記事が出た。『ウートロ・ロシーイ』紙も第四面に「謎の事件」と題して大きく報道した。[64]

午後二時、警察は、小ネヴァ川に架かる大ペトロフスキー橋の近くで血痕を発見したため、潜水夫を河に潜らせて遺体を捜索した。しかし、遺体は見つからなかった。皇后は、ドミトリー大公宅にフェリックスが潜んでいると知り、宮内大臣代理マクシモーヴィチに、ドミトリー大公の逮捕を通告するように命令した。大公は拝謁を願うが、皇后は拒否した[65]。

この日、サーロフ修道院での一週間の祈祷から帰ったエリザヴェータ大公妃は、ドミトリー大公に電報を送り、詳細を手紙で知らせてほしいと求め、「彼が行なった愛国的な行為のあとで、神がフェリックスにお力を与えてくださらんことを」と結んだ。彼女は、ジナイーダ・ユスーポヴァにも「あなたの大事な息子の愛国的な行為」を祝福する、と電報を送っている。この二通の電報は、プロトポーポフ内相が秘密に開封し、その内容を皇后に報告している[66]。

この日一八日、大本営では、朝食後、兵站監のルコムスキー中将が上奏につづけてラスプーチン問題について報告しようとしたが、皇帝は「われわれには時間がない」と言ってさえぎった。軍事会議ののち、午後三時に、皇帝と皇太子アレクセイは皇宮警備司令官ヴォエイコフとともに、大本営のあるモギリョフから出発した[67]。

一九日もラスプーチンの捜索がつづけられ、昼一二時三〇分、ついに遺体が発見された。午後六時、皇帝はツァールスコエ・セローの宮殿に到着し、皇后に対面した。ヴォエイコフはプロトポーポフ内相と話した。内相は、ヴォエイコフのシベリアに埋葬する案をいったん受け入れたが、のちに皇帝・皇后と相談し、皇后の希望でツァールスコエ・セローに埋葬することとなった。ヴォエイコフはなおもヴィルボーヴァを説得しようとしたが、ヴィルボーヴァの私的な礼拝堂の中に埋葬すると決まった。夜一〇時、チェスメンスカヤ墓地教会のテントの中で、コソロートフ教授による死体検案が行なわれた[68]。一二月二一日、ラスプーチンは埋葬された。冬宮聖堂の主教ヴァシリエフが司式をし、皇帝、皇后、ヴィルボーヴァが参列した。◆ヴォエイコフは参列せず、皇帝にも参列しないように進言したが、皇帝は聞き入れなかっ◆た[69]。

ラスプーチンの暗殺は、ロシア社会に巨大な波紋を呼び起こした。政治風刺漫画の大家カリックの日記は、人々の声を記録している[70]。一二月一九日、カリックはこの日に聞いた、ある人の分析を書き留めている。

ラスプーチンを倒した陰謀は、広範な課題を有している。完全な変革をやり遂げ、帝位にニコライ・ニコラエヴィチ大公を就けて、なんとしても講和条約を締結することが計画されている。ニコライ大公はだいぶ前から敗戦は不可避だ、戦争の継続は不可能だという結論を出している。じつはこのことが、かつて最高総司令官のポストから解任された原因である。シチュルメルは今、マドリッドに行くところだが、そこで講和交渉をするつもりだ。忌ま忌ましいイギリス人が、われわれを戦争に引き込んだ。その結果、今は粥を啜るところまで追い込まれている。[71]

相当に混乱した分析であるが、人々がこういうことを言い出す状況だったのである。カリックはさらに記している。

住民の一部には「ラスプーチンは生きている。見つかった死体は彼ではない」という神話が生まれている。私の知り合いのホテル「フランス」のボーイはそのように断言した。このような神話の信憑性が増し、広がる可能性がある。（……）皇后は皇帝に、破局の当日、二通の電報を送ったそうだ。一通は、「わたしは不安です。わたしたちの友が姿を消しました」というもの、もう一通は「わたしは気が狂いそうです。わたしたちの友が殺された。帰ってきてください」というものだ。[72]

この日、病気のアンドレイ・ヴラジーミロヴィチ大公の枕もとに、パーヴェル大公の呼びかけで皇族たちが集まった。パーヴェル大公とアレクサンドル大公が、皇帝にドミトリー大公らの裁判中止を訴えることになった。[73] 一二月二二日、アレクサンドル・ミハイロヴィチ大公は、ツァールスコエ・セローの宮殿を訪ね、強引に皇帝の執務室に入り、皇族一同の意思だ、ドミトリー大公らに対する取り調べを中止してほしいと申し入れた。大公の大きな声が、部屋の外にまで聞こえたという。[74]

皇族のこの働きかけは、一定の効果をあげたと考えられる。一二月二三日になり、皇帝は、皇太后にドミトリー大公らへの裁判を中止すると伝えた。ドミトリー大公はこの日、宮内相代理に呼び出され、ペルシャ国境の軍勤務を命じる皇帝の命令が伝えられた。翌日、午後二時の汽車でドミトリー大公は任地に向けて出発させられた。パーヴェル大公らは停車場に見送りにいった。[75]

一二月二五日のクリスマス、皇帝はゴリーツイン公爵を呼び出し、首相任命を伝えた。トレポフ首相はプロトポーポフの解任を強く求めたため、皇后が嫌っていた。新首相は五七歳、内務省の官吏で県知事を務めたことがあるというだけで、一九一五年から皇后が関係しているロシア人捕虜支援委員会会長をしていた。明らかに皇后による人事であった。◆[76] ラスプーチンが殺されても、皇后は自分の人事案を皇帝に押し通す意思の力を保っていた。宮廷革命の陰謀は目的を果たさなかったのである。

一二月二九日、マリヤ・パヴロヴナ大公妃（ヴラジーミル大公の妃）の宮殿でドミトリー大公のための嘆願書が作成され、皇族たちが署名した。嘆願書を執筆したのはパーヴェル大公の再婚した妃パーレイ◆であった。[77]「皇帝陛下、われわれこの書簡の文末に署名したすべての者は、ドミトリー・パヴロヴィチ大公の運命に関する陛下の峻厳な決定を、緩和してくださるように強くお願いします」とはじまるこの書簡は、大公が「肉体的に病気であり、精神的に深く動揺している」こと、彼が皇帝、われらの祖国を愛している

◆……**参列した**　プロトポーポフもこの葬儀に参列したと、アンドレイ大公は日記に書いているが（*KA*, 1928, Vol. 1, p. 188）、正しくない。

◆**カリック**　ヴァレーリー・ヴィリヤモヴィチ・カリックは、一八六九年生まれ。ゴーリキーに評価され、一九〇五年、風刺雑誌『業火（*Zhupel*）』に参加した。その後は、雑誌『森の精（*Leshii*）』にも協力した。彼はイギリスのロシア史家ペアズの友人であった（Bernard Pares, *My Russian Memoirs*, London, 1931, pp. 421, 489を参照のこと）。

◆……**皇后による人事であった**　ゴリーツィンは、臨時政府非常審問委員会での陳述で、皇后との仕事上の関係について語っている。*Padenie tsarskogo rezhima*, Vol. II, pp. 250-251.

ことを指摘して、ペルシャでの勤務では彼を衰弱させてしまうので、彼の領地での謹慎に切り替えてほしいと求めている。ラスプーチン暗殺についてはいっさい触れず、非難していないのが特徴である。その意味で間接的にドミトリー大公の行動を擁護する気持ちを伝えていた。

署名したのは、オリガ（コンスタンチン大公娘、ギリシャ王妃）、マリヤ・パヴロヴナ大公妃、キリル・ヴラジーミロヴィチ大公、ヴィクトリヤ（キリル大公妃）、ボリス・ヴラジーミロヴィチ大公、アンドレイ・ヴラジーミロヴィチ大公、パーヴェル大公、マリヤ（パーヴェル大公の娘）、エリザヴェータ・マヴリキエヴナ（コンスタンチン大公妃）、イオアン・コンスタンチノヴィチ大公、その妻エレーナ、ガヴリイル・コンスタンチノヴィチ大公、コンスタンチン・コンスタンチノヴィチ大公、イーゴリ・コンスタンチノヴィチ大公、ニコライ・ミハイロヴィチ大公、セルゲイ・ミハイロヴィチ大公であった。嘆願書はツァールスコエ・セローに送られた。[78]

キリル大公妃は、最初は皇后アレクサンドラの生家の当主ヘッセン公エルネスト・リュドヴィグと結婚していたが、離婚した。この離婚を英国ヴィクトリア女王の命で工作したのが、ヘッセン公国大使で、現ロシア大使ブキャナンであった。つまり彼女は、ブキャナンの友であり、ヘッセン公の妹の皇后アレクサンドラの敵であったのである。[79]

この日、皇后の姉エリザヴェータ大公妃が皇帝に宛てて手紙を書いた。彼女はサーロフ修道院を訪問して、一〇日間「あなた方みなのために、あなたの軍隊・国家・家臣たちのために、心と身体の弱き者のために」祈ってきた、と書き、子どものときから知っているフェリックスが「彼を殺したことを知った」。「祖国愛に動かされ、みなの苦しみの原因となっている者から陛下と祖国を救うことを決断した」のだと思う、「罪はどこまでも罪です。しかし、これは特別の種類のことで、決闘と評価することもできるし、愛国心の発露とみなすこともできます」と記している。誰もが祝い、喜んでいる。「ついに、われわれとわれらが陛下をさえぎる壁が壊された」と言っている。「みなが悲しみの涙とともに神に祈っている。主よ、陛下を正しい道に導いてくださいと」。大公妃は呼びかけた。「親愛なるニキよ。ものごとをあるがままに見るのです。私の言うことを信じてください。（……）わたしが、あなたにプラウダ〔真実〕を語っていることを信じてください[80]」。彼女はもはや自分の妹である皇后とは関係を断っていた。皇帝ニコライに対して最後の呼びかけをしたのである。

一二月三〇日、皇帝は、皇族たちの嘆願書を送り返した。皇帝は、嘆願書の上には「何人も殺人を犯す権利を与えられていない。良心は多くの者に平安を与えないと知っている。なぜなら、ドミトリー・パヴロヴィチ一人がこの件に関与したのではないのだから。諸君が私に訴えたことに驚いている。ニコライ」と書いてあった[81]。これは皇帝による皇族への断交宣言であった。翌日、二か月のあいだ所領に蟄居せよとの皇帝の命令が、ニコライ・ミハイロヴィチ大公に届いた。大公は、皇后が「勝ち誇っているか、畜生め。長く権力を握りつづけられるのか」と言ったと、日記に書き込んだ[82]。確かに、これは大公たちの敗北であり、皇族の陰謀と抵抗に対する皇帝・皇后の勝利宣言であった。

一九一七年一月一日、「曇りだったが、静かで、暖かだった」と皇帝は日記に記した。午後三時、ツァールスコエ・セローの大宮殿で、皇帝ニコライ二世は、大臣たち、宮中百官、連隊長、外交官たちと年賀のレセプションを行なった[83]。ブキャナン英国大使は短い言葉を皇帝と交わした。皇帝は、フェリックスの大学時代の友人であった「若いイギリス人」が、ラスプーチン暗殺に関与していると疑っておられると聞きましたが、そのような噂は絶対に事実無根です、と大使は語った。「陛下は私に感謝し、そう聞いて、たいへんうれしいと言われた[84]」。

ラスプーチン暗殺の波紋は、年を越して広がっていった。宮廷革命の第一幕がいかなる効果もなく終幕

◆パーレイ 侍従カルノーヴィチの娘、陸軍中将ピストコリスの妻であったが、離婚し、一八九一年に妃を亡くしたパーヴェル大公の愛人となり、一九〇二年に結婚した。「左手結婚」で、最初は認められなかったが、一九〇四年に皇帝に認められ、爵位を与えられ、一九一五年にパーレイ公爵夫人となった。姪ゴローヴィナがラスプーチンの崇拝者であり、最初の結婚で得た息子がアンナ・ヴィルボーヴァの姉妹と結婚し、ラスプーチンの取り巻きとなっていた（*Padenie tsarskogo rezhima*, Vol. VII, pp. 393, 396）。

したとすれば、第二幕が開幕しなければならない。人々はそれを待っていた。一月一〇日、政治風刺漫画家カリックは日記に書き残している。

　昨日、市中にありとあらゆる「暗殺」の噂が流れた。ヴィルボーヴァが殺された。陸相ベリャーエフが殺された。陛下ご当人が殺された。皇后が斬りつけられた云々だ。今日はこのような噂は何も語られていない。代わりにニコライ・ミハイロヴィチ大公を先頭にした「一七人の陰謀」が語られている。皇后を修道院に幽閉するのが目的だということだ。（……）この数日間は、一月一二日にまた宮廷革命が考えられているという風聞が語られている。[85]

一月二〇日には、元「人民の意志」党のチホミーロフが、日記にこう書きつけている。

　権力は、呪われたグリーシカ〔ラスプーチン〕によって、精神的に三重にも掘り崩された。これは書くこともできない恥辱である。大臣の任命がグリーシカによって決まることがありうるなら、信頼のいかなるかけらも保てようか。この汚らわしい奴はついに殺された。しかし、これは信頼の回復ではない。もしも陛下ご自身が彼を追い払ったのなら、陛下が最後にはみずから病巣を排除できると、万人に納得させることができたであろう。しかし暗殺は、誰の手にロシアが握られているかという恐るべき事実を、むしろ確認したのである。しかも、国から恥辱を取り去る唯一の手段が、殺人というケースだったとすれば、これはやはり恐るべき先例となるのではないか。汚らわしいグリーシカは、死後も王朝の脅威となりつづけている。（……）

　私はしばしば、どうしたら王政が救えるかという問題に頭を砕いてきた。そして確かにその手段は見出せていない。もっとも重要なことは、陛下が生まれ変わったり、自分の性格を変えたりすることはできないということだ。（……）彼は永遠に動揺し、絶えず計画から計画へと移ることしかできない。

この場合、かくも混乱した状態では滅亡するしかない。なんらかの神慮◆の介入がないかぎり。▼86

一八八一年にアレクサンドル二世を首都の街頭での爆弾テロで殺害した、「人民の意志」党の理論的指導者であったチホミーロフは、震えながら、今後も暗殺という手段が行使されるかもしれないことを考えているのである。しかし、宮廷革命の第二幕は上がらなかった。

二月四日、アレクサンドル・ミハイロヴィチ大公は、前年の一二月二五日から書きはじめた長い書簡を締めくくって、皇帝に送った。

結論として言おう。これがどんなに奇妙なことであれ、今日では、政府が革命を準備している機関なのだ。人民はそれを望んでいない。しかし政府は、不満な人間が可能なかぎり多くなるようにとあらゆる可能な手を尽くしている。そして、このことに成功している。われわれは下からではない、上からの革命という前代未聞の光景に立ち合っているのだ。▼87

二月一一日、国会議長ロジャンコが長く願っていた上奏を認められた。皇帝は「早く終えてくれ。私は時間がない」と不機嫌そうであったが、ロジャンコは「陛下、最後までお聞きにならなければいけません」と述べて、議員たちには「プロトポーポフのような人間が閣僚である政府に対して、正当なる不満が蓄積されている」、プロトポーポフを解任させるべきだと迫った。しかし、皇帝は耳を貸さなかった。「い

◆**なんらかの神慮**　チホミーロフの日記を復刻した研究者レプニコフは、私が一九八七年の論文で、この「神慮」を皇帝殺害を指していると理解したこと（Wada Haruki, Lev Tikhomirov, His Thought in His Later Years, 1913-1923, *Annals of the Institute of Social Science*, No. 28, 1986, p. 14）に対して、転向後のチホミーロフにとって皇帝は神聖なものであり、その殺害などを考えるはずはないと批判しているが（Aleksandr Repnikov and Oleg Milevskii, *Dve zhizni L'va Tikhomirova*, Moscow, 2011, p. 481）、皮相な見解である。

かなる言葉も、いかなる説得も、もはや効果がない」とロジャンコは感じた。[88]

この話を夫から聞いたロジャンコ夫人アンナは、その内容をラスプーチン暗殺の陰謀の中心人物ジナイーダ・ユスーポヴァ公爵夫人に書き送ったが、その手紙の末尾に、ついに彼女も次のような決定的な言葉を述べるにいたった。

> すべてを統治するこの一団は、あらゆる慎みを失い、ますます欲しいがままにしています。これは、いまや明らかです。ア・エフ〔皇后アレクサンドラ・フョードロヴナ〕一人にすべての責任があるのではなく、その人〔ニコライのこと〕がロシアのツァーリとしてはるかに罪が深いということです。例の件の関連で聞きました。一〇六人の容疑者がいて、そのなかには、私たちも、グチコフも、ニコライ・ミハイロヴィチ大公も入っているとのことです。プリシケーヴィチを尋問したが、彼はすべてを否認したそうです。[89]

二月一四日、ラスプーチンを殺害したフェリックス・ユスーポフは、ニコライ・ミハイロヴィチ大公に書き送った。

「上からなさなければならないことが行なわれなければ、下から行なわれるでしょう。どんなに多くの罪なき血が流されることでしょうか」。皇帝が大本営に行く機会を捉えて、マリヤ皇太后の助けによって、

「彼女を助け、支持する人々とともにペテルブルクに行って、アレクセーエフとグルコーとともに、プロトポーポフとシチェグロヴィートフを逮捕し、〔……〕アレクサンドラ・フョードロヴナ〔皇后〕とアンナ・ヴィルボーヴァをリヴァジヤ〔クリミア〕に追放する――そのような措置をとれば、手遅れにならぬうちなら、まだ救えるでしょう」[90]。

ラスプーチン暗殺の実行者は、なお皇帝の責任を語るのをはばかっていた。舅で、皇帝の妹と結婚しているアレクサンドル大公が、すでに皇帝に絶縁の書簡を送ったあとであったのに。かくして皇族たちの宮

廷革命の道は、その第一幕で挫折したのである。

軍事クーデターを追求するさまざまな試み

皇族と大貴族がラスプーチンを殺害して宮廷革命の幕を上げていたとき、軍隊を動かして皇帝を退位させ、新政府をつくりだす軍事クーデターをめざす人々も一斉に動き出した。軍隊によって権力の中枢を一挙に変革することは、混乱を最小限に抑さえる外科手術だと考えられた。

この件では、第一当事者であるグチコフの回想が、相対的に確実な唯一の資料である。グチコフの回想は、一九三六年八〜九月に亡命者の新聞『パスレードニエ・ノーヴォスチ』に連載された。[91] 長くこれが歴史家の唯一の典拠であったが、ソ連崩壊後の一九九一年秋になり、『歴史の諸問題』誌がフーヴァー研究所所蔵のグチコフからの聞き取りのオリジナル版を公刊した。これは一九三二年一一月から一九三三年四月に元ロシア帝国外務省のニコライ・デ・バジーリーが聞き手となって、グチコフに語らせたものである。[92] これを編集したものが『パスレードニエ・ノーヴォスチ』版の回想となったものである。軍事クーデターの構想について、一九三六年版回想とオリジナル版では本質的な違いはないが、ここではオリジナ

上：グチコフ。
下：ヴャゼムスキー公爵。二人は軍事クーデターを陰謀工作する

ル版にもとづいて検討する。

アレクサンドル・イヴァーノヴィチ・グチコフは、一八六二年にモスクワの古儀式派の商人の家に生まれた。家業は毛織物工場の経営であった。モスクワ帝大を卒業したグチコフは、モスクワ市議会議員となったが、抑えがたい冒険心の持ち主で、一八世紀末から極東・チベット・南アフリカ・マケドニアなどの紛争地帯をまわり、現場感覚をみがいた。日露戦争の際には、ロシア赤十字の総代として満州で活躍した。

一九〇五年革命時には政府との交渉で積極的に動き、一〇月詔書以後はこれを支持する政党オクチャブリストの創党を主導し、第一国会から議員となった。ストルイピン時代には政府を支える与党の党首として重きをなした。ツァーリ君主制に忠誠を誓い、立憲専制体制たる一九〇六年憲法体制を支えたのである。

国会審議では軍隊改革・軍事問題を専門のテーマとして、軍内部の改革派と交渉をもった。しかし、ラスプーチン問題を国会で取り上げたため、皇帝・皇后と対立した。それでも一九〇六年憲法体制を守る立場は変わらなかった。ついにモスクワで支持を失い、一九一二年には第四国会議員選挙で落選した。それでも大戦期も保守的自由主義者の重鎮でありつづけたが、一九一五年、ブルジョアジーの組織である戦時工業委員会の全国委員会の議長に選出されたことは、カムバックの意味をもった。この年の九月、国家評議会議員にも任命された▼[93]。

グチコフが軍事クーデターに向かう行動を開始する出発点となったのは、一九一六年秋に行なわれた政治問題についての議会指導者の会合である。グチコフは、この会合のことを九月にオクチャブリスト議員のサヴィチから聞いた。サヴィチは出席を断わったということだったが、グチコフはミリュコーフが企ての中心であり、国会議長ロジャンコも関与していると聞き、これに参加した。進歩党員で、都市連合の幹部であったフョードロフの事務所に集まったのは、フョードロフ、ミリュコーフ、グチコフのほか、シドロフスキー、シンガリョフ、ゴドネフ、ヴェ・エヌ・リヴォーフ、ネクラーソフらの国会議員、それに議員外からキエフの戦時工業委員会議長チェレーシチェンコであった。[94] この席で、ミリュコーフから、民衆革命に向かう動きが進行している、「これを妨げるか、促進するかという問題が提起された」。政府はこの動きを鎮圧できない。とすれば、二つに一つである。政府が崩壊するか、政府が権威ある社会勢力、国会を中心とした勢力に対処を求めるかである。一八四八年型（第1章26頁参照）か、一九〇五年型かだ。ミリュコーフの提起に触発された意見が、次のように回想されている。グチコフがこの場で表明した考えなのであろう。

> われわれが革命の波によって押し上げられるか、それとも最高権力の呼びかけによって引き上げられるかだ。われわれはもちろん拒絶はできない。しかし、われわれはスチヒーヤ〔自然の力のような民衆の力〕をおだやかにすることは、主要な責任者、陛下が去るという条件のもとでのみ可能だということを承知している。最初から明らかになっていることは、陛下の退位という犠牲によってのみ、新しい権力の創出の成功のチャンスが一定程度生まれるということだ。しかもそこには、カデットのような共和主義的な気分の人々がいるのだ。しかし、政体の問題には誰も触れようとしなかった。なぜなら各人の心では、体制は君主制のままでなければならないということが決まっていたからだ。

グチコフは、フョードロフの事務所にあった『基本法大全』を調べて、摂政についての規定を見たと書いている。陛下が息子アレクセイに譲位すれば、あとは法律にそってやれるということになった。「みな土台をできるだけ動揺させないという願いをはっきりともっていた」。

グチコフは、ある勢力が革命的行動をして、別の勢力が新権力を創造するということはありえないと言ったようだ。変革を行なう者は、当然、変革のトップに立とうとするからだ。ただし、権力が崩壊すれば、街頭が統治することになる。そうすれば、「権力、ロシア、戦線の崩壊が起こる」。それは避けなければならない。[95]

フョードロフの事務所での会合は二回あった、とグチコフは述べている。会合のあと、体調が悪くなり寝ていたところに、ネクラーソフが訪問してきた。真意を知りたいということであった。グチコフは彼に、自分の考えているのは「宮廷革命（dvortsovaia revoliutsiia）」だと語ったのである。内容は軍事クーデターという方が正しい。軍隊を動かし皇帝に退位を強い、皇太子に譲位させ摂政を置く、摂政にはミハイル大公を指名するという内容である。二人はこの変革の推進で合意したが、のちにチェレーシチェンコが加わり、三人の合意ということになった。

ここで聞き手のバジーリーは、この三人の合意がなされた時点について「九月の末か、一〇月初めですね」と確認し、また「これはフョードロフのところでの最後の会合の二日か、三日あとですね」と念を押している。[96]グチコフは、いずれの言葉にも反応を示していないが、おそらく一〇月の半ばぐらいまでであったのだろう。

実行方法は三つであった。ツァールスコエ・セローの大宮殿で皇帝に退位を迫ること、大本営で退位を迫ること、ツァールスコエ・セローと大本営の移動中の列車内で退位を迫ることである。このうち、第一案は考えられなかった。第二案は、大本営をあげて動かし、参謀総長アレクセーエフを中心にして軍事クーデターを行なうというものである。グチコフはこの可能性も探っていただろう。大本営の参謀将校の一人レムケは、一九一六年二月の日記に、グチコフが中央戦時工業委員会議長として大本営を訪問したいが、身体の調子が悪く出向けないので、副議長のコノヴァーロフを派遣するという手紙をアレクセーエフに寄こしたと書いている。そして、「私は、グチコフ、コノヴァーロフ、クルイモフ、アレクセーエフらがある種の陰謀（……）を進めていると考えはじめた。そうなら、そんな雑多な顔ぶれでは災いが起こるだけで、ロシアにとって何も期待できない」と書き付けている。[97]大本営のなかにさえ期待があったのだが、参謀総長アレクセーエフが動く可能性はまったくなかった。方面軍司令官のレベルでは、西南方面軍司令官ブルシーロフは宮廷に批判的であったが、彼は大本営からは遠かった。

そこで第三案が選択された。沿線地域の部隊を調べ、その将校に接触して部隊を動かし、作戦を決行することが可能だと判断されたのである。グチコフが、獲得したもっとも重要な同志が、ドミトリー・レオニドヴィチ・ヴァゼムスキー公爵である。

当時、われわれの仲間に加わってくれたのがヴァゼムスキー公爵という得難い協力者であった〔どういうきっかけであったかは憶えていない〕。私が大戦中に個人的な近い関係になったのは、彼がニコライ・ニコラエヴィチ大公の衛生部隊（……）の一つの全権代表をしていたからである。〔彼の部隊は〕装備は素晴らしく、人材も立派であった[98]。

ヴァゼムスキー公爵の父は宮内次官であった。一八八〇年代半ばの生まれで、ペテルブルク帝大を卒業し、最高法院に勤めて、トルキスタンでの監察の仕事をした。その後、首都の近くの郡の貴族団長補佐をした。大戦がはじまると、彼は赤十字部隊に参加し、西北部方面軍の地域で活動していたのである[99]。「彼には肉体的な衰えの徴候が一部あったが、精神的には気高く、とても高潔な性格で、視野が広かった」。ヴァゼムスキーは、公爵家の人間として義務を果たさねばならないという気持を抱いていた。またその家柄のゆえに将校たちとの結びつきをもっており、目的のために活用できたのである。

グチコフは、すぐにもう一人の将校を獲得したと述べている。簡単な工作ではなかった。「にもかかわらず、工作は進展した。もう一歩がなされる必要があったのだ[100]」。

しかし、ここまで進められた計画の進展はグチコフの病気によって、不安な状況に陥った。歴史家ジャーキンは、グチコフが病気になり、一九一六年一〇月一三日から一二月二〇日までキスロヴォーツクで静養していたと主張している[101]。ジャーキンの主張には典拠があげられていないが、新聞『ウートロ・ロシーイ』の報道では、グチコフはクリミアでの療養から一二月一九日にペトログラードに帰京した、となっており[102]、正しいと考えられる。

もとよりグチコフが不在のあいだも、工作は進められた。彼が帰京して、ヴァゼムスキー公爵らと協

チェレーシチェンコ（左）とクルイモフ少将。
二人は、1917年3月初めにクーデターを計画していた

議したところ、工作は順調に進んでいることが確認されたのであろう。

ところで、グチコフの回想ではまったく触れられてないが、近親者の証言では、ヴャゼムスキー公爵は一九一六年末に戦場で胸に銃弾を受け、入院してしまったのである。姉リージヤの夫イラリオン・ヴァシリチコフの回想では、ヴャゼムスキーは二月革命勃発の際◆も、まだ傷が完治しないで、家族と一緒に首都の家にこもっていた[103]。というわけでグチコフの陰謀工作は、一九一七年に入ると進まなくなったということになる。

グチコフとヴャゼムスキーの工作が頓挫した段階で、キエフの戦時工業委員会議長のチェレーシチェンコの活動が積極化したことが確認される。グチコフは、「チェレーシチェンコは自由にやっていた。彼の母が組織した、近衛軍団の一部に奉仕する部隊があった。彼はそこに出かける義務があった。彼は将校たちと知り合いだった。連隊長は少しずつ人々を選ぶことができた」と書いている[104]。

じつは、軍事クーデターを考えていた軍人がいた。クルイモフ少将である。彼は一九一七年一月にペトログラードに来て、国会関係者に会って、軍事クーデター案を説いていた。このアレクサンドル・ミハイロヴィチ・クルイモフは、一八七一年生まれで、士官学校を出て任官し、一八九二年には参謀本部ニコライ大学校を卒業している。しばらくニコライ大学校で教鞭を執ったようだ。のちにケレンスキー首相のもとで陸相を務めたヴェルホフスキーは、彼から講義を受けたと回想している[105]。日露戦争には第四シベリア軍団参謀部の特任将校として参加した。彼は日露戦争終結時のシベリアで、復員兵の反乱を見て強い危機感を抱いた。「健全化は、戦争中に成就しなければならない。なぜなら復員にまでいたってしまえば、万事終わりだからだ」。大佐となった彼は、一九〇九年から参謀本部で

三年間働き、部長を務めた。一九一一年、ザバイカル・カザーク軍の連隊長となり、一九一三年からはトルキスタン軍管区司令官サムソーノフの代理となった。そのまま大戦に参加して、サムソーノフの第二軍の壊滅の悲劇でも生き残った。少将となり、一九一五年、ウスリー騎兵旅団長となって、一九一六年、彼の旅団はあげて西南方面軍に編入された。▼106

この彼が思いつめて首都に上京し、軍事クーデターの必要性を説いてまわったのである。ロジャンコが議員の有力者、国防関連機関の関係者を集めて、話を聞いた。クルイモフは、ロシアは大戦で勝利に進める国家でないと告発した。日露戦争で絶望した軍人マルトゥイノフらの同志であった。「はっきり言って、戦争を妨げているのは銃後だ。〔このままでは〕一次的成功もゼロになってしまう」と述べた。

「軍隊の気分は、誰もが変革のニュースを歓迎するような気分です。変革は不可避です。このことを前線は感じています。もしも先生方がこの非常措置をとると決断するなら、われわれは支持します。ほかの手段がないのは明らかです。先生方も、ほかの多くの人々もあらゆる方策を試されたでしょう。しかし、皇后の有害な影響力は、ツァーリに向かって述べられた誠実な言葉より強力なのです。時間を失うことはできません」。

これに対して、カデット議員のシンガリョフは「将軍の言われることは正しい。変革は必要だ。しかし、誰がそれをやれるだろうか」と応え、オクチャブリスト議員のシドロフスキーも「あの人を許したり、哀れんだりすることは無意味だ。彼がロシアを滅ぼしているのだから」と同調したのだが、もっとも鋭い反応を示したのはチェレーシチェンコであった。ロジャンコは不安にかられて述べた。「あなたはツァーリの退位のあとはどうなるか、考慮しておられない。私の家でこのことについては語らないようにお願いす

◆ヴァゼムスキーは二月革命勃発の際　なおヴァゼムスキーは、二月革命のさなか、二月二八日、グチコフの同行の求めに応じて、市内に自動車で出かけ、流れ弾に当たり、翌朝に死亡している（I. S. Vasil'chkov, *To, chto mne uspomnilos'*: Moscow, 2002, pp. 124-125）。第9章430・431頁を参照のこと。

る。軍隊が退位を実現できるなら、将軍たちを通じてやり遂げてほしい。私は最後の瞬間まで暴力によらずに、説得で行動するつもりだ[107]」。

チェレーシチェンコは、クルイモフが「一度ならずペトログラードに上京して、おそらくわが国の騎兵将軍のうちでトップの切れ者で、軍事を知り尽くした人の権威をもって」クーデターの必要を説いたと語っている[108]。クルイモフの旅団に属す第一ネルチンスク・カザーク連隊の連隊長ヴランゲリも、その回想にクルイモフが部下たちとクーデター構想を話し合っている様子を描いている。クルイモフの目標はツァーリの排除であった[109]。

クルイモフの話を聞いた国会議員たちは動かなかったが、グチコフの工作が進まないことに苛立っていたチェレーシチェンコは、クルイモフと連携することにした。グチコフ自身は、自分はクルイモフを自分の計画には加えなかったと回想しているので[110]、チェレーシチェンコの企ては独自の企てであったと見るべきであろう。だが、チェレーシチェンコが押し進めたクルイモフ中心のクーデターの決行日は、一九一七年三月初めに設定された[111]。そのときクルイモフが上京することになった。明らかに軍事クーデターの第二案は、手遅れになる運命であった。

二月革命ののち、陸軍大臣となったグチコフは、新たな部下たちに向かって次のように語ったというヴェルホフスキーの証言がある。

「私は大衆を闘争に立ち上がらせずに、クーデターを実現することを夢見ていた。三月一日に内部的な宮廷クーデターが予定されていた。堅実な人々のグループ（『先頭に立っていたのは、クルイモフ、グチコフ、チェレーシチェンコ』だと、私の耳元で隣席の男がささやいた）がペテルブルクに集まり、ツァールスコエ・セローと首都のあいだでツァーリの列車に侵入し、ツァーリを逮捕して、ただちに国外へ送り出すはず

全国ゼムストヴォ連合会長リヴォーフ公爵。軍事クーデターを夢見た一人

だった[112]」。

これが本当にグチコフが進めたことを語った言葉なのか、軍事クーデター派がやったことを代弁したものなのか、定かでない。

軍事クーデターの構想はほかにもあった。全国ゼムストヴォ連合会長ゲオルギー・リヴォーフ公爵も、軍事クーデターを夢見た一人であった。

この人物は一八六一年の生まれだから、グチコフより一年年長である。名門貴族の子である。トゥーラ県の領地で生まれ、モスクワの中学校を出て、モスクワ帝大を卒業、その後はトゥーラで領地の経営に従事し、一八九〇年代からゼムストヴォ活動を開始し、一九〇〇年にはトゥーラ県ゼムストヴォ理事会議長となった。日露戦争には全国ゼムストヴォ救護団体の総代として満州で活動した。一九〇五年革命ではゼムストヴォ・リベラルの代表者として努力し、国会が開設されるとカデット党から選挙に出て、議員に当選した。しかし、解散後は国会には戻らず、大戦中は全国ゼムストヴォ連合の指導者として重きをなし、彼の名はしばしば進歩ブロックなどの対抗閣僚名簿に首相として載せられた[113]。

一九一六年一二月九日、全国ゼムストヴォ連合大会が禁止されたとき、リヴォーフは警察の大会禁止命令に対して毅然として抵抗し、集まった者たちに非公式な決議を採択させた。決議は「政府は、暗黒勢力の手に握られ、ロシアを破滅の道に導き、ツァーリの玉座を動揺させている。歴史の最大の瞬間の一つにある大国民にふさわしい、国民と国民代表に対して責任をもつことによって強力な政府がつくられなければならない」と述べていた。リヴォーフは最後に、「信じてほしい。われわれは勝利する」と叫んで、集まった代表たちの熱狂的な拍手を受けた[114]。

◆三月初めに設定　スピリドーヴィチは、マリヤ皇太后付きのドルゴルーキー公爵の証言によるとして、チェレーシチェンコが、二月八日に皇帝に退位を迫る行動をとると言い置いて、キエフを出発したが、数日後に帰って来て、計画は失敗したと語ったと書いている（A. I. Spiridovich, *Velikaia voina i fevral'skaia revoliutsiia, 1914-1917 gg.*, Vol. III, New York,; Moscow, 2004, p. 477)。これは信じがたい。

その夜、リヴォーフの屋敷に、キシキン、フォードロフ、ハティーソフが集まった。キシキンは医師であり、モスクワ市会議員、カデット党中央委員会副議長。フォードロフは前にも述べたが、進歩党員で都市連合の幹部であり、ハティーソフは、アルメニア人、チフリス市長で、カフカース軍管区司令官になっているニコライ・ニコラエヴィチ大公と親しかった。リヴォーフはこの夜、彼らに、皇帝を廃位し、皇后を幽閉するか国外に追放する、ニコライ・ニコラエヴィチ大公を皇帝に担ぎ、責任内閣をつくらせる、その首相に自分を指名してもらうという案を説明した。集まった者はこの案に賛成し、ハティーソフがチフリスに戻って、ニコライ大公を説得することになった。

ハティーソフは一九一七年の新年祝賀で司令官ニコライ大公のもとを訪れて、大公にリヴォーフの提案を話した。大公は、注意深く聞いていたが、何もいわず、明日もう一度訪問してほしいと言った。翌日、ハティーソフが大公の宮殿へ行くと、大公と大公妃アナスタシア、大公の参謀長ヤヌシケーヴィチが待っていた。そこでハティーソフはもう一度話をするように求められた。オカルト好きの大公妃は「むしろ好意を示した」が、ヤヌシケーヴィチは賛成・反対の意見は述べず、ただ懐疑だけを表明した。ニコライ大公が意見を述べたかどうかは、語られていない。「このエピソードはこうして終わった」、「正しくない人の選択、正しくないことの提起だ」とグチコフは述べている[115]。

スピリドーヴィチは、一九三〇年一二月一〇日、パリでハティーソフから聞き取ったところを書いているが、グチコフの話とほとんど食い違いはない。二度目に会ったとき、ニコライ大公は「よく考えたが、この企てに参加しないことに決めた」と回答したというのが違いである[116]。以上の経過は、メリグノーフの研究が示しているところとも一致している[117]。

リヴォーフの案は、先のロシア軍最高総司令官に軍事クーデターをやってほしいという案であると同時に、ニコライ・ニコラエヴィチ大公が皇族の筆頭であれば、これは宮廷革命をやってほしいという案でもあった。そもそも他力本願の案であり、かつ本来的に実現不可能な案であった。リヴォーフ構想はたんなるエピソードにすぎず、一瞬のうちに消えたのも無理はない。

これまで注目されてこなかったが、第三のクーデター案というべき動きが存在した。これは、国防特別審議会のなかで生まれつつあった案である。国防特別審議会は、すでに述べたように、一九一五年の改造で設置された機関で、国会、国家評議会、陸軍省、海軍省、財務省、会計検査院、商工省、交通省、全ロシア都市連合、ゼムストヴォ連合、中央戦時工業委員会の代表を集め、若干の招待者も加えて、一か月に八回程度開かれ、協議・調整・決定を行なっていた。一九一六年一一月には二日、五日、九日、一二日、二三日、三〇日の六回。一二月には三日、七日、一〇日、一四日、一七日、二一日、二八日、三一日の八回。一九一七年一月には四日、七日、一一日、一四日、一八日、二一日、二六日、二八日の八回という具合である。そこに国会からは、ロジャンコ、サヴィチ、エンゲリガルト、アジェーモフが、国家評議会からはスチシンスキー、グルコーが、陸軍省からはマニコフスキーが、海軍省からはギールス、都市連合からネクラーソフが、中央戦時工業委員会からはグチコフとコノヴァーロフが常時出席した。きわめて重要な人々を集めた、戦争推進の指導的な機関であった[118]。

一九一六年末、グルコー、エンゲリガルトら二八人の人的資源の枯渇に関する意見書が出されたことはすでに第1章（76頁）で紹介したとおりであるが、国防特別審議会の議事録には、その事実が反映されていない。それは有志の動きだったのである。しかし一九一七年に入ると、国防特別審議会の全委員の危機意識は一層の高まりを見せた。一月七日の会議では、陸軍省砲兵総局長マニコフスキー大将が、火砲関係兵器弾薬製造工場が燃料危機に直面しており、生産の激減の恐れがあると指摘した。鉄鋼材供給全権代表ムイシラエフスキー大将も、鉄鋼業全体が同じ危機に直面していると発言した[119]。

一月二八日の会議では、交通省管理局長ボガシェフが交通省と石炭業界との関係がうまくいかず、一月二〇日に一部の鉄道路線では石炭の予備が底をついたという危機状態を訴えた。マニコフスキーは、現在、一部の官営国防産業工場も操業を停止せざるをえなくなっている。「到来した危機は、砲弾生産の著しい減少をもたらす恐れがある」。砲兵局はあらゆる策を講ずるつもりだが、鉄鋼業の状態が危機的であると主張した。グチコフは「現在の鉄道輸送の現状の基本的な原因は、省と無関係な状況にではなく、省の先見の明のなさに問題があるとしなければならない」と政府の責任を追及し、こういう困難なときに戦時工業委員会労働者グループの逮捕などをしていると権力を批判した。国会議員で国権派のクルペンスキーがこのとき事態を打開するために、すべての特別審議会の合同会議を皇帝の臨席の下で開くことを提案した。グチコフはただちにこれを支持した[120]。

この提案は次の二月一日の会議でも、ロジャンコが支持の演説をしたこともあり、さらに議論されたが、ベリャーエフ陸相は簡単に賛成できないという態度をとったので、決定は次回送りとなった[121]。

二月四日の会議では、グチコフが今ほど食糧・燃料・原材料の不足が深刻になったときはない、皇帝はこの事情がわかっておられない、合同会議を皇帝臨席の下で開くとのクルペンスキー提案を支持すると演説した。スタホーヴィチもこの意見を支持した。ベリャーエフ陸相は反対演説をした。投票にかけられ、賛成一八票を得てこの案は採択された。ロジャンコ、グチコフ、グルコー、シンガリョフ、エンゲリガルト、クルペンスキー、チェルノコーフ、ネクラーソフ、コノヴァーロフらが賛成した。反対はシチェグロヴィートフら九票であった。保留はマニコフスキーら五票であった[122]。皇帝宛ての書簡には、ロジャンコ以外の一七人が署名した[123]。

二月革命後のエンゲリガルトからのヒアリングによれば、この皇帝出席要請の背後には、軍事クーデターの意図が潜んでいた。マニコフスキーは銃後に独裁権力を樹立しなければ国家的危機に対処できないという意見をかねてから述べていて、それを支持して行動する必要性が語られていたようである。エンゲリガルトは軍人として、自分はそのような動きの中心にいたと述べている。皇帝臨席のもとで合同特別審議会を開くという提案には、そこに出席した皇帝にマニコフスキー独裁の実現を迫るか、あるいは皇帝をなんらかの方法で拘束して、危機打開をはかるというような秘められた意図が込められていたということがうかがえる[124]。

しかし、これもなお、あまりに曖昧な話にとどまっていて、同じく手遅れとなる運命にあった。

ブルジョア市民革命路線の登場

となれば、第三の道、民衆運動と結びついてブルジョア市民革命を求める人々と路線の登場となる。その中核に立ったのは、一九一二年に生まれたフリーメーソン的結合の組織の中心であったネクラーソフ、ケレンスキー、コノヴァーロフの三人である。この三人にチェレーシチェンコを加えて、四人組とでもいうべき結合があると指摘したのは、ミリューコーフであった。彼の死後、一九五五年になって公刊された回想のなかで次のように述べている。

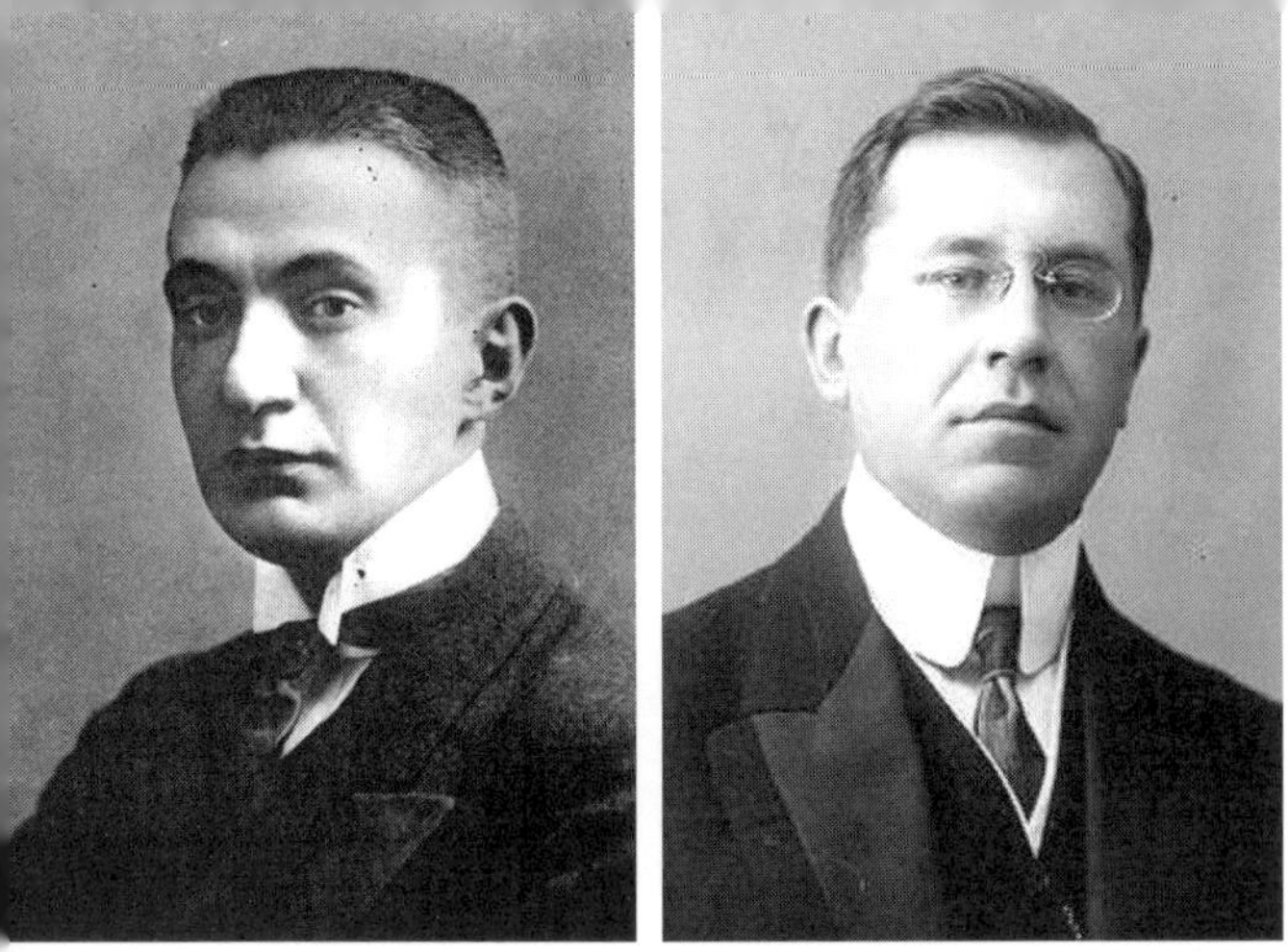
ブルジョア市民革命路をめざしたケレンスキー（左）とコノヴァーロフ

> 四人全員は、性格も、過去の経歴も、その政治的役割も、たいへん異なっている。しかし、彼らはただ単にラジカルな政治的見解で統一されているだけではない。それ以外に、彼らは純粋に政治的であるだけでなく、政治的・道義的でもある、ある種の個人的な近さで結ばれている。彼らは、さながら同一の源泉から発する相互的な義務で団結しているようだった。[125]

この言葉は、ミリューコーフがこの四人はフリーメーソン結社のメンバーではないかとほのめかしたのだと解釈されている。その言葉を文字通りに受けとって、彼らがグループをなしていたとする見方もある。しかし、一九九八年になって明らかにされたネクラーソフの一九三九年の裁判資料には、彼自身の重大な証言がある。一九三九年七月一三日、内務人民委員部取り調べ官に語ったものである。

「注目に値するのは、第一次臨時政府の構成において三人のフリーメーソン、すなわちケレンスキー、ネクラーソフ、コノヴァーロフが入っていたことだ[126]」。

一九一二年にスタートしたロシアのフリーメーソン結社「ロシア諸民族の大東洋」の初代の最高会議議長はネクラーソフであり、一九一六年に彼のあとを受けてそのポストに就いたのが、ケレンスキーである。コノヴァーロフはほぼ最初から、終始この最高会議のメンバーであった[127]。だが、チェレーシチェンコはメンバーであったとの推測はあるが、それを明示した証言はない。したがって、中核は三人組だと考えて、チェレーシチェンコのことも合わせて考えていくことにしたい。

このフリーメーソン結社の政治的目的について、ネクラーソフは、「祖国の解放とこの解放の防衛のために闘う」ことであったと供述していること、ケレンスキーは、目標は「広範な社会革命と連邦国家制にもとづく民主主義の確立」であったとしていることはすでに述べた（第1章38頁）。

このような秘密結社が組織されたのは、伝統的なロシア自由主義、カデット党のミリュコーフに代表される革命否定の合法主義を超えて、労働者の運動、革新派、民主勢力と結びつき、専制政府を打倒する民衆参加の革命に踏み出す道を探るためであったと考えられる。変革の目標として、皇帝の退位による立憲君主制への転換にとどまらずに、専制の廃止、共和制への転換をめざしていたと考えられる。

三人組の第一の人物、ニコライ・ヴィッサリオーノヴィチ・ネクラーソフは、一八七九年、ペテルブルク生まれ、司祭（protoierei）の子であった。一九〇二年に交通技師高等専門学校（高専）を卒業した。優秀であったのであろう、ただちにトムスク工業技術高専に招かれ、ドイツへ二年間の留学に派遣された。留学中、エスエルとリベラル派に接触した上で、解放同盟に参加した。一九〇五年革命の際は、帰国してトムスク工業技術高専で学内の運動に参加した。一九〇六年に橋梁建設講座の教授となった。その後、妻の病気療養のためヤルタに滞在中、タヴリーダ県のカデット組織の代表として、一九〇六年四月の第三回カデット党大会に参加した。注目され、たちまち一九〇七年、トムスク選出の第三国会議員となり、この年にカデット党の中央委員に選ばれている。[128]

一九〇八年、ネクラーソフは、フランスのフリーメーソン団体に入った。ここでフリーメーソン形式の組織の有用性を深く認識し、ロシアの改革に役立てるために、一九一二年、独立したロシアのロッジ（組織）を設立したのである。この年に第四国会議員に当選し、同僚議員からフリーメーソン組織のメンバーを獲得している。

開戦後は、政府との対決を主張して、挙国一致を主張するミリュコーフと対立した。そのため前線へ行って都市連合の救護隊に参加した。さらにミリュコーフとの対立が深まると、カデット党議員団から離れ、院外活動に力を注いでいった。しかし政治的には、カデット左派が彼の党派的な位置だった。

三人組の第二の人物、アレクサンドル・イヴァーノヴィチ・コノヴァーロフは、一八七五年、コストロマー県で生まれた。県内最大の綿業企業の御曹司であった。モスクワの中学校からモスクワ帝大物理数学部に入った。ドイツのミュールハウゼンの繊維産業学校で学び、一九世紀末に先祖伝来の綿工業企業の社長となり、開明的な労働者優遇経営に導いた。一九〇五年にコストロマー商工業委員会委員長として活躍し、一九〇八年にはモスクワ取引所委員会会長となり、モスクワ市会議員にもなった。政治的にも積極的で、一九〇五年には穏健進歩党、一九〇六年には平和革新党、一九一一年に進歩党に入っている。一九一二年に初めてモスクワ選出の国会議員となった。モスクワの大綿業資本家パーヴェル・リャブシンスキーの盟友で、かつ同志であった。彼は進歩党として行動した。[129]

第三の人物ケレンスキーは、一八八一年生まれ。父はシムビルスク中学校校長で、卒業時のレーニンに金メダルを与えた人物であった。中学は父の新任地のタシケントで卒業し、一八九九年、ペテルブルク帝大の歴史文学部に入り、法学部に転学。そこを一九〇四年に卒業し、弁護士になった。一九〇五年、先輩の人権弁護士ソコロフから政治裁判の弁護をするように求められ、政治の道に入った。彼はエスエル系の政治的立場をとってはいたが、裁判ではあらゆる党派の被告のために弁護し、高い評価を得ている。一九一二年、勧められて国会議員選挙に出て当選、トルドヴィキの議員になったあとに、フリーメーソンに誘われて参加した。ネクーラソフに誘われたものか、ソコロフに誘われたものか、明らかではない。[130]

この三人が、いつから同志として同じ方向の活動をすることになったのかは、まったく記録されていない。国会議員としての活動とフリーメーソンとしてのつながりから、自然に結びつきが強まったと考えられる。

一九一五年の政治危機の際には、ネクラーソフもコノヴァーロフも進歩ブロックに属した。進歩ブロックは信任内閣を要求したが、皇帝に拒絶されてしまった（第1章65頁参照）。コノヴァーロフは、八月二八日、モスクワのチェルノコーフ宅の会合で、「大臣たち自身に大臣の更迭を要求した社会活動家というのは、当然ながら誤りを犯したのであり、袋小路へ入り込んだ」と述べ、新しい戦術の必要性を主張した。彼の焦慮の基礎には、「人民下層の心理は絶望に近い」との認識があり、「そのような状態なので、彼らにとって唯一可能な道である暴力と過激行為に出かねない精神状態に、実際に追い込まないようにあらゆる方策を講じなければならない」という考えがあった。このとき、コノヴァーロフ、エフレーモフは、国会が解散されたら、これを拒否し議会をつづけ、国民に訴えることを提案している。[131]

この提案は進歩ブロックの主流には受け入れられなかったが、コノヴァーロフらもまた、この時点では進歩ブロックを捨てる気はなかった。しかも、チェルノコーフに代表されるモスクワのブルジョアジーのかなりの部分は、九月四日の市内の三一企業・一万七七九四人のストと市電スト、それに九月一四日の街頭での警官と民衆の流血の衝突事件に脅えて、穏健な戦術を主張した。[132] 九月上旬に開かれたゼムストヴォ連合・都市連合の大会は、いずれも急進派の主張を押さえて陳情団を送り、皇帝に国会再開と信任内閣を請願させることを決めたのであった。

この間、コノヴァーロフは戦時工業委員会の結成に動き、中央戦時工業委員会副議長のポストを得た。そして七月から一一月のあいだに、戦時工業委員会に労働者代表を参加させることに努力した。

ケレンスキーは進歩ブロックに属しておらず、夏の政治危機には関わりをもたなかったが、彼も行動を起こしていた。七月一六・一七日、ケレンスキーの住居に、全国からナロードニキ系組織の代表者を招集した。この会議は、戦争中止をめざして努力するが、当面は国土防衛に参加すること、ロシア政府は軍への補給面でも、経済崩壊を防ぐ面でも無能力を示したので、普通選挙による新政府の樹立をめざすべきこと、さしあたり国会の演壇を宣伝と組織に利用することを決議したのだが、これは「労働者グループ」を組織するグヴォズジェフらの考えときわめて近く、このような考えで民主党派を組織しようというコノヴァーロフの動きに、ケレンスキーも加わっていたことが明らかとなる。

この会議ではまた、労働者のあいだに国家変革の思想を広め、ときが来れば、一九〇五年のような労働者ソヴィエトをつくるセンターとなりうるようなグループを、労資紛争調査という名目で工場内に結成するという提案がなされたと言われる。[133]「労働者グループ」の組織には、エスエル系も加わったことが知られている。ケレンスキーの介入が、一定の役割を演じていることは明らかであろう。

新しい急進主義的なブルジョア市民革命路線が公開の場に登場したのは、一九一六年三月、モスクワで開催されたゼムストヴォ連合大会と都市連合大会であった。ここで、責任内閣の要求が出されたのである。このとき、ネクラーソフとコノヴァーロフは、初めて公然と自らの主張をもって登場した。

ネクラーソフは、三月大会当時、モスクワのレストラン「プラハ」で開かれたゼムストヴォ・都市両連合大会関係者八〇人の宴会で演説している。彼は、ミリュコーフが責任内閣は実現できないが、信任内閣ならチャンスがあるという消極的な演説をしたのに対して反論した。

「完全に現実的な脅威となる圧力がなければ、われわれは責任内閣も信任内閣も獲得できないということを、誰も一瞬たりとも疑わない。われわれが得られるのは、シチュルメルやフヴォストフの類いの新しい内閣だけだ。したがって、政府と細かな交渉遊戯をするのは無意味だ。必要なのは自分たちの要求をはっきり出すことだ。そして、要求を出した上で、政府がその要求に気をつかってくれるのを待つことなく、政府にその要求を受け入れさせられる組織を構築することに心を砕くべきなのだ」。

どのような組織を考えているかということを、ネクラーソフは大会の分科会で語っている。ゼムストヴォと都市自治体は強力な連合組織をつくっている。工業界も戦時工業委員会をもっている。しかし、商業界には組織がない。労働界は戦時工業委員会の庇護のもとに、第一歩を踏み出したばかりだ。協同組合は小さな細胞（基礎組織）だけだ。したがって、労働者・協同組合・商業界の全ロシア連合をつくりだすことが必要だ。

「それができたら、すべての団体から（……）、全体の方向付けを決定し統合する最高機関に代表を出すようにする。これが全ロシアの社会勢力の司令部となるだろう[134]」。

　コノヴァーロフも、全国ゼムストヴォ連合大会で、戦時工業委員会代表として演説している。

「われわれは、ロシアの社会勢力に不動の確信をもっているが、勝利の事業のための社会団体の活動が、目的を達成しうるような広範な規模にまで発展していないことを、遺憾に思わざるをえない。われわれは、権力の座にあるのは、国内に熱情と高揚を呼び起こしえない人物たちであることを認めざるをえない。権力の座にあるのは、国を混乱させ、国の実際的な力を弱め、崩壊、内紛と不和をもたらし、国民の力を最大限にふりしぼるのに妨げとなる人物たちである」。

　コノヴァーロフは、国に責任を取る政府のみが祖国を困難な状態から脱させ、国の内的再生を通じてこそ、外敵に対する勝利と銃後の秩序の確保を与えることができる、と演説を結んだ[135]。コノヴァーロフは、さらに都市連合大会でも戦時工業委員会を代表して挨拶した。

「政府は分裂の種を撒き、国を破滅に押しやっている。われわれは団結するために全力を尽くさなければならない。これは外部の敵に打ち勝つためだけでなく、むしろ人民の敵一般に打ち勝って、国を完全なる再生に導くために必要なのだ。われわれはしっかり肩を組んで、整然たる社会団体と社会規律を確立しなければならない。勝利はわれわれのものだ」。そして、「戦時工業委員会の旗印のもとに、労働者組織が復活しつつある。来るべき労働者大会では、全ロシア労働者連合が生まれるだろう。これは地方の小細胞にはじまり、労働者ソヴィエトのような最高機関にいたる整然たる組織になろう」と訴えた[136]。

　明らかにネクラーソフとコノヴァーロフは、同じ考えを提案していた。そしてこの考えは、ほかの人々の支持も得た。モスクワ帝大元総長マヌイロフ、プロコポーヴィチ、トルドヴィキの協同組合活動家チャイコフスキーなどがこの構想に賛同し、全ロシア農民連合の結成も主張された[137]。しかし、社会団体の連合体をつくることは皇帝政府が許さなかった。

そのまま危機は深化していった。一九一六年九月、モスクワを訪れたコノヴァーロフは、資本家・企業主たちに革命運動が不可避であると警告した。愛国心とこの戦争目的についての自覚から、労働者階級はまだ行動を自制しているのだ。農民大衆には、「完全なアナーキーの徴候」がある。「講和の翌日には、わが国では血が川のように流れる内戦がはじまるだろう。この内戦の恐ろしさは、自然発生的に、無計画に、いかなる中央の指導もなしに進むということだ。これはアナーキー、一揆だ。苦しみぬいた大衆の恐ろしい爆発だ。ロシアには今すでに政府はない。そのときまでには事態はもっと悪くなっているだろう。革命的爆発が起これば、政府は最終的にうろたえて、ロシア社会全体を運命にゆだねてしまうだろう。だからこそ、戦争のあとにわれわれを待つものの不可避性を意識している者は、誰でも今、そこからの自衛を考えなければならないのだ。アナーキーの恐るべき結果を回避することを考えなければならないのだ。救いは、一つは自己を組織すること、もう一つは労働者を組織化することにある[138]」。

さらに一〇月上旬にも、コノヴァーロフはモスクワの自邸に人々を招き語りつづけている。主題は、「ブルジョア・リベラル層の民主派との接近」の必要性であった。彼は、モスクワのカデット主流派の「不活発性、教条性、アカデミックなこと」、とくに「民主派からの疎外、それへの恐怖」を非難し、カデットとメンシェヴィキ、トルドヴィキとのあいだに「橋」をかけ、共同行動を進めることを主張した。この会合には、「プロコポーヴィチとクスコーヴァのグループ」と人権弁護士ムラヴィヨフとニキーチンが積極的に参加していた。ムラヴィヨフ以外はフリーメーソンのメンバーである。コノヴァーロフは、ボブリンスキー農相とプロトポーポフ内相の任命は、貴族地主と大資本家に自由にやれと許可を与えたものと民衆は受けとっており、民衆を決定的に反政府的に、革命的にさせたと述べた。そして彼は、皇帝政府について最終的な言葉を述べた。「今は、モスクワの気運は、一九〇五年〜〇六年のときよりはかり知れないほど高揚している。モスクワの以前の帝政派的な気運は影も形も残っていない。反王朝的気運のあらゆる徴候が存在する」。

コノヴァーロフは「国会の来るべき会期は、権力への決定的攻撃、官僚への最後の突撃となるべきだ」と主張した[139]。

ケレンスキーは、八月から九月いっぱいまで、中央アジア、トルキスタンをまわり、反乱の状況を視察して、一〇月一日に首都に戻った。一〇月九日、チヘイゼ議員の自宅で行なわれた、ナロードニキ、社会民主主義者、一三人のインテリと一人の労働者の会合に出席して懇談した。この席には、弁護士のソコロフとペシェホーノフが出席していたことが知られている。この会合の中心的な話題は、「中央権力の無条件的な放心ぶり」「国会の進歩ブロックの完全な破産」、カデット党と国会の無力さの批判であり、リベラル左派と民主諸派の連合、「左翼ブロック」の結成の必要性であった。出席した人々は、「好機を捉え、国の政治的解放をなし遂げるために、左翼ブロックをつくり出すように努力することを決定した[140]」。フリーメーソン組織のメンバー、ソコロフとともに、ケレンスキーは民主党派の態勢を準備しておこうとしたのである。

当然ながら、一一月一日からはじまった国会が、政府に対する総攻撃に出ることはできなかった。そこでこの国会がはじまった、まさにそのときから、ネクラーソフ、コノヴァーロフ、ケレンスキーの三人組は、ついに労働者を動かして、ブルジョア市民革命に向かうことを開始せざるをえなかった。彼らが頼るのは、戦時工業委員会の労働者グループ◆であった。

「労働者グループ」は、すでに一一月、再開国会とともに大きな転換を遂げていた。一一月二日、「労働者グループ」は、トルドヴィキ、メンシェヴィキ議員と会合したのち、「救国政府」結成の要求決議を行ない、発表を禁止されたミリュコーフらの政府批判演説とともに、労働者に広めた。一一月一四日には、各工場で国会支持の労働者集会を開くことを決定している。労働者グループのブレチンの第五号の報告では、規模は不明であるが、プチーロフ工場、ペトログラード金属工場、大砲工場、オブーホフ工場、造兵廠、エリクソン工場、サン＝ガルリ工場、パルヴィアイネン工場その他で集会が開かれ、「労働者グループ」の一一月二日決議にそった決議が採択されている。[141] さらに「労働者グループ」は、ペトログラード金属をはじめとする彼らの拠点工場に労働者グループ支援委員会を組織しはじめた。[142] リチェイヌイ大通り四七番にある戦時工業委員会本部にも労働者を集め、集会をくり返した。ここに出入りしていたブンド派（正式名称は「リトワニア・ポーランド・ロシア在住ユダヤ人労働者総同盟」というユダヤ人社会民主主義派組織）のラーフェスは、ときには五〇〇人も労働者が参加した集会が開かれたと回想している。[143]

　このころ、グトコーフが会長を務めるペトログラード生協連合会は、新しい雑誌『トルード（勤労）』を刊行する準備をしていた。編集者は、イ・ゲ・ヴォルコフ、カペリンスキー、それにエルマンスキーであり、エルマンスキーが実質的な編集長と目されていた。労働者に広く働きかける手段として考えられていたのであろう。エルマンスキーには意図は説明されていない。[144]

◆戦時工業委員会の労働者グループ　彼らが行なう新しい活動について、私が一九六八年の論文で最初に指摘した後、ソ連でも、一九七二年にチュチューキンが取り上げたが、「労働者グループ」が「みずからの危なくなった立場を立て直す最後の試み」をした、という消極的な評価による簡単な指摘であった（S. V. Tiutiukin, *Voina, mir, revoliutsiia. Ideinaia bor'ba v rabochem dvizhenii Rossii 1914-1917 gg*. Moscow, 1972, pp. 223-225）。一九七五年には、スロニムスキーがチュチューキンよりもはるかに本格的に、コノヴァーロフと結びついた「労働者グループ」の左翼的な動きを説明したが（A. G. Slonimskii, *Katastrofa russkogo liberalizma: Progressivnyi blok nakanune i vo vremia Fevral'skoi revoliutsii 1917 goda*. Dushanbe, 1975, pp. 155-163）、「労働者グループ」の意図は、労働者の運動をリベラル・進歩ブロックに従属させせんとするものであったという認識を出なかった。その意味では、ソ連崩壊後の新しいロシアの歴史家クリコフによる二〇一二年の論文は画期的なもので、中央戦時工業委員会と「労働者グループ」の活動が、二月革命の「はじまり（istoki）に立つ」ものと見なしている。しかしクリコフは、この動きの中心はグチコフであるとして、「軍事クーデター」路線と「ブルジョア市民革命」路線の区別もできず、混乱した叙述を与えている（S. V. Kulikov, Tsentral'nyi Voenno-promyshlennyi komitete nakanune i v khode Fevral'skoi revoliutsii 1917 goda, *Otechestvenia Istoriia*, 2012, No. 1, pp. 69-90.「はじまり（istoki）に立つ」は p. 79）。

ネクラーソフは、一九一六年一一月六日、国会副議長に選ばれた。副議長の役割はケレンスキーに自由に話させることであった。ケレンスキーは国会の壇上から「革命」を語りはじめた。一二月一三日、ケレンスキーは国会で次のように演説している。

「諸君は、これまで『革命』という言葉をなにか反国家的な、国家を破壊する行動だと理解してこられたでしょう。しかし、世界史は、革命が国家を救う方法、唯一の手段であることを語っています。これは国家を破滅に導く政府と闘う、もっとも緊張したモメントなのです（……）。〔旧政府とは〕いかなる妥協も不可能です」。

ケレンスキーは、このような権力と合法的な手段で闘おうとする人は、風車と闘うドン・キホーテのごとしだと言い放った[145]。

ケレンスキーは院外でも革命を語っている。一二月のモスクワで代表的なリベラルたちに向かって、彼は演説している。「われわれは革命の最中にいます。私の全存在をかけて、私は感じており、知っております。クーデターが成功する時は過ぎてしまいました。国が『下からの』革命に進むのを止めることは、すでに完全に不可能になりました[146]」。

一二月一三〜一五日、ペトログラードで地方戦時工業委員会会議が開かれ、これに参加した労働者代表は、彼らだけで会議を開いた。これには、ペトログラードの代表一五人、モスクワの代表三人、キエフ、ウファー、ペルミ、エカチェリンブルク、サマーラ、アルマヴィーラ、カザン、オムスク、ツァリーツィンの代表各一人、バクーの代表二人が加わり、メンシェヴィキ議員も同席した。この会議は、二つの重要な決議を採択した。

第一は、戦争と平和に関する決議である。ここでは、「労働者階級は戦争に決然と反対し、その防止にあらゆる方策を尽くしてきた」と述べながら、戦時工業委員会に参加した「労働者グループ」の立場を「対外的隷従の危険」を前にして、「国の防衛」が「民主派の受け入れうる条件での戦争の終結を導く、最重要手段の一つ」であると考えたからだと説明している。その上で、独墺側からの平和交渉の提起があった以上、すみやかに交渉を開始すること、平和の条件をつくり上げることを主張している。「国の崩壊の危険に直面するロシア・プロレタリアートの立場は、自らの国際的課題を遂行する事業において、有産階級の征服の志向との闘争と、国を破局に至らしめる政治体制の廃絶をめざす闘争とを両立させることの必要性のゆえに、きわめて複雑である」。

このように述べて、平和のための闘争の前に、「〔現〕政治体制との避けられない闘争」を先行せざるをえないと主張する。「政治体制は、官僚的＝貴族的分子の支配の上に建てられ、人民と無慈悲な闘争を行ない、戦時には初歩的な防衛の課題も履行できず、国を破滅に導いている」として、「国際的民主派に受け入れうる条件での戦争清算に向かうのに最大の障害」となっているし、「これからもなりつづけるだろう」と述べている。この決議の結論は「国の政治的解放、上から下までの根本的な民主化こそ、世界戦争が国際プロレタリアートに提起する課題の解決にロシア労働者階級が参加し、影響力を発揮するのに不可避の前提である▼[147]」。これは、平和のために、専制体制を打倒する革命に進もうと呼びかけるもので、決定的に新しい問題提起であった。

第二の政治課題に関する決議もこの延長である。「体制の不可逆的な排除と国の完全な民主化――これこそ現時点でロシア労働階級が、『暗黒勢力』との闘争という臆病で曖昧な表現に対置して提起すべき、当面する課題である。労働者階級はこの闘争の過程で、一一年前にロシアの完全な解放のために掲げたスローガンを放棄するつもりはない。しかしながら、現体制の徹底的排除とそれに代わる、組織されつつある自立的で自由な人民に依拠する臨時政府の樹立こそが、先に延ばすことのできない自らの当面の課題であるとみなすものである」。

具体的には、決議は、「国の先頭に、人民の現実的利益を考慮しうる、民主派の声に耳を傾けることのできる権力が立たなければならない」とし、そのための闘争にロシアの全労働者階級とすべての都市と農民の民主派が参加することが求められている、としている。そして、国会が宮廷権力に対する決然たる拒否の政策をとり、中途半端な態度を棄てるように求めるとし、「現時点の成熟した要請に応え、全国民的運動のセンターに転化するか、さもなければ、人民が国会を超えて、みずからの解放の道に進むかだ」と迫っている。[148]

現実的な活動としては、「労働者グループ」は、首都の労働者組織に働きかけ、会合を行なった。まずメンシェヴィキ系の活動家が握っている合法団体、生活協同組合や疾病共済組合の関係者が集められた。生協連合会からはチェレヴァーニン、イ・ゲ・ヴォルコフ、カペリンスキーらが参加したと考えられる。このような会合は初め「委員会（komissii）」と偽装して呼ばれ、のちには「労働者センター」と呼ばれた。[149]

そして、ラスプーチンの暗殺の三日後、一二月一九日の会合では、国会の再開日、一月一二日にゼネストを呼びかける案が検討された。[150] しかし、国会再開日が二月一四日に延期されたため、この案の検討は中断された。その代わり、「労働者グループ」は初めて一月九日の統一行動に参加することにした。一九一七年の一月九日（血の日曜日）記念ストに、従来まったく参加しなかった工場が参加して、闘争参加者数が七万人から一四万人に倍増したのには、「労働者グループ」の新方針が一定の役割を果たしたことは間違いない。だが初めて参加した彼らは、「一・九ストは、公衆の運動にはいかなる作用も及ぼさなかった」として不満であった。そこで、彼らは「国会議長への代表団派遣よりは労働者階級の心理により合致する形態で、しかも同時に労働者でない住民の広範な層の気分と食い違わないようなかたちで」、決定的な行動を労働者階級に呼びかけることを考えるにいたった。[151] 二月一四日の国会再開日に国会が開かれるタヴリーダ宮殿への行進を労働者に呼びかける方針が浮上してくるのである。

国会大臣室長クマーニンの報告という資料が、この危機の時期の国会と政府の通時的な観察記録となっている。一九一六年末、この資料は、カデット党議員ヴラジーミル・マクラコーフのモスクワ演説と、それに対するコノヴァーロフ派の反発を伝えている。マクラコーフはラスプーチン暗殺後の状況について、次のようにモスクワの演説会で語った。

現在、ロシア国民の頭と心には、歴史上かつてなかったような、もっとも恐ろしい革命が起こって

> いることは論をまたない。これは革命ではない。これは破局である。数世紀来の世界観がまるごと破壊されつつある。ツァーリ、その権力のプラウダ〔真実・正義〕たること、神に由来する制度としての観念に対する民の信頼が破壊されつつあるのだ。そして魂のもっとも秘めたる深部における、この破局的革命をつくり出しているのは、ある一部の悪意をもった革命家たちではなく、もっとも正気を失った、ある運命に引きずられている権力なのだ。（……）一九〇五年には、問題は専制の廃止だったが、王朝の権威はなお強固で、相当に高かった。今はまさにこの権威、観念、数世紀来の民の世界観が破壊されつつある。王朝は、自らの存在を危険にさらしているのだ▼[152]。

この演説を聞いたモスクワの聴衆のうち、コノヴァーロフ邸の会議に集まった人々は、この破局からの明確な活路があると主張した。

　コノヴァーロフ邸での会議は、カデット、進歩党、トルドヴィキを集めていた。そしてそのなかには国会議員以外に、多くの主だったペトログラードの社会活動家もいた。その会議の全体的なトーンは戦闘的で、政府に対してもっとも非妥協的であった。この会議で、カデットは右派の立場に立ち、公衆の一部に確立している国会の役割一般に対する軽蔑的な態度と、より積極的な反政府闘争に即時移行すべきだという主張は、思慮を欠くと主張した。マクラコーフの言葉によれば、まさにそのような主張の見地に立っているのが進歩党であった。この派の指導者、エフレーモフ、コノヴァーロフ、ルジェフスキーは、現在の条件下では「何が何でも国会を守れということは、〔国会を守るという〕その観念それ自体を危険にさらすことを意味する」。勅令にもかかわらず、ゴリーツィン公爵の内閣とは、原則的にせよ、実務的にせよ、いっさいの関係をもつことはできない、と端的に主張していた。二月一四日に国会は開会するが、ただちに最後通牒的要求を政府に突きつけ、この要求が満たされないかぎり国会審議を再開しない、としなければならない。進歩党の意見では、このような戦術は、ロシアの広範な社会層の気運によって後押しされているもので、国会が解散された場合、国民は議員たちを非難することなく、彼らを完全に支持するだろう。無力な国会は、人民の見るところ政府の愚弄の対象であり、いっさいの国会の不在よりも悪い。国会がなくなれば、少なくとも問題がはっきりするというメリットがある。今、われわれはこの政府による挑発のシステム全体を見えなくさせられているのだ――これが会議でコノヴァーロフが展開したテーゼであった。[153]

一二月三〇日、リャブシンスキー邸で行なわれたモスクワの市会、産業界の有力者の会合では、最初、取引所委員会の会長の人事問題が議論されたあと、時局問題の議論となった。首都保安部長官は報告している。

市会議員チェスレンコが熱烈な調子で、「公然たる対決の前夜」にあると現時点を規定した。彼は、国会と国家評議会の反政府派は、社会団体の決議にも見られるように、「国を敗戦に導く権力に対する合法的な働きかけ」の手段は尽きたと指摘した。チェスレンコの意見では、今は「ペトログラードとツァールスコエ・セローに対抗する」積極的行動のときが来たのである。ゴリーツイン内閣がどう出てくるかを検討するすべての会合で、次のような同じ決議が採択されている。

1、政府と国会の対立は不可避である。

2、進歩ブロック全体も、国会議長団も、いかなる譲歩も、部分的妥協もできない。

3、したがって、国会が解散されることは疑いない。

4、国会が解散されたら、国会の議員多数は解散無効を宣言し、国会の議場をモスクワに移す。特にモスクワの大事業家の一人の家に移す。

保安部長官は、いまだ隠されているが、コノヴァーロフの別邸が国会の新たな議場として考えられているとしている。[154]

「労働者グループ」の革命的な行動提起、そしてモスクワのリベラルを中心とする革命的国会へと進む動き――この二つの間で、ケレンスキーが最後の言葉を吐いた。雑誌『北方雑記』一九一七年新年号に寄稿したエッセイ「デマゴギーについて一言」で、彼はロシアの公衆は「デマゴギーの麻薬」に溺れ、自己欺瞞におちいっていると告発した。

「ついに、このおばあさんのおとぎ話のような息のつまる雰囲気から脱して、自由な人間の思想という新鮮な空気に立ち戻るべきときではないか。確かに、ロシアのもの思う公衆の大きな時間を占めてきた意識混濁が長くつづいた時期のことを思えば、恥ずかしく、胸が痛む[155]」。

ケレンスキーは、革命を決断しなければならないと訴えたのである。

第3章

首都ペトログラードの民衆

ネフスキー大通り

首都ペトログラード

世界戦争を戦うなかでロシア帝国の危機が深まり、革命が勃発するのではないかと人々が予感しはじめた。民衆が立ち上がる革命は、首都ペトログラードで起こる以外は考えられない。一九〇五年の革命も首都で発生した。首都のあちこちから、総勢十万の労働者とその家族が、皇帝の冬宮に向かって行進をはじめ、途中で軍隊に行く手を阻まれ、発砲を受けて多くの犠牲者が出た。これが「血の日曜日」であり、革命のはじまりであった。一九〇五年の革命（第一次革命）から一二年をへて、首都の民衆が革命に向かってふたたび動き出すとすれば、どこに向かっていくのか。

一九〇五年のこの日には、労働者は、皇帝にプラウダ（正義と真実の世）の実現を求め、それが得られなければ皇帝の宮殿の前で死ぬ以外にないと行進をはじめたのだが、じつは冬宮に皇帝はいなかった。皇帝ニコライ二世は冬宮を公式国家行事のためにのみ使っており、通常は郊外のツァールスコエ・セローの宮殿に家族と住んでいたからである。だが、四年目に入った世界戦争のなかで、皇帝はロシア軍の最高総司令官となって、首都から七〇〇キロ離れたモギリョフの大本営にひと月の三分の二は滞在していた。首都には皇帝のいない皇帝政府が存在していた。だから革命が勃発すれば、その勢力は、首都で皇帝のいない皇帝政府と闘ったうえで、大本営の皇帝と軍の首脳・将軍たちと対決することになるのである。

ロシア帝国の首都ペトログラードは、この巨大な国の北西のはずれ、バルト海のほとりの沼沢地に建設された都である。それ以前の国の首府はモスクワであったが、モスクワはロシアの伝統的な領域の中心に位置しており、国の富と物資を吸い上げるのにも、その都市を防衛するにも、無理がなかった。そのモス

ネヴァ川から眺めた冬宮（上）。皇帝ニコライ二世は、冬宮を公式国家行事のためだけに使い、普段は郊外のツァースコエ・セローの宮殿（下）に家族と住んでいた

クワに比べると、ピョートル大帝によって「西欧への窓」としてつくられたペトログラードは、西欧からの文物の輸入のためには好都合であったが、国内の物資を集めるのには遠く、戦争となれば守るのが難しい都市であった。そうではあれ、この壮麗にして、美しい人工都市は二〇〇年にわたりロシア帝国の首都でありつづけていた。

　人口は、一九〇五年革命当時の一六三万五一〇〇人から大戦前夜には二二一万七〇〇〇人、革命前夜の一九一七年はじめには二四二万人になっていた。同じ時期に第二の都市モスクワが二〇一万七〇〇〇人であったから[▼1]、首都への人口集中は際立っていたのである。東西一〇キロ、南北一六キロの枠内にあり、面積は一〇二・四平方キロで、東京二三区の約六分の一にすぎない。[2] この首都は政治文化の中心であるだけでなく、国の機械工業、軍需産業の中心でもあった。この地の工業は、大戦前には輸入石炭と輸入原料に依存し、食糧と輸出向けの物資が三本の鉄道とネヴァ川の水運で運び込まれていた。しかし、戦時下には海上路は封鎖されたので、激増した原燃料需要と食糧需要は、もっぱら国内より運び込まれるものでまかなわれねばならなかった。しかも、輸送力のかなりの部分は軍用に供された。そのため、この北辺の首都では、全国的に見られた食糧難・物価騰貴がもっとも激しく表われることになった。

開戦とともに、首都は戒厳令下に置かれた。首都の警備に責任をもつのは、ペトログラード軍管区司令官であった。一九一六年秋にその職に任命されたのは、セルゲイ・ハバーロフ中将（一八五八年生まれ）であった。一八八六年からペトログラード軍管区で勤務したが、一九〇〇年からは士官学校に移り、一九〇三年から一四年までその校長を務めていた。開戦とともにウラル州の軍務知事に任命されていた彼が、なぜ首都に呼び戻され、このポストに抜擢されたのかは知られていない。[3] ペトログラード軍管区は、北部方面軍総司令官の指揮下に入っていたが、一九一七年はじめに独立し、陸軍大臣の指揮下に入ることになった。[4] ハバーロフの経歴からすると、首都の民衆運動・革命と対決するのにふさわしい力量をもっていたとは思えない。

首都の警察は、内務大臣指揮下に入る複数の主体が動かしていた。内務大臣プロトポーポフのすぐ下のポストである内務省警保局長であったのは、アレクセイ・ヴァシリエフ（一八六九年生まれ）である。彼が全国の保安部と憲兵隊を指揮していた。彼は、プロトポーポフ内相就任と同時に次官となったクルロフの推薦で、警保局長に就任した。[5] 彼は、一九一七年の革命に向かう過程ではほとんどいかなるイニシャティヴも発揮していないが、首都の憲兵隊本部を動かしていたのはまさに彼であった。プロトポーポフ内相に直属する首都警察と行政の責任者は、ペトログラード特別市長官である。一九一六年一一月からアレクサンドル・バルク少将（一八六六年生まれ）がこの職に任じられていた。彼は、ワルシャワ陥落までその地の警視総監代理であった人物であり、彼を抜擢したのはプロトポーポフ内相である。[6] 特別市長官が区ごとに置かれた警察本部を指揮し、警察活動を統括するのである。今一人、ヴァシリエフに従うペトログラード保安部長は、一九一五年三月からコンスタンチン・グロバチョフ少将（一八七〇年生まれ）であった。以前はセヴァストーポリ憲兵隊本部長であった彼は、内務次官ジュンコフスキーによって抜擢されて、首都に来たのである。[7] だから彼は、プロトポーポフに忠実な人物ではない。保安部長は、多数の秘密エージェントを社会の各層、諸団体にもぐり込ませ、情報を収集し、報告書をあげるのが仕事である。

工場労働者

ペトログラード市民を構成するもっとも重要な集団は、工場労働者であった。一九一七年初め、首都ペトログラードの二四二万の住民のうち、工場労働者は三八万四六三八人を占めていた。[8] 妻も工場で働いているとして、子どもを一〇万人と見積もれば、首都の人口の五分の一は工場労働者とその家族だと言えるだろう。

大戦前夜の一九一三年末、首都の工場労働者数は二四万二五八〇人だったから、戦時中に一四万二〇〇〇人も増えた。五八・五％という顕著な増加を遂げたわけである。全国の鉱工業労働者◆の中での比率も、同じ時期に七・八％から一一・四％に増加している。[9]

その増加数のほとんどは、軍需産業化した金属加工・機器産業に集中しており、この業種の労働者数は一〇万六〇〇〇人より二三万五九〇〇人へ、二・三五倍に増加している。この結果、この業種が労働者総数に占める比率は、四一・五％より六一・三％に高まったのである。大戦前に第二・三・四位であった、繊

◆全国の鉱工業労働者数　一九一三年末のその総数（フィンランドをのぞく）は、三一一万四九〇〇人（A. G. Rashin, *Formirovarie rabochego Klassa Rossii*, Moscow, 1958, p. 64-65)。一九一七年一月一日現在で、ドイツ軍に占領されているポーランド一〇県、西部三県をのぞいた国土の部分での鉱工業労働者数三三八万三六〇〇人は、中央経済委員会の数字（*IA*, 1961, No. 5, pp. 159, 160）に、それに含まれていない石油労働者数（Rashin, op. cit., p. 64）を加えて得た。

維・印刷・食品の労働者数はいずれも大戦前より減少し、順位も下がっている。これに反し、大戦前は第五位であった化学の労働者は四万二九〇〇人へ一躍倍増し、繊維を抜いて、第二位に上がっている。[10] このことを合わせてみれば、首都が軍需産業の中心地となり、そこで働く労働者がますます首都の労働者の主力部隊となったことがわかるであろう。

軍需生産の労働者には、召集延期の措置がとられたので、首都の労働者のなかには大戦前からの労働者も多く残っていた。◆

戦争中に新たに首都の工場に入ってきたのは、◆地方から上京してきた工場労働者、バルト海沿岸地方やポーランドからの工場疎開、あるいは難民となって首都に来た工場労働者、婦人・年少者、首都雑業層、一般難民、農民である。とりあえず首都雑業層が大きな部分を占めただろう。

大戦時には、婦人労働者が急増した。一九一五年九月二九日の勅令で、軍需産業では婦人・年少者の就業制限の解除が認められた[11]ことが大きく影響している。一九一三年では県下の工場監督官所轄工場で、全労働者の二五・七%だった婦人は、一九一七年初めには三三・三%を占めるにいたった。金属機器の場合も、二・七%より二〇・三%に激増している。[12]

ロシアの金属機器工場の労働者構成は、多年にわたる経験をもつ熟練工、一〇代の見習工、ロシアでとくに機械化されていない部品製品の運搬組立などの作業を行なう雑役夫という、三つのタイプの組合せよりなっていた。官営オブーホフ工場に、一九一一〜一五年に入った農民身分の六六四〇人のうち、高度の熟練工二七・三%、農民的熟練を要するか、熟練を要さない職種の者六・四%、見習工・徒弟二八・三%、雑役夫三八%であった。[13]

首都工業の特徴は、大企業への労働者の集積が飛び抜けて高いことである。一九一三年には労働者一〇〇〇人以上の工場は四六%で、その労働者数の比率は五四・八%であったが、[14]革命前夜にはそれが六九%となり、労働者数は六六・四%に増えた。[15]五〇〇人以下の工場の労働者数は、二〇%にも満たなかった。[16]

さらに首都工業の他にみられぬ特徴は、官営工場が集中していたことである。戦時中に最大の民間企業プチーロフとその姉妹工場ネヴァ造船とが接収されたため、官営工場の比率はますます高まり、革命前夜には周辺部も含め、三一の工場、一三万四六六四人[17]と、全労働者の約三分の一を占めている。官営工場の労働者は、一九〇五年革命後、九時間労働制が敷かれるなど、民間に比べてある程度は優遇されていたようで、高給を得る特権的な労働者の層も存在していた[18]。一方、軍需工場の場合は軍人が管理者であり、ストは厳しく取り締まられていた。このため、官営工場の労働者は◆大戦前・大戦中を問わず闘争にあまり参加していない。

民間企業の労働者は、皇帝政府、大銀行、外国資本とからみあった首都の企業家を相手にしていた。企業家たちは、ペトログラード工場主協会という強力な団体をつくり、労働運動に対して強硬な対決路線をとることで知られていた。例えば、大戦前の一九一二年六月に結ばれた同協会員の「協約」では、工場スタロスタ制などの「恒常的な労働者代表制度」を拒否し、かつ労働組合などの「外部団体」の仲介を拒否するとの方針が、各工場主の義務とされている[19]。協会はストライキに対して、（1）罰金を課す、（2）工業法第一〇五条第一項「正当事由なき連続三日欠勤」を理由として全員解雇（ロックアウト）する、

◆**大戦前からの労働者も多く残っていた**　労働者二四万人、兵役該当者推定一一万六二〇〇人、うち召集延期措置の適用を受けた者七万人、実際の応召者四万人（比率一七%）、したがって戦前の労働者で首都の工場に残っているもの二〇万人、これは革命前夜の労働者数の五二・一%にあたった。I. P. Leiberov and O. I. Shkaratan, K voprosu o sostave petrogradskikh promyshlennykh rabochikh v 1917 godu. *VI*, 1961, No. 1, pp. 47-52.

◆**新たに首都の工場に入ってきたのは……**　供給源の比率の確定は困難だが、個別的事例として、機器工場フェニックスの男子労働者構成を見ると、戦前より勤続している者四九・四%、新規採用者五〇・六%で、うち疎開してきた労働者三%、未成年者八・九%、都市雑業層二九・一%、農民九・五%である。Z. V. Stepanov, Voprosy chislennosti i struktury rabochikh Petrograda v 1917 g. In *Rabochii klass i rabochee dvizhenie v Rossii v 1917 g.*, Moscow, 1964, p. 85.

◆**官営工場の労働者は……**　戦前は、オブーホフ工場のみが例外的に戦闘的であった。たとえば *Rabochee dvizhenie v Petrograde v 1912-1917 gg.*, p. 124.

（3）スト参加者をリストにして他企業での雇用を禁止させる、（4）当局に活動家の逮捕・追放を要請する、などの方策を講じた[20]。このような方針は、戦時に入ってますます権力と一体となって押し進められた。一九一四年八月、戒厳令下で、いっさいの労働組合を解散せよ、との最高総司令官命令が出され、以降、労働組合の新規設立はほとんど認められなかった。同月一二日の陸相による命令で、勝手な退職と他工場への移動は禁止された[21]。軍需工場でのストライキは国家に対する反逆とみなされ、一九一五年夏にストが再発すると、軍管区司令官は七月一一日に告示を出して、スト中止を命じ、ストをつづけるものに対し兵役延期措置の取消し、三か月以下の拘禁、三〇〇〇ルーブリ以下の罰金、あるいは首都追放に処すると発表した[22]。さらに九月二日には、あらゆるストを禁止し、スト煽動者・参加者は軍事裁判で無期懲役以下の刑に処する、との軍管区司令官の命令が下された[23]。

　労働時間は、民間企業の場合、大戦前は一〇時間から一〇時間半の間であり、印刷工のみ九時間であった。しかし、とくに金属機器では時間外労働が実質的には強制されたので、実働はそれを上回っていた[24]。戦時下にあっては、軍需関係では二交代制が系統的に行なわれ、軍隊的規律のもとで、いちじるしい労働強化が徹底された。

　賃金は、戦時中、名目的にはかなり引き上げられた。商工省のデータでは、一九一四～一六年の間に一・四～一・九六倍になった。しかし、物価は三倍以上にはね上がっていたので、生活は苦しくなるばかりであった。工場では若干の食糧の特配が与えられたが、食糧難のなかで労働者は栄養失調におち入り、罹病率、労災率、死亡率が上昇した[25]。

　首都の労働者の政治的相貌を捉えうる総括的データとしては、国会議員選挙における労働者クーリア（第1章32頁参照）の有権者代表の党派支持の分布がある。有権者代表は、男子労働者五〇人以上の工場集会で、一〇〇〇人未満一人、一〇〇〇人以上は一〇〇〇人ごとに一人ずつ選出された。一九一二年秋の第四国会選挙では、有権者代表八二人のうち、「はっきりした反解党派」つまりボリシェヴィキなど左派が二六人、「はっきりした解党派」つまりメンシェヴィキ主流派などが一五人、「単なる社会民主主義者」

ペトログラードの男性労働者たち。
上：金属工場。中：プチーロフ工場。
下：機関車製造工場。
ペトログラード市民を構成する最も重要な集団は、工場労働者であった。1917 年初め、242 万人の住民のうち、工場労働者は 38 万 4638 人。妻も工場で働いているとして、子どもを 10 万人と見積もれば、首都の人口の六分の一は工場労働者とその家族だと言える

四一人であったと言われる。有権者代表集会では、ボリシェヴィキ提案の付託要求書が「絶対多数で」採択されたが、ボリシェヴィキの機関紙『プラウダ』が当日の朝発表した最終選挙人候補六名のうち、三名が当選、残り三名は解党派にゆずった。最終選挙人会で労働者クーリアの議員に選ばれたのは、ボリシェヴィキのバダーエフであった。[26] 一九一二年には、ボリシェヴィキはメンシェヴィキ主流派に対して優勢であったと見ることができよう。

戦時中の労働者の政治的相貌を知るデータは、一九一五年九月の中央戦時工業委員会への労働者代表選挙の資料である。この選挙には、首都の五〇〇人以上の工場一〇一の労働者二一万九〇三六人が参加し、一〇〇〇人以下は一人の選挙人、一〇〇〇人増えるごとに一人ずつの選挙人を選挙し、選挙人集会を開き、そこで労働者代表を選ぶことと定められていた。選挙は九三工場で行なわれ、二一八人の選挙人が選ばれた。九月二七日の選挙人集会に出席した一九八人の選挙人の内訳は、メンシェヴィキ解党派とエスエル右派は八一人、ボリシェヴィキが六〇人（おそらく他の左派を含んでいよう）、無党派が五七人であった。しかし、無党派のうち三五人は、戦争に反対し、代表選出をボイコットするとのボリシェヴィキ提案を支持し、ほかは棄権した。この結果、九五対八一で、ボリシェヴィキの決議が採択された。[27] 当局はこの結果を無効と宣言し、ボリシェヴィキ系の選挙人の逮捕を行なった。一一月二九日のやり直し選挙人集会には一五三人のみが出席した。このときは、選挙ボイコットのボリシェヴィキ提案を支持して退場したのは五〇人であり、一〇三人がその場に残り、保留が八で、代表選出を行なった。[28] 第一回のときの保留組が、解党派＝エスエル・ブロックに同調したのである。結局のところ、右派一〇三対左派九五という勢力比であるということができる。メンシェヴィキ主流派・戦争支持派とボリシェヴィキ・反戦派の勢力は逆転して、右派優勢になっているが、左派への支持者もなお崩れていないことがわかる。

首都の労働者は、大戦前・大戦中の労働者闘争の前衛であり中心部隊であった。工場監督官所管工場のデータで、ペテルブルク県は一九一四年の全国のストライキ参加者数の五六％を占めている。戦時中の一九一五年には二二・八％と落ち、モスクワ県・ヴラヂーミル県より低かったが、一九一六年に入って、三八・二%と上がって、主位に立っている。[29]

大戦前の一九一四年の統一闘争を、年初より簡単に見てみよう。まず、一月九日「血の日曜日」記念ストに一一万人が参加し、メインストリートであるネフスキー大通りで学生を交えた二、三〇〇人によるデモが試みられた。三月六～一二日、労働者新聞と労働組合への弾圧に抗議する一日ストに、のべ二万六六二人が参加。三月一三日、レナ金鉱での労働者虐殺事件に関するボリシェヴィキ議員の国会質問を支持するストには、一一四工場・五万三〇〇〇人が参加。ヴィボルク地区で激しいデモがあり、デモ隊はネヴァ川を渡り、国会へ向かおうとした。三月一九日、トレウゴーリニク・ゴム工場での集団中毒事件への抗議のストに、一二〇工場・七万三〇〇〇人参加。これに対抗し、三月二〇～二四日、二六工場がロックアウト。[30] 四月四日、レナ虐殺事件記念としてネフスキー大通りでのデモが試みられ、五一人が検束。[31] 四月二三～二六日、国会左翼議員への本会議退場処分への抗議の一日ストに、のべ一六四工場、五万八五〇〇人が参加。[32] 次いでメーデーには、スト参加規模は大戦前最高の三四六工場・一二万五〇〇〇人に達した。全労働者の半数である。不参加だった主な工場は、鋼管、銃弾、大砲、バルト造船、海軍造船所、オフタ火薬、国立印刷局などの官営工場（オブーホフは半数参加）、大手の繊維工場などである。地区では、ヴィボルク地区の参加者率が七割強で、闘争の中心であった。ネフスキー大通りでもデモ。五月一九日、一九一三年のオブーホフ工場のストに参加して起訴された一四人の労働者の再審に抗議するストに、一五五以上の工場・七万二〇〇〇人が参加。[33] 六月六～一一日、職制を殺した鋼管工場労働者の死刑判決への抗議の一日スト、二万六六四〇人参加。[34]

このような連続的な統一闘争の積み重ねの上で起こったのが、大戦前の最大の運動となった開戦直前の七月闘争である。この闘争は、最大の民間企業プチーロフの労働者集会への警察の発砲に抗議するストとして、七月四日金曜日にはじまった。一五二工場・七万九三七人が参加し、土曜・日曜をへて、七日月曜日には、ストは三三四工場・一一万人にふくれ上がった。ヴィボルク地区では執拗なデモの試みがなされ、電車が止められた。ネフスキー大通りでのデモも試みられている。八日には規模が落ちたが、デモは激烈となり、電車が横倒しにされた。カザーク（コサック）兵が出動し、発砲したので負傷者が出ている。夜にはヴィボルク地区の労働者たちが、電柱を切り倒して針金を巻き、バリケードをつくりはじめた。警官もこの夜、一九〇五年以来、初めてライフルを持って出動した。九日、闘争は最高潮に達し、二五九工場・一一万七〇〇〇人が参加。労働者は市の中心部へ進出しようとせず、労働者地区へ立てこもり、商店の強制閉鎖、バリケードからの投石と若干のピストル発射、橋を焼く試みなどをした。警官とカザークは猛烈に発砲し、少なくとも労働者九人が射殺された。一〇日、工場主協会はロックアウトを宣言。八〜一〇日にデモ隊員一八五人が検束されたこともあり、ストライキの規模は一一万人台で一一日までつづいたが、デモは鎮静化していった。一二日には、九日からの新聞印刷工のストが終わり、新聞の発行が再開された。この日より就労する者が増え、スト参加者は一四日には七万五〇〇〇人、一五日は五万人と減少していった。そして一六日をもって、九日間つづいた大闘争は終わった。[35]

　七月闘争の参加者は一一万七〇〇〇人、うち金属工は六万一〇〇〇人、繊維労働者二万一〇〇〇人と言われる。[36]これは首都の全労働者、金属工、繊維労働者の、それぞれ四八・二％、六〇・四％、五〇・五％にあたる。約半数の労働者は、メーデーにもこの七月闘争にも参加しなかったのである。

　闘争が終わって、労働者が工場に出勤した翌日の七月一八日、首都の各所には総動員令が貼り出された。[37]先進的な労働者（二一工場・二万七〇〇〇人）は、一九日に戦争反対のストライキを行なった。ヴィボルク地区では、警官が一〇〇人ぐらいの軍務に招集された者たちを引き連れて集合場所に向かっていたところ、デモ隊が取り囲み、「戦争反対」を叫び「ラ・マルセイエーズ」を歌って、応召者を家へ返すように要求した。デモ隊は、警官を袋叩きにし、ピストルを奪った。騎馬巡査が出動してようやく鎮められた。ネフスキー大通りでも、五〇人ほどのデモが行なわれた。[38]その一方で、労働者のなかには、戦争支持のデモに加わる者もあった。第一市内地区のウェスチングハウス工場、サン＝ガルリ工場などの労働者たちである。しかし、その数は反戦デモ参加者よりさらに少なかった。[39]

ペトログラードの女性労働者たち。上下とも国家印刷局。
大時中には、婦人労働者が急増した。1915 年 9 月 29 日の勅令で、軍需産業では婦人・年少者の就業制限の解除が認められたことが大きく影響している。1913 年では県下の工場監督官所轄工場で、全労働者の 25.7%だった婦人は、1917 年初めには 33.3%を占めるにいたった

多くの労働者は、まったく動かなかった。彼らを等しくとらえたのは恐怖であった。ボリシェヴィキの労働者、コンドラチエフは次のように書いている。

「宣戦布告は、労働者にとってまったく不意打ちであった。（……）予備役と第一種国民兵の動員の布告、それから敷かれた戒厳令は、最終的に労働者の気分を打ちのめし、彼らの心に明日という日への恐怖と心配を植えつけた。労働者は機械から引き離せなくなった。一人一人、なんとかして工場に残ろうとして、溺れるものが藁でもつかむように、機械にしがみついていた[40]」。

このときから約一年間、首都の労働者は政治の舞台から完全に姿を消した。

だが、転機は一九一五年の夏にやってきた。首都の労働者も、中央工業地帯の労働者につづいて立ち上がった。◆ミャソエードフ事件と大退却は権力の権威を奪い（第1章59頁参照）、恐れることなく闘争に立ち上がる条件をつくっていた。労働者のなかには、プチーロフ工場での動きのように、反ドイツ感情にとらえられて、経営者への不満をドイツ人・オーストリア人への憎しみとして表現する者もいた。しかし、このことはプチーロフ工場の経営陣に帰化した人々が多かったという特殊な事情と結びついている[41]。多くの労働者は戦争熱に踊らされなかった。

具体的には、七月の経済ストの波につづいて、八月一七日、コストロマー、イヴァノヴォでの虐殺に抗議するストがアイヴァス工場ではじまった。翌日、新レスネル工場などの一一工場がストを実施し、一九日は五工場、二〇日は一工場とつづいた。計一九工場二万人以上が、一日ストを行なったのである。デモは行なわれていない[42]。八月二九日と三一日の夜、市中でプチーロフ、ペトログラード金属などの工場の疾病共済組合活動家三〇人が逮捕された[43]。これに対する抗議ストが、三一日よりプチーロフ工場で、労働者二五〇人によってはじめられ、九月二日には一万九三六六人参加の本格的ストライキとなった。この日のプチーロフの集会では、「売国行為への対策を政府がとらないことに抗議の意志を表明し、責任内閣を要求する」との自由主義的な決議を採択している。この同じ日、ヴイボルク地区でも逮捕抗議のスト決議が新レスネル工場でなされ、翌日より一五工場がストに突入した。新レスネル工場の労働者はデモを試み、警官と衝突し、投石し、銃撃を受けている。この日、全市では、二七工場・四万四二四七人がストライキを行なった。翌四日は四工場が脱落したが、新たに三二工場が加わった。闘争は五日の夕刻までには終わった。この闘争には、五九工場・六万九八一七人が参加した。[44]

一九一五年の秋から年末にかけては、闘争がやや後退した時期である。◆首都労働者のつづく大闘争は、一九一六年の一・九闘争であり、五五工場・六万六七六七人が参加した。プチーロフ工場は参加していない。デモがヴイボルク地区のサンプソニエフスキー大通りで行なわれ、とくに戦闘的であった。新レスネル工場の労働者のデモ隊が、警官隊と衝突して解散させられていた際、通りがかった軍用自動車が憲兵小隊めがけて突進し、よけそこなった憲兵一人が馬もろとも横転した。これを見た労働者の「ウラー」（万歳）の叫びに、軍用自動車に乗っていた六人の兵士も、帽子を脱いで「ウラー」と応えたという。[45]

プチーロフ工場は、二月に入って執拗に経済ストをくり返し、六日と二三日の二度にわたってロックアウトが宣言された。[46] 二五日には、新レスネル工場の集会で、プチーロフ支援のゼネストの呼びかけがなされたが、[47] 二月中は支援ストは起こらず、ようやくプチーロフの国家接収の発表があった三月一日から、ヴイボルク地区を中心に、二八工場・三万二八五四人がストライキに入った。ストは三日までつづいた。最終日には、群衆のなかから警官めがけてピストルが発射されるという事件が発生した。[48]

◆首都の労働者も……立ち上がった　レイベーロフの調査によれば、一九一四年八月より一五年六月までに、政治ストが三三件で八七四四四人、経済ストは四三件で一万一三四二人であった。ところが、七月は経済ストが二九件で一万七九三四人、八～九月の政治ストは九四件で一〇万五九〇六人である。Leiberov, Stachechnaia bor'ba Petrogradskogo proletariata v period pervoi mirovoi voiny. In *Istoriia rabochego klassa Leningrada*, vyp.II, Leningrad, 1963, pp. 166, 177.

◆闘争がやや後退した時期である　レイベーロフの表では、一〇～一二月は、政治ストが各月五～一〇件で九〇〇〇人～一万一〇〇〇人程度、経済ストが一九二六件で六八〇〇人～一万三三〇〇人程度であった。Leiberov, Stachechnaia bor'ba Petrogradskogo proletariat, p. 177.

一九一六年初めからはじまった首都労働者の闘争の波は、この三月闘争で終わりとなった。後衛戦を闘ったのは、つねに運動の先頭に立ってきた新レスネル工場の労働者であった。三月下旬、雑役夫の強硬な賃上げ要求を行ない、同工場の労働者全員六一〇〇人がストライキに入ったが、ロックアウトで対抗され、結束が乱れて敗北した。ボリシェヴィキ系の二〇〇人をふくむ五〇〇人の先進分子が工場を追われ、新レスネル工場は「政治的には三か月以上も死んでしまった[49]」と言われる。以後、労働運動には「心理的な反動、一時的な凪《なぎ》[50]」が訪れることとなった。

だが、労働者の不満と怒りは鬱積していた。一九一六年秋、戦争三年目になり、ロシアの国家的な危機が決定的に深化した段階で、労働者の闘争が爆発した。一〇月の初めから、モスクワ、ハリコフで大事件が起こっているとか、モスクワでは武装蜂起が発生し、警官もストライキをしており、駆けつけた軍隊は発砲を拒んだとか、どこそこの工場では建物が崩れて数百人の労働者が死んだとか、どこそこの工場で爆発があって数百人の死者が出たといった噂が、首都全体に根強く広まっていった[51]。これらの流言飛語は、出所が何にせよ、労働者の気分がいかに緊張しているかを示していた。一〇月一三日よりヴィボルク地区の各工場で、物価問題についての集会が一斉に開かれたが[52]、一七日になると新パルヴィアイネン、ロシア・ルノー、新レスネルの三工場がストライキに入った。ロシア・ルノーと新レスネルの労働者はデモを試みた。これを警官隊が排除しようとしたとき、ロシア・ルノーの向かいにある兵営の歩兵第一八一連隊予備大隊の兵士たちが、警官に石や煉瓦を投げつけた。警官隊は後退しつつピストルを発射した。近くで立番をしていた警官が銃声を聞き駆けつけてきたが、デモ隊につかまり、サーベルとピストルを奪われ、ナイフで刺され頭を殴られた。翌一八日には、ヴィボルク地区を中心に二八工場がストライキに入り、デモが警官隊と衝突した。一九日には、ストはさらに増えて、四四工場・五万九一二五人に達し、引きつづきヴィボルク地区ではデモの試みがなされた。労働者の投石、警官のピストル発射、パン屋・雑貨屋の打ち壊し、略奪などが発生した。二〇日にはストは中止に向かい、二一日には完全に収束した[53]。ところが、バルト海艦隊水兵ボリシェヴィキ組織関係者に対する裁判開始の日である二六日には、この裁判に抗議して旧パルヴィアイネン、旧レスネル、ノーベリ、エリクソンなど九工場・一万七二三七人がストライキに入った。うち三工場は翌日にロックアウトを宣言され、この日に参加した新レスネルほかの工場と合わせ、三三工場・四万六一二二人がストライキを行なった。二八日にはさらに一〇工場が閉鎖され、闘争に加わったのは、五八工場・六万一九〇二人に達した。二九日には就労する者も出て、ストライキはこの日をもって終わったようである。一三工場のロックアウトは、三一日になってようやく解除され、これをもって一〇月闘争は終わった。[54] 闘争はヴィボルク地区にほとんど限定されており、プチーロフ工場の参加はなかった。しかし、第一波の際に労働者と兵士が共同して警察と衝突したこと、第二波は水兵との連帯の意志表示であったことは、民衆の急進的気分の高まりを示していた。

　労働者の闘争は、明けて一九一七年の一・九闘争において顕著に拡大する。従来は五五〜五八工場、参加者数も七万人を切る程度であったのに、このときストに参加したのは一一一工場・一四万五三〇一人である。これは大戦前最大の一九一四年メーデーの参加者を超えるものであった。プチーロフ工場も加わり、その他これまで一度も参加したことのなかった工場が、五〇工場以上加わった。多くの印刷所もストライキに加わったため、一〇日付の新聞各紙は休刊となった。デモはヴィボルク地区とモスクワ地区で行なわれたが、警官との衝突はなかったと言われる。[55]

　このような戦時の首都労働者の闘争は、「表1」（本章の末尾184頁に掲載）から明らかなとおり、ヴィボルク地区の一三工場、ノーヴァヤ・ジェレーヴニャ地区の一工場、ペトログラード地区の四工場、モスクワ地区の二工場の計二〇工場が一貫して中核となって進めてきたものである。プチーロフ工場は、ときに闘争を主導し、ときにまったく参加せず、振幅が大きく、この先進グループには数えられない。

　これらの先進的工場の労働者の政治的相貌を見ておこう。つねに運動の先頭に立ってきた新レスネルは、メンシェヴィキ解党派、エスエルの力もかなり強かったようであるが、ボリシェヴィキの最大の拠点であり（七五〜八〇人）、彼らが完全に主導権を握っていた。[56] これに次ぐ、旧レスネル、ロシア＝バルト航空機、新パルヴィアイネンのうち、前の二つはボリシェヴィキの拠点（各三〇人）である。三番目は、一九一五年には二〇名のボリシェヴィキの細胞員がいて主導権を握っていたが、革命前夜には壊滅していたようである。[57] 新レスネルに次ぐボリシェヴィキの二つの拠点、ローゼンクランツ（八〇名）、旧パルヴィアイネン（四五名）は、やや闘争参加率が低い。前者には、少数のアナーキスト、マクシマリストがいたが、ほとんどボリシェヴィキのみが力を保持していたといってよい。[58] 後者では、ボリシェヴィキ、メンシェヴィキ、エスエルが共闘関係にあった。[59] これに対し、アイヴァスとペトログラード金属はメンシェヴィキ、エスエルの国防派の拠点であった。この二つの工場が国防派一般の方針に反して闘争に入ったのは、一つは地区の他工場からの影響によるものであり、今一つはとくにアイヴァスのメンシェヴィキの独自性による。さらにエリクソン、ノーベリ、デュフロン、フェニックスには、少数ながらボリシェヴィキの積極的な分子がいて（エリクソン一五人、ノーベリはそれに次ぐ）、ほかの左派と協力していた。デュフロンは、ボリシェヴィキ、メジライオンツイ（第4章207・221頁参照）、イニシャティヴ・グループ（同上）、アナーキスト共産主義者の四派の共闘で闘争を進めていた。[60] フェニックス、エリクソンでは、解党派とボリシェヴィキが競って、ボリシェヴィキが優位に立っていた。[61] ノーベリには、メジライオンツイが八人いた。バラノフスキーにはボリシェヴィキの勢力はなかったようであるが、メジライオンツイの細胞（一五人）があった。[62]

戦時の首都労働者はその政治的相貌によって、三つの層に分けることができる。第一の層は、多くの場合、ボリシェヴィキと左派の影響下にある一八の先進的大工場の労働者、その周囲に集まる四〇弱の中小工場の労働者など、約七万人の闘争経験をもつ先進分子である。第二の層は、一九一七年の一・九闘争で初めて、ないしは本格的に闘争に立ち上がった五〇〜五五工場の労働者、約七万五〇〇〇人である。プチーロフ工場はこのグループに含めておく。しかし、第三層として、まったく戦時下の闘争に加わったことのない約九〇〇工場・二四万人もの労働者が存在する。同じ労働者でありながら、同じ苦しみを味わいながら、自分たちの不満も怒りもぶちまけることなく沈黙していた彼らは、首都労働者の六割以上を占めていたのである。

学生・生徒

伝統的に労働者とならぶ首都の大衆運動の担い手は、高等教育機関の学生、それに中等学校生徒であった。まず中等学校生徒から見よう。

首都には、男子中等学校八〇余校（国公立私立の普通中学《ギムナジヤ》三六校、実業学校二〇校、商業学校二〇余校、教会学校七校など）と、女子中等学校七九校（官立三四校、私立四五校）があった。生徒数は、男子中等学校では、一九一〇年には四万八〇〇〇人であったと言われる。[63]女子はそれを下まわったであろう。普通中学は九歳入学の八年制であり、実業学校は六年制であった。普通中学は帝国大学進学のコースで、実業学校卒では帝大入学の資格は与えられなかった。歴史の新しい商業学校は私立のものが多く、卒業後にラテン語の試験に合格すれば、帝国大学受験の資格が与えられた。したがって、普通中学・商業学校には貴族・官吏・商人・自由業の子弟が多く、実業学校には労働者・勤労者の子弟が通っていた。[64]

中等学校生徒は、第一次革命前夜から積極的な政治活動参加の動きを示し、一九〇五年の一〇月ストには、多くの中等学校生徒が参加した。しかし、反動期には、授業でネクラーソフの詩の社会的意義について話した教師が転勤させられるなど弾圧が厳しく、また頽廃的な気分も少年たちの感じやすい心に影響を与えていた。[65]ソ連の中堅作家スロニムスキーは、中学生時代、「自殺サークル」のメンバーであったと書いているが、動機のはっきりしない中学生の自殺は、当時の社会問題となっていた。[66]

もちろん、一部には活動的な中学生もおり、一九一二年末、都内各校の左翼サークルの代表者会議がヴィトメール女子中学で開かれ、その出席者四五人が、警察によって検挙されるという事件があった。その生徒のなかには、のちのボリシェヴィキ党の活動家セミョーン・ロシャーリがいた。[67]だが、こうした中学生は少数派だった。

大戦開始とともに、中学生は熱心な戦争支持派となり、排外主義のデモに加わった。[68]作家スロニムスキーも、卒業試験のくり上げを願い出て、志願兵として戦場に出ている。[69]

首都第一の有名中学校は、レントフスカヤ私立中学であるが、ここには戦時中、カデット議員シンガリョフ、ナロードニキ評論家ペシェホーノフ、文学者アンドレーエフなど、いわゆる名士たちの子どもが通っており、自由主義の影響が強かった。[70]

次いで大学生・高等専門学校（高専）生を見よう。一九一四年には、首都には高等教育機関は六〇校あった。有名校としては、歴史の古いペテルブルク帝国大学（学生数七〇〇〇人強）、女子高専（六〇〇〇人）、鉱業高専（二〇〇〇人）、それぞれ一九〇二年、一九〇七年に創立された綜合技術高専（五〇〇〇人）、精神神経高専（一九一一年に一一四二人）などがあった。学生総数は大戦前では約四万人と言われている。[71]大学は、普通中学を卒業して、順調にいくと一七歳で入学し、五年間で卒業することになっていたが、きわめて多くの課目を履修することが要求されたため、多年にわたって留年するのが通常であり、毎年の卒業生は学生総数の五〜七％にすぎないという状態であった。[72] このことは入学試験の競争率を高いものにし、[73]また新入生と留年組との著しい気分の差を生んでいた。

学生の出身階層については、一九一三年度の文部省報告によると、帝国大学では、一代貴族の官吏・軍人の子が二八・三％、町人・職人身分の子が二四・二％、農民身分（カザークをふくむ）の子が一三・六％、名誉市民・商人身分の子が一〇・九％、聖職者の子が一〇・三％、世襲貴族身分の子は七・七％であった。[74]首都の綜合技術高専生の一九〇九年のアンケート調査では、聖職者、官吏・軍人の子がもっとも多くて二九・七％、次いで商工業ブルジョアジーの子が二五・六％で、農民・労働者・手工業者の子が地主の子をわずかながら上まわっていた。[75] 当然ながら、首都の大学高専には全国から学生が集まっていた。

首都の学生は、全国一斉ストライキなどにより、二〇世紀の初めから先駆的な闘争を展開し、一九〇五年には公然と大学で数千人規模の政治集会を開き、八月二七日には大学の一応の自治を勝ち取り、大学が革命の中心であるかのような印象すらつくり出したほどであった。[76] しかし、反動期には学生運動も厳しく弾圧され、沈滞した。政治運動をやめて学校に戻る者もいた。学生の気分は徐々に保守化していっ

ペトログラードの学生生徒たち。
上：第九中学校の生徒たち。
下：ペテルブルク交通技術高専の学生
伝統的に労働者とならぶ首都の大衆運動の担い手は、大学・高専の学生、それに中等学校の生徒であった

た。一九〇九年の綜合技術高専でのアンケートによれば、無党派と称する者が二八・二%、カデット左派支持は一五・五%に対して、社民党支持が二三%、エスエル支持は一二・二%であった。[77]

一九一〇年一一月、トルストイの死を悼む死刑反対の学生ストが、首都の全大学・高専で実施された。弾圧は厳しいものであった。首都全体で七三四人の学生が逮捕され、一八六〇人が退学処分を受け、二三七四人が警察の取り調べを受けた。彼らはみな首都から追放された。一九一一年一月一一日の閣議決定で、学術的会合以外のいっさいの学内集会は禁止され、大学当局の要請がなくとも、警察はいつでも大学構内に立ち入り捜索ができることとなった。[78] トルストイ追悼・死刑反対の闘争は、ロシア史においては新たな歴史の胎動のはじまりとなったが、学生運動にとっては一九〇五年闘争世代の最後の闘いとして、一つの時代の終りをなすものとなった。これ以後、一九〇五年の闘争を知らず、反動期に中学校生活を送り頽廃的な気分の洗礼を受けた世代が、大学・高専に入学してくるのである。

大戦前夜には、政治運動は一部の学生だけのものとなっていた。一九一四年三月一三日、レナ金鉱での労働者虐殺事件に関するボリシェヴィキ議員の国会質問を支持する労働者の統一行動において、学生の行動が計画されたことが知られている。この日の午後二時、綜合技術高専では四〇〇人の学生集会が本館玄関で開かれ、レナでの虐殺に抗議し、「民主共和国をめざして、ツァーリ専制と闘うことを全学生に呼びかける」決議を採択し、二〇〇人の学生が革命歌を歌って校舎の廊下をまわり、授業を中止に追い込もうとした。「ほとんどの学生はストを望んでいなかった」と保安部長は報告している。報告は、一四日に林業高専とペテルブルク帝大では集会、ペテルブルク農業高専ではストの計画があると記している[79]。つまり、学生運動はこの程度の規模のものであった。

したがって開戦が、保守化していた多くの学生にかなりの熱狂をもって迎えられたのは当然であった。平時は学生は兵役猶予措置を受けていたが、夏休み明けの一九一四年一〇月八日、陸相権限でこの猶予措置を取り消すことができる政府決定が発表された。この日、各学校ではこの決定支持の大集会が行なわれた。これに対しペトログラード帝大（ペテルブルグ帝大から改名）では、この日、五〇〇〇人ほどの学生が戦争反対の集会を開こうとしたが、中止させられている。綜合技術高専でも、一三日に同じことを試みたが、失敗に終わった[80]。女子学生では、看護婦講習会に入り、傷病兵のための機関で働く者が出た[81]。男子学生たちは、すぐには動員がはじまらなかったので、市の生活保護事務所による出征兵士の留守家族への援護の仕事や難民の世話などを無償奉仕した[82]。

しかし、ついに一九一六年四月に学徒動員がはじまると[83]、ほどなくして男子学生の数はかなり減少した。この年一〇月の保安部長の報告は「特殊で、まとまった集団をなすがゆえに、コンパクトで強力な大衆としての学生は、もはやほとんど存在しない」と書いている。部屋代と食費の値上りは、学生の生活をかなり苦しいものにした。召集への反発がしだいに強まっていった。保安部報告は、戦争の問題について「学生の間では、現在、まとまった意見は存在しない」と記し、革命党の宣伝への「特別な共感」は見られないとしているが、それでも平和のスローガンが「広範な層にも若干の共感を得ている」とし、「戦争へ行きたくないという気持ち」は「一般現象」だとしている。政府への不信は、文句なしに一般的であり、「変革は必要であり、不可避的である」と考えられていた。主流は、ゼムストヴォ（地方自治体）連合、都市連合、戦時工業委員会に共感をもつという自由主義的傾向であった。

「しかし、これらすべては、気分と関心の枠をさしあたり出ていない。学生が社会諸団体にもつ、この共感の実質的な表明はさしあたり見られない。（……）だが、食糧問題がいっそう先鋭化すれば、広範な学生大衆の現在の消極的な気分は、なんらかの積極的な革命的行動に取って代わられると予想される」[84]。

この状況のなかで、労働者の一〇月闘争の第二波に合わせて、一〇月二九日、ペトログラード帝大の学生約三〇〇人が大学の正面玄関で集会を開き、物価高に抗議し、労働者の側についた兵士に対する処刑に反対して、この二九日と三一日の二日間のストライキを宣言した。学生たちは革命歌を歌いながら構内をまわり、講義を中止しようとしたが、一つの教室以外は成功していない。このほかには、女子綜合技術高専の学生も、兵士の処刑反対のストライキを行なっている[85]。規模は小さいながらも、活動家が願う労働者・兵士・学生の連帯が、このとき端緒的に実現されたのであろう。

兵士

首都の住民で二番めに大きな構成要素は、兵士であった。一九五六年、レニングラードの歴史家コチャコーフは、首都の兵士についての注目すべき研究を発表した。彼は、一九一七年二月一日現在で、首都には二七万一一〇〇人の兵士がいたとした。そして、皇帝一家が恒常的に住むツァールスコエ・セローには六万九八〇〇人、皇帝の別邸があるペチェルゴーフ、オラニエンバウム、ストレーリナには合わせて七万三〇〇〇人、同じく皇帝の別邸があるガッチナに二万一七〇〇人、近衛軍の演習場クラースノエ・セローに三万三九〇〇人がおり、これらに周辺部の兵士一七万六七〇〇人を合わせると、四六万六八〇〇人に上るとした。[86] 工場労働者の場合は、首都の周辺に二万四二〇〇人がいるだけであったので、首都と周辺部を合わせた数では、兵士の四六万六八〇〇人が、工場労働者の四〇万八八三八人を圧倒することになるのである。私は一九六八年に発表した論文で、コチャコーフの研究に依拠して、首都にこの兵士の大群が存在したことの意義を強調した。[87]

だが、私の論文より先に発表された歴史家ブルジャーロフの二月革命研究の名著は、コチャコーフの数字が過大であることを指摘し、国会軍事委員会の資料によって、首都内の兵士は一七万人、周辺部の兵士は一五万二〇〇〇人、合計で三二万二〇〇〇人であったと記述した。[88] そして、一九八五年、レニングラードの歴史家ソボレフは、この数字の食い違いについての検証を試みている。[89] 彼が取り上げたのは、コチャコーフのもう一つの一覧表である。コチャコーフは、革命前夜に首都と周辺にいたのは、次の部隊であると説明している。

1、近衛歩兵連隊

プレオブラジェンスキー、猟兵、セミョーノフスキー、イズマイロフスキー（第一旅団）、パヴロフスキー、モスクワ、擲弾兵、フィンランド（第二旅団）、ケクスゴリム、リトヴァ、ヴォルイニ、ペトログラード（第三旅団）各連隊の予備大隊、それに近衛狙撃兵旅団の四個予備大隊（二個大隊は首都内、二個大隊はツァールスコエ・セロー）、計一六個予備大隊。一九一七年二月の実員は、九万九〇〇〇人（一予備大隊四五〇〇〜七五〇〇人）。

2、線列歩兵連隊

歩兵第一連隊、歩兵第一八〇連隊（以上、首都内）、歩兵第三連隊（ペチェルゴーフ）、歩兵第一七六連隊（クラースノエ・セロー）、機関銃兵第一連隊（オラニエンバウム）、機関銃兵第二連隊（ストレーリナ）など

六連隊の予備大隊。一九一七年二月の実員は、八万五〇〇〇人（一予備大隊一万〜一万五〇〇〇人）。

3、騎兵連隊

騎兵第九予備連隊（四七〇〇人）、ドン・カザーク第一・四・一四連隊（三二〇〇人）、その他若干で、計八四〇〇人。

4、工兵大隊

工兵第六予備大隊（四六〇〇人）、近衛工兵連隊予備大隊（八〇〇人）、架橋予備大隊（一六〇〇人）、その他若干、計一万七一〇〇人。

5、電気部隊、自動車部隊

電気予備大隊（四六〇〇人）、装甲自動車予備大隊、第一・第三自動車予備中隊、その他若干、計二万二〇〇〇人。

6、鉄道部隊

五個予備大隊、計一万二四〇〇人。

7、輸送部隊

一万五〇〇〇人。

8、航空機部隊

一個予備大隊と一個予備中隊、五五〇〇人。▼[90]

しかしこれだけでは、総計で、二五万八九〇〇人にしかならない。しかもこの数字は、ツァールスコエ・セロー、クラースノエ・セロー、ペチェルゴーフ、オラニエンバウム、ストレーリナなどにいる部隊も含めている。

ソボレフは、まず1のグループについては、一九一七年二月一五日現在で、ほぼ一〇万人に達していたと認めた。だが、2のグループの人数、「八万五〇〇〇人（一予備大隊一万～一万五〇〇〇人）」について、これは名簿上の数字で、実員ははるかに少なかったと主張する。名簿上は機関銃兵第一連隊には一万五〇〇〇人いたことになっているが、実際は約一万人であったとし、機関銃兵第二連隊も一万七五〇〇人ではなく、七七〇〇人しかいなかったと指摘する。だが、ソボレフはこの点については、それ以上は書かず、首都の兵の総数として、二〇万人以上という数字を出すだけであった。[91]

したがって、首都とその周辺の兵士の総数としては、コチャコーフが最初に示した数字四六万六八〇〇人、彼のもう一つの一覧表から割り出した数字である二五万八九〇〇人、ブルジャーロフが批判的に出した数字三二万二〇〇〇人、ソボレフによる二〇万人以上という、四つの説があることになる。いずれにしても、兵士集団の規模はすこぶる大きいことは間違いない。

大戦前の一九一三年の『軍事統計年鑑』によれば、ペテルブルク軍管区には、近衛選抜二個軍団（四個師団、一六個連隊）と線列二個軍団が配備され、このほかに騎兵・砲兵・工兵その他がおり、総計で一三万二〇〇〇人の兵士がいた。[92]首都治安維持にあたる者として、この軍管区の兵士はロシア陸軍全体と比べて、農村出身者の比重がより高く（五八・一％に対して六〇・二％）、工場労働者の比重がより低く（三・四％に対して三・一％）なるように編成されていた。[93]とくに近衛選抜の一六個連隊は、遠隔諸県の農民のなかから政治的傾向が「健全で」、経歴にあやしいところのない者を選抜して編成され、もっぱら貴族幼年学校出身の近衛将校のもとで厳しい軍律を守り、国家と皇帝の忠実なる藩屏としての役割を果たしていた。[94]

しかしながら、開戦とともに、この精鋭部隊はことごとく前線に出動して、首都には各連隊の新兵を収容する予備大隊が置かれ、その数は戦前の倍に増えたのである。

総動員体制下では、従来のような選抜法をとることができず、首都出身者で召集された者、なかにはストライキに参加して懲罰召集された首都労働者までが、首都と周辺市の予備大隊に入るようになった。近衛連隊の場合は、やはり他の軍管区で召集された者が圧倒的に多いが、ペトログラード軍管区出身者も約七万人のうち四五〇〇人程度はいた。線列歩兵連隊の場合、その他の騎兵・工兵・砲兵の場合は、一九一六年五月と一七年二月三日に行なわれた新兵召集では、もっぱらペトログラード軍管区内の出身者を集めている[95]。新兵の訓練期間は通常六週間で、それが過ぎると前線へ送られるので[96]、予備大隊の顔ぶれは流動的であった。

以上のように予備大隊は、戦闘経験をもたず、これから戦場に送られる不安を抱き、なお民間人の気分を色濃く保っている新兵を主として構成されていた。この他に、負傷や罹病によって前線から送り戻され、治療を受けてふたたび戦場に送られることになる兵士たちもいた。彼らは第四中隊に集められていた。戦争の苦しみを味わった彼らは、厭戦気分が濃厚であった[97]。

戦時には、下士官が不足したため、その養成が急がれた。ロシア軍では、読み書き算術のできる兵士のなかから将校が選んで試験を受けさせ、合格者を教導隊に編成して、特別の養成を行なった。教導隊は、連隊ごとに予備大隊に設けられた[98]。教導隊の隊員は、一面では、特権的であり規律がある、将校のもっとも信頼しうる者たちであったが、しかし他面では、もっとも意識的であり、もっとも激烈な訓練に苦しめられている者たちでもあった。この隊からは、自殺者も出る一方、逆にいっそのこと前線に早く行きたいとの嘆願書を出す者もいた[99]。

また戦時下では、将校層の性格にも変化が起こった。近衛連隊の将校はなお大多数が貴族であったが、線列歩兵連隊の場合は、平民将校の比率が二〇世紀初めには五〇％だったが、それからかなりに増加していた。さらに将校の不足を補うために、戦時には速成養成された少尉補が登場したのである。少尉補は、一般には中等教育を受けた兵士を、戦時将校養成学校で三か月間養成した者である。当然、一般の将校と比べると、出身階層は民衆的であった。しかし、少尉補も中隊長になることができ、しばらくすれば少尉に昇進できた◆。前線で砲火にさらされ鍛えられた少尉補のなかには、兵士と心を通じる者がいたが、後方にいる少尉補のなかには、実力がないのに権力を振りかざし兵士に嫌われる者も出た。当時、首都の装甲車大隊の教官をしていた文学者シクロフスキーは、次のように回想している。

> 少なくともペテルブルク守備隊では、正規の将校よりも態度が良くなく、場合によってはすごく悪かった少尉補、とくに予備大隊にくっついて、しがみついている後方勤務の少尉補は評判が悪かった。兵士たちは、彼らについて歌ったものだった。「もとは野菜畑で土掘りしてた。今では将校どのさ」と。[100]

近衛連隊の少尉補の場合には、貴族幼年学校をくり上げ卒業になった者など、貴族出身の少尉補を集めようとの努力もなされていたようである。

少なくなった将校・下士官で、一中隊一〇〇〇人以上にふくれ上がった兵士◆を監督していくことは困難であったので、しばしば外出禁止・面会制限の措置がとられ、兵士を市民との接触から断とうとした[101]。兵営は、ほとんどが首都の中心部に、一部は労働者地区のただ中にすらあったからである。外出した場合、兵士が電車に乗って料金を払わないということで、憲兵隊は、パトロールをして兵士たちを取り締まらせた。シクロフスキーは書いている。

> （……）兵営に休暇不許可でこもっていること、兵営のやるせなさ、暗い疲労感、街頭で駆り立てられることへの兵士の怒り――これらすべては、不断の軍事的敗北と根強く広まった「裏切り」の噂より以上に、ペテルブルク守備隊を革命化したと、私は確信している。[102]

前線での敗北と皇帝・皇后・ラスプーチンに関する致命的な噂以上にではなく、それらとともに、というのが正しいであろう。兵士たちは、入隊するときに宣誓をしたが、その宣誓は「信仰、ツァーリ、祖国のために」忠誠を誓うというものであった[103]。これが彼らの軍規への服従の保証となっていた。したがって、ツァーリへの不信が生じると、軍隊における忠誠は大きく動揺するのである。

首都の兵士の運動としては、一九一六年の一・九闘争の際、軍用自動車が憲兵へ突進した事件が端緒であり、同年一〇月の歩兵第一八一連隊兵士による公然たる警官への攻撃が新段階をなした。一〇月一七日、同連隊の兵士たちは、初めは兵営の柵の内側から石を投げていたが、やがて柵を乗り越え門から走り出ると、「警官をやってしまえ」と叫び、煉瓦や棒を投げつけたのである。彼らはそのとき、武器は持っていなかった。彼らがようやく兵営に戻ったのは午後五時以降である。翌日も、同連隊の兵士は将校に率いられて街頭を行進中、「ファラオーン」◆「豚野郎」と警官をののしり、敵意を示した[104]。この事件は、労働者と警官隊との衝突に直面したとき、兵士集団のなかにわき起こる自然の感情の発露を示している。この兵士への処分は不明であるが、同連隊は翌月にはガーリチへ移動を命じられ、首都から姿を消した[105]。しかし、その話は、ほかの連隊の兵士たちに語り継がれないはずがない。のちにその例を見ることにしよう。

◆**少尉に昇進できた**　イヴァノヴォの工場事務員をしていたゲラーシモフは、一九一五年一月、くり上げ召集を受けて前線に出た。商業学校を出ていたので、夏から秋にかけて三か月間の少尉補学校を終えて少尉補となり、しばらくして少尉に昇進した。一九一七年三月には中尉に昇進している。M. N. Gerasimov, *Probuzhdenie.* Moscow, 1965 を参照。

◆**一中隊一〇〇〇人以上にふくれ上がった兵士**　ペトログラード軍管区司令官ハバーロフは、パヴロフスキー連隊について、平時には連隊全員で一七七〇人であったのに、戦時第四中隊は一五〇〇人いたと陳述している（*Padenie tsarskogo rezhima,* Vol. 1, p. 196）。

◆**「ファラオーン」**　古代エジプトの王ファラオから、ロシアでは威張った巡査を揶揄する言葉となった。

水兵

首都ペトログラードの湾内、四〇キロ離れたコトリン島に、クロンシタット海軍基地があった。首都の陸上にも海兵団があったので、水兵は首都の民衆の重要な構成要素であった。

まず第一海兵団と半海兵団がクロンシタットにあり、第二海兵団と近衛海兵団はペトログラードにあった。[106]

クロンシタット海軍基地には、一九一七年二月二三日の報告で、総数三万七〇五人の兵がいた。そのうち陸兵が一万九五六七人で、海兵は一万二一三八人であった。海兵の内訳は、沿岸部隊の水兵が四七七九人、教導隊と艦船乗組員が七〇九八人、士官が二六一人である。[107]

クロンシタットの海兵は、バルト海艦隊の一部をなしていた。バルト海艦隊はゲリシンクフォルス（ヘルシンキ）に司令部・本拠地をもち、レーヴェリが第二の基地、スヴェアボルグとアボ（トゥルク）が要塞で、クロンシタットが第三の基地であった。ゲリシンクフォルスに戦艦・巡洋艦戦隊、レーヴェリに巡洋艦戦隊がいた。クロンシタットには教育艦のみが配備されていたが、常時あらゆる艦船が寄港し、滞留していた。

水兵の性格を考えるデータは、バルト海艦隊全体についてのものしかないので、その一般的データからクロンシタットの水兵について考えてみる（表2参照）。水兵の大部分が、一九一二〜一六年に徴兵で徴募された、二〇〜二五歳の若い兵であった。彼らは問題に対して敏感で、大胆な人々であった。バルト海艦隊の水兵の構成（一九一七年一月一日時点）から見ると、彼らは六四％を占めていた。つづくグループは、一九〇四〜〇八年に徴兵され、一九〇九〜一四年までに退役した者が、開戦後に動員された者である。同じ時点の構成では、一六・六％を占めている。彼らは海軍に必要な技術系の水兵であり、敗北に終わった日露戦争と一九〇五年革命（第一次革命）を経験していた。第三のグループは、一九〇九〜一一年に徴兵されて、現役兵であったときに開戦したので、現役延長された者である。年齢は二六〜二八歳で、彼ら

ペトログラード街頭の水兵

も技術系で残された者が多く、判断力もあり、かつ海軍に不満を強く感じている人々であった。彼らは一五・五%を占めている。このほか、若干の志願組がいる。一九歳未満で志願した者、四〇歳以上で勤務を願った人である。彼らは〇・九%であった。最後は永年勤続組で、彼らは三%を占めた。このほかに下士官がいた。バルト海艦隊では一二四五人と記されている。[108]

さて一九一三～一六年に徴兵された者四万八八五三人の職業を見ると、機械工・ボイラーマン・旋盤工・金属工・鋳物工などの工場労働者が二八・五%、木工・織物職人・大工などの職人が七・七%、商船乗組員・漁夫が一五・三%、農民が二三・二%、その他が二五・三%であった。[109] 水兵は工場労働者や商船の乗組員など、都市住民出身者が多いのが特徴である。その結果、水兵の識字率は高かったと考えられる。

この水兵を指揮する士官は、例外なしに海軍兵学校出身者であった。しかも一九一〇～一五年の間にこの学校に入学した一一二八人のうちの一〇三三人、じつに九割が貴族であった。貴族の士官が労働者出身の水兵と対面する、これがロシア海軍の構造であった。[110]

この結果、海軍の士官と水兵の関係は、陸軍よりも緊張したものであったことが明らかである。しかも士官の中には、バルト・ドイツ人が少なくなかった。このことがドイツとの戦争のなかでは深刻な意味をもつことになった。

表 2　バルト海艦隊の水兵の構成（1917 年 1 月 1 日現在）

1909 ～ 11 年召集	12,760	15.5%
1912 ～ 16 年召集	52,650	64.0%
1904 ～ 08 年召集・再招集	14,044	16.6%
永年勤続	2.466	3.0%
志願者	704	0.9%
総計	82.625	100.0%

（出典 V. V. Petrash, *Moriaki Baltiiskogo flota v bor'be za pobedu Oktiabria,* Moscow-Leningrad, 1966, p.17）

水兵は、徹底的に無権利のもとに置かれた。クロンシタットの港内の公園の入口には「水兵とイヌは立ち入り禁止」という掲示がかかっていたということはよく知られている。[111]

クロンシタットは一九〇五年革命の頂点で、一〇月詔書を不満とする社会民主党の工作で、一〇月二六日〜二八日に反乱を起こした。衝突で、死者一一人、負傷者一一〇人（うち六人がのちに死亡）を出し、軍法会議の結果、九人が懲役、六七人が禁固、八四人が無罪となった。[112] さらに、一九〇六年七月一八日からも反乱を起こした。これは第一国会の解散に抗議するスヴェアボルグ要塞の反乱に呼応したもので、エスエル党が主導権を握って、敢行したものである。武器庫を占領し、要塞堡塁の一つも占領したが、事前に情報が漏れていたためか、鎮圧の動きが迅速で、二〇日には鎮圧されてしまった。三〇〇〇人が逮捕され、三六人が銃殺、二二八人が懲役刑、一〇三二人が禁固となった。[113] この大弾圧の傷は深かった。

開戦後は、水兵たちは規律を守り、平静さを維持してきたが、「大退却」以後は、ドイツ人士官に対する反感があふれ出し、やがて戦争や軍務への不満が前に出て、それが士官への反感へと結びつくようになり、事件が頻発した。修理したばかりの水雷艇「ポベジーチェリ」で事故が発生すると、艇長がドイツ人だからとして、「ドイツ人をやっつけろ」と叫んで、駆けつけた巡洋艦部隊の司令官とにらみあうという事件が起こった。同種の事件は、戦艦「パーヴェル一世」号でも、巡洋艦「ロシア」でも発生した。[114] 一九一五年一〇月一九日には、戦艦「ガングート」において、食事のことで水兵の不満が爆発し、「ドイツ人をやっちまえ」と叫びだす騒ぎとなった。この件では九五人が逮捕され、三四人が軍法会議にかけられた。二人が銃殺刑を宣告されたが、実際には一人だけ処刑された。二四人が懲役となった。この件について、ゲリンシンクフォルス司令部の革新派士官レンガルテン中佐が「革命は不可避だ」という感想を日記に記していることは象徴的である。[115]

すでに一九一五年の半ばには、バルト海艦隊の大多数の艦船に水兵の活動家がいて、グループを組織し、首都の革命党派と関係を結ぼうとしていた。配布するビラを印刷する手段を求めていたのである。その中にはエスエルもボリシェヴィキもいた。一〇月、憲兵隊本部は、逃亡した第一海兵団の水兵で、エスエルの活動家ペリホフが、密かにクロンシタットの活動家たちと連絡をとっていることに注目していた。彼が連絡を取っている活動家には、エスエルもいるし、ボリシェヴィキもいるという具合であった[116]。年末には、クロンシタットの水兵のボリシェヴィキ組織が摘発された。中心の指導者は、スラトコフ、クズネツォフ＝ロマーキン、ピーサレフ、ウリヤンツェフらであった。みなボリシェヴィキだとされ、ボリシェヴィキ党のペトログラード委員会と関係をつけていた。一二月末、クロンシタットに入港した戦艦「皇帝アレクサンドル二世」号に、社会民主党名のビラが撒かれた。スラトコフはこの艦の砲兵下士官であり、この艦での党メンバーは一一名に達していた。一二月二八日、スラトコフが逮捕された。一九一六年一月二五日、第一海兵団で摘発がなされた[117]。

一九一六年七月になると、「クロンシタット軍人組織中央集団」なる活動家グループの存在が、当局に把握されている。このグループは、アイヴァス工場の疾病共済組合の書記をしていたボリシェヴィキのエグリートを通じて、ボリシェヴィキの首都組織とつながっており、「ロシア社会民主労働党クロンシタット軍人組織中央集団」と呼ばれることもあった[118]。しかし、それも一九一六年七月のエグリートの逮捕まであったようだ[119]。のちには「社会民主主義者、エスエル、アナーキストの水兵が、一緒に活動していた組織」で、「形式的には無党派組織」だと報告もされている[120]。この組織に対しては、九月に摘発が行なわれ、水兵三〇人、兵士七〇人など一〇七人が取り調べられたが、逮捕されたのは水兵六人、兵士八人にとどまった[121]。

一〇月二六日から一一月一日まで、クロンシタット海軍軍法会議は、バルト海艦隊水兵ボリシェヴィキ党組織の二〇人を裁いた。ウリヤンツェフは八年、スラトコフとブレンジンは七年、エゴーロフは四年の禁固刑を受けたが、一五人は無罪判決となった。◆[122]

◆一五人は無罪判決となった　一人は精神異常の徴候を表わしたため、入院措置となった（N. A. Khovrin, *Baltiitsy idut na shturm*, Moscow, 1966, p. 45）。

ともあれ、こののちはクロンシタットの水兵たちは、身動きできない状態に置かれることになった。

都市勤労者

工場労働者以外に、首都には多くの勤労者がいた。鉄道員、市電従業員、自動車運転手、辻馬車・馬そり・荷馬車の馭者、手工業の職人、商店・飲食店・ホテル・各種サーヴィス業の従業員、病院の看護婦、薬局の薬剤師、女中、家僕、馬丁、小使、守衛、大工、左官、石工、コンクリート工、ペンキ工、郵便電信従業員、官庁・会社・銀行の下級職員、小学校教師などである。これらの人々の数を正確に把握するのはむずかしい。都市センサスは、一九一〇年を最後に実施されていない。首都の自活（自分の所得で生活している者）人口の職業構成を知りうる唯一のデータである一九一〇年のセンサスにもとづいて「表3」を示す。[123]

表3の中の「工業」は、工場労働者のほか、手工業職人、それから建設労働者も含んでいると思われる。一九一四年の工場労働者をこれからのぞけば、約一〇万人が残る。商店員もかなり多いが、注目を惹くのは、女中、家僕、小使、守衛がきわめて多いことである。営業、非営業職員の一定の部分は勤労者に属すべきものであろう。仮にそれを加えなくとも、都市勤労者は四四万にのぼり、工場労働者よりもはるかに多かったのである。

表3　1910年の首都の自活人口

職業別	単位1000人	%
労働者	504,0	42.5
うち工業	350,2	
商業保険業	77,0	
輸送業	51,6	
飲食店	25,2	
家僕・女中・小使・守衛	189,0	15.9
小計	693,0	58.4
雇傭主	44,3	3.7
自営主	76,0	6.5
営業職員	40,7	3.4
非営業職員	66,0	5.5
自由業	14,6	1.2
金利生活者	39,0	3.3
恩給生活者など	55,8	4.7
軍人	47,5	4.0
その他	71,3	6.1
一時的無職	38,5	3.2
総計	1,186,7	100

工場労働者以外に、首都にはさまざまな勤労者がいた。
上：辻馬車の馭者、
中：建設現場の労働者、
下：市電の従業員

ところで一九一〇～一四年の間に、総人口は約三一万一〇〇〇人増加しているので[124]、これらの都市勤労者も増えていることは間違いない。しかし、戦時中には男子は召集を受けた。延期措置が適用された工場労働者と違い、彼らはそのような措置を受けられるはずもなく、戦場に狩り出されていった。また召集逃れということもあって、工場へ就職する者が増えたことは、すでに見たとおりである。したがって、戦時中にこの層の人口は相当に減少したであろう。しかし、それでも革命前夜でのこの数は、なおかなりのものであったと思われる。

戦時の物価騰貴は、この層の多くに深刻な打撃を与えた◆。労働者の場合にはストライキをもって賃上げを勝ち取ることもできたが、彼らにはそのような手段がなかった。食糧難も、工場労働者のように特配がない彼らを、より苦しめたということができる。とくに悲惨であったのは、出征兵士の留守家族であった。市会がこのために統計局を設けて調査を行ない、とくに困窮している者に、地区の生活保護事務所で、月に三～五ルーブリの扶助料を与えたが、それだけではどうなるものでもなかった。主婦たちは兵士用の下着を縫うなどの内職をしたが、大した収入にならなかった[125]。戦時中には、飢餓が貧しい妻や娘をして身体を売らしめた。売春行為は平時の四～五倍となり、兵営周辺では性病罹患者は一〇倍にも増加したと言われているが[126]、そういう女性たちの多くは、貧しい都市勤労者の家庭の女たちであったろう。

この層の勤労者は、一般に国会議員選挙権を与えられていなかった。鉄道員や郵便電信従業員は「一九〇五年革命」で活躍したが、その後ストライキや組合結成を特別に禁止されて、以後はまったく労働運動には姿を現わしていない。店員・建設労働者・会社員の組合を結成する試みがなされたが、その工作のおよんだ範囲はわずかであった。一般に都市勤労者はもっとも光を奪われた存在であり、政治的にはツァーリに対する盲目的敬愛を抱き、工場労働者への反発もあって、ときにロシア国民同盟などの右翼団体の一つの基盤をなしてきたのである[127]。

開戦時の排外的・反独的デモ、ドイツ大使館の打ち壊しには、この層からも多くの参加者があったと考えられる。七月一九日、ネフスキー大通りで「戦争反対」を叫び、赤旗を振って「ラ・マルセイエーズ」

を歌った五〇人のデモ隊を「裏切者、売国奴……」と叫んで、殴りかかった人々の多くは、この層の人々であったのではなかろうか。[128]

だが、生活の危機は、彼らの目をも徐々に開かせていった。一九一六年一〇月の首都保安部長の警保局宛て報告書が述べる次のような評価は、都市勤労者の気分を表わしているものと考えられる。

> 本年九月初めには、首都の住民のもっとも広範な各層の間に、反政府的な怒りの例のない高まりが認められた。当局に対する不平がますます頻繁に言葉に出されるようになり、政府の政策への激しい容赦のない非難が語られるようになった。この月の終わりには、この反政府的な気分は（……）どう見ても、一九〇五～〇六年の時期にさえ広範な大衆の間にはなかったほどの例外的な規模にまで達した。「当局は買収されている」こと、戦争の信じがたい苦しみ、毎日の生活の堪えがたい条件についての不平が、公然と、何の遠慮もなく話されはじめた。[129]

工場へ働きに出るようになった彼らの家族が、工場の空気を都市勤労者の家庭内にもち込んだであろうことも忘れてはならない。[130] だが彼らは、その不満をほとんどかたちに表わすことのないままに、革命へ向かっていくのである。

◆この層の多くに深刻な打撃を与えた　モスクワ保安部長は、一九一六年一〇月、賃金の上がる工場労働者に比べて、官吏は俸給が上がらず、「まったくお手上げで、文字どおり十分食べられず、もっとも差し迫った欲求も満たされずにいる」と報告している（*IA*, 1960, No.1, p.209）。

表１　首都工場の政治スト参加（500人以上の工場）（＊は官営工場）

工場名	革命前夜の労働者数	1915年8－9月	16年1月9日	16年3月	16年10月	17年1月9日	17年2月14日	17年2月23日	17年2月25日
I　ヴイボルク地区	**75,743**								
アイヴァス機械	4,087	○○	○	○	○	○	○	○	○
新レスネル（機）	7,720	○○	○	○	○○	○	○	○	○
バラノフスキー（機）	5,043	○○	○	○	○○	○		○	○
旧パルヴィアイネン（機）	2,613	○		○	○○	○		○	○
ロシア・ルノー自動車	1,695		○		○○	○	○	○	○
エリクソン通信機	2,211	○	○	○	○○	○	○	○	○
ノーベリ機械	1,597	○	○	○	○○	○		○	○
旧レスネル（機）	1,111	○○	○	○	○○	○		○	○
新パルヴィアイネン（機）	4,919	○○	○	○	○○	○	○	○	○
プロメート社鋼管	3,189	○○	○		?	○	○	○	○
フェニックス機械	1,940	○○	○	○	○	○	○	○	○
ローゼンクランツ伸銅	3,094	○	○		?	○		○	○
ペトログラード金属	6,704	○	○	○	○	○	○	○	○
ペトログラード電装	992		○	○	○	○		○	○
ロシア光学	987					○		○	○
ペトログラード銃弾＊	8,237							○	○
新造兵廠＊	4,669					○		○	○
ニコーリスカヤ織物	1,498		○		○			○	○
ヴイボルク紡績	950				○	○		○	○
ネヴァ錦糸ネフカ	2,700		○		○	○		○	○
レーベジェフ・ジュート	998				○	○		○	○
サンプソニエフカヤ紡織	1,591				○	○		○	○
ケーニヒ製糖	650								
以上23工場計	69,195								
II　ノーヴァヤ・ジェレーヴニャ地区	**3,083**								
ロシア＝バルト航空機	500	○	○	○	○○	○	○	○	○
レーベジェフ航空機	987	○			○○	○	○	?	○
シチェチーニン航空機	562	○○			○○	○	○	○	○
セミョーノフ木工	645		○						○
以上4工場計	2,694								
III　ペトログラード地区	**37,840**								
デュフロン電機	823	○○	○	○	○	○		○	○
セミョーノフ機械	808	○	○	○	○	○	○	○	○
ランゲンジペン機械	1,495	○			○	○	○	○	○
ヴルカン造器	2,907	○○	○	○	○	○	○	○	○
シチェチーニン航空機	1,933	○		○		○	○		○
フェフェーレフ破甲弾	960		○	○	○	○		?	?
ペトログラード銅ボイラー	3,383								
ゲイスレル電機	947								○
ローレンツ通信機	800				○	○			○
ジェイムス・ベック紡績	1,257		○		○	○		○	○
レオンチエフ捺染	607		○			○			○
軍用包帯＊	3,149								
ケルステン・クリーニング	2,528							○	○
カーン製本印刷	1,613					○			○
キルヒナー帳簿	930								○
造兵廠＊	1,059								

工場名	革命前夜の労働者数	1915年8－9月	16年1月9日	16年3月	16年10月	17年1月9日	17年2月14日	17年2月23日	17年2月25日
シュムメル・ローゼンフェリト煉炭	912								
以上17工場計	26,111								
Ⅳ ヴァシリエフスキー島地区	**51,876**								
ドネツコ＝ユリエフスコエ社製釘工場	1,852								○
ジーメンス＝ハルスケ電機	1,863				○				○
ジーメンス＝シュカート社軍需	3,095				○				○
〃モーター	1,847								
ペトログラード鋼管＊	17,076								○
バルト造船＊	7,107								○
連合ケーブル	2,700						○		○
軍用蹄鉄	2,654								○
北部織物（旧）	1,013								
〃（新）	783								
ヴォローニン・リュッチ・チェーシェル捺染	908								○
オシポフ皮革	1,281								
パラモーノフ皮革	554								○
ラフェルム煙草	2,363								○
マルクース印刷	619								○
ロシア文房具	797								
以上16工場計	46,512								
Ⅴ ナルヴァ地区	**38,784**								
アンガラー造器	544								
ブラゴダーレフ（機）	664								
アンチャール造器	600					○	○		
レスピラートル防毒ガス	7,000								
トレウゴーリニク・ゴム	15,338								
ヴォローニン・リュッチ・チェーシェル・レーズヴイ島工場	500								
ネヴァ綿糸第2糸	1,609								
ロシア紡績	1,131								○
マルクス石板印刷	699								
国立印刷局＊	8,242								
以上10工場計	36,327								
Ⅵ ペチェルゴーフ地区	**36,148**								
プチーロフ（機）＊	26,097	○		○		○	○	○	○
北部造器ボイラー	1,549	○○				○			○
ランゲンジペン鋳造	868	○							○
ブレンネル鋳銅	1,370								
オドネル造器	500					○			
エカチェリンゴーフ紡績	920								
ペルーン化学	698					○	○		○
以上7工場計	32,002								
Ⅶ モスクワ地区	**21,079**								
ディナモ電機	2,307	○	○	○	○	○			○
ジーメンス＝シュカート社モーター	2,006	○	○		○	○			○
ペトログラード車輌	1,918		○	○		○		○	○
アルトゥール・コッペル造器	640	○			○	○			○

工場名	革命前夜の労働者数	1915年8－9月	16年1月9日	16年3月	16年10月	17年1月9日	17年2月14日	17年2月23日	17年2月25日
ジーゲル造器	592				○	○			○
スコロホードフ製靴	4,900				○	○			
ネヴァ製靴	1,344	○	○						○
以上７工場計	13,707								
Ⅷ コロムナ地区	**10,480**								
フランス＝ロシア（機）	6,656		○		○	○		○	○
海軍造船所＊	4,500								○
ジョージ・ボルマン製菓	685								
以上３工場計	11,841								
Ⅸ アドミラルチェイストヴォ、カザン、スパッスキー地区	**5,660**								
新海軍造船所＊	6,141								
Ⅹ 第１市内地区	**32,769**								
ペトログラード大砲＊	2,716							○	○
サン＝ガルリ鋳造	1,212					○	○		○
ウェスチングハウス造器	904	○	○			○			○
大学合同工場	1,200								
北部鉄工	1,055					○			
精密機器	604				○	○			○
コジェヴニコフ製綿	683	○							○
新綿紡績	1,857								○
アラフゾフスキー制服製造	734								
レマン印刷	705								
ボグダーノフ煙草	1,916								○
コーロボフ・ボブローフ煙草	804								○
シャーポシニコヴァ煙草	1,718								
ブリッケン・ロビンソン製菓	1,109								○
以上14工場計	17,217								
Ⅺ ネヴァ地区	**38,208**								
オブーホフ（機）＊	10,598					○	○		○
ネヴァ造船	6,141	○				○			
アトラス・ペトログラード造器	713					○	○		○
プレミョート造器	931					○			○
ヴローヒ造器	508					○			○
ペルラ造器	738								
ペトログラード造器ウスチ＝イジョーラ・ドック	1,072								
ペイル（綿）	1,939								○
ペトロフスカヤ紡織	1,651								
スパッスカヤ紡織	1,371								
ソーントン毛織	2,641								○
ネヴァ文房具	500								○
ネヴァ・ステアリン	1,173								
ラスチェリャーエフ煉瓦	521								
以上14工場計	30,497								
Ⅻ オフタ地区	**4,273**								
オフタ紡績	900	○				○		○	○
XIII ポリュストローヴォ＝火薬工場地区	**18,931**								

工場名	革命前夜の労働者数	1915年8－9月	16年1月9日	16年3月	16年10月	17年1月9日	17年2月14日	17年2月23日	17年2月25日
オフタ火薬＊	5,157								
オフタ爆薬＊	10,102								
プロメート社ポリュストローヴォ	753	○	○	○	○	○		○	○
以上3工場計	16,012								
XIV ロジジェストヴェンスキー地区	**10,233**								
ネヴァ紡績	2,285								○
ネヴァ綿糸第1糸	2,001								○
シャプシャル煙草	814								
以上3工場計	5,100								
XV 所属地区不明									
ゼリョーノフ・ジミーン金属	633								
リアノーゾフ自動弾など	500								
チェンチェレーエフ化学	1,060								
以上3工場の合計	2,193								

1　地区の区別と革命前夜の地区ごとの労働者数は、Z. V. Stepanov, *Rabochie Petrograda v period podgotovki i provedeniia Oktiabr'skoi vooruzhennogo vosstaniia.* Moscow-Leningrad, 1965, p. 30 に拠った。ただし、レスノーイ地区はヴイボルク地区に含めた。行政警察区との関係でいえば、モスクワ地区は、ナルヴァ区第四警察署区にあたり、第一市内地区はリチェイナヤ、モスクワ、アレクサンドロ＝ネフスカヤの三区、ネヴァ地区はシリッセリブルグ、アレクサンドルの二警察署区を合わせたものである。

2　労働者500人以上の工場、労働者数、所在地は *Istoricheskii arkhiv*, 1960, No. 1, pp. 79-116 に公表された全国工場一覧からデータを取り、所在地にしたがって、地区別に分類した。この工場一覧は工場監督官の1916年の資料にもとづいて、1918年1月にソヴィエト政権の統計局で作成したものである。なお *Istoricheskii arkhiv*, 1961, No. 5, pp. 163-165 に公表された、1916年12月1日付けの全国官営工場一覧によってデータを補強した。

3　闘争参加の事実は、基本的に *Rabochee dvizhenie v `Petrograde v 1912-1917 gg. Dokumenty i materialy.* Leningrad, 1958 によって確認し、本章の注にあげた諸文献によって補強した。2月23日と25日については、基本的に A. Shliapnikov, Semnadtsatyi god. Kn. 1, pp. 318-324, 324-326 に公表された、首都保安部長の報告のスト参加工場一覧表に拠った。

4　「？」印は、当然参加していると思われるが、資料的に確認できないものである。

第4章

首都の民主党派

左：ボリシェヴィキのシリャプニコフ
右：「労働者グループ」のグヴォズジェフ

ボリシェヴィキ党

首都の民衆が革命へと動くときは、その民衆に働きかけてきた運動家・工作者の活動が問題となる。ロシアでは、民衆の側に立つ政治諸派を「民主党派（demokratiia）」と呼ぶ。内容的には、社会主義党派に等しい。首都の民衆の中で活動していた民主党派で、もっとも大きな勢力を保持していたのは、ボリシェヴィキ党であったと言ってよいだろう。正式には「ロシア社会民主労働党」、正確には「レーニン派ロシア社会民主党」と呼ぶべき党である。

ボリシェヴィキは、ロシア社会民主党内の二大分派の一つであり、社会民主党の実質上の結党大会である一九〇三年の第二回党大会で生まれた。翌一九〇四年には社会民主党の組織的分裂が進展し、メンシェヴィキとは異なる革命路線と独自の中央―地方組織をもつ別の党として、一九〇五年革命（第一次革命）を迎えた。しかし、一九〇五年一〇月から社会民主党の統一の気運が高まり、一九〇六年四月にメンシェヴィキと統一党を再結成したが、党内分派として引きつづき結束を保ちつづけた。

革命理論としては、ボリシェヴィキは、ブルジョアジーの権力確立を当面の革命の課題とするメンシェヴィキの非連続二段階革命論に対して、労農民主独裁の確立を当面の革命の課題とする連続二段階革命論に立っていて、土地の国有化要求を農業綱領として掲げていた。革命の戦術論としては、労働者の武装、「戦闘隊」を中核とする武装蜂起論をとっていた。臨時革命政府には参加すべきでないとするメンシェヴィキの主張に対して、臨時革命政府には条件によっては参加することが許容され、また必ずこれに「武装したプロレタリアートによる不断の圧力」を加えなければならないと主張した。[1] 一九〇五年革命の頂点で生まれた労働者ソヴィエトを、当初は否定的に見ていたが、一九〇六年には、これは「一般革命闘争機関」になったとして、必ず参加すること、場合によっては結成のイニシャティヴを握ること、できるかぎり広範な労働者・農民・兵士・水兵の代表を参加させることを主張し、ソヴィエトを革命的軍隊に依拠した臨時革命政府とすることを公的路線とするにいたった。[2] しかしなお、超党派組織であるソヴィエトに対して、ボリシェヴィキの党組織を対置する気分が、レーニンにもボリシェヴィキにも残っていた。[3] ちなみにメンシェヴィキは、非合法的に人民代表機関網を全国につくり出し、その圧力で憲法制定会議召集を勝ち取るとの「革命的自治」論に立って、労働者ソヴィエト結成のイニシャティヴを握った。さらに労働者ソヴィエトを、革命の勝利をめざして闘う超党派の大衆的労働者組織として評価し、全ロシア労働者大会の構想と結びつけていた。[4]

一九〇七年半ば以降、革命の急速な退潮と反動のなかで、統一党もボリシェヴィキ派も、思想的・組織的な分解の一途をたどった。メンシェヴィキは、解党派（代表ポートレソフ）、「ゴーロス」派（代表マルトフ）、トロツキー派、プレハーノフ派（党維持派）の四派に分裂。民族組織は、リトワニア・ポーランド・ロシア在住ユダヤ人労働者総同盟（ブンド）、ラトヴィア地方社会民主党、ポーランド・リトワニア社会民主党に分解した。ボリシェヴィキは、政治運動から身を引いた人々も出たが、残った活動家は、左派の「フペリョート」グループ、右派のボリシェヴィキ調停派、それにレーニン派（レーニン、ジノーヴィエフ、カーメネフ）の三派に分裂した。[5]

だがレーニンは、レーニン派やプレハーノフ派がかろうじて支えている、各地に残存する非合法組織に目を向けた。レーニンは、パリ郊外に開いたロンジュモ党学校で教えたオルジョニキーゼらを、一九一一年夏、ロシア各地へ派遣して、九月にはロシア組織委員会を成立させ、その呼びかけで一九一二年一月、一一の地方組織の代表の出席を得て、プラハ協議会を開いた。この協議会は、解党派は脱党したものと決議し、非合法党の再建を決定し、レーニン、ジノーヴィエフ、オルジョニキーゼ、マリノフスキーら七人よりなる中央委員会を結成した。国内のプレハーノフ派とボリシェヴィキ調停派の一部をのぞく他の分派は、みなこの協議会を否認した。[6] したがってこれは、旧党再建という形式はとっているが、実質的には、新たなボリシェヴィキ党の結成だと考えた方がよい。

このようにして生まれ変わったボリシェヴィキ党は、一九一四年の開戦前夜にはかなりの組織的力量を備え、首都を中心とする労働者の闘争のヘゲモニーを握っていた。まず、レーニン、ジノーヴィエフ、書記クルプスカヤ（レーニン夫人）よりなる中央指導部は、首都から三日遅れで新聞の届くポーランドのクラクフ付近に移動し、そこから国内の党活動を指導した。[7] 国内で指導すべき中央委員には、プラハ協議会の直後に、スターリンほか一名、候補にカリーニンら五名を補充し、のちペトロフスキーほか二名も中央委員として加えた。[8] 次々に逮捕される彼らを助け、国内の党活動の中核となったのは、第四国会選挙で主要六工業県労働者クーリア（第1章32頁参照）から選出された六人のボリシェヴィキ議員であった。この中の一人、中央委員でもあり、最初の議員団長を務めたマリノフスキーが、ロシア帝国の保安部のエージェント（手先）であったことは、党に複雑な打撃を与えた。

ボリシェヴィキは、合法の日刊新聞『プラウダ』（真実、正義の意）と合法の機関誌を三種発行した。『プラウダ』は一九一四年初めから六月までのあいだに部数が二万部より四万部に増加し、メンシェヴィキの日刊紙一万六〇〇〇部、エスエルの機関紙（週三回発行）一万二〇〇〇部を大きく引き離していた。予約購読者は一九一四年七月一日時点で、首都で三一二五人、地方で八四〇九人であった。[9]

さらにボリシェヴィキは、多くの工場の疾病共済組合理事会で多数を握り、書記にインテリ党員を据えることに成功し、これを工場内の党活動の拠点にすることに成功した。[10] 一九一四年三月には、四七～五三組合のうち三五～三七の支持を得て、中央保険評議会、首都や県の保険審査会の労働者委員の選挙で圧勝し、ポストを独占した。[11] 労働組合のなかでも、一九一四年にあった二〇の組合（組合員数二万二〇〇〇人、組織率一〇％程度）のうち、ボリシェヴィキは最大の金属工組合をはじめ一四の組合の執行部を独占していた。[12]

開戦前夜のボリシェヴィキ党のペテルブルク市委員会は、シミット、アンチーポフ、フョードロフ、イオーノフ、シュルカーノフ、イグナチエフ、セシツキーの七人よりなっていた。もっとも最後の三人は、保安部のエージェントであった。[13]

政治的自由のないロシアで、これだけの組織的力量をもったことは特筆すべきであろう。その力量をもって、ボリシェヴィキ党は一九一四年の労働者闘争を、単独もしくはエスエルと共同で呼びかけ、指導したのである。[14]

開戦前夜の「七月闘争」（第3章157頁参照）は、こうしたボリシェヴィキ党の政治的力量を十分に示すとともに、その限界をもはっきりと示すことになった。まず闘争開始に先立つ時期、レーニンら党中央はオーストリア帝位継承者暗殺にはじまった世界戦争の危機を認識しえず、バクーではじまった労働者の長期ストを放置し、党大会の準備に注意を集中させていた。[15] 首都の党組織は独自に活動し、合法日刊紙での宣伝、ボリシェヴィキ議員の工作など、持てる力を十分に使って、労働者を闘争に立ち上がらせた。[16] ところが労働者は、三日間のゼネスト、最終日のデモというボリシェヴィキの方針を超えて激烈な闘争に突入した。レーニンのもとから戻った新中央委員キセリョーフは「われわれには運動を指導するのに、十分に力量のある組織がなく、武器もないので、はじまった闘争は当然、火花のごとく急速に消える」という認識をもち、権力側が大虐殺を準備しているという噂を信じ、警戒することを主張した。[17] 弾圧は猛烈で、逮捕者が続出、『プラウダ』も闘争五日目に発行停止処分を受けた。[18] 結局、ペテルブルク市委員会は運動のピーク時に適切な指導ができず、七日目になって、地方の支持、運動の組織性、自衛手段などが不足しており、決戦の時ではないとして、闘争終結を呼びかけている。[19] これに対し青年党員グループが、武装蜂起へ進むべきだとして、この呼びかけに反対することを決め、「左翼多数派代表者委員会」と称してビラを出したが、ただちに逮捕されている。[20] ボリシェヴィキは闘争の期間中、ついに世界戦争勃発の危機と結びつけて、闘争の意義を明らかにすることができなかった。

しかし、ようやく開戦直前の一七〜一八日になって、ボリシェヴィキは戦争勃発の危機を警告し、「戦争反対、戦争には戦争を」というスローガンを掲げたビラを発行した。[21] このビラは行動の具体的指針を与えることはできなかったが、先進的労働者に対して開戦に備えさせる役割を、ともかくも果たしたと評価できよう。

開戦は、七月闘争の過程で打撃を受けていたボリシェヴィキ党組織に、壊滅的な一撃を与えた。まずクラクフ付近にいたレーニンはオーストリア官憲に逮捕され、かろうじて釈放された後、スイスへ逃れた。首都では戒厳令が敷かれ、労働組合・労働者教育協会が解散させられ、残っていた合法機関誌もすべて発行停止処分となった。開戦後の弾圧で多くの活動家が失われたが、翌年の二月上旬には、ついに中央委員会代表カーメネフと五人の国会議員が逮捕されるにいたり、党は完全に地下活動に追い込まれたのである。

世界戦争は、首都にいる党幹部、合法活動家のあいだに思想的混乱をもたらした。ボリシェヴィキ議員は、七月二六日の国会で、メンシェヴィキ議員と共同で、戦争に反対する声明を読み上げ退場したが、「〔プロレタリアートが〕外部からであれ内部からであれ、いっさいの侵害から国民の文化的財貨を守る」という一節が声明に織り込まれていた。これは、国防義務の原則的な承認だと受けとられた[22]。八月一日のペテルブルク市委員会のビラは、「戦争が公式のロシアとその同盟国に、敗北をもたらそうと勝利をもたらそうとかまわない」、われわれは専制の打倒をめざすのだ、と宣言していたが、「戦争反対」のスローガンは掲げていなかった[23]。さらに一〇月初め、政府との提携を呼びかけたベルギーの社会民主主義者ヴァンデルヴェルデの提案に対し、四人の議員、カーメネフ、弁護士ソコロフらはかなり討論を積み重ねた上で、「ドイツの半封建的軍国主義」と「ロシア絶対主義」を労働者階級と民主主義派の二つの敵とする立場から、最終的に拒否の回答をした。メンシェヴィキ主流派の回答が、ヴァンデルヴェルデの入閣を「自己防衛の正義の事業」と賞賛し、「ロシアにおいて戦争反対の活動はしない」というものであったので、これとは確かに異なるものであった。しかし、英仏帝国主義と自国ブルジョアジーを批判しない点で違いはなかった[24]。

一方、レーニンは、八月二三日、スイスのベルンに到着して、在住党員会議を開き、「社会民主主義者グループの決議」として知られるテーゼを決議させた。この決議は、戦争を「ブルジョア的・帝国主義的・王朝的戦争」とあいまいに規定していたが、第二インター指導部の「裏切り」の糾弾と「ツァーリ君主制とその軍隊の敗北」は「最小の悪」であると宣言したことだけは際立っていた。[25] 逮捕されたカーメネフは、予審の陳述の際、レーニンのこのテーゼに反対であると発言し、ペトロフスキーもまた、彼の弁護士ケレンスキーが法廷でそうした主張をすることを拒否しなかった。[26] 残っていた中央委員候補カリーニンは、戦争支持の国防派になって、戦時中は党活動から手を引いてしまった。[27] 激しい弾圧と思想的動揺は、多くのインテリ党員を党活動から離れさせた。高名な政治事件弁護士で、ボリシェヴィキ議員団の顧問格であったソコロフも国防派に傾いたと言われている。[28]

　これに対して、下部の労働者党員には動揺が少なかった。開戦直後に積極的に動いたのは、第一市内地区のリゴフスキー国民会館夜学校に集まっていたコンドラチエフら労働者党員、そこで文化活動を行なっていた労働者詩人マシーロフのグループであった。彼らは、七月末に早くも「党維持派社会民主主義者グループ」の名でビラを発行し、「戦争に反対する手段」はただ一つ、階級組織を強固にし、「民主共和国をめざす総決起の呼びかけ」と結びつけて、軍隊と労働者農民のあいだで反軍国主義宣伝を行なうことだと呼びかけた。このグループがつくった第一市内地区委員会は、ペテルブルク市委員会の本格的再建の足がかりを与えたのである。[29] のちに彼らは、レーニンの宣言「戦争とロシア社会民主党」を読んで、自分たちは「手探りで、党中央から切り離されて進んできた」が、それでも「正しい道」を歩んできたのだと誇っている。

　一時はメジライオンツィ派に食われ壊滅状態にあったボリシェヴィキ党組織の再建が進んだのは、一九一五年春のことで、七月一九日には、第一市内地区・ヴィボルク地区・ナルヴァ地区を中心に約五〇〇人の党員を再結集して、全市協議会を開いている。[30] 九月には、上記の三地区のほか、ペトログラード、モスクワ、コロムナの三地区、ラトヴィア人、リトワニア人組織と学生組織を結集した。シミット、ザレシスキー、バグダチエフらの古い活動家も首都に戻り、ペテルブルク市委員会で活動した。[31]

　このあいだ、党に残ったインテリは、一九一五年二月『保険問題』誌の復刊に成功した。この編集部には、エレメーエフ、ポドヴォイスキー、アルスキーらが参加した。彼らは編集部「一家」をなし、ポドヴォイスキーがプチーロフ工場の党組織と関係したのをのぞけば、非合法活動との交渉を避けた。一〇月、国外より再潜入したシリャプニコフは、ペテルブルク市委員会や『保険問題』編集部グループから人選をして、中央委員会ビューローを設立した。[32]

以上のように、再建された首都の党組織が、一九一五年の九月に取り組んだのが、中央戦時工業委員会の労働者代表（第1章62頁参照）の選挙闘争である。ペテルブルク市委員会は当初、選挙人を選出する第一段階の工場での選挙集会において、選挙人選出に反対するというスローガンを採択させる方針をとった。この方針は、ボリシェヴィキの拠点である新レスネルでも失敗し、選挙人にメンシェヴィキとエスエルが選出されるという結果を招いた。そこで第一段階の選挙には加わり、全市選挙人集会でボリシェヴィキの主張を展開するという新方針に転換し、九月二七日の選挙人集会では、ボリシェヴィキが提案する戦時工業委員会への参加反対の決議案を採択させることに成功した。これは、のちのやり直し集会で引っくり返されるが、ボリシェヴィキの健闘を示した出来事となった。[33]

この代表選挙と関連して、秋には、労働者ソヴィエトを結成するという構想が、再三にわたってペテルブルク市委員会で検討され、そのための努力もなされている。詳細は不明であるが、九月スト（第3章160頁参照）の際につくられ、一〇月のフェニックス労働者支援統一ストが計画されたとき、ふたたびクローズ・アップされた全市ストライキ委員会に、次第に労働者ソヴィエトの機能を代行させていくとの考えも有力であったようである。[34]だが、この構想はまず、下部党員からのソヴィエトへの不信にぶつかったようである。一九一五年夏、ペトログラード金属の党細胞は、「武装蜂起の際の社会民主党の役割」というテーマで会議を開いている。報告者が、党に指導された労働者ソヴィエトが全権力を握るべきだと主張したのに、権力と指導権を握るべきはペテルブルク市委員会で、そのために他党の代表者と委員会をつくるべきだとの反論が出た。後者の意見を述べたベロウーソフは、一九〇五年のペテルブルク・ソヴィエトは与えられた使命を果たさず、「あらゆる政治的潮流・傾向の代表者たちの一大談話室」になってしまい、武装蜂起を準備しなかったと述べた。細胞メンバーの多数が、ベロウーソフの意見を支持した。[35]他方、ペテルブルク市委員会のソヴィエト組織の試みを知った国外のレーニンは、一〇月に刊行された『ソツィアル＝ジェモクラート』四七号に発表した「若干のテーゼ」で、ソヴィエトに関する項目を書き入れた。「労働者ソヴィエトやそれに類する機関は、蜂起の機関、革命権力の機関と見なされなければならない。これらの機関は、大衆的政治ストライキの発展と結びつき、蜂起と結びついて、初めて（……）確実な利益をもたらすことができる」[36]。またレーニンは、ストックホルムにいたシリャプニコフへの手紙のなかで、とくにこのソヴィエトの規定を重視せよ、「このホラ話に対して慎重でなければならない」と書き送っている[37]。このレーニンの指示は、帰国したシリャプニコフにより伝えられた。ペテルブルク市委員会は、二月に発行したビラで、レーニンの指摘を全面的に認めている[38]。

一九一五年の夏から秋にかけて、ボリシェヴィキ党は大戦時最大の組織を保持していたが、以後、年末にかけて、弾圧によって破壊された。それにもかかわらずボリシェヴィキは、一九一六年の一・九闘争に向けて、兵士・水兵に「革命的軍隊と革命的プロレタリアート・全人民との一体化」を呼びかけている[39]。一九一六年一月には、中央保険機関労働者委員の補欠選挙でボリシェヴィキは完勝したが[40]、『保険問題』グループ、シリャプニコフと、ペテルブルク市委員会、チェルノマーゾフとの対立が深刻化した。新レスネル工場の共済組合書記のチェルノマーゾフは、極左的方針を主張する保安部のエージェントで、戦闘的な気分の労働者党員、ペテルブルク市委員会のメンバーたちの支持を得ていた[41]。

プチーロフ工場の一九一六年二月の闘争（第2章161頁参照）は、ボリシェヴィキ党細胞のイニシャティヴで起こったが[42]、この闘争を呼びかけるビラのなかで、ペテルブルク市委員会は「革命的な街頭デモと軍隊との交歓」という、これまでにはなかった方針を提起した[43]。しかし、実行する策はなく、二月闘争は運動の新段階を画するものとはならなかった。それどころか、プチーロフの敗北と三月の新レスネルの敗北は、この二つの工場を拠点とするナルヴァとヴイボルク地区組織に打撃を与えた。以後、春から秋までペテルブルク市委員会の活動も弱体化し、不活発なものとなった[44]。

ペテルブルク市委員会がふたたび積極的に行動できるようになったのは、一九一六年一〇月のことで、これは、古参のアンチーポフと印刷工チーハノフの努力で、ボリシェヴィキ党がかなりの印刷能力を備えたからだった。[45] 一〇月上旬、ペテルブルク市委員会は物価問題と重税をとり上げ、工場で集会を開き、この問題の解決が「民主共和制と戦争即時中止をめざす闘争」と不可分であると宣伝せよ、と党員に指令した。[46] 一〇月一三日以降の各工場での集会は、この指令にもとづく党員の工作によるものであった。ところが一七日、三つの工場でのストライキと、第一八一連隊兵士を巻き込んだデモ隊と警官との衝突が発生し、さらにその後、ストとデモは拡大し、ペテルブルク市委員会の予想を超えた展開となった。『プロレタールスキー・ゴーロス』第四号の活動報告によれば、数日後、ペテルブルク市委員会は「ストライキのデモンストレーション効果はすでにくみ尽くされた。さらなる拡大は（……）労働者のあいだに、まさに革命の鐘がなっており、ツァリーズムとの最後の決定的な闘争のときが来た、という幻想をふり撒くものである」と判断した。「労働者大衆はいまだ組織されておらず、団結しておらず、地方の労働運動はまだ萌芽的な段階にあるのだから」、闘争をひとまずここで収束させる必要があるとしたのである。[47] 二〇日に出された闘争終結を呼びかけるビラには、「警察の活動が広めている風聞と挑発によって、諸君を時期尚早の戦闘に呼び込む連中にあざむかれるな」とあり、[48] 当時市中に広まっていた流言を、警察による挑発として警戒する考慮が働いていたことがわかる。

この指導方針は、ともかくもこの日のうちに労働者を職場に復帰させたが、かなりの不満を残した。「彼ら大勢の心を強く騒がせたのは、一七日に労働者に味方した兵士の同志たちの運命であった」と先の活動報告も認めている。ペテルブルク市委員会はなんらかの手を打つことを迫られ、二三日の委員会でバルト海艦隊水兵ボリシェヴィキの裁判の日、二六日から三日間のうちに一日ストを呼びかけることを決定した。[49] 労働者は、これにしたがって第二波の闘争を展開したのである。

この闘争以後、一〇月に帰国したシリャプニコフによって、首都における党指導部の再建がなされた。シリャプニコフは金属工出身で、一九〇五年革命後に亡命し、以後国外で労働者として働いていた。一九一四年四月に首都に戻り、首都の党中央で活動した。大戦開戦時には思想的動揺を示したが、一九一四年九月にスイスでレーニンと協議し、その考えを受け入れ、一九一五年には中央委員に加えられた。一九一五年一一月にロシアに戻り、一九一六年初めに出国した。このときはアメリカに行っている。一九一六年一〇月の帰国はレーニンの指示を受けて、指導部再建のために帰国したのである。シリャプニコフは流刑地から逃れてきたザルツキーとモロトフを加えて、三人で中央委員会ビューローを再建した。ザルツキーはプラハ協議会に首都党組織代表として出た労働者、モロトフは大戦前、綜合技術高等専門学校（高専）在学中に『プラウダ』編集部で活動していて、一九一三年に逮捕されたインテリ青年である。三人は、シリャプニコフが国外と地方との連絡、ザルツキーが首都党指導、モロトフが出版と任務を分け、ヴイボルク地区に本部を置いた。[50]

ほどなく、元中央委員候補のスターソヴァが流刑の刑期が終わって首都に戻ったので、シリャプニコフが頼み込み、書記となってもらった。[51]国外との連絡はすこぶる悪い状態で、一二月と二月に報告を送り、一回だけ書簡を受け取ったにすぎなかった。[52]地方との連絡は、モスクワ、トヴェーリ、ニジェゴロト、カザン、ハリコフ、ドンバスなどの党組織とのあいだに行なわれていたが、組織的と言えるのはモスクワとの結びつきだけであった。[53]中央委員会ビューローは、チェルノマーゾフと彼を支持していたスタルクを党活動から排除し、党内の対立を除去した。[54]ザルツキーの指導でペテルブルク市委員会執行委員会が補強された。年末・年初に逮捕されたアンチーポフとチーハノフをのぞき、従来からの三人——一九一五年にペテルブルク市委員会で働き、逮捕されたが、一六年秋に流刑地より脱走してきた学生出身の戦前派ボリシェヴィキ、シュートコ、開戦時より学生党員組織で活動しており、一九一六年に執行委員となった綜合技術高専生トルマチョフ、ヴァシリエフスキー島地区の戦中派労働者ボリシェヴィキ、オシス＝オゾーリ——に加えて、レーニンのロンジュモ党学校で学んだ元メンシェヴィキ党維持派チュグーリン、ニコラーエフ造船所ストの指導者の一人であるスコロホードフの二人を任命した。[55]もっとも、会計と軍隊工作担当のオシス＝オゾーリが、保安部のエージェントであったことは決定的な弱点であった。

一九一六年年末—一七年年初に官憲の集中的攻撃を受けて、ペテルブルク市委員会は地下印刷組織を失

[56]い、一月九日にも二月二三日闘争にもビラが出せなくなった。また一月二日、総会に集まった、ナルヴァ、コロムナ、ヴァシリエフスキー島、ペトログラードの四地区、市電従業員、リトワニア人、ラトヴィア人、セストロレーツク組織の代表が検挙され[57]、全市的に地区組織との結びつきが著しく弱体化した。

この結果、一九一七年二月に中央委員会ビューロー、ペテルブルク市委員会の執行委員会の唯一の基礎となったのは、ヴイボルク地区組織である。この地区委員会は、メドヴェージェフ、モイセーエフ（新レスネル工場）、アンチューヒン、ジューコフ、ナルチュク（エリクソン工場）、スヴェシニコフ（旧レスネル工場）、エフィーモフ（旧パルヴィアイネン工場）、ローボフ（ローゼンクランツ工場）、イヴァーノフ（フェニックス工場）、アレクセーエフ（ペトログラード電装工場）、アガジャーノヴァ（プロメート工場）などで構成されており、この地区の先進工場の労働者と固く結びついていた[58]。

一九一六年末の党費の納入状態を見ると、旧レスネル、旧パルヴィアイネン工場が最高で、ロシア＝バルト航空機とエリクソン工場がその三分の二、新レスネル、ローゼンクランツ、ノーベリ工場が最高額の三分の一であった。ただし、新レスネルのカンパ額は非常に多い[59]。

注目されるのは、このヴイボルク地区の活動家の中に、一九〇五年革命をニジェゴロト県のソルモヴォ工場でボリシェヴィキ党員として闘った者が、少なくなかったことである。パヴロフ（レーベジェフ航空機工場）、カユーロフ（エリクソン工場）、チュグーリン（アイヴァス工場）、スヴェシニコフ（旧レスネル工場）、スコロホードフ（デュフロン工場）などを挙げることができる。初めの三人はソルモヴォ戦闘団の中心メンバーであった[60]。

これに次ぐのは、もっぱらプチーロフ工場の党員よりなるナルヴァ地区組織である。中心は工場の疾病共済組合で、一九一六年末の職員四〇名のうち二五名は党員であったと言われる。そのなかにはアンドレーエフ（のちのスターリンの政治局員）、ヤゴーダ（のちにスターリンのために働き、殺される内務人民委員）らの名もあげることができる[61]。一九一七年一月二日の検挙の際、地区代表の市委員タラーソヴァと地区委員のレーメシェフが逮捕されたが、その後はアファナーシェフが中央との連絡を行なっている。彼によれば、年初の党員は約一一五人だったが、一月の逮捕後は四〇～五〇人に減ったという。[62]

これ以外の地区組織は、ペトログラード地区もふくめ、一月の検挙以後は壊滅していた。[63] 独立性が強く、結束の強い組織として残っていたのは、弁護士のストゥーチカを中心とするラトヴィア人組織（一四〇人）、弁護士のポジェラを中心とするリトワニア人組織、それにエストニア人組織（七五～八〇人）である。[64] イヴァン・ラーヒヤ、タイミなどのフィンランド人のボリシェヴィキのグループも存在した。[65]

このほかに、今日では知られていない独立グループが多くあったようだ。[66] ヴァシリエフスキー島地区で労働弁護士をしていたクラシコフ[67]のような第一次ボリシェヴィキ党時代の活動家、カリーニンのような戦争観の対立から党から離れていた大戦前の活動家など、独立ボリシェヴィキも多かった。二月革命後の四月党協議会でシミットは、革命直後の党員数として、ヴイボルク地区五〇〇人、ヴァシリエフスキー島地区三〇〇人、ナルヴァ地区八〇〇人、小さな地区四〇～七〇人という数字をあげている。[68] 首都全体で約二〇〇〇人ということになるが、これは獄中にあった人々はもとより、独立派と元ボリシェヴィキで革命後に入党した人を多く含んでいる数字と思われる。革命前夜のボリシェヴィキの全市的な組織的力量が著しく弱体化しているもとで、これらの独立派の存在は注目されよう。

中央戦時工業委員会「労働者グループ」

次に、ブルジョア市民革命勢力に連なる重要な中央戦時工業委員会「労働者グループ」を、首都の民衆の間で活動している工作者集団・政治グループの一つとして考察してみよう。

一九一五年一一月二九日のやり直し選挙人集会で選出された労働者代表が結成したこのグループの顔触れは、次のとおりである。グヴォズジェフ（エクソン工場）、アブローシモフ（プロメート工場）、ブロイド（レスネル工場）、グトコーフ（レーベジェフ航空機工場）、エメリヤーノフ、クジミーン、エフ・ヤコヴレフ（鋼管工場）、コマローフ（オブーホフ工場）、エム・ヤコヴレフ（プチーロフ工場）、アノソフスキー（オフタ火薬工場）。これにペトログラード地方戦時工業委員会への労働者代表が加わった。ボジェヴォーリノフ、ヴァシリエフ（アイヴァス工場）、エルショフ（バルト工場）、カチャーロフ（プチーロフ工場）、オスタペンコ（オフタ火薬工場）、シーリン（ペトログラード金属工場）の六人である。中央の一〇人のうち九人、地方の六人のうち五人が金属機器労働者で、◆半数が官営工場の労働者であり、コマローフ、シーリン、オスタペンコがエスエル派で、残りの者はすべてメンシェヴィキ主流派、解党派である。[69]

グヴォズジェフは一八八二年生まれで、一九〇五年革命まではエスエルであったが、革命後にメンシェヴィキに変わった。一九〇九年から首都で働き、金属工組合の結成に参加し、その組合長となった。メンシェヴィキの指導者ダンは、メンシェヴィキの影響のもとに生み出された「高度に資格ある労働者インテリの印象的なカードル（働き手）」「傑出した社会民主党的労働者」の筆頭に、グヴォズジェフの名をあげている。[70]アブローシモフもこの組合の書記を務め、一九一二年八月のウィーン協議会に、首都のメンシェヴィキ組織の代表として参加した際立った活動家であったが、じつは保安部のエージェントであった。[71]

中央委員会への一〇人の労働者代表は、選挙人集会の決定で、この集会に責任をもつ「労働者グループ」を結成し、書記局を設置した。書記局にはともにメンシェヴィキ主流派のマエフスキーとボグダーノフが入った。マエフスキーは、一九〇五年革命時のメンシェヴィキ首都組織のメンバーで、ペテルブルク・ソヴィエトの組織者の一人であり、以後メンシェヴィキ主流の論客となった人物である。ボグダーノフは、『ナーシャ・ザリャー』誌に代わって一九一五年初めから刊行された『ナーシェ・ヂェーロ』誌の編集部にいた。[72]この二人と議長となったグヴォズジェフが「労働者グループ」の指導部をなしていた。

この集団は、ある意味でメンシェヴィキの本流を代表すると言っていい。メンシェヴィキは、一九〇五年革命の結果である一九〇六年憲法体制を拒絶した。一九〇七年に指導者の一人ダンがパンフレットを書き、次のような主張を展開した。新しい変革が必要だが、それには「組織的な力を蓄積する多かれ少なかれ長期にわたる期間」がなければならない。そうするには、「民衆の圧力」によって、国会を革命の直接的な道具とする、国家権力の機関へと変化させることが必要だ。合法の枠内での活動によって、合法の枠を超えるための条件をつくり出すのだ。さらに、このような運動を展開するには、古い党組織は役に立たない。新しい合法活動のなかから新しい党をつくり出そう。こうした考えは、古参指導者のポートレソフからも主張されたものであった。これに対して、ボリシェヴィキが「解党主義」「解党派」の考えだと非難したのだが、メンシェヴィキ主流派はその言葉をそのまま採用して、自己規定に使ったのである。[73] 大戦前のメンシェヴィキは、プレハーノフらを中心とする「党維持派」、非合法組織維持派をのぞいて、圧倒的に「解党派」に流れ、実際に解党が実現した。

世界戦争は、メンシェヴィキたちをさらに分裂させた。戦争を支持してドイツと戦うという気運が広範に発生し、これは「国防派（oborontsy）」と呼ばれたが、戦争に反対して平和を望むという気運も当然に存在した。この戦争反対の「国際派（internatsionalisty）」のなかにも、さまざまなニュアンスが存在した。

一九一五年七月の第一回戦時工業委員会大会に労働者代表を参加させることが決定されたとき、それを推進したモスクワの資本家たちの当初の考えは、戦争のための工業動員に労働者の協力をとりつけることにあっただろう。しかし、一九一五年夏の政治的危機を経過して、秋には戦時工業委員会の政治的な姿勢も、そこに招請される労働者代表の性格も、急速に変化した。

グヴォズジェフたちも、戦時下に禁止された合法的な労働組合活動を推し進める立場から、戦時工業委員会の呼びかけを利用することが合目的的だと考えたのであろう。この人々は、戦争に対して、「国防派」でもあり「国際派」でもあるという立場であった。一九一五年一一月二九日の選挙人集会は、彼らの提案した決議を採択した。それは、戦争を「新しい市場の奪取、弱小後進民族の隷属、世界の支配をめざす資本主義社会の支配階級の戦争」と捉え、活路を「戦争の最大限の早期終結をめざし、（……）無併合・無賠償の講和をめざすプロレタリアートの国際闘争」に見出すと述べている。「国際派」の立場であ

◆残りの者はすべて……　近年、エスエル研究者メランコンは、中央のエメリヤーノフ、コマローフ、エム・ヤコヴレフと地方の六人全員がエスエルであったという結論を出している（Michael Melancon, *The Socialist Revolutionaries and the Russian Anti-war Movement 1914-1917*, Ohio State University Press, 1990, pp.98. 302-303）。

る。しかし、決議はついで、「労働者階級は、有産階級より以上に切実に壊滅と破滅から国を救うことに関心を抱いている」として、「災厄のいっさいの責任者」たる「無責任政府」との闘争こそ、「労働者階級、すべての民主派、すべての衷心よりの救国派の当面の課題」だと述べている。ここは「国防派」の立場を前提にする政府批判である。闘争の進め方については、決議は「ブルジョワ層のあらゆる実際的な歩みを支持すると同時に、自由主義的立場のあらゆる不決断性、中途半端性、妥協主義性を精力的に批判し、彼らの歩みを体制とのより決定的な闘争へ押しやる」ことを主張していた。[74] これは典型的なメンシェヴィキの考えの表明であった。

　このような集団を抱え込むことは、戦時工業委員会のコノヴァーロフらが当然に望むところであったのである。したがって、一九一五年一二月三日、労働者代表が初めて中央戦時工業委員会へ出席して、自分たちが行なう活動についての方針を鮮明にしたのも、コノヴァーロフらと打ち合せの上でのことと思われる。

　グヴォズジェフがそこで読み上げた、第一の宣言は次のようなものであった。中央戦時工業委員会が「国防の旗に隠れるだけで、実際には（……）征服的な計画を抱いている」以上、現状では「国土防衛の責任は担えず」、「中央戦時工業委員会の活動にも責任は負えない」。それでもこの委員会に参加することを決断したのは、「ただ一つ、われわれの利害関心とわれわれの理解するロシアを破滅から救う道を主張し」、「あらゆる侵害から労働者階級の利益を擁護する」ためである。

　そのように主張して、選挙人集会を常時開かせよ、全ロシア労働者大会を開かせよ、との二つの要求を提起した。[75] 後者は一九〇五年にパーヴェル・アクセリロートが提案し、一九〇六年にメンシェヴィキが大いに主張した構想の復活であった。

　戦争についての第二の宣言では、「兄弟殺しである諸国民の殺戮」は「国際プロレタリアートの解放の日」を遠ざける、労働者は最初から「戦争が国の解放のために有害だ」と考えてきた、「戦争の即時終結」「併合なき講和」「民族自決権にもとづく人民による講和」「国際軍縮協定」を要求する、としている。

「ロシアの無責任政府は、この戦争に参加するとともに、自国民とも残酷な戦争を行なっており、それによって国を壊滅の淵にいたらしめた」。「責任の一端は国家にもある」。したがって「労働者階級、全民主勢力の当面の課題は（……）憲法制定会議の招集をめざして闘うことである」。そのためにわれわれは「国の解放をめざす途上におけるブルジョア層のあらゆる現実的な歩みを支持するつもりである」[76]。すでに「労働者グループ」は革命をめざしていることを隠していない。

「労働者グループ」は、全国的に戦時工業委員会への労働者代表の参加を進めた。一九一六年二月、同委員会の第二回大会が開かれた際には、全国二〇都市の委員会に参加した四五人の労働者代表が集まった。首都からは一六人、モスクワからは七人、キエフから二人、オムスクから三人、ロストフ＝ナ＝ドヌーから二人、ウファ、サマーラ、ノヴォチェルカッスク、タガンローク、ツァリーツィン、ノヴォニコラエフスク（トムスク県）、オレンブルク、アルマヴィール、グローズヌイ、カザン、ヴャートカ、セルプーホフ、エリザヴェトグラード、ルイシヴァ（ペルミ県）、ニコラーエフ（ヘルソン県）の一五都市から各一人である[77]。この代表たちは、自分たちだけの会合を、二月二五日から三月二日までほぼ連日開き、討論した。第二回大会で表明する労働者代表の宣言案は、マエフスキーが起草したが、過激すぎるとして地方代表の支持が得られず、調子を下げた修正案が全員一致で採択され、グヴォズジェフが大会で朗読した[78]。

この宣言は、戦争を強く否定するとともに、「自衛」へのプロレタリアートの参加を強く主張し、「ロシアの労働者階級は、自衛の実現への参加を許さない農奴制度の密閉の壁の前に立たされている」、この「警察的レジームにかけられた首輪から、自らを解き放たなければならない」と主張している。国家の抑圧政策の諸相が具体的に列挙され、批判されている。そして、「ロシアで支配的な条件のもとで、自衛のための権利を全人民のために獲得することは、現在の政治条件を即時に根本的に変革し、権力を人民が押し立て、人民に責任をとる政府に委ねること以外のなにごとも意味しない」と言い切り、「労働者階級の組織」「全ロシア労働者大会」の招集を主張した[79]。

全ロシア労働者大会については、戦時工業委員会の労働者グループが召集するものとして、全国の労働組合、労働者文化教育団体、労働者協同組合で、一〇〇人以上のメンバーをもつものが代表を出せるとし、この大会の開催承認要請の決議を提案した。[80]

全ロシア労働者大会の提案は、翌三月に開かれるゼムストヴォ、都市大会で、コノヴァーロフやネクラーソフによって社会諸団体の全国連合の構想へ発展させられたが、もとより労働者大会案も社会団体全国連合の構想も、ともに政府に拒否されることになるのである。

第二回大会ののち、中央戦時工業委員会議長グチコフはグヴォズジェフに書簡を送り、ロシアの明るい未来はドイツに対する勝利にのみかかっている、自分は「労働者階級の国家的分別と活動的な愛国心」を信じている、「仕事をしない一日一日が、われわれに刃向かう敵への、間接的、あるいはもっとも実際的な加担となりうる」と述べ、労働者に対するストの抑制を要望した。[81] これに対してグヴォズジェフはただちに回答を送り、グチコフが「社会的平和」を主張するのは受け入れられない、それは「人民大衆への冷たい無慈悲な搾取のための愛国主義的な傘」のようなものである、労働者階級というもっとも活発な社会勢力の弱体化を望んではならない、と反論した。[82]

しかし、グチコフ議長の要請は無視できなかった。一九一六年二、三月の闘争の際は、「労働者グループ」は労働者への訴えを出し、不満は正当だが、「社会の他のすべての進歩的な層の運動」から孤立した抗議ストは、「全ロシア公衆と権力との募りゆく衝突を弱め、拡散させる」だけだと非難した。[83] 一九一六年一〇月闘争の際にも、労働者の不満は根拠があるが、「ほかの都市の労働者の運動、ほかの進歩的な社会層の運動から切り離された散発的な闘争の試み」は「高まりつつある全公衆と権力との衝突を弱め、挫折させる」と声明を出し、労働者代表選挙人集会を開くことを提案した。[84] この月、ほかの都市での不穏な事態が多発しているという噂が流れたことに関連しては、「組織されない、暮らしの苦しさに苛立った人民大衆の自然発生的な爆発」を抑えるために、「精力的な、社会＝組織的工作」を呼びかけた。[85]

しかし、このような呼びかけが効果をあげるはずはなかった。さらに「労働者グループ」は、経済面では経済ストへの介入・仲裁を行ない、労資代表による仲裁委員会の設置、工場スターロスタ制（第3章153

頁参照）の拡大をめざす活動を行なった。いずれも、コノヴァーロフらの戦時工業委員会幹部との協力による首都の資本家団体との交渉というかたちをとったが、収めた成果はゼロに等しかったのである。[▼86]

「労働者グループ」がもっとも力を入れて活動したのは、来るべき行動の時に役立つ労働者の組織づくりであった。具体的には、生活協同組合の組織である。これはもっとも成功した活動であった。グヴォズジェフは、[◆]一九一五年二月に設立されたヴィボルク地区労働者職員生活協同組合理事長を務めていた。この生協の組合員数は、一九一七年初めには一万一三〇〇人に拡大したと言われる。また、一九一六年三月にはペトログラード生協連合会が設立された。そこでも「労働者グループ」は大きな役割を果たし、グトコーフが初代の理事長を務め、二人のメンバーが理事となった。[▼87]戦時下で厳しい取り締まりが行なわれているなかで、生協というかたちを通じて、彼らは組織基盤を拡大したのである。リチェイヌイ大通りにある戦時工業委員会本部のなかの「労働者グループ」の会議室では、常時、労働者たちが集まる催しが開かれた。

こうして、「労働者グループ」は決定的な行動の時を待っていたのである。

メジライオンツイと「イニシャティヴ・グループ」

ほかの社会民主党系の党派としては、メジライオンツイと「イニシャティヴ・グループ」がある。

メジライオンツイは、正式には「ロシア社会民主労働党ペテルブルク市地区連合委員会（Peterburgskii Mezhduraionnyi komitet）」という。略して「ＰＭＲＫ」とか「mezhraiontsy」と呼ばれたりする。地区連合（Mezhduraionnyi）という名称は、下部の地区組織を重視し、その連合体たることをめざすという姿勢に発している。また初期には「Mezduraionnyi komitet Ob’edinennykh s.-d.」（統合社会民主主義地区連

◆グヴォズジェフは…… コノヴァーロフは、一九一七年二月一七日の国会演説で、グヴォズジェフの生活協同組合運動を強調している（*Gosudarstuennaia Duma*, IV-I sozyv, col. 1526）。

合委員会）と名乗っていたこともある。こちらは社会民主党の統一を願うという意味を込めていた。

この組織は、一九一三年二月、一九〇五年革命をドヴィンスク市のボリシェヴィキ委員会のメンバーとして闘ったユレーネフ（本名コンスタンチン・クロトフスキー、ポーランド人）を中心として結成された組織で、『ズヴェズダ』紙で働いていたボリシェヴィキのノヴォショーロフ、第三国会メンシェヴィキ議員エゴーロフ、「フペリョート」派のフレロフスキーらが加わった。彼らはプラハ協議会を否認し、「下から分派を打ち壊し」、「ボリシェヴィキと革命的社会民主主義者の結集」をはかって、党を再建すると主張した。数ある他の分派との関係で言えば、このグループはプレハーノフ派と結びつき、新聞『エジンストヴォ（統一）』を共同で発刊する準備を進めていた。[88]

大戦の開戦に対しては、この小組織はしっかりした対応を示した。思想的には、「最初の短いあいだの（……）迷いと動揺」があったが、七月二〇日には基本的立場を定め、英独仏のプロレタリアと連帯して「戦争に対して仮借ない戦争を宣言する」と述べ、「専制打倒、戦争反対」のスローガンを掲げたビラをさっそく出した。[89]

組織的にも、中央のメンバーに、ペテルブルク帝大生カラハン、ア・エリ・ポポーフ、精神神経高専講師チェルノフなどのメンシェヴィキ、大学生コンスタンチン・スハノフ（のちヴラジヴォストーク・ソヴィエト議長）などを加え、ボリシェヴィキ党の混乱と弱化に乗じてヴァシリエフスキー島、ナルヴァの両地区に強力な組織を構築し、一九一四年末にはメンバーは三〇〇～三五〇人に達したのである。[90]

国外との関係では、トロツキーとその周囲に集まっている国際派左派と結びつくようになった。これまでトロツキーは、「かつてのメンシェヴィズム」や「中道路線」のゆえに、またトロツキーがプレハーノフと反目していたため敬遠されてきたが、開戦後、プレハーノフがもっとも露骨な国防派になったため、トロツキーらに近づくことになったのである。ウリツキー（トロツキー派）が国外で印刷されたパンフレットなどの国内への送り出しに協力を申し出ている。トロツキー、アントーノフ＝オフセーエンコ（左翼メンシェヴィキ）、マヌイーリスキー、ロゾフスキーは、一九一五年夏に企画されたメジライオンツイの合法雑誌に原稿を寄せている。[91]

大戦下の運動としては、ボリシェヴィキ党と提携して、戦時工業委員会労働者代表選出に反対したことが特筆されるであろう。一九一五年一一月二九日のやり直し選挙人集会から退場した選挙人が読み上げた、八四人の選挙人の選挙拒否声明は、ボリシェヴィキ党ペテルブルク委員会とメジライオンツィ委員会とで共同で作成したものであった。[92]

メジライオンツィも兵士への働きかけに力を入れ、「PMRK軍人組織」という名でビラを出したこともある。[93] クロンシタットの水兵、オラニエンバウムとクラースノエ・セローの部隊に対して継続的に工作を行なっていた。[94] 現存する兵士向けのビラの一つは、戦争の苦しみ、兵士の留守家族の苦しみを説明し、「専制の破綻は不可避であり、人民の蜂起は不可避だ」と言い切り、われわれ労働者が決戦に立ち上がった時、ツァーリに呼び出されたら、どうするつもりだと迫っている。

「兄弟、兵士諸君、どうするつもりだ。労働者の血で手を真っ赤に染めるつもりか。違う、違うぞ、諸君はカインの罪〔兄弟殺し〕は犯さない。そうではなくて、武器を捨てることなく、それをツァーリの専制体制に向けるのだ[95]」。

ユレーネフ。メジライオンツィの指導者。左翼の統一をめざす

メジライオンツィの活動の特徴は旺盛な出版活動であり、一九一五年夏には合法誌『繊維労働者』を三号出し、一〇月には非合法機関紙『フペリョート（前進）』第一号を出すことに成功した。

一九一六年三月以降は、メンバーの一人の親戚の印刷所で非合法ビラを印刷するようになり、革命の時点までビラを確実に出しつづけた。[96]

この組織も継続的に手入れを受け、ノヴォショーロフ、エゴーロフ、カラハン、スハノフら幹部たちは逮捕され、姿を消した。フレロフスキーとポポーフは運動を離れた。チェルノフはグヴォズジェフら「労働者グループ」とも提携すべきだと主張して、除名処分を受けている。[97] 最高指導者のユレーネフは一九一五年二月に逮捕されたが、一九一六年初めの軍事法廷で証拠不十分で無罪となり、検事が控訴するあいだに首都を脱出し、遠くシムフェロポーリに逃れて活動した。しかし、そこでも逮捕され、「脱走兵」として軍隊に入れられたが、さらに脱走して首都に戻り、非合法身分で、メジライオンツイの指揮を執っていたのである。[98]

一九一六年年末になると、この組織では、イサーク・クロシンスキーを中心とする精神神経高専生のグループが、大きな役割を演じるようになった。[99] 一九一七年二月二一日付の保安部のエージェントによる報告には、「一般にメジライオンツイ委員会は、最近、労働者のあいだでも学生のあいだでも、ペテルブルク市委員会の弱体化に乗じて、著しく強化された。同委員会は、現在、地区委員会をつくりあげた四地区、ナルヴァ、ネヴァ、ヴァシリエフスキー島、ヴィボルク地区、それに一五の宣伝サークル、学生・労働者よりなる煽動家集団（……）を配下に置いている」と記している。[100]

社会民主党の「統一派」としてのメジライオンツイは、革命的危機の深化とともに社会民主主義者の分裂をますます憂慮し、より右派のメンシェヴィキ国際派の「イニシャティヴ・グループ」とのあいだでも組織的統一の話し合いを進めたが、成功していない。[101] 一〇月に出したビラには「権威ある中央委員会は存在しない。あるのは惨めなセクト主義、自分たちのサークルで党にとって代わろうとする志向だけだ」と述べられており、[102] この点ではボリシェヴィキ党に対する批判は強かったようである。

一九一七年一月九日に向けて出されたビラは、「同志よ、人民の怒りの日、復讐の日、人民大衆を愚弄する腐った政府への裁きの日は近い」と呼びかけ、臨時革命政府の樹立を呼びかけていた。[103]

「イニシャティヴ・グループ」は、正式には「メンシェヴィキ社会民主主義者ペテルブルク市イニシャティヴ・グループ」である。この名称の組織が最初にできたのは一九一二年のことであり、それはメンシェヴィキ主流の「ゴーロス」派と解党派の首都組織であった。[104] 主観的には合法団体のつもりであった。

だが、開戦時には戦争反対の国際派の立場をとり、「戦争反対」「専制打倒」のスローガンを掲げたビラを発行している。[105] もはや合法団体ではありえない。

メンシェヴィキの著述家エルマンスキー（本名コーガン）（一八六七年生）は、一九一三〜一四年にトルキスタンでの灌漑用水路建設調査隊の仕事を辞めて首都に戻ると、この組織にただちに加わり、以後その指導者となった。このとき、組織にいたのは労働者パンコーフとシパコフスキー、インテリではクロフマリ（ガリベルシタット）、グリネーヴィチ（シェクテル）らであった。エルマンスキーが獲得したメンバーが、ソコロフスキー（シャトロフ）である。首都の「メンシェヴィキのインテリ層は、ほとんど全員が国防派の陣営に投じていた」なかで、この組織は国際派の唯一の拠点であった。[106]

この組織は、一九一五年一月九日に向けても「戦争に戦争を」「戦争反対」のスローガンのビラを発行している。[107] この年の秋の戦時工業委員会の労働者代表選挙の際には、メンシェヴィキの本流の考えにそって代表選出を支持する立場をとったが、一九一六年八月になると、「労働者グループ」が当初の約束を破り、「『誇らしげに』帝国主義の旗、防衛の旗を保持し」ていると非難し、これと絶縁すると宣言するビラを出している。[108]

この組織は国外との結びつきはなかったが、国内ではシベリアのイルクーツクに流刑中のツェレチェリ、ダンら、国際派的メンシェヴィキと連絡をとっていた。ダンは流刑地を抜け出して、首都に姿を現わし、エルマンスキーと直接面談したが、エルマンスキーは突っ込んだ話し合いはできなかったと書いており、関係はさほど深まったように見えない。それよりもサマーラのメンシェヴィキ・グループが戦争反対の立場で、戦時工業委員会労働者代表選出に対処するために悩んでおり、首都のグループに意見を求めてきたので、提携を深めていた。エルマンスキーは、サマーラの雑誌に戦時工業委員会労働者グループを批判する文章も書き、応援した。[109] エルマンスキーはまた、一九一六年にポートレソフが編者となって出した論集『自衛』を批判する論陣も張った。[110]

こののち、一九一六年年末までに三種のビラを発行しているが、スローガンは「戦争反対、平和万歳」

メンシェヴィキ議員団のメンバー。
左から、スコベレフ、チヘンケリ、チヘイゼ

「専制体制打倒」「民主共和国万歳」「全人民的憲法制定会議召集の獲得闘争万歳」であった。メンシェヴィキの伝統にのっとって、臨時革命政府の呼びかけはない[111]。この点で、左派と区別される。

この組織は、チヘイゼ、スコベレフ、チヘンケリ、ゲゲチコリ、ハウストフらのメンシェヴィキ議員団と一定の関係を維持していた。第四国会のメンシェヴィキ議員は全部で七人いた。議員団長のチヘイゼは郷里のグルジアで市会議員を長く務め、第三国会より連続二期当選した人物である[112]。スコベレフはザカフカースの新宗派モロカーネの出身で、一九〇五年革命後亡命して、トロツキー派に属して活動していたが、帰国してカフカースのロシア系住民から議員に選出された[113]。この二人とチヘンケリ、ゲゲチコリはフリーメーソン団体のメンバーになっていた。チヘイゼが他の三名を組織に入れたのは自分だと語っている[114]。メンシェヴィキ議員団が、開戦時にボリシェヴィキ議員と行動をともにしたことはすでに述べた。その後、議員団のなかには、国防派になるものも出たと言われるが[115]、チヘイゼとスコベレフはあいまいながら国際派的な立場をとっていた。しかし、エルマンスキーは議員団の無気力・無責任な姿勢に対して強い不満をもっていた。とくにチヘイゼが失敗を恐れ、路線を明確にせず、「重大な問題で明確な決断をする責任を引き受けることを真底恐れていた」と批判している[116]。

結局のところ、イニシャティヴ・グループがどの程度の組織的力量をもっていたのかは不明である。一九一六年末の幹部として知られているのは、エルマンスキー、ソコロフスキーらである。保安部の報告では、活動家として、セミョーノフ、パルヴィアイネンの工場の労働者、疾病共済組合の職員の名があげられている。[117]

エスエル左派

エスエル左派というのは、一九一六年に国外から入ってきたアレクサンドローヴィチを中心にまとまった、エスエル系の労働者のグループのことである。特別の団体名はない。

一九〇一年に創立された「エスエル党」（正しくは「革命的社会主義者党」）は、一九世紀ロシアの革命伝統を受け継ぐロシア最大の革命党であった。農民社会主義と戦闘団のテロ闘争を特徴とする。綱領をもたないまま一九〇五年革命を闘い、一九〇六年の第一回大会で綱領を作成した。そこでは「プロレタリアート、勤労農民、革命的社会主義的インテリゲンツィヤ」が革命の主体だと規定している。[118]社会民主党と違って、農民への工作と労働者への工作をともに推進する全人民の党であると称するこの党は、一九〇五年革命の終結時には、首都労働者の四割の支持を得ていた。エスエルがボイコットしなかった唯一の選挙である一九〇七年春の第二国会選挙では、エスエルは首都の市部の労働者クーリアで選ばれた有権者代表の四割を占めていたのである。[119]

しかし本来的に統制のない、集中性の弱いこの党の組織は、反動期には「分解の過程がはなはだしく進行した」[120]。一九〇九年一月、党中央が、党創立以来の幹部で、戦闘団の責任者アゼフが保安部のエージェントであったことを発表するにいたって、党の思想的・組織的混乱は決定的になった。党組織はほとんど壊滅したのである。[121]

大戦前夜に首都組織の再建が一定程度なされていたが、開戦による打撃はこの党にとっても大きかった。「ペトログラードのナロードニキ的インテリについて言えば、彼らはほとんど全面的に愛国主義と排外主義に感染していた」と、批判的なエスエル系知識人は回顧している。ただ一人だけ、評論家イヴァーノフ＝ラズームニクが戦争に反対したが、それは「荒野に響く声」だったという。[122]国会の一四人のトルドヴィキ議員団を代表してケレンスキーは、一九一四年七月二六日の国会で「農民と労働者のみなさん。（……）

諸君の力のすべてを合わせ、国土を防衛しつつ、国土を解放しよう」と呼びかける宣言を読み上げたが[123]、これは国防派の宣言だと受けとられた。エスエルの労働者のなかには戦争反対の気運があり、この宣言に反発したのである。

ケレンスキーは、エスエル党の組織再建のために努力した。一九一五年七月一六・一七日、ケレンスキーは自宅で、全国のナロードニキ系組織代表者会議を開いた。この会議は以下のことを決議した。戦争中止をめざして努力するが、当面は国土防衛に協力する。すべての政府は領土的野心を捨て、民族自決を認めるべきである。ロシア政府は軍への補給面でも経済崩壊を防ぐ面でも無能力を示しており、われわれは普通選挙による新政府の樹立をめざす。さしあたり国会の演壇を宣伝と組織に利用する[124]。

この決議の主旨によって、エスエルの労働者は、一九一五年秋の戦時工業委員会労働者代表選出に賛成するようにうながされたのだが、これによって労働者の内部に深刻な対立が発生した。積極的に代表選出に賛成した者もいたが、反対を主張しボリシェヴィキと連携する者が出たのである。左派の代議員は、ボリシェヴィキにつづいて声明を読み上げ、一一月二九日のやり直し選挙人集会を退場した[125]。意気上がる左派は、ボリシェヴィキに連帯のメッセージを送ったほどだった[126]。

同年一二月八日に開かれたエスエル党全市協議会は、ケレンスキーが起草した戦争に関する決議を採択した。一九一五年九月五～八日（西暦）にスイスで開かれたツィンメルヴァルト国際会議の決議にそって、この決議は無併合・無償金・民族自決の講和を求め、平和を求めるために権力を掌握することを呼びかけていた。結びは「全民主勢力の団結した力による平和闘争万歳。革命万歳。憲法制定会議万歳。エスエル党万歳」となっていた。しかし、この決議は生ぬるいとして、エスエルの労働者からは批判が出た[127]。ケレンスキーの路線は、国防派一般の路線とは異なっていたのだが、エスエルの労働者の左派は強い反発を見せたのである。新たに生まれたエスエル組織は、一九一六年の一月九日行動の支持をめぐって、左派と右派の対立が生じ[128]、ほどなく壊滅してしまった。エスエル左派は、ボリシェヴィキと提携して運動をつづけることになる[129]。

エスエルの労働者のなかには、戦争反対、帝国主義的ブルジョアジー批判の左翼的気運があり、インテリ不信が強かった。他方で、保安部のエージェントが系統的に潜入していたこともあって、地下組織を再建しようとしても、なかなか成功しなかった。エスエル知識人スヴャチツキーは書いている。「すでに多年のあいだ、エスエル党は一軒の廃屋だった。強固な地下組織はなく、指導機関もなかった。みなが自己流に行動していたのだ[130]」。

一九一六年の夏、国外よりピョートル・アレクサンドローヴィチが戻ると、彼を中心としたグループが誕生した。彼は、ジュネーヴのチェルノフ、ナタンソン、カムコフらからなるエスエル国際派のグループのメンバーで、そのグループから派遣されて来た戦闘的な意識の持ち主だった[131]。彼はスヴャチツキーと会い、その助けでモスクワ地区の労働者エスエルと結びつき、たちまちモスクワ地区組織の代表となった。アレクサンドローヴィチは、ケレンスキーには強く反発した[132]。彼の力で、戦時下に初めてエスエルの地下組織が再生したのである。

一九一六年一〇月の保安部長報告に記されているエスエル国際派の内部文書は、おそらくアレクサンドローヴィチの周辺で作成されたものと思われるが、「ロシアでは現在、一九〇五年を手本とする革命は不可能であるが、その代わりに兵士・プロレタリア大衆による連合革命の可能性はありそうである」と述べられ、「軍の部隊内でのエスエルの宣伝が成功」していると主張されている[133]。

このグループはビラを発行する力はなく、ネヴァ、モスクワ両地区を中心として活動していた[134]。だが、このグループに関係していたアイヴァス工場のエスエル左派、スーリンは、保安部の手先であった[135]。

無党派の知識人たち

大戦の時代には、かつて政治運動や非合法活動に関わっていた人々が、政治党派が弾圧されたため組織から離れ、個人として活動をつづけていた。組織が解体したメンシェヴィキやエスエル党のメンバーやシンパであった人々は、戦時下にはとくにそうであった。またボリシェヴィキ党のメンバーであっても、戦争に対して党の方針に従えなかった人々は党を離れていた。

ニコライ・ソコロフもそうした一人であるが、特別重要な役割を果たした。久しい間政治犯の弁護士として、どの党派の人であれ弁護してきた彼は、どの党派からも信頼され、進歩派知識人として尊敬されていた。一八七〇年生まれ、ペテルブルク帝大の◆マルクス青年の最初の世代の一人であり、[136]卒業して弁護士となり、人権派弁護士一筋の道を歩んでいる。ペテルブルク・ソヴィエト関係者の裁判で弁護人を務め、[137]ケレンスキーを仲間に誘ったのも彼であった。基本的にはボリシェヴィキに近く、ボリシェヴィキの国会議員候補にあげられたことも知られている。[138]また彼は、一九一二年に結成されたフリーメーソン団体のメンバーにもなっていた。大戦中には戦争支持の国防派となってボリシェヴィキを離れたと言われているが、本当のところ彼の戦争への考えは知られていない。おそらく無党派として振る舞うために、戦争反対をはっきりと表明しなかったとも考えられる。彼は、ケレンスキー、チヘイゼら議員との結びつきを強めるとともに、ボリシェヴィキ党関係の議員であれ、水兵であれ、裁判での弁護人を引き受けていた。また彼は、首都の民主諸党派の仲介者の役割を担い、しばしば彼の自宅に各派の幹部たちを集め、会合させている。[139]

さらに、政治的文化人としては、作家ゴーリキーの存在がある。ゴーリキーの最初の妻エカチェリーナ・ペシコーヴァはエスエルであり、彼が一九〇五年に革命支援の募金を求めてアメリカに出かけた際に同行させた愛人、モスクワ芸術座の女優マリヤ・アンドレーエヴァはボリシェヴィキであった。[140]以後、ゴーリキーはボリシェヴィキに近い位置で、一九〇五年革命後のボリシェヴィキの分裂では「フペリョード」派に同調していた。しかし、大戦前夜には次第にレーニンのボリシェヴィキ党に接近した。ゴーリキーは一九一三年末、ロマノフ朝三〇〇年祭の大赦で帰国した。戦争は彼に大きな衝撃を与え、一時は動揺したが、すぐに考えを改め、戦争反対の国際派の立場をとった。[141]一九一四年一一月、反ドイツ熱に浮かされている文学者アルツィバーシェフ、アンドレーエフ、ソログープ、クプリーンらを批判して、「周知のように、貪欲なのは人民ではない。戦争をたくらむのは民族ではない。ドイツ人の農民は、ロシア人の農民とまさに同じく植民地政策を求めないし、アフリカをどう分割したら有利か、などと考えはしない」と述べている。[142]

ゴーリキーは、一九一五年四月、「パールス」出版社を立ち上げ、ポクロフスキーの編集で『戦前戦中のヨーロッパ』という叢書の出版を企画している。その総論の執筆を国外のレーニンに依頼したが、それが名高い『帝国主義論』となったのである。さらに一二月には雑誌『レートピシ』を創刊している。[143] この雑誌の実質的編集長に、元『ソヴレメンニク』誌の編集者の一人であったスハノフを据えた。スハノフは、ナロードニキ主義とマルクス主義の統一を考える元エスエル党員のマルクス主義評論家である。彼の名は、皇帝の開戦の詔勅を使って、ミリュコーフら自由主義者の帝国主義的な戦争イデオロギーを批判したパンフレットの執筆者として有名になっていた。彼の妻は、アルハンゲリスク流刑中に結婚したボリシェヴィキのガリーナ・フラクセルマンであった。[144]

このほか、『レートピシ』誌の編集・執筆に関わったのは、元「フペリョート」派のバザーロフ、ヴォリスキー、ボグダーノフ、ボリシェヴィキ党の合法機関誌紙に関係していたアヴィーロフ、ファーベルケヴィチ、アルスキーらであり、農学者で植物生理学者チミリャーゼフ、革新派の文学者マヤコフスキー、シクロフスキーらも加わっている。メンシェヴィキからエルマンスキーも加わった。雑誌の傾向は、穏健な国際派であったと言うことができる。[145]

ナロードニキ関係では、一九一六・一七年の秋に任期の切れる国会議員の改選に備えてナロードニキ系の選挙ブロックがつくられ、さまざまな人が誘われて、連絡をとり合ったことが知られている。このブロックの委員長はケレンスキー、エスエルからゼンジーノフ、スヴャチツキー、エヌエス（人民社会党）からミャコーチン、チャルノルースキー、ズナーメンスキー、トルドヴィキからブラムソン、チャイコフ

◆ペテルブルク帝大の…… 帝大生だったマルトフは、当時の上級生のソコロフが「革命の化身」と見えたと書いている。

ゼンジーノフ。エスエル党の元中央委員。ケレンスキーを助ける

スキー、ベレージンが加わった。委員会は全国的に一三人の予定候補を定めた。[146] 名前のあがった人々の多くは、組織的な政治活動はまったくしていない。進歩的知識人として身を処しているだけであった。

その一人ゼンジーノフは、一九〇九～一〇年にエスエル党中央委員を務めた古参幹部であったが、一九一四年に三回目の流刑の刑期が終わり首都に戻り、一九一五年からケレンスキーと近くなり、彼を個人的に助けていた。『ナロードナヤ・ガゼータ』に寄稿していただけで、彼も党務はしていない。[147]

［コラム］民主党派、または社会主義党派

ナロードニキ系

エスエル党（社会主義者《エス》＝革命家《エル》党、革命的社会主義者党）

一九〇一年一二月に結党を合意、一九〇二年一月に結党を発表。機関誌『革命ロシア』。同年四月に、エスエル戦闘団による内相の殺害の実行を声明。

ナロードニキの伝統の継承者をもって任じ、勤労農民、労働者、インテリゲンツィヤを主体とする社会主義革命をめざし、テロル闘争に注力。一九〇五年革命（第一次革命）では、国民各層の組織化を進め、広範な支持を獲得。一九〇五年末〜〇六年初めに第一回大会を開き、党綱領を決定。

しかし、一九〇六年憲法体制のなかで合法活動を行なう方針をもたず、活動はゆきづまる。一九〇八年末に戦闘団を主管するアゼフが保安部のエージェント（手先）であるという告発が真実であることが明らかにされ、党は壊滅的な打撃を受け分解。

第一次大戦がはじまると、党員の多くは戦争支持の**国防派**（oborontsy）となり、チェルノフを中心とする少数者が戦争反対の**国際派**（internatsionalisty）となった。しかし、世界戦争に苦しむ労働者・兵士の中から、**エスエル**の旗印のもとで闘争をはじめる者たちが現われた。ペトログラードのアレクサンドローヴィチを中心とした労働者による**エスエル左派**のグループである。これが国外のチェルノフたちと連係をもった。スヴャチツキーが助けていた。**国際派**の穏健派は、シベリアに流刑されている**エスエル**の中にいた。代表者はアブラム・ゴーツである。

エスエル党の元の幹部たちは、**国防派**になっていた。ペテルブルクにいたのはゼンジーノフである。

エヌエス党（人民《エヌ》社会《エス》主義党）

一九〇五年革命をへて、ナロードニキ、**エスエル**系の中で、合法活動を志向し、テロに反対する人々が、一九〇六年、**エヌエス党**（**人民社会主義党**）を結党。雑誌に寄稿していた知識人、アンネンスキー、

ミャコーチン、ペシェホーノフらが中心。この党は、トルドヴィキという議員集団を助け、大戦中には、ほとんど一体化するにいたっていた。この時期には、チャイコフスキー、チャルノルースキーなどが党の中心にいた。

トルドヴィキ

第一国会選挙で当選した、農民の利益を擁護するという志向の議員たちが結成した国会会派。**トルドヴィキ**（**勤労者グループ**）と称した。第一・第二国会では、一〇〇人を超える勢力をもったが、選挙法改正で、第三・第四国会では十数人に減ってしまった。第四国会でのリーダーはケレンスキーであった。

社会民主主義系

ロシア社会民主労働党

マルクス主義革命党として、一八九八年に結党宣言を出したが、関係者は全員逮捕されてしまったので、実質的な結党は、一九〇三年の第二回党大会開会の時点である。このとき党は、党員資格をめぐって厳格な党を求める派と、自由な党を求める派に分裂した。前者が多数派（**ボリシェヴィキ**）、後者が少数派（**メンシェヴィキ**）と呼ばれる。ボリシェヴィキの指導者はレーニン、メンシェヴィキの代表はマルトフである。一九〇五年革命では、レーニン派は労働者・市民の自発的組織の結成を促す方針をとった。

一九〇五年革命後、両派は、党の統一による再建をめざしたが、政治的反動の中で、両派はともにさらに分裂した。**メンシェヴィキ**は地下組織を解散して、合法面での活動にしぼるという志向を表わした。**解党派**と呼ばれる。解党派の代表はポートレソフである。これに対して、地下組織を維持すべきだとする少数派は**党維持派**と呼ばれた。プレハーノフは**党維持派**であった。

一九一二年、レーニン派は、**メンシェヴィキ**の党維持派を取り込み、自派だけの党協議会をプラハで開き（プラハ協議会）、**解党派**を除名して、党の再建を宣言した。これは事実上、レーニンの党、**ボリシェヴィキ党**の結党であった。

首都の労働者のあいだで主流派となった**ボリシェヴィキ党**は、開戦とともに、いっさいの合法活動の可能性を失ったが、首都の労働者の左派を代表しつづけた。中心的指導者としては、国外にレーニン、ジノヴィエフがおり、首都にはシリャプニコフが、流刑地にはカーメネフ、スターリンがいた。政治活動を離れている者もいて、その中にはカリーニンのように戦争支持の立場をとった者もある。

プラハ協議会を認めず、下からの統一を求めるというグループが、一九一三年、ロシア社会民主党ペテルブルク市地区連合委員会を結成し、**メジライオンツイ**（地区連合派）と称した。代表者はユレーネフである。このグループは、反戦的で戦闘的な方針をもち、**エスエル左派**と行動をともにしたが、**ボリシェヴィキ**とも共闘した。国外のトロツキー派とも連絡をもっていた。

メンシェヴィキの中では、一九一二年、メンシェヴィキ社会民主主義者ペテルブルク市**イニシャティヴ・グループ**が生まれた。この組織は、戦争に対しては穏健な反対の立場をとり、大戦中も活動をつづけた。グレーヴィチ、エルマンスキーらが中心にいた。彼らは流刑地にいるダン、ツェレチェリらと連絡をとっていた。

メンシェヴィキは、一九一二年に選挙された国会に議員団を有していた。中心はチヘイゼとスコベレフであった。彼らの戦争に対する態度は穏健な反対というもので、**イニシャティヴ・グループ**と近く、協力的な関係にあった。

メンシェヴィキの労働者たちの中には、戦争支持の国防派が多かった。彼らの中から**戦時工業委員会労働者グループ**の結成に参加する者が出た。選挙で選ばれて、グヴォズジェフを中心として首都の**労働者グループ**を結成した者たちは、合法面の活動を積み重ねて、最後に左派自由主義の企業家と組んで、専制打倒の革命の方向に進んだ。戦争も早期終結を求めた。**労働者グループ**の書記局には、古参の**メンシェヴィキ**党員、マエフスキー、ボグダーノフらが入った。また、**労働者グループ**は、協同組合運動を行なうカペリンスキー、イ・ゲ・ヴォルコフらと提携した。

第５章

首都の革命

二月革命で警察に発砲する反乱軍の兵士たち

二月革命は、従来は、二月二三日よりはじまる五日間の労働者のストライキとデモの自然発生的な高まりの帰結だと考えられてきた。しかしながら、二月における民衆の運動では、もっぱら労働者の街頭進出、政治的意思表示、それを抑え込み解散させようとする警官隊・軍隊に対する挑戦と衝突こそが、その革命的な本質をなしたのである。その志向の発端は、二月一四日に国会への行進が呼びかけられ、それが弾圧されたときに求められるのである。したがって、二月革命の叙述は、◆二月一四日の国会行進の呼びかけから筆を起こさなければならない。

発端——一九一七年二月一四日

一九一七年一月の後半には、協商国のペトログラード会議が開かれた。一月一六日（西暦二九日）、英仏伊三国の代表がペトログラードに到着した。イギリスの代表はロイド・ジョージ戦時内閣の無任所相ミルナー卿で、ケープ植民地知事としてボーア戦争を起こしたイギリス帝国主義の代表的政治家である。ほかにレヴェルストーク卿とウィルソン将軍が出席した。フランスの代表は、元植民地相で開戦まで首相を務めたドゥメルグで、カステルノー将軍が同行し、イタリア代表は、シャロイヤ無任所相に、ルッジェリ将軍、カルロッティ将軍が同行してきた。この日すでに、三国のロシア駐在大使も出席した予備会談がポクロフスキー外相の主宰のもとにはじまっていた。ロシア側からは、砲兵監セルゲイ・ミハイロヴィチ大公、バルク財政相、ベリャーエフ陸相、グルコー参謀総長代理、グリゴローヴィチ海相らが参加した。[1]

一八日には、協商国会議の代表ら三七人は、ツァールスコエ・セローの宮殿で皇帝に拝謁し、それからようやく正式の会議がはじまった。二一日（西暦二月三日）、皇帝は三国代表のための晩餐会を宮殿で催した。[2]英国大使ブキャナンは、皇帝の右隣の席を与えられた。彼は皇帝に、食糧問題について自分の得た情報によると、一部のロシアの県では食糧の備蓄が足らず、二か月以内に供給が止まるおそれがあると述べた。これは農業省と交通省の仕事の統合がうまくいっていないためであり、農業省はゼムストヴォをもっと活用する必要があると提言した。皇帝はこれに同意だと言い、労働者はパンが手に入らなければ、ストライキをしかねないとつぶやいた。ブキャナンはロシア軍の人員確保問題についても意見を述べ、ロシアは人的資源も物質的資源も利用し尽くしていない、ドイツのやり方を取り入れて、全国民に追加の奉公義務を課したらどうか、と進言した。皇帝は、そのことは考えている、そういう方向の措置をとることも可能だと思う、国家的危機なのだから、各人は全力で奉公すべきなのだと語った。英国大使は、これが皇帝と言葉を交わす最後の機会となるとは思わなかったと、のちに述べている。[3]

確かにこの協商国会議の基本的な目的は、英仏がロシアに援助を与えて、春に対独総攻撃を行なわせることにあった。輸送と軍事補給の問題が検討される軍事分科会が、もっとも重要であった。だが、ロシアのグルコー参謀総長代理は、最初の演説で「一九一七年の戦闘は決定的な意味をもつのか。本年中に最終結果を獲得するという考えは放棄すべきではないか」と問うて、英仏側代表に衝撃を与えた。ドゥメルグやミルナー、ウィルソンやカステルノーらが、今年中に決定的勝利を収めなければならないと反論した。[4]するとグルコーは、ロシアの人的資源の涸渇について述べた。国防特別審議会委員たちの出した意見書が

◆二月革命の叙述は……　二月革命の過程について書かれた最初の文章は、首都の新聞社の記者セミョーノフが『歴史通信』一九一七年三月号に掲載した「一九一七年二、三月の日々」であるが、「一ジャーナリストの日記」という副題をもつこの文章は「二月一四〜二四日」という節から始まっている。国会行進の呼びかけが内相の厳戒措置で実現を阻まれた結果として発生した興奮状態と内相の厳格措置が「まったく意外な結果をもたらした。いたるところで流血の衝突と弾圧が起こりうることについて語りはじめたのである。（……）『宣伝』はひとりでになされ、クレッシェンドで高まっていった」。セミョーノフはこのように書きはじめている（**E. P. Semenov, Fevral'skie i martovskie dni,** ***Istoricheskii vestnik*****, Vol. 147, No. 2, March 1917, p. 2**）。時を経て忘れられる現場感覚とは、このようなものであったのではないか。

念頭にあったからである。彼は、ロシア軍は一四〇〇万人を動員し、死傷者二〇〇万人、捕虜二〇〇万人で、現有兵力は前線に七五〇万人、予備部隊に二〇〇万人がいるという状態であると言い、新たな師団が編成・訓練され、装備を確保するまでは、ロシア軍は攻撃はできない、第二義的な作戦で敵の行動を抑制するしかないと述べた[5]。

フランス大使の見るところ、ロシア側は兵器の供給量を法外に増やすように英仏側に要求しているが、それはある程度約束しなければならなかった。フランスのカステルノー将軍は、四月一五日までにロシア軍の攻撃作戦を開始してほしいと求めたが、グルコー参謀総長代理は、攻撃は約束するが、五月一五日以前は不可能だと述べたのである[6]。

代表たち、とくに軍人たちは前線の部隊も訪問して、悲観的な印象を得ていた。もっとも、イギリスの将軍はフランス人の見方を悲観的にすぎると考えた[7]。さらにミルナー卿らイギリス代表は、モスクワを訪問した。モスクワのリベラル勢力のリヴォーフ侯爵とチェルノコーフが彼らと会って、皇帝の態度が変わらなければ、三週間後には革命が勃発するとイギリス人に警告した[8]。

二月八日（西暦二一日）、会議は終了し代表たちは首都を去った。会議の期間中、皇帝・内閣・各省などが連日連夜、豪華な晩餐会、レセプションを催した。ホストの外相ポクロフスキーは虚しさを感じていた。

「こういう正餐やディナーが代表たちに与えた印象は、かんばしいものではなかった。こういうことに外国人は慣れていると考えることができる。しかし、わが国のような大盤振る舞いはどこにもないと私は思う。まるで戦争が終わった、しかも勝利に終わったかのように、国内は完全に物があまっていて、心配することは何もないかのように。実際は、まったく違うのだ。代表たちにはよくわかっていた」[9]。

フランス大使パレオローグは、帰国するドゥメルグとカステルノー将軍に向かって伝言を頼んだ。

「共和国大統領と首相に、私からとして伝えてください。残る私はとても不安であると。ロシアには革命的危機が迫っています。それは五週間前にも勃発するかもしれなかったのが、ただ先延ばしされているだけです。日増しにロシアの民衆は戦争に興味を失っていき、アナーキスト的精神がすべての階級に、軍隊内にも広がっています。（……）私の結論は、時代はもはやわれわれに味方してくれない、少なくともロシアではということです。われわれは連合体制の破綻を覚悟しなければなりません」[10]。

まさにこのとき、皇帝権力と革命を志向する人々の対決がはじまっていたのだ。一九一七年年頭から、権力側は「労働者グループ」の不穏な動きに注目し、直接の弾圧を開始したのである。一月三日、ペトログラード軍管区司令官ハバーロフは、中央戦時工業委員会議長グチコフに書簡を送り、「労働者グループ」が政治集会を開いているのは不当であり、今後、警官を臨席させるから、会合は事前に届け出よ、これを履行しなければ、いっさいの集会を禁止すると通告した。その後、所轄署の署長が、中央戦時工業委員会本部内の「労働者グループ」の部屋に踏み込むという事態が、二度にわたって発生した[11]。

この時、一月一六日、「労働者グループ」はついに二月一四日、国会再開日に国会への行進を呼びかけることを決定した。宣伝班を設置し、作成させたアピール文書を広めることにしたのである[12]。宣伝班には事務局のメンシェヴィキ、マエフスキー、ボグダーノフらが入ったのは明らかであろう。この宣伝班という組織は、弾圧を予想して「労働者グループ」という合法的な団体のなかに、非公然グループとして設置したものと考えられる。

国会行進の呼びかけは、戦時下において画期的な首都中心部でのデモを呼びかけることであったが、その深い含意は一九〇五年革命（第一次革命）の序幕となったガポンの労働者組織による冬宮請願行進の再現を提案することであり、端的に革命の開始を呼びかけることであった。この呼びかけの決定は、コノヴァーロフらとの合議の上でなされたものと考えられる。保安部のエージェント（手先）も、一月末の警保局長の内相宛ての報告も、この企てはコノヴァーロフらが進めたものと断定している[13]。言うまでもなく、この決定は、戦時工業委員会副議長であるコノヴァーロフにとって、容易な決定ではなかった。それは、議長のグチコフには「労働者グループ」の行動を認めてもらい、かつ真の行動の意図をグチコフから隠すことが必要であったからである。

宣伝班が用意した戦時工業委員会「労働者グループ」のアピールは、「組織された労働者社民派」とか、

「組織された労働者社民派の会議」なるカムフラージュした署名で作成された。次のような文章である。

同志たちよ、専制体制は国家の喉首を締め上げている。専制の政策は、無産階級に降りかかっている、そうでなくともひどい戦争の惨苦を増している。（……）

もしも戦争を清算するのが人民自身でなく、現在の専制権力であるなら、疲れきった国が渇望する戦争の清算と平和は、苦しみの状態から抜け出させない。（……）

労働者階級と民主派は、これ以上もはや待ってはいられない。沈黙してはいられない。この恐ろしく責任ある瞬間に何をなすべきだろうか。（……）

ラスプーチンの殺害によって、君主制の支持者は急速に崩壊していく君主権力に対する信頼を取り戻そうとした。しかし逆に、問題はラスプーチンにあるのではなく、（……）権力を握る一味にあるということに、万人の目を開かせることになった。（……）第四国会も政府ときっぱりと決別した。権力は独りぼっちで、孤立している。（……）

ブルジョアジーは、政治改革、リベラル体制をめざしている。彼らの共通の敵である専制との闘争をさまたげることなく、プロレタリアートは自らの目標、国の完全な民主化を獲得しようとする。ブルジョアジーは、国を崩壊から救うのは現在の国会に責任をもつ政府だと言う。労働者階級は、国を破滅的分解から救うには、国会だけでなく、闘争に組織される人民にも依拠する臨時政府の即時樹立が必要だと声明する。（……）

今ではもはやストライキだけでは十分でない、同志たちよ！　われわれの抗議、われわれの要求は街頭へもち出さなければならない。（……）

同志たちよ、振り返って、一一年前の血の日曜日を思い起こせ。一一年前、ペテルブルクの労働者は、ツァーリに対する素朴な子どものような信頼で結ばれて、プラウダを求めて冬宮へ進んでいった。今は、われわれは成長した。今は、われわれはもはや冬宮へは行かない。しかし、（……）血の日曜

タヴリーダ宮殿とそこに設置された国会議事堂の議場

日のように、われわれは、みんなは一人のために、一人はみんなのためにという兄弟の誓いで結ばれて、自分たちの正しい大義を強く、深く信じながら、（……）国会開会の日に、一人残らず街頭へ出て、タヴリーダ宮殿〔国会議事堂が置かれていた〕へ進まなければならない。国会に請願に行くのではない。力強い要求を掲げて、われわれの願望、われわれの声を全国に聞かせるために、軍服を着た数百万の人民に聞かせるために行くのだ。（……）

数十万の労働者が、首都の四方八方から、地区ごとに、工場ごとに、完全に秩序だって、住民の生活の平静さを乱すことなく、誰の気分も害することなく、警察の暴行を挑発せず、一つの中心、国会へ向かって進むようにしよう。（……）

国会へ行こう。国会の前で全国の注目が集まる場所を使って、労働者階級は公然と全国民に言わなければならない。「こんなふうにはもう生きていけない。専制は国を滅ぼしている。人民を滅ぼしている。国に何の利益を与えることなく、戦場で幾十万のわれわれの兄弟を殺しているのだ」と。闘争に組織されつつある人民に依拠する臨時政府の即時樹立のみが、国を袋小路と破滅的崩壊から抜け出させ、国に政治的自由を確立し、万国のプロレタリアが受け入れうる条件に立つ平和に導くことができるのだ。[14]（強調原文）

これは労働者に向かって、政府打倒をめざす街頭行動を呼びかけるものである。一九〇五年一月九日、第一次革命の発端をなす「血の日曜日」の行進を計画したガポン神父の請願書には、「私たち、ペテルブルク市の労働者は、(……)プラウダと加護を求めて、陛下の御許へやって参りました」とはじまっていたが、最後は、自分たちの要求を実現するように命じてほしい、「私たちの祈りにお答えくださらなければ、私たちは、ここで、この広場で、あなたの宮殿の前で死にましょう」と結ばれていた[15]。そのような命がけの行動を呼びかける革命的宣言が一二年を経て、ふたたび発せられたのである。

このアピールを起草したのは、「労働者グループ」事務局のマエフスキー以外にはない。彼は、メンシェヴィキの一九〇五年革命研究五巻本の筆者の一人であり、一九〇五年革命の経験をもっとも深く研究した人物であった[16]。

このアピールを短くして、各工場ごとの労働者の決議の文案にしたものも作成され、広められた。こちらには「血の日曜日」事件への言及がない。その代わり、工場ごとに工場委員会を選ぶという項目が書き込まれている。

「ただちに自らの力の結集と組織化に着手する。工場委員会を選ぶ。他工場の同志たちと連絡し合意する。集会を重ねて、すべての同志たちに現時点の特別な重要性を説明する。自らの決定を他工場に伝える」

「闘争に組織されつつある人民に依拠する臨時政府」、「人民自身が組織する、人民の組織に依拠する臨時政府」の創設が求められているのは変わりがない[17]。

ここで「臨時政府」という意味は、なお不明瞭であるが、労働者代表の連合組織、工場委員会連合か、あるいは労働者代表ソヴィエトに依拠するブルジョア市民的臨時政府の創出だと考えることができる。

このアピールと短い決議は、「労働者グループ」がもつ生活協同組合連合会、疾病共済組合のネットワークで労働者に広められていった[18]。

「労働者グループ」に対する監視を強めていた当局は、このアピールをただちにキャッチして、すばやく反応した。内相プロトポーポフは、一月二六日夜、中央戦時工業委員会本部の建物内にある「労働者グループ」の部屋を捜索させるとともに、グヴォズジェフ、ブロイド以下、八人のメンバーと宣伝班のボグダーノフを逮捕させた。このうちグヴォズジェフのみは病気であると申し立て、グチコフが身許保証人となり保釈された。宣伝班の書記マエフスキーは身を隠した。[19] アブローシモフら三人のメンバーが残されたが、アブローシモフは保安部の手先であった。

政府のこの攻撃は、戦時工業委員会の幹部たちとその同盟者たちを憤激させた。報せを受けると、副議長コノヴァーロフは議長グチコフを動かして、ただちにその夜のうちに首相ゴリーツィンのもとを訪れ、抗議した。「労働者グループ」は武装蜂起も変革も考えていない、容疑は事実に反す、と申し入れた。[20] 一月二八日には、中央戦時工業委員会は、グチコフ議長名で首都の各工場の疾病共済組合理事会に同文の書簡を送って、「労働者グループ」逮捕への抗議を呼びかけた。[21]

一月二九日、中央およびモスクワの戦時工業委員会、国会議員、国家評議会議員、ゼムストヴォ連合と都市連合の代表の緊急会議が行なわれた。会議はグチコフの挨拶ではじまった。ミリュコーフが発言した。彼はあえて「国会以外に、何人も、いかなる階級も、いかなる社会グループも、自らのスローガンを出し、勝手に反権力の闘争をはじめ、進める権利をもたない」、「したがって『労働者グループ』の政策は自分にはまったく理解できないし、このすべてを生起した事態とどのように整合させたらいいか、わからない」と発言した。当然ながらこの発言に出席者たちは強く反発した。カデット議員のアジェーモフは「われわれは壁にぶつかって、出口がない。残っているのは、生起した事態を政治的意義と性格の観点から解決することだけだ」と主張した。中央戦時工業委員会ビューローのゼルノフ教授は「紙の上だけの、誰も恐れさせない決議を書くのはたくさんだ。行動の時が来た。全社会階級の活動を統合して国会の開会にぶつける必要がある」と述べた。進歩党議員のブーブリコフも、「労働者グループ」への攻撃は全ロシア社会勢力への攻撃であるとして、ゼルノフの意見を支持した。本名を名乗らず、「公爵ドルツキー」と称した人物は、新聞が弾圧されているので、今日のこの会合を誰も知らない、このような会議、その決議を知らせる方法を開発すべきだと述べた。警察の手先で逮捕されずに残っていた「労働者グループ」のアブローシモフは、この逮捕は巨大な政治的意味をもっていると主張した。ケレンスキーは、この弾圧を受けたことは戦時工業委員会の名誉であり、最後は解散も辞さない覚悟で徹底的に闘ってほしい、都市連合、ゼムストヴォ連合は全力を挙げて中央戦時工業委員会を支持してほしい、と主張した。チヘイゼは、ミリュコーフは「言葉」だけの人で、「行動」の人でないことが明らかになった、このままいけば、ミリュコーフは事件の尻尾についてくることになる、なぜなら、政治行動の先頭に立つのは労働者だけになるからだ、と批判した。そして、「これは労働者階級に対する攻撃だ。労働者が破滅すれば、あなた方も破滅することを覚えていてほしい」と主張した。

ここでグチコフが所用のためとして退席したのは、自分がいない方がいいと判断したためであろう。議長を受け継いだコノヴァーロフは、ケレンスキーが戦時工業委員会を解散するところまで闘えと述べたのに関連して、これは「もっとも真剣な討議を要する問題」で、同委員会が政府により解散されるおそれもあるが、目下のところは「労働者グループの救出」に全力をあげると述べて、慎重なところを見せた。最後に、会議はモスクワの弁護士ペレヴェルゼフの「公爵ドルツキー」提案支持の発言で今一度盛り上がり、アジェーモフ、ゼルノフも賛成して、政府権力とのより決然たる闘争の道を求め、非合法機関紙の発行、闘争の指導センターとなる極秘サークル選出などの提案を検討するため、もう一度会合をもつことを決めて終わった。[22]

政府は、一月三〇日の新聞各紙に「労働者グループ」逮捕事件について発表を行なった。

一九一五年一一月に結成された中央戦時工業委員会（……）労働者グループは、当初より委員会のなかで独立した立場を占め、（……）ロシアを社会民主主義的共和国に転化させることを究極目標として、帝国内の労働運動の準備と実現をはかる中央組織になろうとしはじめた。（……）最近では、陰謀参加者たちはますます大胆に、執拗に行動しており、そのため組織の犯罪的で、危険な性格について疑問の余地を残さない証拠が集まってきた。（……）捜査は存在した嫌疑を裏付けたのみならず、きわめて重大な意義をもつ一連の事実を確定させた。本件は、刑法一〇二条に規定された犯罪の特徴を取り調べるために、検察当局に引き渡される。[23]

革命家グループの逮捕は、ロシア帝国の日常茶飯事であったが、逮捕は通常、暗黙のうちに行なわれてきた。その点でもこの発表は異例のものであった。フランス大使パレオローグは、この日の日記に、「このたびは秘密にしないことにしたのだ。センセーショナルな発表で、一一人の労働者の逮捕が新聞各紙に告知された。プロトポーポフ内相は、かくして自分がツァリーズムと社会を救う仕事をしていると誇示したかったのだろう」と書き残している。[24]

この発表は内相の思惑はどうであれ、政府が認めた戦時工業委員会の中から、一〇二条犯罪、すなわち国家顛覆を企てる集団が現われたという重大発表となった。

翌三一日、中央戦時工業委員会は反駁の声明を出し、各方面に配布した。これは「労働者グループ」の穏健性と国防組織への熱心な協力ぶりを強調した上で、次のように表明した。

> 最近、労働者グループの政治的行動が強化されたとすれば、その根本的理由は、国の深刻なる全般的政治情勢にある。現在の政治体制は、国を勝利にではなく、敗北に導くとの確信が、徐々に国民に定着していることにある。(……)
>
> 中央戦時工業委員会は、労働者グループをして政治の分野に押しやった条件自体が、すべての社会団体に同じような影響をおよぼしてきたし、今およぼしていると考える。政治的・社会的見解はときに異なる場合もあるが、しかし、わが委員会も現政治体制と政府の路線の評価については「労働者グループ」に同意しており、現権力はロシアにとって外敵に対する勝利を確保することができないものと認めるものである。[25]

ケレンスキー。国会議員。ブルジョア市民革命派のスポークスマン

これは中央戦時工業委員会が「労働者グループ」のアピールに同調し、政府不信任・政府打倒を表明したに等しい重大な声明であった。

保安部の手先は、一月二九日の会合の空気からして、「労働者グループ」の逮捕が「その不意打ちという点からしても、与えた印象からしても、例外的に実質的打撃」となっていると報告している。[26]二月二日付の別の報告は、彼らが「途方にくれ、自分の足もとの地面が揺らいでいるように感じている」と記している。[27]確かに「労働者グループ」を失ったことは、自由主義左派にとって民衆運動へ働きかけるパイプを失ったことを意味していた。しかし、コノヴァーロフも、ケレンスキーも「途方にくれ」、敗北感に押しひしがれていたはずはない。

国会行進の推進派は、左翼政党関係者を集め会合を開いた。シリャプニコフが証言を残している。弁護士ガリペールンの住居で、国会開会日に国会行進をという提起について討議する会合が開かれた。ガリペールンは、ネクラーソフとケレンスキーのフリーメーソン結社の会員であり、彼がここに登場したのは、国会行進の企てにフリーメーソンの中からも関与があったことを示している。国会からは、ケレンスキーとメンシェヴィキ議員のチヘイゼ、スコベレフ、活動家からは、エスエル国際派のアレクサンドローヴィチ、ボリシェヴィキのシリャプニコフ、それに弁護士のソコロフ、ガリペールン本人はもちろん、そのほか若干名が出席したという。[28]メンシェヴィキ国際派のエルマンスキーは、ゴーリキー宅で行なわれたとして、この会合のことを書き残しているが、彼によれば、エルマンスキー自身も、メジライオンツイのユレーネフも出席している。[29]

この会合では、ボリシェヴィキは二・一四行動にどういう態度かと問われて、シリャプニコフが、自分たちは、リベラル支持のこの行動に否定的だと答えた。「国会と自由主義ブロックへの期待で労働者をあざむく」ことに反対すると述べたのは、ほとんど自動的な拒否反応を示したものだろう。この意見に対抗して、国会行進の行動を擁護したのがケレンスキーであったのは、当然である。チヘイゼとも一緒になって、「では、国会行進を否定して、代わりに何を提案するつもりか」とシリャプニコフに迫った。シリャプニコフは、まだ計画はないと認め、やっとのことで国会行進を妨害するつもりはない、自分たちも行動提起をするつもりだ、とだけ言った。アレクサンドローヴィチはシリャプニコフを支持した。[30] ユレーネフも当然、国会行進に反対したであろう。エルマンスキーはこの会合の全体的な印象として、「全員が発言したが、革命が早期に勃発することを予想させるような気運があると語った者は一人もいなかった。誰もそのような期待を表明しなかった」と回想している。[31] 国会行進に反対した左翼の反対論が、そのような印象を醸成したのだろう。

ケレンスキー、ガリペールンらから見て、会合は無駄であった。「労働者グループ」の提案は、左翼陣営には支持されないことが明らかになった。

では労働者たちは、国会行進の呼びかけにどのように反応したのか。シリャプニコフは、一般の労働者たちは「労働者グループ」の逮捕にほとんど反応を示さなかったと書いているが、[32] 保安部の手先はまったく異なった報告をしている。二・一四国会行進を呼びかけた匿名のアピールが広められていくと、強い反響があったというのである。保安部の手先は、アピールの残りやさらにゲクトグラフ◆で印刷されたビラが、生活協同組合や一部の疾病共済組合に配られたことを確認している。[33] 二月二日付の保安部の手先の報告では、プチーロフ、オブーホフ、スコロホードフなどの工場の労働者集会で、この呼びかけの支持を決定したとしている。[34] 二月三日のペチェルゴーフ警察署の署長の報告では、この日の午後六時の終業時に、プチーロフ工場の労働者は集会を開き、「二月一四日は仕事をやめ、国会を支持するために国会へ行

◆**ゲクトグラフ**　ロシアで開発された印刷法。ゼラチン質の版の上にアニリン・インクで字を書き、紙を押し付けて印刷する。

こう、なぜなら、国会だけではロシア人民を縛りつけている鎖を断つことはできないからだ。労働者と全人民は団結して、みずからそれを断たねばならない。専制権力打倒！」との演説があったという。二月九日付のレスノーイ警察署の署長の報告には、アイヴァス工場で全労働者が集会を開き、「二月一四日の朝までは平常どおり仕事をつづけ、二月一四日の昼に必要があれば全員で国会へ向かおうと決定された」とある。[35]いずれも「労働者グループ」の拠点工場の動きである。

労働者の中から国会行進の呼びかけ、革命行動への呼びかけに対する反応が起こるという事態に対し、左翼諸党派は自分たちも態度を表明しなければならないと考えた。まず「イニシャティヴ・グループ」は声明を出し、「労働者グループ」が「ブルジョア階級と国会」を支持するよう宣伝活動をしているのに反対だと表明した。国会は「反人民的」で「反動的」であり、「戦争を無限につづけようと望んで」いる以上、「プロレタリアートを、ブルジョアジーの手に握られた盲目的な道具と化することはできない」。今は、力の結集と「純粋にプロレタリア的な階級的課題と利益をめざす決戦」のための準備を進めることが必要だと主張した。[36]

ボリシェヴィキ党も、「労働者グループ」の呼びかけにはあくまでも反対であったが、労働者の高揚した気分により多く触れているだけに、ただ反対というだけではすませられないことを感じていた。二月二日の保安部の手先の報告では、モスクワ、ナルヴァ、ネヴァ地区のボリシェヴィキの中にも、二・一四への参加が望ましいとの意見が生まれていたとしている。そこで、シリャプニコフらは、ボリシェヴィキ議員裁判が行なわれた二月一〇～一二日に、ゼネストを行なう案を対置することにしたのである。[37]

ペテルブルク市委員会は、これを二月一〇日に集中することに決め、呼びかけのビラを一万二〇〇〇枚印刷した。このビラは国会を激しく非難している。二・一四国会行進の呼びかけを「裏切り的」としてしりぞけ、「ツァーリ君主制打倒、戦争に戦争を、臨時革命政府万歳」などのスローガンのもとに、ボリシェヴィキ国会議員裁判の日、二月一〇日の一日ストを呼びかけている。[38]

明らかにストライキだけで、街頭行動の呼びかけはいっさいないのだ。これでは「労働者グループ」の呼びかけに取って代わりうるものにはならなかった。しかもこの提案は、日程の点でも致命的な誤算の上に立っていた。というのは、この年のマースレンニッツァ（謝肉祭）の祭日が二月九・一〇・一一日になることを考慮に入れていなかったのである。[39]

ボリシェヴィキの中央委員会ビューローの方では、この点を考慮して、一三日（月）の一日ストを呼びかけることにした。「もしも組織が現時点をより広範な行動のために適していると考えるならば、われわれのスローガンでのデモを呼びかける」。闘争が一四日までつづけば、それを拡大深化させる。「このようにすれば、闘争のイニシャティヴを、グヴォズジェフ派の手から奪い取れる」[40]。シリャプニコフは回想の中で、中央委員会ビューローが市中デモの方針を当初からもち、国会デモの呼びかけに対し、ネフスキー大通りデモの呼びかけを対置したと述べているが[41]、これは疑わしい。デモをやるかどうかの判断は、ペテルブルク市委員会にゆだねたと書いているからである。当のペテルブルク市委員会の方は、デモの呼びかけにストの呼びかけを対置していたにすぎない[42]。この決定は取り消されなかった。

戦争前夜に首都ボリシェヴィキの呼びかける通常の行動形態は、一日スト、もしくは三日ゼネストと、ネフスキー大通りデモのセットであった。しかし戦時下には、ボリシェヴィキはネフスキー大通りデモの呼びかけを一度もしていない。戦時戒厳令のもとで犠牲を出すことを警戒したのである。ボリシェヴィキ党組織はこの期に及んでも、街頭デモの方針を出すことを考えなかったのである。あまりに保守的な立場であったと言わざるをえない。

メジライオンツイも国会行進の呼びかけに強く反対して、ボリシェヴィキ議員裁判記念日の二月一〇日行動を支持するビラを出した。「労働者グループ」の「無責任な」呼びかけに反対すると主張した。論拠の多くの力点は、労働者階級が完全には組織されておらず、ロシア社会民主党が「深刻な組織的危機」にあり、「革命的社会民主主義者の行動の統一」がまだない」こと、軍隊と労働者組織との結合がないことに置かれ、「時期尚早な決起」が警戒されていた。「同志よ、二・一四は労働者階級の日ではなく、その敵の日だ。われわれはこの日は街頭に出ず、デモを行なわないであろう」[43]。メジライオンツイは、ペテルブルク市委員会よりもさらに消極的な情勢評価に立ち、さらに消極的な行動形態を提案したのである。

だが、古い活動家のユレーネフと違い、精神神経高専生で、あらたにメジライオンツィに参加したユダヤ人の女子学生ラヒール・コヴナートルの回想では、若い活動家には違う気分が存在していたようだ。彼女は次のように書き残している。

「国会再開が延期され、二月一四日に再開と決められたことは、われわれに興奮状態をつくりだした。グループ、サークルごとに、メジライオンツィの委員会の内部でも、労働者に行動を呼びかけるか、そのような行動が実現したら、どのように反応すべきかという問題が議論された。とうとう、いかなる行動も呼びかけない、しかし自然発生的な労働者の街頭行動が発生したら、闘争を自分たちの手に握るように努力する、という決定が採択された[44]」。

いずれにしても左翼党派の二・一〇スト、二・一三行動論は、二・一四国会行進の呼びかけとはくらべものにならない保守的な姿勢の表われであった。それが「労働者グループ」の呼びかけに対抗し、それを抑制させるのに働いたことは確かであろう。

社会的には、国会行進の呼びかけは、首都の各層、民衆に反響を呼んでいた。政治風刺漫画家カリックは日記に次のように書き残している。

二月一日には、皇后がいまや皇帝を指揮するつもりで、二月一四日の国会開会日にツァールスコエ・セローの防衛に前線から数連隊の兵を呼び寄せようとしている、二月一四日当日は「労働者たちは戦時工業委員会労働者グループの逮捕に抗議するストライキをはじめるつもりであると聞いた。しかし、別の方からは、労働者はプロトポーポフの挑発には乗らない、どんなことがあっても、戦争が終わるまでは行動に出ないと決めた、という話も聞いた[45]」。二月五日になると、「二月一四日には『事件』が起こると、みな期待している」、「『国内の敵』を撃退するため、前線から二個師団が呼び寄せられたという噂だ。昨日、取引所で噂が流れた。二月一四日には、国会まで行進し、国会議長団に要求書を渡すというような労働者の大きなデモが準備されているとのことだ」。自分も二枚のビラを見た。一つは戦争勝利のときまで戦争をつづけよと兵士に呼びかけ、もう一枚は首都の兵士に反乱に加われと呼びかけていた。「ビラで語られているのは、まさに反乱だ」。ビラは兵士に公然と配られていて、「彼らから支持を得ているとのことだ[46]」。

このような情勢の中で、権力側は緊張を強めていた。二月五日付の保安部長報告は、食糧事情の一層の悪化を伝え、「住民が今、巨大な飢餓一揆を起こしていないということは、近い将来にそれが起きないということではない。飢えた大衆の自然発生的な決起が、（……）無政府革命の開始にいたる最初にして最後の段階であることは疑いない」と記している[47]。二月六日には、ペトログラード軍管区は北部方面軍総司令官の指揮下を離れ、大本営直属となり、軍管区司令官ハバーロフ中将には大幅な権限が与えられた[48]。二月八日には、特別市長官バルク少将主宰の首都治安対策特別会議が開かれ、二月一〇～一三日と二月一四日、国会行進の計画される当日のそれぞれについて、警官、憲兵、カザーク兵、騎兵の配備を決定した。それぞれカザーク一一個ないし一二個半中隊、二個小隊、騎兵二～三個中隊、憲兵二個中隊を配備することにした。とくに国会行進に対しては、ネヴァ川に架かる主要な橋の封鎖、国会に通じる道路の封鎖について細かい指示が出された[49]。

二月八日（西暦二一日）、協商国会議は閉会された。翌九日には、市内各所にハバーロフ中将の布告が貼り出された。

> ペトログラードの労働者よ、首都の一部の工場では、労働者に対して、国会開会日にストライキを決行し、政治要求を掲げてタヴリーダ宮殿へ集団で行進しようという呼びかけがなされている。祖国の真の息子はこれには乗らない。（……）
>
> 記憶せよ。国内の意志一致なくして、後方での全員一人一人の防衛労働なくして、軍隊のすべての勲功も、人民のすべての犠牲も、無駄になってしまうのだ。ストの一つ一つが砲弾の数量を減らし、わが軍から武器を取り上げることになる。（……）
>
> 私は、諸君の健全な理性に、諸君の良心に訴える。裏切りをそそのかす犯罪的な扇動者の声に耳を

貸すな。職場の機械を離れずに、諸君の身代わりに塹壕で戦っている諸君の兄弟に対する義務を履行せよ。われらの共通の母――われらの祖国ロシアを大切にしよう。私の呼びかけに耳をふさぐ者たちには、警告する。ペトログラードは戒厳状態にある。いっさいの暴力行為と合法的権力に対する反抗の試みは、ただちに武力で停止させられるだろう▼50。

これは国会行進のたいへんな宣伝となった。首都の住民全体が、この布告によって二月一四日の行動を知ったのである。もちろんいっさいの反政府行動は武力で鎮圧するとの威嚇は、深刻な印象を与えた。二月一〇日より市内の各所には警官と軍人が配備され、厳戒態勢をとりはじめた。守備隊の兵士のなかには、民衆の弾圧をすることへの不満が現われた。二月一〇日、保安部の手先は、市中で聞いた兵士と市民との会話を報告している。

「俺たちの上官は、俺たちみんなにスト鎮圧のため、二〇〇発ずつの弾丸を支給するよう命令した。嫌だ、うんざりだ、そんなときじゃない。射ての号令がかかったら、俺たちは銃の向きを変えて、ファラオーン〔警官のこと。175頁の注を参照〕を射ちはじめるぞ。（……）秋にノーベリ工場でストがあったとき、俺たちの仲間は人民を射つのを拒んで、ファラオーンを射ちはじめた。それで彼らは八年の懲役を受けたんだ。だが、今度はありがたいことに二〇〇発の弾丸が支給された。俺たちがあいつらを裁いてやる▼51」。

一九一六年一〇月の歩兵一八一連隊兵士の行動が記憶され、それより進んだ行動に出ると言っているのである。

二月一一日、漫画家カリックは、ハバーロフの布告の反響について日記に書き残している。

「ある家の家政婦が市場から帰ってきて、報告した。『はあ、旦那さま、とうとうでございますよ。ツァーリ様は、みんなに一四日に国会に来るように書いておられます。ツァーリ様は、そこで戦争はもう終わりにしたいとのお言葉を出されるようです（……）』。別の家では、家政婦が報告している。『通りに命令が貼り出されました。ストライキについてです』。二月一四日には、大臣数人も更迭されるらしいという噂である」[52]。

ところで、事態を憂慮したのは権力だけではなかった。国会進歩ブロックの指導者ミリュコーフは、二月一〇日、カデット党機関紙『レーチ』にハバーロフ布告とならべて、彼の声明を掲載した。工場で国会議員ミリュコーフと名乗って、二・一四国会デモを煽動している者がいるが、自分とは関係がないと表明する。そして、この呼びかけは、「もっとも暗黒のところから発せられて」おり、「この勧告に従うことは敵の手に乗ることを意味する」と述べ、二・一四行動に参加せぬよう呼びかけたのである[53]。このミリュコーフの声明が出て、ミリュコーフが反対していることが知れたおかげで、「労働者グループ」の呼びかけは、かえって評判を高める結果となったと言われる[54]。

国会議長ロジャンコは、ミリュコーフより事態を深刻に考えていた。国会再開に先立って、彼は二月一〇日、長く願ってきた上奏の機会を得て、ツァールスコエ・セローの宮殿に赴いた。

ロジャンコは、国会が開設された一一年間を振り返り、それが「政府と新しい立憲的な体制を擁護する人々との不断の闘争の一一年間」であったとして、大戦がはじまるや、国会が党派を超えて団結したことに脅えた政府は、国会の灯を消そうと躍起になったと指摘した。「戦争は、人民の参加なくして国を統治することはできないということを示しました」。「政府権力には、すでにこの権威がありません。官僚的政府は（……）困難な歳月のあいだ国を統治することに失敗した悲しむべき経験ののちには、もはや権威を獲得することができなかったのです」。

ロジャンコは戦争終結が近づいているということを予感するので、「国民の信頼に依拠する政府」がないことが不安を高めていると主張した。講和会議でしっかりした主張ができなくなるからだと理由を挙げた。「政府は、ますます国会との溝を広げています」。内相プロトポーポフとは一緒に仕事ができないとして、戦時工業委員会「労働者グループ」弾圧は不当だと指摘した。「国会は解散で脅されています」。こういう条件のもとでは、国会議長がいかに努力しても、国会を政府の指示通りに進ませることはできない。ロジャンコの上奏は次のように結ばれていた。

「国会は、国の信頼を失うでしょう。そのとき、おそらく人々は、生活苦に堪えかねて、統治の混乱に注意を向け、自らの、合法的な権利を擁護するために立ち上がるかもしれません。このことを起こさせてはなりません。このことはなんとしても防がなければなりません。これが、われわれの根本的課題です[55]」。

皇帝はロジャンコの上奏が終わると、「あなたはプロトポーポフ内相の解任を要求するのか」と尋ねた。ロジャンコは「以前はお願いしたかったのですが、今は要求いたします」と答えた。ロジャンコが「どうして戦争中に、革命で国を震撼させることを望むのですか」と皇帝に尋ねると、皇帝の答えは「神が私の心に命じることをするのだ」という言葉だった。ロジャンコは、「これが陛下に対する、私の最後の上奏だとの思いをもって退出させていただきます」と述べ、「陛下、蒔いた種は刈り取らなければなりませんぞ」と思わず厳しい言葉を吐いた。すると、皇帝はなおも「神のおぼしめしだ」とくり返すので、ロジャンコはついに最後の言葉を言うことになった。

「神は、何もお与えになりませんよ。陛下と陛下の政府は、すべてを台無しにしてしまったのです。革命は不可避です[56]」。

さてこの日、二月一〇日は、ボリシェヴィキのペテルブルク市委員会が行動を呼びかけた日であったが、ほとんど何も起こらなかった。一部の工場では、マースレンニッツァ（謝肉祭）の第一日目の九日より休業に入っており、大部分の工場は一〇日の二時まで操業して休業に入ったからである。いくつかのボリシェヴィキの拠点工場で集会がもたれただけだった[57]。保安部の手先は「二月一〇日の完全な失敗」を確認している[58]。

ボリシェヴィキ中央委員会の二月一一日付の文書は、この失敗から受けた「打撃」は、「第二のビラの発行と一三日のストで和らげられるだろう」と述べている。ここでいう「第二のビラ」が出された形跡はないが、二月一〇日の失敗後のペテルブルク市委員会の方針が、二月一三日ストを提案し、二月一四日にはデモを行なわないというものであったことは、後述の綜合技術高専での指導から見て間違いない。

同じとき、イニシャティヴ・グループは二月一二日に新たな決議を出し、先の決定を取り消して、二月一四日は「われわれの大衆行動の日」だとした、と言われる。これはゲクトグラフで印刷されて配布された。メジライオンツイのユレーネフは「もっともみじめな」と怒っているが、国会行進派には激励になっただろう。[59]

二月一三日も労働者はストライキを行なわなかった。保安部の手先の報告では、この日は、朝からの午後一時までに、ナルヴァ、コロムナ、ネヴァ地区では二月一四日スト支持者が勝利を収めた。[60] つまり、二月一三日スト派が敗れたということである。

これに対し、学生のあいだでは一三日から独自の動きが起こっている。学生たちは「労働者グループ」の国会行進の呼びかけを受けとめようとしていた。ヴィボルク地区の北のはずれにあった学生運動の中心校、綜合技術高専において、とくに際立った動きが見られた。保安部の手先の報告によれば、ここでは午後一時に学生集会の呼びかけが流され、またボリシェヴィキ議員裁判抗議のストを行ない、明日はデモは行なわないという「ペテルブルク市委員会の宣言」が撒かれた。二時三〇分になって約三〇〇人の学生が集まり、無党派の学生セルギエフスキーが議長となって集会がはじまった。ボリシェヴィキのペテルブルク市委員トルマチョフが発言した。

「ブルジョアジーはみずからの無力を感じており、このため明日、国会へ来るように呼びかけているのだ。だが、そこへ行けば、われわれは彼らの征服計画を助け、自分たちには何ひとつ得るものはない。なぜならプロレタリアの目的は、今や戦争の中止であり、ガリツィア、ボスポロスの侵略ではないからである」。

この演説の結びで、彼は次のような決議を提案した。「(1) 学生は、明日の積極的行動を拒否する。そして、(2) 議員裁判に抗議し、彼らに連帯の挨拶を送り、三日間のストライキを宣言する」。

つづいて発言したセルギエフスキーは、明日のデモに参加しないということに反対し、「あらゆる格好な機会とあらゆる契機を利用しなければならない」と主張した。次のガムバーロフは、明日は国会へ行こうとはっきりと呼びかけた。ボリシェヴィキ提案の決議が採決にかけられたが、二月一四日デモの不参加の第一項については、票数が割れた。三日間のストは絶対多数で決定された。そこで議長のセルギエフスキーの提案で、明日の午前一一時に学内で集会を開くことが決められた。セルギエフスキーとガムバーロフはその集会でアジ演説をして、市中へ学生たちを向かわせればよいと申し合わせていた。

学生たちは集会後、教室をまわって、講義をやめさせようとしたが、上級生は「きわめて非友好的な」態度を示し、教室のドアに内側から鍵をかけ、ストライキ派学生を入れさせないようにした教室も見られたという。[61]

市の東南の外れにあるもう一つの急進的な拠点校、精神神経高専では、ボリシェヴィキ党の報告によれば、八〇〇人参加の集会で「われわれの決議」、一日ストの案が採択されたとあるが、これは虚偽の報告であろう。保安部の報告では、当初一四日デモへの参加が提案され、それを支持する意見がつづいたが、突然、社会民主党を名乗る人物が発言を求め、二月一四日デモは政府が仕組んだものだから参加すべきではない、近いうちに地下組織は独自のデモを計画するとの演説を行ない、全体の支持を得たのだという。

このほかでは、林業高専で集会があり、二日間のストライキを宣言した。スチェブート女子農業高専では一日ストの宣言、レスガフト女子医科高専では三日間のストライキ宣言がなされた。[62]五校のスト決議という学生のこのような決起は、一九一〇年以来、絶えてなかったことであった。

だが、国会再開前日のこの日に起こったもっとも重要な動きは、首都の西側のコロムナ地区で、レールモントフスキー大通りを中心として、召集を受けた国民兵五〇〇人ほどが（第一種か第二種かは不明）、「ラ・マルセイエーズ」を歌いながら行進し、「戦争反対、警察反対、悪徳商人をやっつけろ」と叫んだという、ゲリラ的なデモ行進を行なったことである。デモは荒れ、大通りとその一帯では、時計屋、パン屋、茶館のガラスが割られ、立番中の警官が追い立てられ、止めに入った官吏が袋叩きにされるという騒ぎとなった。[63]レールモントフスキー大通りは、マリインスキー劇場から二ブロック西からはじまり、最後はオブヴォードヌイ運河を越えて、バルト駅にいたるという通りである。おそらく兵役に関する役所がこの通りにあったのであろう。しかしこのデモは、その人数の多いこと、政治的なスローガンを叫び、革命歌を歌っており、ただの素朴な自然発生的な運動ではない。ここには政治的な工作者の動きが加わっていると

バルト駅

考えられる。それと同時に注目されるのは、このデモが生活必需品、パンを売り惜しむ商店に対する強い敵意を表わしていることである。このデモを報告した保安部の手先は、レールモントフスキー大通りとサドーヴァヤ通りでは、パン屋の九〇%が店を閉めており、開いている店も午後五時には売れ切れになってしまう、仕事帰りの労働者は何も買えないというありさまであると報告している。[64] このデモは二月一四日の国会行進の呼びかけのプロローグとなり、さらに二月二三日スト・デモの直接的な予兆であったのである。

この夜、左翼三派の活動家の連絡会議が開かれた。ボリシェヴィキのペテルブルク委員会、メンシェヴィキのイニシャティヴ・グループ、それにメジライオンツイのユレーネフが出席した。メジライオンツイの女性活動家の自宅で開かれたこの会議で、明日二月一四日には三派はいかなる行動も呼びかけない、しかし労働者が行動に出たら、それを指導するという方針が決定された。ここの居住者であったコヴナートルの回想に記録されている。[65] 硬直した左翼党派も状況に押され、方針を修正しつつあったのであろう。

したがって、別のところには、別の考えをもった活動家がいたとしても不思議ではない。この夜のうちに、ネフスキー大通りデモを主張する動きが現われたようである。二月一四日には、綜合技術高専のボリシェヴィキ学生は前日とは異なったこの方針をもって現われるし、フェニックス工場での集会では、ペテルブルク市委員会のチュグーリンがネフスキー大通りデモを提案したと言われている。[66]

二月一四日、ついに国会第五会期が開会した。まず一月に任命されたリッチフ農相が、食糧問題の説明を行なった。しかし、ロジャンコ議長はこの農相演説についての討論を次回にまわすとして、進歩ブロック代表のシドロフスキーに発言を許した。彼の発言は、戦争の遂行のためには権威ある政府が必要だ、そのためには政府が国民の指導者として認められた者からなり、立法府と国民の支持を得ていなければならない、他の協商国にはそのような政府があるが、ロシアにはない、だから統治は混乱しており、戦争の遂行に支障が出ているというものだった。従来からの進歩ブロックの認識をただくり返しただけの発言であったが、討論が行なわれることになった。社民党のチヘイゼと進歩党のエフレーモフが批判的な意見を述べたが、これまたほとんど新しい印象を与えるものではなかった。ただ注目されたのはプリシケーヴィチが演壇に立って、国会は解散させられても、政府に屈服してはならないと力説したことだった。ラスプーチンの処刑人が罪を問われずに、国会の壇上から発言したのである。彼は言った。「第四国会は、ネボガートフ艦隊〔日本海海戦で降伏した〕の船ではない。恐るべき嵐のなかで自分だけ生き延びるという恥ずべきことはしないだろう[67]」。国会を解散するならしてみろという挑戦であった。

この日、首都の労働者はストライキをもって立ち上がった。保安部のデータでは五八工場・八万九五七六人、特別市長官のデータでは五二工場・八万四一六四人が参加した。ヴイボルク、ペトログラード両地区の先進的工場一五に加えて、ほかの地区のプチーロフ、オブーホフ、連合ケーブル、サン＝ガルリ、アトラス、アンチャール、ペルーン化学などの七工場が参加した[68]。先進一五工場はこれまでボリシェヴィキの呼びかけでストライキを行なってきた工場であるが、ボリシェヴィキの反対にもかかわらずストライキをしたということは、労働者のなかに行動への強い意欲があったことを示している。「労働者グループ」の工作が、ボリシェヴィキの制止を振り切らせたということになる。さらに従来は参加したことがなかった七工場がストライキをしたのは、端的に「労働者グループ」の工作の成果であろう。メジライオンツイのユレーネフは「労働者グループの組織した二月一四日ストは、たいへんな成功を収めた」と評価している[69]。

だが、国会行進、デモは警備体制に阻止された。注目されるのは「労働者グループ」の拠点オブーホフ工場の動きである。保安部長は、「職場から出た労働者はデモをやろうと試みた。しかし、警察に蹴散らされた」と報告している。こののちオブーホフ労働者の一部は、帝室製紙工場と鋳鉄工場に入り込み、ストライキをさせようとした。一二時頃に一五〇人が集まり、赤旗を掲げた。一つの旗には「民主共和国万歳」と書かれ、もう一つの旗には「裏切り政府を打倒しよう。第二革命万歳」と書かれていた。このデモも警察に解散させられた。[70]プチーロフ工場でも、労働者がデモしようとして、カザーク兵に弾圧され犠牲者も出たと、メジライオンツイの女性活動家が現場で確認している。[71]これらのケースから言えることは、この日、ストライキをした労働者が、デモや国会行進をすることが工場の前で完全につぶされたということである。警察の報告では、ストライキした労働者は「平穏に帰宅」したという報告が圧倒的に多くなるのである。

そうしたなかで、リチェイナヤ地区で国会へ向かおうとした一〇〇～二〇〇人の集団を二度にわたって追い散らしたという報告が、スパッスカヤ地区第一警察署から出されている。[72]保安部の報告では、午後二時にリチェイヌイ橋のたもとに労働者約一〇〇人が集まり、デモをしようとしたが、解散させられている。国会の前とネフスキー大通りでデモの動きがあったが、解散させられたという。特別市長官の報告では、労働者のデモの試みは三件として、別にネフスキー大通りでの学生のデモをあげている。[73]

ボリシェヴィキ中央委員会ビューローが、二月二六日に出した『通報（ブレチン）』の第二号には、ヴイボルク地区の諸工場の労働者は街頭に出たが、警官隊が出動するなかで、新レスネル工場の労働者約二〇〇人のみが「パンをよこせ」「戦争反対」と叫んで、「サンプソニエフスキー橋を渡って、リチェイヌイ大通りの方へ向かおうとしつづけた」と記している。[74]『プラウダ』復刊第一号に載った「事件の経過」には、午後二時に国会に通じるシパレールナヤ通りに労働者が現われ、三時にはその数が一五〇～二〇〇人となったが、憲兵に排除されたと述べられている。労働者は「飢餓大王」のために来たんだ、憲兵も労働者だろうと呼びかけ、憲兵は「それはそうだが、ともかく解散してくれ」と応えた。その後、群衆の数は増し、ネフスキー大通りに出て、「ラ・マルセイエーズ」と「同志は倒れぬ」を歌いながら、数次にわたってデモをしたと書かれている。[75]

以上を総合して考えると、ヴィボルク地区ではボリシェヴィキの拠点工場、新レスネルの二〇〇人が、デモで橋を突破しようとしたこと、国会には一五〇～二〇〇人程度の労働者が向かったことが言えよう。新レスネルの二〇〇人が橋を突破して、国会へ向かおうとしたのか、それともネフスキー大通りをめざしたのかはわからない。

その一方、学生たちは独自の動きを示した。綜合技術高専では、午前一一時に二〇〇人ほどの学生が学校の中央階段のところに集まった。トルマチョフの同志のボリシェヴィキが「学生は国会へ行くべきでない。カザン聖堂前広場へ行き、そこで労働者のデモ隊と合流すべきだ。労働者のデモ隊はそこで憲法制定会議の招集を要求するであろう」と演説した。拍手でこれが承認され、全員が電車で市中へ向かった。じつはこの演説の前にセルギエフスキーらとボリシェヴィキ派のあいだで長い協議があった。ネフスキー大通りデモを決行することで話し合いがついたものであろう。ストライキは低学年では「完全」であったが、高学年は「ほとんどすべて講義に出ていた[76]」。この日はまた、医科高専で二日間ストの宣言がなされた。保安部の報告では、ペトログラード帝大では中央通路に三〇〇人ほどの学生が集まり、うち一人が「労働者グループ」の呼びかけを支持し、一日ストを宣言し、デモに出るように主張した。集まった学生たちは大部分が大学を出て、ネヴァ河畔の通りに集まったが、警官に解散させられたという[77]。シリャプニコフの報告では、帝大の学生の一部は国会デモ、他の一部はネフスキー大通りデモへと分かれたようである[78]。女子文科高専では、前日にはできなかった集会を約四〇〇人で実現したが、多数は、「今日の行動は政府が仕組んだものである。これは挑発だ」とし、「われわれは政府にはなんら良いことは期待しえない、闘争、ストライキが必要であることは万人周知のところだが、（……）政府の不意を突くように、（……）さらに一、二か月準備しなければならない」という意見でまとまった[79]。デモには出なかったのであろう。

この日の午後、ネフスキー大通りでは、綜合技術高専、精神神経高専、音楽院の男女学生、実業学校、商業学校などの中等学校生徒たちが「ラ・マルセイエーズ」を歌って何度もデモを試みようとした。四時半ごろの三度目の試みのときは、若い将校（中尉）が目立った働きをしていたと報告されている。保安部の手先は、このデモを組織したのは、この日の昼、『ルースカヤ・ヴォーリャ』新聞社の一室でエスエルの労働者、二人の少尉補を交えた会合をしていた学生グループだと指摘している。[80] また別の手先は、ペトログラード地区で労働者工作をやっているアクーロフを中心とする学生エスエルと、タラカーノヴァを中心とする女子学生のボリシェヴィキ系グループがオルグしたのだと指摘している。おそらく、さまざまにネフスキー大通りデモの志向があったのであろう。二月一四日行動は、保安部の手先の評価通り、「相対的には失敗」に終わったと言わざるをえないであろう。その原因として、この保安部の手先は、国会行進の呼びかけを出した「労働者グループ」が「国防派」として人気がなかったこと、左翼党派三団体（ボリシェヴィキのペトログラード委員会、メジライオンツィ、メンシェヴィキのイニシャティヴ・グループ）の対抗的運動計画で力が分散したこと、当局が弾圧を準備したことをあげている。[81]

このうち、第二の要因が一定の影響をもち、第三の弾圧という要因が決定的であったと考えられる。労働者の反応を見にヴィボルク地区へ行ったエスエル国際派のスヴャチツキーは、赤旗を掲げたデモの試みがあったのを見たが、「全体として、労働者大衆はこの日はなんとなく元気がなく、動きが鈍かった」と記している。[82] 他方で、ナルヴァ地区までプチーロフ工場への工作に向かったメジライオンツィの女性活動家は、「それでも、空気全体が事件の予感、期待をはらんでいた」と回想している。[83]

国会行進の呼びかけが、革命の呼びかけとして出されたことは、それが形にならずに終わったにしても、戦闘的な労働者に闘争の分裂への不満、積極的な行動への抑えがたい意欲をかきたてたことは間違いない。学生たちが国会行進の呼びかけに刺激を受けて、ネフスキー大通りデモを積極的に試みたことも大きな意味をもったと考えられる。まさに賽は投げられたのである。

この日、皇帝・皇后は何を考えていたかはわからない。皇帝の日記には、ポクロフスキー外相とベリャーエフ陸将に拝謁を与えたとあるだけである。[84]

潜伏期間——一週間

二月一四日の夜、弁護士ソコロフの家で、民主党派関係者の会合が開かれた。その席で、ケレンスキーがシリャプニコフに対して、「君たちは、あんなに苦労して準備した民主派の運動をぶちこわした」と罵倒したのは当然の主張であろう[85]。だが、ケレンスキーら国会行進派が国会行進を妨害したとして批判したのは、左派だけではない。この結果に凱歌をあげたカデット党にもである。カデット党機関紙『レーチ』は二月一四日付の論説で、「国会の本日の論陣の政治的印象は、社会的衝突、もしくは自然発生的大衆暴発のいかなる徴候でも曇らされることはないと期待されよう」、国会を中心とする社会運動の団結は、一九〇五年一〇月一七日前夜のそれであり、「一九〇五年の一月事件も、一二月事件もくり返されることはない」と述べていたのだが、一五日付の論説では、「われわれの昨日の予言が幸いにも完全にあたった」「壮大な挑発は失敗した」「公衆戦線の統一」は守られたと手放しで喜んだのであった[86]。

二月一五日、再開国会の二日目、演壇にはミリュコーフが登った。彼の議論は同じ方針のくり返しだった。さすがに彼も次のようには言った。

「偉大な国民の犠牲の果実が、無能で、かつ悪意のある権力の手中で危険にさらされるなら、みなさん、住民は市民となり、祖国は危険に瀕している、その運命を自らの手でつかみたいと宣言するのです。みなさん、われわれはこの最後の地点に近づいているのです」。

それでいながら、ミリュコーフは国会行進の呼びかけをつぶし、「奇形的な街頭現象」を阻止できたと誇ったのである。結局、彼の最後の言葉は何を言いたいのか、わからない言葉であった。「もしも実際に、この政府では、ロシアは勝利できないという考えが国内に強まれば、ロシアはこの政府の存在にもかかわらず、勝利するのです。いずれにしても勝利するのです[87]」。

つづいて立ったケレンスキーは、目の覚めるような、激烈な政府批判の演説を行なった。これは同時にミリュコーフの路線に対する批判演説でもあった。ケレンスキーは、「みなさんは、国がカオスの中にあり、われわれは歴史上、わが祖国の生活の上で、いまだ経験したことのないスムータ〔動乱〕を、比べればー六一三年のスムータも児戯に見えるほどのスムータを経験しているのだということを理解しておられるはずだ」と切り出した。「このカオスは政治意識を捉えているだけでなく、権力を粉砕し、政党組織と大衆の政治意識の力を粉砕しただけでなく、国の経済生活をカオスと化し、国家の社会経済生活の基礎そのものを破壊したということを思い起こしていただきたい」。「われわれの前にあるのは、まさに大革命当時のフランスが経験した社会の姿そのものです」。彼はロシアを奈落の底に落とした責任者として、スホムリーノフ、シチェグロヴィートフ、シチュルメル、プロトポーポフ、トレポフらの名をあげ、このたびの「労働者グループ」逮捕は、開戦当初のボリシェヴィキ議員逮捕と同じく不当であると主張した。「わが国にあるのは、ドイツの影響や個々の人間の内通や裏切りより、はるかに危険な敵です。それは体制です。無責任なデスポティズム（専制政治）の体制、ヨーロッパの現代国家と違い、主人とハロープ（奴隷）からなるヴォッチナ（所領）のような中世的国家観に立つ体制です」。

公式の議事録では、このつづきは数行削除されている。ケレンスキーは、つづけて、戦争の三年間を経て、いまや議員諸公もわれわれのような「民主派の代表」と共通の同じ見解に到達しているのではないかと問いかけた。「ロシア人民の現時点での歴史的課題となっているのは、ただちに、何が何でもそれを信じ、それを望む人々の英雄的な個人的犠牲によって中世期的体制を廃絶するという課題であるということを、みなさんも悟っておられるのではないか」。もしもそうなら、ここで語られた「『合法的手段』でのみ闘いたい」ということをどう見るのか。このとき、議席からミリュコーフが野次を飛ばした。「ここは議会だぞ」と。ケレンスキーはかまわずに言い放った。「あなたの敵が法を隠れ蓑にしていないのに、どうして自分の無為の言いわけに法の遵守をもちだすのか。（……）法の蹂躙と闘う手段は、物理的な権力の排除というただ一つの道しかないのだ」[88]。

後年、ケレンスキーは、議長がこの箇所で何を念頭に置いているのかと尋ねたので、自分は「私が言っているのは、古代ローマ時代にブルータスがやったことだ」と答えたと回想に書き残している[89]。議長は同志であるネクラーソフであった。ブルータスがシーザーを短剣で殺害したのは誰もが知っている。おそらくこの言葉は、議場に向けては語られなかったのだろう。

ケレンスキーは演説の後半で、戦争目的を取り上げ、その面からもミリュコーフを批判した。国会議員の大多数が旧権力と絶縁することを望まないのは、帝国主義的な野望を共有しているからだと非難して、いまやそのような野望を捨てるべきときがきていると言い切った。演説の結びは、民衆が立ち上がるときが近づいていることの通告だった。

> 私は、一部の人々がここで（……）発言し、ここで労働運動を侮辱するとしても、反論はしないでしょう。しかし、あなた方に言いたい。民衆の心には慎重に対するべきで、そこに内通だとか、裏切りだとか、外国の手先の指導だとかの非難を浴びせてはなりません。彼らはあなた方と同じように生きて、同じように不平も言わず、平然と東西の境界線に自分の頭を置いているのです。あなた方の知らない残酷きわまる耐乏生活を送っているのです。彼らは、自分の言葉を言おうとしています。彼らの将来が決められるときには、自分の言葉を言おうと望んでいます。彼らは市民たることを望んでいます。（……）彼らは、あなた方が彼らの心を理解するのなら、一緒に進むでしょう。（……）少なくともわれわれにこのことを言う可能性を残してください。ふさわしくない誹謗をやめて、いまだ獲物にしていない熊の毛皮を分ける話をするような、みっともないこともやめていただきたい。[90]

ネクラーソフは議長として、このケレンスキーの革命的な演説を制止しなかった。その意味では、これは国会の壇上から発されたツァーリ権力に対しての宣戦布告であったと言っていい。

ケレンスキーの演説は、翌日の新聞に報じられた。もちろん検閲によって核心的な部分は削除された。しかし、「わが国にあるのは、ドイツの影響や個々の人間の内通や裏切りより、はるかに危険な敵です。それは、ヨーロッパの国家と違う、中世的国家観に立つ体制です」という言葉は残っていた。そして、結びの言葉もほぼ伝えられた。[91] ケレンスキーが国会で、決定的なときが近づいている、民衆が立ち上がると語ったことは国中に伝わったのである。

ところで、二月一四日行動の呼びかけは、その不発によって人々のなかに、とりわけ労働者のなかに強い欲求不満、満たされない思いをかき立てた。ボリシェヴィキ党中央委員会の『通報』でさえ、「一般に労働者は決定的な行動を待っていたのに幻滅したという気分がある」と認めている。[92] 二〇工場・一一万四八四〇人の労働者は、翌一五日もストライキを行なっている。[93] 学生たちもこの日までストライキをつづけた。ペトログラード帝大では、財政学のミグーリン教授の講義をやめさせた学生たちは、中央通路で集会を開き、ストの継続問題を話し合ったが、結論が出ず、解散させられた。学生がまた集会を開こうとしたため、警官隊が構内に入った。[94]

だが、ボリシェヴィキのペテルブルク市委員会は、国会デモを阻止したことで満足するだけであった。ネフスキー大通りデモが試みられたことの意味も十分に総括していなかった。ペテルブルク市委員会は総括のビラの冒頭部分に次のように書いている。「諸君の多くは、二・一四を好奇心をもって待っていた」ようだが、結局、国会の前で労働者を支持するとの「いくつかの曖昧な演説」が行なわれただけではないか。ツァーリ政府も、機関銃を各所に据えて弾圧準備を整えていたではないか。闘争の第一の武器は、「どこにわれわれの敵がいて、誰がわれわれの友かということについての明白な意識」でなければならない、と。そして、「ツァーリ打倒と臨時革命政府の樹立」をめざして、「工場・兵営を社会民主党の秘密組織の網でおおう」ことが目標として掲げられている。しかし、「議員裁判、レナ虐殺の日〔四月四日〕、メーデー、七月虐殺、一〇月の日々、一・九など」の労働者の闘争日を「行動の旗印」にすることを呼びかけているだけであった。[95]

このビラからすれば、次の行動予定日は四月四日ということになるが、ペテルブルク市委員会のチュグーリンの回想では、メーデーを決定的行動日として計画していたと言う。[96] 近づいている二月二三日の国際婦人デーに行動するという考えは、まったくなかったのである。「大衆の強く高揚した気分」を考慮して、「ストライキを直接呼びかけるアジテーションを中止する決定を行ない、差し迫った行動における規律と抑制の堅持に主として注意を集中する」というヴイボルク地区委員会の方針が、ボリシェヴィキ党全体の方針であったと考えてよい。

だが、二月一五日以後も、労働者の闘争はつづいていた。二月一六日には、市外コルピノの官営イジョーラ工場が閉鎖された。この工場には強力なボリシェヴィキ細胞があり、その指導により経済要求で九日にイタリア・スト（生産サボタージュ）がはじまった。休み明けの一三日と一四日は、連日大集会（初め五〇〇〇人、二回目は数千人）が開かれ、エスエル左派のアジテーターとボリシェヴィキのパノーフが「労働者グループ」の国会デモの呼びかけを非難して、ペテルブルク市委員会のビラの精神にのっとり民主共和制、憲法制定会議のスローガンのもとに経済要求をもってストライキを提案し、これが決定された。集会は二度とも警備のカザーク兵によって解散させられたが、カザーク兵も明らかに労働者の要求は正当だと認めているような友好的態度を示した。一四日の夕刻にはペテルブルク市委員会の代表が到着し、大衆の前で公然とカザークの将校に向かって、「恥ずかしいぞ、将校さん。君たちがロシアを滅ぼしているんだ。人民はパンを望んでいる」と批判している。こういう経過で、一六日にロックアウトが行なわれたのであるが、この結果、九〇〇〇人の労働者が職を失った。[97]

二月一七日の国会では、食糧問題と「労働者グループ」逮捕問題が論議された。コノヴァーロフが「労働者グループ」逮捕問題で発言した。「労働者グループ」の容疑が事実に反するとして、その活動は穏健で、建設的で、国防事業に捧げられたものであったと強調し、逮捕を免れたアノソフスキーとオスタペンコのスト中止アピールを紹介した。彼は次のように結んだ。

　大衆の「労働者グループ」への共感がますます強まっていた。そしてちょうど「労働者グループ」が、労働者大衆の他の潮流に対抗する支柱となるはずのときに、政府は、それによって誰の手に乗るかと問いもせず、この細胞を破壊した。（……）「労働者グループ」へ加えられた攻撃は、本質的には、ロシア公衆に加えられた攻撃である。国会とロシア公衆は国の名誉と尊厳の守りについている。人民大衆はその義務を果たし、ロシアはこの戦争を名誉をもって終わらせるであろう。▼[98]

これは戦時工業委員会副議長としての擁護論であり、皇帝政府への批判である。
革命の呼びかけは、ふたたびケレンスキーが引き受けた。彼は国会議員に行動を呼びかけた。

諸君が、旧権力とその下僕《しもべ》たちには、発生している危機からロシアを抜け出させることができないことを理解しているなら、諸君ははっきりと、言葉の上だけでなく行動の上でも、数世紀来のしがらみから国家を即時解放することの支持者であると宣言しなければなりません。いまこそただちに言葉から行動へ進まなくてはなりません。これがなされないなら、なされることのすべては実を結ぶことのない、むなしいこととなってしまいます。破局が爆発的に訪れるでしょう——それを言葉によって避けることは今や不可能です。政府が（……）民主派団体のあらゆる試みを粉砕したとしても、民主派大衆の団体、民主派団体は不可避的行動をとり、直接行動あるのみです。

（……）

思うに、みなさん、道はいろいろありますが、近い将来、この衝突の不可避性、国家を苦境に立たせ、将来の国家を台なしにすることによって、自己の個人的な将来を保とうとするような権力の倒潰の不可避性の認識、この問題はすみやかに、きわめてはっきりと、提起されるでしょう。

最後にケレンスキーは、デカブリストのニコライ・トゥルゲーネフの言葉を引いた。

彼は、デカブリストの壊滅と処刑のあとで書きました。「権力にはこの一事がわからないのだ。雷鳴のような、強力な結社がある。その影は脅えたデスポットの目の中に絶えず感じられている。しかし、専制権力によってもその団体・結社は破壊できないのだ。それは諸国民の自由を裏切り、売り飛ばす者に対するすべての市民の団結だ。すべての誠実な人間の団結だ」。私も考えます。わが国のデスポット的権力を一〇〇年も前に脅かしてきたこの雷鳴のような強力な影は、ついに影から生きた現実の姿に、今日の姿に転化するに違いないのであります。[99]

デカブリストの闘争からはじまった世紀を超えた専制君主権力打倒の闘争をしめくくり、完成すべきときが訪れたとケレンスキーは国会壇上から訴えたのである。

一五日と一七日、二度にわたるケレンスキーの呼びかけは皇后の心に突き刺さった。一週間後の二月二四日、皇后は皇帝宛ての書簡で、「国会のケドリンスキー《（ママ）》は、けしからん演説のゆえに吊るし首にすべきです」と書き送った。[100]

ケレンスキーの演説をのぞけば、二月再開国会は一一月再開国会よりはるかに平凡で無力になったものと見えた。『ノーヴォエ・ヴレーミャ』紙も、うっかりすると「休会がまったくなかったとの印象さえ生まれる」、「政府は若い農相において（……）敵意というより好意をもって迎えられた」と書いている。[101]ロジャンコも率直に認めているように、「国会の無力感、結果の出ない闘争からくる疲労感」が再開国会のすべてをおおっていた。[102]

二月一八日、官営プチーロフ工場で、砲架打ち抜き部の労働者が被解雇者の復職と五〇％賃上げを要求してストライキに入った。工場長ドゥブニツキー少将は、復職要求を拒否、再雇用を禁止する命令を発した。このストライキは他の部に波及し、二月二一日には全工場がストライキに入った。プチーロフ造船所も、この日はイタリア・スト（生産サボタージュ）を行なった。軍当局は二月二二日、労働者数三万人のこの巨大工場のロックアウトの挙に出た。じつに、一九一六年二月の闘争以来一年ぶりのプチーロフ労働者の独自闘争の高揚である。プチーロフ工場の労働者はストライキ委員会をつくり、他の工場へ支援を求めて働きかけたと言われる。[103]

ペトログラード最大の軍需工場、官営プチーロフ工場。2月18日、一部門がストライキをはじめ、2月21日には全工場がストライキに突入した

エスエルのゼンジーノフの仲介で、プチーロフ工場の代表がケレンスキーのもとを訪問した。二月二二日、ケレンスキーに会ったプチーロフ工場の労働者の代表は、これが大きな政治的運動のはじまりであると感じており、このことを議員に警告することが義務だと考えている、この運動がどうなるかはわからない、しかし、労働者の気分から判断すると、なにか重大なことが起こりうることがわかると話した。[104] ケレンスキーはこの件を国会にもち出すことを約束した。

皇帝は、二月一九日になって、三日後に大本営に行くとの考えをヴォエイコフに伝えた。参謀総長がクリミアでの病気療養から戻ってくるので、話をしなければならないし、内相の情報では、「何か特別なことを予想する理由はまったくない」ということだから、出かけることに決めた、とニコライは話した。ヴォエイコフは一月来の情勢に不安なものを感じていたので、内相に電話をしたが、プロトポーポフは、心配するのは余計だ、万事うまくいっていると語った。[105]

二月二一日、皇帝はベリャーエフ陸相とポクロフスキー外相の上奏を受けた。[106] 結果的には、これが彼らの最後の上奏となるのだが、もちろんロジャンコと違い、皇帝も両大臣も夢にもそんなふうには思わなかった。外相が皇帝に、次の上奏は大本営に赴いてしましょうかと言うと、皇帝は一〇日ほどで戻るから、それには及ばないと語った。[107] この日、夜遅くになって、プロトポーポフが上奏に来た。彼は、何も問題はないと皇帝に語ったのであろう。帰りに、ヴォエイコフのところに寄って、同じことをくり返した。[108]

皇后は、プロトポーポフのこの愚かな楽観主義をもはや信じていなかった。彼女は皇帝の大本営行きに不安を隠していなかった。ヴィルボーヴァも皇帝に不安な材料を並べて、説明したが、皇帝は聞き入れなかった。[109]

二月二二日、皇帝はツァールスコエ・セローを発って、大本営へ向かった。

二月二三日――激流ほとばしる

二月二三日（西暦三月八日）は、国際婦人デーであった。これは、一九一〇年の第二回国際社会主義婦人会議で定められたもので、ロシアでは一九一三年から記念行事が行なわれていた。二月二三日に確定したのは一九一四年以降である。一九一四年のこの日には、ボリシェヴィキを中心に、超党派の準備委員会主催の記念集会が開かれ、閉会後には五〇人ほどがデモを行なった。また、ボリシェヴィキ党の合法誌『婦人労働者』が創刊されている。[110] 翌一九一五年のこの日には「ロシア社会民主党婦人・女子労働者組織」のビラが、さらに一九一六年にはボリシェヴィキのペテルブルク市委員会と学生組織のビラが発行されている。[111] 積極的な婦人労働者にとって活動日として定着していたと言ってよい。

この年の場合は、メジライオンツイの主導で婦人デー準備会が結成されており、ボリシェヴィキ、メジライオンツイ、イニシャティヴ・グループの代表も加わっていた。彼らはスローガンの問題で対立し、討論が重ねられた結果、一致はみたが、ビラは別々に発行することになった。[112] しかし、ボリシェヴィキはビラを出すことができず、[113] メジライオンツイのものだけが知られている。このビラには、「経営者は、女性たちの無知と臆病をつねに利用してきたし、利用しています。この日にあたり、皆さん、どうしたら少しでも早く、私たちが、私たちの敵である資本家を打ち負かすことができるかを、よく考えてみましょう」と述べ、戦争によって疲弊した社会の現実を次のように告発している。

> 銃後では、工場主たちは、戦争のためという口実によって、労働者を農奴のようにしてしまおうと

しています。町では、物価が恐ろしいほど高くなり、飢えがすべての家を襲っています。村々では、最後の食糧も家畜も戦争のために没収されています。私たちは何時間も行列に立っています。子どもたちは飢えています。どれだけ多くの子たちが両親を失い、誰も保護してくれなくなっているでしょうか。その心は荒れ、多くの子がグレています。飢えによって多くの娘たちが、ほんの子どもたちまでも、身体を売らなければならなくなっています。

さらに、ドイツやオーストリアの労働者も同じ運命にあるとし、悪いのは政府と資本家だ、「彼らを批判するときです。もうたくさんです！　犯罪的な政府、強盗と人殺しの一味を打倒しましょう！　平和万歳！」と訴えている。だがこのビラも、二月二三日に行動に立ち上がれ、と呼びかけてはいなかった。[114]

ところで、保安部の文書には、二四日に逮捕された労働者が、「戦争反対、二月二三日には仕事をボイコットせよ」と書かれた「ロシア社会民主労働党ペトログラード国際委員会（RSDRP: Petrogradskii Mezhdunarodnyi komitet）」という署名のビラを所持していた、と記されている。[115] 署名はメジライオンツイを写し間違えたもののようにも思えるが、内容は合致しない。誤って伝えたのか、または別のグループが存在していたということになる。

だが、国際婦人デーの出版物による宣伝としては、一九一七年初めから発行されたペトログラード生協連合会の雑誌『トルード』の第二・三号の特集がある。メンシェヴィキの「イニシャティヴ・グループ」のエルマンスキーが編集長であったが、九篇の論文すべてが国際婦人デーに関するもので、うち四篇はこの編集長が名前を変えて一人で執筆したものだ。「経済的発展と女性の運命」という論文は、「現在の事件はあまりに悲劇的だが、人類はいまや、新たな生活への途上において大きな一歩を踏み出している。確かにこの道は長くて、困難であり、悲劇的な衝突がつづいている。しかし、それは、母権制もなければ、家父長制もない（……）新たな形態での人類の再生に向かっているのだ」と結ばれていた。この雑誌は二月二三日以前に配布されているが、その発行部数がどれだけか、また行動への呼びかけが具体的に記されていたかは知られていない。しかし、「労働者グループ」と提携する生協組織の雑誌の特集号は、国際婦人デーでの行動を呼びかける手段として使われた可能性もある。またエルマンスキーは「イニシャティヴ・グループ」のビラも出されたと書き残している。[116]

メジライオンツイの指導者ユレーネフは、国際婦人デーに向けた集会がいくつか開かれたとして、パーニナ伯爵夫人記念国民会館での女性労働者四〇〇人の集会、アイヴァス工場、そして精神神経高専での集会の三つを挙げている。一つめの集会では、メジライオンツイのイートキナが素晴らしい演説をし、三つめの集会でもメジライオンツイの代表が話したという。さらに、このほかにレスノーイ地区でメジライオンツイとボリシェヴィキのペトログラード委員会が共催した集会があったと付け加えられている。[117]

この最後のものが、ボリシェヴィキのカユーロフが語る、二二日夜に、ヴィボルク地区の北のレスノーイ地区で開かれた婦人集会のことである。この集会にヴィボルク地区委員会からはカユーロフが出席し、婦人デーの意義について演説した。その中で彼は、地区委員会の決定にもとづき、「目下の情勢を指摘して、突発的な行動を差し控え、もっぱら党委員会の指示に従って行動するように呼びかけた[118]」。ボリシェヴィキ単独による集会ではないため、彼が「党委員会の指示に従って」という言い方をしたというのは正しくないだろう。しかし、当面は散発的な行動を避けて時を待て、というのは、ボリシェヴィキとメジライオンツイの共同方針だったので、彼の発言内容に矛盾はない。

だが左翼党派の活動家たちは、ヴィボルク地区の女子労働者が陥っていた切羽つまった状態を、まるで認識していなかった。この二月二二日、ヴィボルク地区警察第二分署長が特別市長官バルクに送った報告を見れば、事態の深刻さがわかる。

> 私が担当している地区の労働者大衆のあいだには、パンの不足による強い不満が高まっている。ほとんどすべての警官が、二、三日もパンを食べていないという訴えを、毎日のように聞いている。したがって、街頭での大きな喧騒が起きることが容易に想像できる。事態の深刻さは、長いあいだ行列

して、やっと二フント〔三二・七六キログラム〕のパンを購入できた人々が、十字を切って泣き出すというほどにいたっている。パン不足は、パン屋が小麦粉を入手できないため、白パンの製造ができないためである。黒パンは、現在、パン焼き職人がいないので製造できない。数か月前に、当局に対して、兵役義務者のうち、パン工場にパン焼き職人を一人ずつは残してほしいという陳情がなされたが、積極的な解決策は得られなかった。[119]

人的資源の涸渇から根こそぎ動員がはじまり、首都のパン工場でも、職人を軍隊に取られてパンが焼けなくなりはじめていた。コロムナ地区で二月一三日のデモを引き起こしたパン不足が、ヴィボルク地区でも、このときさらに深刻な様相を呈していたことがわかる。だから、国際婦人デーを機会にストライキを行ない、「パンをよこせ」とデモしようとする女子労働者が登場してもおかしくなかったのである。彼女たちは集会にやってきて、仲間に声をかけ、行動への決起をくわだてた。あるいは、これに注目して、二・一四国会行進が失敗したあとに労働者の街頭進出の第二弾を組織しようとした政治的意志が介入したかもしれない。二月二三日の行動は、一定の方針にもとづく行動に見えるのに、革命後のソ連では誰もこの行動の起点に関わった人物は名乗り出ていない。いずれにしても、ヴィボルク地区の婦人労働者が、左翼党派関係者の抑制にもかかわらず、二・二三行動のイニシャティヴを執ったのである。

一九一七年の二月二三日（西暦三月八日）は、穏やかな朝ではじまった。素晴らしい天気で、寒さは厳しかったが、風がまったくなかった。警察当局はこの日、労働者が行動に立ち上がるとは想像もしていなかった。[120]

ヴィボルグ地区のネフカ川沿いには、北からニコーリスカヤ織物、ヴィボルク紡績、ネヴァ綿糸ネフカ、少し下ってサンプソニエフスカヤ紡織、レーベジェフ・ジュートと、五つの繊維工場があった。これらの工場の婦人労働者は、他の地区の繊維労働者が戦時下での行動にほとんど加わることがなかった

サンプソニエフスキー大通り

なかで、一九一六年の一〇月闘争、さらに一九一七年の一・九闘争にも参加していた。だが、二・一四国会デモには参加していない。つまり彼女たちは、ボリシェヴィキとヴイボルク地区労働者の方針をいつも受け入れていた。その彼女たちが、国際婦人デーについては、みずから統一ストライキのイニシャティヴを執ったのである。五つの工場のうち、レーベジェフ・ジュートは、前日の二二日からストをはじめていた。[121] 自分たちの決起に他の工場の仲間たちもつづいてほしい、という強い気持ちを込めてのことだろう。

二三日の朝、これらの繊維工場の婦人労働者は、それぞれの工場で集会を開き、ストに突入した。そして、代表を派遣したり、または集団で働きかけるなどして、隣接する金属機器工場、新レスネル、エリクソン、ノーベリなどの工場にも、ストを呼びかけた。

エリクソン工場では、これを受けてボリシェヴィキの細胞員たちは緊急に対応を検討した。「地区委員会の決定と、それを下部が実行する」ことを信じて出勤してきたカユーロフは、憤激した。彼女たちの行動は地区委員会の方針を無視するものであり、彼の昨晩の指導の無視であり、「とくにパンを買う行列が拡大しているということ以外、目的も契機もない」と思われたからである。「しかし、はじまった事態は考慮しなければならない」。この話し合いにメンシェヴィキ、エスエルも加わってきて、結局「〔憤激する〕心を押し静めて」、ストライキ実施を決定した、とカユーロフは回想している。◆ 彼の提案で「抗議行動を行なうからには、好機を逃さず、全労働者を一人残らず街頭に引き出し、みずからストとデモの先頭に立つ」ことになった。この決定は地区委員会に報告され、ただちに地区委員会も了承した。そしてエリクソン工場の全労働者は、この決定を待っていたかのようにストに加わっていったのである。[122]
つねに闘争の先頭に立ってきた新レスネルでも、当初はボリシェヴィキの影響下にある労働者には、ストの呼びかけに反撥する傾向もあったが、ネヴァ綿糸の婦人労働者と青年労働者の熱烈な煽動で、ようやくストに入ったと言われる。[123]

ノーベリ工場では、向かいのサンプソニエフスカヤ紡織の婦人労働者が門外にあふれ、手を振り、「外に出てきて下さい！　仕事を放棄して下さい」と呼びかけた。これを聞いたボリシェヴィキのゴルジエンコらは、国際婦人デーなのだから彼女たちだけがデモをすればいいんだ、と言う者の声を抑えて、ストに入ったと言われる。[124]　おそらく、繊維工場に近接するロシア・ルノー、バラノフスキー、旧レスネル、旧パルヴィアイネンなどの工場も、ほぼ同じような経緯で、朝のうちにストに突入したものと思われる。

これらの工場の労働者の中には、二・一四でストをしながら、街頭に飛び出すことができずに終わった苦い気分を抱えていて、行動を起こしたいと機会を待っていた者がいたのであろう。ストを決行した工場の労働者は、「パンをよこせ」と叫んで、サンプソニエフスキー大通りにあふれ出て、南へ下っていった。この最初のデモ隊は警官に阻止され、解散させられた。[125]

午前中に、ヴィボルク地区第二警察署管内では約三万人がストライキに参加した。この労働者たちはふたたびデモ隊の隊伍を整えて、午後一時にサンプソニエフスキー大通りを南下した。ニジェゴロド通りとフィンスキー横丁の交差点では、警官隊が待ち構えていた。デモ隊は電車を停め、その操縦レバーを奪った。運行を停めるためである。第二分署長代理のカルゲリスは、操縦レバーを奪った労働者を逮捕しようとしたところ、デモ隊の労働者から固い物で殴打され、頭頂部に負傷、その場に昏倒した。意識不明と

◆カユーロフは回想している　なお、同じエリクソン工場の労働者で、エスエルのミリチクは、この日の朝、工場の疾病共済組合に、エスエル、ボリシェヴィキ、メンシェヴィキの活動家が一〇人ないし一五人集まって、自主的にストライキをやろうと決めたのだと記している（I. Mil'chik, *Rabochii fevral',* Moscow-Leningrad, 1931, pp. 61-62)。おそらくカユーロフの語るところの方が正しいだろう。

なったこの分署長代理は病院に運ばれた。デモ隊は、ここから左折して、フィンランド停車場方向へ進み、このあたりで、警官グロトグウスを突き倒して、後頭部に裂傷を負わせている。[126]

　デモ隊が、シムビルスク通りを進んで新造兵廠の前まで来ると、新造兵廠では昼食が終わったところであった。当局は工場の門を閉めて、デモ隊の進入を防ごうとした。別の門から入り込んだ若い女性労働者たちが呼びかける。

「同志よ、訴えます。仕事を放棄してください。パンを求めに行きましょう。私たちは空腹で、仕事ができる状態ではないのです」。

　新造兵廠の労働者四六〇〇人も、躊躇なく仕事を放棄した。門に立っていた工場長代理の将軍が、「目を覚ませ。何をしとるのか。われらの敵ドイツ軍を助けるつもりか。ロシアの裏切り者め」と叫んだ。労働者たちは「将軍さん、あんたたちこそが裏切り者、スパイだ。陸軍省に帰れ」とか、「宮中にいる皇后こそがスパイだ」と言い返した。[127]

　労働者はフェニックス工場へ進んだが、フェニックスの労働者二〇〇〇人は、すでに工場の外へ出てきていた。近くのローゼンクランツ工場は二時に、プロメート工場は三時にストに入った。ペトログラード金属工場では、朝一〇時から集会が開かれたが、結論が出なかった。昼食後に再度、集会をして、三時にストライキに突入した。[128]こうして午後三時には、第一警察分署管内の主要工場も、ほとんどすべてストライキに加わったのである。

　ヴィボルク地区北のはずれのアイヴァス工場では、午後二時になって集会が開かれ、「婦人同権の日として今日を祝おう」という提案が出された。工場側は、今日は穀物粉が手に入る、明日には地区内のパン屋でパンの製造量は増加する、工場でもパンを焼く、と約束した。労働者は、そのことを掲示してくれと求めたが、ストライキに入ることを決定した。[129]

　スト労働者のデモ隊は、午後四時にチフヴィンスカヤ通りに戻り、ついに、これまで一度もストライキをしたことのない官営ペトログラード銃弾工場にいたり、労働者五〇〇〇人をストに加わらせた。[130]こうして、ヴィボルク地区は完全にゼネスト状態となったのである。

ネフカ川をはさんだ隣のペトログラード地区でも、つねにヴィボルク地区の動きに呼応してきた先進工場がストライキに入っていた。ジェイムス・ベック紡績一三〇〇人、セミョーノフ機械七五〇人、ランゲンジッペン機械一二〇〇人、デュフロン電機七〇〇人などである。しかし、彼らはデモには出なかった。午後三時になると、四〇〇〇人のデモ隊が、ヴィボルク地区からサンプソニエフスキー橋を通って、ペトログラード地区に入ってきた。警官隊は、大ドヴォリャンスカヤ通りと小ドヴォリャンスカヤ通りの交差点に阻止線を固めて、デモ隊を食い止めた。労働者の一部はトロイーツキー橋に向かおうとしたが、これも警官隊によって阻止されている。[131]

この日のストやデモは、ヴィボルクとペトログラードの両地区に限定されていた。ほかの地区では、市外のイジョーラ工場、市内ナルヴァ地区のプチーロフ工場が閉鎖中であり、モスクワ地区のペトログラード車輛工場は経済要求でストを行なっていた。これら以外では、コロムナ地区のフランス＝ロシア工場で夕方六時から集会があったくらいだった。ここでは三〇〇〇人が集まったが、彼らの主な主張はパンの不足についてで、戦争については反対・賛成の意見がともに出ている。ヴィボルク地区の仲間を支持すべきだという演説もあった。コロムナ地区第二分署長は、次のように報告している。

「大多数は、あらゆる騒動を起こすことに反対であり、今晩の業務は放棄しないことが決まった。明日は朝からもう一度集会を開き、今後の行動について決議することになった。集会は平和的に解散した[132]」。

こうして見てくると、ヴィボルク地区では、朝から昼過ぎにかけて地区全体にストライキが拡大し、午後四時には完全にゼネスト状態となり不穏な状況となったが、市の中心部は、夕刻まで穏やかであったのである。特別市長官バルクは後年、一九二九年に執筆した日誌風の回想録で、次のように書き残している。

午前一〇時に執務室で、私は、リチェイヌイ橋とトロイーツキー橋のところで、またリチェイヌイ大通りとネフスキー大通りで、活発な動きがあるとの報告を電話で受けた。すぐにこの動きはいつもと違う、計画的な動きであることがわかった。中心は、ズナーメンスカヤ広場、ネフスキー大通り、市会であった。群衆には女性が多く、とくに老婆や学生・生徒が多く、これまでの行動に比べると労働者は少なかった。（……）群衆のかたまりは、ゆっくりと、静かに歩道を進み、がやがやと話をし、笑い、二時頃になると、「パンを、パンを」という沈んだ押し殺したような叫び声が聞こえるようになった。そんなふうなことが一日中、どこでもつづいた[133]。

つまりバルクは回想録において、ヴィボルク地区などの労働者の激しい動きにはまったく触れず、この風変わりなウォーキングについてだけ記しているのである。これは明らかに、みずからの初期対応の失敗を誤魔化すためだろう。保安部長グロバチョフも、その回想において、二三日については、「ヴィボルク地区の一部の工場で、部分的な経済ストがはじまった[134]」と触れているだけだが、これも同じ心理的作用による記述であると言ってよい。バルクが書き残した首都中心部の情景は、彼が主観的に歪曲したものである。歴史家ガネーリンは、この描写を取り入れているが、正しくない[135]。

この日のもっとも注目すべき動きは、ヴィボルク地区などの労働者デモ隊が、ネヴァ川を越えて、市の中心部へ向かおうと、執拗に挑戦したことである。このことは、二・一四国会行進の呼びかけ、ネフスキー大通りデモの試みが、労働者の頭に入っていたことを示している。警察側は、午前中からリチェイヌイ橋の警備を固めて、デモ隊による突破を全力で食い止めようとした。デモ隊の一部がペトログラード地区へ渡り、そこからトロイーツキー橋を経て市の中心部へ入ろうとして、阻まれたことは前述のとおりである。

しかし午後四時ごろになって、ついに労働者たちは一人ずつばらばらに橋を渡ったり、凍結したネヴァ川の上を歩いたりして、市の中心部に向かいはじめた。そして午後五時、ようやくリチェイヌイ橋を突破した二〇〇人ほどのデモ隊は、橋の近くのペトログラード大砲工場（旧造兵廠）に突入し、更衣室に入り

ネフスキー大通り

左：二月革命でリチェイヌイ大通りに築かれたバリケードと兵士。
下：リチェイヌイ橋の近くのペトログラード大砲工場

込んだ。警備していた警官はサーベルを抜き、ピストルをかざして、乱入者を追い払った。しかしデモ隊は、別の入口から工場内に入り込み、労働者一九〇〇人をストに加わらせた。さらに別のデモ隊が工場の別の棟に入り、女性労働者を主とする三〇〇〇人をストに参加させた。一時間後、デモ隊は、リチェイヌイ大通りをネフスキー大通りに向かって進んだが、途中で警官隊に阻止され、解散させられた。[136]

さらに午後四時四〇分ごろ、ヴィボルク地区からの一〇〇〇人のデモ隊が隣のオフタ地区に入り、オフタ紡織工場をストに参加させた。[137] そのデモ隊は、ネヴァ川を渡ってロジジェストヴェンスカヤ地区に入り、スヴォーロフスキー大通りを南下してネフスキー大通りへ向かった。労働者はここでも電車を停め、操縦レバーを奪っている。

ネフスキー大通りにも、デモ隊は再三にわたって姿を現わしたが、ただちに警官隊や騎馬巡査隊によって解散させられている。ネフスキー大通りへ入るデモ隊は、いずれも北からだった。ほとんどがヴィボルク地区から来たものであろう。しかし、プチーロフ工場の労働者も加わっていたことは、逮捕者のなかにそこの労働者がいることからわかる。

デモ隊の主力が「婦人と未成年者」であったという報告は数多く見られる。デモ隊のスローガンは「パン」である。暴力的な行為は電車を停めることくらいで、警官との衝突は少なく（デモ隊による警官への暴行は四件だけ）、逮捕者は二一人であった。ヴィボルク地区では、商店の打ち壊しもきわめて少ない。ペトログラード地区では、有名なパン屋フィリッポフの店が打ち壊されたことが報告されているが、これは行列していた二〇〇名ほどの客が、パンの売り切れに怒ってやったことだった。しかし、三つのショーウィンドーや店内の鏡も激しく破壊されたことは、人々に強い衝撃を与えた。[138]

この日、市中でストライキに参加した労働者は、保安部のデータでは四三工場で七万八四四三人、警保局のデータでは五〇工場で八万七五三四人、レイベーロフの研究では四九工場で一二万八三八八人（プチーロフ工場、イジョーラ工場を含めた数であろう）である。[139] この規模は、一九一七年の一・九闘争をやや下回るものである。だが、デモの戦闘性は画期的であり、デモ隊がネフスキー大通りに姿を現わし、電車

特別市長官府

を停めたということは、一九一四年以来なかったことであった。

権力の側では、取り締まり責任者は特別市長官バルク少将であったが、ヴィボルク地区で警官二人が暴行を受けたとの報告が入ると、午後二時に、軍管区司令官ハバーロフは「第二警戒状態」実施を宣言し、軍が首都治安維持の全権を掌握することにした。警備長官となったハバーロフの代理としてパヴレンコフ大佐が、ただちに特別市長官府の建物に入った。以後、特別市長官バルクの役割は、警備ではオブザーバーになったのである。[140]

この日のデモ取締りの主役は警官・巡査・憲兵であって、一部でカザーク兵のパトロール隊、騎兵二個小隊が出動した。警備長官となったハバーロフは、歩兵の出動を望まず、騎兵をまず使うことを考えて、クラースノエ・セローから騎兵第九予備連隊、パヴロフスクから近衛混成カザーク連隊一個中隊を呼び寄せた。[141]

この日の国会では、国家保健中央局設置法案が審議される予定だったが、局長レインが法案撤回を通告したため日程を変更して、食糧問題が討議されることになった。この討議が一日中つづいた。午後五時半になって、プチーロフ工場とイジョーラ工場での労働者解雇問題について、チヘイゼ、ケレンスキーらが出した質問の採否についての討論となった。スコベレフのあと、賛成表明に立ったケレンスキーは、「この質問について、静かにわれわれが討論しているまさに今、街頭では数千の飢えた女性と子どもたちが立って、ただ一つのこと、パンを与えよと求めている」と、市内の状況について初めて言及した。そして、われわれは大戦が開始されたとき、「この破局的な戦争においては、ヨーロッパ的な国家として統治できる権力機構をつくり出す必要がある。国民を組織する必要がある」と述べたが、それがまったくできていないことが今日の危機を導いている、と指摘した。ケレンスキーは発言をこうつづけた。

> われわれは要求する。権力は、国の要求に無条件で従わなければならないと。われわれは要求する。あなた方は、ただちにそのポストを去れ、と。（……）
>
> 国を救いたいという言葉を実行に移すのは、この兆候、周辺部からの群衆で埋められたこのネフスキー大通りの光景が現われた今を置いてはない。市民たれ、あなた方が大事にすべきものを守れ、あなた方はロシア人なのだから。[142]

ケレンスキーは、政府の総辞職、退陣を迫ったのである。質問は、ミリュコーフの修正を加えて、一一七対一一一で採択された。[143]

この夜、労働者の側では、注目すべき二つの会合があった。まず、ペトログラード地区のセミョーノフ機械工場の疾病共済組合の事務所で開かれた「労働者グループ」系の活動家による会合である。ここには生協連合会や疾病共済組合の関係者が集まった。会合の結果、「大衆の気持ちを尊重して、『パンと平和』のスローガンで大衆を街頭に進出させ、市の中心部へ、それから国会へと導く」ことが合意された。はじまった民衆運動に乗って、最終的には本来の国会行進の方針を貫徹することが考えられていた。[144]

もう一つは、ボリシェヴィキがザルツキーの出席のもとに開いた、ペテルブルク市委員会執行委員会とヴィボルク地区委員会の合同会議である。ここでは以下のことが決議された。兵士に対しての工作を進めること、そして武器を入手すること。ストライキをつづけ、二四日にはネフスキー大通りデモを行なうこと。メンバーは工場に出勤し、簡単な集会をしてできるだけ多くの同僚をデモに連れ出すこと。スローガンは「専制打倒（Doloi samoderzhavie）」「戦争反対（Doloi voinu）」とすること。そして、デモの目標はカ

カザン聖堂。手前がネフスキー大通り

ザン聖堂前とすること、などである。[145] 保安部の手先であるオシス＝オゾーリが、兵士を闘争に引き入れることに反対し、ネフスキー大通りデモでなく、監獄を打ち壊しにいくことを主張したジューコフ（エリクソン工場）の提案を強く支持するなど、撹乱をはかったが、退けられた。

その一方、市の南部・西部に拠点をもつメジライオンツイは、北部のヴィボルク地区を中心とする二三日の情勢が、まるでつかめていなかったように思われる。というのは、二四日に向けて彼らは、プチーロフ工場のロックアウトに抗議する三日間のストを呼びかけるビラを出したからである。これはすでに、情勢的にはまったく立ち遅れた呼びかけでしかなかった。[146]

特別市長官バルクの回想には、夜の一一時から長官府大会議室で警備部隊の責任者の会合が開かれたとあるが、これも疑問である。バルクは、この会議でカザーク兵にはナガイカ（革鞭）が与えられていないということが問題となり、警備長官となったハバーロフは、ただちにカザーク兵にナガイカを調達するように命じたと記している。これも事実に反する内容であり、歴史家ガネーリンがその記述を真実のものとして引用するのは、正しくない。バルクの回想によれば、「会議が終わって、みな落ち着いた気分で散会した。軍人たちは軍隊が出動すれば、ただちに秩序は安定するとの確信を抱いていた」。保安部長グロバチョフは、明日は何も起こらないだろう、とバルクに告げた。「夜はまったく静かであった」と記している。[147] この記述も正しくないだろう。

二月二四日——ストは拡大する

二月二四日、市中には、ハバーロフの告示が貼り出された。

　現在、パン製造工場への穀物粉の配給量は、ペトログラードでは従来と同じである。パンの売り切れはあってはならないことである。一部の店でパンが不足しているとすれば、多くの者がパン不足を危惧して、乾パン用に買い溜めたためだろう。ライ麦粉はペテルブルクには十分ある。この粉は、絶えることなく供給されている。[148]

国会議長のロジャンコは、朝のうちに農相リッチフを誘って市内を巡回し、首相ゴリーツィンと陸相ベリャーエフを訪ね、食糧事業を市に一任する会議を開いてくれと要請した。[149]

だが、この日には、民衆の闘争の規模はいっそう拡大した。[150] ストライキは、ペトログラード、ナルヴァの二つの地区では他の工場にも広がり、さらに他の地区へも波及していった。コロムナ地区ではフランス＝ロシア工場が全面的にストに入り、海軍造船所をも巻き込んだ。ヴァシリエフスキー島地区では、ヴイボルク、ペトログラード両地区の労働者が朝から押しかけ、ジーメンス＝シュカート、官営バルト造船、連合ケーブル、ジーメンス＝ハルスケ、ラフェルム煙草など、戦時中ほとんど闘争に加わったことのない企業が続々とストライキに加わった。第一市内地区でも、ウェスチングハウス、新綿紡織などの工場がストライキに突入した。この日、ストライキ参加者の総数は、保安部のデータでは一三一工場、一五万八五八三人、レイベーロフの研究では二二四工場、二一万四一一一人に急増した。[151] 闘争の規模は、すでに二日目にして、戦争前夜、戦時中を通じてかつてなかった水準に到達したのである。

　この日の朝、デモの方向性をめぐって、なおも方針が争われていた。アイヴァス工場では、朝の集会（三五〇〇人参加）で演説した活動家は、「現政府の除去を国会に要求する力強い行動に立ち上がれ」と呼びかけ、さみだれ式に国会前に午後三時に集合することを訴えた。集会では「政府の除去を要求する」と決定したが、国会へ向かうと決議したかははっきりしない。[152]ペトログラード地区のシチェチーニン航空機工場では、チーハノフなる人物が闘争を指導したが、彼は、ヴィボルク地区の労働者と連帯して「まずパンを手に入れるべき」だとして、合法的に入手できなければ、暴力を行使しようと主張した。そして、「政府打倒、君主制打倒、戦争反対」のスローガンを唱え、手近にあるもので「武装せよ」と訴えている。だが彼も、デモの行先として国会を上げたのである。[153]

　これに対しボリシェヴィキは、この日は一貫してネフスキー大通りデモの方針を追求した。明らかにそれが現実的であり、民衆の志向にも合致していた。

　ヴィボルク地区では、朝からデモ隊が、サンプソニエフスキー大通りを埋めた。労働者はカザーク兵との対峙という最初の緊張した場面を迎えたが、カザーク兵は将校を先頭にして、デモ隊の中を割って、馬を走らせるだけであった。労働者のあいだからは「ウラー」(万歳)と歓声があがった。[154]カザーク兵がデモの弾圧に消極的であることは、出動一日目のこの日から明らかであり、警察側の不満の対象となっていく。

　ヴィボルク地区のデモ隊は、午前九時には約四万人にふくれ上がり、リチェイヌイ橋へと殺到した。橋の警備を固めていたのは、警官・騎馬巡査のほか、カザーク二・五個中隊、モスクワ連隊二個中隊だった。労働者は何度も撃退されたが、[155]ついに一〇時すぎ、約五〇〇〇人が橋の阻止線を突破して、市中へとなだれ込んだ。警官たちは剣を抜いたため、労働者は氷片を投げて抗戦し、左手の河岸通りやシパレールナヤ通りに逃げ込んだ。デモ隊がふたたび盛り返してくると、今度は氷片だけでなく、木製シャベルなど手当たり次第に警官に投げつけ、警官には頭に負傷する者も出た。デモ隊は、橋の上で身動きできなくなり、「吸血鬼」「パンをよこせ」などと叫んでいたが、結局、憲兵たちに押し戻されてしまった。一部は、凍結した川を渡ってネフスキー大通り方面へ向かっている。

　このデモ隊が叫んだスローガンについては、ボリシェヴィキのゴルジエンコは「戦争反対」「労兵同盟万歳」「専制打倒」「吸血鬼どもをやっつけろ」「革命万歳」だったと述べているが、カユーロフはこの日も「パン」だったと記している。ボリシェヴィキの方針にしたがって、「専制打倒」と「戦争反対」のスローガンを入れる努力はなされたと思うが、「戦争反対」に対する労働者の態度は「より複雑」だったとする証言もある。[156] ともあれ警察側の報告から見ると、「パン」のスローガンがなお前面に出ていたようである。

ペトログラード地区でも、朝からデモ隊は市の中心部をめざして、トロイーツキー橋へ前進したが、騎馬巡査とカザーク兵に撃退された。このデモ隊には、労働者のほか、中学生など、「かなりの数の学生生徒」が加わっていた。また午前一一時ごろには「少年少女を先頭にした」六〇〇〇〜七〇〇〇人のデモ隊が、カメンノオストロフスキー大通りを南下し、騎馬巡査に阻まれた。この際、警官隊に向かってピストルが発射されている。この地区ではこの日、ピストル発射がもう一件あった。また、このデモの最中に、巡査が婦人を射って傷を負わせたというデマを振りまいたとして、一七歳の実業学校生徒が逮捕されている。ピストルの発射と学生生徒の参加は、この日のデモの特徴であった。[157]

この日は、ヴァシリエフスキー島地区でもデモがはじまった。午前九時にストに入ったジーメンス＝ハルスケ工場の労働者は、デモを試みて警官に解散させられたが、その後、ふたたび五〇〇〇人がデモ隊を組み、スレードニー大通りを西へ進んだ。警官は、騎馬巡査だけでは解散させられないと、やって来たカザーク兵のパトロール隊に鎮圧への協力を求めたが、カザーク兵は逃げてしまった。[158] 昼一二時、女性と未成年者からなる四五〇〇〜五〇〇〇人のデモ隊が、スレードニー大通りと一八番線通りの交差点を曲がり、軍用蹄鉄工場まで来ると、「仕事を放棄しろ」と叫んで構内へ乱入しようとした。警官が阻止しようとしたので、デモ隊は氷片を投げつけて対抗した。すると工場の労働者も「パンをよこせ、パンをよこせ」と叫びはじめ、働くのをやめた。近くにあった食料品店は打ち壊しにあい、パンが路上に放り出された。電車も停められ、引き倒された。フィンランド連隊の兵士が出動することによって、夕方四時になって秩序は回復された。この過程で、軍用蹄鉄工場の付近で、精神神経高専生が逮捕されている。彼は「戦争反対、

ネヴァ川にかかるトロイーツキー橋。向こう側がペトログラード地区。
ただし、二月革命時には川は凍結していた

平和万歳、社会民主共和国万歳」と書いた文書を所持していた。[159]

時刻は不明だが、首都のパン屋協会の代表が、ハバーロフ司令官のもとに抗議に訪れた。今朝の告示で迷惑している、パン屋が穀物粉を隠したり横流ししていると非難され困っているということだった。穀物粉は三〇〇〇プード（約四九トン）しかもらっていない、五〇〇〇プード（約八二トン）は必要だと言うので、ハバーロフが三五〇〇プード（約五七トン）までなら提供できると答えると、さらに問題なのは、パン焼き職人が軍隊に徴兵されてしまったことだ、なんとかしてもらいたいということであった。ハバーロフはさっそく、参謀本部に一五〇〇人のパン焼き職人の徴兵解除を求めるという要請を取り次いだ。次いで、ペテルブルクの工場主協会の代表がやって来て、

工場の食堂に穀物粉の配給をもっと多くしてほしいと陳情した。ハバーロフは、これも軍の主計部に取り次ぎ、すみやかに善処するように求めた。[160] この日は、首都の警備責任者が、食糧問題の解決に没頭しなければならなくなっていたわけである。

ハバーロフは、自宅で対策会議を開くことにした。市長レリャーノフ、代理のジョームキン、食糧全権代表ヴェイス、特別市長官のバルク、保安部長グロバチョフ、それにパヴレンコフ大佐を集めた。ハバーロフは市当局者に食糧問題の解決を求めた。しかし、ここで合意されたことは、パン屋を監督して、入手した穀物粉のすべてを使ってパン製造を行ない、できたパンはすべて売り出すようにさせ

るということにすぎなかった。街頭で民衆がパン屋を襲いはじめているときに、これではいかなる解決にもならなかった。もはや手遅れだった。この会議では、保安部がマークしている革命家を逮捕する、ノヴゴロド県から近衛騎兵予備連隊の部隊を呼び寄せるということでも合意した[161]。首都の連隊は信用できないということである。つまり万事お手上げの状態だった。

　この日、ネフスキー大通りとそこに通ずる道でのデモが、午前一一時より何度も試みられた。最初は午前一一時一〇分で、カザン橋に婦人と未成年者などが一〇〇〇人集まったが、三〇分で解散させられた。昼すぎには、三〇〇〇人が中央部のカザン聖堂前に集結し、一時間ほどねばった。群衆は「ラ・マルセイエーズ」「インターナショナル」を歌い、「パンをよこせ」とか、「ツァーリを倒せ」「ツァーリ政府打倒」と叫んだ。最後には五〇〇〇人にまでふくれ上がった。午後四時二〇分には、ふたたび三〇〇〇人ほどがこの近くに集まり、「ラ・マルセイエーズ」を合唱した。この際は一時間半ほど頑張った[162]。解散する直前の演説で「現体制の打倒」を訴えた活動家は、「明日は昼一二時にカザン聖堂の前に集結しよう」と呼びかけた[163]。もう一つの中心地となったのは、ネフスキー大通りの東端にあるズナーメンスカヤ広場で、その中央にあるアレクサンドル三世の銅像の足もとで、ネフスキー大通りを前進してきたデモ隊は、一五人の巡査を追い払い、集会を開いている。「共和国万歳、戦争反対、警官を打倒せよ」のスローガンとともに、「カザーク万歳」の叫びがあがり、カザーク兵はこれに会釈を返したと報告されている[164]。これは、「パンをよこせ」にはじまったこの日のデモが、午後には「専制打倒」「戦争反対」というスローガンを取り入れたことを意味している。カザン聖堂の方面では、夜八時少し前に一〇〇〇人が集まったが、これは五分で解散させられたという[165]。

　この日はまた、商店の打ち壊しがかなり増加している。未成年者がとくに打ち壊しの中心となっている。これはペトログラード地区とモスクワ地区で多く発生し、オフタ地区など闘争の後進地区にも見られた。

　デモ隊に対する市民の支持も目立ってきていた。ヴァシリエフスキー島地区で、一人の女性が警官に向かい、「あんたたちが笑っていられるのも、もう長くないよ。じきに、みんな無事ではすまなくなるさ」

と罵倒して逮捕されている。[166]ボリシェヴィキのカユーロフは、エカチェリーナ運河のほとりで、若い竜騎兵が、労働者には見えない年輩の男に、「おっさん、なにか用なのか」と言って排除しようとしたところ、その男は「若造、お前には飢えた人間の血がいるんだろう。さあ、取れよ」と胸を出した、と書いている。[167]

　この日は、事前の配備計画どおり、重要施設や建物の警備には歩兵が出動していた。それでもいっこうに止まらないデモの拡大は、権力側の憂慮を深めた。陸相ベリャーエフは、ハバーロフに、ネヴァ川を渡る者に威嚇射撃をするように提案したが、ハバーロフはこれを拒否した。[168]この陸相は、一月三日、次官から大臣に昇格したばかりだったが、皇后が主宰する委員会に陸軍省を代表して出席していたため、皇后の推薦によって任命された。[169]無能な人物であった。

上：ズナーメンスカヤ広場（右はニコライ駅）。
下：この広場で行なわれた革命時の集会

　騎兵とカザーク兵が、デモ隊の取り締りを積極的に行なわないことは、ハバーロフたちがもっとも憂慮したことであった。パヴレンコフ大佐は、本部に詰めているドン・カザーク第一連隊長トロイーリンに対して、部下に強く命令するように求めた。するとトロイーリンは、カザーク兵はナガイカ（革鞭）を与えられていないので、群衆への強力な対応ができないのだと言い出した。そこでようやく、ハバーロフの決定で、カザーク兵に一人あたり五〇コペイカを与え、ナガイカ（革鞭）を支給するようにした。[170]カザーク部隊は信頼できないので、フィンランドに退去させようという意見もあったが、パヴレンコフはその意見を抑えて、様子を見ることにしている。特別市長官バルクは、警官が襲撃されているので、パトロールをやめさせたいと申し入れたが、ハバーロフはこれを許さず、逆にその数を二倍に増員するように指示している。この結果、四人一組の警官が、二人一組になったのである[171]。

バルクの回想では、午前中はまだ平和的で、リチェイヌイ橋からヴィボルク地区を視察し、ペトログラード地区を経て、特別市長官府に戻ってきた、昼ごろに労働者が川を越えて市の中心部に進入してきたので、ハバーロフに軍の出動を要請した、と記されている。そしてこの日の午後、特別市長官府に軍管区司令官の司令部も移動することになったとしている[172]。じつは、これは前日の二三日のことであり、二四日のこととして記しているのは、これまた作為的な記述だと思われる。

この日は、国会でも終日、食糧問題を審議していたのだが、とくに結論が出たわけでない。夜になって、マリインスキー宮において、ロジャンコ議長の主宰で両院と政府との会議が開かれ、食糧問題を市当局にまかせるという決定がなされたという[173]。しかし、それがどれほど確実な決定なのか、どのような意味のある決定なのかは不明である。

皇后は、この日の手紙で初めて首都の状況について皇帝に書き送った。

昨日、ヴァシ〔リエフスキー〕島とネフスキー大通りで騒動がありました。貧民がパン屋を襲撃したからです。彼らは、フィリッポフの店をめちゃくちゃに打ち壊したので、カザーク兵が呼ばれました。これはすべて、私が非公式ルートで知ったことです。

皇后はフィリッポフの店を知っていたのだろう。この事件に特別な反応を示している。この手紙の中で、ケレンスキーをその過激な演説のゆえに絞首刑にせよ、と書き記していることはすでに述べたとおりである。手紙の結びでは「騒動は午前一〇時に悪化しましたが、午後一時には鎮静化しました。今はハバーロフの手に握られています」と楽観的になっている。最後に、近衛海兵団大隊長サブリンが、マクラコーフ、プロトポーポフらとブルドゥコーフ宅で食事をする、とも書かれている[174]。皇后は情報を集めようとしていたのである。

ブルドゥコーフとは、歴代皇帝の顧問役を務めたメシチェルスキー公爵の友人であり、その遺産の相続人であった、ある種の怪人物である。この夜の宴会の様子は、スピリドーヴィチによって書き残されている。この宴会の特別ゲストは、有名な占い師モルゲンシュテルンだった。占い師は、プロトポーポフの運命を占って、あなたを待っているのはこの上ない破局である、これを回避することはできないだろう、破局に押しつぶされるだけだと伝えた。迷信深いプロトポーポフは真っ青になり、うなだれた[175]。予言はまさに的中するのである。このことをプロトポーポフは、皇后に報告しなかったであろう。

この日の夜、民主諸党派の側では、ボリシェヴィキのヴィボルク地区委員会が会合をもったことが知られている。「気分は高揚していたが、全体的な指導が欠如し、ほかの地区の情報が不足していた。宣言のかたちで中央委員会の革命的方針を正確に伝えることが、どうしても必要であった」と、スヴェシニコフは書いている[176]。だが、中央にも明確な方針はなかった。シリャプニコフは、パヴロフ宅に集まってきたヴィボルク地区委員と印象を交換しただけであった[177]。

二月二五日――街頭での衝突

二月二五日には、ストライキが全市に波及し、ゼネストの様相を帯びるにいたった。保安部の資料でも、一七三工場・二〇万一二四八人、警察のデータでは二四万人、レイベーロフの研究では三〇万四九四五人がストライキに参加したとされる[178]。地域的には、新たにネヴァ、モスクワの両地区の諸工場が加わり、オブーホフと鋼管の二大官営工場もようやく参加した。「表1 首都工場の政治スト参加」(184頁に掲載)でわかるように、従来、闘争に加わったことのなかった工場の多くが参加した。この日は新聞も発行されず、電車も動かなかった。また、多くの大学や高専で学生がストライキ宣言を行ない、無期限ストに突入した[179]。

権力側にとって、この日は決定的な転機をなした。警備長官であるハバーロフはこの日、明日までに労働者が職場に戻らねば、召集延期を受けていた新兵を即時召集するとの布告を出した。またカザーク兵の動きを見て、カザーク兵を兵営にとどまらせて、別の部隊を出動させるようにせざるをえなかった。[180]

　労働者コンドラチエフによれば、ヴィボルク地区の労働者大衆の戦闘的意欲は一段と強まっていた。

〔新レスネル工場の朝の集会では〕ボリシェヴィキ、メンシェヴィキ、エスエルが演説した。彼らは労働者に向かって、ネフスキー大通りへ行こう、そしてブルジョア世界に向って、われわれは平和を望む、何の目的もなく子どもや父、夫を取り上げられるのは、もうまっぴらだ、と声高く宣言しようと、激烈に、そして一致して呼びかけた。われわれは自由を望む。（……）明るくよりよい未来があるはずのすべての生命あるものを、締め殺し圧迫する反動による横暴は、もうたくさんだ。われわれはもう、このままでは生きていけない。われわれは人間であって、家畜ではない。（……）空気には熱気が充満していた。労働者大衆はみんな、生か、闘争のなかでの死か、という同じ感情と心、不屈の願望、決意を抱いていた。[181]

　ボリシェヴィキのカユーロフがこの日の朝、エリクソン工場の仲間と相談して、赤い布を買い、「専制打倒」「戦争反対」のスローガンを縫い付けた二本の赤旗を作成した。[182] アイヴァス工場の集会では、活動家は三月一日までストライキを継続すること、カザン聖堂前で平和的なデモを行なうことを提案した。[183]

　メジライオンツイもようやく決戦の覚悟を固めた。ソーニャ・シュリガが、朝の八時に何がなんでも赤旗をつくり、それを持って、カザン聖堂前に来るように若い同志に命じた。ラヒール・コヴナートルは店がまだ開いていないので、友人の女子学生から赤いスカートをもらい、それを切って二枚の赤旗を作成した。一枚には「専制打倒」、もう一枚には「戦争反対、革命万歳」とひもで縫い付けた。[184]

　ヴィボルク地区の数千人のデモ隊は、午前一〇時、リチェイヌイ橋の突破をはかった。この日は第五方面の警視シャルフェーエフが、カザーク兵の半中隊と騎馬巡査隊を率いて、阻止線を張っていた。デモ隊が接近すると、シャルフェーエフは前に進み出て、デモ隊に向かって解散せよと叫んだ。その後のことは説が分かれる。警察の報告には「群衆がシャルフェーエフに飛びかかり、彼を馬から引きずり落ろし、棍棒やバールで殴りつけた」、巡査がピストルを撃ち、群衆側からも発砲があったとある。[185] 現場にいたコンドラチエフは、こう書いている。

シャルフェーエフが、みずから銃とナガイカ（革鞭）を持ち、デモ隊の中に入っていった。混乱が生じた。（……）デモ隊は後退して、シャルフェーエフは群衆の中に取り囲まれた状態となり、ナガイカを振り回しはじめた。このとき、彼は馬から引きずり下ろされた。巡査たちが駆け寄り、双方からピストルが発射された。巡査たちは後退し、シャルフェーエフが一人だけ取り残された。[186]

ドン・カザーク第一連隊第四中隊は、警官が発砲すると、警官を援護せず後退していった。ようやく応援の警官が駆けつけてきて、デモ隊は撃退された。シャルフェーエフは病院に搬送されたが、右腕、顔面、頭部に負傷していた。以後、次第にデモ隊は自由に橋を渡り、市中に入ったと思われる。[187] 午前一一時以降は、ヴイボルク地区の各警察よりの報告は、もはや提出されなくなった。

市の南東のオブーホフ工場では、一万四〇〇〇人ほどの労働者が、午前九時に「専制打倒、民主共和国万歳」と書いた赤旗を掲げ、革命歌を合唱しながら、市の中心部をめざして進んだ。[188]

ようやくこの日になって、内相は皇后に首都の事態を説明しなければならないと考えるようになった。午前中に、プロトポーポフ内相は皇后に書簡を送った。その文章は残っていない。大したことはないと、皇后を安心させる報告であったのだろう。皇后はその書簡を皇帝に送り、自分の感想も添えた。以下は、この事態に対する皇后の最初の反応である。

市内のストと騒ぎは、挑発的という以上のものです。これはフーリガン（ならず者）のなせる行動です。子どもたちや娘たちは走り回り、パンがないと叫んでいます。みなを興奮させるためです。それから労働をするなと呼びかけている労働者がいます。気温が低ければ、彼らはみなきっと家を出なかったでしょう。しかし、こんなことはやがて終わり、事態は収まるでしょう。国会がきちんとしたことをやればということです[189]。

しかし、市内の状況はそんなものではなかったことは、見てきたとおりである。

ネフスキー大通りには、この日も午前一一時ごろからデモ隊が現われた。労働者のほかに、精神神経高専などの学生がかなり参加している。コンドラチエフは「ネフスキー大通り全体が、人の海をなしていた」と書いている。この日、どの窓も開けられ、多くの人が顔を出し、ブルジョア婦人もバルコニーに出て、デモ隊に白いプラトーク（ロシアの民族的な柄のショール）を振っていた[190]。これを見た労働者の中には憤慨する者もいた。「臆病もの！　街頭に下りてこい。われわれは見世物ではないぞ」「このブルジョア野郎め（burzhui）」などと叫んだ[191]。

リチェイヌイ大通りとネフスキー大通りの交差点には、労働者、未成年者、学生たち（主として精神神経高専生）が押し寄せていた。これを軍隊・騎馬巡査がサーベルを振って解散させた。「警官に対する群衆の態度は、きわめて敵意あるものとなった[192]」。

正午ごろには、ネフスキー大通りを西へ進んだデモ隊が、この大通りの中ほどにある六〇人ほどの逮捕者が拘置されている建物に押し寄せ、釈放を要求した。警備していた五人の警官は、近くのゴスチンヌイ市場（ドヴォール）にいるカザーク第四連隊第六中隊に応援を要請したが、中隊長はゴスチンヌイ市場の警備命令しか受けていないとして、出動を拒否した。このため、デモ隊はなんなく逮捕者を奪還した。さらにデモ隊は警官一人を殴り倒し、人事不省に陥らせた[193]。

午後一時ごろ、五〇〇〇人ほどのデモ隊は革命歌を歌いながら、カザン橋に向かって進んだ。騎馬巡査隊約四〇人、ドン・カザーク第四連隊一中隊、狙撃兵第三連隊予備大隊の一中隊半がこれを阻んだ。この際、群衆から空きビンが投げられ、ピストルが六発発射され、警官三人、兵士一人が負傷した。巡査隊の責任者もピストルを発射している[194]。午後二時ごろ、デモ隊はカザン橋へふたたび向かい、その一部が逮捕者二五人を拘置してある建物に向かい、釈放を要求。この際、将校に率いられたドン・カザーク第四連隊の一中隊は、デモ隊に味方し、立番中の巡査をサーベルで殴りつけ、逮捕者を解放した。カザークの一人が警官に対して、「金のためには、なんでもするのか」と罵ったと報告されている。この少しあとで、群衆はネフスキー大通りの中央部のパン屋兼カフェ「ペカーリ」へ侵入しようとして、警官隊と衝突した。労働者はこの際、警官のサーベルとピストルを奪っている[195]。

午後一二時半すぎから三時ごろまで、ネフスキー大通りの東端のズナーメンスカヤ広場では、数千人の労働者がアレクサンドル三世の銅像の周囲で集会を開いていた。彼らをドン・カザーク第一・第四連隊の兵士が取り囲んでいたが、カザーク兵はまったく動かなかった。午後三時ごろ、やってきたアレクサンドロ＝ネフスカヤ地区第一警察署長クルイロフが、カザーク兵に対し、デモ隊に発砲するように要求した。しかし、カザーク兵は応じなかった。苛立ったクルイロフはカザーク兵を殴打した。すると、憤激した第一連隊のカザーク兵フィラートフは、サーベルを振って、一撃のもとにクルイロフを切り倒した。クルイロフは即死し、騎馬巡査隊は退却した[196]。雷のような「ウラー」（万歳）の歓声が群衆からわき上がった。カユーロフは、この事件は、彼とレスネル工場の同志がカザーク兵に向かって、「カザークの兄弟たちよ。労働者の平和の要求の実現闘争を助けてくれ。ファラオーンが、われわれ飢えた労働者を、どんなに殴りつけてきたかわかるだろう。助けてくれ」と呼びかけた直後に発生したと書いている[197]。これは、シャルフェーエフ事件に次いで、権力側に深刻な衝撃を与えたこの日の第二の事件であった。

リチェイナヤ地区第一分署長の報告によれば、午後四時、リチェイヌイとネフスキーの交差点で、憲兵のパトロール隊に向かって爆弾が二発投げ付けられた。音は大きかったが破壊力は小さく、馬に被害が出たが人間は負傷しなかった[198]。同じころ、市会のところで、兵士が赤旗を掲げて国会へ向かおうとしているデモ隊に数発発砲し、死者が四人出た。

午後五時半、デモ隊は「戦争反対」の赤旗を掲げて、ネフスキー大通りの中央に向けて進んだ。ゴスチンヌイ市場の近くで、騎兵第九予備連隊とプレオブラジェンスキー連隊の一小隊に行く手を阻まれた。軍隊の威嚇に対して、デモ隊からピストルが発射され、騎兵の一人が負傷した。竜騎兵の一小隊が駆けつけてきて発砲し、デモ隊に死者三人、負傷者一〇人が出た。[199]以上は、政府側の資料によるものだが、カユーロフは、このときの様子についてやや誇張した描写をしている。彼と同志たちは、ズナーメンスカヤ広場からデモ隊を先回りしてここに到着して、待機している兵士たちに、デモ隊に発砲しないようにねばり強く説得した。その結果、発砲はされないだろうとの印象を得て、引き下がっている。

> デモ隊はあと五〇歩のところに迫った。旗が見え（……）、チュグーリン、それと並んで私の息子〔カユーロフの息子で、アナーキスト。エリクソン工場の旗手〕の顔も見えた。すると、銃の遊底《ボルト》がガチャリと鳴り、ラッパが吹かれ、一回、二回、三回と一斉射撃がなされた。（……）一番前で兵士と並んで立っていた私は、銃の方向を目で追った――空へ向けられていた。だが「私は見間違っていないか？」とデモ隊を見ると、最初の一斉射撃で、全員が雪の上に身を伏せていた。しかしみな無事だとわかると、すばやく立ち上がり、ふたたび雷のごとき「ウラー」（万歳）が一〇〇〇人もの胸からわき上がった。ふたたび、数次の発砲――今度は叫びとうめき声が上がった。民衆は震え上がって逃げ散った。少数の勇敢な者だけが、一四人にのぼった死傷者を連れ帰るためにとどまっていた。デモは終わった。（……）兵士の人民への発砲は、強烈な印象を与えた。[200]

カユーロフは、デモ隊からのピストル発射があったとは書いていない。

そのほかこの日は、ヴァシリエフスキー島地区のペトログラード鋼管工場がストに入るとき、外部から働きかけた労働者との衝突で四人の負傷者が出たため、フィンランド連隊一個中隊が出動した。指揮官のイオッサ中尉が、入口で労働者に取り囲まれ、自分を罵倒した労働者の一人をピストルで射殺している。

「解散せよ、解散しなければ発砲するぞ」と言って撃ったのである。遺体を連隊の自動車でニコライ陸軍病院に運ぼうとしたが、労働者たちはそれを許さず、民間病院へ遺体を運び込むという一幕もあった。[201]

したがって、この日の死者はデモ隊に四人、権力側に一人であった。デモ隊からはピストル発射のほか、この日は爆弾の投擲も行なわれた。しかし、闘争が武力闘争に転化したというほどではない。[202]

この日のデモでは、すでに「パンをよこせ」のスローガンは影をひそめていた。ソ連の歴史家ミンツは、警察署の報告によれば、スローガンはほとんど「専制打倒」に絞られていたとしている。[203] エリクソン工場の赤旗のように、先進的な人々は「戦争反対」のスローガンも掲げていたが、オブーホフ工場の旗が示すように、この日から闘争に加わったような人々のスローガンは「専制打倒」だけだったのであろう。もっとも集会での演説や煽動はさまざまだった。カユーロフは、ズナーメンスカヤ広場の集会では、「発言者の一部は、国会支持、その責任内閣要求への支持を呼びかけていた」と書いている。[204] 一方、一四歳の中学生パーヴェル・スロヴァチンスキーは、この日の日記に、ズナーメンスカヤ広場の集会では「戦争反対、労働者ソヴィエト万歳、専制打倒、政府打倒、国会打倒、ロシア革命万歳」、そしてひときわ高く「大赦」の叫びがあがったと記している。さらに、ニコライ停車場の前では、「兵士たちが、武装するために造兵廠へ行こうと提案したり、臨時政府と労働者ソヴィエトの支持を表明したり、未決拘置所へ行って四人を解放することが必要だと語った」と書き残している。[205] ゴルジエンコもまた、この広場で、街灯の柱に登った大学生とも労働者ともつかぬ男が、「同志よ。待ちに待ったときが到来した。人民は圧制者に対して立ち上がった。一瞬も失うな。地区労働者ソヴィエトを結成し、兵士の代表も引き入れよう」と訴えていた、と記している。[206]

ペトログラード市会

このような呼びかけを行なったのは、どのような人々であろうか。その主張は、既成民主諸派の主張とは異なっている。一市民となっていた一九〇五年の活動家が、黙っていられなくなって叫びを上げたのかもしれない。

　国会は、この日は一二時に開会して、ペトログラードの食糧問題について審議した。ルジェフスキーの提案により、首都の食糧問題を市自治体に委ねる、そのために必要な立法措置を政府がすみやかに進める、という決議が採択された。しかしそれでは、三日目となった街頭での民衆運動を食い止めるには間に合わないことは明らかだった。ケレンスキーは、この日の農業相リッチフの発言について決議を提案した。農業相も食糧問題を市自治体にゆだねると言ったのだが、その言い方が国会議員たちを怒らせたのであった。ケレンスキーは、「国会は、現内閣がこれ以上権力の座にあることはまったく堪えがたい。第二に、国家の利益は全国民の統制に服する政府の樹立を求めている。第三に、ただちに国民には、言論、集会、結社と人格の自由が与えられなければならない。第四に、食糧問題は国民自身がみずからの手に掌握しなければならない（……）と考える」という革命的な決議案を提案した。この提案が採決にかけられれば、否決されるほかない。チヘイゼが立って、ケレンスキー提案に反対したくないが、と言いながら、継続審議にするように求めた。それを議長が認めて、二八日に審議を再開すると宣言して、閉会とした▼207。これが、帝政ロシア国会の最後となった。

　では、この日の左翼諸党派の動きは、どうであったろうか。まずボリシェヴィキから見てみよう。中央委員会ビューローは、この日の朝、ペテルブルク市委員会からの依頼でビラを起草した。その文章の基本にされたのは、以前にモスクワのオリミンスキーから送られてきたものだった。そんなものに修正を加えたくらいでは、この段階の情勢に適した煽動ビラになるはずはなかった。シリャプニコフは「闘争のために組織をつくろう。職場ごとに、工場ごとに、全ロシアにロシア社会民主労働党委員会を結成せよ。これは、闘争委員会、自由の委員会となるであろう」と書き込んだ。ソヴィエトを結成せよ、とは呼びかけていないことが特徴的である。「全ロシア・ゼネスト万歳」というスローガンも加えた。そしてその実現のために、中央委員会ビューローはモスクワへ急使を出し、首都の労働者を支持し、ゼネストに立て、と申し入れることを決めている。[208]このビラの文案は、ペテルブルク市委員会にまわされ、実際に印刷されたのは翌二六日であった。情勢への立ち遅れは、さらにはなはだしいものとなっていた。

シリャプニコフによれば、中央委員会ビューローには、この日の昼間、武器を求めて、労働者ボリシェヴィキや地区委員会の代表者が何度もやってきた。「せめて数十挺のピストルでも」という要求であった。シリャプニコフはこれを拒否した。

> 入手することは可能であったし、また比較的容易でもあった。だが、ピストルが事態を決するのではないのではないか。武力にかけては、ツァーリ政府の方がわれわれを圧倒していたから、彼らの武器を獲得し利用しなければならなかった。求められるがままに、入手した武器を時と場所を考えずに使えば、闘争を台なしにしてしまうのではないかと、私は恐れた。激昂した同志が兵士に向かってピストルを発射すれば、どの部隊に対してであれ挑発行為となり、当局が兵士を労働者の弾圧にけしかける口実になってしまうかもしれない。したがって私は、武器の要求を断固として拒否した。そして兵士をわれわれの蜂起に引き入れ、この方法によって、全労働者に行き渡るだけの武器を入手することを、言葉を尽くしてねばり強く説得したのである。[209]

この方針は、ボリシェヴィキの伝統的な蜂起論に反しており、二三日夜のペテルブルク市委員会とヴィボルク地区委員会との合同会議の結論とも異なっていた。「決起した者は、彼ら自身がいかなる代価を支払っても、したがって血の代価を支払っても、勝利を獲得する覚悟を真に有している場合にのみ、兵士の気持ちに変化をもたらすことができるのである。そして、この最高の決意は非武装のままであることは決してできないし、また望まない[210]」とトロツキーが述べて以来、シリャプニコフのこの態度は日和見主義的だとする意見が存在した。その一方で、帝政ロシア陸軍の革新派の将軍で、ソヴィエト政権の側についたマルトゥイノフはその著書の中で、「この日、軍隊の側からの武器の使用は全部で二件であり、いずれもデモ隊の挑発によって発生したものであった。無益に軍隊を怒らすべきではない、との中央委員会ビューローの指示は正しかったことを裏書きしている」と述べ、結論部分でもこの方針を「特別の功績」として高く評価している。[211]これまでの経過からいえば、労働者のピストル使用は散発的なものであり、デモの戦闘性の一つの現われという程度である。労働者の武装は、二月の民衆運動において重要な役割を果たしているとは言いがたい。

ペテルブルク市委員会執行委員会は、この日の夕刻、ペトログラード地区で開かれた。出席者はスコロホードフ、チュグーリン、シュートコ、ガンシン、それにザルツキー、オシス＝オゾーリであった。ザルツキーの回想によれば、先に集まった四人は、「血が流されていること、ツァリーズムが軍隊、カザーク兵、その他を引き入れたことを考慮し、デモ中止を労働者に呼びかけることを決めていた」という。もしこれが事実ならば、デモ隊の先頭に立って軍隊の発砲を受け、仲間の労働者を失ったばかりのチュグーリンらが、一時的に動揺したことを意味する。遅れてきたザルツキーは、彼らの情報を分析してみせ、軍隊が動揺していること、「血を見ずに革命はないこと」を指摘し、「闘争の強化と深化の必要性」を説いた。四人はすぐに一時の日和見主義的な迷いを捨て、ザルツキーの提案により「男女労働者が兵士と交歓し、兵士を運動へ引き入れる戦術」を決定した。このあと保安部の手先のオゾーリが遅れて来て、強く反対したが、決定はもはや覆ることはなかった。ザルツキーは同志の求めに応じて、「いくつかの短い呼びかけのプラカード」を書いている。[212]

おそらくオゾーリの通報にもとづくと思われる警保局の報告書[213]によると、この会合では次のようなことが決定されたらしい。第一は、二月二五日付でビラを出すこと。この史料を公表したバルシチェインらの註記によると、[214]「兵士の兄弟たちよ」というペテルブルク市委員会のビラの文案が付されている。このビラの本文は次のとおりである。

〔闘争〕第三日目にあたり、われわれペトログラードの労働者は、人民の流血の元凶であり、諸君の妻子・母兄弟たちを破滅に追いやる国内の飢餓の元凶である専制制度の廃絶を、公然と要求する。同志である兵士諸君、労働者階級と革命的軍隊との兄弟的同盟のみが、奴隷にされた人民の解放、そして兄弟で殺しあう無意味な殺戮を終わりにするのだ、ということを想起せよ。ツァーリ君主制打倒、革命的軍隊の人民との兄弟的同盟万歳▼[215]。

この短いビラはいつ印刷されたかは判然としないが、中央委員会ビューローのビラよりも、はるかに闘争のこの段階に合致した、明確な内容となっている。

第二の決定は、闘争の組織的指導のために、翌二六日の朝、市委員会総会を招集することであった。さらに、「この際、政府が騒動の鎮圧に精力的な措置を講じない場合は、二月二七日（月曜日）に、バリケードを構築し、電気を止め、水道と電信を断つことが提案されている」とある。このことは蜂起のモデルが、一九〇五年に求められていることを示している。

第三には、次のことが決定されている。「ただちに、工場に工場委員会を設立すること。そのメンバーは『情報ビューロー』に代表を出すこと。この『情報ビューロー』は、組織と工場委員会とを結びつける環となり、ペトログラード市委員会の指示を工場委員会に伝えて、これを指導するものとなるであろう。『情報ビューロー』は（……）、将来において、一九〇五年に機能していたような『労働者ソヴィエト』になるはずである」。これは、一九一五年のペテルブルク市委員会の労働者ソヴィエト構想と連続するものをもっており、党の強力な指導下にあるソヴィエトを構想している。しかしこれでも、党委員会を設立せよという中央委員会ビューローの呼びかけに較べれば、より実践的であった。だが、市内ですでにソヴィエトを結成せよとの煽動が行なわれているとき、それを将来のこととしたのは消極的にすぎたと言うべきであろう。

この夜、ヴィボルク地区委員会もまた開かれている。スヴェシニコフの回想には、「工場には、労働者ソヴィエトへ代表を選出したいとの意向がある。地区委員会は、その選出をみずからの手に握ろうとしている」とある。[216] それ以上のことはわからないので、地区委員たちの考えのなかで、それがどの程度の意義をもたされていたかは不明である。

メジライオンツィは、この闘争の過程で、反戦派の四党派の「情報連絡センター」を設立することを提案し、実現させた。何日かははっきりしないが、遅くともこの二四日ぐらいには会合がもたれていたと思われる。第一回の会合には、メジライオンツィのユレーネフ、「イニシャティヴ・グループ」のソコロフスキー、エスエル左派のアレクサンドローヴィチ、ボリシェヴィキのリトワニア人組織の弁護士ポジェラが出席した。この会合では、ポジェラが「一九〇五年のような労働者ソヴィエト」の結成を主張し、ソコロフスキーの憲法制定会議を求める主張と対立した。これに対し、ユレーネフは「原則的にはペテルブルク市委員会と主張は一致したが、このスローガンを掲げるのは無理にならないように、事態の進展を待つべきだと提案した[217]」という。明らかにこの時点では、メジライオンツィも、イニシャティヴ・グループも、エスエル左派も、革命の前途には悲観的で、ソヴィエト結成に消極的であった。

これに対して、二・一四国会行進を提案し、革命的な決定的行動を呼びかけた「労働者グループ」の後継グループは、この日すでに労働者ソヴィエトを結成するという明確な方針を打ち出していた。この日の午後三時、ネフスキー大通り東端一四四号にあるペトログラード労働者生協連合会の本部で、メンシェヴィキ国会議員、メンシェヴィキ活動家、市内各地区の労働者など三〇～三五人が会合をもった。社民党議員のチヘイゼ、メンシェヴィキ国防派のチェレヴァーニン、生協連合会のイ・ゲ・ヴォルコフとカペリンスキーらが出席している。

各地域の情報が報告された後で、いかにして運動を組織するか、この今起こっている事態から活路をどう見出すのか、という問題が話し合われた。そこで、ここで初めて、一九〇五年の例をモデルとして、労働者ソヴィエトの組織化に着手することが必要だという提案がなされた。短時間の意見交換ののち、全員一致で、ただちに労働者ソヴィエトの結成に着手することが必要だと決定した。そこで組織化の計画が立てられた。各地区に選出された代表の情報を集めるセンター（労働者生活協同組合、または疾病共済組合）が指定された。すべての地区センターの情報が集中されるべき全市センターは、ペトログラード労働者生協連合会とされた。この集会に出席した地区代表には、採択された決定を各地区の全工場に知らせる義務が課せられた。翌日にはソヴィエトの会議を開くようにとの提案がなされた。[218]

左派諸党の動向にくわしい評論家のスハノフは、聞いた話として、ソヴィエト結成案はチェレヴァーニンが提案したものであり、これに対し、チヘイゼは当惑していたと書いているが、[219]正しい認識ではない。これは、「労働者グループ」としての、既定の方針の実践である。

しかし、この方針も実行に移される前に、当局によって阻止された。この会合を終えた出席者は二手に分かれ、一部は戦時工業委員会「労働者グループ」のアノソフスキーらが招集した会議へ、もう一部は初めて社会諸団体の代表を交えて開かれた市会の会議へ出席したのであるが、この日の夜「労働者グループ」の会議に参加した二八人は全員逮捕されてしまった。これで彼らの計画はひとまず挫折したのである。

この日はまた、超党派の左翼文化人の動きが起こっている。『レートピシ』誌の実質的な編集長であったスハノフは、二四日にすでに革命を「既成事実」と考え、変革後の政権について考察をはじめていた。専制の時期に、民主勢力が完全にバラバラであったこと。首都の民主派が権力を執ろうとすれば、官僚機構の反撥と地方の反撥を受けること。戦争反対の者が権力を執れば、戦争即時中止を呼びかけなければならなくなるが、これは新たな政権の課題をいっそう困難にすること。むしろ戦争終結のための条件づくりこそが、変革の基本課題であること――彼はこのような考えにもとづいて、民主主義派の権力でなく、「ブルジョア権力」を構想した。彼は、ミリュコーフをして権力を執らせるためには、「戦争反対」のスローガンを下ろすべきだとすら考えていたのである。[220]

スハノフは弁護士のソコロフと話し合って、二五日の午後三時に会合を呼びかけた。セルギエフスカヤ通りにあるソコロフの住居に集まったのは、ケレンスキーをはじめナロードニキ系右派の面々であった。この会合では、スハノフの提案は突飛なものと受け取られたと言われる。スハノフは会合後、作家ゴーリキー宅を訪ね、バザーロフ、チーホノフらと話し合ったが、彼らは事態の進行について悲観的な印象を抱き、変革後の政権には関心を見せなかった。[221]

権力側はどのように考え、行動しようとしたのか。これまで内相も軍管区司令官も、大本営と皇帝には事態を報告しないでいた。しかし、もはや報告しないわけにはいかなかった。この日、カザークによるクルイロフ殺害が発生したのち、夕刻、二人は二三日以降の事態の報告を、大本営の皇宮警備司令官ヴォエイコフと参謀総長アレクセーエフ宛てに打電している。これが最初の報告であった。

まずプロトポーポフ内相は、首都の騒動はパンの不足によるものだと説明している。「本日、より深刻な騒乱状態が、ズナーメンスカヤ広場のアレクサンドル三世銅像の周囲で発生しました。そこで、警察分署長クルイロフが殺害されました。運動は自然発生的な性格を有しています。デモ隊は、反政府的な過激な行為を行なう一方で、ときに軍隊に敬意を表わしています。いっそうの騒乱状態を食い止めるために、軍当局はありとあらゆる可能な方策を講じております[222]」。

ハバーロフ軍管区司令官の報告も基本的な違いはない。

「軍隊は武力を行使しておりません。四人の警察官が負傷しましたが、重傷ではありません。本日二五日、ネフスキー大通りに侵入しようという労働者の試みは、効果的に阻止されました。侵入した者たちはカザーク兵に追い払われました。朝、ヴィボルク地区の警視監が手の骨を折り、頭を鈍器で傷つけられました。午後三時に、ズナーメンスカヤ広場で群衆を解散させる際、分署長クルイロフが殺害されました[223]」。

驚くべき事態が、ごく簡単に報告されている。皇帝に従っていたドゥベンスキー少将は「陛下は、今日は見たところ、ほがらかであったが、不安に取り憑かれているかのようでもあった」と、この日の日記に書き残している。[224] このような電報では、事態の決定的な深刻さを認識しなかっただろう。それは将軍たちも同じであった。

驚くべきことは、ゴリーツイン首相と大臣たちが、二五日夜に議論したのは、国会休会命令をどう出すかということであった。首相は夜遅く、閣議をモホーヴァヤ通りの彼の住居に召集した。ハバーロフとバルクも呼ばれた。街頭の騒乱状態は深刻な域に達していることが話されたが、首相は国会解散勅令を出すことを閣議の議題にした。これは皇帝の指示ではなく、ゴリーツイン首相の判断であった。しかし、彼が独断でこの強硬策に出るはずはない。おそらく街頭のデモは国会に操られているとの思い込みから、国会を解散させることが事態の沈静化に役立つと考えたプロトポーポフ内相の要請であったのだろう。

ゴリーツイン首相のもとには、前年の一二月、前任の首相トレポフが皇帝から渡された日付と本文の入っていない国会休会の勅令を記した文書があった。首相は皇帝から「必要になったら、これを使え」と渡されていたのである。閣議では、プロトポーポフ内相だけが解散案に賛成したが、他の全員が反対したので、休会案でまとまった。ゴリーツイン首相もその多数意見に従ったのである。ポクロフスキー外相など数人の大臣は、この勅令を出すなら、内閣の顔ぶれを変える措置と同時に行なわなければならないと主張した。プロトポーポフ内相の罷免問題を持ち出したのである。この会議中に、トレポフ、シリンスキー＝シャフマートフ、ニコライ・マクラコーフら、右翼の国家評議会議員が首相宅を訪問してきて、ただちに戒厳令を敷くべきだと主張した。大臣たちはその意見に同調できず、軍管区司令官にもっとも強硬な措置を取ることを要請した。その一方で、ポクロフスキーとリッチフに国会の有力議員と面会して、休会命令についての反応を探ることが委任された。[225] ベリャーエフ陸相は、ポクロフスキー外相たちは総辞職も覚悟して、国会と協定を結ぶべきだという積極論者であったかのように、のちの臨時政府非常審問委員会で陳述しているが、[226] 国会を休会させておいて、いかなる合意が国会との間にできるものか、閣議の決定は非現実的なものでしかなく、ポクロフスキーにも格別の熱意は感じられない。閣議は深夜に終わった。

この夜、ネフスキー大通りの中ほどにある市会では、ブルジョア市民革命派の集会が開かれた。本来は、市長レリャーノフが食糧配給切符制の実施を議題として招集したものである。国会・市会の議員のほか、市の保健所、生活保護事務所の代表が参加していた。午後九時に開会すると、労働者たちが押しかけてきて加わった。市会議長バズーノフの司会で会議がはじまったが、まず市長が国会議長ロジャンコと政府との昨夜の話し合いの結果、首都の食糧管理を市会の所管に移すことになったと報告した[227]。これについて、食糧管理の事業にあたる地区食糧委員会、中央食糧委員会への労働者代表の参加を公認せよとの要求が、保健所代表マルグーリエス、市会議員チスチャコフ、国会議員シンガリョフから出された。だが、そこから市会議員シニートニコフが、現政府はまったく無能力だ、連立内閣に政権を譲るべきだと主張すると、参加した市民の一人が、ネフスキー大通りでは民衆に銃撃が加えられている、何かをなさなければならない、明日では遅すぎると演説した。ここで「労働者グループ」と連携をとって運動してきた生協連合会のヴォルコフが登壇し、まず参加者全員に罪なくして殺されている労働者のために、起立して黙祷をすることを求めた。彼は、運動に立ち上がった労働者はパンのほかにも要求があると述べ、市自治体の姿勢を批判した上で、次のように発言した。「現体制の民主化があってこそ、食糧問題の混乱を解決できる。食糧委員会の委員の半数を労働者にせよ。月曜日には、食糧委員会の代表選挙が行なわれるだろう」。

　ここでケレンスキーが集会に姿を現わし、熱烈な拍手で迎えられた。彼は、今になって政府が食糧問題を市自治体にまかせると言い出したのは無責任であるとし、「ダナエの娘たちの贈り物」（トロイの木馬のことで、偽りの贈り物をさす）を警戒せよと主張した。任せるなら、市民と労働者が問題を解決するのを全面的に認めなければならない、というのが彼の意見だった。ケレンスキーは、権力にその気がないことを示す証拠として、リチェイヌイ大通りの本部での戦時工業委員会「労働者グループ」の会合に出た労働者たちが市会に向かおうとして、全員が逮捕されたことを伝え、抗議を呼びかけた。国会議員スコベレフは「『政府の放心ぶり』に乗じて決然たる行動をとること」を主張し、政府の退陣を要求した。レスネル工場の疾病共済組合のサモドゥーロフは、現国家機構を「その根底まで廃絶すべきである」と主張した。最後に、ケレンスキーが立ち上がって、今一度、デモで殺害された犠牲者に黙祷を捧げようと呼びかけ、出席者は起立した。会合は、労働者市民の街頭闘争を支持する政治集会となった。

同じころ、市会から六〇〇メートルほどネフスキー大通りを下ったところにある帝室アレクサンドリンスキー劇場では、レールモントフ原作の演劇『仮面舞踏会』の初演が行なわれていた。この劇場の演出家、奇才メイエルホリドが美術担当のゴローヴィンとともに、一九一二年から準備してきた舞台であった。劇場には首都の貴顕上流階級の人々が車で乗り付け、遅れて幕が上がったときは、場内は満席であった。垂れ幕が舞台から客席にまでかけられ、観客も豪華絢爛たる仮面舞踏会の参加者となった感がしたことだろう。劇のクライマックスは、妻ニーナを死に追い込んだ主人公アルベーニンが鳥のくちばしの付いた仮面をかぶった「見知らぬ男」に罪を追及され、毒をあおって、苦悶しながら死んでいく場面である。壮麗なる栄華の世界で演出された永く待たれてきた死の儀式——これが断末魔の帝政政府との闘いに立ち上がった人々に対して、帝室劇場の舞台から発された死すべき者への葬送の祈り、鐘の音であったのである。倒れたアルベーニンを見下ろした「見知らぬ男」は言い放つ。

「永いあいだ、私は完全なる復讐を願ってきたのだ。ついに今、私の恨みは晴らされた[228]」。

この夜遅く、民衆運動を鎮圧する責任者であるハバーロフ軍管区司令官は、海軍本部前の特別市長官本部にいた。すでにこの日の夕刻には、ヴィボルク地区の警察署はほぼ完全に民衆に破壊された、と報告を受けていた。警官は殺されるか、姿を隠していた。第一署長は手なずけてあった労働者に助けてもらって、負傷者を装って逃げ出した。火薬工場署の署長は、門番からボロ服を買って浮浪者に身を変えて逃走した。市の北東部は、権力にとって失われたと同じであった[229]。

この状況のなかで、夜九時、皇帝より「ドイツ・オーストリアとの交戦中の困難な時期に許しがたい首都における騒乱状態を明日は中止させるよう命ずる。ニコライ」との電報が届いた[230]。ハバーロフは「脳天に一撃を喰らった」ようだったと陳述している。夜一〇時、各地区の警備隊長たちを集めたところで、ハバーロフは皇帝の電報を読み上げ、「諸君、陛下は、明日には騒乱状態を押さえ込むよう命じたもうた。

今や最後の手段が試みられなければならない。したがって、群衆の数が少なく、攻撃的でなく、旗を持たない場合は、各署に騎兵隊を配備する。騎兵を使って、群衆を解散させよう。群衆が旗を持って攻撃的であるときは、操典にのっとって行動せよ。すなわち、一、二、三の合図で警告し、三つめの合図ののちに発砲せよ」と命令した[231]。こうして、ついに権力は最終的な弾圧策に乗り出すこととなったのである。

憲兵隊は、残存していたグヴォズジェフ以下の戦時工業委員会労働者グループを検挙したのにつづいて、夜の明けないうちに、市内でかねてより監視中の革命派、約一〇〇名を一斉検挙した[232]。この一〇〇名全員の顔ぶれは知られていないが、ボリシェヴィキでは、ヴィボルク地区のクークリン宅に集まったペテルブルク市委員会のメンバーが逮捕されたのは確かである。このため、この党は、ヴィボルク地区以外とのつながりの最後の糸も切れたのである。

二月二六日――軍隊銃撃

二月二六日は日曜日だった。商店・官庁は休みだった。朝、ハバーロフ中将名の布告が市内各所に貼り出された。その内容は、秩序確立のためには軍隊は武器の行使も辞さないというものであった。軍隊は前日同様、市内の拠点を固めた。変わったのは、警官が立番に立つのではなく、ライフルを与えられ、隊伍を組んでいたことである[233]。

午前中は、休日用のきれいな服を着た労働者が道路を歩き、のんびりした気分が戻ったかのようであった[234]。ハバーロフは安堵して、午後、二五日夕刻の状況を報告した大本営への電報の結びに、「本日は朝から市中は平穏である」と付け加えた[235]。

政府は、朝食後、外相ポクロフスキーと農相リッチフが国会議員を呼び出し、意見交換を行なった。最初に呼ばれたのは、カデット党の大物マクラコーフである。「マクラコーフは、事態は深刻であり、早急な措置が必要だと認識していた。彼の意見でも、国会の解散は、極端な事態を避けるために絶対に必要な措置であった。国会にはあまりに多くの可燃材料がある。しかし同時に、なおいっそう必要なのは、政府の顔ぶれの全面的な刷新である。これをやらずに国会を解散すれば、革命が起こりかねない。そうなれば国会議員の穏健派はまったく力を失うだろう」。マクラコーフが首相候補としてあげたのはアレクセーエフ参謀総長であり、元外相のサゾーノフ、元財務相、首相のココフツォフの再入閣もいい、ポクロフスキーやイグナチエフは別の大臣ポストに横滑りしてはどうかという話だった。二人の大臣は、これなら受け入れられると喜んだのであった。

次に話をしたのは、オクチャブリストのサヴィチであった。彼の意見も、マクラコーフとほぼ同じであった。しかし新閣僚の名前などには触れなかった。三人めもオクチャブリストで、ドミトリューコフであった。彼の意見ははっきりせず、国会の解散が必要だなどとは言わなかった。危険が迫っていると認識していなかったからであり、ポクロフスキーは、彼をかなり楽観的な人物だと捉えている。

最後は、民族派の指導者バラショフであった。彼は国会の解散が必要だと主張したが、政府の顔ぶれの刷新を同時に行なうべきだとは考えていなかった。▼236

結局のところ、国会の主流派議員たちも、まさに革命のただ中にあるのに、まったく事態の本質を理解していないことを暴露したのであった。ポクロフスキーが彼らの話を聞いたのは、基本的に時間の無駄であったと言うべきであろう。

この日、皇后は、プロトポーポフの報告を未明に受け取り、その内容を盛り込んで、皇帝に書簡をしたためた。

> 市内では、昨日は事態が悪く進みました。一二〇人から一三〇人の検挙が行なわれました。主犯たちです。レリャーノフ〔市長〕は市会での発言の責任が問われます。大臣たちと一部の右翼議員たちが、厳しい措置を取ることについて昨日の夕刻に会合しました。（カリーニンは朝の四時に報告をくれました）。彼らはみな、明日には鎮静化するだろうと期待しています。バリケードが作られようとしています。月曜日には、私はものすごいビラを読みました。しかし、私にはわかります。万事がうま

くいくと。太陽はあんなにも明るく照らしています。私は、あの方のお墓の上に落ち着きと平和を感じました。あの方は亡くなりましたが、私たちを救うためです[237]。

「あの方」とはラスプーチンのことである。この書簡を受け取った皇帝は「私は、ハバーロフがすみやかにこの街頭の騒動を止められると期待している。プロトポーポフには、はっきりした明確な指示を出さなければならない。老ゴリーツィン〔首相〕がわけがわからなくならなければよいがと祈るばかりだ」と返信をした[238]。

だが首都では、昼すぎになると、労働者と学生がネフスキー大通りに姿を現わし、警官・軍隊との衝突がはじまった。保安部の報告にはこうある。「騒乱状態においては、一般的な現象として、不逞《ふてい》の群衆による軍隊に対するきわめて挑戦的な態度が見られた。群衆は、解散せよとの通告への回答として、石や路面の氷を砕いて投げつけてきた。軍隊が空へ威嚇射撃をすると、群衆は解散するどころか、それを嘲笑で迎えた。群衆に向けた実弾射撃によってのみ彼らを退散させることができたが、彼らのほとんどは建物内に隠れて、射撃が止むとまた街頭へ出てきた[239]」。

ボリシェヴィキのカユーロフは、銃撃にうちひしがれた。「恐るべき光景が、われわれを待ち受けていた。見物していた少数の者は道路に身を伏せていた。サドーヴァヤ通りからカザン聖堂まで、カザン聖堂前広場からズナーメンスカヤ広場まで、警官隊と小銃を持った者たちが配備され、四方八方に射ちまくっていた。思ったことは一つだった。蜂起は一掃されつつある。デモは無防備であり、決定的対策を実行した政府に対抗するすべはない、と。救急馬車がひっきりなしにネフスキー大通りを行き来して、負傷者と死者を運んでいた[240]」。

ズナーメンスカヤ広場では、デモ隊が集会を開いていた。カユーロフは「ここには、まだ革命の息吹が感じられた」と書いている。保安部の手先は、ここに「帽子をかぶって馬に乗って」現われた人物が、労働者ソヴィエトの結成を呼びかけたと報告している。この人物は、組織化と武装を呼びかけ、また未決拘置所へ向かい囚人を解放せよと主張したという。ソヴィエトについては他の者も発言した。この人物について、学生たちが、あれはケレンスキーだと話していたとのことである[241]。しかし、ケレンスキーであるはずはない。この人物の主張は、二五日のニコライ停車場前広場での煽動の内容と一致している。保安部の手先が報告の日付を二五日と間違えたのか、それとも同様の主張が同一の人物によってくり返されたか、のいずれかである。

　集会が認められていたズナーメンスカヤ広場は、やがて、もっとも凄惨な虐殺の場となった。保安部の報告では、銃撃により死傷者が出たのは、ネフスキー大通りへ北から入るリゴフスカヤ通り、ネフスキー大通りとヴラジーミルスキー大通りの交差点、ネフスキー大通りとサドーヴァヤ通りの交差点、スヴォーロフスキー大通りと第一ロジジェストヴェンスカヤ通りの交差点、それにズナーメンスカヤ広場である[242]。これは、おおよそ北から、すなわちヴィボルク地区とペトログラード地区から来たデモ隊に対して、銃撃がなされたことを示している。ネフスキー大通りの南側は比較的平穏であったと言われる[243]。死傷者の数は、デモ隊が倒れた仲間を連れ帰ったのではっきりしない。ただ、ズナーメンスカヤ広場で午後四時半にデモ隊が一掃されたとき、現場には四〇人の遺体と、ほぼ同数の重傷者が倒れていた。殺された者は労働者と学生が多かったようだ。また、赤十字の腕章を付けた中等学校生徒や女子学生が、負傷者の救護活動を行なった。保安部の報告は、彼女たちが警官に対して「非常に無礼な態度をとった」と記している[244]。

　おもに発砲を行なったのは警官・憲兵だったが、当然ながら軍隊も発砲している。ネフスキー大通りの中央から西の地域の警備を割り当てられていたのはパヴロフスキー連隊であり、ズナーメンスカヤ広場を割り当てられていたのはヴォルイニ連隊である。いずれも教導隊が出動した。

　ヴォルイニ連隊教導隊第一中隊の場合、教導隊長のラシケーヴィチ大尉、ヴォロンツォーフ少尉補、トカチューラ少尉補は、デモ隊の鎮圧にきわめて積極的であった。しかし、キルピーチニコフ曹長は、前日からこの職務に嫌悪を感じていた。兵士たちも同様であった。キルピーチニコフ曹長の回想によれば、次のような状況であった[245]。

午後二時半すぎに、ラシケーヴィチ大尉は巡察隊を率いて広場に入ると、人々を次々と殴りつけ、蹴り飛ばした。若い女性の襟をつかんで乱暴をはたらき、兵士に別の女性を銃で殴れと命じた。しかし、その兵士は「お嬢さん、どうか早く逃げてください」と言って、殴らなかった。大尉は、なぜ命令を実行せんのか、「もう一度やったら、銃殺するぞ」と言い放った。キルピーチニコフ曹長は、兵士たちに「発砲を命じられたら、空を射て。命令を実行しないわけにはいかない――やられるかもしれない。もし運よく、今晩、兵営に戻れたら、自分たちの運命を決めよう」と話した。巡察から戻ると、ヴォロンツォーフ少尉補の指揮で、デモ隊への発砲がはじまった。兵士たちは狙いを外して撃ったので、いっこうに当たらない。少尉補は「なにを緊張しているのだ。落ち着いて射て」と怒鳴り、業を煮やして、兵士からライフルを取り上げると、壁に身を寄せている人々を狙い撃ちし、少なくとも四人を殺した。

　キルピーチニコフ曹長によれば、第二中隊の兵士ではなく、もっぱらこのヴォロンツォーフ少尉補の発砲によって死者が出たことになる。これを信じれば、ズナーメンスカヤ広場の大量の死者のほとんどは、警官隊の発砲によることになる。しかし、キルピーチニコフ曹長の記述には多少の事実の潤色があるかもしれない[246]。

　銃撃がはじまると、国会議長のロジャンコは、農業相のリッチフのもとを訪ね、二人で陸相のベリャーエフのところへ行った。そこからロジャンコは、軍管区司令官のハバーロフに電話して、「どうして血を流すのか」と問いただした。ハバーロフは、軍隊というものは攻撃の的となったままではいられない、受けた攻撃には応戦しなければならないのだ、と言い返した[247]。ロジャンコは、ベリャーエフ陸相に、消防隊を出動させ、デモ隊に放水したらいいじゃないかと提案した。ベリャーエフは、ハバーロフに電話でそれを伝えると、しばらくして返事があった。騒乱状態の鎮圧のために消防隊を出動させてはならないという命令があり、また放水はかえってデモ隊を興奮させ、逆効果だと言ってきたという[248]。

　特別市長官のバルクは、軍隊の銃撃によってデモ隊がなぎ倒されたことで、すっかり安心した。彼はこの日の午後には多くの人が長官府に詰めかけ、事態に満足の意を表明したと書き残している[249]。

ロジャンコはそのようには考えられなかった。この日の夕刻、皇帝に宛てて決定的な電報を送った。「深刻な事態。首都は無政府状態。政府は麻痺。食糧と燃料の輸送は、完全なる壊滅状態となっている。全体的に不満が増大している。街頭では無秩序な発砲がなされている。一部では部隊同士が発砲しあっている。ただちに国の信任ある者に新政府づくりを委任すべき。遅らせてはならない。いっさいの遅滞は死に等しい。神に祈る。責任が陛下にかからないように[250]」。

そして、この二六日の夕刻、民衆運動側に決定的な変化の先触れをなす事件が発生した。パヴロフスキー連隊第四中隊の反乱である。この事件については諸説がある。ハバーロフが二七日の昼一二時にツァーリに送った電報では、次のように書かれている。「二月二六日、近衛パヴロフスキー連隊予備大隊の帰還兵中隊が、中隊長に対して、自分たちは人民に銃を向け発砲しないと宣言した。中隊は武装解除され、逮捕された。尋問が行なわれている。大隊長エクスチェン大佐は、群衆の中の氏名不詳者の発砲により負傷させられた[251]」。のちの臨時政府の非常審問委員会での陳述では、ハバーロフは、この中隊は帰還兵・負傷兵からなり、その数は一五〇〇人程度であるとし、この中隊は兵営のなかで、出動した同連隊の教導隊が民衆に発砲していることを知り、彼らを呼び戻せと要求して不服従の行動に出たものである、と述べている[252]。

その一方、特別市長官府の専門員であったアカヨーモフ作成の記録では、次のように書かれている。「パヴロフスキー連隊の中隊は、兵営を出たが、人民の弾圧に向かうことを拒否し、エカチェリーナ運河の近くで動かなくなった。（……）一時間後に電話で報告があったところによれば、中隊は兵営に戻され、監禁された。中隊と話し合っている際、エクスチェン大隊長は発砲を受け、負傷した。撃ったのは群衆の一人、学生であるようだ[253]」。

特別市長官バルクはその回想で、事件を二五日に発生したと誤って記しているが、次のように説明している。中隊は「血の上の救い主教会」の近くで前進を止め、集会をはじめた。騎馬巡査の一隊が通ると、発砲して二頭の馬と二人の巡査を負傷させた。説得に駆けつけたエクスチェン大佐に対して、人民に敵対する行動は望まないと主張した。そのとき群衆の中から発砲があって、大佐は背後から撃たれ、首に重傷を負った。その後も中隊は集会をつづけたが、連隊の司祭が説得して、兵営に戻った。[254]

　というわけで、この隠された事件は真実が突きとめにくい。この問題をもっともよく調査したガネーリンの研究も、何が真実であったか、結論を出していない。[255] 民衆への発砲という事態に対して、最初に現われた兵士の反応は、さしあたり孤立した出来事に終わったのは確かである。

　二六日の夜、民主諸党派はどのような認識と方針だったのであろうか。ボリシェヴィキ中央委員会ビューローは、引きつづき、兵士を味方に引き入れることに全力をあげるべきだとしていた。民主諸党派の会合の知らせを受けたが、シリャプニコフは出席していない。[256] また、パヴロフスキー連隊第四中隊の反乱の情報は届いていない。この夜、ヴィボルク地区委員会では、「スト終結を大衆に呼びかけるときではないか、という懐疑的な発言もあった」とカユーロフは書いている。装甲自動車部隊のエーリンも出席しており、カユーロフの「なぜわれわれを助けてくれないんだ」という問いかけに、明日は必ず助けるからと答えている。民衆運動に懐疑的な気分は退けられたことは確かとしても、方針が定まらないままに、二七日の朝八時にカユーロフ宅で会合を開くことを決めて、散会している。その朝八時の会合には、ペテルブルク市委員会よりシュートコが出席し、各工場代表の四〇人が集まった。カユーロフは書いている。「大多数の者が、闘争の続行を主張した。反対はほとんどなかった」。[257]

　保安部の手先の報告は、二六日夜に行なわれた二つの革命グループの会合を記している。[258] 北のはずれのノーヴァヤ・ジェレーヴニャ地区の協同組合「エジネーニエ」では、五〇人ほどの集会があった。この集会では、全工場の労働者へ、二七日に一日ストを決行し、朝一〇時にネフスキー大通りの所定の地点に集合し、二五日にフィンランド連隊の将校に射殺されたペトログラード鋼管工場労働者の葬儀に行くよう呼びかけることが決められた。シチェチーニン航空機工場のダニーロフは「同志よ、大胆に団結しよう。隠れているべきときではない。ツァーリ打倒、政府打倒、臨時政府万歳、ロシア社会民主党（万歳）」と演説している。「臨時政府」とは、おそらく「臨時革命政府」のことであり、その点からすれば、ボリシェヴィキないしメジライオンツイ系の独立グループであろう。

ヴァシリエフスキー島の労働者グリスマーノフ宅では、「ボリシェヴィキと統一派（メジライオンツイ）」の二八人が集まった。出席者には、兵士向けのビラが配られている。そして次のことが決定された。

（1）ストライキといっそうのデモをつづけ、徹底的に闘うこと。
（2）労働者を街頭で活動させるために、映画館やビリヤード店を強制的に閉鎖させ、レジャー・娯楽をやらせないようにすること。
（3）戦闘隊の結成のため武器を確保すること。
（4）警官に不意に襲いかかり、武装解除すること。

保安部の把握していないこの種の小さな会合は、この夜、数多く行なわれていたに違いない。

民主諸派の会合は、この夜はケレンスキー宅で開かれた。チヘイゼ、ソコロフ、ゼンジーノフ、エールリヒ（ブンド）、ズナーメンスキー（エヌエス）、ユレーネフ、アレクサンドローヴィチ、ソコロフスキーなどが集まった。ボリシェヴィキは誰も出席していない。ケレンスキーたちは、二、三日のうちに決定的な事件が勃発するかもしれないから、対応する準備を進めなければならないと主張した。しかし、ユレーネフはきわめて悲観的な意見を述べたと、ケレンスキーとゼンジーノフは主張している。「反動が力を得つつある。兵営内の動きも減少しつつある。（……）われわれは夢物語や革命の準備ではなく、よりよき日に備えて、工場での系統的な宣伝に努めなければならぬ」と語ったというのである。▼[259] ユレーネフ自身の回想では、「われわれは、極度に国防派的な気分のエールリヒと対立した」と書かれているにすぎない。▼[260] メジライオンツイ幹部が動揺を示していたことは事実なのであろう。ゴーリキー宅にはスハノフがいて、この夜、ケレンスキーと電話で話しているが、彼はケレンスキーがパヴロフスキー連隊第四中隊の反乱の情報をつかんでいたと書いている。[261]

この日の夕刻、保安部長グロバチョフは、警保局長宅に呼ばれた。内務大臣プロトポーポフが会いたいとのことだった。グロバチョフが家に入ると、内相と警保局長ヴァシーリエフは食事を終えて、コーヒーを飲むところだった。グロバチョフは、この日の事件と軍隊内の気分について報告した。「しかし、プロトポーポフの様子は、彼が話していることをとても心配するようには見えなかった。食後の満足感にひたっているようだった。プロトポーポフの言葉からは、ハバーロフを完全に信頼しきっていて、どんな騒乱も鎮圧されると確信しているのだとわかった。この晩は、プロトポーポフと皇后との関係について聞かされただけだった。皇后は並外れて賢く、鋭い女性だと有頂天になって話していた」。グロバチョフは、なぜ自分が呼ばれたのかわからないまま、局長宅をあとにした。[262]

この夜の九時、ゴリーツイン首相宅で閣議が開かれた。ポクロフスキー外相とリッチフ農相が、国会議員マクラコーフ、サヴィチ、バラショフの意見を聞いた結果を報告し、国会を休会にするなら、政府の顔ぶれを抜本的に変えることが求められていると述べた。会計検査院長フェオドシエフと交通相クリーゲル＝ヴォイノフスキーは、すぐに賛成した。首相は、前もって渡されていた皇帝の勅令用紙に、休会を命ずるという言葉と二月二六日の日付を書き込んだ。プロトポーポフ内相は、国会議員が二七日（月曜）に議場に入る前に休会勅令を出す必要があるとして、勅令用紙の書き込みが終わると、すぐにそれを持って退席した。ポクロフスキーは、内相は意気揚々としているかのように感じたという。

内相が退席したあと、内相の更迭問題について討論がはじまったが、意見が対立した。ポクロフスキーらの更迭要求に反対したのは、陸相ベリャーエフと財務相バルクであった。大臣の任免は皇帝の専権事項だというのである。結局、この件は先延ばしとなり、国会休会の勅令の結果を見てから、また検討しようということになった。閣議は深夜二時に散会した。政府が事態に対応する能力を完全に失っていることは明らかだった。[263]

プロトポーポフ内相は、持ち帰ったツァーリの勅令を正式な文書にして、国会議長ロジャンコへ送った。

これを受け取ったロジャンコは、夜一〇時半に、参謀総長アレクセーエフに長文の電報を送った。

> ペトログラードではじまった騒乱状態は、自然に拡大していく性格をもち、脅威的な規模にいたっています。その原因は、穀物粉の供給不足から発生したパニックを引き起こすほどのパン不足です。しかし、主としては、国を困難な状態から抜け出させることができない権力への、完全な信用の失墜です。（……）
>
> 政府権力は完全に麻痺しており、破壊された秩序を回復する力をまったくもっていません。ロシアを屈辱と恥辱が脅かしています。なぜなら、このような条件の下では、戦争を勝利のうちに終わらせることはできないからです。この状態から脱するための必要にして唯一の活路は、遅滞なく全国が信頼する人々を招集して、全国民の信任を得る政府を構成するように委任することにあると考えます。（……）この未曾有の恐るべき結果をもたらす恐怖のときに、明るい道に出る活路はほかにありません。私は閣下に、私の深い信念を陛下に伝えてくださるよう陳情するものです。勃発しうる破局を食い止めるためにです。もはや遅らすことはできません。遅滞は死に等しいのです。閣下、あなたの手にロシアの栄光と勝利の運命が握られているのです[264]。

この電報は、各方面軍の司令官にも送られた。

参謀総長アレクセーエフの反応は知りえないが、西南方面軍総司令官ブルシーロフ大将からは、もっとも早く二七日の午前一時に「迫りくる嵐のときに、これ以外の活路はないように思う」とロジャンコ提案を支持することを上奏するよう求めた電報が届いた[265]。アレクセーエフは、このブルシーロフの電報も合わせて、二七日の朝、皇帝にロジャンコの電報を報告した。皇帝の反応は冷たいものであった。宮内大臣の証言によれば、皇帝は「あの太ったロジャンコが、私にまたいろいろと馬鹿げたことを書いて寄こしたが、返事を出すつもりはない」と語ったという[266]。

この夜、もっとも重大な動きは、兵営の中で進行していた。ズナーメンスカヤ広場でデモ隊に発砲したヴォルイニ連隊教導隊二個中隊は、重い心を抱いて、また一日中何も口にせずに疲れきって、深夜一二時にリチェイナヤ地区キーロチナヤ通りの兵営へ戻った。民衆を殺させられたことに、彼らは反吐《へど》が出る思いであった。翌朝（二七日）は、午前八時に出動のため六時起床せよ、との命令が出された。キルピーチニコフ曹長とマルコフ伍長は、小隊長全員を集めた。キルピーチニコフは言った。「勝つか死ぬかだ。私は名誉ある死を遂げる方がいいと思う。父母、姉妹、兄弟、婚約者たちはパンを求めている。われわれは彼らを撃つつもりなのか、諸君は道路に流された血を見ただろう、私は明日は出動しないことを提案する。私個人はやりたくないのだ」。これに対して小隊長たちはみな賛成した。ついで班長を呼んで、この計画を伝えると、彼らも賛成した。翌朝は五時に起床し、小隊ごとの集まりを開き、われわれが宣誓しているのは外敵と戦うということであり、同じ血の流れている民衆を撃つためではない、と兵士に説明することを合意して解散した。[267]

　市の中心部で、民衆の闘いがもっとも深刻な局面に入っていたとき、闘争の底辺は拡大していた。後進的な労働者と職人の町オフタ地区でも、この日から公然たるデモが発生した。「二月二六日には、誰もが仕事を放棄した。老人・子どもをふくめオフタの全住民が街頭に出て、大群衆をなした」。市の中心部との連絡は完全に断たれていた。夜にはあちこちに焚火がたかれ、人々が集まって話しあっていた。群衆を威嚇するカザーク兵に人々が罵りの言葉を浴びせていたとき、少年が走り寄ってそのカザーク兵に雪の固まりをぶつけたことが話題になった。中年の労働者が一九〇五年はどんなだったかを物語り、「カザーク兵は人民に触れることもようしなかったんだ。あのヴィッテ〔首相〕が、ノサーリ〔ペテルブルク・ソヴィエトの指導者〕の前にひざまずかんばかりだったんだ」などと話して聞かせていた。[268]

兵士の反乱——二月二七日

国会があるタヴリーダ宮殿の裏は庭園になっており、その南側にある道路がキーロチナヤ通りである。そこにプレオブラジェンスキー連隊の大きな兵舎とリトヴァ連隊の小さな兵舎があり、キーロチナヤからパラードナヤ通りに曲がると、ヴォルイニ連隊の兵舎となる。工兵予備第六予備大隊の兵舎もその近くにあった。というわけで、近衛三連隊の兵舎が隣り合って存在したのである。これがこの日の事件に大きく影響した。

二月二七日、午前五時にヴォルイニ連隊では全員が起床した。前夜の小隊長・班長の合意を聞くと、兵士たちはすぐに賛成したようである。「ほとんどいかなる煽動も必要なかった。兵士たちの心はとうに決まっていた。彼らもこれを待っていたかのようであり、全員が労働者を支持するという固い決意を述べた」と兵士の一人、パジェートヌイフは書いている。▼269

教導隊長ラシケーヴィチ大尉は、朝八時一〇分すぎに兵士が整列している所へ来た。キルピーチニコフ曹長は、次のように決定的瞬間の状況を書き残している。

> コーロコロフ少尉補は号令をかけた。「気をつけ、右へならえ」。ラシケーヴィチは言った。「おはよう、キルピーチニコフ」。このとき兵士たちは、大声で「ウラー」（万歳）と叫んだ。大尉は立ち止まって、いやらしい笑みを浮かべた。「いったい何事だ」。オルローフ上等兵が列のなかから叫んだ。「血を流すのは、もうたくさんだ」。大尉は右手をポケットにつっこんで、列の前を歩き出した。兵士みんなは彼から眼を離さずに、彼の動きを注視している。大尉がマルコフ伍長にたずねた。「『ウラー』とは、いったい何の意味か。説明せよ」。マルコフは答えた、「発砲はもうしません。兄弟の血をわけもなく流すのは嫌です」。ラシケーヴィチはそのときマルコフに近づき、眼の中を覗き込み、「何だと」と言った。マルコフは銃を構えた。大尉は立ち止まった。一分間立っていて、また歩きは

じめた。このとき二人の少尉補（貴族幼年学校出身）、二人の馬鹿野郎トカチューラとヴォロンツォーフが近づいてきた。彼らは、隊長が上の空で歩きまわっているのを見た。コーロコロフはなにか合図した。ラシケーヴィチはニコライ二世の電報を読み上げようとした。兵士は聞こうとせず、ふたたび「ウラー」と叫んだ。「ウラー」のあとで、彼は電報を読み上げた。（……）コーロコロフ少尉補は言った、「行かせていただきます。気分が悪くなりました」。私は、彼が出て行って、ほかの部隊に知らせ、われわれを攻撃させるかもしれないと考えた。そこで私は、ラシケーヴィチに廊下を通って兵舎から出るように言った。彼は出て、構内を大隊の方へ早足で去っていった。窓から一斉射撃をした。ラシケーヴィチは門から道路へ出るところで殺された。

こうして、ヴォルイニ連隊教導隊の反乱がはじまった。ほぼ午前九時であった。すぐに第四中隊が「なんの働きかけもしていないのに」、これに同調した[270]。ヴォルイニ連隊の将校たちは震え上がって、連隊の金庫と連隊旗を持って逃げ出した。一部の兵士もこれに従った。彼らはツァールスコエ・セローの狙撃兵第四連隊のところまで徒歩で逃れていき、同連隊で受け入れを拒まれるや、負傷兵を装って病院へ入院しようとするのである[271]。

ヴォルイニ連隊の反乱は、瞬く間に、隣接しているプレオブラジェンスキー、リトヴァ連隊、工兵第六予備大隊へ広がっていった。リトヴァ連隊は二六日に街頭に出動しており、この日も出動すべき中隊が構内に整列していた。このときヴォルイニ連隊の方から「ウラー」の歓声と銃声が聞こえ、使いがきた。この連隊はすぐにこれに同調している[272]。プレオブラジェンスキー連隊では、第四中隊がこれに同調した。この連隊では昼一二時ごろ、兵士が武器弾薬の引き渡しを拒んだ連隊長を殺害したと報告されている[273]。三連隊の兵士は、さらに工兵第六予備大隊の兵舎に向かったが、ここではすでに抵抗する将校たちとの闘いが行なわれていて、大隊長ゲーリンク大佐らが殺されていた[274]。こうして、市の中心部の兵営にいる四連隊による反乱が勃発したのである。

上：兵士たちの反専制集会。「君主制打倒」とある。
下：ケクスゴリム連隊兵士の国会への行進。「塹壕の戦友に挨拶を」と書かれている

四連隊はキーロチナヤ通りを進んで、通りにある憲兵大隊の兵営と工兵少尉補養成学校を破壊した。ついで彼らは、リチェイヌイ大通りに出て、そこから北へリチェイヌイ橋に向かっている。橋の手前の中央砲兵局の建物にいたイギリス武官ノックスは、次のように書いている。

> 首を伸ばして私たちは、斥候のような二人の兵士を見た。彼らは道路の中央を歩き、トラックにライフルを向けて道を空けさせていた。うち一人は、不幸な運転手に二発発砲した。それから広い通りを両側の歩道にまでいっぱいに広がった、無秩序な兵士の大群がやってきた。彼らは、小柄だが、ひどく威厳のある一人の学生に率いられていた。将校はいなかった。全員が武装しており、多くは銃剣に赤旗をしばりつけていた。彼らはゆっくりとやってきて、とうとう砲兵局の正面でとまった。砲兵局の窓から多数の将校や職員たちが眺めており、兵士たちは窓を見上げたが、いかなる敵意も示さなかった。私にもっとも強い印象を与えたのは、なによりも無気味な沈黙であった。われわれは巨大な映画を見ているかのようであった。[275]

砲兵局のなかには、このとき砲兵局長官マニコフスキーがいて、これから戦時工業委員会のチェレーシチェンコと英国武官ノックスと会うところだった。反乱軍が砲兵局を攻撃するのだと判断した彼らは、急いで砲兵局を脱出した。[276] しかし、そうしなかった人もいた。日本の高田商会の出張員、牧瀬豊彦は、通訳とともに午前一一時に砲兵局に商談のためにやってきたところであった。一階の待合い室にいた牧瀬は、最初の銃撃の犠牲となった。銃弾で額を打ち抜かれ、死亡したのである。[277]

やがて兵士たちが橋の方へ進んでいったことについて、キルピーチニコフ曹長は自然のなりゆきだったとしているが、警察の報告書では、ヴイボルク地区にプレオプラジェンスキー連隊の武器庫があったためとしている。[278] 元ペテルブルク市委員コンドラチエフ、フィンランド人ボリシェヴィキのタイミは、自分が提案したと述べている。[279] 決定的なことは不明である。

リチェイヌイ橋はこの日、市内への進入をめざすヴィボルク地区の労働者によって突破され、その際、守備していたモスクワ連隊教導隊の中隊長と若干の兵士が射殺されたと言われる。[280] 反乱兵士たちが近づいたときには、モスクワ連隊の半中隊ほどの兵士がいて、反乱兵士が空へ向けて威嚇発砲したのを勘違いして、彼らをめがけて発砲をしたため死傷者が発生している。しかし、すぐに誤解とわかり橋を通過させている。[281]

そこから兵士たちは、ヴィボルク地区の労働者と合流し、クレストゥイ監獄の政治犯の解放へ向かっている。クレストゥイ監獄は、ヴィボルク地区のネヴァ川沿いにあった。十字架（クレスト）の形の五階建ての監獄は一一五〇人を収容できた。これについても、さまざまな記述が残っている。キルピーチニコフ曹長は、彼が呼びかけて導いたとしているが、タイミは自分が提案したことだと書いている。また、独立ボリシェヴィキでペトログラード地区のフェフェーレフ破甲弾工場で働いていたスカーロフは、兵士たちがリチェイヌイ橋からサンプソニエフスキー大通りにかけてたむろしていたが、「途方に暮れ、自分たちのなした前代未聞の暴挙が恐ろしくなっていた」彼らを見て、知り合いのエスエル・マクシマリストや一団の労働者とともに、クレストゥイへ導いていったと書いている。彼によれば、フィンランド駅近くにいた群衆も、銃弾工場にいた一〇〇〇人あまりの労働者も、一緒に行こうと呼びかけても、応じなかった[282]という。その一方、元ボリシェヴィキ党中央委員候補で、戦時中に党から離れていたカリーニンは、兵士たちがフィンランド駅を占領したときのことを、次のように書いている。

> だが、群衆はまだ迷っていた。これからどうするのか。そして兵士たちは叫んだ。「指導者はどこだ。われわれに指示を与えてくれ」。私自身は決心がついていなかった。私は、この民衆の力をどこへ向けうるか、今ここで差し迫って何をなしうるのか、まだわからなかった。私には一つのことが疑いなかった。一瞬も逃さず、すぐに闘争を前進させなければならない。なぜなら、全大衆は本質的には同じ状態にあり、行動を待っているのだから。私は駅の車寄せに上がり、叫んだ。「指導者を持ち

> たいと思うなら、一緒に「クレストゥイ〔監獄〕」へ行こう。指導者をまず解放しなければならない」。一瞬のうちにこの提案は受け入れられ、広がっていった。誰かが叫んだ。「まず陸軍刑務所から解放しよう」。（……）一隊は陸軍刑務所へ向かい、他の者は「クレストゥイ」へ向かった[283]。

　クレストゥイ監獄は、兵士と労働者によってほとんど抵抗なく解放された。時刻は午後二時である。この監獄には二四〇〇人もの政治犯がいた[284]。解放されたボリシェヴィキ党ナルヴァ地区委員レーメシェフによれば、「政治犯たちはいい年をした男たちであったが、子どものように泣いて、互いに接吻しあった[285]」。監獄のまわりで集会がもたれた。求められて戦時工業委員会労働者グループの書記ボグダーノフが演説した。人々の肩に担ぎ上げられた彼は、話しかけた言葉を打ち切って、「諸君のやるべきことを仕上げるために進みたまえ。今はおしゃべりをしているときではない[286]」と言った。

　ここから兵士、労働者、それに解放された人々の一部は、国会へ向かっている[287]。ほかの一部は、サンプソニエフスキー大通りのモスクワ連隊の兵営へ向かった。この兵舎では、教導隊と将校たちが兵士を閉じ込め、煽動にくる民衆にライフルと機関銃で発砲していた。若い少尉補が「自由を尊いと思う者は突撃せよ」と叫んだのにつづいて、キルピーチニコフ曹長ほか二五名が兵営めがけて突進したが、射撃に阻まれ、若い少尉補は射殺された。キルピーチニコフが退却してくると、すでに兵士たちがいなかったため、彼も市の中心部へ引き上げたという[288]。しかしこの兵舎には、新たな労働者と兵士がやって来て、教導隊と戦い、隊長を殺して、抵抗をくじいた。コンドラチエフが兵営にたどりつき、蜂起した民衆の側へ加われと呼びかけたが、兵士たちはなかなか応じようとしなかった。そこで一斉射撃が加えられ、兵士たちはいや応なしに兵営から出て、革命の側へつかざるをえなくなった。この場合も、将校はまったく加わらなかった。コンドラチエフによれば、モスクワ連隊が、完全に革命の側へついたのは、午後三時のことである。ヴィボルク地区にはまだ自転車連隊がいて、ここは頑強に抵抗して、この日いっぱい革命派に敵対しつづけた[289]。

　クレストゥイ監獄が解放されたとほぼ同時に、国会に通ずるシパレールナヤ通りにある未決拘置所も、

シパレールナヤ通り

近衛三連隊の兵士と労働者によって解放された。ここには、九五八人の政治犯が収容されており、ヴォルィニ連隊教導隊の少数の兵が歩哨に立っていた。反乱兵士と労働者が押し寄せると、さしたる抵抗はなされず、歩哨はすぐに民衆側に合流している。[290] クレストゥイ監獄から解放されたブンド派のラーフェスらが、橋を渡ってシパレールナヤ通りの交差点まで来ると、未決拘置所から釈放された人々も来ており、交差点の地区裁判所の前に大群衆が集まっていた。ラーフェスはその人々のなかに、一九〇五年にペテルブルク・ソヴィエトをつくった弁護士のフルスタリョフ＝ノサーリの姿を見つけた。彼は、地区裁判所に反乱軍の本部をつくるべきだ、この建物を占領せよ、と主張していた。ラーフェスは、記録文書の保管を提案した。[291]

こうして二月二七日の午後三時には、反乱は五つの連隊におよび、二つの監獄が解放され、リチェイナヤ地区とヴィボルク地区は解放区となった。

だが、兵士の反乱がはじまってから、基本的に平和裡に推移してきた民衆の闘争は、夕刻になると暴力化していった。リチェイヌイ大通りから、国会のあるシパレールナヤ通りに曲がる角にある地区裁判所本館には火が放たれ、焼打ちされた。また兵士と労働者は、その向いにある大砲工場の兵器庫を占領し、ライフル四万挺とピストル三万挺を奪った。この際に、責任者マトゥーソフ将軍が殺された。[292]

ところでこの日、権力側の本部はどのように動いたのか。ネフスキー大通りの西端の特別市長官府の建物で、これまで指揮を執っていた司令官代理パヴレンコフは、この日は心臓の痛みを訴えて、出てこなかった。ハバーロフは、代理の代理ミハイリチェンコ大佐を呼び出して、二人で対策を講じた。

ハバーロフは、昼の一二時一〇分、皇帝に打電した。二六日に発生したパヴロフスキー連隊第四中隊の命令不服従は鎮圧されたことを述べ、二七日の朝からヴォルイニ連隊教導隊の命令不服従から反乱が発生し、これに他の連隊も同調する動きを見せたが、「反乱を鎮圧するため、私は可能なあらゆる策を取るつもりです。前線から信頼できる部隊を、ただちに送っていただく必要があると考えます」と書いている。ベリャーエフ陸相も、一時間後（午後一時一五分）に、アレクセーエフ参謀総長宛てに、朝から発生した数連隊の反乱は、忠誠部隊によって「鎮圧されつつある」、いまだ鎮圧に成功していないとはいえ、「すみやかに平静状態に戻ることを確信している」、目下、断固たる措置が取られている、と打電した。[293] これは、ベリャーエフの無責任さの極致を示した電報である。

ハバーロフは、必死で努力していた。四連隊反乱に対抗するために、ケクスゴリム連隊二個中隊、プレオブラジェンスキー連隊二個中隊、狙撃兵連隊一個中隊を集め、ミハイリチェンコ大佐がストレーリナから呼び寄せた機関銃兵第二連隊一個中隊、それに騎兵第九予備連隊一個中隊を加えて、鎮圧部隊を編成した。指揮官にはゲオルギエフスキー騎兵大佐クチェーポフが任命され、部隊は宮殿前広場を出撃していった。[294] 昼過ぎであったろう。

政府を構成する大臣たちは、軍隊反乱のニュースを聞いたあと連絡を取りあって、午後一時に首相ゴリーツインのモホーヴァヤにある住居に集まった。外相ポクロフスキー、陸相ベリャーエフの順に到着した。ハバーロフも来たが、完全に呆然自失状態であった。それから内相プロトポーポフも着いた。集まったからといって、何も議論することはなかった。やがて、やはりマリインスキー宮殿へ行こうということになり、移動した。ポクロフスキーは、午後三時にマリインスキー宮殿で閣議をはじめたと書いている。[295] 電話で入ってくるニュースは、ますます不安なものになり、やがて電話連絡もこなくなった。

クチェーポフの鎮圧部隊はどうなったか。ハバーロフは陳述している。

ここで、この日はありうべからざることがはじまった。こうである。部隊は派遣された。勇敢で、

上：マリインスキー宮殿。
下：キーロチナヤ通り

決断力ある将校に率いられて。しかし、それがどうしたわけか消えてしまった。どうなったかわからない。（……）まったく音沙汰がない。使いを出したが、報告がない。手近のカザーク隊から三隊を派遣した。この部隊を出したため、私の手もとには軍隊がなくなり、さらに蜂起が起こった場合に対抗するために、別の部隊を集めなければならなかったのである。[296]

ついに連絡が入ったが、クチェーポフの鎮圧部隊は、キーロチナヤ通りまで進み、援軍を求めていた。援軍を出す余裕はなく、結局、孤立したクチェーポフの部隊は、◆革命の渦のなかに消えてしまうのである。

特別市長官府でハバーロフは孤立した。彼はこの間、市の南部のイズマイロフスキー連隊、それに猟兵連隊より各三個中隊を呼び寄せていた。[297]

午後三時ごろ、ベリャーエフ陸相がうろたえた様子で本部にやって来て、ハバーロフと話し込んだ。その結果、体調不良のパヴレンコフに代えて、ザンケーヴィチが司令官代理に任命された。[298]

特別市長官府への最後の訪問者は、キリル・ヴラジーミロヴィチ大公であった。大公は長官のバルクに尋ねた。「あなたの見るところ、どのような情勢ですか」。バルクは、夜には、首都は反乱者の手に握られるだろうという見通しを述べた。大公は、ハバーロフと会いたいと言ったが、話をすぐに打ち切り、一〇分ほどで大公は本部を去った[299]。彼も、政府側の敗北を確認したのである。

夕刻近く、ハバーロフに従う政府軍は、革命軍からの攻撃を恐れて、どこに立て籠もるかを議論していた。ペテロパウロ要塞という意見もあったが、司令官代理となったザンケーヴィチは冬宮を主張した。近衛軍の将校として、冬宮を死守する最後の戦いをしたかったのであろう。だが、ハバーロフは広場の反対側にある海軍本部を主張し、そこに決定した。ハバーロフの司令部が海軍本部に移動した[300]。時間の記述はまちまちである。ブルジャーロフは午後七時ごろとし、マルトゥイノフは午後九時としている[301]。特別市長官府の要員も一緒に移動した。バルクは、特別市長官府を離れるにあたって、幹部職員たちに訓示し、自分に万一のことがあれば代行してほしいと頼んだ。そのなかに革命後に最初の日誌『旧レジームの苦悶』を執筆するアカヨーモフもいた[302]。

大臣たちは、マリインスキー宮殿に集まり閣議を開いていた。しかしこの日、長い時間かかってやったことは、結局、皇帝宛ての電報を書き上げたことだけだった。午後六時に送信されたその電報には、次のような内容が述べられていた。軍隊が労働者の側につき、重大な状況である。政府を解任し、国民の信任を得られる人物で政府をつくってほしい。さらに首都に戒厳令を敷くこと、そして国民にも信望のある司令官を、政府側に残る部隊の司令官に任命することが必要である[303]。

電報を送ると、休憩をとろうということになり、夜九時に閣議を再開することになった。自宅に帰った大臣もいたが、ポクロフスキーはそのまま残った。二〇〜三〇人の番兵がついていた[304]。

こうして二月二七日は終わろうとしていた。革命派は、ネフスキー大通りとリチェイヌイ大通りにはさまれた兵営とタヴリーダ宮殿、砲兵局、そして全ヴィボルク地区を制圧していた。これに対抗する旧権力と軍管区司令官が押さえているのは、モイカ運河とネヴァ川のあいだの冬宮や海軍本部がある一帯である。これ以外の首都の地域は、中立区域となっていた。

ペトログラード地区では、夕刻まで兵士たちが橋を厳重に固めていて、民衆を市内へもヴィボルク地区へも渡らせなかった。デモ隊はためらい、なかなか突破できなかった[305]。この地区には擲弾兵連隊の兵営があったが、この連隊が積極的に革命側につくには時間がかかった。午後三時ごろから、民衆から兵営内に「外へ出て自由になろう」と声をかけつづけ、少しずつ兵が応じていったとのことである[306]。だが、その場にいたペシェホーノフの回想によると、「デモ隊は、最初に営倉を開けさせ、そこに拘禁されている者たちを救出することを望んだ。これはすぐに実現したが、擲弾兵連隊の兵士を外に連れ出すことはできなかった[307]」。

擲弾兵連隊は、二七日中には反乱に加わらなかったと考えられる。しかし夕刻近くには、革命側の装甲自動車がヴィボルク地区から橋を渡ることに成功して、この地区へ入った。この装甲自動車は、ペテロパウロ要塞近くの装甲自動車部隊の車庫をめざして進み、この部隊を反乱側に引き入れた。そして装甲自動車は、警察署の襲撃に向かったようである[308]。

夜になって、オフタの歩兵第一連隊の兵士も反乱に加わったようであるが[309]、詳細は不明である。

ヴァシリエフスキー島地区の兵士は、この日は行動を起こしていない。しかしフィンランド連隊の兵士たちは、二五日のイオッサ中尉による労働者殺害に憤っていた。煽動活動も行なわれていた。この二七日の朝、将校から他の連隊の反乱が知らされ、諸君は良心と宣誓に背かずこの地区の警備に当たれ、との命令が下った。ある兵士は、「自分たちは労働者と兵士が来たら、反乱に加わる」と決心していたと書いている[310]。また別の兵士は次のように述べている。「昼間は不安であった。しかし一見、平静に見えた。われわれはみんな決起の決心がつかなかった。われわれは待っていた[311]」。

だがこの日は、ついに外部からの反乱の働きかけはなかった。労働者や反乱兵士が兵営へ来たのは翌二八日であり、これに応じたこの連隊の兵士が歩兵第一八〇連隊と第二バルト海兵団に働きかけて、反乱

◆クチェーポフの部隊は……　ロシア史研究者の長谷川毅は、クチェーポフの回想を使い、クチェーポフ隊の行動を具体的に述べているが（Hasegawa, op. cit., pp. 298-300）、ほとんど絶望的な行動で、隊が最終的に消滅したのに変わりはない。

に加わらせることになるのである[312]。

　これに対し市の南部では、この二七日の夜になって、三つの連隊が反乱に加わっている。第一市内地区のモスクワ地区にあるセミョーノフスキー連隊では、この二七日の朝に反乱の報が届くと、兵士たちは兵営に閉じ込められたが、夕方六時には兵士たちは反乱に加わる決心を固め、外部からの働きかけを待っていた。夜八時、群衆が兵営の周囲に集まってきて呼びかけた。機関銃隊が、口火を切って「ウラー」（万歳）の歓声とともに兵営から出ていき、残りの兵士がこれにつづいた。兵士たちはモスクワ地区の警察署を破壊し、署長を殺害した。それからナルヴァ地区のイズマイロフスキー連隊へ向かった[313]。この連隊でも兵士たちは、朝から四つの連隊の反乱を知らせを聞いていた。一人の兵士は書いている。「みんな待っていた。待ちに待った自由がやってきて、われわれをこの呪わしい石の袋から引っぱり出してくれるのだ。一瞬一瞬がわれわれには永遠のように思われた。みんな興奮して待っていた。自由を待っていた」。夜一一時、セミョーノフスキー連隊の兵士と労働者が来て呼びかけた。将校は姿を消してしまい、兵士たちは街頭に飛び出していった。そして、兵士たちがこれからどうするかを相談していると、近くのペトログラード連隊の将校集合所より発砲を受けた。彼らはこれを攻撃し、将校たちを武装解除して、この連隊の兵士たちを解放した。それから三つの連隊の兵士たちは国会へ向かっている[314]。

　海軍本部に移動したハバーロフと鎮圧軍は、最後の布告を出した。「ペトログラード軍管区司令官布告。陛下のご下命により、ペトログラードは二月二七日より戒厳令下に置かれる」。しかし、彼らはこれを貼り出す糊を持たなかった[315]。

　ハバーロフ軍は、海軍省に長くとどまれなかった。司令官代理のザンケーヴィチが冬宮を守って戦いたいと主張しつづけ、ハバーロフは受け入れた。冬宮へ移ったのは、決定的な日、二月二七日の深夜であろう。ところが冬宮では、宮殿司令官のコマロフから出ていってほしいと要求される。さらに、そこへ立ち寄ったミハイル大公からも、一緒になって冬宮にとどまらないでほしいと説得された。革命派が攻撃してくれば冬宮が破壊されてしまう、と大公は言うのである。もはや革命派と戦うことは無意味だと考えられていたということである。ハバーロフとベリャーエフらは、兵士らとともに海軍本部に戻らざるをえなかった[316]。

マリインスキー宮殿では、午後九時に大臣たちが閣議を再開した。皇帝からの返事はない。閣議は何もすることがない。深夜一二時が近づいたところで、閣議は散会となり、大臣たちは去っていった。ゴリーツィン首相は自宅には帰れず、どこかへ姿を消した。ポクロフスキー外相とクリーゲル＝ヴォイノフスキー交通相だけが宮殿に残った。そこへ参謀本部からの電話で、皇帝からの回答の電報を知らせてきた[317]。深夜一一時二三分に届いたものであった。

「ペトログラードのための軍責任司令官については、朕の参謀総長に命令を下した。ただちに首都に到着せよ、と指示した。軍も同じである。貴官には民政上必要な権限をすべて与える。顔ぶれの変更については、かかる状況では許されないと考える。ニコライ[318]」。

意味がはっきりしない文面だが、反乱鎮圧の部隊を率いて軍司令官が首都に向かうから、このまま頑張れというのが、皇帝の言わんとするところだろう。

このあと、ついに革命側の兵士がマリインスキー宮殿にやって来た。ポクロフスキーたちは宮殿の職員たちと脱出をはかるが、制止された。日付が変わって二八日の午前四時、革命側の兵士が宮殿を去り、ポクロフスキーは自宅に帰ることができた。「宮殿前の広場では、国家評議会の資料を燃やす焚火がたかれていた。革命となるといつも、どうしてこういうことが行なわれるのだろう。道路はまったく静かで、誰もいなかった[319]」。

その火は、ロシア史上、最初の専制政府の崩壊を告げる狼煙であった。かくして、首都の政府は打倒されたのである。

第6章

国会臨時委員会とソヴィエト

国会臨時委員会。前列左から、ヴェ・エヌ・リヴォーフ、ルジェフスキー，シドロフスキー．ロジャンコ。後列左からシュリギン、ドミトリューコフ、エンゲリガルト、ケレンスキー

休会命令を受けた国会

二月二七日（月曜）の朝、国会議員は召集を受けた。議員たちはいずれも、休会の勅令と市中の革命的状況に驚きながら、国会へ駆けつけてきた。

ミリュコーフは、朝九時、門番からの電話で起こされた。ヴォルイニ連隊で不穏な情勢があるとのことだった。ミリュコーフのいた住居は、この連隊の兵営の南側、バセイナヤ通りとパラードナヤ通りの交差する所にあった。窓から兵営の入口が見えた。国会からも電話があり、すぐに登院するように伝えられた。彼は国会に急ぎながら、国会があるタヴリーダ宮殿はいくつもの連隊の兵営に取り囲まれていることに気づき、国会解散に抵抗すれば、軍隊がただちに国会に乗り込んでくる気だろうと思った、と書いている。タヴリーダ宮殿に着くと、記者たちが待ちかまえていた。女性記者が「国会は民衆運動の先頭に立たないのか。権力を執らないのか」と問いただしてきた。ミリュコーフは何も答えずに宮殿の中に入った。[1]

右翼国粋派のシュリギンは、同じ宿舎のカデット党のシンガリョフからの電話で朝九時に起こされた。二人はペトログラード地区の中心にある宿舎から、自動車で国会へ向かった。車の中でシンガリョフは嘆いた。「最後の瞬間まで、私はなんとか期待していたのだ。突然、神が光を与えてくれる――あの連中が譲歩すると。だが、そうはならなかった。彼らが急に気づいてくれる、ということにはならなかった。国会の方が解散されてしまったのだ。これが最後の機会だったのに。どんな形のものにせよ、国会との合意は、革命を避ける最後の可能性だったのだ[2]」。

進歩党のマンスイリョフは、何も知らないまま朝一一時に家を出て、国会に向かった。途中で知り合いから休会命令のことを聞き、驚きながら到着した。「国会は、茫然自失と狼狽が支配していた。同時に、突然の解散に対して、わけがわからない、腹立たしいという気分があった。（……）誰にも、何らかの行動をする用意がまったくなく、対策は皆無であることが感じられた[3]」。国会の中道派である進歩ブロックの議員たちは、ことごとくこんな気分に陥っていたのである。

これに対しブルジョア市民革命派の議員は、国会が皇帝の解散命令に従わず、これに対抗して、革命の先頭に立つべきだと考えた。ケレンスキーは国会へ歩いて五分のところに住んでいたが、朝八時にネクラーソフからの電話で、休会勅令とヴォルイニ連隊の反乱の知らせを受け、すぐに登院した[4]。スコベレフは、雑誌『現代世界』の編集者イオルダンスキーからの電話で起こされた。この知人はヴォルイニ連隊の兵営の前に住んでいたので、連隊の反乱を知らせてきたのだった。スコベレフはそのニュースを聞いて、国会に飛んできた[5]。ケレンスキーは、ネクラーソフ、エフレーモフ、ヴェルシーニン（トルドヴィキ）らと相談し、方針を合意すると、「電話に飛びつき、何人かの友人に、反乱連隊の兵営に行き、軍隊を国会へ導いてくるように頼んだ[6]」。だが、その努力は虚しいものとなった。トルドヴィキの工兵第六予備大隊将校スタンケーヴィチは、電話を受け自分の大隊に駆けつけたが、途中で下士官に「行かないで下さい。殺されます」と止められ、国会へ行くように説得した兵士には怪しまれ、武器を取り上げられた。ようやく隊にたどりついても、残る教導隊の兵ですら、彼の言葉に明らかな不信を抱いたのである[7]。

国会の長老会議は昼一二時に予定されていたが、ロジャンコは議長室に籠もって、皇帝への電報を書いていた。

> 国会の執務は、陛下の勅令により四月まで中断されました。秩序の最後の支柱が外されました。政府は騒乱状態を鎮圧するのに完全に無力です。（……）内乱がはじまり、燃え広がりつつあります。
> （……）
> 私が昨日の電報で報告した原則に基づいた新政府を、ただちに招集するよう命令してください。陛下の勅令を取り消し、改めて立法府を招集するよう命令してください。（……）

> 陛下と祖国の運命を決する時がきました。明日ではたぶんもう手遅れでしょう。

この電報は、国会は皇帝の休会勅令に従うので、その代わり、国会のくり上げ開会を命じる新勅令を出し、信任内閣制で新政府を任命してほしい、と求めるものであった。[8]

ネクラーソフは、無為に時間をすごしているわけにはいかないと思った。そこで副議長として、予算委員会室で、進歩ブロックの世話人会に左翼諸党の代表も加えるというかたちで、非公式の長老会議をはじめた。議長は、進歩ブロックのビューロー議長シドロフスキーにまかせた。[9] ネクラーソフやスコベレフは、皇帝の休会命令を無視し、革命国会を宣言し、国会が革命の先頭に立つべきだと主張したと思われるが、進歩ブロックの代表たちは反対したであろう。スコベレフは回想している。

> 意見の交換がはじまった。しかし、国会の外で起こっている事態は急速に展開していた。反乱した兵士たちがリチェイヌイ大通りの砲兵局の建物を占拠した、との情報が届いた。苛立ったシンガリョフが飛び上がって叫んだ。「そんなことをやるのは、ドイツ人だけだ。われわれの敵だ」。私は、言葉をもっと慎重に選べ、そんなことを言っていると後で大きなツケを払わされるぞ、と言ってやった。
>
> 誰かが会議の席に飛び込んできて、反乱兵と労働者がクレストゥイ監獄の政治犯を解放し、未決拘置所へ向かっている、この拘置所はタヴリーダ宮の隣にあるから、いつ反乱した民衆がこのタヴリーダ宮の門前にやってくるかわからないと告げた。今度は、ロジャンコが怒鳴り込んできた。「私の了解なしに長老会議を開いたのは誰だ」。進歩ブロックの幹部たちが、これは正式の長老会議ではない、そのメンバーによる私的会合だと説明した。[10]

ロジャンコは、それでは自分の部屋へ来てくれ、正式な長老会議を開こうと言った。それで、全員が議長室へ移動した。このときは長老会議が予定されていた昼一二時をすぎていたのは確かであろう。

会議ではまず、ロジャンコが皇帝に前日送った電報について説明した。ネクラーソフ、エフレーモフ、ケレンスキー、チヘイゼら、進歩党、トルドヴィキ、社民党の代表は、国会休会の勅令を公然と無視して、本会議を開くよう主張した。革命国会への道の提案である。しかし、ロジャンコと進歩ブロック諸党代表はみな反対だった。そこで休会の勅令には従うこと、ただし議員は解散せず院内にとどまること、そして本会議場ではなく半円会議場で非公式会議を開くことを決定した。[11] おそらくロジャンコが執筆していた新しい電報が読み上げられ、皇帝宛てに送ることも承認されたのであろう。電報は昼一二時四〇分に打電されている。

この長老会議の結論については現在、ロシアの歴史家ニコラーエフは「国会は解散せず、全議員はその場にとどまること」と決定したことは「革命的な決定」であったとし、この時点で国会が革命の側に踏み出したかのように主張しているが、◆[12] 正しくない。ロジャンコの電報は「革命的な決定」とはほど遠いものである。ここで重要なのは、国会の中に二つの路線が拮抗していることが見て取れることである。一つは、基本的には変革を軍事クーデターとして収束させ、立憲君主制への移行を実現させるという路線。もう一つは、民衆革命の力に依拠してブルジョア市民革命を実現し、民主共和制へ突き進むという路線である。

国会に反乱兵士たちがやって来たのは、午後二時以降である。ソヴィエトの機関紙『イズヴェスチヤ』第一号に国会詰めの記者たちが書いた記事には、午後一時に二万五〇〇〇人の反乱軍の兵士の代表が国会へ来て、ロジャンコと会ったとあるが、[13] 記者の一人チェルカスキーの回想には、それが軍医大学校の二人の学生だったと書かれている。[14] 勝手にやって来た連中であろう。『イズヴェスチヤ』にはまた、午後二時ごろ「武装した民衆に付き添う革命軍の強力な部隊が、国会の建物に接近した」とある。[15] 記者チェルカス

◆ニコラーエフは……主張しているが　彼は、この長老会議で、「現下の基本的スローガンは、旧権力の廃止と新権力による交代である。この件に、国会はもっとも積極的な参加を行なう」ということも決議されたと主張しているが、これはまったく考えられない。

キーによれば、最初にやって来た兵士たちは国会をめざしていたわけでなく、前を素通りして近くの兵営に向かおうとしていたが、通りすがりに国会前の歩哨を武装解除させたのである。このときカラウーロフを先頭にケレンスキー、チヘイゼ、スコベレフらが、雪のなかを帽子も外套もなしで、国会の中央玄関から走り出てきた。兵士たちは彼らに気づいて、立ち止まった。議員たちはそれぞれに兵士たちを説得をして、国会への連帯を求めた[16]。ケレンスキーは、国会と彼自身の名において歓迎すると述べ、「国会へ入り、衛兵と交代して、ツァーリの軍隊から建物を防衛するのを引き受けてくれと頼んだ」。兵士たちはこれに応じた。その直後、ケレンスキーは、民衆から「旧体制の代表者と支持者」をどうすべきかとの質問を受け、シチェグロヴィートフ（国家評議会議長）のような人物から逮捕すべきだと答えている[17]。左翼議員の行動は、国会議員主流の雰囲気とはかけ離れたものであったが、彼らは終始、国会の名で語ったのである。

国会臨時委員会の設置

国会の非公式会議は、二七日の午後二時半ごろに半円会議場で開会された。開会に先立ち、進歩党のブーブリコフは、本会議場へ移り、ツァーリの勅令への不服従を公的に表明することを改めて提案した。しかし、革命国会の提案はふたたび却下された。ブーブリコフは言い放った。「皆さんは、責任を取ることを恐れているのか。しかし、責任から逃れることはできない。自分の尊厳を取り返しのつかないほどに傷つけてしまったのだ[18]」。

この非公式会議については、新たに速記録風のメモが発見されている[19]。これによると、まっ先にネクラーソフ副議長が発言した。彼は予想に反して、「軍事独裁」を提案した。彼は「若干の国会の代表者とともに、大きな信頼を得ている人物にこの権力を移譲する」ことを主張し、中央砲兵局長官マニコフスキーの名をあげた。マニコフスキーはかねてより、国防生産の円滑化のために、独裁的権限を与えられた人物を中心とする銃後の政治体制を構築することを、国防特別審議会で主張していた[20]。それに出席していた国会議員エンゲリガルトは、この政治体制の実現を大公たちに働きかけていた。ネクラーソフも国防特別審議会の委員として、このマニコフスキーの独裁案をよく知っていた。前述したように（第5章310頁参照）、この二七日にも、仲間である戦時工業委員会のチェレーシチェンコが、砲兵局内でマニコフスキーと会っていた。ネクラーソフは、「国家機構」が旧政府派の手にある以上、「なんらかの中間的解決」を見出す必要があるのだ、と述べた。彼がこの提案を出したのは、尻込みして、革命のスチヒーヤ（嵐のような勢い）に乗ろうとしない臆病な国会議員の同僚たちに、衝撃を与えようとしたものと思われる。ブーブリコフによる休会勅令への不服従の提案が受け入れられないなら、私の意見ぐらいのむべきだと、揺さぶりをかけたと見ることができる。

だがネクラーソフ案は、急進派の本隊である進歩党やトルドヴィキから批判を浴びた。元進歩党のカラウーロフは、国会執行委員会を選出し、そこに権力を一任することを主張した。進歩党のシードロフ、ルジェフスキーは、「民主派」議員の意見を聞き、あるいは「軍隊および人民」と交渉して、新たな権力組織を創設することを主張した。トルドヴィキのジュビンスキーは、最初に国会の長老会議が権力を握ることを主張し、のちに国会を憲法制定会議と宣言することを主張した。長老会議による権力掌握案は、オクチャブリストのコヴァレンコ、ペルミの地主で国権派のシャホフスコーイによっても支持された。憲法制定会議にするという案は、進歩党のマンスイリョフによって支持された。ケレンスキーは途中で半円会議場に入ってきて、反乱軍のところへチヘイゼとともに自動車でまわって、国会への支持と連帯を訴えるために行きたい、派遣してもらいたい、と要求した。チヘイゼはこれを支持し、旧政府の打倒と新政府の樹立を主張した。

進歩ブロック所属の議員たちは逡巡し、動揺し、ごく少数の者しか発言しなかった。カデットのヴォルコフとアジェーモフはネクラーソフ案に反対し、国会議員の特別委員会を設置するように主張した。オクチャブリストのサヴィチは、ネクラーソフの独裁案に近いものを提案したが、内容的には元陸相ポリヴァーノフ首班の政府を主張し、国会が「非合法な措置」を執ることは自殺行為だと反対した。国権派のシュリギンは、反乱兵士は「戦争の終結を望んでいるだろう」が、「われわれは賛成できない」として、ネクラーソフ案か特別委員会案かのどちらかを選択することを主張した。国会進歩ブロックの指導者であるミリュコーフは、どの案にも反対だとして、次のように述べた。

　ここでは権力問題について、三つの提案が出ている。（……）私自身は具体的には何も提案しない。いったいわれわれに、何ができるだろうか。ケレンスキーが提案するように、反乱軍のところに出かけていって鎮静化させるか。だがそれでは、とても鎮静化させられないだろう。われわれは、なにか現実的な対策を求めねばならない。

三時半すぎ、議長ロジャンコは、（一）国会を憲法制定会議と宣言する案、（二）長老会議による権力掌握案、（三）権力の組織を委任する委員会を選出する案、（四）ただの特別委員会を設置する案の四つを採決にかけた。結果は、カデットによる特別委員会の設置案が通った。沈黙していた多数派がこれを選んだのである。このことは国会が権力の問題については、さしあたり何の行動も起こす気がないことを意味した。この委員会の目的は「秩序の回復」と「人々や諸機関との交渉」と発表された。国会の態度は白紙ということである。

委員会の選出は、長老会議に委ねられた。午後四時前には決定されたと思われる。国会臨時委員会のメンバーは次の一二人に決まった。国会議長ロジャンコ（オクチャブリスト）、副議長ネクラーソフ（カデット左派）、書記ドミトリューコフ（オクチャブリスト）、ミリュコーフ（カデット）、シドロフスキー（オクチャブリスト左派）、シュリギン（国権派）、ヴェ・リヴォーフ（中央派）、コノヴァーロフ（進歩党）、ルジェフスキー（同）、カラウーロフ（無所属）、ケレンスキー（トルドヴィキ）、チヘイゼ（社民党）[21]。

一二人のうち、皇帝に改革を求める立場は、ロジャンコ、ドミトリューコフ、ミリュコーフ、シドロフスキー、シュリギン、リヴォーフの六名。ブルジョア市民革命を求める立場は、ネクラーソフ、コノヴァーロフ、ルジェフスキー、カラウーロフ、ケレンスキー、チヘイゼの六名で、同数であった。

国会議長団のほか、進歩党の代表が各一名、左翼諸派からも各一名であるのに、進歩党のみが二名を出しているのは注目される。これによって進歩ブロック主流と左派が、六名づつの同数になっている。チヘイゼは参加を拒否したと、ミリュコーフが書き残しているが[22]、のちの公式発表にも彼の名は一貫してあげられており、ソヴィエトでの決定も考えあわせ、メンバーに入っていたとしてよい。ただし実質的には、彼はソヴィエト結成会議が開かれて以降は、この委員会の活動にはまったく加わっていない。

ソヴィエト結成の呼びかけ

二七日朝の四連隊の反乱、そして午後一～二時の反乱兵士と労働者による二つの監獄の襲撃と政治犯の解放は、首都の民衆革命の決定的な転機となった。革命的な民衆運動は、どのように自らを組織化し、どの方向に進んでいくか。民衆運動の指導者をもって任じている民主諸党派としては、どのように民衆を組織するか。今後の闘争の方向性が、焦眉の問題となったのである。

労働者たちの闘いと一体化していた民主党派の構成員の多くは、おそらく、街頭闘争のただなかに飛び込んでいって、革命の勝利を決定的なものとするために闘っていたのであろう。ブルジャーロフが引用しているトルマチョフ（ボリシェヴィキのペテルブルク市委員）の三月一〇日付の手紙によれば、彼は「事件の渦中に飛び込んで、流され、くるくる回る木くずとなってしまった」[23]。監獄から解放されたペテルブルク市委員会（ボリシェヴィキ）の旧幹部たちも、「獄から出ると、なんだか一般の群衆のなかに溶け込んでしまった」という。クレストゥイ監獄からアンチーポフとともに解放されたシミットの言葉である[24]。未決拘置所から解放されたザレシスキーとコマローフ（ともにボリシェヴィキ）は、橋を渡って、本拠のヴィボルク地区へ向かった。彼らが途中で、クレストゥィ監獄から国会へ行く「労働者グループ」のグヴォズジェフらとすれ違ったのは有名な話である[25]。ナルヴァ地区委員会（ボリシェヴィキ）のレーメシェフは、同じ監獄から出ると、ペトログラード地区への橋を渡り、擲弾兵連隊への工作に加わった。そして数日間、本拠のプチーロフ工場には戻らなかったという[26]。

ヴィボルク地区では、ボリシェヴィキは引きつづき街頭闘争に加わっていた。この地区では、自転車連隊が夜まで頑強に民衆に敵対しつづけたので、その工作に力を取られていたのであろう。

革命の勝利が明らかになりながら、首都の各地区では銃声がなお止まなかった。その緊張感のなかで、一枚のビラが各所で配布された。それは「結成せんとする労働者ソヴィエト（Organiziruiushchiisia Sovet rabochikh deputatov）」という署名のものだった。ブンドのメンバーで、この二七日の午後に国会に来たザスラフスキーとカントローヴィチは、その回想風の二月革命史のなかで、このビラは混沌とした状況で初めて市中に撒かれたものだとして、全文を収録している。[27]

「同志よ、待ちに待ったときが到来した。人民は権力を自らの手中に収めつつある。革命がはじまったのだ。一分も無駄にするな。臨時革命政府を樹立せよ」とはじまり、「同志の兵士・労働者諸君」と呼びかけ、「なによりもまず代表を選べ。彼らに連絡を取らせ、軍隊の守護のもとに代表ソヴィエトを結成しよう」、そして「フィンランド停車場を、革命本部の集まるセンターにしよう」と訴えている。これは労兵ソヴィエト結成の呼びかけであり、革命の本部をヴィボルク地区にある停車場に指定しているところが特徴的である。

このビラは、兵士と労働者の急進派に呼びかけており、「臨時革命政府を樹立せよ」という目標は左翼的であり、革命運動の中心に浮かび上がってくる国会（タヴリーダ宮）に対して拒否的である。つまり国会行進の呼びかけからはじまったブルジョア市民革命派とは、対立する方向性を示している。イデオロギー的には、ボリシェヴィキ党、メジライオンツイ、エスエル左派の路線に近い。

不思議なことにこのビラは、現物が文書館に保存されていない。一九五七年刊の全一〇巻の『大十月革命資料集』は、帝政ロシア海軍バルト海艦隊参謀部のファイルにあったコピーから、このビラを収録している。この資料集には、ビラが首都の軍隊内で配布されたと記録されている。[28]だが、もっとも早く一九一七年三月◆に、このビラのことを雑誌に紹介した記者セミョーノフは、これが二月二七日◆に飛行機から撒かれたとしている。[29]確かにこの日、ペトログラードの上空を飛行機が旋回していたという証言もある。[30]

また独立ボリシェヴィキのスカーロフは、クレストゥイ監獄を解放してから国会へ向かう途中、リチェイヌイ橋を渡ると、国会へ通じるシパレールナヤ通りへの曲り角に、「フィンランド停車場へ集まれ」というビラが貼られていたのを見ている。[31] おそらく同じビラであろう。ここにビラが貼られていたのは、南側からやって来た人々に、国会の方へは曲がらず、まっすぐに、フィンランド停車場に向かって進めと誘導する意図である。スカーロフは、このビラは、弱い革命勢力が「自分で自分を孤立させ」「国会に完全な行動の自由を与える」ものだと感じた。彼は、権力を志向しない一九〇五年のソヴィエトには否定的であり、また戦争中という状況と国会の存在を考えて、「国会を革命の渦のなかに引き込む」ために、兵士たちを「蜂起した街頭の音楽にあわせて踊らせる」ことを狙って国会に導いてきた人物であった。[32]

このビラの印象や影響が把握できるのはこのくらいである。経過から見れば、このビラの呼びかけが失敗したことは明らかである。集合場所の選択として、フィンランド停車場は不適当であった。ヴィボルク地区の闘いの連絡センターにはなりえても、全都的な結集の中心にはなりえない。特別市長官府やマリインスキー宮殿に陣取っている皇帝政府に対抗する革命の中心になりうるのは、国会のあるタヴリーダ宮殿しかなかった。

このビラを出したのは誰か。ボリシェヴィキ党の中央本部は、市の中心部から遠く離れたヴィボルク地区の北のはずれ、セルドボリスカヤ通り（リチェイヌイ橋から約五・五キロある）にあり、ここには四連隊の反乱の情報はまったく届いていなかった。彼ら中央委員会ビューローの関心は、地区内のモスクワ連隊に対する工作に向けられていたが、この連隊が革命側に付いたのは午後二〜三時であった。したがって、喜びに満ちたチュグーリン（ペテルブルク市委員会）がライフルを手にして、「ついにやった」と駆け

◆**飛行機から撒かれた**　私は、このことをどう思うかと、七〇年代にブルジャーロフに尋ねたことがある。彼はあまりに信じがたい話であるので、無視したと語った（Interview with Burdzhalov, 1978-79）。

◆**飛行機が旋回していたという証言**　作家ルチニツキーは、一九一七年当時、少年だったが、二月二七日に首都上空を飛行機が飛ぶの撮影したと述べ、写真を公表している。

込んできたのは、そのあとであったろう。ここでシリャプニコフとチュグーリンが話し合って決めた方針は、警察署を襲撃し、留置場の労働者を解放し、さらに監獄から政治犯を解放するというものであったが、[33]すでにそれらの課題は現実の闘争からはるかに遅れたものであった。こののち、シリャプニコフは市内へ「闘争の全体像を把握する」ために向かった。決定的な瞬間に、党の最高責任者は革命の観客となってしまうのである。

　ボリシェヴィキ中央ではないが、ヴィボルク地区委員会がビラを出したという説もある。ソ連の研究者たち、『大十月革命資料集』の編纂者、レイベーロフ、ストゥジェンツォーヴァ、ブルジャーロフらの主張である。[34]ブルジャーロフは、ボリシェヴィキの労働者イヴァーノフの回想を根拠としているが、ヴィボルク委員会の有力メンバーであるカユーロフの回想と矛盾している。筆者は一九五九年に発表した「二月革命とボリシェヴィキ——ソヴィエトをめぐるエリート＝マス関係」の論文で最初にこの問題を提起したときから、ボリシェヴィキのヴィボルク地区委員会説を退け、ヴィボルク地区のボリシェヴィキの個人か、メジライオンツイかエスエル左派系の個人ではないかと主張した。[35]これに対して、在米の研究者、長谷川毅は、一九七七年の論文で、ソ連の研究者たちの主張を支持し、私の意見には反対した。[36]米国のメランコンは一九八八年に、私とは異なった理由で、メジライオンツイが出した可能性を指摘している。[37]どれも想像にもとづく推定である。

　ビラを印刷して、飛行機をチャーターして空から撒いたとすれば、ただの左翼活動家の行為ではありえない。この日に燃え上がった革命の火がさらに炎上することを願う主体、かつ、国会を革命の中心とするのに反対する立場を想定するなら、ドイツ政府の「革命化政策」につながる工作者による行為とも想像しうるだろう。

　このほかに「ロシア社会民主労働党」という題字入りながら無署名のビラが出たことも知られている。これは未決拘置所とクレストゥィ監獄から政治犯が解放されたことを知らせ、「引き返してはならない。引き返すことは、蜂起した兵士を売り渡し、銃殺の運命に追いやることを意味する」と警告し、次のように主張している。「工場で、ただちに工場ストライキ委員会の選挙に着手せよ。その代表が労働者ソヴィエトを結成する。それは闘争における組織的役割を担い、臨時革命政府を樹立するだろう」。

このビラは、ソヴィエトに代表をどのように選ぶかの基準を示さず、代表がどこに集まれとの指示もしていなかった。現実に働きかける力のないビラである。このビラの現物は、一九五七年になって初めてソ連のマルクス・レーニン研究所の所蔵文書から発見されたもので、[38]発行主体、配布状態、影響について判断しうる材料はない。『大十月革命資料集』は、ボリシェヴィキとその機関が出したと主張しているが、先に述べた党の事情からして考えられない。私は、一九六八年に発表した論文では、メジライオンツイの午後二時の会合で出されたビラであるかもしれないが、「無署名だということからすれば、ボリシェヴィキ、メジライオンツイ系の個人ないし独立小集団だと考えるのがよいであろう」と指摘した。[39]長谷川は、私の主張に妥当性があるかもしれないとしながら、ボリシェヴィキのペテルブルク委員会の残党が出したと考えることもできるとしたが、[40]メランコンは、メジライオンツイのビラだと断定的に主張している。[41]

以上のようなビラと比べると、夕刻近くに出た第三のビラが、ソヴィエトの結成に決定的な役割を演じることになった。「労働者グループ」とブルジョア市民革命派によるものである。クレストゥイ監獄から解放された「労働者グループ」のグヴォズジェフ、ブロイド、ボグダーノフらは、すぐさま国会へ向かった。チヘイゼ、スコベレフは、彼らを予算委員会室（第一一・一二・一三号室）へ連れていった。ここには、すでにペトログラード労働者生協連合会のイ・ゲ・ヴォルコフとカペリンスキー、「イニシャティヴ・グループ」のグリネーヴィチ、人権弁護士ソコロフが来ていた。「労働者グループ」と生協連合会はきわめて密接な関係にあり、チヘイゼと生協連合会の二人は、二五日の生協連合会本部での会合で労働者ソヴィエトの結成を決定した際の出席者でもあった。当然、この話し合いも同じ結論となり、「労働者ソヴィエト臨時執行委員会」を名乗って、以下のようなビラを出すことになった。[42]

市民よ！　国会で会合したペトログラードの労働者・兵士・住民の代表は、われわれの代表者による第一回会議を、本日午後七時に国会の建物内で行なうと宣言する。人民の側についたすべての軍隊は、中隊ごとに一名の代表者を即時選出するように。各工場は、一〇〇〇人に一人の代表者を選出するように。一〇〇〇人以下の労働者の工場は、一人の代表者を選出するように。

労働者ソヴィエト臨時執行委員会[43]

このビラは、代表選出の規準、代表者が集合する時刻と場所を示すという明解な方針を打ち出しており、この日に出されたすべてのビラを圧倒した。

このビラは、労働者ソヴィエトが何をするためのものかには触れていない。「労働者グループ」の「全ロシア労働者大会」と結びついた労働者ソヴィエト構想も、二五日の会合の決定も、労働者の運動・闘争の組織として、すなわち社会団体の一つとしてソヴィエトを構想していた。だからモスクワでは、ブルジョア市民革命派が結成したメンシェヴィキの弁護士ニキーチンを中心とした「臨時革命委員会」は、二八日に出す訴えのなかで、メンシェヴィキの伝統と戦術に忠実に、労働者代表のみのソヴィエト結成を呼びかけるのである。[44]ところが、このビラでは、「労働者ソヴィエト」の名のもとに、「労兵ソヴィエト」が呼びかけられている。確かに、労働者よりも多数の反乱兵士が国会に詰めかけており、彼らを無視できないという首都革命の現実は決定的であった。だが兵士を加えることは、ソヴィエトを「革命的地方自治機関」や「社会団体」の一つにとどめない結果をもたらしかねない重要な決定だったのである。

この点で、この会合に加わったただ一人の非メンシェヴィキであり、元ボリシェヴィキである弁護士ソコロフの意見が影響したと考えられる。彼は一九二七年に執筆した回想録の冒頭で、「一九〇五年の労働者ソヴィエトの指導者たちは、ペテルブルクの守備隊との結びつきを形成し、彼らを自分たちの社会活動に引き入れようと多くの努力を払った。しかし、個人的な働きかけやビラを印刷して宣伝をしたが、守備隊を引き入れることには成功しなかった。したがって、ロシア革命史上で第二の労働者ソヴィエトが組織される際には、ソヴィエトのなかに兵士代表の分会を組織するという考えにいたったのは自然のことだった[45]」と記している。ソコロフの働きは、二月革命史にとって決定的な意味をもつことになるのである。

このビラはただちに印刷された。リチェイヌイ大通りにある戦時工業委員会本部が全面的に協力しただろうし、生協連合会も動いただろう。ビラは夕刻になる前から、市内各所に配布されはじめたと考えられる。[46]戦時工業委員会事務長マンチェリは、「労働者グループ」のグヴォズジェフを自動車に乗せて各工場をまわり、「一九〇五年のような労働者ソヴィエトの即時選挙を」というスローガンを流布するのに一役買ったと言われる。[47]もちろん、革命的民主諸党派の主だった人物たちには電話で呼びかけがなされた。[48]ペトログラード・ソヴィエトを成立させたのは、まさにこの呼びかけであった。

左翼民主党派の動きとしては、ボリシェヴィキとメジライオンツイが、この国会からの呼びかけに遅れて、独自の動きをはじめたことが知られている。ボリシェヴィキでは、ヴイボルク地区の活動家カユーロフが、午後二～三時にモスクワ連隊の説得工作に成功すると、同志のハーハリョフ、ナザーロフ、レーベジェフらとともに自宅へ戻り、ボリシェヴィキ党中央委員会の宣言文の作成に取りかかった。「他の党派が『正気に返る』より前に、これをやってしまわなければならない。そうしないと、革命の主導権を他党派に握られてしまうかもしれない」と考えたのである。最後はカユーロフが一人で仕上げて、ビラの文案を本部へ持っていった。モロトフとザルツキーは「早すぎはしないかね、同志カユーロフ」と言ったが、カユーロフの意見を受け入れ、文案に手を入れ、印刷することを約束した。[49]このビラは、クレストゥイ監獄より解放された党の印刷工アゲーエフの手で、この日の夕刻に印刷された◆。[50]

この名高いロシア社会民主党中央委員会宣言は、「市民よ！　ロシア・ツァリーズムの堅塁は崩れた。人民の骨の上に築かれたツァーリ一味の安楽は消し飛んだ。首都は、蜂起した人民の手中にある」とはじ

◆この日の夕刻に印刷された　このビラの発行日について、ブルジャーロフは、二八日発行説を主張した（Burdzhalov, O taktike bol'shevikov v marte-aprele 1917 goda, VI, 1956, No. 8, pp. 109-110）。しかしアストラハンは、このビラが『ジェーニ』新聞社印刷所で二七日に印刷されたことを新たに明らかにした。

まる。そして、「労働者階級と革命的軍隊の任務は、誕生しつつある新しい共和体制の先頭に立つべき臨時革命政府を樹立することである」とし、その追求すべき綱領、当面の課題を述べたうえで、「工場の労働者と蜂起した部隊は、ただちに自分たちの代表を臨時革命政府に選出しなければならない」と記している。[51]労兵代表による臨時革命政府の樹立というのは、従来なかった新しい構想であった。

しかし、労兵代表ソヴィエトのことが一言も触れられていないのは、この新しい構想がソヴィエト結成に対置されたものであることを示している。それはまず、カユーロフというソルモヴォ工場出身の戦闘的活動家が、一九〇五年のペテルブルク・ソヴィエトに根強い批判を抱いていたからである。のちに彼は「一九〇五年一〇月の記憶」として、この日の夜にシリャプニコフからソヴィエト結成のことを聞いた際、『友人』を装って労働者と兵士のもとに現われるおしゃべりな連中たち」のことで心が暗くなったと書いており、また二八日も自分の工場でのソヴィエト選挙に積極的に取り組んではいない。[52]この傾向は、この当時のヴイボルク地区の活動家の中に多かったソルモヴォ工場出身者に共通のものであった。しかもこの宣言は、臨時革命政府を樹立する具体的手順を示していなかった。明らかに、ボリシェヴィキ党も、革命の決定的転機に対応した具体的な方針を提起しえなかったと言わねばならない。

メジライオンツイは、ネフスキー大通りから南に一キロのモスクワ地区コロメンスカヤ通りに本部があったので、ヴォルイニ連隊反乱の情報は午前一〇時にはつかんでいた。午後二時には委員会を開き、ユレーネフによれば「この会議で、全員一致で労働者と兵士に全面的蜂起と労兵ソヴィエトの召集を呼びかけることが決定された」。そして、アジテーターが、ナルヴァ、ヴイボルク、ヴァシリエフスキー島の三地区に派遣された。[53]夕方五時にふたたび委員会がもたれ、二種のビラを発行することが決められ、ユレーネフとグレザーロフが執筆した。[54]これらのビラは、アレクサンドローヴィチらのエスエル左派と協力して印刷され、メジライオンツイと「エスエル党」との連名で出された。一つは、兵士に対して、闘争を強化し「恥辱の体制を廃絶し、流血の戦争を終結しよう」と呼びかけ、「みずからの代表を臨時革命政府へ選出せよ」と訴えている。[55]もう一つは、臨時革命政府は「プロレタリアートと軍隊の代表から組織しなければならない。同志よ、ただちに労働者ソヴィエトの選挙に着手せよ。部隊は、すでにみずからの代表の選挙をはじめている」と訴えている。[56]ソヴィエト結成を明確に打ち出している点で、ボリシェヴィキの宣言よりはすぐれている。しかしこれらのビラは、やっと夜一〇時になって、三万枚ほど市中に撒かれたため、[57]この二七日の午後からはじまっていたソヴィエト結成の動きに影響力をもつことはできなかった。ボリシェヴィキの宣言も、メジライオンツイ、エスエル左派の兵士向けのビラも、いずれものちに発行されたペトログラード・ソヴィエトの機関紙『イズヴェスチヤ』の第一号と号外に掲載され、翌二八日の段階で、ソヴィエトが臨時革命政府を樹立すべきだ、という主張を告げる役割を果たすことになる。

国会のあるタヴリーダ宮でソヴィエトの選挙を呼びかけるビラを出すことを決めた人々は、そのまま「労働者ソヴィエト臨時執行委員会」の名で、すぐに一連の行動を起こした。夕刻が近づくと、同委員会は、「軍事力の組織化、タヴリーダ宮の防衛、蜂起兵への食事支給という問題」が喫緊の課題となると考えた。同委員会はまず、朝の蜂起から何も食べていない街頭の兵士たちへの食事支給に「労働者・兵士・住民ソヴィエトは全力を注いでいる」が、行き渡らせることができないので、市民各自が兵士に食事を提供してほしいと訴えたビラを出した。[58]

さらに臨時執行委員会は、食糧委員会を設置することにした。委員長にはグローマンが推薦された。メンシェヴィキの統計家で、都市連合の代表として食糧特別審議会に出席していた人物である。[59]メンバーには、生協連合会のイ・ゲ・ヴォルコフ、中央戦時工業委員会総会書記ノヴォルースキー、食糧問題専門家フランコルースキーその他がなった。[60]ノヴォルースキーは、一八八七年の皇帝暗殺未遂犯の一人で、一八年間、独房での禁固刑に服した古参革命家であった。

より重要なのは、臨時執行委員会が「軍事力の組織化と反乱軍の指揮」のために本部を設置しようとしたことである。この中心に立ったのが、ソコロフと生協連合会書記カペリンスキーであった。カペリンスキーは、生協連合会理事長であった陸軍大学の高級職員ムスチスラフスキーを電話で呼び出した。ソコロフは、海軍大尉フィリッポフスキーを呼び出したのだろう。この二人はともに、一九〇五年にエスエル党の軍事組織のメンバーであった。ムスチスラフスキーはフリーメーソン団体のメンバーでもあった。国会に着くと、ムスチスラフスキーはソコロフに迎えられ、第一三号室に招き入れられ、ソコロフが見つけてきた市内の地図を囲んで、情勢の検討をはじめた。ちなみにソコロフもフリーメーソン団体のメンバーである。しばらくしてムスチスラフスキーは、別室で若い少尉補たちと話しあっているフィリッポフスキーを見つけ、ようやく二人は合流した[61]。

当面の課題は、軍管区司令官ハバーロフがさし向ける鎮圧軍が、タヴリーダ宮を攻撃してくるのか、その場合どのようにこの本部を防衛するかであった。だが政府側の兵力についての情報はつかめず、革命側でこの本部防衛に動かせる兵力はなかった。この二人の周囲にいたのは、下士官二人、ソヴィエトへの代表としてきていた兵士たち数人であった。「宮殿は兵士でいっぱいだった。しかし、彼らを組織し隊列に編制することを、ほかならぬこの代表たちは断わった。兵士はみんなこの一日でへとへとになっていた。大多数は朝から何も食べていなかったのだ[62]」。

したがって、この二七日の夕刻には、ソヴィエトの名で兵士大衆に対して直接に呼びかけることはなされていない。本格的な活動がはじまったのは、ソヴィエトへの代表がタヴリーダ宮に集まりはじめたため、第一三号室から国会の反対側の翼にある第四一・四二号室、国会副議長室へ移動してからであった。ムスチスラフスキーはここで、フリーメーソン組織の中心人物ネクラーソフに会う。「ネクラーソフが入ってきた。いつもどおり胸の内を明かさない、柔和でゆったりとして、まるまるとして、つやつやしていて、しっかりしている。微笑みを浮かべてあいさつし、いくつか意味のない言葉を述べたかと思うと、ケレンスキーを連れ出していった[63]」。

国会両派の努力

国会議員の非公式会議の結論があいまいなものに終わったことは、ブルジョア市民革命派の焦燥感をかき立てた。民衆革命の奔流は、国会をも押し流しかねない勢いであったからである。

革命の日々にタヴリーダ宮殿につめかけた軍人たち（1917 年）

まず夕刻、コノヴァーロフが戦時工業委員会、ゼムストヴォ連合、都市連合、ペトログラード市会などの代表、保健所や生活保護事務所の所長たちを国会に集めて会合をもった。そして次の決議を採択している。「二月二七日に会合した社会諸団体の代表は、解散しないという国会の決定、そして権力を自らの手に収めるとの国会の決意を歓迎する。国会臨時委員会は、労働者および住民とともに軍の自覚的な兵士の力に依拠し、社会諸団体の支持と協力を受けて、最後には外なる敵と内なる敵に対して完全なる勝利を勝ち取るだろう[64]」。

この決議は、従来の研究では、まったく無視されてきたが、重要な意義を有している。まずこの決議は、国会臨時委員会に対して、「権力を自らの手に収める」よう遠回しの表現で要求している。そして同時に、国民一般に対して、国会が権力を握る意志をもっている、という印象をつくり出すことを狙っている。さらに国会臨時委員会が、一方で「労働者および住民」に、もう一方で軍隊に依拠することを要求し、同時にその印象を広めようとしている。この「労働者および住民」というのが、すでに結成の呼びかけがなされているソヴィエトを指していることは明らかである。そして軍隊が「労働者および住民」から区別されている。ようするに、労働者ソヴィエト、軍隊、社会諸団体によって支えられる国会臨時委員会という構想である。この構想が、コノヴァーロフと彼を取り巻くグループから出たことはほぼ間違いないであろう。

　この日の午後、国会へ来た評論家アヴィーロフは、コノヴァーロフを目撃している。

「コノヴァーロフは、ふくれっ面の子どものような顔をして円形ホールを歩きまわっていた。『パーヴェル・ニコラエヴィチ（ミリュコーフ）は拒否している。社会民主主義者もだ。これからどうなるのか、私にはわからん[65]』」。

　コノヴァーロフは焦っていた。彼はモスクワの友人リャブシンスキーへいち早く連絡をしただろう。モスクワでは、この二七日の夜には市会に社会諸団体の代表一五〇人が集まり、市長チェルノコーフとモスクワ戦時工業委員会議長リャブシンスキーから首都の情勢の報告を聞いている。そして社会団体委員会を設立して、モスクワの権力を掌握することを決定し、その組織ビューローを選出している。それと同時に、モスクワ軍管区司令官だったムロゾフスキーに代えるべき候補として、モスクワ県参事会議長の退役中佐グルジーノフを指名している[66]。さらに、モスクワ市会のこの会合では臨時革命委員会が生まれ、翌二八日、労働者だけのソヴィエトの選挙が呼びかけられたことは、すでに前に述べたとおりである。このモスクワでの動きは、首都ペトログラードでの社会諸団体の会合の決議と一致している。ただしモスクワでは、労働者ソヴィエトへは兵士を参加させず、両者の代表を社会団体委員会に加えることで、彼らは所定の目的を一応達せられると考えた。だが、ペトログラードでは民衆革命が労働者と兵士によって進んでいたのである。

　ところで、ケレンスキーもまた、国会の革命参加の既成事実をつくり出すために努力していた。午後五時半に、元司法大臣で、上院たる国家評議会の議長のシチェグロヴィートフが逮捕され、武装した学生たちに国会へ連行されてきた。その状況についてはさまざまな証言があるが、国会議長だったロジャンコがこの逮捕を承認せず、抵抗の姿勢を示したことは確かである。国会記者チェルカスキーによると、ケレンスキーはこれをさえぎって、次のように言ったという。

「私は国会議員ケレンスキーである。貴下は私の命令で逮捕された。貴下のこれまでの行動はよく知られており、蜂起した人民の利益を害するとの懸念があるからだ。ただし貴下の安全は、私が完全に保障する」。彼はこの囚人を、国会の大臣控室へ連れていかせ、プレオブラジェンスキー連隊第四中隊下士官クルグローフに監視に当たらせた。[67] これがきっかけとなり、旧政府高官から憲兵、警官にいたるまで、多数の逮捕者が国会へ連行されてくるようになった。ケレンスキーはこれについての全権を握ることになった。

私鉄経営者で戦時工業委員会中央ビューローのメンバーである進歩党議員ブーブリコフは、皇帝が首都ペトログラードに軍隊を進撃させる恐れがあると考えていた。そして彼は、独自の全国的な電信網をもつ交通省を占拠して対抗することが必要だと、ロジャンコ、ケレンスキー、チヘイゼ、ネクラーソフらに主張しつづけたが、この夜のうちは彼の提案への支持を得られなかった。この主張は、議論をしているのは無意味で危険であり、すぐに権力を握るべきときなのだ、という彼の個人的見解からなされたもので、コノヴァーロフなどとの相談によるものではなかったようである。[68]

その一方、ロジャンコは、彼らしい事態収拾工作を進めていた。皇帝の弟ミハイル大公と連絡をとっていたのである。彼は、一月九日に◆ガッチナの離宮に居住するミハイル大公のもとを訪ねており、大公が政治の危機的状況に憂慮していることを確認していた。[69] どちらから働きかけたのか、記録はさまざまである。革命後の歴史家ポリエフクトフの聞き取りに対しては、ロジャンコは、二六日にミハイル大公から会いたいと電話があったと話しているが、[70] 後年の回想録では二五日に大公に自分から電話をしたと書いている。[71] ネクラーソフの聞き取りでは、二七日朝、ミハイル大公がロジャンコに会談を申し入れたと語っている。[72] 二〇一二年に公刊されたミハイル大公の日記を見ると、大公側から申し入れた気配はない。彼は、居住していたガッチナから、二二日、二五日、二六日とつづけて日帰りでペトログラードに出てきてはいる

◆一月九日に　ミハイルの日記では、一月九日にロジャンコが訪ねてきたと記されている。しかしロジャンコによれば、八日にミハイルが訪ねてきたという（Rodzianko, *Krushenie imperii*, pp. 211-213.）。

が、まったく私的な行動である。政治的な記述としては、二六日付の最後に「ペトログラードの騒動は拡大してしまっている。スヴォーロフスキー大通りとズナーメンスカヤ広場では、死者が二〇〇人ほど出た」とあるだけである。二七日は、午後五時になって急行列車でペトログラードに向かうところから日記がはじまっており[73]、日中の記述は空白である。明らかに昼頃にでも、ロジャンコがミハイル大公に電話して、首都に呼び出したのであろう。ロジャンコは、第三者にはミハイル大公から電話があったと説明したものと推測する。

この面談は、マリインスキー宮殿で無為にすごしていた旧政権の首相ゴリーツィンに、ロジャンコが立ち会いを求めて行なわれた。午後七時前に、ロジャンコがマリインスキー宮におもむいた。国会副議長としてネクラーソフ、書記ドミトリューコフ、それにロジャンコが信頼するオクチャブリストのサヴィチが同行した。ネクラーソフはもちろんロジャンコを監視するつもりだった。

ミハイル大公が到着して、話し合いがはじまった。ロジャンコがミハイル大公に何を求めたのかは、これも記録によって異なる。ロジャンコがポリエフクトフの聞き取りで語ったところでは、信任内閣の任命を求め、大公はすべての要求を即座に受け入れたという[74]。だが後年の回想録では、ペトログラードに独裁を敷き、旧内閣を総辞職させ、皇帝に責任内閣制への移行を求めてほしいと言ったが、大公は「不決断」を示したと書いている[75]。ロジャンコがそこまで言うはずがないため、後者は彼が言葉を飾ったのであり、求めたのは信任内閣制であったと考えられる。

さらに、ネクラーソフがポリエフクトフの聞き取りで語ったところでは、国会側の要求として、皇帝が摂政になることを引き受け、つまり退位させ、信望のある将軍を首相に一時的に指名してほしいと大公に求めたところ、承知したとの回答を得たという[76]。これも信じがたい。ヴェルシーニンが作成したと言われる『事件日誌』では、次のようにある。国会への権力の移譲を要求したところ、大公は「自分にはそれを認める権限がない」と言い、首相との協議を望んだ。そして協議の結果、首相は辞任を申し出たが、皇帝の許可が出ないと答えた。その後、サヴィチとドミトリューコフが、国会側の要求として、皇帝の退位が

皇帝の弟ミハイル大公

必要であり、大公は摂政になってほしいと求めると、大公は皇帝の同意なくして不可能だと答えたという。[77]しかし、この二人のオクチャブリストが、ロジャンコの前でそんなことを言うはずはない。

しかし、こうした事実と思えない発言があったとされるのは、国会議員の中に、ロジャンコの政府総辞職・信任内閣制という案とは異なる、ネクラーソフらの皇帝退位・責任内閣制という考えも存在し、少なくともそうした意見も話し合いのなかでほのめかされていたということを意味するのであろう。

ミハイル大公の日記には、ロジャンコ、ネクラーソフ、サヴィチ、ドミトリューコフと会合したとあるだけで、内容については一言も書かれていない。[78]しかし、ロジャンコがネクラーソフに語ったなかで、大公が「私は同意する。私は死ぬか、殺されるかだろう。だが、あなたに助力しよう」と述べ、国会側と合意した提案を、大本営の皇帝に話すことを決心したとあるのは、[79]真実味がある。ロジャンコが、リヴォーフ首班の信任内閣を認めるよう皇帝に求めてほしいと頼んだところ、ミハイル大公がそれに応じたというところだろう。皇帝との電信による通話は、陸軍省のヒューズ式印字電信機◆を使って行なわれることになり、ミハイル大公は陸軍省へ移動し、国会側はタヴリーダ宮へ戻った。

夜一〇時半に、ミハイル大公はアレクセーエフ参謀総長を呼び出し、以下の通り皇帝に伝えてほしいと言った。「膨大な規模となった民衆の動きをただちに鎮めるためには、私の信念によれば、内閣総辞職が必要である。このことはゴリーツィン公爵も同意している。内閣総辞職とともに、それに代わる者を任命しなければならない。現在の条件のもとでは、陛下の信任を受け、かつ広範な層から尊敬を得られる人物を一人決め、責任を任せる首相として任命することを陛下に提案する。その人物の判断において組閣できるように委任することが必要である。極度に深刻な事態であるので、このことを陛下のお名前のもとに、遅滞なく私に宣言させることが適切ではなかろうか。そして私としては、現時点では、リヴォーフ公爵がその人物であると考える」。

これは、ロジャンコが求めた内容そのままであると考えるのが妥当である。アレクセーエフが皇帝にすぐお伝えすると答えて、皇帝は、明日、ツァールスコエ・セローへ戻られる予定だと言い添えた。ミハイル大公は、電信機のそばで返事を待つ、皇帝の帰還は数日延期した方がいいと思うと述べた。

この弟の大公の提案を聞いた皇帝は、よけいなことをするなという考えだった。皇帝の回答の第一は、自分の帰還を延期することはできない、第二は、政府の顔ぶれを変えることは自分の到着まで先送りする、第三は、ハバーロフに代えてイヴァーノフ将軍を首都軍管区司令官に任命し、明日、彼の軍を首都に派遣する、第四は、北部・西部方面軍より信頼できる部隊を首都に送る、というものだった。

アレクセーエフはこれを伝えながら、ミハイル大公にさらにこの努力を続けていただきたいと述べた。ミハイルは、ことが手遅れになることを恐れると最後に述べたが、アレクセーエフは、自分も「失った時間は取り返しがつかなくなる」と思う、と言い添えた。[80]

ロジャンコが自らの一存で、進歩ブロックの要求、信任内閣を押し出して、事態の打開をはかろうとしたとき、皇帝にあっさり拒否されたのである。ゴリーツィン首相もまた、辞意が受理されない以上、権力を譲ることはできないとの態度をとった。[81]

ミハイル大公は、皇帝の回答を国会のロジャンコへ伝えて、ガッチナへ戻ろうとしたが、市内では銃撃も発生しており、革命軍による検問もあるということで、自動車で走りまわったあげくに、ハバーロフたちが移動した冬宮へ向かった。そこには一〇〇〇人ぐらいの兵力が集められていた。ミハイルはハバーロフたちに、冬宮の防衛戦はやめてほしい、そんなことをすれば冬宮が破壊されてしまう、と説得した。[82] ハバーロフたちが冬宮を棄てて、ふたたび海軍本部に戻ったのは、ミハイル大公の説得によるものだと考えられる。

ソヴィエトの結成と執行委員会

ロジャンコがミハイル大公を通じて、皇帝と交渉を試みていたあいだに、タヴリーダ宮殿の国会一二号室には、指定の夜七時にかなりの人々が集まっていた。ゴーリキーの家でこの会合のことを聞いてやってきた『レートピシ』誌のスハノフは、労働者や兵士のほかに、多くの各派の幹部たち、一九〇五年のペテルブルク・ソヴィエトの議長であったフルスタリョフ＝ノサーリらの顔を見て、同行したチーホノフと着席している。[83] 同じくゴーリキーの家で聞いてきたシリャプニコフは、労働者地区からの代表もボリシェヴィキ党の関係者も一人もいないのを見て、開会延期を求めたうえ、電話で人を集めようとしたと書いている。[84]

会議がはじまる前に、委任状の検証委員として三人の名が上がった。ブンド派のエールリヒ、グヴォズジェフ、フルスタリョフ＝ノサーリである。しかし、この顔ぶれに異議が申し立てられた。グヴォズジェ

◆ヒューズ式印字電信機　一九世紀半ばに、イギリス出身の発明家デヴィッド・ヒューズが開発した電信機で、モールス信号によるものと異なり、直接アルファベットを送信できた。送信は手前のピアノの鍵盤のようなもので文字を打ち込み、受信は右側のリールに巻かれたテープに文字が印字され、会話に似た状態で通信ができた。ロシアでは、一八六五年にモスクワ—ペテルブルク間に設置されたのが最初。ロシア軍は大戦中、司令部間の連絡に使用していたので、二月革命当時の資料としてヒューズ式電信機による記録が残ることになった。

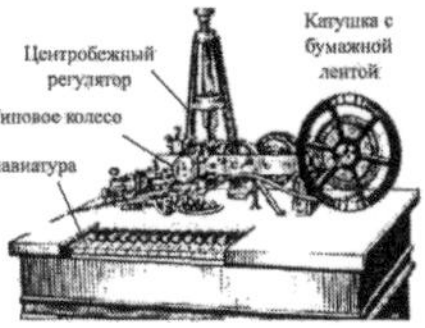

フに対して、ボリシェヴィキ系、国際派が反発した。早く集まった人のなかには左派が多かったのであろう。フルスタリョフ＝ノサーリに対しては、一九〇五年革命（第一次革命）後のパリでの活動、大手新聞への寄稿などを、批判する者がいた。結局、二人は委任状の検証委員を解任された。[85]

会議がはじまったのは、夜九時ないし一〇時近くと言われ、開会時の出席者は一二五～一五〇人とも二五〇人とも言われている。だが、その圧倒的多数はあらゆる傾向の左翼インテリで、労働者代表は四〇～五〇人であった。[86] 兵士の代表はさらに少なかったようである。したがって、会議は左翼インテリが発言して、五〇人に満たない◆本来の労働者・兵士の代表が投票するというかたちで進められた。

議事の順番と内容は情報がまちまちであるが、ソヴィエトの機関紙『イズヴェスチヤ』第一号[87]に依拠すると、次のとおりである。開会したのは、あの党派を超えた弁護士ソコロフである。まず議長としてチヘイゼ、副議長としてスコベレフ、ケレンスキーが「異論なく」選出された。国会議員としてもっとも名を知られていたためであろう。ケレンスキーは会議に出席していなかった。[88] 次いで書記として、グヴォズジェフとソコロフ、流刑地から直前に脱出してきたイニシャティヴ・グループのグリネーヴィチ、それにメンシェヴィキ労働者のパンコーフが選出された。[89] 前の二人は有名だが、後の二人はほとんど無名なのに選ばれたのは、イニシャティヴ・グループの労働者が多く出席していたためであろう。

議題の第一は食糧問題であった。フランコルースキーの報告にもとづいて食糧委員会の設置を決め、委員を選出し、グローマンを責任者に選んだ。第二に軍事委員会の設置が決定された。どちらの委員会も、メンバーはおそらくすでに選んであり、それが承認されたのであろう。ブンド派のラーフェスは、この二つの委員会が「国会委員会と連携しつつ、自立的に活動する」と決定されたと書いているが、[90] これを確認する証言はほかにはない。第三に起草委員会の設置が決められ、まずソヴィエト結成のアピールの起草が委ねられた。これには、ソコロフ、グリネーヴィチらの書記のほか、スハノフ、ナロードニキ系の右派の著述家ペシェホーノフ、左翼評論家スチェクロフが選ばれ、別室で起草をはじめた。[91] 第四に、各地区へコミサール（全権委員）を派遣することが定められた。『イズヴェスチヤ』によれば、それは「ソヴィエトの地区支部の組織化」のためとしている。スハノフは、メンシェヴィキのブロウンシチェインが各工場に民警を置き、地区委員会を設けること、各地区に秩序確立のためコミサールを派遣することを提案し、彼もそれを支持する発言をしたと記している。シリャプニコフによれば、「地域権力機関」の問題を提起したのは彼で、コミサールに全権を委任することを執行委員会に認めさせたと述べている。[92]

第五は、すでに設置されていた国会臨時委員会のメンバーに、ソヴィエト議長団のチヘイゼ、ケレンスキーが加わっていることをどう考えるかという問題であった。ラーフェスによると、簡単な報告がなされ、これにボリシェヴィキが憤激したという。スハノフは、この討論の際は中座していたが、彼の伝聞によると、ケレンスキーはこれを問題だと感じておらず、一方のチヘイゼはソヴィエトの会合があり次第、是非を問うという条件を付けていたと述べている。そして「長い討論」ののち、参加は承認されたという。シリャプニコフは、これが決定されたのは会議後の執行委員会の席上であるとして、「政府に関するいかなる方策も、いかなる決定も、労働者ソヴィエト執行委員会の了解なしにはしないよう監視する」ため、代表として二人を派遣したと書いている。[93] その書きっぷりは、彼もこの決定を支持したことを思わせる。『イズヴェスチヤ』では、「最も注目されたのは、ソヴィエトの代表が国会臨時委員会へ参加しているという問題の討議であった。議員のチヘイゼとケレンスキーを代表として出すことが決められた」となっている。[94] ともかくも、ソヴィエトの正副議長が国会臨時委員会へ入ることは、積極的な意味をもつこととして承認されたのである。

会議の最後、アピール案が提案され、討論なしで採択された。このアピールは、革命の見通しを次のように簡単に述べている。

「闘争はなおつづいている。(……)旧権力は最終的に打倒され、人民による統治に場所を譲らなければ

◆**五〇人に満たない**　のちに見るように、執行委員選挙の最高得票数は四一にすぎなかったことからの推理。

ならない。ここにロシアの救いがある。民主主義のための闘争を成功に終わらせるためには、人民は自らの権力的組織を創り出さなければならない」。そして、「工場、反乱した軍隊、また民主的・社会主義的政党とグループから選出された代表からなる労働者代表ソヴィエト」を結成し、地区ごとに「人民の権力を確立する」ために地区コミサールを派遣したと述べ、首都の全市民がソヴィエトを中心に結集し、「すべての地区の業務を自らの手中に掌握する」よう呼びかけている。アピールは、普通・平等・直接・秘密選挙にもとづいて選挙される憲法制定会議の召集という目標で結ばれている[95]。しかし、中央権力の問題、国会臨時委員会との関係について言及することは、用心深く避けられていた。そして機関紙『イズヴェスチヤ』の発刊も定められ、このアピールを掲載することとなった[96]。

会議は最後に、執行委員会を選出した。これについても証言はさまざまであるが、シリャプニコフの記述は信じがたいため、スハノフ、スチェクロフに依拠したい。議長と書記七名の計八名を、選挙で選ぶことになった。選挙の仕方については、スチェクロフは次のように述べている。「ソヴィエトのメンバーたちが自分の思う候補者の名前をあげ、それから一言二言、簡単に要約した紹介がなされた。この際、所属している党派の問題は、この時点では何の意味ももたなかった。これこれの候補は古い革命家で、多くの人々に評価や信頼を得ている、あれこれのソヴィエトのメンバーがよく知っていることを確認することが求められた。そのような紹介ののち、挙手で採決が行なわれた」[97]。この結果、「集まっていた人々に多少とも個人的に知られているか、この会合でとくに積極的に発言した無党派の候補」が多くの票を集めた。スハノフは、自分、スチェクロフ、カペリンスキーが三七〜四一票を得て、上位で選ばれたと書いている[98]。スチェクロフは選出されたのち、シリャプニコフ、元ボリシェヴィキのクラシコフを推薦した。クラシコフは、一九〇五年のペテルブルク・ソヴィエト執行委員会でボリシェヴィキ首都組織代表だった人物で、革命後は労働問題の弁護士をしていた。シリャプニコフについては、会場から「この人は誰だ。誰の知り合いなのだ。どこから来たのか」[99]という声が上がり、スチェクロフが古い知り合いの党活動家で、非合法工作者だと紹介したと書いている。シリャプニコフとアレクサンドローヴィチは二〇〜二二票の最低の得票で選ばれた。[100] エスエル関係者では、元中央委員の国防派ゼンジーノフが出席していたのに、左派のアレクサンドローヴィチが選ばれたのは、労働者エスエルの力であろう。

結果、次のような顔触れになった。[101]

国会議員――ケレンスキー（トルドヴィキ）、チヘイゼ、スコベレフ（メンシェヴィキ）
「労働者グループ」・生協連合会関連労働者――グヴォズジェフ、カペリンスキー
メンシェヴィキ・イニシャティヴ・グループ――グリネーヴィチ、ソコロフスキー、パンコーフ
弁護士――ソコロフ、クラシコフ
評論家――スハノフ、スチェクロフ

2-е изданіе.

ИЗВѢСТІЯ
ПЕТРОГРАДСКАГО СОВѢТА
Рабочихъ депутатовъ.

28 февраля 1917 года. Прибавленіе къ № 1.

Рѣшеніе исполнительнаго Комитета Сов. Раб. Деп.

МАНИФЕСТЪ
Россійской Соціалъ-Демократической Рабочей Партіи
ко всѣмъ Гражданамъ Россіи.

Центральный Комитетъ Соціалъ-Демократической Рабочей Партіи.

上：ペトログラード・ソヴィエト機関紙『イズヴェスチヤ』の配布に出発する兵士たち。
下：同紙第1号の付録（1917年2月28日付）、ボリシェヴィキの宣言を掲載

ボリシェヴィキ――シリャプニコフ、ザルツキー
左派エスエル――アレクサンドローヴィチ

　このうち臨時革命政府派とみられるのは、ボリシェヴィキと左派エスエルの三人である。弁護士・評論家の四人を見ると、スハノフ以外はみな元ボリシェヴィキである。スチェクロフについて述べておけば、彼は社会民主党の古い活動家で、ボリシェヴィキに近く、大戦前からボリシェヴィキ党に協力していて、ボリシェヴィキ議員団を助けていたが、戦時中は完全に沈黙していた。[102] 中間派のうち、スハノフ、ソコロフ、スチェクロフ、それにチヘイゼが執行委員会の中心人物となるのである。

　執行委員会の選挙のあとで、各社会主義政党の中央機関と首都組織より、各一名ずつの代表を加えることが決められた。[103]

　閉会後、第一回の執行委員会が開かれた。まず総会の委任を受けている問題について討議した。地区委員会の即時組織を結成し、武装した労働者と兵士が駐在する場所として、市内の主要七地区（ヴィボルク、ペトログラード、ヴァシリエフスキー島、モスクワ、ネヴァ、ナルヴァ、ロジヂェストヴェンスキー）で、工場生協、疾病共済組合事務所、工場食堂、職業紹介所、夜間学校などを指定した。さらに労働者一〇〇〇人あたり一〇〇人の民警を組織し、二八日午前一一時・一二時・一時に指定された駐在所に集合させること、この駐在所にソヴィエトが指示を与えることを定めた。そして、ヴィボルク地区にはシリャプニコフ、レスノーイ地区にスーリン、ペトログラード地区にペシェホーノフなど、コミサールが任命されている。このほかにシリャプニコフは、とくに軍事委員会にはソコロフとアレクサンドローヴィチを派遣することが決められたと書いている。[104]

　ソヴィエトの機関紙『イズヴェスチヤ』は、占拠した「コペイカ」印刷所で刷られることになった。これは、古参ボリシェヴィキで戦時中は何もしていなかったボンチ＝ブルエーヴィチが、この日、兵士を指揮してこの印刷所を占拠したが、印刷所として使えると報告を受けたためだ。[105] スチェクロフは、編集員と

して、『レートピシ』編集部の元ボリシェヴィキ、アヴィーロフとバザーロフ、それにボンチ＝ブルエーヴィチをあて、のちには古参ボリシェヴィキのゴーリジェンベルク、『レートピシ』誌の寄稿者の一人でメンシェヴィキ経済学者のツイペローヴィチを加えた。[106] アヴィーロフらは、チーホノフ、アルスキーらとともにこの夜に印刷所へ向かっている。[107]

以上、二七日夜～二八日未明におけるソヴィエトの結成時の動きを見てきたが、いまだ労兵大衆との結びつきは弱く、国会臨時委員会を尊重して、さしあたりまず地域権力の組織化に注意を向けていた、ということができる。

労働者ソヴィエト結成宣言は、二八日早朝、『イズヴェスチヤ』第一号に発表された。

> 旧権力は、国家を完全な崩壊の瀬戸際まで、人民を飢餓の瀬戸際までいたらしめた。これ以上耐えることはできない。ペトログラードの住民たちは街頭に出て、自らの不満を表明した。彼らを迎えたのは一斉射撃だった。ツァーリ政府はパンの代わりに鉛の弾丸を与えたのだ。
>
> しかし、兵士たちは人民と戦うことを望まず、政府に反旗を翻した。人民とともに立ち上がり、彼らは武器を奪い、武器庫と政府の建物を占拠した。
>
> 闘争はなおつづいている。闘争は最後までやり遂げなければならない。旧権力は最終的に打倒され、人民による統治に場所を譲らなければならない。ここにロシアの救いがある。
>
> 民主主義のための闘争を成功に終わらせるためには、人民は自らの権力的組織を創り出さなければならない。
>
> 昨日の二月二七日、首都において、工場、反乱した軍隊、また民主的・社会主義的政党とグループから選出された代表からなる労働者代表ソヴィエトが結成された。
>
> 国会に陣取った労働者代表ソヴィエトは、ロシアにおいて政治的自由と人民統治の最終的確立のために人民の力を組織し、闘争することを基本任務としている。

ソヴィエトは、ペトログラードの各地域に人民の権力を確立するための地区コミサールを任命する。首都のすべての住民がただちにソヴィエトを中心に結集し、地域ごとに地域委員会を結成し、すべての地区の業務を自らの手中に掌握するよう呼びかける。すべての人が一緒になって、旧政府の完全な排除、普通・平等・直接・秘密選挙権にもとづいて選挙される憲法制定会議の召集のために闘うであろう。

労働者代表ソヴィエト[108]

これは専制打倒の民衆革命の宣言であった。

執行委員会への各党派からの代表は、二八日の第二回執行委員会のときまでにはほとんど出そろった。その顔触れは次のとおりである。[109]

右派――ブラムソン、チャイコフスキー（トルドヴィキ）。ペシェホーノフ、チャルノルースキー（エヌエス）。エールリヒ、ラーフェス（ブンド）。

右派・中間派――ボグダーノフ（メンシェヴィキ、右派）、バトゥルスキー（メンシェヴィキ、中間派）。ゼンジーノフ（エスエル、右派）、スヴャチツキー（エスエル、中間派）。

左派――ユレーネフ（メジライオンツイ）。モロトフ、シュートコ（ボリシェヴィキ）。

このほか、通常は、ストゥーチカ（ラトヴィア社会民主党）、コズロフスキー（ポーランド社会民主党）の二人を挙げるのが通例であるが、彼らは三月一一日の執行委員会で追加されたものである。[110] これらの各党代表の参加は、執行委員会内の右派の勢力を強める結果となった。新しい勢力分布は、右派一〇、中間派一二、左派六であった。

国会臨時委員会の権力掌握の意欲

ロジャンコたちがマリインスキー宮から帰ってきたのは、真夜中に近かった。このときは国会の建物は、すでにほとんど民衆に占領されており、進歩ブロックが本拠にしてきた予算委員会室では、ソヴィエトの会議が進行中であった。国会臨時委員会に残っていたのは、わずかに議長室だけであった。シドロフスキーによれば、「建物のなかでは、これ以上は後退しようがなく」「タヴリーダ通りへ出てしまう」ところまで追いつめられていた。[111] その「最後の隠れ家」で国会臨時委員会が開かれた。ロジャンコは、なおも革命を認めてツァーリの承認なしに権力を執る決心がつかなかった。他のメンバーは、すでにソヴィエトが発足しているという現状で一刻の猶予もならないという気分であった。ミリュコーフも迫った。「ミハイル・ヴァシリエヴィチ、決断しなければいけませんよ」。ロジャンコは一五分だけ考えさせてくれと言って、議長室にこもった。[112] 九時すぎになって、国会議員で唯一の現職の軍人であったエンゲリガルトが国会に到着し◆、国会臨時委員会へ来て、しきりに主導権を執るべきだと口説いた。しかしロジャンコは、彼の言葉にも動かなかった。[113] ロジャンコの決意を固めさせたのは、プレオブラジェンスキー連隊の将校から、一致して国会の命令下に入るとの電話が入ったことであった。[114] ロジャンコは同意した。「けっこうだ。諸君、けっこうだ、私は腹を決めた。私は権力を自分の手に握る。だが、これからはみな、私に無条件でしたがってほしい」。この言葉は、とくにケレンスキーに向けられたものであった。ケレンスキーは「私は現在、予算委員会室で騒いでいる動きを考慮せざるを得ないことにご注意願いたい」と答えている。[115]

決断が下されたのは、二八日の午前二時であった。そうなれば、軍人議員は頼りがいがある。エンゲリガルトが国会臨時委員会のメンバーに新たに加えられ、「蜂起したペトログラード守備軍」の司令官に就

◆エンゲリガルトが国会に到着し　エンゲリガルトは、この日の昼間は冬宮の近くのクラブに軍服でいたので、市中の通行がはばかられた。家に戻って、私服に着替えてから、ようやく国会に来たのである。

任したと発表された。そして、国会議長ロジャンコの名で、二七日付けで、二つのアピールが出された。実際は、二八日午前二時に出されたと言われる。

第一のアピール。

「国会臨時委員会は、ペトログラードの住民と兵士たちに訴える。公共の利益のために、電報局、水道、発電所、市街電車、その他の政府機関と社会施設を破壊しないことを。同様に、国会委員会は、国防のためと公共の利用のために、稼働する工場を保全するよう市民にお願いする。機関と財産の毀損と破壊は誰の利益にもならず、国家にも、全住民にも、巨大な害悪を与えるだろうことを記憶しなければならない。水、照明などは万人に必要だからである。また生命と健康への危害、同じく個人財産への侵害は許されない。流血の行為、財産の破壊は、これらの行為をなす人間の良心の汚点となり、首都の全住民にはかりしれない災いをもたらすものである」。

第二のアピール。

「国会議員臨時委員会は、旧政府の方策によって引き起こされた国内の崩壊という困難な条件のもとで、自らの手で国家と社会秩序の回復を担わなければならなくなった。自ら下した決定から発生する全責任を自覚しつつ、委員会は、住民と軍が住民の希望にそって、その信任を得うる新政府の樹立という困難な課題のために援助してくれるとの確信を表明する▼[116]」。

権力掌握を決意した国会臨時委員会が、第一にやったことは、ソヴィエトの軍事委員会と食糧委員会を自らに従わせることであった。

フィリッポフスキー、ムスチスラフスキーの「参謀本部」が本格的活動を開始したのは、副議長室へ移ってからであったが、このときには前線から休暇で帰っていた若い将校たち（主として少尉補）が二〇

タヴリーダ宮殿前での兵士集会を描いた絵葉書（1917 年）。旗には「自由ロシア」とある

人ほど集まっており、活動をはじめていた[117]。ケレンスキーは、二七日の夕刻、国会臨時委員会が、自分も加わった軍事委員会を設置したと書いている[118]。あるいは新しく登場した青年将校の幾人かは、彼が集めたものかもしれない。だが、この時点では、これはソヴィエトの軍事委員会であった。

しかし、フィリッポフスキーたちは、ソヴィエトの機関だということを強調する余裕はなかった。ムスチスラフスキーは書いている。「兵士たちは、予想していたよりは喜んで行動してくれた。しかし、必ず正式文書での命令を要求した。ソヴィエトには、当然ながら、いかなるスタンプもなかった。だから、机の上にあった国会副議長の用箋に命令を書いた。スタンプは大きく、紙は厚手で、（……）堂々たるものであった[119]」。将校たちはこれを持って兵士を募り、ニコライ、ツァールスコエ・セロー両停車場の占領と各方面への偵察に出かけた。武器も次第に集められ、その整備が男女の学生たちの協力で進められていった。

ロジャンコと軍服に着替えたエンゲリガルトは、二八日の午前三〜四時に、この軍事委員会の部屋に乗り込んだ。駆けつけてきたソコロフは、ロジャンコが国会臨時委員会の決定を伝えると強く抗議した。彼は、「本部〔軍事委員会〕はすでに成立しており、行動している。人選はなされている」と言い、「民衆蜂起の最初の瞬間からここで働いてきた人々に、誰が、何を、誰を指揮すべきか決めさせるべきだ」として、「現在唯一の現実的な権力であるペトログラード・ソヴィエト（……）が、自らが結成した（……）本部から排除されるなんて、まったく許されない」と述べた。これに対し、ロジャンコは「いや諸君、君たちがわれわれをこの一件に巻き込んだ以上、言うことを聞くようにしてもらいたい」と言い返した。ソコロフと他のソヴィエト関係者（アレクサンドローヴィチか）は大声でロジャンコに詰め寄ったので、「このうえなく、うやうやしくロジャンコの言葉を聞いていた将校たち」が、ソコロフを取り囲み、あわやという状態になった。そこでムスチスラフスキーらが割って入り、エンゲリガルトを受け入れても、彼らが警戒して仕事をつづけるから大丈夫だと、ソコロフに耳打ちした。ロジャンコ、エンゲリガルト、それにつづいて将校の半数が出ていった。二八日の朝になって、エンゲリガルトがふたたび入ってきた。[120]

今日知られている軍事委員会命令のもっとも早いものは、二八日午前八時のものであり、それは国会臨時委員会軍事委員会の名前になっている。[121]議長エンゲリガルト名の命令も、朝八時一〇分には出ている。[122]この朝から、国会臨時委員会は軍事委員会を掌握したのである。

これに比べれば、協調的なグローマンを委員長とするソヴィエトの食糧委員会を接収するのは、容易なことであった。国会臨時委員会は、この委員会にシンガリョフほか一名を参加させ、この委員会を「ペトログラード労働者ソヴィエトと国会執行委員会の食糧委員会」とした。食糧委員会は、まずパン焼工に即時の職場復帰を呼びかけ、製パン工場の生産再開を求めた。配給の公平化をはかるため、各地区にある市の生活保護事務所の代表を、二八日の午後三時に市会に集め、協力を求めている。将来は、この仕事を地区ごとの市民委員会に委ねるとの構想が出された。[123]三月一日には、食糧委員会は、首都の食糧全権委員に、市会食糧委員会委員長ニカノーロフを任命した。市民一人あたりの配給量は、ライ麦パン一・二五フント（約五一二グラム）、肉体労働者一・七五フント（約七一七グラム）と定められ、基本量の配給切符は市会参事会で交付され、プラス分のみが工場委員会その他の勤務先で渡されることとなった。[124]ソヴィエトを切り捨てることはできなかったが、食糧問題の処理は国会―市会の線で進められるようになったのである。

第7章

二つの革命

さまざまな路線

ペトログラード・ソヴィエトの兵士部会

国会臨時委員会の権力行使の努力

首都革命の勝利の翌日、二月二八日が明けるとともに、国会臨時委員会は革命のための権力行使を精力的に開始した。

朝八時、軍事委員会による命令第一号が発された。ナジーモフ大佐に対し、ツァールスコエ・セロー停車場、ベルギー社発電所、貯金局などを接収し、ヴラジーミルスキー大通りからザゴールスク大通りの工業技術高専までとニコラエフスカヤ通りにはさまれている区域の治安を維持せよ、との命令である。八時一〇分、エンゲリガルト国防委員会委員長の署名する命令第二号が出た。これは、プレオブラジェンスキー連隊に対し、国立銀行・電話局を接収し、エルミタージュ美術館とアレクサンドル三世美術館（現在のロシア美術館）に歩哨を置くことを命じるものだった。命令第三号は資料が失われていて、どのようなものであったかわからないが、八時四〇分の命令第四号は、予備電気工兵大隊長ボビンスキー大佐に、中央電話局の接収を改めて命令した。八時四五分、フィリッポフスキーが署名した命令第五号は、シマンスキー少尉に対し、元首相シチュルメルを逮捕し国会へ身柄を連行せよ、と命令するものだった。[1]命令を受けた将校は兵士を連れ、ただちに実行に向かった。

皇帝政府、旧秩序の代表者の逮捕は、以降、さかんに進められた。これは当初、ケレンスキーが個人の責任で民衆に呼びかけていたのだが、国会臨時委員会の権力的な措置となった。そうなると、逮捕に来てくれと自分から連絡をしてきたり、自ら出頭してくる者が現われるようになった。彼らにとって、国会がもっとも安全だと考えられたからである。

二七日深夜には、首都憲兵本部長補佐ヴォルコフ中佐と本部員たちが連行され、二八日朝に元首相シチュルメルが逮捕されたのにつづいて、一〇時には内務次官クルロフと総主教ピチリム、一二時に国家保健総局長レイン、それから特別市長官バルクとその補佐二人、さらにペトログラード軍管区司令官ハバーロフ◆、憲兵将軍カザコフ、そして午後六時には右翼の巨頭であるロシア国民同盟会長ドゥブローヴィン、海軍士官学校長カルツェル、八時に司法相ドブロヴォリスキーが連行されてきた。それから、元内相マカーロフが連行され、内相プロトポーポフは自ら出頭した。夜一〇時には元首相ゴレムイキンが逮捕されてきた[2]。

内相プロトポーポフの逮捕は、ある種のクライマックスであった。プロトポーポフは知り合いに付き添われタヴリーダ宮殿に来て、自ら名乗って出た。ケレンスキーが呼ばれ、武装した兵士とともにやって来た[3]。ケレンスキーは緊張のあまり顔は青ざめ、目だけ爛々と輝かせていて、「この人物に手を出してはならぬ」と叫んだ。その場にいた人々は、プロトポーポフがそのまま処刑場に連れていかれるかと思ったと言われる[4]。

財務相バルクの逮捕はもっとも遅く、そして特異であった。彼は財務省の上にあった自分の住居にいたところ、三月一日の午後三時に武装した兵士たちに逮捕された。兵士とともに階下に降りると、財務省に国会臨時委員会のコミサールが来た。するとこの人物は、バルクの逮捕命令は出ていないと言うので、兵士たちに国会まで連れていってもらい、ケレンスキーが新たに書類を作成し、逮捕となったのである[5]。

国会臨時委員会が行なったもっとも重要な措置は、各省庁の接収である。ロジャンコは、二八日の朝になって、前日より交通省の接収を主張していたブーブリコフに（第6章341頁参照）許可を与えた。ブーブリコフは用意していた鉄道員向けのアピール案に修正を入れてもらうと、それを持って交通省へ向かった[6]。彼の回想には、軍事委員会から二台のトラックと兵士を与えられ、街頭で一台をつかまえて向かったとあ

◆ハバーロフ　彼は、海軍本部で午後四時ごろ、バルクらと一緒に逮捕され連行されたのだが、当初は姓名を偽ったので、釈放となり、のち逮捕・連行されたと言われる（Spiridovich, op. cit., Vol. III, p.191）。

る。彼の片腕となった鉄道局次長ロモノーソフによれば、ブーブリコフは二人の友人、技師と弁護士を呼び出し、街頭で声をかけた数人の兵士と見も知らぬ二人の男（一人は元エヌエスの鉄道職員、もう一人は女を殺して手配中の元将校）を連れて、交通省に乗り込んだのである。[7]

ブーブリコフは鉄道局長室に入ると、国会臨時委員会が権力を掌握したと告げ、鉄道管理局長を身柄保全のため逮捕し国会へ連行させた。次いで大臣室に入り、大臣のクリーゲル＝ヴォイノフスキーにこのまま留任するよう求めた。彼がこれを拒否すると、これまた身柄保全のため自宅軟禁とするとし、大臣を拘束した。[8]西北鉄道部長ヴァルーエフが民衆に捕らえられ連行中に殺された、との報せに脅えていた交通省の幹部たちは、旧知の議員が来たことに安堵した。第一次官ボリーソフは「やれやれ、ようやくですな。われわれは昨日からお待ちしていました」と述べた。第二次官コーズイレフは帝政派であったが、ブーブリコフに従うとの意志表示をした。[9]職員たちもこれにならったようで、交通省は何の抵抗もなく国会臨時委員会に掌握された。

ブーブリコフは、さっそく全国の鉄道職員に向けて、アピールを専用電信網を使って打電した。

　二月二八日、一三時五〇分。

　国会委員会の委任により、私は本日、交通省を接収し、国会議長の次の命令を宣言する。

「鉄道従業員諸君へ。国民生活のあらゆる分野を破壊せしめた旧権力は無力となった。国会委員会は新たな権力の創出を自ら担うことを決意し、祖国の名において諸君に訴える。祖国の救済は、いまや諸君の双肩にかかっている。祖国は、諸君に職務の履行以上のものを求めている。偉大なる努力を期待しているのだ。列車の運行は途絶えることなく、倍旧の精力をもって維持されなければならない。ロシアの鉄道網の弱点と不足は、諸君の献身的なエネルギー、祖国愛、そして戦争と銃後の安定のためには輸送事業がきわめて重要であるという認識によって、カヴァーされなければならない。国会議長ロジャンコ」。

ブーブリコフ。進歩党国会議員。国会委員会のコミサールとして交通省を接収した

諸君の一家の一員として私は、諸君がこの呼びかけに応え、わが祖国の諸君への期待を満たすことができるものと確信している。すべての職員は部署にとどまらなければならない。

国会議員ブーブリコフ[10]

このアピールは瞬時にして、ロシア帝国のあらゆる鉄道の駅で受信され、ロシアの全国民に首都における革命を知らせたのであった。

次いでブーブリコフは、ツァーリの乗った列車がどこにいるかを調べ、ボロゴーエ線とプスコフ線より北側にはツァーリの列車を進入させないようにすること、首都より二五〇ヴェルスタ（約二六六・七キロメートル）以内での軍用列車の運行をすべて禁止する通達を打電した。[11]これは、皇帝の首都帰還をはばみ、鎮圧軍の到来を食い止めるためである。これがイヴァーノフ軍を撃退するための決定的な措置となった。

交通省の場合が示すように、次官・局長以下の各省高級幹部は、一部の帝政派をのぞいて、ほとんどが国会の庇護のもとに入ることを望んだ。シュリギンはいたるところから、あらゆる官庁から議員の派遣を要請してきたと書いている。[12]この状況のなかでブーブリコフの主張が取り上げられて、国会臨時委員会は各省庁の接収を決め、それに当たるべきコミサールを選定した。商工、司法、農務、文部、内務、陸軍、海軍、財務、交通の九省（外務、宮内、会計検査院があげられていない）、電信局、郵便局、最高法院、ペトログラード特別市長官府に対して、カデット、オクチャブリストを主とする二六人の議員がコミサールに任命され、二八日に発表された。[13]実際の接収は三月一日になった模様である。[14]

ペテロパウロ要塞。軍事委員会は、この要塞を制圧し、“革命の囚人”を送り込んだ

このなかには国立銀行が入っていない。それと関係があるかどうかは不明であるが、ソヴィエトの二八日の総会は、国立銀行、中央および県の国庫、造幣局、印刷局の接収を、国会臨時委員会に要請している。[15]ソヴィエトは自らのイニシャティヴでは、官公庁の接収をいっさい行なわなかった。官吏、公務員は、国会に忠誠を誓ったのである。

軍事委員会は、軍事的反革命の可能性を一掃するための行動に動いた。まず第一に警戒したのは、ペテロパウロ要塞であった。ここには砲兵隊がいたため、砲撃を加えられる恐れがあったからである。

エンゲリガルトたちは、ペテロパウロ要塞を占拠し、そこから軍管区司令官ハバーロフの指揮する政府軍が陣取っている海軍本部を砲撃する、と威嚇して、政府軍を解散させる作戦を立てた。[16]シュリギンの回想によると、二八日の夜、ネクラーソフがそのアイデアを彼に語ったという。◆しかしこの日付は誤りであり、二七日の夜であったと思われる。二八日の午前に、シュリギンは国会を代表してペテロパウロ要塞におもむき、ここの守備隊が国会臨時委員会の側に付く、という司令官の表明を取り付けてきたのである。そして、二月二六日に民衆への弾圧を拒否して最初の反乱を起こしたパヴロフスキー連隊の兵士、一九名も釈放させている。[17]

ペテロパウロ要塞を革命側が握ったので、ケレンスキーは三月一日、プロトポーポフ、ハバーロフら一二名を、革命の囚人の第一陣として要塞に移送し、収監させた。◆[18]

しかしこれだけでは、要塞の砲兵隊が海軍本部を砲撃することが可能になったとまでは言えないだろう。おそらく、さまざまな交渉がなされたと思われる。海相グリゴローヴィチは、皇帝ニコライ二世の信任が最後まで厚かった人物であるが、専制末期の政治への厳しい批判者であったから、革命を支持した。[19]そのため国会臨時委員会からの要請に応えて、鎮圧軍を海軍本部から追い出すことに協力したことが十分考えられる。

この日、昼一二時に、海相の副官が海軍本部に来て、海相の要求だとして、ハバーロフにただちに海軍本部から退去してほしいと伝えた。反乱軍側は、二〇分以内に海軍本部を明け渡さないなら、ペテロパウロ要塞から砲撃すると言っていると言い添えた。ハバーロフとしては、どうにもならない。海軍本部を撤収することにした。兵士は武器を置いて、原隊に戻っていった。ハバーロフはそのまま海軍本部に残り、逮捕の時を待った。そして、この日のうちに逮捕された。[20]

軍事委員会は、軍隊の掌握のための行動を開始した。二八日に出した命令は、ツァールスコエ・セロー停車場、発電所、電信局、国立銀行などの接収命令をのぞけば、ほとんどが警備治安のための出動命令である。注目されるのは、ヴォルイニ連隊へ大尉と二人の少尉補を司令官として任命する命令が出ていることである。[21]政府軍は、まったく無力になっていた。二八日にはすでに、中心問題は、反乱兵士が今後、誰に服従するかという問題に移っていた。国会臨時委員会は、兵士を将校に服従させ、将校を通じて守備隊を握ろうとした。

二七日に反乱を起こした兵士たちは、六万六七〇〇人に達したが、[22]その多くは将校を殺し、将校を追放

◆**二七日の夜であったと思われる**　シュリギンは、この件では一日間違えている。軍事委員会のチコリーニの聞き取りでは、シュリギンが二八日午前中に要塞を訪問したとしている（Lyanders, *The Fall of Tsarism: Untold Stories of the February 1917 Revolution*, Oxford, 2014, p. 77)。

◆**ケレンスキーは……収監させた**　この際、ケレンスキーの委任を受けて、革命の囚人たちの第一陣を引き渡しに行ったのは、ゼンジーノフであった。ゼンジーノフは、要塞監獄長のイヴァニーシン大佐に大臣たちを引き渡した。このイヴァニーシンは、彼が投獄されたときの監獄長であった。国会に戻ったゼンジーノフは、ケレンスキーに監獄長の更迭を提案し、これが翌日に実行された。Zenzinov, *Iz zhizni revoliutsionera*, Paris, 1919, pp. 84-87.

して街頭におどり出たのであった。ところが、二八日になって革命に加わった約六万人の兵士には、そのような闘争の過程を経ず、将校ぐるみ、連隊ぐるみで街頭に進出したものが多かった。この日、プレオブラジェンスキー、擲弾兵、騎兵第九の各連隊は、将校に率いられ、軍楽隊を先頭に国会へやってきた。前日は民衆の前に姿を現わすことのなかったロジャンコは、これらの連隊を迎えて、そのたびに次のような演説を行なった。

　栄誉あるロシア連隊の伝統を守ってほしい。（……）諸君の将校の指揮に従ってほしい。なぜなら、指揮官なしには、部隊は秩序を確立しえない烏合の衆になってしまう。諸君をここへ連れてきた将校の方々は、国会議員とすべての点で一致している。諸君は、われわれが国中の信頼を集めるような権力を組織するのを助けてくれなければならない。かけがえのないロシア、母なるルーシ〔ロシア〕よ、ウラー（万歳）[23]。

秩序の回復、伝統の維持、将校への服従――これがロジャンコの変わらざる呼びかけの内容であった。ミリュコーフもまた、「国会臨時委員会」こそ唯一の権力だ、「これに服従しなければならない」「なぜなら二重権力は危険だからだ」と述べ、「国会の指揮下にある自分たちの将校を見つけ、自ら彼らの指揮下に入れ」と訴えた[24]。国会への忠誠と将校への服従は、またこの日から兵営をまわり、市外から到着した兵士の出迎えにおもむいた議員たちの訴えの中心的主張であった[25]。

このような呼びかけは、一応は「ウラー」（万歳）の歓呼で迎えられた。気をよくしたロジャンコは、この日、次のようなペトログラード守備隊の各部隊への命令を発した。

1、すべての兵と部隊は、ただちに兵営に戻ること。

2、すべての将校は原隊に戻り、秩序確立のあらゆる措置を講ずること。

3、部隊指揮官は、二月二八日午前一一時までに国会に来て指示を受けること。[26]

将校と対決して反乱を起こした先進的な部隊の兵士たちが、この命令に憤激したことは言うまでもない。また、二八日に、兵士に信頼の厚かった大佐に率いられてきたモスクワ連隊の兵士ですら、すべての将校に服従するなどということは絶対に受け入れないと決めていた[27]ことを思うと、ロジャンコの命令が広く悪評を買ったことは想像にかたくない。将校を通じて兵士を掌握せんとした国会臨時委員会の意図は、挫折することになるのである。

注目されるのは、軍事委員会に革命に同調する軍人・将校が集まってきたことである。エンゲリガルトは、二八日に、参謀本部動員部の課長であったレフ・トゥガン＝バラノフスキー大佐に電話して、軍事委員会で自分の補佐になってほしいと要請していたが、この人物が実際にやってきたのは三月一日のことであった。[28]参謀本部で働いていたトゥマーノフ大佐、ヤクボーヴィチ大佐、ギリビッヒ大佐も、同じ頃に軍事委員会で働きはじめた。この参謀本部の大佐たちは専制廃止論者で、カデットに批判的な革新派であった。[29]

だが、ここにやってきた最大の人物は、国会議員でなく、タヴリーダ宮殿に居場所のなかったグチコフであった。彼も三月一日になって姿を現わした。旧知の仲であるエンゲリガルトは、軍事委員会の委員長のポストをグチコフに譲ろうと考えたが、グチコフはそれを望まず、「権力を分けあった」と述べている。[30]そのグチコフの関係で、中央戦時工業委員会の技師パリチンスキー、将軍ポターポフなどがやってきた。そのほか、カフカース騎兵師団で師団長ミハイル大公の参謀長をしていたポロフツォーフが首都出張中に革命に出くわし、噂を聞きつけて軍事委員会を訪問し、そのまま働くようになった。[31]軍事委員会はこれだけの人が集まり、国会臨時委員会のもっとも実力ある機構となった。

国会臨時委員会は、治安の確立、警察の再建にも着手した。まず建築家の市会議員クルイジャノフスキーを、この担当コミサールに任命している。[32]彼はとくに学生に呼びかけて、二八日午後八時に市会ホールで市会議員や一般市民も交えた集会を開き、市自治体が所管する民警組織である〝市民警〟を発足させ、自ら市民警長官となった。[33]地区ごとに地区民警委員が任命され、駐在所が決められた。委員になったのは、市会議員、学生、弁護士、技師などであった。ヴィボルク地区には、市会議員二名、軍医大学校生二名が任命された。委員たちは、この夜のうちに地区へおもむき、市民警の組織化に着手した。[34]

市会は表には立たなかったが、全面的にこれを援助した。革命の最初の日から病気と称して引きこもってしまったレリャーノフに代わって市長に選出されたグレーボフは、市長室を民警本部に提供し、維持費として市の予算から一万ルーブリを与えた。[35]中央本部で活躍したケリソーンは、国会から議員たちやソヴィエト執行委員会のボグダーノフに勧められて市会へ来た人物であった。彼は三月一日の朝より、市の女子職員や市会議員夫人たちを動員して、白地に赤く「Г・М」（市民警、G・M：Gorodskaia Militsiiaの略）と縫い取りした腕章の作成をはじめた。この本部の仕事には、一〇～一五歳のボーイスカウトの少年たち、中学生たちが動員された。[36]

武器は当初、市民に訴えて回収された。三月四～一四日のあいだに、ライフル一八四挺、ピストル三〇七挺、そのほか五〇〇点が集められたが、それを提供した三〇〇人のうち二三三人が、アドミラルチェイストヴォ、スパッスカヤ、カザン、リチェイナヤ、コロムナの五地区に集中している。[37]このあたりが市民警が直接的に掌握した地域であった。それ以外の地区では、市民警と労働者による民警との競合が存在した。三月五日、市民警の数は七〇〇〇人と言われる。[38]

市民警の組織は、大学生・中等学校生徒の一定部分を国会・市会が組織的に掌握することを意味した。革命の初期の日々、自由主義的な名門校レントフスカヤ中学はペトログラード中等学校生徒臨時中央委員会の本部となっており、[39]のちカデット党系のペトログラード中等学校生徒青年組織の議長に同校の生徒メイスネルがなっている。学生のなかにも似た現象は見られたであろう。

以上見てきたように、国会臨時委員会は、交通省と鉄道をはじめとする官庁、重要施設を接収し、市内の中心部の警察権を握るにいたった。有産階級・官僚・将校のほとんどすべてと、大学生・中等学校生徒

組織された市民警。参加した工業技術高専の学生

の一定部分の直接的支持が寄せられたのである。

ソヴィエトと民衆

ソヴィエトは、首都の革命的な民衆との結びつきを強めようとした。民衆の側からもソヴィエトを自分たちを代表する組織として、代表者を選出し送り込んできたのである。

まず首都の労働者は、ソヴィエト結成の訴えをもっとも熱狂的に迎えた。大手工場でのソヴィエトへの代表選挙は、二月二八日・三月一日に実施された。結果は、右派・中間派のメンシェヴィキやエスエル、ないしはそれに近い無党派が労働者代表の圧倒的多数を占め、左派は少数派にとどまることとなった。

もちろんボリシェヴィキの拠点工場では、ボリシェヴィキ党員が代表に選ばれるケースがあった。ヴィボルク地区のローゼンクランツ工場のペトログラード・ソヴィエトへの代表は、ボリシェヴィキ党員二名（ローボフほか一名）、シンパ一名、そしてのちに入党する無党派一名の計四名だった。下部機構として結成された地区ソヴィエトへの代表三人も、全員ボリシェヴィキだった。[40] 新・旧レスネル工場では、第一回の選挙で「労働者グループ」のブロイドを含む多くのメンシェヴィキが選出されたが、三月一日になって、コンドラチエフやコマローフら、主だったボリシェヴィキ活動家が工場に戻って改選を要求すると、その要求が通り、ボリシェヴィキ八名と彼らが推すエスエル

（おそらく左派）一名が選ばれている。[41]

　その一方で、ボリシェヴィキの拠点工場でも、ボリシェヴィキ以外の代表が選ばれるケースも少なくなかった。ノーベリ工場では、二七日に街頭でエスエルが仮代表に選ばれ、その後に開かれた総会でもこれが追認され、その代わりに地区ソヴィエトにボリシェヴィキのゴルジエンコが選ばれている。[42] フェニックス工場では、ペトログラード・ソヴィエトへの代表にはメンシェヴィキ二名、ボリシェヴィキ一名（コダツキー）が選ばれ、地区ソヴィエトにはボリシェヴィキ四名（イヴァーノフほか）、メンシェヴィキ一名、エスエル一名が選ばれている。[43] 旧パルヴィアイネン工場、エリクソン工場での選挙結果を残す資料は出ていないが、ボリシェヴィキはこの二つの拠点でも代表に選ばれなかった可能性が高い。エリクソン工場では、ボリシェヴィキの活動家カユーロフは代表に選ばれず、地区ソヴィエトへの代表の一人にまわされている。ボリシェヴィキの弱いアイヴァス工場は、ボリシェヴィキのチュグーリンが地区ソヴィエトへ選ばれている。[44]

　ボリシェヴィキの拠点工場でも、ボリシェヴィキが代表に選ばれなかったとすれば、その理由は、ボリシェヴィキ党や左派の活動家がなお街頭闘争から抜けられず、ソヴィエトへの代表選挙への取り組みに立ち遅れたか、あるいはソヴィエトに対する反感から選挙に取り組まなかったことに求められるであろう。

　さらに、ボリシェヴィキが強かった工場での選挙結果を見ると、ペトログラード地区のデュフロン工場では、二七日に代表を送るようにとの呼びかけを聞いて臨時集会を開き、その場にいなかったボリシェヴィキのスコロホードフ一名を代表に選んでいる。[45] シチェチーニン航空機工場では二名の代表を選んだが、一名がボリシェヴィキであった。ヴイボルク地区のペトログラード電装工場ではボリシェヴィキ一名が、ストルークとエクヴァリの両工場の代表としてボリシェヴィキ一名が選ばれている。[46] フェフェーレフ破甲弾工場では、二八日朝、一名の代表に独立ボリシェヴィキのスカーロフが選ばれている。[47] 市外のイジョーラ工場では、二八日に一〇名の代表が選ばれたが、そのうち八名がボリシェヴィキで、右派は二名だけだった。[48] セストロレーツク工場では、二名ともボリシェヴィキが選ばれている。[49]

だが、圧倒的に多くの工場では、メンシェヴィキ、エスエル右派が代表に選ばれた。ペトログラード金属工場は、六名ないし七名の代表を選んだが、全員がエスエルであった。[50] おそらくアイヴァス工場で選ばれた四名も、同じような顔ぶれであったろう。オブーホフ造船工場では、二八日の一万五〇〇〇人の大集会で、エスエル八名、メンシェヴィキ一名、無党派二名の代表が選ばれている。[51] プチーロフ工場では、三月二日に各部署ごとに選挙が行なわれ、約四〇名の代表が選ばれた。メンシェヴィキ、エスエルが三〇名以上で、ボリシェヴィキは八名だったと言われる。ボリシェヴィキのレーメシェフは、まさに選挙が行なわれようというところに職場に戻り、代表に選ばれた。[52]

革命前は政治ストに加わることがなかった工場でも、ソヴィエトへの代表が熱心に選ばれている。スコロホードフ製靴工場では六名が選ばれたが、全員が無党派であった。[53] トレウゴーリニク・ゴム工場では、三月一日、一六名が選ばれ、エスエルが圧倒的に多いが、ボリシェヴィキも一名入っている。[54] バルト造船所では八名ほどが選ばれたが、その多くがエスエルであり、ボリシェヴィキは三名だった。[55]

革命が勝利するという事態のなかで、みんなが立ち上がり、行動し、発言するようになっていた。そのなかでは、多くの人が受け入れうる穏健な人々が代表に選ばれたのは当然であった。

中小工場の場合は、ストルークとエクヴァリの両工場の例のように、選挙はいくつかの工場が集まって行ない、一〇〇〇人に一名の規準で代表を選出した。さらに小規模の工場の場合は、業種ごとに多数の工場が集まって代表を選んでいる。そうした場合は、その会合が同時に組合の再建もしくは結成ともなった。この点でスタートの早かったのは、業種別組合が存在し、その関係者が残存していた業種である。代表的な事例は、三月一日に開かれたペトログラード印刷工総会である。この総会には三〇〇〇人ないし四〇〇〇人が出席したが、ボリシェヴィキの主導権が大きな役割を果たし、選ばれた四名のうち、二人はボリシェヴィキであった。[56] 三月三日には首都の土木労働者の総会が開かれ、約二〇〇〇人が集まって、四名の代表を選んでいる。[57] 残存していた縫製工労組幹事会も一日に会合を呼びかけ、皮革労働者会も二日には呼びかけている。[58]

以上、選挙結果が残っているデータを総合すると、工場労働者からの代表は、左派としては、ボリシェヴィキ四〇名、シンパ一名、エスエル左派一名、左派系一名の計四三名である。もとより、メジライオンツイ、エスエル左派、左派系無所属がこのほかにもいたと思われる。ソ連の研究者アルチェミエフの計算によると、周辺の市を含めた工場労働者約四一万人から、一〇〇人以上の工場の代表だけで五八〇名が選ばれたとされるので[59]、知られるかぎり、左派はその一割程度にすぎなかったことになる。

首都の勤労者も、多くが街頭の闘争に参加し、革命を熱狂して迎えた。彼らのあいだにも、ソヴィエトに代表を送り、ソヴィエトとつながりたいという志向が生まれた。早くも二月二八日には、ペトログラード県の薬剤師たちから代表が選ばれている。三月一日には、ピョートル大帝病院の職員の代表、郵便局の下級職員の代表三名が選ばれている[60]。この層からの代表選挙が本格化するのは、四日の建設労働者（大工、塗装工、石工、コンクリート工、左官）の会合、五日の銀行従業員、商工業従業員、薬局従業員、自動車運転手などの会合の以降である[61]。もとより勤労者としてどこまでを含めるかは大きな問題で、審査が行なわれた。燃料特別審議会の専門家たちも、同僚の一名を代表として送ったが、正式代議員の資格は与えられなかった[62]。ソヴィエトにはすでにあげた者たちのほか、次のような首都勤労者が参加していくことになる。ペトログラード鉄道分岐点、市電、市営企業体（ガス・水道）、郵便局、電信局、電話局などの従業員、手工業、靴屋、床屋、菓子屋などの職人、酒場、レストラン、写真館などの従業員、荷馬車御者、小学校教師などである[63]。

工場労働者と並んで、兵士の代表がソヴィエトに結集したことが決定的に重要なことであった。それがペトログラード・ソヴィエトを、労働者・兵士代表ソヴィエトにしたことは間違いない。兵士には、中隊ごとに一名の代表を派遣せよという明確な呼びかけがあったので、反乱を主導したヴォルイニ連隊、工兵第六予備大隊、リトヴァ連隊、プレオブラジェンスキー連隊からは、いち早く代表が選出されたと考えられる。この四連隊につづいてヴイボルク地区で反乱を起こし、革命に同調したモスクワ連隊でも代表選挙が行なわれた。その模様については、ボリシェヴィキ党の機関紙『プラウダ』に記事がある。二八日に中隊長の選出とともに、ソヴィエトへの兵士の代表二名の選挙も行なわれたという。[64] だが不思議なことに、代表選挙についての資料はほとんどない。

兵士代表が初めて本格的にソヴィエトに参加したのは、三月一日のソヴィエト総会だが、その発言者の顔ぶれや執行委員となった兵士代表の所属部隊を見ると、早い段階から代表を出した部隊がわかる。ヴォルイニ連隊、プレオブラジェンスキー連隊、リトヴァ連隊、セミョーノフスキー連隊、イズマイロフスキー連隊、フィンランド連隊、猟兵連隊、工兵第六予備大隊、歩兵第一連隊、狙撃兵第一連隊、バルト第二海兵団、赤十字自動車隊などである。この第一陣の兵士代表の傾向は、明らかに急進的であった。

このほかに注目されるのは、学生からのソヴィエトへの代表の選出である。二月二八日の午後二時に、首都の大学・高等教育機関学生から代表選出の呼びかけが発せられている。三月二日付の『イズヴェスチヤ』には、精神神経高専の社会民主党、エスエル、ユダヤ人社会民主党の組織の三者による「革命的学生諸君へ」という呼びかけ文が掲載され、労兵ソヴィエトを「革命的人民にとって唯一の権威ある機関」と認識せよ、と訴えている。[65] 明らかに学生をソヴィエトに参加させ、革命に協力させようという工作があったのである。学生のあいだで、どのような選挙がどの程度に行なわれたかは不明であるが、学生からのソヴィエトへの代表参加があったことは知られている。[66] その数や、彼らのソヴィエト内での活動は知られていない。おそらく従来から活動してきた左翼学生を中心とする一部が、ソヴィエトに結集したのであろう。

地区ソヴィエトと労働者民警

いま一つ重要なことは、労働者たちは、最初のソヴィエト執行委員会の決定を受けて、首都レベルのソヴィエト（ペトログラード・ソヴィエト）へ代表を送ると同時に、地区レベルのソヴィエトへも代表を送ったことである。旧政府の警察行政機構は崩壊しているので、地域コミュニティの権力機構を創り出すということは、中央ソヴィエトからも、地域からも志向された。それは市民警に対抗して、反乱した兵士とともに、労働者による民警の組織化を進めることと結びついていた。労働者たちは革命の過程で、兵士から与えられた武器を持って警察署を襲撃したので、自分たちの手で地域の治安を守る民警の結成に向かったのは、自然な成りゆきであった。民警になる者は、通常は選挙制、ときにクジ引きで選ばれ、彼らには工場の欠勤期間も賃金を支払うようにとの交渉も行なわれた。[67]

　地区ごとに状況を見てみよう。まずヴィボルク地区。この地区のコミサールに指名されたボリシェヴィキのシリャプニコフは、実質的にはその任務は果たせなかった。この地区では、早くも二月二八日に地区ソヴィエトの中核ができている。[68]おそらく、初期の地区ソヴィエト議長となったペトログラード銃弾工場のマクシーモフ（メジライオンツィ）を中心とする動きであろう。労働者による民警は三月一日にはローゼンクランツ工場で組織されており、ペトログラード金属工場、造兵廠、フェニックス工場などで組織された民警とともに、ヴィボルク第一分区委員部を設立している。[69]また三月一日には、新レスネル工場、アイヴァス工場、旧パルヴィアイネン工場で、民警の組織化が決定されるか討議がされている。後者の二つの工場の場合、新聞報道には「地区委員会と労兵ソヴィエトの代表の報告を聞き」民警の組織化を推進した、と書かれている。この「地区委員会」とは、当初、地区ソヴィエトが称していたのかもしれない。これらの工場の民警は、ヴィボルク第二分区委員部を設立している。[70]この労働者による民警組織と地区ソヴィエトの当初の関係は定かでない。ヴィボルク第一分区委員部のコミサールは、市民警から派遣された学生ボチバッゼであったことは、別のつながりも示している。もっともボチバッゼは、しばらくして民警幹部会より解任された。[71]彼の後任になったのは、銃弾工場の職員のエスエルのマクシマリストであり、その助手となった五人のうち、三人がエスエル（おそらく左派）、二人がボリシェヴィキであった。第二分区委員部のコミサールはボリシェヴィキであった。[72]おそらくヴィボルク地区では、地区ソヴィエトと労働者民警委員部が協力して地区の権力を完全に掌握していったものと思われる。

　東隣りの火薬工場地区では、二月二八日の朝九時に全労働者が集まって、火薬工場地区臨時執行委員会を設立している。この臨時執行委員会は、ペトログラード・ソヴィエト執行委員会と連絡をとり、「労働者ソヴィエトの決定に従って」「人民民警」の選挙を開始した。これは内容的には労働者による民警であった。臨時執行委員会には、書記局、そして民警、食料、経済、財政、法律、文化教育の各部が置かれた。三月四日には地区ソヴィエトが存在している、との記述もあるが、臨時執行委員会との関係は定かではない。[73]

以上は、労働者民警が完全に支配していた地域の例であるが、このほかに労働者民警と市民警とが共存しているところもあった。ヴァシリエフスキー島地区は、四つの民警委員部のうち、第一分区委員部が治安判事ドロズドーフをコミサールとするブルジョア市民的なものであり、第二分区・第三分区・第四分区委員部は労働者民警であった。第二分区委員部のコミサールはボリシェヴィキ、第四分区委員部のコミサールはボリシェヴィキ、もしくはアナーキスト共産主義者であった。地区ソヴィエトでは、三月九日には執行委員会が成立している。[74]

さらに複雑な様相を呈したのは、ペトログラード地区である。ソ連時代からの歴史家スタールツェフによれば、この地区の労働者民警は、初めオラニエンバウム通りに仮のセンターを設置したが、まもなくそこに、市民警ペトログラード第二分区委員部が移ってきた。そこで労働者民警は自分たちの地区委員部をつくった。労働者民警地区評議会を結成し、コミサールにボリシェヴィキのシメートコフを選出したのである。これは大ベロセルスカヤ通り一八番の建物に入ったが、同じ建物に市民警の地区委員部とペトログラード第一分区委員部が置かれていた。[75]

一方、ソヴィエトからコミサールとして派遣されたペシェホーノフの回想によれば、彼は、事前に国会臨時委員会からも全権委任を得ようとしたが、国会側にその余裕がなかったので、不本意ながら、そのまま三月一日にわずかな活動家と少尉補に率いられた一隊の兵士とともに、この地区へおもむいている。彼は、同地区のほぼ中心の映画館「エリート」に「ペトログラード地区委員部」の看板を掛けて、ただちに告示を出した。[76]「新権力の命令により結成されたペトログラード地区委員部は、偉大な事業のために、事態の進展のもとでも平静を保つよう住民に訴える」。そして、工場と公的企業は委員部に代表を送るように求めている。工場の場合は、五〇〇人に一人の代表だと指定している。[77]委員部には、民警・裁判・渉外・食料・出版・衛生の各部が設けられた。地区委員部が設立されると同時に、民衆がさまざまな要求を持って殺到してきた。また逮捕者も連れてこられた。ペシェホーノフは、逮捕者に対して「故意に」厳しい態度をとって見せないと、「群衆」の前で「革命権力の代表者として自らの権威を維持する」ことができなかった、「権力は実質的には完全に群衆の手のうちにあった」と述懐している。[78]

三月三日のソヴィエト主催の委員部代表者会議で、ペシェホーノフは地区内の同種の組織は委員部に従属しているか、吸収されたかだと報告しているが、[79]事態はそれほど容易ではなかった。確かに、彼は、二月二七日のソヴィエト臨時執行委員会で市民に兵士への食事提供を訴えたビラによって、この地区内に生まれた食料供給網を統制下に置いたし、また二八日に地区のインテリがクロンヴェルクスキー大通りの市参事会の建物に設立された委員部と交渉し、これを吸収している。クレストフスキー島にも委員部があったが、これは「補助組織」として残し、その代表を彼の委員部評議会に加えている。しかし「市民委員会」などは、ペシェホーノフの委員部と最後まで争っている。これは地区内の二〇歳以上の市民から選挙で選ばれた機関で、市会の選挙の際に「進歩民主」派として立候補した人々が中心であり、もっぱらインテリよりなっていた。[80]ペシェホーノフは、地区ソヴィエトは彼のもとに諮問機関として存在していたと述べている。地区ソヴィエトが自立するのは、四月に入ってからのようである。[81]

労働者民警と市民警の区別がない状態は、市の中心部に見られた。国会周辺のロジジェストヴェンスキー地区では、地区委員会臨時執行委員会が設立されている。この委員会の訴えは、三月三日付『イズヴェスチヤ』に発表されている。委員会は、労働者代表のほか、疾病共済組合、消費組合、市保健所、中学生組織などの代表、それに地区内の社会団体の代表によって組織され、活動の目的は、民警の組織化、食料・燃料の分配、児童の保護などとしている。そして三月三日午後八時に、グレーヴィチ中学校で総会を開くことが公告されている。[82]

このような状況で、首都の中心地区では国会臨時委員会に直結する市民警が存在し、中間的な地区では労働者民警と市民警の共存が見られ、労働者地区では一般的に労働者民警が秩序の維持にあたっていたのである。

大公たちの詔書案づくりとロジャンコ

国会臨時委員会は、新政府の設立を考えるにあたって、皇帝と軍部首脳、大本営の動きを気にしていた。当然ながら、皇帝の首都への帰還と革命鎮圧軍の出動の知らせは、国会臨時委員会を極度に緊張させた。そのこともあって、国会臨時委員会のなかに現われたのは、皇帝と軍部首脳に首都の革命的な事態を認めさせ、皇帝の決定・命令にもとづいて新政権を組織するという路線である。これはロジャンコを中心に考えられていた。首都の民衆革命を皇帝に対する圧力として利用し、立憲専制体制から立憲君主体制への移行を実現するというものであり、革命をブルジョア市民革命ではなく軍事クーデターに収束させるという路線の再生だと言っていい。

もう一つは、首都の民衆革命に立脚し、誕生したソヴィエト組織の協力を得て、臨時政府を樹立し、専制君主制を廃止しブルジョア市民革命を実現するという路線であるが、いまだ主導権を握るにいたっていなかった。これが、ネクラーソフ、ケレンスキー、コノヴァーロフの路線である。

パーヴェル・アレクサンドロヴィチ大公。「左手結婚」した夫人オリガ・パーレイと

ロジャンコの路線は、二月二八日には、パーヴェル大公の使者の訪問によってはじまった。これは、ブルジャーロフが資料を発見して、初めて明らかにしたことである。

近衛軍司令官パーヴェル・アレクサンドロヴィチ大公は、皇帝の父アレクサンドル三世の末弟で、皇族の最長老であり、何よりもラスプーチン暗殺に加担したドミトリー大公の父として知られる。

再婚した妻オリガ・パーレイとツァールスコエ・セローに住んでいた。大公とロジャンコとの間を仲介したのは、弁護士ニコライ・イヴァーノフであった。ブルジャーロフは、パーヴェル大公、キリル大公、ミハイル大公が署名して、皇帝に示すことになった詔書案が、一九二三年にソ連の雑誌『アガニョーク』に掲載されているのを発見し、さらに弁護士イヴァーノフの未公刊の回想をも発見した。[83]

ブルジャーロフに刺激を受けて、この話をさらに論じたのは長谷川毅である。彼はイヴァーノフの回想を見ることができなかったが、パーヴェル大公夫人オリガ・パーレイの回想、宮廷の重臣ベンケンドルフ伯爵の回想を利用した。彼はパーレイの記述から、詔書案は宮廷執事プチャーチンが起草したものだということを付け加えた。[84]二〇一二年にいたり、ミハイル大公の日記や書簡が編者フルスタリョーフの註釈付きで公刊された。関係する重要資料が含まれている。[85]二〇一四年には、ガネーリンがイヴァーノフの未公刊の回想を復刻して、解説を書いた。[86]

資料を全体として見ると、この企ては、ロジャンコが推進したものというより、パーヴェル大公とその周囲のツァールスコエ・セロー宮殿の廷臣グループが企てたものであって、その推進者は弁護士イヴァーノフであったと考えられる。ブルジャーロフは、イヴァーノフを「ロジャンコの代理人」と見たが、それは正しくない。イヴァーノフは王党派であった。

パーレイの回想録によれば、二月二七日に旧知のイヴァーノフが訪問してきて、危機的状態を乗りきるには、皇帝がツァールスコエ・セロー宮殿へ帰還しなければ駄目だと言ったとある。イヴァーノフはパーレイが会長をしていた捕虜委員会の副委員長であった。[87]イヴァーノフは、翌二八日にタヴリーダ宮殿でロジャンコと話をした。招待なしで行ったというから、彼の方から飛び込んだのであろう。ロジャンコが、君はパーヴェル大公と知り合いなのだから、話してみてくれと言うので、翌三月一日ツァールスコエ・セローに行ったという。[88]イヴァーノフはパーヴェル大公と話し、大公がヴォエイコフの留守役のプチャーチンを呼び、相談した結果、[89]立憲体制を与え、ロジャンコに政府を組織させるという詔書を皇帝に出させるということで一致し、その場で詔書案をイヴァーノフが書いた。これにあらかじめ、皇后や大公たちに署名させ、皇帝に見せるという考えである。[90] 出来上がった詔書案を皇后に送ったが◆、当然ながら署名は拒否された。[91] 皇后の感想は三月二日の皇帝宛ての手紙に記されている。皇后はパーヴェル大公が「戦争後に憲法を与えるとの馬鹿げた詔書を起草した」、こんな「狂った方法」で「われわれみなを救おうしている」ので、「私からこのうえない叱責を喰らった」と書いている。[92] 詔書は書き出ししか読んでいないことがわかる。

詔書案の内容を見よう。皇帝は、戦争終結の日に国民代表制による国家統治の改造を行なおうとしてきたが、急がなければならなくなった、立法機関に依拠しなければ政府は先が見えないと、詔書案ははじまる。現在の事態は「動乱」であり、これは鎮圧されなければならないと宣言するが、同時に、次のような国家改造の方向を示している。

> 朕はロシア国家に立憲体制を与え、朕の勅令によって中断された国家評議会と国会の審議を続行するように命じる。国会議長にただちに国の信頼に依拠する臨時内閣を組織するように委任する。この内閣は、政府が提案するロシア帝国の新しい基本法の草案を遅滞なく検討するための立法会議の招集を、朕との合意において実現するものとする。[93]

清書した詔書案をイヴァーノフがパーヴェル大公に渡すと、大公は十字を切り、叫んだ。「なんという巡りあわせか。今日は私の父の命日なのだ」。三月一日は、一八八一年にアレクサンドル二世が暗殺された日であった。大公は署名した。それからイヴァーノフは、帝位継承者たるキリル大公のもとに急いだ。

◆詔書案を皇后に送った　ベンケンドルフの回想では、三月一日の午前一一時に皇后のもとにいたとき、パーヴェル大公から詔書案の入った封筒が届いたとある（Paul Benckendorff, *Last Days at Tsarskoe selo*, London, 1927, p. 15)。

キリル大公は「完全に同意する。これは必要だ」と言って、署名した。最後にイヴァーノフはミハイル大公を訪問した。[94] ミハイル大公は、日記に次のように記している。「一二時半に数人の将校と弁護士イヴァーノフからなる代表団がやって来た。彼らは、すでにPa〔パーヴェル〕叔父とKi〔キリル〕が署名している詔書案に署名するよう私に求めた。この詔書で陛下は完全な憲法を与えることになっている[95]」。ミハイル大公はこの日、妻に手紙を書いている。「私は詔書に署名した。（……）この詔書でロシアの新しいあり方がはじまるのだ。今日か明日、私は国会に行くかもしれない[96]」。

この後、ミハイル大公は英国大使ブキャナンを自分の滞在先に招き、皇帝が午後六時ごろにツァールスコエ・セローに着くので、そこにロジャンコが行き、詔書に署名を求める予定だと話した。これは憲法を与え、ロジャンコに内閣閣僚の選出を任せる詔書だと説明した[97]。

大公たちの署名を得たイヴァーノフは、タヴリーダ宮殿に向かいロジャンコに届けた。三月一日の夕刻であったと考えられる。そのときの宮殿内の雰囲気について、イヴァーノフは次のように回想している。「私は歩みを進めるたびに、ロマノフ王朝は崩壊した、ロジャンコ内閣で切り抜けることはできない、大衆は巨大な犠牲を求めているのだと確信した。このたびのロジャンコは、革命の馬車に乗った威厳ある勝利者ではなく、手綱を失いつつある惨めな御者だと見えた。（……）彼はざっと詔書を読んで、私に訊いた。『どう思うかね』『これは遅すぎたと思います』『私も同意見だ』と彼は言った。『そうだ、遅すぎた[98]』」。

イヴァーノフはこの日の深夜一二時にミハイル大公に会って、結果を報告した[99]。詔書案をロジャンコが皇帝のもとに届けることは不可能となった。

この企てはロジャンコの工作というよりは、皇族の宮廷革命の最後の試みであったのではないか。パーヴェル大公は、ラスプーチンを殺した息子ドミトリー大公の行動を継続し完成しようとしたのであろう。民衆革命の圧力を利用して、皇帝を自分たちの願う方向に向けさせ、ロジャンコにその役割を任せて、帝政を救おうとしたのである。それが失敗したのは当然だった。ともあれ、三月一日の夕刻には、王党派の陰謀家イヴァーノフにとっても、ロジャンコにとっても、皇帝の退位なしにはすまされないという当たり前のことが明白になったのである。

ロジャンコと皇帝

ロジャンコの方は、三月一日の朝は、皇帝との直接の接触を考えていた。オクチャブリスト議員で、進歩ブロックの代表委員であったシドロフスキーは、朝タヴリーダ宮殿に行くと、ロジャンコから、八時に出発して皇帝に会いにいくので同行してほしい、と言われたと書いている。皇帝に退位を求めるつもりだ、前の晩に臨時委員会で相談がされた、ということであった[100]。

ロジャンコがこの日、ツァーリに会見するために特別列車を用意させたのは事実だった。皇帝に謁見を求める電報がさまざまに送られたことが、皇帝列車の側で確認されている（第8章407頁を参照）。鉄道局次長ロモノーソフらは、特別列車を待機させておき、皇帝側からの「いつ来るか」という問い合わせ、国会側のまだ行けないという返事の連続のあいだで、大いに神経をすり減らしていた[101]。

ロジャンコが出発できない理由の一つは、ソヴィエト側からの警戒心の表出にあったのは確かである。スコベレフは、三月一日にワルシャワ駅から問い合わせを受けたと証言している。ロジャンコが乗るためのプスコフ駅行きの特別列車が用意されているが、鉄道員たちはロジャンコを行かせてもいいのかと訊いてきたというのである。ソヴィエトの側でこの連絡を受けたのがスコベレフだった。彼はソヴィエトと相談なしに、皇帝と交渉するのは認められないとの判断から、列車を出してはならないとワルシャワ駅に電話した。スコベレフがチヘイゼとこの問題で相談していると、ケレンスキーが来て、列車を停めたこ

スコベレフ（左）とチヘイゼ

とに抗議した。ケレンスキーは「君はわれわれの共通の事業を妨害している」と言ったとのことである[102]。

長谷川毅は、ロジャンコが動けなかったのは、国会臨時委員会の内部で皇帝とどのような話し合いをするか、皇帝の退位問題をどう切り出すかについて一致した見解がなく、ロジャンコの慎重路線には批判があったためであろうと述べている[103]。ロジャンコの路線に対する批判はいまだ明確に表明されてはいないとしても、彼の路線に警戒と不信が強まるのを抑えられない傾向にあったとは言えるだろう。

国会臨時委員会に対して、政府の樹立に踏み出せという圧力はさまざまなところから上がっていた。三月一日、中央戦時工業委員会が次のような見解を表明した。

「国家は即時に、権力の組織を必要とする」。それは唯一の中央機関、国会からのみ出しうる。中央戦時工業委員会は、政府組織にではなく国会臨時委員会に従うこと、商工権力を復活すること、ストを中止することを望む。「中央政治権力の最終的な組織化は、こうした焦眉の国防と住民の要求が満たされて初めて可能である[104]」。

ソヴィエトと権力問題

国会臨時委員会が二七日の夜に権力掌握の意欲を示して、二八日の朝から行動を開始していたのに対して、ソヴィエトは自制的な態度を示していた。ソヴィエトの主流がメンシェヴィキであったとすれば、それは当然であった。メンシェヴィキは、民主主義革命の段階ではブルジョアジーが権力を執るのが当然で、社会主義勢力は臨時政府に参加してはならないとしていたからである。しかし、もちろんソヴィエトの中には別の考え方もあった。この革命が世界戦争の最中のものであり、メンシェヴィキと言えども、権力問題については新しい要素を付け加えて考えなければならないはずであった。また一方で、臨時革命政府の樹立というスローガンが、二月の民衆運動のなかに存在していたのである。

ソヴィエトの中には、三つの主張が存在したと見ることができる。第一は、新しい連立論である。政府樹立に積極的に加わり、ソヴィエトからも入閣するという考えである。

第二は、左派の中にあった臨時革命政府論、ソヴィエト政府論である。二八日の午後にはソヴィエトの機関紙『イズヴェスチヤ』の第一号と第一号号外が相次いで発行されたが、第一号にはメジライオンツイとエスエル党のビラ、号外の一面には人目を奪うようにボリシェヴィキ党中央委員会宣言が載せられていた。[105]いずれも二七日に発せられたビラや宣言だが、すでに指摘したように、ソヴィエトについては一言も触れてはいないながら、労働者と兵士の代表が「臨時革命政府」を樹立することを主張していた。すでにソヴィエトが結成されているこの時点では、このビラや宣言は、ともにソヴィエトが臨時革命政府たらねばならないと呼びかけているものと受け取られた。

エスエル左派のアレクサンドローヴィチは、二八日夜、評論家イヴァノフ＝ラズームニクに向かって、ソヴィエトの主流と国会委員会とが押し進めようとしている「狡猾な政治的メカニズムに対して」、「真の『労働者革命』が取るべき態度を明らかにすることが必要である」として、「左派」グループのためのビラの起草を求めている。イヴァノフ＝ラズームニクは、アレクサンドローヴィチの考えを次のように伝えている。

「アレクサンドローヴィチは、権力機構が今日ただ今、即座に社会主義者によって奪取されなければならず、彼ら統一左派はこの言葉が言葉だけに終わらぬよう全力を尽くしている、と断固として力説した。だが、この第三の tertius gandens（漁夫の利を占める人）にとっても、専制が革命を打ち砕く力を見つけたらどうだろうか。いや、見つけられない。たとえ見つけたとしても、長くはつづかない。人民をよりひどく隷属させる強固なブルジョア共和国よりも、腐った専制の方がまだましだ（……）」[106]。

「連合政府」論と「臨時革命政府」論のあいだに、第三の立場として、臨時政府には参加せず外部から協力するという国会権力協力論・臨時政府不参加協力論という伝統的な意見が存在した。のちにスチェクロフが、三月三〇日の全ロシア・ソヴィエト会議で報告[107]した議論は、この立場の最大公約数的なものと言えよう。

まずスチェクロフは、権力を国会に引き渡すべきだという論の根拠として、次の三点を挙げている。第一に、革命の勝利が定かでなく、反革命の危険が大きく感じられたこと。「われわれは古代ローマ人のごとく、もったいぶって座り、会議をしていたが、革命の成功への確信はその時点ではまったくなかった」。第二は、「穏健自由主義がその綱領の実現に失敗した場合にのみ、自らの手中に権力を握ろうとする極端な革命的民主主義派の試みは歴史的根拠を持ち、広範な人民大衆の支持を期待しうる」こと。しかし「この時点ではそういう状態はなかった」。第三は、「有産者ブルジョアジーが、現在はどういう時点なのか、革命の力はどういうものなのかを理解し、これらの広範な民主主義的な譲歩に応じなければならないということを意識していた」こと。「われわれの圧力」は効いているのだから「われわれらが彼らの場所に立つべしとする心理的要因はない」。同じ綱領でも、自分たちが実施したらブルジョア分子・保守分子の「巨大な抵抗」にあっただろう。スチェクロフは、ソヴィエトが入閣することに反対する点では、「資本主義体制の時代に、ブルジョア政府に極端な革命党が参加できないという一般的な理由」に加えて、「特定の性格をもつ戦争」が行なわれており、それへの責任を労兵ソヴィエトが取ることはできない、という理由も挙げている。結論的には、「一定の政治的要求」をブルジョア政府に提示して、「これらの要求を遂行するよう監視する」という路線が主張されたのであった。

このように主張した人々の中でも、もう少し進んだ見通しをもっていたのは、スハノフであったように思われる。典拠は彼ののちの回想しかなく、事後の正当化も含んでいる可能性はあるが、基本的に信じるに足ると考える。彼は、二八日夜から三月一日の朝にかけて、次のように考えていた。社会主義へ向かって進むのに必要な「ツァリーズムに対する最終的勝利」、「完全にして深い、真の民主主義の獲得と強化」のために、力の弱い民主主義派は、「帝国主義ブルジョアジー」を利用することにして、彼らに条件付きで権力を引き渡すべきである。条件とは「民主主義派にとって、この敵権力の担い手そのものとの闘争のための、このうえなく完全な自由を保障するような権力」となること。つまり、第一に「国内での完全な政治的自由、組織と煽動の絶対の自由の確保」、第二に「完全にして全面的な大赦」、第三に憲法制定会議の招集の三条件を満たすことである。これらの条件はブルジョアジーと言えども受け入れざるをえない。

そして、これ以外の条件を出すことは「関係を損なう」おそれがあると同時に、ブルジョアジーに民主主義派の綱領の実現を期待するという「マニーロフ◆的な理論的ナンセンス」である。協定は「人民大衆の自主活動と階級的な自己意識に対する毒牙を金権政治から引き抜くために」必要最小限のものでなければならない。ブルジョア政府は「人民の綱領の発展には耐ええず、人民勢力の急襲のもとに不可避的に破綻するであろう▼[108]」。

三月一日のソヴィエト総会と命令第一号

三月一日のソヴィエト総会は、昼一二時あるいは午後二時に開催されたと言われる。兵士代表が加わった最初の会議となった。この会議で民衆革命の志向がはっきりと示され、革命の相貌を決めることになった▼[109]。

会議の冒頭、ソコロフが基調演説を行なった。彼は、今われわれが進めているのは「ブルジョアジーとともにする民主主義（革命）」であると宣言し、兵士問題についての次の三点の討議を要請した。「（一）将校への兵士の態度。（二）彼らに武器を渡すか。（三）誰に服従するか――われわれか、それとも軍事委員会か。正常な場合はわれわれと軍事委員会の命令にともに服従するが、両者が衝突・矛盾した場合はどちら側につくのか▼[110]」。

ソコロフは、ネクラーソフ、ケレンスキーとともにフリーメーソン組織のメンバーとして、ブルジョア市民革命をめざしてきたのだが、ここで兵士問題をするどく提起したのには、まぎれもなく彼のボリシェヴィキ出自の認識が影響していた。

討論のなかで兵士代表ばかり一八人ほどが発言した。第一の問題について、もっとも長く重要な発言をしたのは、エスエルの兵士マクシム（クリヴァンスキー）であった。彼は、ロジャンコが出した将校への

◆**マニーロフ**　ゴーゴリの小説『死せる魂』の登場人物。善良ではあるが、なんら実行力のない人物。

服従の命令（本章364頁参照）を強く批判した。「〔彼らは〕労働者と農民を家畜のように扱って、自分たちが権力を振るうことを望む連中」だと述べた。「ロジャンコや地主と資本家」は「国会の旗のもとに権力を握ろうとしている」が、これは人民が獲得したものを奪おうとしているのだ。「彼らと兵士たちには共通の目的はない」と言いきった。そして、兵士は、兵士ソヴィエト（もしくは兵労ソヴィエト）の命令のみに従うことを提案した。[111]同種の発言は、フィンランド連隊のリンジェやリトヴァ連隊代表も行なった。これに対して赤十字自動車隊のクドリャフツェフは、「承認するのはわれわれだ。われわれが力なのだ」と述べながらも、「軍事委員会と接触して、将校を統制する」ことを主張した。[112]

第二の問題は、将校に武器を渡すかどうかという問題であったが、この点では意見の対立はなく、発言者全員が「武器は渡さない」と表明した。

第三の問題は、戻ってくる将校に対する態度の問題であった。この問題が兵士代表の最大の関心事であった。マルチェンコという兵は、将校にいかなる権力を認めるか、自分たちは何を取るかが問題だとし、ただちに正確な指針を出すべきだと主張した。[113]第一連隊代表は、将校たちは赤い腕章を付けているが、本当は帝政派で労働者の武装解除を考えているのだ、と指摘した。[114]リンジェは、グチコフがプレオブラジェンスキー連隊に「古い損得勘定は忘れたまえ」と述べたのに反論して、「馬鹿野郎、誰が古い〔こと〕を忘れるもんか」と叫んだ。彼は「革命に参加しなかった」将校は受け入れないとし、指揮官を「選挙」することを主張した。猟兵連隊代表は、部隊内で兵士代表のソヴィエト選挙をしたら最初は将校ばかりが選ばれた、軍事委員会にも将校が送られたと報告したが、「革命に参加しなかった者は大隊から追放される」という決定は、全員一致で採択されたと述べた。[115]これに対して、マクシムは、線列勤務には将校を残さなければならず、勤務外では将校・兵士は同じ市民となり、また悪質な将校は排除すべきだと主張した。彼は発言者のなかでただ一人、「外敵からの祖国の防衛」、英仏との同盟、秩序維持の必要性などに触れている。[116]これが将校を残すことと結び付いていることは明らかである。リトヴァ連隊の代表は「将校なしにはやれない」とし、線列にあるときは兵士を指揮していいが、「ていねいな言葉を使い、下品な罵倒語を使ってはならない」ことを条件にすべきだと主張した。[117] プレオブラジェンスキー連隊の代表は、自分のところの将校は「特別印だ。旧種族の最初の貴族だ」と言い、「われわれはせめて一人の将校だけでも残したい」が、それも難しいと述べた。[118]「中隊委員会」「下からの組織」「中隊海兵団委員会」を設立して将校を統制するとの考えが、多くの代表によって述べられた。

討論が終了し、七人の編集委員会が選ばれて合意文をまとめた。バジェンコがそれを読み上げて、採択された。

(1)武器は将校に渡さない。

(2)兵士大衆を兵労ソヴィエトに組織する。軍事委員会の意見には、ソヴィエトの決定と食い違わないかぎり従う。軍事委員会の構成に兵士代表を派遣する。今日中に執行委員会が命令を出す。今日中に発送する。[119]

最後にヴォルイニ連隊の代表が発言した。彼は「自分たちが最初に武器を手にして、ラシケーヴィチ大尉を屍にして、街頭へ出た」と誇らしげに語ったが、強調したことは、ロジャンコの将校への服従の命令に対する不同意であった。最後に「ロジャンコ打倒」と叫んで、発言を終えたのは象徴的であった。[120]

会議の終わりに、ソコロフの提案で、執行委員会へ兵士の代表が一〇人選ばれた。歴史家ミルレルはその顔触れ、所属連隊名、前職、ソヴィエト内での所属党派について明らかにしている。パジェーリン(プレオブラジェンスキー連隊、元学生、プチーロフ工場疾病共済組合事務員、ボリシェヴィキ)、サドフスキー(工兵第六予備大隊、元鉄道技師、国際派、六月以降ボリシェヴィキ)、バジェンコ(歩兵第一連隊少尉補、メンシェヴィキ国際派)、リンジェ(フィンランド連隊、インテリ、メンシェヴィキ国際派)、ボリーソフ(リトヴァ連隊、林業高専学生、メンシェヴィキ)、クドリャフツェフ(赤十字自動車隊、大学卒、エスエル)、ヴァクレンコ(猟兵連隊、元労働者)、バルコーフ(狙撃兵第一連隊、労働者)、クリムチンスキー(イズマイロフスキー連隊、プチーロフ工場労働者）、ソコロフ（バルト第二海兵団[121]）。

注目されるのは、農民の出身がいず、インテリ出身五名、労働者出身三名だということである。戦時に召集されたこれらの意識的分子が、ロシア帝国陸軍の野蛮な体制を批判する先頭に立っていたのである。また政治的傾向も左派色が強い。サドフスキーの回想では、リンジェ、ヴァクレンコ、ボリーソフをボリシェヴィキとし、クドリャフツェフもボリシェヴィキと称しており、ソコロフもカデットでありながら、国際派を称していたとしている。シリャプニコフも、ボリーソフとソコロフがボリシェヴィキに同調したと述べている[122]。

総会決定は執行委員会の承認を経て、守備隊へ向けた特別の命令にまとめられることとなった。弁護士のソコロフが座ってペンを取り、ボリーソフ、パジェーリン、クドリャフツェフらがこれを取り囲んで、作成した[123]。これが名高い「命令第一号」である。全文は次のとおりである。

「命令第一号」一九一七年三月一日

ペトログラード軍管区守備隊の近衛・線列・歩兵・砲兵・海軍水兵全員にはただちに、そのまま実行するために。ペトログラードの労働者には参考のために。

労兵ソヴィエトは次のとおり決定した。

（1）すべての中隊、大隊、連隊、特科隊、廠、砲兵中隊、騎兵中隊、種々の軍管理局の勤務員および海軍艦船で、この部隊の兵士代表よりなる委員会をただちに選出すること。

（2）いまだ労働者ソヴィエトへ代表を選出していない全部隊では、中隊につき一人の代表を選出すること。その者は、三月二日午前一〇時に国会の建物に文書による証明をもって出頭すること。

（3）すべての政治的行動において、部隊は労兵ソヴィエトと自らの委員会にのみ服従する。

（4）国会軍事委員会の命令は、それが労兵ソヴィエトの命令と決定に反する場合を除いて履行すべきである。

「命令第一号」を作成した。弁護士のソコロフと兵士ソヴィエトの執行委員たち

（5）いっさいの武器・小銃・機関銃・装甲車などは、中隊・大隊委員会の管理と統制のもとに置かれ、要求があっても将校には決して引き渡してはならない。

（6）線列にあり、軍務上の義務の遂行中は、兵士はもっとも厳格な軍律を遵守しなければならないが、軍務と線列外の政治生活・市民生活・私生活においては、すべての市民の享受する権利を何者によっても制限されえない。とくに軍務外での直立不動の姿勢と敬礼は廃止される。

（7）同様に、閣下・殿などの将校の敬称は廃止され、将軍・大佐のような呼び方に変えられる。あらゆる部隊の兵士への粗暴な態度、とくに「貴様《トゥイ》」（ТЫ）と呼ぶことは禁止される。そして兵士はいっさいの違反行為を将校・兵士間の紛争と同じく、中隊委員会へ通報する義務を負う。

本命令はあらゆる中隊・大隊・連隊・海兵団・砲兵中隊、その他の線列・非線列の部隊で朗読すること。

ペトログラード労兵ソヴィエト▼[124]

三月一日のソヴィエト総会の決定とそれに基づく「命令第一号」は、首都守備隊の革命兵士が労兵ソヴィエトに結集し、最終的にはこの組織に忠誠を誓い、それに矛盾しないかぎりでのみ国会軍事委員会の命令に従うことを表明したものであり、世界戦争と帝国軍隊に反対して革命に立ち上がった兵士たちの軍隊民主化をめざす行動の第一歩であった。

　これはさしあたりは国会議長ロジャンコの命令に対抗し、国会臨時委員会軍事委員会の志向に対立する動きであったから、ロジャンコやグチコフからの激しい反発は当然であった。だが、エンゲリガルトは兵士の動きに同情していた。彼は、この命令第一号より以前の段階で兵士代表と一緒に軍隊改革の命令案を作成したが、国会臨時委員会が承認しなかったため、兵士たちは「それでは自分たちで書く」と言って戻り、命令第一号をまとめたのだと語っている。[125] この話は現実とは違うが、エンゲリガルトの独自な立場を示しているのであろう。

　命令第一号は全国に広がり、兵士たちに巨大な影響力をもつことになる。

キリル大公が国会を訪問

　三月一日午後四時、国会に近衛海兵団司令官らを率いてキリル・ヴラジーミロヴィチ大公がやってきた。キリル大公は、ミハイル大公が即位しなかった場合、帝位継承法上、その次にあたるアレクサンドル三世の次弟ヴラジーミル大公の系統の筆頭者であった。キリル大公はロジャンコ議長を呼び出して、次のように述べた。

「閣下にご挨拶します。私は貴下の管理下に身を委ねます。全人民とともに、私はロシアの幸を願います。本日朝、私は近衛海兵団の全兵士に語りかけ、生起した事件の意義を説明しました。いまや私は言明することができます。全近衛海兵団は、国会の完全な指揮下に入ると」。

　この言葉を聞くと、居合わせた人々は「ウラー」（万歳）と叫んだ。つづいて、近衛海兵団の本隊が国会に到着した。赤いリボンを付けていた。国会に来て軍事委員会で働いていたポロフツォーフは、このときの印象を次のように述べている。

「赤旗の下での大公の登場は、皇族が自らの大権を守る闘いを断念し、革命の事実を承認することとして理解された。君主制の擁護者は落胆した[126]」。

三月一日夕刻のソヴィエト執行委員会

三月一日夕刻のソヴィエト執行委員会は、政権問題が本格的に議論される場となった。この会議は午後六時から行なわれた。この日の討論の議事録は存在せず、出席したスハノフ、シリャプニコフ、ラーフェスの回想、それに先に紹介した全ロシア・ソヴィエト会議でのスチェクロフ報告が（本章381頁参照）、主な資料である[127]。

スハノフによれば、執行委員会の討議は次のように進行した。まず第一に革命政府の「性格そのもの、階級構成」、第二に革命政府に出すべき「条件」、第三に閣僚の顔ぶれについてである。

第一の問題をめぐる意見の対立については、スハノフ、ラーフェス、スチェクロフとシリャプニコフとは、まったく異なる記述をしている。スハノフ、ラーフェスによれば、対立は、ブンド（ラーフェス、エールリヒ）、メンシェヴィキ国防派、エスエル国防派（ゼンジーノフ）、ナロードニキ派の連合政府論と、多数派のブルジョア政府不参加論との間にあった。この二つの意見が対立したとする点では、スチェクロフ報告も同じである[128]。スハノフは、ボリシェヴィキが出席していたにもかかわらず、「ソヴィエト民主主義派政府」論を唱える者は一人もいなかったと強調しており、一三対八ないし七でブルジョア政府不参加論が連合政府論に勝ったとしている。ラーフェスは「ソヴィエト民

キリル・ヴラジーミロヴィチ大公

主主義派政府」論が提案されたかどうかについて触れていない。これに対して、シリャプニコフは、スハノフ、グリネーヴィチらのブルジョア政府不参加論とボリシェヴィキの「革命的民主主義派権力」論とが、主として対立したと主張している。

スハノフとシリャプニコフの記述の違いを考えるには、次の事情を考慮しなければならない。じつはシリャプニコフは、この夜、ボリシェヴィキ党ペテルブルク市委員会再建の会議に出かけることになっていたため、この会議には出席していないのである。彼は出かける前に、グリネーヴィチ、チヘイゼと個別に話し合ったあと、この会議に出席する同志のモロトフ、ザルツキーと、ボリシェヴィキが権力問題について執行委員会でつらぬく主張は「ソヴィエトに加わっている諸党によって臨時革命政府を樹立する」ことだと申し合わせたと記している。しかし、仮にそういう決定があったにしても、出席していない以上、残ったボリシェヴィキがそれを積極的に主張したかどうかは知りえないはずである。申し合わせの内容についても疑問が生じる。というのは、シリャプニコフが当然、中央ビューローのこの方針を発表したはずのペテルブルク委員会再建会議の議事録には、そのようなことは述べられていないからである。またボリシェヴィキの執行委員の一人シュートコもこの夜はヴイボルク地区委員会再建会議に出ているので、この会議には出ていない。したがって、ボリシェヴィキで出席したモロトフ、ザルツキーの二人は、臨時革命政府論を主張しなかったことがわかるのである。

この時点でソヴィエト執行委員会の活動に参加していたと考えられるメンバー二八人のうち、この日の討論採決に加わっているのは二〇人ないし二一人である。兵士の執行委員一〇人は、この採決のあとで会議に加わったものであろう。欠席したのは七、八人で、ボグダーノフ、ペシェホーノフ、ケレンスキー、ソコロフ、それにボリシェヴィキの二人も欠席していたのは確かである。とすると、「連合政府」派は、ラーフェス、エールリヒ、ゼンジーノフ、ブラムソン、グヴォズジェフ、チャルノルースキー、チャイコフスキーの七人。ブルジョア政府不参加論派は、チヘイゼ、スコベレフ、カペリンスキー、パンコーフ、ソコロフスキー、グリネーヴィチ、クラシコフ、スチェクロフ、スハノフ、バトゥルスキー、スヴァチツキーら一一人に、ボリシェヴィキの二人も加わったものであろう。ということは、もっとも強硬な臨時革命政府派であるユレーネフとアレクサンドローヴィチも、欠席していたということになる。

権力問題を決定するこの会議に二人しか出席していなかった左派は、「連合政府」派と「連合政府」反対派の僅少差の対立のなかで、反対派に同調したのである。会議に出席していないブンド派のソヴィエト代議員ザスラフスキー、カントローヴィチが、おそらく伝聞にもとづいて、ボリシェヴィキ（ザルツキーとモロトフ）は支持を受けず、その結果、彼らはスハノフ、スチェクロフ派（反対派）を支持し、七対一三で「連立」派が敗れたと書いているのは、この推論と合致する。

第二の革命政府に出すべき「条件」については、原案として、スハノフが三つの条件を提案した。第一に「国内での完全な政治的自由、組織と煽動の絶対の自由の確保」、第二に「完全にして全面的な大赦」、第三に憲法制定会議の招集である。民主革命の実現に絞り、戦争の問題をいっさい出していない。当然ながら、これはさまざまな不満を呼んだ。ブンドのラーフェスは、ユダヤ人として民族的抑圧の撤廃がないのに驚き、これを主張した。その結果、「身分上、信教上、民族上の差別の撤廃」という表現の項目が加えられることになった。彼は農民問題も入っていないではないかと指摘したが、支持を得られなかったと書いている。この点では、スハノフの論理が大勢を制したのであろう。スハノフの三つの条件を補強する方向で、一つは「普通、直接、平等、秘密投票による地方自治機関の選挙」という項目と「将来の統治形態をあらかじめ定めるような、いっさいの行動を差し控えること」という項目が加えられた。後者は共和制を要求することが受け入れられないだろうという判断に立ち、それに代わるものとして、少なくとも皇帝との妥協を封じようとするものであった。

重要な意味をもったのは、警察と軍隊に関する条件が付け加えられたことである。もっとも「警察を、責任者選挙制で、地域自治機関に従属する民警に代えること」という警察に関する条件は、きわめて曖昧なものであったが、責任者選挙制の民警ということで、かろうじて労働者民警の存続を保証し得ていた。これに対して、軍隊に関する条件は明確なものであった。スハノフは、その一つを途中から参加した兵士代表の執行委員が提案したとしているが、おそらくすべて彼らがソヴィエト総会での決定と「命令第一号」の内容にもとづいて提案したものであろう。その第一点は、政治的自由の項目に「政治的自由を軍人にも及ぼすこと」と但し書きを付したことである。第二点は、「自治（samo-upravlenie）の原則に立つ軍隊の編成」である。これは中隊大隊委員会の選挙とそれによる武器の管理をさすのであろう。第三点は、「革命運動に参加した部隊を武装解除せず、ペトログラードから移動させないこと」である。「命令第一号」にもとづくこの条件が出されたということが、のちの革命の経過にとって決定的に重要な意味をもつことになるのである。

スハノフによれば、このあと、政府が右派からこれらの条件を守るかぎりで、政府を支持すると決定せよ、という主張が出された。彼は、これは自身の民主的綱領の展開を断念する自殺行為だとして、反対したという。問題はうやむやのうちに打ち切られた。

最後に、第三の閣僚の顔ぶれの問題に移った。スハノフは、この点には干渉せず、ブルジョアジーに好きに組閣するにまかせる、と決まったと書いている。しかしスチェクロフは、候補者の推薦は行なわないが、拒否権は持つことにすると決まったとしている。どちらが正しいのかはっきりしない。

結局のところ、革命政府にソヴィエトが出す条件は、九項目となった。スハノフによる最初の三つの条件に、ラーフェスの出した「差別の撤廃」、それにスハノフの条件への補足の二つの条件、「民警」の組織化、そして軍隊に関する二つの条件である。これらが紙に書かれたものとして残っていないのは、驚くべきことである。

首都の革命は三月一日にいたり、はっきりと二つの革命からなっていることが明らかになった。国会臨時委員会は臨時政府の設立に向かっており、ブルジョア市民の革命を表わしていた。ペトログラード労兵ソヴィエトは、労働者兵士の革命を表わしていた。それぞれの革命のなかには、さまざまな路線があった。ブルジョア市民の革命の側には、ロジャンコ国会議長の進める動きがあり、これが成功すれば革命は軍事クーデターに引き戻されたかもしれない。その一方で、労働者兵士の革命には、軍隊民主化を急進させ、戦争反対に向かう動きがあり、これが進めば戦争続行を求めるブルジョア市民の革命との衝突が避けられなかった。このような内部分裂を抱えながら、二つの革命は臨時政府樹立の協議に向かうところであった。二つの革命が協定を結んで、革命権力を創り出す決定的な瞬間が近づいていた。

第8章

軍部と皇帝

左：参謀総長アレクセーエフ
右：革命鎮圧軍司令官イヴァーノフ

首都の革命と大本営

二月二七日、首都の皇帝政府は、民衆の運動によって打倒された。しかし、皇帝は大本営にいて、軍首脳と全軍によって守られていた。首都の革命と大本営の皇帝と軍部との対立はいかにして克服されるのか。武力によってか――これは内乱の道である。それとも、説得と協議によってか。

モギリョフの大本営の皇帝には、宮内大臣フレジェリクス伯爵（大将）と皇宮警備司令官ヴォエイコフ少将が供奉していた。ここには実質上の最高総司令官である参謀総長アレクセーエフ大将、同次長クレムボフスキー大将、兵站総監ルコムスキー中将、それに最高軍司令官付き海軍軍令部長ルーシン中将ら、ロシア軍の最高幹部がいた。この他にプスコフには北部方面軍司令部があり、ここには総司令官ルーズスキー大将、参謀長ダニーロフ大将がいた。ミンスクには西部方面軍司令部があり、ここには総司令官エーヴェルト大将、参謀長クヴェツィンスキー中将がいた。キエフの近くの西南方面軍司令部には総司令官ブルシーロフ大将がいた。参謀長はスホムリーノフ中将である。さらにルーマニアのヤッシーには、ルーマニア方面軍総司令官であるルーマニア王のもとに参謀長サハロフ大将がいた。カフカースのチフリスにはカフカース方面軍司令部があり、総司令官ニコライ・ニコラエヴィチ大公、参謀長ヤヌシケーヴィチ大将がいたのである。

バルト海艦隊司令部はフィンランドのゲリシンクフォルス（ヘルシンキ）にあり、司令長官ネペニン大将がいた。セヴァストーポリには黒海艦隊司令部があり、司令長官コルチャーク大将がいた。

これらの人々が当時のロシア軍部首脳部をなしていた。この中で、もっとも重要なのは、アレクセーエフ参謀総長と四方面軍の総司令官の五人であった。

モギリョフの大本営での会議。右側着席の左から３人目がニコライ二世、その右に、西南方面軍司令官ブルシーロフ、参謀次長クレムボフスキー大将、革命鎮圧軍司令官に任命されるイヴァーノフ。左側の３人目が参謀総長アレクセーエフ、その右が西部方面軍司令官エーヴェルト

退役陸軍少将で、皇帝に供奉する侍従となり、歴史記録を担当したドゥベンスキーは日記を残している。彼はこの運命の日、一九一七年二月二七日の午後の大本営のよどんだ空気を書きとめている。参謀総長アレクセーエフは、ようやく「ペトログラードは蜂起のなかにある」との認識をもつにいたったようであったが、どうするかという方針をまったく出さなかった。ドゥベンスキーは皇帝の侍医フョードロフと開戦時より一九一六年三月まで西南方面軍司令官を務め、今はモギリョフに住んでいるイヴァーノフ大将を訪問し、ペトログラードへ忠実な数個連隊を送り、断固として行動すれば、まだ事態は解決できると、皇帝に奏上するように迫った。イヴァーノフ大将はようやくにして、これを承知した。[1]そして晩餐の席で、皇帝の隣に座ったイヴァーノフは、密かに皇帝に進言した。ドゥベンスキーは、この進言は聞き入れられたと、イヴァーノフから言われたと書いている。[2]

この間、夜七時半には、陸相ベリャーエフ

から「ペトログラードの事態はきわめて重大となった」という電報がアレクセーエフ参謀総長に入った。ついで戒厳令を敷いたこと、ハバーロフは放心状態に陥ったため、ザンケーヴィチ少将を補佐に任命したとの電報が入った[3]。

八時には、ハバーロフからの電報が届いた。

「首都の秩序回復のご命令は実行できなかったことを陛下にご報告願う。大多数の部隊は次々に自らの責任を放棄し、反乱者と戦うことを拒否している。（……）夕刻には反乱者たちは首都の大部分を制圧した。宣誓に忠誠である残りの少数の部隊は、ザンケーヴィチ少将の指揮下に冬宮の周囲に集結している。これらの部隊とともに戦いつづける所存である」[4]。

もはや首都の革命状態について、いかなる幻想ももちえなかった。

皇帝の決断

これらの電報の影響もあり、ツァーリと大本営はようやく動き出すことになったものと思われる。晩餐ののち、ツァーリは九時から一〇時の間にイヴァーノフを呼び、彼をハバーロフの代わりにペトログラード軍管区司令官に任命し、前線からの歩兵・騎兵数連隊を率いて、ペトログラードに翌朝出発するように命令した。イヴァーノフの使命は、アレクセーエフの命令書によれば、「首都とその周辺における完全な秩序の確立」にあった[5]。

アレクセーエフは、ただちにイヴァーノフとともに首都に進撃させるべき部隊を選定し、北部方面軍と西部方面軍からそれぞれ歩兵二個連隊・騎兵二個連隊・機関銃隊を派遣するよう命令した。このときの彼の命令で特徴的なのは、「しっかりした将軍（prochie generaly）」たちを旅団長として派遣するように要求していることである。彼らは、イヴァーノフの副官となるべきとされたのである[6]。夜一〇時二五分、アレクセーエフは首都の陸相に向けてこの旨を打電している[7]。

夕刻、ツァールスコエ・セローにいるベンケンドルフから、ヴォエイコフに電話があり、皇后が首都の状況を心配し、子どもたちと一緒にツァーリのもとに向かいたいと願っている、と伝えてきた。ヴォエイコフが、皇帝ニコライにこれを報告すると、皇帝は子どもたちが麻疹《はしか》にかかっているということも考えて、自分がツァールスコエ・セローにただちに赴くことにすると決断した。◆[8] 明言されなかったイヴァーノフ軍の派遣とあいまって、自分が首都の近くまで戻れば、革命の鎮圧が容易になると考えたのであろう。

ほぼ一〇時半ごろ、首都にいた皇帝の弟ミハイル大公から、アレクセーエフに対話の電信があった。ミハイル大公は、内閣を更迭し、リヴォーフ公爵首班の信任内閣を認めるように提案してきた。ミハイル大公は、ツァーリがツァールスコエ・セローに行くことをアレクセーエフから聞くと、数日延期するように求めた。アレクセーエフはこれを皇帝に上奏した（第6章343-344頁参照）。ドゥベンスキーは、このとき、皇帝、アレクセーエフ、宮内相フレジェリクス、皇宮警備司令官ヴォエイコフによる四者会談が行なわれたと書いている。[9] 皇帝はアレクセーエフに次のように回答せよと命じた。皇帝のツァールスコエ・セロー行きは延期しない。閣僚の変更は皇帝の到着までは認めない。イヴァーノフとともに前線より歩兵騎兵八連隊を差し向ける。アレクセーエフは、ミハイル大公に皇帝の意志を伝えながら、今後も皇帝に先の提案をくり返すように頼み、自分も明日はなんらかの措置を執ることが必要だと、もう一度上奏するつもりだと付け加えた。[10] 首相ゴリーツインもまた、閣議の結論として総辞職を願い、先のミハイル大公による提案と同趣旨のことを求める電報をツァーリに送ってきた。

夜一一時半に、ツァーリは、今はもう名ばかりの存在となっているこの首相に、辞職を認めないとの趣旨の電報を打った（第6章344頁参照）。「閣僚の変更については、現在の状況では許されないものと考える」。

◆……**決断した** ルコムスキーは、ヴォエイコフからこの話を聞き、熱を出したアレクセーエフを起こして皇帝を諫めさせたが、皇帝は皇后・皇太子を心配して出発を決めたと言い、決断を変えなかったと書いている（Vospominaniia generala A. S. Lukomskogo, Vol. I, Berlin, 1922, pp. 129-130）。ドゥベンスキーは、皇帝はツァールスコエ・セローへ来てロシアを救ってほしいとの要請が、ロジャンコから届いたためだとしている（A. Blok, *Poslednie dni Imperatorskoi vlasti*, Soch., Vol. 6, Moscow, 1962, p. 244）。

ツァーリはあくまでも武力鎮圧の方針だったのである。いっさいの譲歩を退けて、望みはひとえにイヴァーノフと鎮圧軍の派遣にかけられていた。

参謀総長アレクセーエフが信任内閣実現の支持に回ったことについては、それが彼自身の考えから出たものか、それとも他の人物からの勧めによるものなのかは、定かではない。しかし、彼の補佐役のルコムスキーは、熱が三九度以上もあって気分が悪いと寝床にもぐり込みたがる参謀総長に強く迫って、ツァーリに改革を進言させたと書いている。[11] ルコムスキーの回想には不正確なところがあるが、ここは信じることができる。

あるいは、夜九時半に届いた北部方面軍司令官ルーズスキー大将の電報が影響していたかもしれない。この電報は、先のロジャンコの要請について述べたあとで、「今日、軍隊はその隊列に階級・職業・信条を異にするあらゆる人々がいる。したがって、国民の気分を軍隊自らの内部に反映せざるをえない」として、国民をなだめ、信頼を得られるような「応急策を取ることが極度に必要である」と指摘していた。[12]

西部方面軍司令官エーヴェルト大将からは、この日の昼に、「自分は兵士である。政治には介入してこなかったし、介入しない」との電報が届いていた。[13]

ともあれ改革が必要であるという認識では、アレクセーエフ、ルコムスキー、ブルシーロフ、ルーズスキーら、軍最高首脳のあいだで原則的な一致があった。

しかし一方で、アレクセーエフはツァーリの命令に従って、イヴァーノフ鎮圧軍の派遣に積極的であった。彼は混乱と無秩序を恐れていた。そういうものとしての民衆革命には敵対的であった。そのことは政治思想の問題でもあったが、鉄道によって食料や弾薬を後方から前線へと移送している軍隊としては、鉄道の寸断や麻痺がもっとも恐れられたのは当然である。したがって彼にとって、信任内閣の実現と鎮圧軍の派遣はけっして矛盾しなかったのである。

鎮圧軍の派遣

二月二七～二八日の深夜、午前三時、ツァーリはツァールスコエ・セローへの出発を前にして、イヴァーノフを呼んで特別命令を与えた。「すべての大臣は、ペトログラード軍管区司令官イヴァーノフ大将のすべての要求を忠実に履行しなければならない」[14]――イヴァーノフは涙を流して任務の達成を誓い、皇帝はイヴァーノフを抱きしめて接吻した。[15] ツァーリの列車は午前五時に出発した。[16]

イヴァーノフには、アレクセーエフから、すべての民間人を軍法会議で裁く権限が付与された。[17] 皇帝の親衛隊の中から彼に与えられたゲオルギエフスキー大隊一個梯団（三個中隊）と皇帝直属連隊一個中隊は、二八日午前一〇時五〇分にモギリョフを軍用列車で出発した。[18]

だが、忠誠心が厚いことで知られたゲオルギエフスキー大隊の大隊長ポジャルスキーは、同隊のチャイコ大尉の証言によると、すでに前日に将校たちを集めて、たとえイヴァーノフが要求しても首都で民衆に発砲する命令は出さないと約束していた。[19]

イヴァーノフと首都で合流することになった部隊は、北部方面軍からは、旅団長リストフスキーのもとに、歩兵第六七タルチンスキー連隊、同第六八ボロジノ連隊、師団長マルトゥイノフのもとに第一五タタール槍騎兵連隊、第三ウラル・カザーク連隊、それに機関銃隊一隊である。[20] 第六七タルチンスキー連隊の先発隊は、二八日午前八時にドヴィンスクを出発し、首都には三月一日未明に到着する予定であった。第六八ボロジノ連隊は、二八日の午後六時までに出発することになっていたので、三月一日の午後に到着する予定であった。第一五タタール槍騎兵連隊の出発態勢は整っていなかった。[21] 西部方面軍からは、ロシュノフ第九師団長のもとに歩兵第三四ヤフスキー連隊、第三六オリョール連隊、旅団長ユリエフと師団長トルベツコイのもとに第二パヴログラード驃騎兵連隊、第二ドン・カザーク連隊、それに機関銃隊一隊が出発することになっていた。[22] 第二パヴログラード驃騎兵連隊が先発となり、ミンスクを二八日の正午に出発した。三月二日の深夜に到着の予定であった。歩兵第三四ヤフスキー連隊は二八日の夕刻、ミニャーフカで乗車し、三月三日の夕刻に到着の予定であった。[23]

北部方面軍の対応が遅いのは、北部方面軍総司令官ルーズスキーのやる気のなさのためか、同じことであるが、北部方面軍には信頼に足る部隊が少なかったためかのいずれであろう。ともあれ、このテンポでは鎮圧軍が事態に立ち遅れてしまうことは必至であった。

イヴァーノフは、北部方面軍からの部隊には、ツァールスコエ・セローに集結するように命令した。[24]

イヴァーノフは、出発に先立って、午前一一時半ごろに、ハバーロフとヒューズ式印字通信機によって対話し、首都の状況を尋ねた。この名高い一〇問一〇答は、首都の状況を完全に明らかにした。一部を抜粋してみよう。

イヴァーノフ　いかなる部隊が秩序を守っているか？　いかなる部隊が無法な振る舞いをしているか？

ハバーロフ　私の指揮下で海軍本部にいるのは、近衛四中隊、騎兵五中隊、カザーク一中隊、砲兵二中隊である。その他の軍隊は革命側に付くか、合意のうえ中立的立場にある。一部の兵士と犯罪集団が市中を徘徊し、通行人に発砲し、将校を武装解除している。

イヴァーノフ　どの停車場が確保されているか？

ハバーロフ　すべての停車場は革命側の権力のもとにある。彼らによって厳格に警備されている。

イヴァーノフ　市内のどの地区とどの地区で秩序が維持されているか？

ハバーロフ　市全体が革命側の権力のもとにあり、電話は通じない。市内の地区部とは連絡がとれない。

イヴァーノフ　省はすべてきちんと機能しているか？

ハバーロフ　大臣たちは革命側に逮捕されている。[25]

すでに首都が絶望的な状態にあることが、鎮圧軍の出発の前に明確になったのである。それにもかかわらず、イヴァーノフ将軍は二月二八日午後一時に、モギリョフ駅を出発し、オルシャ駅で先行した部隊の列車に合流した。ツァールスコエ・セローには、三月一日の朝八時に到着するつもりであった[26]。

アレクセーエフはその後も、皇帝の命令として各方面軍に増派を要求している。北部・西部方面軍にも砲兵二個中隊ずつの増派を求め、さらにイヴァーノフが要求すれば、ヴィボルク要塞砲兵隊、クロンシタット要塞砲兵隊より、それぞれ「もっとも堅固な」一個大隊ずつをその指揮下に加わらせるよう、ルーズスキーと海軍相に打電している[27]。西南方面軍司令官ブルシーロフにも、プレオブラジェンスキー連隊、第三・第四近衛狙撃兵連隊の三連隊の派遣を求めている[28]。

午後二時半、ベリャーエフ陸相より、残った兵力（四中隊、カザーク一中隊、砲兵一中隊、機関銃一中隊）は、海軍本部が砲撃を受けるのを避けたいという海相の要求で、二八日正午に海軍本部から退去することになり、武器を残して、各自の兵営に戻ったとの報告が届いた[29]。兵営に戻るあいだに革命側に武器を取り上げられるのを避けるためだと説明されていたが、政府軍が自発的に武装解除したのであり、これをもって首都における皇帝政府は完全に消滅したのである。ほどなくして、武装した群衆が海軍本部を占拠し、ハバーロフ、特別市長官バルクらを捕縛し、タヴリーダ宮殿に連行している（第7章359頁参照）。

これより先、午後一時五〇分には、交通省を接収したというブーブリコフによる決定的な電報が全国の鉄道駅に打たれ、皇帝の列車をボロゴーエ――プスコフの線より北側には進入させるなという命令が出されるが（第7章361頁参照）、これは、大本営にも皇帝の列車にもイヴァーノフ軍にも、この午後には伝わっていない。

二八日の昼間、大本営が首都の状況をどのように把握していたかは、アレクセーエフが午後一〜二時ごろに各方面軍司令官に送った長文の電報からうかがえる。それによれば、司法相シチェグロヴィートフが逮捕され、「国会には、革命政府の諸機関・諸個人との交渉のための各党幹部の評議会が結成され、労働者と反乱軍からの追加の選挙が定められた」とあり[30]、国会臨時委員会とソヴィエト側の動きが一つの動き

宮内大臣フレジェリクス

として認識されており、左翼革命であると考えられていた。ブーブリコフの電報がすぐにはキャッチされなかったためである。アレクセーエフは、この日の夕刻にも、ベリャーエフ陸相に大部隊が派遣されるとの電報を送り、北部・西部方面軍には予定の軍隊の派遣を急ぐように求めている。[31]

皇帝列車は進む

何の情報も入らない皇帝の列車は平穏に進んでいた。二八日の午後三時にヴァジマに着いた。ここで皇帝は、「良い、穏やかな気持ちでいてほしい。多くの部隊が前線から送られる。やさしく愛するニキへ」という、呑気な電報を皇后へ打っている。[32]

だが、午後九時に皇帝の列車がニコライ鉄道線のリホスラヴリに到着したときには、すでに首都の詳しい情報が伝わっていた。ハバーロフ軍の解散を知らせた、昼のベリャーエフの電報も報告された。国会臨時委員会が成立したこと、その顔ぶれのこともはっきりと知らされた。すでにブーブリコフの鉄道駅への電文も読まれていた。皇帝に供奉するドゥベンスキーは、トスノより先には行けないだろうから、ボロゴーエで西に向かい、北部方面軍司令部のあるプスコフへ行って、「ペトログラードに対して行動を起こす」方がよいと考えた。[33] しかし皇帝は、この駅からも皇后に「そちらが無事なのはけっこうだ。明朝には家に戻れると期待する」と、またしても呑気な電報を打っただけだった。[34] 皇帝の列車はボロゴーエに向かった。先行する随員の列車がボロゴーエに入ると、皇帝列車から何としてもツァールスコエ・セローに向けて前進してほしいという電報があったので、そのまま進んだ。[35]

大本営では、新しい情報が入り、認識がこの夜のうちに劇的に変わっていた。フィンランドにいる第四二軍団長グレーヴィチからは、首都との鉄道連絡が断たれたとの報告が夜一〇時近くに入った。このことは、ヴィボルク要塞砲兵隊の首都派遣は不可能であることを意味していた。[36] それよりも、国会に「ロジャンコを議長とする臨時政府」が生まれ、「軍隊は全員、臨時政府に味方して秩序を保っている」「二月二八日には、ペトログラードでは完全な平静が訪れた」という情報がもたらされたことが大きかった。「臨時政府が国民に出したアピールは、君主制原理は破りがたいものとしている」との情報も好感を抱かせた。この情報は、ロジャンコを中心とする国会臨時委員会が存在していることをバラ色に描いたものであり、明らかに正確な情報ではなかった。しかし、大本営の軍首脳にとっては、このような展開が望ましかったのである。アレクセーエフは、◆三月一日の深夜午前一時一五分に、イヴァーノフに宛てて「もしもこれらの情報が真実なら、貴下の行動の様式は変わり、話し合いは平和回復をもたらすであろう」と、革命鎮圧作戦の中止を示唆し、皇帝に「事態は平和的にロシアを強化する良い結末に終わらせることができるとの確信」があると報告してほしいと要請している。[37]

深夜午前二時、首都から一五四ヴェルスタ（約一六四キロメートル）のマーラヤ・ヴィシェラ駅に皇帝列車の先導列車が着くと、そこから先には進めなくなった。確かにその先のリュバーニには反乱兵士がいたので、随員たちは危険だと感じた。[38] 随員たちの意見は、皇帝の列車の到着を待ち、プスコフ駅へ向かうことでかたまった。午前三時四五分に皇帝の列車がマーラヤ・ヴィシェラに着いた。皇帝はヴォエイコフら随員の意見に同意した。すでに随員たちには、首都に攻撃をかけるという考えはなかった。ドゥベンスキーによれば、宮内大臣フレジェリクスをはじめ、ほとんど全員が国会臨時委員会のメンバーとの話し合いを主張した。「ツァーリは論争したり、抗議しようと思わなかった」。大本営との連絡はまったく絶えたままであった。[39]

このとき交通省を接収していたロモノーソフたちは、皇帝の列車がマーラヤ・ヴィシェラに着いたと

◆アレクセーエフは…… カトコフはこのアレクセーエフの認識のもとになったのは、ロジャンコから現実に反する連絡があったためだとしているが（Katkov, op. cit., p. 304.）、おそらくそうではなかろう。

ペトログラード周辺 鉄道路線図

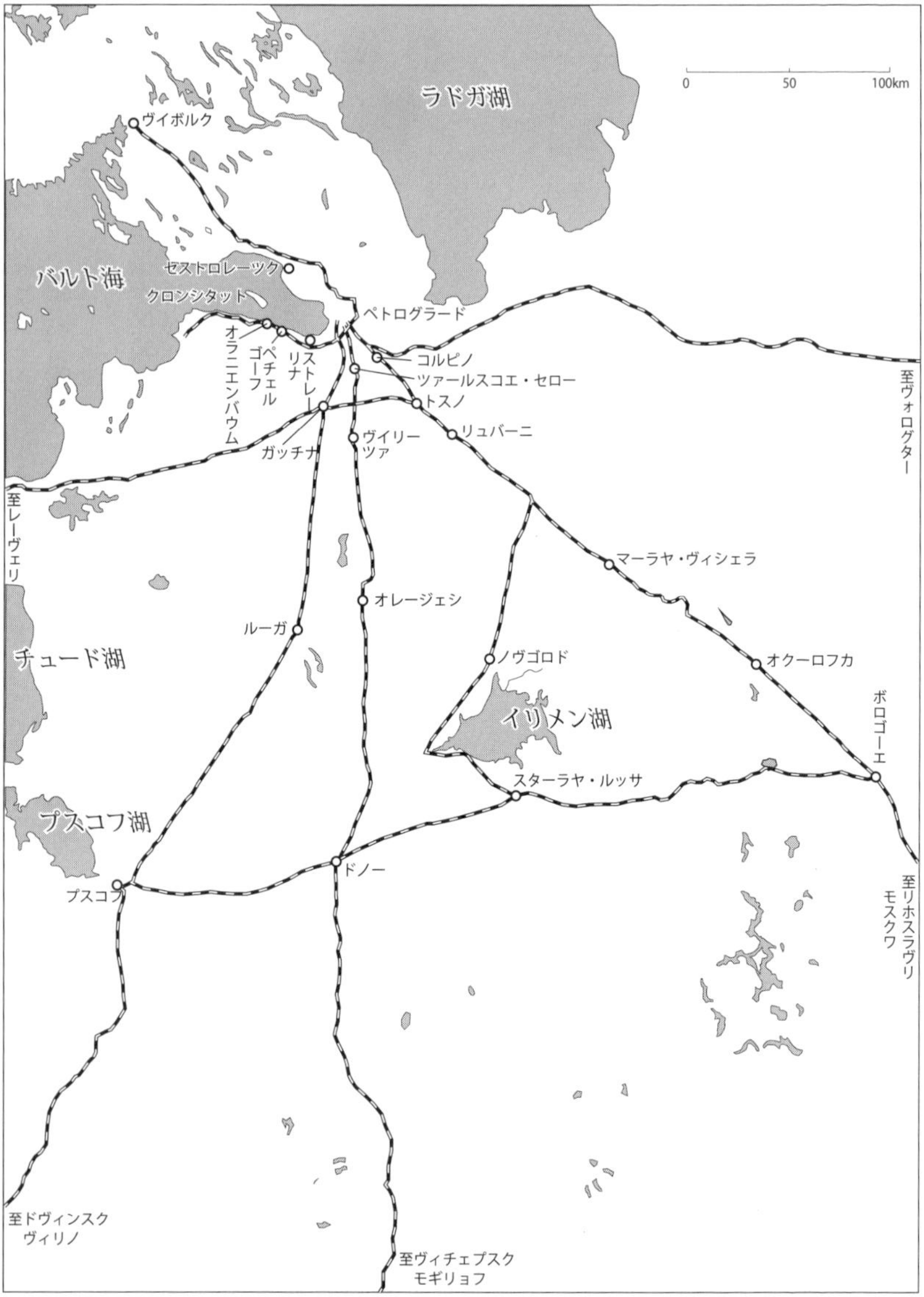

ニコライ二世を乗せた“皇帝列車”

いう情報をつかみ、どうすべきかを、国会臨時委員会に報告し、大きな騒ぎとなった。捕らえるか、動けなくするか、列車の運行をコントロールする者の指令一つで、皇帝の運命は決まってしまうのだった。しかし、結局いかなる方針も出ず、皇帝の列車はボロゴーエに引き返していくことになった。[40]

ロジャンコの電報——わずかの波紋

三月一日の朝が明けると、皇帝はロジャンコに電報を打ったと、歴史家シチョーゴレフが侍従武官モルドヴィーノフの言葉を引いて書いている。その電報は、ロジャンコを首相に任命し、最初の上奏のために途中の駅のどこかに来るように求めるものだったとしている。これは偽りであった。[41] ロモノーソフの回想によると、午前九時にボロゴーエ駅から皇帝の列車の到着を知らせてきたので、国会臨時委員会に連絡をすると、今度は、皇帝の列車をボロゴーエに停めておけ、ロジャンコの電報を届けよ、ボロゴーエまでの特別列車を用意せよ、という命令が出た。ロジャンコの電報は、王朝のために危機的な状況を指摘し、謁見を求めるものだった。この電報を打ったが、返事がなかったという。そのうちに皇帝列車はプスコフ駅方向に動き出したという連絡があったため、慌てたと書いている。[42]

皇帝列車の側では、午後三時五分にドノー駅に着いたときに、ロジャンコからの電報が届いたと、モルドヴィーノフが書いている。事情が変わったので、ドノー駅にうかがえないという内容だった。[43] ヴォエイコフは少し違う話を書いている。駅の電信係が皇帝宛ての電報を持ってきたので、ヴォエイコフは皇帝の車輛に行って尋ねると、皇帝はロジャンコからの電報だと言い、いつロジャンコが到着するのか情報はないか、と質問した。ヴォエイコフがペトログラードを呼び出して聞くと、特別列車は数時間前から出発準備ができているが、ロジャンコはいつ出発できるかわからない、という返事であった。皇帝にそのことを伝えると、皇帝は、プスコフ駅にこのまま向かうので、ロジャンコにプスコフ駅へ来るように連絡してほしい、と言った。皇帝は列車が動き出したあと、責任内閣制を与えることにしたらどうかと、ヴォエイコフに語っている。[44]

皇帝列車は、プスコフ駅へ向けて出発した。プスコフ駅には、三月一日の午後七時ころに到着の予定であった。[45]

ツァールスコエ・セローを取り巻く不穏な空気

皇帝とイヴァーノフ軍は、皇后と皇太子、四人の皇女たちがいるツァールスコエ・セロー宮殿をめざしてきたのだが、すでにここも不穏な空気に包まれていた。宮殿には、警護のためにかなり多くの部隊が配備されていた。近衛狙撃兵第一・第三・第四連隊の予備大隊が駐屯し、直接の宮殿警護のために陛下警護騎兵部隊が配備されていた。このうち近衛狙撃兵連隊が、最初に革命に同調することを表明したのである。

二月二八日の夜七時、フョードロフスキー聖堂で皇太子の病気快癒祈願が行なわれた。そのあと、九時に狙撃兵連隊の兵営あたりで銃声が響いた。陛下警護騎兵部隊が急遽、アレクサンドル宮殿前に召集された。指揮官が情報収集をすると、酔った兵士が空に向けて発砲したこと、第二・第三狙撃兵連隊予備大隊が「ラ・マルセイエーズ」を演奏しつつ、第四連隊兵営に向かい、そこで集会をしているということがわかった。反乱がはじまったと考えた皇宮警備司令官代理グローテンは、停車場方面に偵察隊を出し、宮殿に通じる通りには大砲と機関銃を据え付けるなどの措置を取った。しかしこの日は、それ以上の騒乱は起こらなかった。[46]

三月一日、ミリュコーフの指示を受けて、国会臨時委員会から派遣されたコミサール、二人のカデット議員スチェパーノフとジェミドフが、ツァールスコエ・セローに来た。通りは静かであったが、警官は姿を消していた。二人の議員は将校たちの歓迎を受けて、兵営を訪問し、「私たちは国会によって派遣されてきました。いまやペテルブルクの権力は国会の手に移りました」と、兵士たちに演説をしてまわった。兵士たちは「ウラー」（万歳）の声をあげた。革命に同調する兵士たちから、国会臨時委員会に対する忠誠の誓いを得ることになったのである。

もっともつづけて、兵士たちの楽隊が「ラ・マルセイエーズ」を演奏しはじめたとき、ジェミドフは強い不安を感じた。兵士たちの居室を見ると、その惨めな状態にも不安をかきたてられた。皇宮警備司令官代理グローテンと会うと、彼はとにかく皇后と皇太子、皇女たちを守るのが自分の義務だとして悲壮な決意をしていた。ジェミドフたちは、守備隊が宮殿を攻撃することがないように保証すると言った。グローテンは、宮殿を訪問して皇后に会ってほしいと言ったが、自分たちが言えることは、いまや権力は国会臨時委員会にあるということだけなので、皇后と共通の言葉を見出せないとして、宮殿には行かなかった。革命に同調した兵士に取り囲まれた皇帝一家の宮殿は、まさに不安そのものであったのである。二人の議員はこの日の夕刻、ツァールスコエ・セローを退去した。[47]

イヴァーノフ軍の最後

先述したアレクセーエフが送った革命鎮圧作戦の中止を示唆する電報は、ツァールスコエ・セロー宛てに打たれたため、イヴァーノフのところには長いあいだ届かなかった。イヴァーノフは、三月一日の朝六

～七時にようやくドノー駅に着いた。ドノー駅に入る首都からの下り列車には、銃を持った多くの兵士と武器を取り上げられた将校が乗っていた。その中には変装して首都から逃げてきた巡査もいた。私服でいた兵士四、五〇人はイヴァーノフの列車に放り込まれた。三月一日午後六時ごろ、イヴァーノフはヴィリーツァに到着した。そこからツァールスコエ・セローに電話すると、北部方面軍から来た歩兵第六七連隊がアレクサンドロフスカヤに到着していること、ツァールスコエ・セローの守備隊は反乱を起こしたことが判明した。[48]イヴァーノフは、部隊とともにツァールスコエ・セローへ向かうことを差し控えて、自分一人で皇后を訪問すべきだと考えた。機関車と客車一両をツァールスコエ・セロー駅にまで進めさせてほしいと要請を出した。これは交通省のブーブリコフに知らされ、彼は国会と相談したところ、通せということになった。[49]

イヴァーノフは知らなかったが、北部方面軍から送られてきた歩兵第六八連隊も、ルーガで首都への進入を食い止められていた。ルーガは首都からプスコフ駅へ向かう鉄道の駅がある町である。ペトログラードからは一二〇ヴェルスタ（約一二八キロメートル）離れていた。ここは騎兵部隊の集結地点となっており、最高指揮官はメングデン伯爵であった。ここには三月一日の朝、首都から帰った将校が初めて首都の情報をもたらし、ただちに指揮官会議が開かれた。最高指揮官メングデンは騎兵部隊は規律を守り、革命派と対決すると宣言したが、自動車部隊と予備砲兵師団はいち早く赤旗を掲げて、騎兵部隊に押し寄せた。騎兵も兵士たちは首都での革命を聞くと、「ウラー」（万歳）の歓声をあげた。三月一日の夕刻には、反乱は全面化し、将校は逮捕され、メングデンは捕らえられ拘禁されていた部屋に乱入した兵によって殺害された。[50]

したがって、前線から第六八連隊を乗せた列車がルーガに到着すれば、ここの反乱部隊がこれを停め、将校をはじめ全連隊が武装解除されたのは当然のことであった。

三月一日の夜、ただ一両のイヴァーノフの列車は、ツァールスコエ・セロー駅に到着した。駅でイヴァーノフは、市の警備隊長、北部方面軍より派遣されてきた第六七連隊の旅団長、憲兵本部長、参謀本部の参謀将校らと会談した。その結果、ツァールスコエ・セロー守備隊は宮殿警護騎兵部隊をのぞいて、全面的に国会臨時委員会の側についていることを知った。であれば、ゲオルギー大隊と反乱兵士を接触させるのは危険だとして、そのまま引き返すことに決定した。イヴァーノフは秘密裏に宮殿に入り、皇后に謁見した。皇后の聞きたいことは、皇帝がどこにいるのかということであった。それはイヴァーノフにも答えられないことであった。イヴァーノフは軍とともに、早々にヴィリーツァへ引き返した。[51]

三月一日の大本営

大本営では三月一日、国会臨時委員会支持をますます明確化していた。この日の午前中、ロジャンコから大本営と各方面軍司令官宛てに二通の電報が打たれた。一通は「旧大臣会議の全メンバーがその所管から排除されたことにかんがみ、政府権力は現在、国会臨時委員会に移った」という短いものであり[52]、もう一通は、ルコムスキーによれば、「軍に平静を呼びかける、その意味は軍隊に事態への介入を控えるように呼びかける」ものであった。後者の電報は、アレクセーエフの気に入らなかった。ルコムスキーによれば、そのような電報によって「軍に対するまったく許しがたい態度」が形成される、そのような電報を打つことをやめるようにと返信を出そうとしたが、しなかったとのことである。[53]

その一方で臨時委員会が鉄道を握り、皇帝の列車をも停めようとしていること、大本営とツァールスコエ・セローおよび陸軍省中央機関との連絡が断たれていること、大本営を経ずに軍内部にさまざまな働きかけを行なっていることは、アレクセーエフにとって憤懣やる方ないことであった。アレクセーエフのロジャンコ宛ての第一報は、これらのことへの抗議であった。[54]

しかしながら、そういうことはあるにせよ、大本営は革命を受け入れざるをえなかった。

モスクワの革命

なぜなら、まずこの日、モスクワ革命の暴動化のおそれが、大本営に大きな衝撃を与えたからであった。

午後早くに、モスクワ軍管区司令官ムロゾフスキーより電報が入った。モスクワの市民は、首都の出来事と情報不足で「極度に興奮している」。そして新聞は止まっている。二月二七日には秩序破壊はなかった。だが、二八日の正午までに全工場がストライキに入り、市中でデモが起こっている。「ペトログラードの情勢について、ただちに政府発表することが必要であると考える。（……）これ以上、沈黙をつづけることは不法行為を生じさせかねない」▼55。

　モスクワでは、二七日の夜に、リャブシンスキー（モスクワ戦時工業委員会議長）らが社会団体委員会を結成して権力掌握を決め、ムロゾフスキーを軍管区司令官から罷免して、グルジーノフ（モスクワ県参事会議長）を新たな候補として指名し、臨時革命委員会が労働者ソヴィエトの結成を呼びかけていたのである。モスクワでは整然たる革命が進行したのであるが、それがムロゾフスキーにはわかっていないのか、革命が社会混乱を引き起こすとパニックになって、皇帝への報告をこの日になって行なったのである。しかし、この遅れた報告も大本営に衝撃を与えるに充分であった。

　アレクセーエフは、次のように判断した。「モスクワでの騒乱状態は、疑いもなくロシアの他の中核都市へ飛び火するであろう。そうなれば、それでなくても満足に機能していない鉄道は最終的に混乱するだろう。軍隊はその基地の店舗にはほとんど何も持たず、もっぱら輸送物資によって生存しているのだから、後方の正しい機能の破壊は軍隊にとって破滅的なものとなろう。ロシアにおける革命——後方での騒乱状態がいったんはじまれば、それは不可避である——は、ロシアにとってたいへん困難な結果を招く、恥ずべき戦争の終結にいたるだろう。（……）後方で革命が発生しているとき、軍隊に落ち着いて戦争しろと要求するのは不可能である」。

　彼は、皇帝にこのことを書き送り、次のように要求した。

「騒乱状態を力で制圧することは、目下の状況では危険であり、ロシアと軍を破滅にいたらしめる。目下のところ、国会は可能な秩序を定着させようとしている。しかし、もしも陛下より全般的な鎮静化を促進する勅書がつづけて下されなければ、権力は明日には過激分子の手に移るだろう。そしてロシアは、革命のあらゆる恐怖を経験することになろう。陛下に伏してお願いする。ロシアと王朝を救うため、ロシアの信頼しうる人物を内閣首班に置き、彼に組閣を一任するように。現在、これが唯一の救いである」[56]。これは、いわゆる信任内閣の要求であった。

この電報は、方面軍司令官に三月一日午後三時五五分に送られた。北部方面軍司令部には、皇帝の列車が近くに来ているなら、人を派遣して届けてほしいと求めた。しかし、実行されたかどうかはわからない。

この間、モスクワでは、さらに事態が進んでいた。ムロゾフスキーが愚かにも、三月一日の朝に戒厳令を施行する布告を出し、守備隊には、アレクサンドル二世がテロリストに殺害されてから三七年目の命日の祈祷会を開けと通達した[57]。どこまで現実からずれているかわからない。この日も、モスクワの労働者は街頭デモを行ない、これに兵士も加わっていた。

この三月一日の午後一時二〇分と二時三〇分に、ムロゾフスキーは、モスクワの情勢を報告する電報を大本営へつづけて二通送った。まず最初が、第一予備旅団の数千人の砲兵が砲を奪い、一部を革命側に渡しているというもので、これが三時一五分に届いた。次は「モスクワは完全なる革命、部隊は革命側に移りつつある」との電報で、四時一〇分に届いている[58]。

クロンシタットの革命

三月一日の夕刻には大本営のもとに、モスクワの革命につづいて、クロンシタットでの革命の勃発が知らされた。海軍軍令部長ルーシンのもとへ、まず海軍大臣よりクロンシタット要塞警備隊長クロシの電報◆が転送されてきた。それには「昨夜より若干の陸軍部隊と艦隊の陸上勤務隊で騒乱状態がはじまった。部隊は音楽演奏をやりながら、道路を練り歩いている。守備隊にある編成では鎮圧策を取ることはできないと考える。なぜならどの部隊も信用できないからである」とあった[59]。

◆クロンシタット要塞警備隊長クロシの電報　これがツァーリに転送されたのが、午後五～六時のあいだである。

これは三月一日早朝の報告であった。クロンシタットでは、二月二八日の昼間になって工場労働者のストライキがはじまったと思ったら、夜には全面的な反乱になったのである。最初、労働者は工場の外へ出て、デモをし要求を出した。軍港司令官ヴィーレンは、翌日にヤーコリ（錨）広場で回答を出すとの意向を伝えた。夜遅くなって、今度は守備隊の兵士がデモをはじめた。水雷訓練部隊では集会が行なわれ、行動が開始された。第一海兵団へ行って行動を呼びかけようとしたが、将校から発砲されたため衝突となった。これがきっかけとなって、この夜のうちに、クロンシタットでは水兵の全面的な反乱となり、三月一日の朝六時にはヤーコリ広場で大集会が開かれた。司令官ヴィーレンはその場に引き出され、銃剣で刺殺された。この夜のうちに、約五〇人の士官・将校が殺害されたと言われる。[60]

大本営には、クロンシタットからの第一報のほぼ一時間後に、バルト海艦隊司令長官ネペニンよりの報告が入った。「三月一日の朝四時より、クロンシタットとの連絡がなんらかの理由で断たれた。同港の最高司令官は殺され、士官は逮捕されている。クロンシタットにあるのは無政府状態であり、通信局は反乱兵によって占拠されている」[61]。さらにネペニンより皇帝に宛てた電報が届いたが、それには、彼が、軍隊の事態への介入を控えるようにというロジャンコの提案に従うと回答したことを述べ、「国会の意向に応える必要性があるとの心のうちよりの確信」がある、「それなくしては今後、戦闘態勢を取りつづけることはおろか、部隊の服従を保つことも考えられない」からであると書かれていた。[62]これは、前線軍の国会臨時委員会への最初の忠誠の誓いであった。

バルト海艦隊司令部には、司令官ネペニンのまわりに開明的な士官レンガルテンらがいて、適切な助言をしていたことが知られている。その結果、三月一日の午後四時半ごろという早い時間に、革命支持・国会支持の表明がなされたのであろう。[63]

大本営と司令官たち

クロンシタットでの革命が、アレクセーエフの考えをさらに改めさせる決定的な要因となった。

三月一日の午後六時すぎ、アレクセーエフの補佐クレムボフスキーは、次の内容の電報一八五四号を、まずブルシーロフをはじめとする各方面軍司令官に打電した。

> モスクワには完全な蜂起あり、軍隊は、廃止された政府に代わって、ロジャンコを首班として設立された国会臨時委員会を支持する側へ移りつつある。クロンシタットでも蜂起あり、バルト海艦隊は艦隊司令官の同意を得て、臨時委員会の側へ付いた。ネペニン提督の決定は艦隊を救わんとする志向によってもたらされた。アレクセーエフ大将は、陛下に対して、国の民を鎮め、革命をやめさせうる勅書を発布するよう訴える電報を送った。アレクセーエフ将軍は、ロシアの救済と戦争継続の可能性は、政府の首班に、国の民の信頼を得るにふさわしい内閣を実現できる人物が立ったときに初めて達成されると、論証しようとしている。陛下はいまだツァールスコエ・セローに到着されず、列車はドノー駅近くにある。[64]

情勢ははっきり捉えられているが、提案されているのは依然として信任内閣の承認である。ここで陛下に送った電報と言っているのは、三月一日の三時五五分の電報のことである。

各方面軍司令官はどのような態度だったか。カフカース方面軍司令官ニコライ・ニコラエヴィチ大公は、夜七時少し前、アレクセーエフのイヴァーノフ宛ての革命鎮圧作戦の中止を示唆する電報に対する回答として、「まったく完全に君の意見に同意する」と打電してきた。[65]

西南方面軍司令官ブルシーロフの考えは、七時半にドノーに届いた宮内大臣フレジェリクス宛ての電報から知られる。「ロシアは恐るべき戦争をつづけていて、その解決にわが祖国とツァーリ一家の運命がかかっている。そのような戦争中に内輪もめの喧嘩をすることはまったく考えられないことであり、それは

◆バルト海艦隊司令長官ネペニンよりの報告

これがツァーリに転送されたのが、午後六時少し前である。

全状況がわれわれに有利であるときでも、無条件での戦争の負けを意味するだろう」。彼は「既成の事実を認め、平和的に急速に、恐るべき事態を終結させる」よう求めていた[66]。

西部方面軍司令官エーヴェルトの参謀長クヴェツィンスキーは、七時半にルコムスキーにヒューズ式印字電信機で語りかけた。前線ではありとあらゆる情報や噂が氾濫している、真実とデマの区別がつかない、電報一八五四号は事態を明らかにしてくれたが、解決にはならないと訴えた。エーヴェルト司令官は「騒乱状態だという情報が、前線、とくに予備軍へいろいろなかたちで伝わることを心配し、一刻も早く明確な決定を受け取ることが必要であると考えている。というのは、この面でのあらゆる遅滞は致命的であるからだ」。このように述べたあと、クヴェツィンスキーは、ツァーリ、イヴァーノフ、西部方面軍派遣連隊の所在を尋ねている。ルコムスキーは、アレクセーエフもロジャンコに宛てて、軍への連絡は大本営に集中してほしい、直接各方面軍に連絡することはやめてくれ、と要請したところだと告げている[67]。

皇帝のプスコフ到着

三月一日の午後七時に、皇帝の列車はついにプスコフに到着した。ロジャンコから、プスコフにおもむくことはできないとの電報が入っていた。駅頭に出迎えた北部方面軍司令官ルーズスキーと参謀長ダニーロフは、皇帝の招きで食事をともにした。食事のあと、ルーズスキーは皇帝と話した[68]。アレクセーエフから届いたばかりの皇帝への新しい電報（一八六五号）を差し出した。アレクセーエフは次のように書いていた。

「国中に広まる無政府状態、いっそうの軍隊の解体、現情勢の下での戦争継続は不可能であることといった危険の不断の高まりが、民心を落ち着かせうる陛下の勅語の発布を強く求めております。民心を落ち着かせるのは、責任内閣の承認と国会議長への組閣の委任によってのみ可能であります」。

アレクセーエフは「ロジャンコに指導される国会関係者なら、まだ全面崩壊を食い止められると期待できる根拠がある」と言いきっている。そして、次のような詔書を出していただきたいとして、詔書案を添えている。詔書案には「勝利に終わるまで、何がなんでも戦争をつづける」ために、責任内閣制を与えるのだと書かれていた[69]。

皇帝は、このアレクセーエフの提案に誠実に回答しなかったようである。どこまでも無責任な態度であった。ルーズスキーが退出すると、皇帝はヴォエイコフを呼んで、ロジャンコへの電報の送信を求めた。その内容は、責任内閣組織を許す、しかし、外相と陸海軍大臣は皇帝に責任を持つというものだった[70]。つまり、アレクセーエフの提案は拒否するという態度だったのである。大本営と北部方面軍司令部のヒューズ式印字電信機は、午後一〇時三〇分から一一時二〇分まで稼働しつづけていた。大本営が皇帝の回答はあったか、くり返し尋ねてきたのである[71]。ヴォエイコフがこの電報を送るのに、司令部のヒューズ式印字電信機を使わせてほしいと申し出たところ、ルーズスキー司令官から、この司令部では司令官を通さなくてはヒューズ式印字電信機を利用することは許されないとの言明があり、トラブルになったことが書かれている[72]。

これはルーズスキーの皇帝に対するいら立ちの表現であろう。のちにルーズスキーがロジャンコと電信通話した際、皇帝は責任内閣制を認める用意があると述べただけで、外相、陸・海軍相を例外とするというような留保のことには触れていない[73]。

三月一日の深夜一二時をすぎたころ、皇帝はイヴァーノフ宛ての電報をツァールスコエ・セローに打った。

「無事に着いたものと思う。私の到着と私への上奏まで、いかなる措置もとらぬようお願いする。ニコライ[74]」。

革命鎮圧を命じた司令官に対して、革命鎮圧ができないことがわかったときに送る電報としては、ずいぶん奇妙なものである。イヴァーノフがヴィリーツァでこの電報を受け取って、三月二日の午前四時、ふたたびアレクサンドロフスカヤめざして前進をはじめた[75]のだとしたら、彼は皇帝はまだあきらめていないと考えたのかもしれない。

軍首脳は、首都の革命がモスクワ、クロンシタット、ツァールスコエ・セローに波及したことに恐怖をおぼえ、国会臨時委員会がそれをむしろ抑えるものとなることを期待しつつ、戦争遂行のために、国会臨時委員会に責任内閣制の承認を与えるところまできたのである。しかしそれでは、もはや事態は収まらなかったのである。

第9章

臨時政府の成立と帝政の廃止

専制崩壊を報じる日刊紙『ウートロ・ロシーイ』（1917年3月2日付）
見出しには「解放ロシア、万歳！ 国民代表制万歳！ 陸海軍万歳！」

УТРО РОССІИ

№ 59 Четвергъ, 2-го марта 1917 года. МОСКВА, Страстной бульв., Путинковскій пер., д. 3.

Да здравствуетъ освобожденная Россія

Да здравствуетъ Народное Представительство!

Да здравствуютъ Армія и Флотъ!

МОСКВА, 2 марта.

Россія свободна.

Отъ Исполнительнаго Комитета Госуд. Думы.

Приказъ по арміи.

国会とソヴィエト側との話し合い

三月一日の夕刻に、ソヴィエト執行委員会がまとめた政権問題についての結論は、翌日の総会にかけられるべきものであった。ラーフェスによれば、その前にいま一度、執行委員会を開いて検討することになっていたという。[1] しかしながら、急がなければならないと考えたスハノフは、「自分で責任と危険を負担して」、つまり独断専行で、国会臨時委員会との会談を申し入れに行って、ネクラーソフと話した。ネクラーソフは、スハノフに深夜一二時に会談に応じると回答した。スハノフはそのことをその場にいた執行委員に相談して、チヘイゼ、ソコロフ、スチェクロフとともに四人で会談に臨むことにした。[2] したがって、この交渉団は執行委員会の正式決定に基づくものではなく、幹部たちの独走の産物だったのである。

国会臨時委員会の部屋で行なわれたこの会談には、国会側からはロジャンコ、ミリュコーフ、ネクラーソフ、シュリギン、ゴドネフ、アジェーモフ、シドロフスキー、ヴェ・エヌ・リヴォーフ、首相候補のリヴォーフ公爵が出席した。[3] ケレンスキーは途中から入ってきたが、交渉には加わらなかったと言われる。国会側で交渉の中心になったのは、終始ミリュコーフであった。交渉はまず、スチェクロフがソヴィエト執行委員会の九項目におよぶ要求（第7章392頁参照）をコメントしつつ読み上げるところからはじまった。最初に問題となったのは、第三項に挙げられていた「臨時政府は将来の統治形態をあらかじめ定めるような、いっさいの行動を差し控えること」という条件である。ミリュコーフは、この要求に反対する理由として、皇帝の退位、皇太子アレクセイへの譲位、ミハイル大公の摂政という案の実現を強く主張するからであると説明した。スハノフは、ミリュコーフが「反政府派のリーダーから極右翼に立った」と驚き、また国会側にも支持者がなく、ミリュコーフは「敗北した」と書いているが、[4] ミリュコーフ自身は、自分の

ソヴィエト執行委員、スハノフ（左）とスチェクロフ

意見でこの要求を削除させたと書いている。[5] この点ではミリュコーフの方が正しい。ミリュコーフの構想は、帝政を維持し、その連続性の上で変革を進めるというもので、ブルジョア革命ではなく立憲君主制をめざす軍事クーデター派の目標とも一致するものであった。ミリュコーフがこれを公然と語ったということは、国会臨時委員会に対しても問題提起をしたものであった。ミリュコーフが皇太子への譲位・ミハイル大公の摂政という案を強く主張し、折り合いがつかなかったが、ソヴィエト側が拒否の最後通牒を出さずに引き下がったのである。

もう一つ問題となったのは、第九項に挙げられた「軍隊自治制」の要求である。ミリュコーフもシュリギンも、これが「将校選挙制」として要求されたと書いており、あくまでも反対したとしている。[6] これは誤解だと思われる。ソヴィエト代表団の四人が、三月一日の総会の「命令第一号」にもない内容を「軍隊自治制」に加えるはずはない。いずれにしても、スチェクロフらはこの要求を通すのを断念した。つまり、反乱した兵士が結成した兵士委員会による武器の管理などの要求を放棄したのである。その代わりに、ミリュコーフがまとめた次のような項目、「兵士は、隊列にあるときと軍務遂行中には厳格な軍規を保つが、すべての市民に与えられている社会的諸権利においてはいっさいの制限を加えられないこと」を受け入れた。

この他の点では、兵士の政治的自由の保障について述べたところに、ミリュコーフは「軍事技術的条件が許容する限度内で」と但し書きを加えている。それ以外は、国会側がすべてを受け入れた。もっとも国会側が抵抗しそうな、革命に参加した

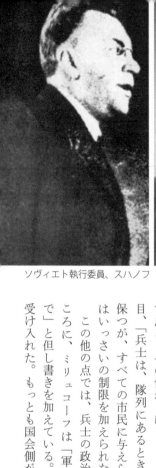

守備隊をペトログラードから移動させないことを約束する第八項についても、ミリュコーフは、それが「われわれに勝利を保障してくれたのだから」反対できなかった、と書いている。[7] スチェクロフらは兵士委員会の点で重大な譲歩をしたが、この第八項が合意されたことによって、客観的には最低限の条件を確保したということになった。

ミリュコーフは以上の条件を受け入れる代わりに、ソヴィエトとの協定によって新政府が誕生したことを明記し、兵士が将校を信頼しその指揮に従うよう呼びかける宣言文の作成を要求した。[8] これを、合意した項目を政府の宣言として発表する際に並べて発表するというのが、彼の考えであった。ソヴィエト側はこれを受け入れ、スハノフが宣言文を書きはじめ、途中からソコロフが受け継いで仕上げた。できたものは国会側が望むものではなかった。ソコロフは、将校の社会的相貌を説明し、結論としては政府と接触を保つとしていたが、内容からすれば将校との接触は考えられないとの結論となっているものであった。[9] それから激しいやりとりがあり、心配して青くなったケレンスキーがスハノフを説得するという一幕を経て、ソヴィエト側は全面的に妥協して、ミリュコーフが書き直したものをソヴィエトの宣言文として受け入れている。スハノフは、自身やスチェクロフが文章に手を入れたと言うが、大した意味はないだろう。[10]

この宣言は、新政府を「社会の穏健な公衆層より構築された新権力」と呼び、「誕生しつつある権力がこれらの義務を実現し、旧権力と決定的に闘う方向に行動する度合いに応じて、民主主義派はこれに支持を与えなければならないと提案する」と述べている。さらにつづけて、「〔社会の〕分裂と無政府状態」を戒め、反革命を防止するため、とくに将校と兵士の結束を呼びかけている。将校にも呼びかけているが、とくに対象とされているのは兵士で、「軍隊は兵士と将校の同盟によってのみ強力である」ことを忘れるな、個々の将校の悪行をもって「将校全体を糾弾するな」、将校の「民主主義派に対する重要でない過失」には「寛容と忘却」をもって対せよ、と呼びかけている。[11]

これは臨時政府の樹立にあたっての、国会臨時委員会とペトログラード労兵ソヴィエトの共同声明というべきもので、新政府樹立の際に発表されることになった。

タヴリーダ宮殿の外では

ソヴィエト執行委員会の幹部たちがこのように独断専行で国会側と取り引きをしていたとき、ソヴィエト内の右派も左派も、三月一日夜から二日の朝にかけて、それぞれ新しい動きを起こしていた。まずメンシェヴィキの組織委員会は、弁護士のクロフマリ宅で会合を開いた。これには「連合政権」派の執行委員も、「連合政権」反対派の執行委員も、ともに参加した。総勢一二人ほどであった。ラーフェスは、討議の結果、連合政権を主張することになったとしている。[12] バトゥルスキーも考えを変えたのである。

このような右派の動きにつながるものとして、機関紙『イズヴェスチヤ』三月二日付に、バザーロフが書いた匿名の論説「臨時政府への民主主義派の参加」がある。同じ紙面には立憲君主制に反対し、民主共和制を要求する「ロマノフ王朝は存続しうるか」が載っていたが、バザーロフの論説は、「現在、国会臨時委員会に入っているブルジョア諸党は、革命を最後まで、民主主義の完全な勝利にまでいたらしめたい、という願望に燃えていない」と述べている。そして、彼らをその方向へ押し進めるために、革命的民主主義派は臨時政府に入閣し、「臨時政府内の民主主義派の閣僚」を「労兵ソヴィエトという民主主義派の強力な自立組織」で支えなければならないと主張している。強く戒められているのは、ソヴィエトが臨時政府といっさいの関係を断つことで、これはブルジョアジーを「赤の幻影」に脅えさせて、専制の方向に後退させる「自殺に等しい致命的な誤り」だとしている。[13]

これに対し、左派の動きを見ると、ボリシェヴィキ党がこの夜に、二つの公然の集会を開いている。一つは、ペトログラード地区のクロンヴェルクスキー大通りにある職業紹介所の建物で開かれた、ペテルブルク委員会の再建集会である。[14] この集会には、ヴィボルク、ナルヴァ、ヴァシリエフスキー島の三地区とラトヴィア人組織、リトワニア人組織、学生組織、印刷工組合の正式代表のほか、ペテルブルク委員会の旧幹部・関係者など四〇人ほどが集まった。戦時中、この職業紹介所の所長をしていたエリ・エム・ミハイロフ、『レートピシ』誌グループのアヴィーロフなど、大戦前に合法機関紙誌の工作に加わって、戦争中は党から離れていた者。シミット、アンチーポフ、オルロフら戦争中の幹部で、革命によって監獄から解放された者。保険グループのメンバーでナルヴァ地区組織と密接な関係をもっていたポドヴォイスキー、ペテルブルク委員会の現職メンバーとして革命を迎えたトルマチョフ、ポジェラ、オシス＝オゾーリ（保安部の手先）などが出席した。

　シリャプニコフはこの会議で、ソヴィエトに対する対応について報告した。報告は苦渋に満ちたものであった。彼は、臨時革命政府追求の基本方針は宣言に述べられた通りであるが、それを「具体的条件に適用しなければならなかった」と述べた。具体的条件とは、ソヴィエトが「国防派もしくは半国防派の手中にあり」、そこにはボリシェヴィキがひと握りしかいないということであり、ボリシェヴィキが臨時革命政府を望んでも、ソヴィエトの多数派は「権力を望んでおらず、これを恐れている」ということである。シリャプニコフはこのことに失望せずに、「〔革命後の〕新しい条件に、われわれの工作方法を適応させること」、党組織を強化し、それに基づいて労農大衆のなかでの組織煽動活動を精力的に展開することを主張した。▼15 議事録にはシリャプニコフが主な報告をしたとは記されておらず、「ソヴィエトのメンバー数人」が報告したとあるだけである。おそらくソヴィエトの機関紙編集員のアヴィーロフも報告したのであろう。また左派の原則論も述べられた。シリャプニコフの回想の記述を裏付けるような発言が散見する。討論では、ソヴィエトが国会の外部となれば国会臨時委員会との分離がはっきりしていいという意見と、国会臨時委員会との「不断の交流が必要とされる」という意見が対立した。また、ソヴィエトのメンバーの改選をすぐ呼びかけるべきだという意見と、まだ党の力が弱いのだから改選は時期尚早だという意見が対立した。討論の終わり近く、一人の発言者は次のように述べている。

「ソヴィエトの構成は、近いうちに組み替えなければならない。代表の戦術、したがってソヴィエトの全相貌も変えられなければならない。地区での煽動を必ず実行し、代表を召還し他の者と差し替えることによってソヴィエトの相貌の変革を実現すること。ペテルブルク委員会はソヴィエトの行動を批判し、ソヴィエトの決定にあるいっさいの不明確さを暴露する報告をしなければならない。外交官のように振る舞うのではなく、民主主義者にならなければならない」。

結局、ペテルブルク委員会再建総会は、政権問題について何の決議も出さずに終わった。中央委員会ビューローのシリャプニコフも、ソヴィエト権力を要求する力量はないとの認識に立っていた。まして、獄中生活から解放されたばかりの幹部たちは、革命の現実のなかで戸惑いを感じていたに違いない。

ところで、この夜にはヴィボルク地区で二つの集会が開かれたが、こちらは対照的な気分を表わした。革命の前衛をなしたヴィボルク地区の労働者・兵士は、きわめて戦闘的だったのである。まず、この日の午後、地区ソヴィエトの主導で映画館「ウラル」で二〇〇〇人の労兵集会が開かれた。ここでは、ボリシェヴィキのジンゲリシチェットとパホーモフが、ボリシェヴィキ党宣言を読み上げ、革命の中心的な要求をただちに実現に移すこと、労働者・兵士が自らの運命の決定権を握ることを呼びかけた。革命は「全国民的な高揚の行為」だと語った穏健派の演説は圧倒された[16]。

さらに、この夜、サンプソニエフスコエ・キリスト教友愛会の建物で、ボリシェヴィキのヴィボルク地区委員会再建集会が開かれたが、これにも二〇〇〇人が集まった。チュグーリンが議長に選ばれた。この集会では、シュートコがツァリーズム打倒後の情勢を報告し、ソヴィエトによる臨時革命政府樹立の必要性を主張した。会場からはザレシスキーも発言した[17]。この集会は次のような決議を採択した。

一、革命の大業を勝利のうちに完遂するためには、蜂起した労働者と軍隊のただ中より臨時革命政府をただちに樹立することが必要である。

二、この目的のために蜂起した軍隊は、ツァーリ体制に忠誠でありつづけ、今も忠誠である者たちの打倒を確実にするために、自らを新しく組織しなければならない。

三、誕生した労兵ソヴィエトは、絶え間なく蜂起した人民と軍隊の新しい革命的カードル（要員）を吸収して、自らが臨時革命政府であると宣言しなければならず、ただちに次の措置を執らなければならない。国会議員一二人よりなる臨時委員会を、臨時革命政府への直接的な従属下に置くこと。

四、打倒されたツァーリ体制の支柱となっていた選挙法にもとづいて設置された国会から国民代表機関の権限を解除すること。[18]

これはヴイボルク地区委員会の決議として、翌三月二日にビラにして配布された。

ヴイボルク地区のボリシェヴィキの動きに呼応するかのように、エスエル左派のアレクサンドローヴィチとメジライオンツイのユレーネフは、三月一日の夜、兵士向けの猛烈なビラを出した。

「ついになった。諸君は立ち上がった。軛《くびき》をかけられ、隷従を強いられてきた農民と労働者は立ち上がり、専制政府は音を立てて、恥ずべきさまで崩れ去ったのだ」と、ビラははじまっている。「すべての土地とすべての自由――これこそわれわれには必要だ」が、国会臨時委員会のロジャンコとミリュコーフは与えないだろうとしている。そして、「貴族と将校、このロマノフ〔王朝〕の一味に欺かれないように、権力を自らの手中に収めよ」として、小隊長・中隊長・連隊長の選挙、食糧の管理、将校の支配を行なう中隊委員会の選出を呼びかけ、「人民の友とわかっている将校のみを受け入れよ。労兵ソヴィエトから派遣された代表にのみ従え」と訴えている。さらに兵士代表のソヴィエトへの選出を呼びかけ、その兵士代表と労働者代表が「人民の臨時革命政府とならねばならないし、その政府によって諸君は土地も自由も得られるのだ」と述べている。結びでは、司令官の選挙制がいま一度強調されていた。[19]

メジライオンツイとエスエル・ペテルブルク委員会の名で、将校選挙制とソヴィエトによる臨時革命政府の樹立を呼びかけたこのビラは、ソヴィエト執行委員会の主流派を戦慄させるに十分であった。エスエル国防派のベ・オ・フレッケリは、執行委員会の部屋に駆け込んできて、「これは全面的な虐殺、ポグロム（ユダヤ人への集団的暴力）だ、革命全体をぶち壊す挑発だと叫んだ」。ケレンスキーも「怒りと絶望に息を詰まらせながら」、これはツァーリ保安部の謀略だと厳罰を要求した。スハノフ自身も、これは「暴力の承認であり、将校との断絶の呼びかけ」だとして、「高度な政治」すなわち国会臨時委員会との協定にとっても危険だと見た。その場に居合わせた執行委員はこのビラを差し押さえることを決め、スハノフはモロトフの抗議にかまわず、ビラの束を没収した[20]。翌二日午前の執行委員会ではシリャプニコフの抗議にもかかわらず、多数の賛成でビラの焼却処分を決めている[21]。だが、このビラはすでに市中に撒かれており、「命令第一号」と結びついて、将校選挙制の思想を広めるのに貢献した。「命令第一号」そのものが将校選挙制を呼びかけているかのような印象が生まれたのは、このビラのためだとされている。

国会臨時委員会は皇帝退位を求める

ソヴィエト側と国会臨時委員会との話し合いがなされているあいだ、ロジャンコは、三月二日深夜の午前二時半より北部方面軍司令官ルーズスキーに呼び出され、ヒューズ式印字電信機で話し合いをもった[22]。ルーズスキーが、皇帝陛下が本日の午後七時にプスコフ駅に到着された、陛下は貴下の到着を待っておられる、どうしておいでになれないのか、と質問した。そのうえで、いまや陛下はロジャンコ首班の責任内閣制を許すというお考えで、詔書を用意しておられると話した。

これに対して、ロジャンコは態度を一変させて答えた。「明らかに陛下と貴下は、当地で起こっていることがわかっておられない」。「もっとも恐るべき革命の一つが発生した」。「国会一般は、とくに私は、運動をわが手に握り、国家の破滅をもたらす恐れのある崩壊のもとでの無政府状態を回避するために先頭に立とうとするしかなかった。しかし、残念ながら、私はこのことに成功しなかった。人民の情熱は抑えがたく、燃え上がり、軍隊は最終的に士気を失っている。将校の命令を聞かないだけでなく、将校を殺害している。皇后陛下への憎悪は極限に達している。流血を避けるために、（……）すべての大臣をペテロパウロ要塞に閉じこめざるをえなくなった。そのような運命が私にも見舞いはせぬかと恐れている。（……）貴下の提案されることではもはや不十分であり、王朝の存続も問われているということをお伝えすることが必要だと思う」。

その上で、ロジャンコは一転して、「王朝への憎悪」は強いが、「全人民は（……）戦争を勝利に終わるまでやり抜き、ドイツ人には負けないと固く決心している」、ペトログラード、ツァールスコエ・セローの守備隊は国会を支持していると強調し、ミハイル大公を摂政として、皇太子アレクセイに譲位するということが「明確な要求」となっていると述べた。

そしてさらにつづけた。「くり返し申し上げるが、私自身が髪の毛一筋でぶら下がっているようなもので、権力は私の手からするりと落ちていく。無政府状態がたいへんな規模となっているので、私は本日、臨時政府を任命せざるを得なかった。残念ながら、詔書は遅かった」。

ロジャンコは、皇帝退位が自分たちの要求だとは言わなかった。ミリュコーフは、ロジャンコが「情報として」、そういう要求が革命側から出ていると述べたのだと指摘している。▼[23]

ルーズスキーはただちには反応しえなかった。彼は、詔書を印刷に付すように命令されているのでそれに従う、なりゆきを見る、ロジャンコの話は奏上する、と答えて通信を終えた。ロジャンコとルーズスキーの通信対話は、一時間以上にもおよんだ。終わったのは三時半をすぎていたであろう。◆▼[24]

対話を終えたルーズスキーは、ロジャンコと志向が完全に一致しているのを感じた。彼がくり返し述べたことは、革命を軍隊におよぼさず、後方の混乱を少しでも早く収拾することであった。「このことは、もっとも短期間になし遂げられねばならない。春が近づいている。そしてわれわれは、いっさいの努力を

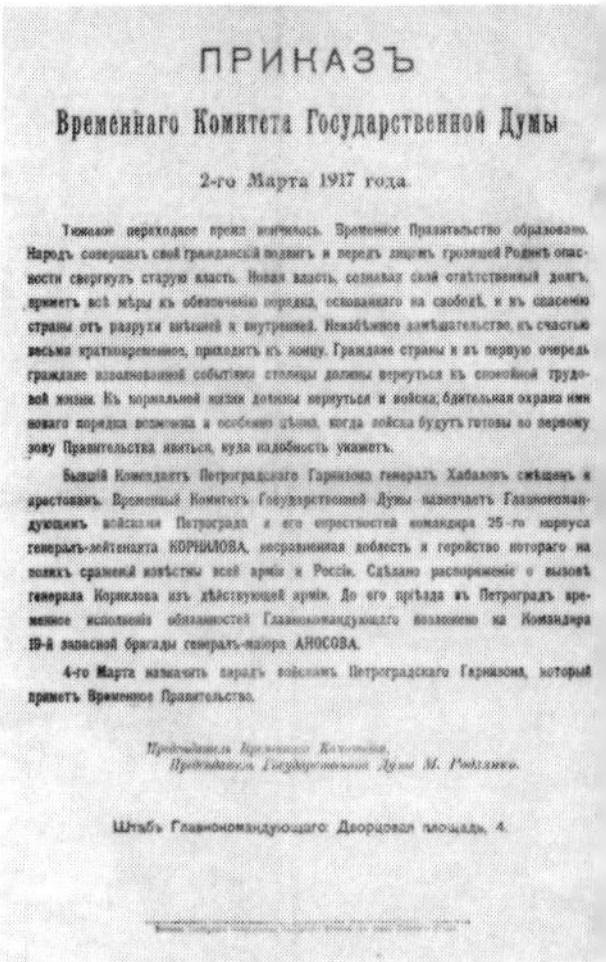

ПРИКАЗЪ

Временнаго Комитета Государственной Думы

2-го Марта 1917 года.

4-го Марта назначить парадъ войскамъ Петроградскаго Гарнизона, который приметъ Временное Правительство.

Штабъ Главнокомандующаго Дворцовая площадь, 4.

上：コルニーロフ。
下：コルニーロフを首都軍管区司令官に任命したと発表する国会臨時委員会命令書（1917年3月2日）

積極的な行動の準備と協商国の行動との一致に集中しなければならない。われわれは協商国のことを考える義務を負っている」と述べたのであった。

ルーズスキーは、ロジャンコの提案を受け入れることを決めた。午前五時三〇分、彼は参謀長ダニーロフ大将に命じて、とりあえず参謀総長アレクセーエフに、ロジャンコとの話し合いの内容を知らせ、皇帝の指示があるまで詔書の印刷は控える方がいいと伝えさせた。そして彼は仮眠をとった。[25]

このころ、国会臨時委員会軍事委員会の中心に立ったグチコフは、ハバーロフ逮捕後のペトログラード軍管区司令官に強力な革新的将軍を任命することによって、軍隊内の混乱を抑えようと考えていた。彼が候補にあげたのは、クルイモフであり、コルニーロフであった。のちのバジーリーのヒアリングのなかで、「私はクルイモフのことを考えた。しかし、クルイモフは言下に断わった。自分のカザーク師団と別れたくなかったのだ。それに一部のヒエラルキーを重んじていた。彼は若い将軍であった。軍〔管区〕司令官への任命は、軍の関係者のなかで好意的に迎えられなかっただろう」と述べている。さらに「のちにコルニーロフが呼ばれた。私には彼がもっともふさわしいと思えた」とも述べている。[26]

コルニーロフは、一八七〇年生まれで、ペルシャ、中国などでの情報収集活動、駐在武官を経て、一九一一年に軍内部の改革派マルトゥイノフに招かれて、ザアムール地方の国境警備軍に勤務するあいだ、東清鉄道総裁ホルヴァトの汚職を告発するなどの活動をした。大戦開始後、師団長として戦闘中に捕虜となったが、一九一六年八月に脱走して帰国した。すぐに現役に復帰し、第二五軍団長になっていた。[27]コルニーロフは、その経歴ゆえに革新的で勇敢な将軍として評判の人物であった。グチコフは大戦前からコルニーロフを知っていたのだろう。グチコフは、この人事を国会臨時委員会に持ち込んで支持を得た。

このことは大本営に要請して、皇帝に発令させなければならない。そのことを含めて、国会の状況を大

◆三時半をすぎていたであろう　三月二日、午前三時二〇分に、北部方面軍兵站監ボルドゥイレフは、大本営のルコムスキーに、ロジャンコとルーズスキーが対話中だと通知している。

本営に知らせる電報を打つことが、臨時委員会の討議で決定されたと思われる。三月二日の五時半から六時のあいだに、国会臨時委員会から大本営へ、「現在、権力はゲオルギー・リヴォーフを首班とする臨時政府に引き渡されるところである」、「軍隊は新政府に服従した」と伝え、「完全な秩序の確立と首都を無政府状態から救うために」、「その名が住民に人気があり、権威がある勇敢な戦闘的な将軍」をペトログラード軍管区司令官に任命してもらうことが必要である、第二五軍団長コルニーロフ中将をただちに派遣してほしいと電文が送られてきた。[28] アレクセーエフはこの許可を、イヴァーノフの召還とともにツァーリに求めた。[29]

国会委員会では、ロジャンコがルーズスキーとの電信対話の記録を報告した。そこへ、まだ夜が明けないうちにグチコフが戻ってきた。彼は、かつての軍事クーデター工作の腹心の協力者ヴャゼムスキー公爵と一緒に、どこかへ誰かに会うために出かけていたのであったが、市内を走行中、自動車の隣の席に座っていた軍服姿のヴャゼムスキーが、何者かに狙撃されて殺害されたの◆であった。シュリギンは、グチコフが「ひどく狼狽していた」[30]と書いている。グチコフの衝撃はたいへんなものであったろう。

その衝撃のなかで、グチコフは皇帝と会談して、退位して皇太子に譲位することを求めたいという自らの決意を、臨時委員会の人々に披露した。「このカオスのなかで、巻き起こっているすべてのことのなかで、何よりも考えなければならないのは、君主制を救うということだ。君主制がなければ、ロシアは生き残れない。しかし、明らかに現在の陛下はこれ以上の統治はできない」[31]。グチコフは、崩壊を前にして自分たちが主導権を執らなければならないと説いたのである。グチコフの構想には、皇帝が退位の前にコルニーロフをペトログラード軍管区司令官に任命することに加えて、リヴォーフを責任内閣首相に任命することも含まれていたはずである。これは、首都での民衆革命を圧力に使い、国家改造を皇帝に迫る軍事クーデター構想の再現をはかるものであった。一九一六年末からともに軍事クーデターを追求してきた同志ヴャゼムスキー公爵の非業の死に直面して、グチコフは最後の賭けに出ようとしていた。これが成功すれば、革命は一場の夢と消え、帝国の体制は改造されて存続するのである。このグチコフ提案に対して、シュリギンが同行を申し出た。国会臨時委員会にいたネクラーソフ、ケレンスキー、コノヴァーロフが、どのような態度をとったかは知られていない。いずれにしても、グチコフによるプスコフ駅にいる皇帝への訪問は、国会臨時委員会の正式決定にもとづくものではない。ロジャンコとミリュコーフがこれを支持したことは間違いない。しかし、グチコフは臨時政府への入閣の話が出はじめていたにせよ、国会臨時委員会のメンバーではなかったのである。このグチコフの行動に国会臨時委員会のシュリギンが同行することによって、ある種の公式化がなされたと言えるのだろう。

グチコフとシュリギンは、三月二日の午前四時ごろに国会の建物を出て、まずグチコフの家に寄った。バルト駅から特別列車で出発したのは夜が明けるころ◆であった、とシュリギンは書いている▼32。グチコフの意図からすれば、臨時政府の成立が発表される前に、皇帝の決断を取りつけなければならなかったのである。急がねばならなかった。

三月二日の大本営と北部方面軍司令部

大本営では、ロジャンコとの深夜のヒューズ式印字電信機での通話の報告を受けて、朝から首脳部の会合が開かれた。彼らはロジャンコの要求をのむことを決定した。理由はさまざまであったろうが、のちのアレクセーエフの各方面軍司令官宛ての電報に述べられているように、「現役の軍を崩壊から救い、外敵との戦闘を最後まで続行し、ロシアの独立を守ることが必要である。そして他のことは譲歩しても、王朝の運命を第一に置くことが必要である▼33」。

戦争を続行し、軍の解体を防ぐことが第一義に置かれ、同時にニコライ二世を退位させても、帝政を守

◆ヴャゼムスキーが……狙撃されて殺害された　シュリギンは午前四時ごろだったとしているが、別の資料では午前六時ごろだったという記述もある（Protokol sobytii, *Feural'skaia revoliutsiia, 1917*, p. 135）。

◆駅から特別列車で出発したのは夜が明けるころ　ミリュコーフは、グチコフらは、午後三時に駅を出発したと記している（Miliukov, *Vospominaniia*, Vol. II, p. 313）。

ることが必要とされたのである。ルコムスキーはまた、ツァールスコエ・セロー宮殿が革命軍の手にあり、皇后・皇太子らが人質に取られたのも同然だという点を強調している。[34]

この大本営の決定は北部方面軍参謀長ダニーロフのもとに伝えられた。ダニーロフはルーズスキーもほぼ同意見であることを示唆しながら、皇帝を説得することがきわめて困難であることを指摘した。[35]

三月二日の朝、ルーズスキーは短い眠りから目覚めると、午前一〇時四五分に皇帝と面会し、ロジャンコとの電信通話について報告した。皇宮警備司令官ヴォエイコフが同席していた。逐語的な報告は一時間ほどを要した。皇帝の退位が必要だとのロジャンコの言葉がはっきりと伝えられた。ルーズスキーはこの内容は大本営にも知らせて、方面軍司令官の意見を徴することにしていると皇帝に話した。皇帝は黙って報告を聞いていた。しかし、もとより強い衝撃を受けていただろう。報告が終わると皇帝は、ルーズスキーに駅のプラットフォームでヴォエイコフを待て、彼と意見を交換せよ、と命じた。ヴォエイコフがルーズスキーに追いつくと、ルーズスキーがロジャンコの意見を受け入れるほかないと言ったので、衝撃を受けた。戻って皇帝に報告すると、すでに皇帝の表情は変わっていた。皇帝は運命に逆らわないというつもりになっているようであった。この日の朝、プスコフ駅には、夜のうちに首都で宮内大臣フレジェリクスの邸宅が焼き討ちにあったという知らせが届いて、みんなにショックを与えていた。[36]

大本営では、午前一〇時～一一時半のあいだに、参謀総長アレクセーエフが西部・西南部・ルーマニア方面・カフカース方面軍の司令官・参謀長に宛てて、ツァーリに退位を進言するとの決定を伝え、それに同意するならツァーリ宛てにそれぞれ電報で要請してほしいと求めた。西部方面軍のエーヴェルトには参謀次長クレムボフスキーが、西南方面軍のブルシーロフにはアレクセーエフ自身が、ルーマニア方面軍参謀長のサハロフにはルコムスキーが、いずれも電信通話で説得した。サハロフだけは他の司令官の回答を聞かせてもらってから答えたいとしたが、ほかの司令官三人はいずれも進んで回答を寄せた。[37]それらの回答はエーヴェルトのものも含め、アレクセーエフのツァーリ宛て電報によって、午後二時三〇分、北部方面軍司令部に届けられた。

ニコライ・ニコラエヴィチ大公は「ロシアとあなたの世継ぎを救う」ためにと言い、ブルシーロフは「事態を救い、外敵と今後も戦っていくことを可能にするために」と言い、エーヴェルトは「祖国と王朝を救うため」であり「首都での革命を中止させる手段がまったくない」ので、退位して皇太子に譲位するよう求めていた[38]。

アレクセーエフは次のように書いている。

「〔決断の〕遅延はロシアの破滅をもって脅かしています。さしあたりはペトログラード、モスクワ、クロンシタットおよびその他の都市に蔓延した病気の浸透から軍隊を救うことができています。しかし、将来も最高の軍規の維持を保障することはできません。軍が国内政治に関わることになれば、戦争の不継続、ロシアの恥辱、その崩壊は不可避です。陛下は熱烈に祖国を愛しておられます。祖国の保全と独立のために、勝利の達成のために、生起したこのうえなく深刻な事態に、平和的な結末を無事に与えられるような決定を下してくださるでありましょう。ご決定をお待ちします[39]」。

サハロフからの電報は、直接ルーズスキーのもとに寄せられた。日露戦争当時の陸相であった彼はロジャンコの要求を「犯罪的で、厭《いと》わしいもの」と呼び、「国会と名乗る強盗の一味が、自らの犯罪的目的の貫徹のために格好なこの機会を、裏切りとして利用している」と悔しがりながらも、「国家と外敵との戦闘の継続の可能性の維持のために」提案に従うと決定することが必要だとしている[40]。

三月二日、午後二時三〇分、アレクセーエフと方面軍司令官たちの電報をもって、ルーズスキーは皇帝に拝謁した。参謀長ダニーロフと北部方面軍補給部長サヴィチを同席させた。皇帝の向かいに座ったルーズスキーは「ゆっくりと、はっきりと」状況を説明した。アレクセーエフらの電報の話になると、ルーズスキーは机の上に、ロジャンコとの電信通話の記録を広げて、皇帝自身に読ませた。そしてそのうえで、この状況では、別の決定を下すことはできない、退位なさるほかに道はないということを「強く、明確に」述べた。皇帝は、「南部はどのように反応するだろうか」と言った。南ロシアには皇帝に忠実なカザーク部隊がいるというのであった。ルーズスキーは立ち上がり、「陛下、私の補佐の将軍たちの意見をお聞きになってください。彼らは自立した、まっすぐな人物で、ロシアを深く愛しておりますから」と言った。皇帝にうながされて、ダニーロフは「祖国のために、王朝を救うため、戦争を良き結末にまでいたらしめることを可能にするために、陛下は状況が要求する犠牲を差し出されるものと私は信じております」と緊張に震えながら述べた。さらにサヴィチも声を絞り出すようにして言った。「私は、私は、率直な人間であります。陛下は、ご信任厚いジェジューリン将軍（ヴォエイコフの前任者）からそのことはお聞きおよびと思います。私は、ダニーロフ将軍が陛下に申し上げたことに全面的に賛同いたします」。そのあとは「墓場のような沈黙」が訪れたとダニーロフは書いている。皇帝の顔にはかつて見たことのない表情が表われた。皇帝はカーテンが下ろされた窓の方を見つめていた。耐えがたい沈黙の時間が流れた。皇帝はさっと向き直り、言った。「私は決心した。私は帝位を退き、息子アレクセイに譲位することにする」――そう言って、皇帝は十字を切った。将軍たちも十字を切った。皇帝はみなの奉公に感謝すると言い、息子の代にもそれをつづけてほしいとつけ加えた。[41]

皇帝は自分の車輌に戻り、ロジャンコとアレクセーエフに宛てて、退位し、皇太子に譲位し、ミハイル大公を摂政とすると表明する電報を書き、それを打電するようにと持ってきて、ルーズスキーらに渡した。ロジャンコに対する電報には、「実際の幸いのため、祖国ロシアを救うためならいかなる犠牲も厭わない」という異例の表現が用いられていた。ルーズスキーが皇帝の車輌から出てきたのは午後四時ごろであった。そこでグチコフらがプスコフ駅に来るとの知らせを受けたので、ルーズスキーは皇帝のところに戻り、打ち合わせた結果、皇帝退位の電報を打つのはグチコフらの到着を待ってからということになった。[42]

ソヴィエト総会と権力問題

三月二日のソヴィエト総会の前に、スハノフは、左派の攻撃を心配して多数派工作を行ない、また報告者であるスチェクロフにはできるかぎり長く話して討論時間を少なくしろ◆、と助言している。[43] この総会には約四〇〇〇人の労兵代表が出席した。[44] 議長チヘイゼの挨拶のあと、スチェクロフが報告に立った。スチェクロフは国会臨時委員会との交渉の経過を述べ、ソヴィエト執行委員会は、臨時政府への参加を拒否したうえで、次のような要求を提示し合意を得たと述べた。

　第一は、完全かつ即時の大赦。第二は、あらゆる形態の政治的自由。これは軍人にも拡大させる。だが「軍隊が自主管理の原則で構築されることを要求したが、指揮官選挙制の導入は拒否された」と述べ、ここで国会臨時委員会のシュリギンを「キエフのポグロム屋」（反ユダヤ主義者、右翼というような意味）と非難した。第三は、解体された警察に代わって、民警を発展させること。第四は、民族的・宗教的差別の撤廃。ついで政体問題に触れ、「彼らは君主を退位させ、皇太子を立て、摂政を置くことに同意している」。そのうえで憲法制定会議の招集の準備に着手する。最後に、「革命性を発揮した守備隊はペトログラードから移動させないし、武装解除されることはない」と述べた。[▼45]それからスチェクロフは、リヴォーフ首相以下の臨時政府の閣僚名簿を読み上げた。ケレンスキー司法相、チヘイゼ労働相も紹介された。そのうえで、ケレンスキーに入閣の要請を伝えてほしいと言われたが、断わったと報告した。[▼46]機関紙『イズヴェスチヤ』の紙面では、最後にスチェクロフは、「新しく設立された政府の提案された宣言を了解して、権力を組織し、無法行為を拒み、前述の課題の実現の路線を進むかぎり、臨時政府を支持するよう国民に対して呼びかけた」とある。[▼47]議事録メモには欠落があるので、あるいは国会臨時委員会のミリュコーフらと合意した宣言文（本章422頁参照）をここで提案したのかもしれない。

　このスチェクロフの報告ののち、ケレンスキーが突然発言を求めた。彼は呼びかけた。

「諸君、君たちは私を信頼するか。諸君、私は心の奥底から言おう。必要とあらば、私は死ぬ覚悟である」。そして、五分間しか猶予がなかったので承認も得ずに臨時政府の司法相に就任したこと、就任と同時に社会民主党議員団をはじめいっさいの政治犯の釈放を命じたこと、憲法制定会議のときまで法相のポストに留まり、そのあいだ政体問題についての「宣伝と扇動の完全な自由」を保障することを述べ立てた。そし

◆討論時間を少なくしろ　原文では「討論なしに採択できるように」である。

て、ソヴィエト副議長のポストは辞任するが、「私にとって人民なしの生活は考えられないので、諸君が必要と認めれば、この称号を改めて引き受ける用意がある」と言い、さらに自分は臨時政府に対して「民主主義派を代表する」と述べた。そして、最後に「臨時政府へ戻って、私は諸君の同意を得て、諸君の代表として入閣すると宣言させてもらいたい」と結んだ。[48]

　これはスチェクロフの報告にまったく反する発言であり、スハノフが、ケレンスキーの「クーデター」だと考えたのは当然である。[49]しかし、総会出席者は「信任しているぞ」「頼むぞ」「法相万歳」「ケレンスキー万歳」などと叫んで拍手し、ついには彼を胴上げして、執行委員会の部屋へ運んだのである。ケレンスキーの個人的な威信、その弁舌がここでは大きく働いている。ソヴィエト総会は、ソヴィエト副議長がソヴィエトを代表して臨時政府に参画することに実質的な承認を与えたのである。答えはすでに出てしまった。

　そうしたあとでの討論では、左派からの批判が強かったというのが大方の印象である。シリャプニコフによれば、ボリシェヴィキの演説者たちは、国会臨時委員会との合意への批判からはじめ、平和の問題、土地の問題、八時間労働の問題が含められていないと批判した。ソヴィエト権力を求める提案を読み上げた者もいた。[50]ボリシェヴィキに批判的なラーフェスも、ボリシェヴィキは合意を批判し、ブルジョアジーへの権力引き渡しの政策に反対し、「国会委員会の打倒と新たな臨時政府の樹立を要求した」と書いている。彼によれば、それだから「この状況では臨時政府への参加・不参加についての論戦の余地はもはやなく」「打倒か支持か」の争いとなったというのである。[51]しかし、ブンド派のザスラフスキーとカントローヴィチは、ボリシェヴィキのモロトフとメジライオンツィのユレーネフが臨時政府との妥協に反対したが、自分たちの政府を組織して政権を奪取しろとまでは言わなかったと書いている。会場は「革命的気分」「急進的な気分」によって支配されていたので、連立政権派である自分たちは、臨時政府支持に論点の中心を置いて、連立問題にはまったく触れなかったと述べている。[52]

　議事録メモを検討すると、確かに、連立路線をとり、積極的に臨時政府に参加すべきだという意見はほとんどなかった。カントローヴィチは、「革命はいまだ終わっていない。はじまったばかりだ」として、革命の成功は、国民大衆をプロレタリアートおよび軍隊と団結させられるかどうかだと述べた。「不信が革命運動を分裂させる」と強調した。[53] ザスラフスキーも「脅えたカラスは藪を怖がる」という言葉を引いて、不信をもつ者、カデットが権力を執ると考える者、ケレンスキーの行動に反対する者は「脅えたカラス」だと批判した。[54] ようやく、二人の発言者が「ケレンスキーと一緒になってできた政府は、一定の自由を約束してくれる」と期待を述べ、イヴァノーヴィチが「ケレンスキーが政府に入って、うれしい」と述べたくらいであった。[55] メンシェヴィキのエルマンスキーは、土地問題の解決も憲法制定会議に期待して進もうと述べた。[56]

確かに臨時政府に対するボリシェヴィキの反感がつづけて表明されたが、意見はさまざまだった。ペトロフという名で出てくるシリャプニコフは、「執行委員会のメンバーとして臨時政府に反対する」、「人民の名において革命的臨時政府を樹立できなかった」と述べ、八時間労働とか、地主の土地の没収とか、めざすべき課題に言及した。モロトフは「臨時政府は革命的でない。そこには、グチコフ、工場主、ロジャンコ、コノヴァーロフが入っている。人民を笑っているんだ。農民には土地の代わりに石ころを与える気か」と反感をぶちまけた。だが、つづいてボリシェヴィキのシュートコは、「臨時政府を唯一の権力として考えた国会臨時委員会に反対する理由がない」と言っただけだった。クロンシタット代表のウリヤンツェフにいたっては、彼は「労働者ソヴィエトから臨時革命政府を設立するという自分たちの戦術を採用する」ことが必要だ、と発言しただけであった。[57] メジライオンツイのユレーネフは、ケレンスキーの言ったことは納得できない、彼には「キャリア志向」があるのではないか、グチコフを大臣にしてしまったなどと批判して、最後に「臨時政府には反対だ」と宣言しただけであった。[58] ソヴィエトが臨時革命政府を樹立することを提案するような動きはまったくなかったのである。

スチェクロフが報告した提案には、四点の修正が加えられた。第一は「臨時政府は戦争状態にもかかわらずすべての明記された方策が実行されると但し書きをつける」ということである。改革実現を遅れさす口実に戦争状態を利用するなということで、わずかに姿勢を強めている。第二は、臨時政府の宣言にはロジャンコにも署名させるということである。第三は「民族的・文化的自治」を認めるとの要求項目を付け加えるというものであった。第四点「臨時政府の行動に対する監視委員会を、労兵ソヴィエトの構成員によって結成する」というものであった。[59]

このような修正付きで、原案が採択された。議事録メモでは、反対は一五票であった。[60] シリャプニコフによれば、この総会にはボリシェヴィキの代表は四〇人いたとしている。[61] もとよりメジライオンツイ、エスエル左派も数人はいたであろう。結局、左派のかなりの部分も原案賛成にまわったということになる。

ミリュコーフ演説

この総会が進行中の午後三時、ミリュコーフはエカチェリーナ・ホールを満たした人々に求められ、成立しつつある臨時政府について発表する演説を行なった。[62]

> われわれは、偉大な歴史的瞬間に立ち会っている。わずか三日前、われわれはつつましい政府反対派であり、ロシア政府は万能無敵と見えた。いまやこの政府は瓦解し、その本来の泥のなかに沈んだ。そして、われわれとわれわれの左側の友人たちは、革命によって、軍隊と人民によって、ロシア最初の民間内閣の閣僚という名誉ある地位に就いた。

人々は歓呼し、拍手は鳴りやまなかった。ミリュコーフは臨時政府の顔ぶれを紹介した。最初に首相リヴォーフを「旧政府に容赦なく迫害されてきた」「ロシア・ゼムストヴォのトップ」と紹介した。次に司法相ケレンスキーを説明したあと、自分が外相になったことを話した。それから今度は「ここでは反対が出ることを承知している人物」について語るとして、陸海軍相グチコフのことを詳しく説明した。初めミリュコーフが彼は「私の政敵だった」と言うと、「友人だろう」と野次が飛んだが、説明を終えると、

「正しい」という声があがるようになった。次に、「ロシア・ブルジョアジーのリベラル派の代表」として、コノヴァーロフ商工相とチェレーシチェンコ財務相を紹介した。次いで食糧問題を担うとしてシンガリョフ農相を説明し、最後に「とくにわれわれの左翼の同志に愛された国会副議長」と皮肉を付け加えて、ネクラーソフ交通相を紹介した。

演説の最後で、ミリュコーフは王朝問題に触れた。「諸君は王朝問題について知りたがっている。私は、私の答えが諸君すべてを満足させるものでないことはわかっている。しかし、言おう。ロシアを破滅の境にまでいたらしめた旧デスポット（専制君主）は、自発的に帝位を棄てるか、さもなければ打倒されるかだろう」。ここで拍手が起こった。だがミリュコーフがつづけて、「権力は、摂政となるミハイル・アレクサンドロヴィチ大公に移る」と言ったとたん、怒りの叫び、喚声があがり、やまなかった。ミリュコーフが「継承者はアレクセイとなる」と言うと、「ロマノフ朝打倒」「これじゃ元のままの王朝だ」という野次が鳴り響いた。ミリュコーフは必死で説明した。「そうだ、諸君、これはもとのままの王朝だ。おそらく、みんなは嫌っているし、私も嫌いだ。しかし問題は、今は嫌っていないのは誰かというところにない。われわれは国家体制の形態という問題を答えることなしに、解決することなしに、すますことはできない。われわれはそれを議会制立憲王制と描いている」。

ミリュコーフは、この問題は最終的には「憲法制定会議」によって決められるべきだろうと話を終えるのだが、自分の路線である立憲王制をはっきりと打ち出したのである。▼63

こうして、ソヴィエトとの協定、ソヴィエトによる条件付き承認と支持にもとづいて臨時政府が誕生することが確定的になり、その主要な顔ぶれも明らかになったのと同時に、革命の性格をめぐる重大な対立がはじまったのである。

退位詔書案

この日、大本営では、皇帝の退位に向けて準備を進めていた。皇帝に退位を進言したアレクセーエフは、皇帝が退位を承諾した場合に備えて、大本営付きの官房外務部長ニコライ・バジーリーに皇帝の退位の詔書を起草するように求めた。バジーリーはすでに国家基本法・帝位継承法を調べていた。彼の作業は一時間で終わり、詔書案がアレクセーエフに提出された。アレクセーエフは冒頭の部分を書き直したが、それ以外はバジーリーの文案をよしとした[64]。核心部分は次の通りである。

> ロシアの生活におけるこの決定的な日々に、朕は勝利のもっとも速やかなる成就のために、われらの人民に人民のすべての力の強固な団結と結束を助けることが良心の責務であるとみなし、国会と合意して、朕はロシア国の帝位を退き、最高権力を引き渡すことをよしと認めた。基本法によって確立された方式にのっとり、朕は我が愛する息子、皇太子にして大公アレクセイ・ニコラエヴィチに継承させ、彼がロシア国家の帝位に就くことを祝福する。朕は、弟ミハイル・アレクサンドロヴィチ大公に、朕の息子が成人するまでの期間、帝国の統治者の義務を課す。朕が息子と、彼が成人するまでの期間の、帝国の統治者は、国事を、今後定められるべき原則にもとづいて、立法機関の人民代表との完全かつ壊れることなき団結により統治すること、これを言い残したい[65]。

この退位の詔書案は、午後七時四〇分、プスコフの参謀長ダニーロフへ送られた[66]。ペトログラード軍管区司令官としてイヴァーノフを召還し、コルニーロフを任命する許可は、午後九時二〇分ごろに出された[67]。

皇帝の翻意

皇帝がルーズスキーに退位すると話したことが皇帝の随員に伝わると、みなが憤激し反対した。皇宮警備司令官ヴォエイコフも宮内大臣フレジェリクスも反対であった。

皇帝は侍医のフョードロフと話した。皇太子アレクセイの病気について問うためである。皇帝は言った。「グリゴーリー・エフィモヴィチ〔ラスプーチン〕はいつも言っていた。アレクセイは、一三歳になれば、まったくの健康体になると。私と皇后はグリゴーリー・エフィモヴィチを信じるのに慣れてしまった。彼の予言はすべていつも当たったからだ」。フョードロフははっきりと答えた。「奇跡を信ずるなら、皇太子が完全な健康体になるのを期待しえますが、現代医学はそのような例を知りません。血友病で生まれた人は一生そのままで、この病気を根治することに成功した人は、目下一人もいません。にもかかわらず、血友病にかかっている人でも数十年生きることはありえます」。

皇帝は、自分としてはこれから皇后と家族とクリミアのリヴァジヤ宮で暮らしたい、病気が治らないのなら、アレクセイも一緒に連れていきたい、と語ったという◆[68]。

ところで、ロシアの歴史家スピリドーヴィチは、この二人の会話には次のような展開があったと述べている。根拠が示されないが、フョードロフから出た別の資料によるのであろう。フョードロフは、新政府は、アレクセイが皇帝・皇后と一緒に暮らすことを許さない、おそらくアレクセイは摂政のミハイル大公のもとで暮らすことになるだろう、と言った。ニコライはひどく驚き、「自分はけっして大公の妻の手に息子を渡さないと、はっきりと言い張った。彼女についてきわめて厳しい意見を述べた[69]」。

ミハイル大公が結婚しているブラーソヴァは、二度の離婚歴がありユダヤ人だと噂された女性で、この結婚のゆえにミハイルは帝位継承権を失ったのであった（第1章68-70頁参照）。ニコライがこの話に激しく反発したというのはありそうなことである。

この会話から皇帝は息子に帝位を継がせるのでなく、ミハイル大公に譲るという考えを固めたのである。しかし、これは完全なる暴挙であった。なぜなら皇帝が死去したら、自動的に皇太子が即位するのがロシアの法であったので、皇帝が継承者を指名することは認められていなかった。したがって即位したアレクセイが自ら退位しなければ、次の継承順位の人物にまわらないのだが、アレクセイに代わってニコライが退位を宣言するということは、できるはずではなかった。しかも、ミハイル大公は、帝位継承権を剥奪さ

◆皇帝は……と語ったという　フョードロフが、マルトゥイノフに与えたメモによる。

れた人間であった。皇帝が帝位継承のルールを破壊するなら、帝政は維持できない。ニコライはどこまでも無責任な君主であった。

その後、午後の時間、そして夜の時間、皇帝は新たな決断を誰にも明かさなかった。

グチコフ使節の到着

グチコフとシュリギンの到着はひどく遅れ、三月二日の午後一〇時ごろにプスコフ駅に到着した。機関車に客車を一輌だけ連結した列車であった。首都からの代表は、ルーズスキーらとの打ち合わせなしに、皇帝の列車に入った。遅れて呼ばれたルーズスキーとダニーロフの将軍二人が入ると、皇帝とグチコフらは向かい合って、テーブルに座っていた。フレジェリクス宮内相も同席していた。グチコフが事態を説明して、皇帝の退位、アレクセイ皇太子への譲位、ミハイル大公の摂政が必要であることを述べた。すると、皇帝は彼の言葉をさえぎって、「本日三時に、私は、自らの退位について決定を下した。それは変わらない。当初は私は息子アレクセイに帝位を譲ると考えたが、その後の事態を考えて、決定を変えた。今では私自身と息子の退位を宣言し、弟ミハイルに譲位することにする。私は、息子を自分の手元に置きたいからである。諸君もそのような願望を表明するにあたって、私を導いた感情を理解してくれるだろう▼70」。

この言葉を聞いて、その場にいた者全員が驚いたが、もっとも驚いたのは、昼間、アレクセイへの譲位の約束を取り付けた将軍たちであった。しかし、彼らはこの会談に口を挟む立場にはなかった。「グチコフもシュリギンも抗議しなかった」とダニーロフは書いている。シュリギンの方は書いている。「ア・イ〔グチコフ〕は何がしか反論を試みたようだった。私はグチコフと相談するので一五分ほしい、と言ったような気がする。しかし、なぜかそうならなかった。そして、われわれは同意してしまった。それが同意というなら▼71」。

グチコフも、バジーリーの聞き取りで多少の弁解をしている。「私は反論を試みた。しかし、われわれの論拠はいかなる印象も与えられない、われわれが同意しようとしまいと、陛下はこれはすべて実行する、彼の決定は最終的なものだから、という印象がわれわれには生まれた」[72]。

グチコフはアレクセイへの譲位を望んでいた。しかし、皇帝の退位と継承者指名がより重要だった。それが彼の軍事クーデター路線の実現につながるからである。皇帝は自室に入って詔書の修正を行ない、二〇分後に戻ってきて、これを渡した。「基本法によって確立された方式にのっとり、朕は我が愛する息子、皇太子にして大公アレクセイ・ニコラエヴィチに継承させ、彼がロシア国家の帝位に就くことを祝福する」という部分が「朕は、朕の愛する息子と離れることを望まないがゆえに、朕の兄弟ミハイル・アレクサンドロヴィチ大公に継承させ、彼がロシア国家の帝位に就くことを祝福する」に変えられた。これが清書されるあいだ、グチコフは、ニコライにリヴォーフ公爵を首相に任命すること、ニコライ・ニコラエヴィチ大公を最高総司令官に任命することを要請した。皇帝は同意した◆[73]。

ツァーリは、退位の詔書、リヴォーフを首相に、ニコライ大公を最高総司令官に任命する勅令に、三月二日午後一二時少し前に署名した[74]。いずれも日付時間は二日午後三時にくり上げられた[75]。詔書は複本がつくられ、一通がグチコフに渡された。グチコフは会談の結果を国会議長ロジャンコに報告することを願い、参謀総長に以下の文章を打電し、転送を頼んだ。「陛下は（……）ミハイル大公のために退位することを承諾された。新政府を形成する委任はリヴォーフ公爵に与えられる。同時に最高総司令官にはニコライ・ニコラエヴィチ大公が任命される。詔書はただちに発される[76]」。

これは重大な通告だった。君主が新政府の形成をリヴォーフに命じ、最高総司令官も任命した上で、帝位継承者を指名して、退位した。君主制は不変である。グチコフのこの通信は大本営を経由してタヴリーダ宮殿に送られた。さらに、大本営ではツァーリの詔書を各方面軍司令部、モスクワ軍管区長官、海軍軍令部、各県知事宛てに打電した[77]。

グチコフたちはプスコフ駅を出発した。つづいて、三月三日午前一時、退位した皇帝の列車がモギリョ

◆**皇帝は同意した**　グチコフによる署名証言。

フ駅に向かって出発した。ニコライはヴォエイコフに、列車が出発したら、自分のところに来てほしいと言った。ヴォエイコフがニコライの車室へ行くと、聖像《イコン》の前の灯明だけを点けた闇のなかでニコライが待っていた。彼はヴォエイコフを抱きしめて、泣き出した。[78]

皇帝はこの列車のなかで、三月二日の日記を書いた。

> 朝、ルーズスキーが来て、ヒューズ式印字電信機によるロジャンコとのひどく長い対話記録を読んで聞かされた。彼の言葉では、ペトログラードの情勢は、いまや国会による内閣でもどうすることもできない、労働者委員会というかたちでの社民党に闘争を仕掛けられているという具合だという。私の退位が必要だという。ルーズスキーはこの対話記録を大本営に伝えた。アレクセーエフは方面軍司令官全員に伝えた。午後二時半までに、みなから返事がきた。その核心は、ロシアを救い、前線の軍隊の平静さを保つためには、この方策を決断することが必要だということにある。私は同意した。大本営から詔書の案が届いた。夕刻、ペトログラードからグチコフとシュリギンが到着した。私は彼らと交渉し、署名した詔書を書き直して渡した。夜一時にプスコフ駅から、これらの出来事からくる重い心を抱えて出発した。まわりにあるのは、裏切りと臆病と欺瞞だ。[79]

帝政廃止へ

首都に、皇帝のミハイル譲位の意志が伝えられたのは、午前三時だった。タヴリーダ宮殿に残っていた臨時政府の閣僚がこの報を聞いて、王朝問題が提起されたことを痛感した。臨時政府と国会臨時委員会の関係者が話し合った。詔書の内容を確認しなければならないということで、ロジャンコとリヴォーフ首相が陸軍省へ出かけた。ヒューズ式印字電信機の前で、大本営からの通信が入るのを待つためである。[80]タヴリーダ宮殿に残った人々のなかで、ケレンスキー、ネクラーソフ、ミリュコーフが会合した。ネクラーソフは、共和国でいくと書いた紙をミリュコーフに見せた。ケレンスキーはミリュコーフの手首をつかんで、意見を求めた。ミリュコーフは紙を投げ出して、ネクラーソフを怒鳴りつけた。ケレンスキーはびっくりして、手を離した。[81]対立は明確だった。皇帝の権威を認めて、首相を任命してもらい、退位・譲位を受け入れるのは、立憲君主制への改編をめざす、革命を軍事クーデターに歪曲する道であった。これに対して、皇帝の詔書を拒否し、譲位を認めないというのは、帝政を廃止し、共和国をめざすブルジョア市民革命への道であった。前者を代表するのがミリュコーフであり、後者を主導するのがケレンスキー、ネクラーソフ、そしてコノヴァーロフである。

　陸軍省へ行ったロジャンコとリヴォーフは、三月三日の午前六時になって、大本営に、皇帝の退位の詔書の発表を延期してほしいと要請を行なった。大本営のアレクセーエフに対して、ロジャンコは「提案された組み合わせは内乱を招く恐れがあり、皇帝としてのミハイル・アレクサンドロヴィチという候補は何人にも受け入れられない」と述べ、提案したのは皇太子への譲位で、「この点で協定に達することに成功しなかったのだから、休戦がなったにすぎない。憲法制定会議の招集と、それまでは国会臨時委員会と大臣会議の活動が必要だと提案されている」と主張した。[82]

　アレクセーエフは延期措置をとることを認めたが、「貴下の告げたことは、まったく喜ばしくない。これから先のことは何もわからないということと、憲法制定会議で決まるということは、現役軍にとっては二つの危険な玩具だ」と抗議している。[83]

　しかし、やむをえず、アレクセーエフはただちに、午前六時四五分、詔書発表の延期を要請した。[84]八時四五分には、ロジャンコとリヴォーフは、ルーズスキーとも電信で話し合った。ルーズスキーの抗議に対して、ロジャンコは「われわれには思いがけなく前代未聞の兵士の一揆が起こった」、彼らは「土地と自由」「王朝打倒」「ロマノフ家打倒」「将校打倒」と叫んでいると述べたが、これは虚偽の事実で脅して、ルーズスキーを抑え込もうとしたのである。さらに初めて、労働者代表との長い交渉の結果、憲法制定会議の召集を行なって、政体の問題を決めるということに合意ができたと伝えている。[85]

ルーズスキーが、それでは、ニコライ大公の最高軍司令官任命は発表してはいけないかと尋ねると、ロジャンコはこれには反対しないと答えた。[86]

臨時政府の成立発表

臨時政府の成立は、三月三日朝に発行された国会の公報紙に、国会臨時委員会によって発表された。以下の顔ぶれが、ソヴィエト執行委員会との合意文書とともに発表されたのである。同じころ、ソヴィエトの機関紙『イズヴェスチヤ』第四号にも、ソヴィエトの声明とともに発表された。[87]

首相兼内務相：ゲオルギー・リヴォーフ
外相：ミリュコーフ（カデット）
陸海軍相：グチコフ（オクチャブリスト）
交通相：ネクラーソフ（左翼カデット）
商工相：コノヴァーロフ（進歩党）
財務相：チェレーシチェンコ
文部相：マヌイロフ（カデット）
宗務院：ヴェ・エヌ・リヴォーフ（オクチャブリスト、民族派）
農業相：シンガリョフ（カデット）
司法相：ケレンスキー（トルドヴィキ）

なぜかこのリストには、労働相のチヘイゼと会計検査院のゴドネフの名は紹介されなかった。

臨時政府の顔触れからすると、進歩ブロック主流派が四人（ミリュコーフ、シンガリョフ、ヴェ・エヌ・リヴォーフ、ゴドネフ）であり、その批判派の議員は四人（コノヴァーロフ、ネクラーソフ、ケレンスキー、

上：発表となった臨時政府のポスター。
下・左から：シンガリョフ農相、マヌイロフ文相、ヴェ・エヌ・リヴォーフ宗務院総監

チヘイゼ）。国会議員以外では、首相兼内務相のリヴォーフ、財務相のチェレーシチェンコ、文部相のマヌイロフは後者に近く、陸海軍相のグチコフは前者に近い。つまり六対七という構成であった。そして、目下の専制に対する態度では、立憲君主制派＝軍事クーデター派は、リヴォーフ首相を加えて七人。これに対して、共和国派＝ブルジョア市民革命派は五人で、マヌイロフは考えがわからないという状況であった。

ミハイル大公、説得される

三月三日の朝六時、ケレンスキーはミハイル大公に電話し、一時間後に訪問すると申し入れた。臨時政府の閣僚が訪問したのは、実際には九時半であった。グチコフらは、一〇時に首都のバルト駅に戻ってきたが、そこに電話が入って、ミハイル大公の住居にそのまま呼ばれた。集まっていたのは、◆ロジャンコ、首相リヴォーフ、ネクラーソフ、ケレンスキー、ミリュコーフ、コノヴァーロフ、シンガリョフ、ゴドネフ、カラウーロフらで、そこにグチコフとシュリギンが加わったのである。閣僚のなかでは、チェレーシチェンコ、マヌイロフ、ヴェ・エヌ・リヴォーフ、チヘイゼの四人が出席していたかどうかは不明である。

ロジャンコ、リヴォーフ、ケレンスキー、コノヴァーロフが、ミハイル大公は帝位に就くべきでないと主張した。ミリュコーフは、ミハイル大公の即位を受け入れるべきだと力説した。ケレンスキーは次のように述べたと、シュリギンが伝えている。

「殿下、私の信念は共和主義で、私は君主制に反対です。しかし、私は今……」と話して、ケレンスキーは言いよどんだ。「お許しください。ロシア人として、ロシア人に申し上げるのを。ミリュコーフは間違っています。帝位にお就きになることで、殿下はロシアを救うことはできません。反対です。私は、大衆の、労働者兵士の気持ちを知っております。いまや激しい不満が、まさに君主制に向けられているのです。まさにこの問題が、流血の崩壊の原因となるでしょう。（……）お願いです。ロシアのために、犠牲を払っていただきたい。（……）いずれにしても、私は殿下の生命も保障できないのです▼88」。

グチコフは「コノヴァーロフがロジャンコを熱心に支持した」と、とくに回想している。[89] このような意見が多数意見であった。大公が帝位に就くべきだと主張したのは、グチコフとミリュコーフの二人のみであった。議論が長くつづき、ミハイル大公が別室へ行って、一人で考えたいと申し出た。そこからミハイル大公が戻ってきて、ロジャンコとリヴォーフ首相の意見を聞きたいと言った。そのあと、ミハイル大公は戻ってくると、「私は帝位に就かない」と表明し、泣き出した。[90] グチコフの路線は最終的に敗北した。グチコフは「諸君、私は諸君についていかない。諸君は国家を破滅に導いている」と言い残して、部屋を出た。ケレンスキーが追いかけていって、当分のあいだは政府にとどまってほしいと説得した、と述べている。[91]

ミリュコーフも帰ったので、残った者たちが大公が出すべき文書について相談した。ネクラーソフが用意していた文案を披露した。ネクラーソフが執筆したとすれば、彼の革命路線にそって書いたのであろう。シュリギンは、この文案の内容はまずいと思ったと書いている。彼が意見を述べて、ネクラーソフ、ケレンスキー、それにシュリギンを含めて、検討がゆだねられた。しかし、みんなが疲労から頭がまわらない状態であったので、リヴォーフ首相と相談して、カデット党の幹部である法律の専門家ナボコフを招き、原稿の直しに参加してもらうことになった。[92]

グチコフとミリュコーフは一緒の橇《そり》で帰った。ミリュコーフもすでに臨時政府を支持するが、自分は参加しないと決めていた。二人はそのことを話しあって、申し合わせたわけではなかったが、同じ気持ちだ

◆集まっていたのは……　この会合については、グチコフの署名証言（Nicolas de Basily, *Diplomat of Imperial Russia 1903-1917; Memoirs.* Hoover Institution Press; Stanford, 1973., pp. 143-145）、出席者カラウーロフから聞いた話を書き留めたアンドレイ・ヴラジーミロヴィチ大公の一九一七年三月三一日付の日記（*Istochnik*, 1998, No. 3, pp. 53-54）、同じく出席者の話を書き留めたフランス大使の一九一七年三月四日付の日記（M. Paleologue, op. cit., Tome III, pp.240-247）、それにシュリギンの回想（V. V. Shul'gin, *Dni*, Leningrad, 1925, p. 103. Moscow, 1989, pp. 271-274）が主たる史料である。

ということは感じていた。[93] リヴォーフ首相は、グチコフと一緒にミリュコーフも入閣を辞退する決意であるということを察知して、グチコフは兵士に憎まれているので、入閣辞退はやむをえないが、ミリュコーフの入閣は不可欠だと考えて、説得することを考えた。

呼び出されたナボコフが、ミハイル大公の住居に駆けつけてきたのは午後三時ごろであった。リヴォーフ首相は、ナボコフに、まっ先にミリュコーフの辞意撤回の説得を依頼した。ナボコフは引き受けたが、まずはミハイル大公の口上書の作成が先だと主張した。ナボコフは文案の検討のため、国家法の教授ボリス・ノリジェをも協力させた方がいいと進言し、彼を電話で呼び寄せた。[94]

ミハイル大公の口上書

ヴラジーミル・ナボコフは司法大臣の息子で、ペテルブルク帝大法学部を出て帝立法律学校の刑法の教授を一九〇六年まで務めていた。この年にカデット党に入り、副党首も務め、機関紙『レーチ』の編集者も長く務めた。大戦中は政治から手を引き、軍に奉仕していた。ボリス・ノリジェは、バルト・ドイツ人の男爵で、ペテルブルク帝大で国際法を学び、リツェイ、ベストゥジェフ女子高専、綜合技術高専で教鞭を執り、戦時中はサゾーノフ外相の顧問をしていた。[95] この二人は、ツァーリが皇太子に譲位した後で、皇太子を退位させ、ミハイル大公に譲位する、という行為がロシア帝国国家基本法に照らして違法であるということを、はっきりと認識していた。しかし、その中でミハイルの帝位継承拒否を説明するこの文書において、誕生する臨時政府の権限の限界を明記し、かつその機能が立法権をも含むことを規定するために努力した。彼らは、これを「歴史的な文書」（ナボコフ）、「臨時政府の存続期間中の唯一の憲法」（ノリジェ）にしたと自負している。文案の直しの作業は夕方までかかった。作業が終わった完成稿をミハイル大公に見てもらうと、わずかな訂正で承認され、ナボコフが清書した。そこにロジャンコが到着し、その立ち会いのもとで、ミハイル大公は署名した。ロジャンコは大公を抱擁し、「あなたは高潔な方だ」と言った。三月三日の午後六時ごろであった。ナボコフはタヴリーダ宮殿に持っていって、ミリュコーフに見せた。ミリュコーフはこれを承認した。[96]

この口上書は、皇帝の退位の詔書とともに、三月四日朝の新聞に発表された。[97]

上：専制崩壊を喜ぶ前線の兵士たち。
下：1917 年の絵葉書「長く待たれていた転落」

　前例のない戦争と人民の騒乱の年に、私の兄は私に全ロシアの帝位を譲渡し、私に重荷を負わせた。われらの祖国の幸こそ何ものに代えがたいという思想を全人民とともに抱く私は、われらの偉大な人民の意志がそうである場合にのみ、至高権力を受け取ると固く決断した。われらの偉大な人民は憲法制定会議への自らの代表を通じる全人民投票によって、新しいロシア国の統治形態と基本法を確定しなければならない。

　私は、ロシア国のすべての市民が国会の発意によって生まれ、可能な最短期間のうちに普通、直接、平等、秘密投票の原則に立って招集される憲法制定会議が統治形態についての自らの決定により人民の意志を表明するまでのあいだ、全権力を付与されている臨時政府に服従することを神の祝福を訴えつつ要請する。

この口上書は、ミハイル大公の帝位継承の拒否の声明である。これによってロマノフ王朝の継承が断たれたことが表明された。ロマノフ王朝は終わりを告げた。ロシア革命により打倒されたのである。口上書は、憲法制定会議によってロシアの国の統治形態が決められなければならないと述べ、それまでの間は「国会の発意によって生まれ、……全権力を付与されている臨時政府」に全国民が服従しなければならないと求めているが、それは、帝位の継承を拒否した一私人の願望の表明にすぎないものであった。ナボコフとノリジェは、この混乱した状況のなかで臨時政府が依拠しうる法的基礎を、この口上書によって示しえたと考えたようであるが、法的にはいかなる意味ももたない。

ミリュコーフとグチコフの辞意撤回

ミリュコーフは自宅に帰り、死んだように五時間ほど眠ったが、夕方になって、ヴィネヴェル、シンガリョフらカデット党の重鎮が訪ねてきて、入閣をやめてはならないと説得された。最後にミハイル大公の口上書の文案を持ってナボコフが来て、内閣残留を進言したのだが、ミリュコーフはそのときには、もう翻意していた。[▼98]

その一方、グチコフが陸海軍相を辞めると表明したことで、ネクラーソフはエンゲリガルトと連絡をとって、陸海軍相になってほしいと頼んでいる。エンゲリガルトは、すでに前日の午前五時にグチコフと衝突して軍事委員会を辞めて自宅に帰っており、この要請に当惑した。[▼99] しかし、グチコフも夕刻までに気を取り直して、大臣に就任するつもりになったので、エンゲリガルト陸海軍相案は立ち消えとなった。

グチコフは、ミハイル大公の帝位継承拒否の結果を大本営に通知する役割を実行した。三月三日の午後六時の少し前に、グチコフは大本営のアレクセーエフを呼び出し、ヒューズ式印字電信機で通話した。[▼100] グチコフは、自分とミリュコーフの意見が通らず、ミハイル大公は継承を拒否されたと伝え、理解を求めた。

アレクセーエフは憲法制定会議まででも大公が帝位を継承するよう説得はできないのか、と迫った。彼は「現在のペトログラード守備隊は、全軍にとって役に立たず、国家にとって有害で、ペトログラードにとって危険である」と言い、ミハイル大公による帝位継承が全軍を守るのにどうしても必要だと求めた。グチコフは、意見は同じだが、今はただ新体制を誠実に良心的に強化することに努力し、全軍に重大な損害が及ばないようにするほかはない、と答えて通話を切った。

　アレクセーエフは、三月四日、方面軍司令官に皇帝の退位の詔書とミハイル大公の口上書を送り、「ロシアが恐るべき敵と大戦を戦っているとき、（……）すべての兵士は、敵に対して勝利するとの一念に燃え、内部不和をいっさい発生させることのないように全力を尽くさねばならない」と指示した。[101] 軍部は、戦争の継続のために革命を最終的に受け入れたのである。

　臨時政府の閣僚は、これで最終的に地位が固まったのだが、彼らのなかには、自分たちがいかなる法的根拠にもとづいて法の制定を行なえるのか、いまだ確信できない者たちがいた。ノリジェは、三月三日、国会内の臨時政府の部屋で、シンガリョフ農相とゴドネフが自分たちが法を制定するのは、国家基本法第八七条、国会休会中に最高権力者は法を制定しうる、という規定に依拠する行為なのだと話しているのを聞いて、驚いている。[102] 臨時政府の有力閣僚もなお、自分たちが革命を実現して権力を掌握した、という現実を理解しえなかったのである。

第 10 章

革命勝利の日々

二月革命犠牲者の市民葬
「自由のために死んだ闘士を永遠に忘れない」

さまざまな感想

革命の日々において首都でもっとも印象的だったのは、コロムナ地区のリトヴァ城監獄とリチェイヌイ大通りの地方裁判所が焼き打ちされた光景であった。美しい建物は火に包まれ、その内部でくり広げられてきた蛮行の痕跡のいっさいが消し去られたのである。そして冬宮の屋根には、赤旗が何本も翻っていた。革命の本部、国会の建物、タヴリーダ宮殿は、白い雪をかぶっていた。ネフスキー大通りの建物の最上階から機関銃で通行人を狙撃するという悪質な反革命派の行為が、ついに一掃されたあとは、人々にとって、市内を歩きまわるのは夢のなかの行為のようだった。兵士たちは、来る日も来る日も、赤旗を掲げたトラックに鈴なりになって、首都中をめぐった。人々は、革命の奇跡に酔いしれていた[◆1]。

一九一七年の三月四日、この日の新聞に、皇帝の退位の詔書、ミハイル大公の帝位継承拒否の口上書、それらを説明する新政府のリヴォーフ首相の声明が発表された。これらの文書が首都とモスクワに広められ、全国に伝えられていった。ほとんどすべての人が涙して歓喜した。ある者は喜びを抑え、冷静にならねばならないと自分に言い聞かせていた。もちろん、怒りに震える者もいたし、絶望のあまり、死を選ぶ者もいた。

政府系右翼新聞『モスクワ報知』編集長を務めたチホミーロフは、若き日に皇帝暗殺を実行する革命テロリスト党の理論家となったが、亡命地で転向し、許されて帰国した、六五歳となっていた彼は、市井の文筆家としてモスクワに住み、ロシアの政治を見つめ、ニコライ二世の政治に絶望していた。その彼が、三月二日付の日記に、臨時政府成立のニュースの感想を次のように書きつけている。

上：二月革命勝利後のリチェイヌイ大通りの革命的兵士たち。
下：切り落とされたアレクサンドル三世（ニコライ二世の父）像の頭部。二月革命で民衆は専制政治への爆発させ、各地で歴代皇帝の彫像を破壊した。これはモスクワ

限りなく圧倒的多数の人民が、変革に賛成であるのは明らかだ。明らかにみなは、ロシアの運命を恐れることにうんざりしていたのである。不幸なツァーリ、きっと最後のツァーリだろう。しかし、私は制限君主制を採用するのが実際的だと思う。王朝は根本まで腐ってしまった。ツァーリの行為によって人民の心に嫌悪がかき立てられるならば、いかなる専制がありえようか。（……）いまや問題は国家の存続だ。（……）この変革は、もしも生きた統治力が残っていたら、王朝そのものがやらなければならなかったのだ。しかし、存在する条件は別のなりゆきへ導いた。いまや神のお力で政府が生まれたのなら、強固なものとなってほしい。[2]

この日、チホミーロフが、モスクワ市内の家からセルギエフ・ポサードの家族に電話すると、妻のエカチェリーナと娘のナジェージダは完全に舞い上

◆……**人々は、革命の奇跡に酔いしれていた**　ペトログラード在住の詩人アレクサンドル・ブローク（当時三七歳）の書簡で、母親に宛てた一九一七年三月二三日付のものを参考にした。

がっていた。娘は電話口で「変革おめでとう」と叫んだ。チホミーロフは考えた。「もしも臨時政府が強固であれば（明らかに疑いない）、ニコライ二世の打倒は全ロシアで喜びをもって迎えられよう[3]」。

　作家ゴーリキーは長年にわたり革命運動の周辺にいて、一九〇五年革命（第一次革命）の際に指導的な役割を果たした司祭ガポンを変装させて、首都から逃がすなど、さまざまな支援の活動をした人であった。首都の革新的文化人の代表的な存在である。四九歳になった彼は、ロシアの民衆に深い懐疑を抱くにいたっていた。二月革命のあいだはいかなる行動もとらず、ただ首都の激動を観察していた。三月一日、彼はモスクワに住む元妻のエカチェリーナ・ペシコーヴァに手紙を送った。

　外面的には壮大で、ときには感動的でもある事件が起こっている。しかし、その意味は、みんなが見ているほど、深くも、大きくもない。私は懐疑心でいっぱいだ。もっとも、国会に軍楽隊とともに行進していく兵士たちには、私も涙が出るほど感動させられているのだが。私には、革命軍というものが信じられない。多くの人々は、規律と組織が欠如したことを革命的だと受け取っているように思える[4]。

次は、三月一一日付の手紙である。同じ調子だが、少し積極的になっている。

　事態はきわめて複雑で、危険だ。「戦争反対」のスローガンは、新たな条件のもとでは馬鹿げたスローガンだ。ドイツの勝利は反動の勝利なのだから。兵士たちには期待すべきでない。彼らは軍隊の外套に着替えた、暗愚なロシアの百姓《ムジーク》たちなのだ。彼らは現在の時点について何のイメージもたず、その意義をすぐには理解できないだろう。社民系の新聞、大きな新聞、右派の新聞を出そうと考えている。党を建設しなければならない。強固な組織化が必要だ。政府は過去の人々からなっている。才能ある人は、このなかには三人だけだ。リヴォーフ、ケレンスキー、ネクラーソフ。だが、この三人組では遠くまでは行けないだろう。彼らを支えなければならない。[5]

専制君主制の廃止という帰結に対し、怒りに震えているのは、皇后アレクサンドラ・フョードロヴナ、ただ一人であった。三月三日、皇后は歯ぎしりする思いで、ツァールスコエ・セローの宮殿から大本営のニコライに手紙を送った。

まわりはすべて夜の闇です。しかし、神はすべての上におられます。私たちは神の道を知らず、神が助けて下さることも知りませんが、神はすべての祈りを聞いて下さいます。
（……）絶えず新しい、気を狂わすニュースが届きます。最新のニュースは、お父様が二三年間占めていた座を辞めたということでした。理性を失うことはありますが、私たちは失っていません。理性はこの場でも、地上に明るい未来があることを信じるのです。このことを憶えていてください。たった今、パーヴェル〔大公〕が来て、私にすべてを話してくれました。私はあなたの振る舞いを完全に理解します。おお、私の英雄よ。私は、あなたが自分の戴冠式の際に誓ったことに反することに署名することはできない、ということを知っています。私たちは完全にお互いを知っています。私たちに言葉はいらないのです。命をかけて誓います。私たちは、あなたの王国の栄光を輝かせるように、あなたが人民と軍隊によってもとどおり玉座に返り咲くのを見るだろうと。あなたは、自分の息子の王国、そしてこの国家と自分の聖なる純潔さを救ったのです。（ユダはルーズスキーです）あなたはこの地で、自分の国で、神によって王冠を授けられるでしょう。[6]

作家ゴーリキー

そして専制君主制が崩壊したとき、専制の死に殉じた人物も、知られているかぎりではただ一人だけであった。司祭ガポンを世に出した警察社会主義の創始者、元モスクワ保安部長のズバートフは、警察を去って久しかった。五三歳の彼は、モスクワの市内に住んでいて、専制を信じつづけていた。ミハイル大公が帝位継承を拒否したというニュースを知らされたとき、食事中であった彼は立ち上がって別室に行き、そのままピストル自殺したことが知られている[7]。

ペトログラードとモスクワ以外の地では、バルト海艦隊の司令部のあるゲリシンクフォルスで起った悲劇的な事件が衝撃を与えた。バルト海艦隊司令長官ネペニンは、もっとも早く三月一日の午後四時半に、革命支持・国会支持の表明を行なっていたことは、すでに述べた通りである。三月三日の早朝四時には、新政府からフィンランド総督ゼイン逮捕の命令が届き、リヴォーフ公爵を総理に、ニコライ大公を最高総司令官に任命するという旧皇帝の命令も知らされた。五時すぎに司令部付きの開明的な士官レンガルテンは、日記に「かくしてわれわれは、偉大なる自由ロシアの新生活の夜明けを迎えた」と記している。皇帝退位の詔書も、午前七時二〇分には朗読された。ところが、三〇分後に、この詔書の発表を留保せよとの命令が知らされた[8]。このことが混乱を巻き起こした。この日の午後三時半には、水兵たちが不穏な動きを見せるようになり、六時半には、「神経の苛立ちがつのる。いたるところから騒乱状態の噂が聞こえてくる」という状態となった。夜七時を回ると、司令長官ネペニンが水兵たちに向かって、国会臨時委員会支持の演説を行なっている。「国を統治しているのは悪魔だ。私はいつもそう言ってきた[9]」。だが、この日の夜、水兵の反乱がさらに進展した。士官が逮捕され、将校の殺害も発生した。日付が代わり三月四日の深夜零時すぎに、ネペニンと水兵代表との交渉があった。ネペニンは疲れはてていて、最後に我慢できなくなり、「士官を殺しているのは、ごろつきどもだ。空に銃を向けて射つのは臆病だからだ。私は臆病を軽蔑する、何も恐れない」と言いきった。司令長官と水兵たちの関係は決定的に険悪になった。明け方、ケレンスキーから電報が届いた。ネペニン長官は臨時政府を承認しているのだから、司令長官ネペニンに服従してほしいと、水兵たちに求めていた。[10] 三月三日には皇帝退位の詔書とミハイル大公の帝位継承拒否の口上書が発表になっていた。しかし、ゲリシンクフォルスの悲劇は最悪の結末を迎えた。三月四日の夜が明けて、午前一一時四〇分、マクシモフ中将が、水兵たちによってネペニンに代わる艦隊司令長官に選出されたことが明らかになった。ネペニンは同意するが、政府の承認を得なければならないと答えた。午後一時四五分、ネペニンは水兵たちによって連行され、殺害された。士官たちもみな連行され、残ることができたのはレンガルテンとその仲間だけであった。午後三時三五分、グチコフ大臣がマクシモフ中将を新バルト海艦隊司令長官として承認した。[11]

だが、ロシア帝国の大半の地域では、ゲリシンクフォルスとは異なり、平静に変革を受け入れた。先年に恐るべき反乱が爆発した中央アジアのタシケントで、トルキスタン総督のクロパトキンは、三月六日付の日記に次のように書いている。

> 陛下は退位とともに、リヴォーフ公爵を総理大臣（国会執行委員会に選出された）として認証された。この文書でリヴォーフ内閣は合法的となった。陸相にはグチコフが任命された。陛下の決定を受け取って、新政府に対して服従せよとの要求が全地方に対する命令として公示された。秩序はこれまでどこでも乱されていない。軍隊は宣誓に反することなく、新しいロシアの統治の秩序に移行した。古い公務員である私は、ロシアの新体制に深く共感する者だが、やはり宣誓を変えることは難しかった。しかし、私の決定は私一人に関することで、軍隊と住民は、ツァーリ権力が暴力的に打倒された場合でも、新政府を承認すべきであった。いまや私は穏やかな心をもって祖国のために働くことができる。さしあたり、それが新政府の意図にかなうだろう。[12]

元モスクワ保安部長ズバートフ。
帝政崩壊の報を聞きピストル自殺した

大赦と旧権力の抑圧機構の廃止

三月三日に発表された臨時政府の活動の諸原則の第一は、「あらゆる政治事案・宗教事案についての完全かつ即時の大赦（テロル、軍隊反乱、農村不法行為などを含む）」であり、第二は「言論・出版・結社・集会・ストライキの自由」であった。しかし、首都で専制権力が打倒され、臨時政府が誕生したことが全国に伝わると、ロシア帝国のいたるところで監獄や収容所の門が開かれ、政治囚が自由へ解き放たれただけでなく、刑期を終えて流刑囚の身分でシベリアの都市や集落に暮らしていた多数の元政治囚が、自由な市民としての活動を開始した。専制国家の数世紀にわたる抑圧と監視の政治から解放され、全国民が喜びの巨大な海のなかに泳ぎ出したのである。したがって、二月革命にとって、第一の課題たる「大赦」と第二の課題たる「政治的自由」は、それ自体は瞬時に実現されてしまったのである。臨時政府の大赦令は三月六日に出た。全国の司法機関に政治犯と宗教犯の釈放をただちに行なえ、というケレンスキー司法大臣通達は三月七日に出された。▼[13]

イルクーツクから六〇キロの寒村に住んでいた流刑囚、元第二国会社民党議員ツェレチェリは、三月二日にイルクーツクに呼び出され、首都の革命を知った。ここにはメンシェヴィキの重要幹部ダン、エスエル党の幹部アブラム・ゴーツがいて、彼らは協力して、イルクーツクの社会団体委員会、労働者ソヴィエト、軍人組織を結成し、イルクーツク革命を実現した。彼らは三月一五日すぎに、特別列車に乗り込んで首都をめざした。▼[14]

そこよりさらに西のクラスノヤルスクから一三〇キロ離れたアチンスクには、ボリシェヴィキ党の中央委員カーメネフとスターリン、第四国会議員ムラーノフが流刑されていたが、彼らは地元では活動せず、三月一二日には首都に帰還していた。▼[15]

これにつづくのは、国外に亡命していた政治家・革命家の帰国である。三月中に帰国したのは、左派エスエルのカムコフ、メンシェヴィキ国防派の最右翼プレハーノフら少数の人々だけであった。本隊は四月に帰国する。

革命は大量の政治犯を解放したのだが、逆に旧権力の政治家・軍人・高級官僚が逮捕された。ペテロパウロ要塞に移されたこの新しい囚人たちを、どのように処分するかが臨時政府の課題であった。これを考えたのは、司法大臣ケレンスキーであった。彼は革命裁判は行なわない、革命の名において、旧権力の関係者を尋問し、専制権力の犯罪の真実を明らかにする、との方針を決めた。三月五日、「旧大臣、長官、その他の高級官吏の職務上の違法行為を調査するために、非常審問委員会を設置する」との臨時政府決定が公布された。[16]皇帝ニコライ二世は尋問の対象にはしないと判断された。三月一一日には、非常審問委員会の設置法が定められ、委員会の委員長は司法次官待遇とし、二人の委員長代理、四人の委員をもって構成することとなった。[17]

人権弁護士ニコライ・ムラヴィヨフ。非常審問委員会の委員長に任命された

委員長に任命されたのは、モスクワの長老人権弁護士ニコライ・ムラヴィヨフであった。委員長代理には元老院法官イヴァーノフとザヴァツキーが、委員には軍事検事総長アプーシキン、ハリコフ高等法院検事スミッチェン、エスエルでケレンスキーの片腕のゼンジーノフが任命された。のちに内務省警保局への調査がはじまると、歴史家シチョーゴレフが委員に加えられた。国会臨時委員会からはロジチェフが代表として参加し、ソヴィエト執行委員会からは人権弁護士ソコロフが代表として加わった。委員会のスタッフには、詩人のアレクサンドル・ブロークも加わった。[18]

臨時政府は、専制政府の監視の廃止、弾圧の法と機構の撤廃を、次々と決定していった。まず三月四日、臨時政府は、臨時的措置として全国各県の県知事・副知事を解任し、その代わりに各県のゼムストヴォ参事会議長を、臨時政府県コミサールに任命し、行政を司るよう命令した。[19]さらに三月一二日には、臨時政府は死刑を廃止した。「現行の文民刑法・陸海軍刑法が、刑事罰として死刑を定めているすべてのケースにおいて、その刑は無期・有期の懲役刑に置き換えられる」と定めた[20]。これは軍法会議による死刑の宣告を不可能にするもので、戦時における画期的な決定であり、兵士たちを喜ばせた。しかし軍部にとっては、この決定は致命的なものと受け取られた。

旧権力の監視・弾圧機関の解体もただちにはじまった。まず三月一〇日、内務省警保局が廃止された[21]。これによって警保局の下部機構であった全国二六の保安部も廃止された。多数の秘密エージェントが活動を終えた。三月一四日には、パリの保安部在外代表部が閉鎖された[22]。三月一九日には、憲兵軍団が廃止された[23]。

臨時政府の戦争方針の発表

世界戦争のなかの革命で権力を掌握した臨時政府は、戦争に対する基本方針を国民と友邦諸国に示さなければならなかった。外相となったミリュコーフは、そのことに最大の注意を向けていた。彼は、三月四日、外務大臣としてロシアの在外公館に対して、臨時政府の外交方針を伝える電報を発した。そのなかで、新内閣が「旧体制が結んだ国際的義務を不断に尊重し、ロシアがなした約束には忠実である」ことを明らかにし、ロシアは「戦争を望んでいない」が、「近隣諸国民に対する許されない覇権の夢に熱中している略奪的人種の征服的もくろみと戦う」、「栄光ある同盟国」とともに、「最後まで、不動の姿勢で、たゆむことなく、共通の敵と戦う」と述べた[24]。これはミリュコーフの独断専行の行動であった。

したがってミリュコーフは、政府の戦争方針を正式に発表することを推進したに違いない。この日の閣議で、国民に対する呼びかけを出すことが決められたのは、当然のことであった。起草はネクラーソフが引き受けた[25]。ネクラーソフは、ミハイル大公の口上書の起草に関わったナボコフと自由主義的法律学者ラザレフスキー、カデット党議員ドブロヴォリスキーの三人に起草を依頼し、出来上がった第一次案を翌日の臨時政府の閣議に提出した。しかし、マヌイロフ文相の反対で採用されず、マヌイロフが責任をもって、カデット議員ココシキンとヴィナヴェルに新案の起草を求めることになった。この新案は「マヌイロフ案」と呼ばれるが、実際にはヴィナヴェルが起草した案が閣議で承認されて、三月六日の全国民への呼びかけとなるのである。[26]

「ロシア国家の市民のみなさん」という呼びかけからはじまるこの宣言は、臨時政府の戦争継続の宣言であった。「ロシア人民の爆発」で「新しい自由なロシアが誕生した」、長年の闘いがついに成果を得た。世界大戦のなかで「国家は専横と恣意のクモの糸にがんじがらめになり」、身動きできなかった。そのため、ついに人民が立ち上がり、権力を握ったのだ。人民の爆発と国会の決意が臨時政府を生み出したのである。「政府は、旧権力に対する人民の闘争で示された高度な愛国主義の精神が、戦いの現場にあるわれらの勇敢なる兵士たちをも元気づけると確信する。政府自らも、戦争を勝利まで戦い抜くために必要なものすべてを、わが軍に保障するよう全力を尽くすであろう。政府は、他の強国とわが国を結びつけている同盟を神聖なるものとして守り、同盟国と結んだ協定をたゆまず履行するであろう[27]」。

この宣言は、カデット主流派のミリュコーフ外相が、二月のブルジョア市民革命を支持するにいたった心情をよく表わしていた。革命は戦争勝利のために必要だった、と主張されているのである。それによって、ロシア軍と帝国各地の市民の臨時政府支持を得ることができると考えられているのである。しかし、革命を主導したネクラーソフやケレンスキーらからすると、革命的民衆・労働者兵士革命が戦争に反対していることも重要な現実であった。政府の戦争方針と民衆の反戦志向とを、どのように調整するかが問題となるはずであった。だが、臨時政府には、この最初の宣言を出すにあたって、そのことを考えている余裕はなかったようだ。

臨時政府の宣言は、協商国を安堵させた。三月九日（西暦二月二四日）、アメリカ政府は臨時政府を承認すると発表した。三月一一日（西暦二六日）、ロシア駐在の英仏伊の大使がそろって臨時政府を訪問し、同政府を正式に承認することを表明した。英国大使ブキャナンは挨拶した。「ロシアの前に進歩と栄光の新時代が開かれたこの厳粛なるときには、いつのときよりも増して、ドイツから目をそらさないことが必要だ。なぜならドイツの勝利は、ロシア国民が自由のために打ち立てた美しい記念碑の倒壊を、結果的にもたらすだろうからである。大英帝国は、臨時政府がその先行者のなした義務に忠実に、戦争を勝利の結末までいたらしめるために、なかんずく秩序維持と国民団結、工場操業の再開、軍隊の訓練と規律維持に注目して、全力を尽くすと確信しており、臨時政府に手を差し伸べるものである」。ミリュコーフ外相が感謝を述べ、これまでの協商国との約束を守り、「戦争を勝利の結末まで戦い抜く」と誓約した。[28]

だが、ソヴィエト執行委員会は黙ってはおれなかった。このとき、ソヴィエト執行委員会も自分たちの宣言「全世界の諸国民へ」を準備していた。スハノフとスチェクロフが中心になって考えていた。彼らにとっては、臨時政府が「戦争を勝利の結末まで戦い抜く」という宣言を出すことは、当然予想されたことであった。そのうえで、ソヴィエトとしてはどういう立場を打ち出すかが考えられたのである。三月一四日の宣言はソヴィエト総会で報告がなされ、採択されることになっていた。ところが、報告者スハノフは海軍兵学校で行なわれた総会に行くための自動車が確保できず、開始時間の午後六時がすぎても、到着しなかった。急遽、スチェクロフが代理で報告を行なって討議が行われ、宣言が採択されるという事態となった。[29] ソヴィエトの宣言は次のようにはじまっていた。

全世界のプロレタリアートと勤労者の同志たちよ、われわれは、ペトログラード労兵ソヴィエトに結集したロシアの労働者兵士である。われわれは諸君に燃えるような挨拶を送り、この度の偉大な出来事についてお知らせする。ロシアの民主主義勢力は、数世紀つづいたツァーリの圧政を打ち砕き、諸君の家族の完全なる一員として、われわれの共通の解放闘争の強力な力として登場したのだ。われわれの勝利は、全世界の自由と民主主義の偉大な勝利である。

そして、「完全な政治的自由」を享受するロシア人民は、いまや外政においても自らの主張をはっきり述べることができるとして、「怪物のような戦争により根こそぎにされ、疲弊させられているすべての諸国民に向かって、われわれは言う。すべての国の政府の侵略的野望と決定的に闘うときがきた。諸国民が戦争と平和の問題を、自らの手中に握るときがきたのだ」と説明した。

呼びかけは、オーストリア、とくにドイツのプロレタリアートに訴えるとして、これまでは、アジア的圧政からヨーロッパ文化を守るために戦えと言われてきただろうが、「いまや、このような正当化の議論は成り立たなくなった。民主ロシアは自由と文明の脅威ではありえない」と主張した。そして、この文書は戦争に対する態度を次のように打ち出した。

> われわれはわれわれの自由を、内部からであれ、外部からであれ、いっさいの反動的な侵害行為から毅然として守る所存である。ロシア革命は、侵略者の銃剣の前に退くことはなく、外部の軍事力により蹂躙されることを許さない。しかし、われわれは諸君に訴える。（……）諸君の半専制的な秩序の軛《くびき》を払いのけたまえ。王・地主・銀行家の手に握られた侵略と暴力の道具たることをやめたまえ。親密な統一した努力によって、われわれは人類を辱める（……）恐るべき虐殺を止めるのだ。[30]

攻められれば、防衛はする。しかし、攻撃をして、侵略の道具になることはもはやしない。相手側にもそう呼びかける。一九一六年秋に高まった兵士の命がけの叫び――「攻撃には出ないぞ」、「陣地は守るが、それ以上はやらないぞ」、「われわれは前進はしない。ドイツ軍を前に一歩も退くことはしないが」が、このペトログラード・ソヴィエトの国際的な第一声に取り入れられたと見ることができる。

討論では、軍事的な危険が心配だとして、決議には反対だというイズマイロフスキー連隊の選挙により選ばれた将校、決議の内容はいいがドイツとの対峙状況においては時期尚早の提案だという軍人の意見、意見としてはいいが「荒野に叫ぶ孤立した声」[31]ではないか、という反対意見が出た。この三人が反対で、ほかは賛成ということで、決議は採択された。このソヴィエトの宣言は、広く支持を得た。詩人のギッピウスも「悪くない」「本質的に私に近い」と日記に書いている。「無併合、無償金」を主張するところ、「即座に『戦争反対』ではない」ところが良いとしている。[32]

臨時政府の宣言と労兵ソヴィエトの宣言のくい違いをどのように調整するかが、深刻な問題であった。

皇帝一家の逮捕

戦争への態度という難問に取り組む前に、一挙に臨時政府とソヴィエトの関係を緊張させたのは、皇帝とその家族の逮捕という問題であった。

皇帝は退位の詔書に署名したあと、三月三日の午前一時にプスコフ駅を出発して、モギリョフの大本営に向かった。このとき、ペトログラード・ソヴィエト執行委員会は、ニコライとその他のロマノフ家の構成員の逮捕について、最初に決議を採択している。元皇帝らの逮捕を決定して、臨時政府に共同で逮捕を実施することを求めるが、臨時政府が拒否するなら、ソヴィエト単独でも実施する。ミハイル大公は事実上の逮捕とし、形式的には軍隊による監視のもとに置く。ニコライ・ニコラエヴィチ大公は、カフカースより首都に召喚して、逮捕する。女性皇族については漸進的に措置を取る、という内容である。[33]

廃帝の列車は、三月三日の午後一一時にモギリョフに到着した。この大本営の町の建物にも、すでに赤旗が掲げられていた。四日の午前一〇時には、参謀総長アレクセーエフはモギリョフ守備隊を構成する全部隊を広場に集合させ、皇帝の退位、ミハイル大公の帝位継承の拒否、臨時政府の樹立を発表した。「新時代」「自由」という言葉が語られた。しかし、その後もニコライは大本営に出て、報告を聞いていた。[34]

この日、ニコライは、妨げられることなくツァールスコエ・セロー宮殿へと移動すること、子どもたちの健康回復まで同地に滞在を認めること、戦争終結時にはクリミアに定住することを認めるよう臨時政府に交渉してほしいと、アレクセーエフに要求した。[35] アレクセーエフは、ただちにリヴォーフ首相にこの要求を伝えた。[36] リヴォーフ首相は、三月六日、この三点の要求を受け入れると回答した。[37]

その一方で、ソヴィエト側は廃帝に対する峻厳なる措置を要求しつづけた。ソヴィエト議長のチヘイゼは、この日も臨時政府と執行委員会の逮捕決定について交渉した。チヘイゼの報告を受けて、執行委員会は、ソヴィエトの軍事委員会に対して、廃帝の逮捕の措置について直ちに伝えると決定した。[38]
この経過を経て、ついに臨時政府も、三月七日、ニコライ二世とその家族の自由を剝奪し、ツァールスコエ・セロー宮殿に移送すること、モギリョフにブーブリコフら四名の国会議員を派遣し、ニコライ二世らの身柄を連行することを決定した。[39] なお、この日モスクワを訪問したケレンスキーは、モスクワ・ソヴィエトで次のように演説した。

> いまやニコライ二世は、私の手中に、検事総長の手中にある。同志のみなさんに申し上げる。ロシア革命は無血で起こった。私はそれが汚されるのを望まず、許さない。私は、ロシア革命のマラーにはけっしてならないだろう。（……）近い将来、ニコライ二世は私の個人的な監視のもと、港からイギリスへ送られるだろう。[40]

ケレンスキーは、ロシア革命はフランス革命を乗り越えるのだと主張したのだが、皇帝とその家族に罰を与えよ、という革命派の大勢からは拒絶反応を受けた。ペトログラード・ソヴィエトは、三月八日の執行委員会でも、ニコライ二世の家族全員を逮捕し財産・市民権を剝奪するとふたたび決定し、さらに三月九日には、臨時政府と衝突することになってもニコライ逮捕を貫徹すると決定した。[41]

臨時政府は三月八日のうちに動いた。この日、ペトログラード軍管区司令官コルニーロフはツァールスコエ・セローの宮殿におもむき、皇后に向かい、その逮捕の決定書を読み上げて言い渡した。臨時政府の派遣したブーブリコフら四人の議員が同行して、皇帝は三月八日の午後四時四五分発の列車で、モギリョフからツァールスコエ・セローへ護送された。[42] 三月九日の午前一一時三〇分、囚人としての皇帝の列車はツァールスコエ・セロー駅に到着した。皇帝は宮殿に送られ、そこに監禁されたのである。[43]

これでひとまず決着を見たわけだが、もとより皇帝たちの最終的処分は、こののち革命政権の懸案でありつづけるのである。

フィンランドの独立性の承認

三月七日、臨時政府は、フィンランド大公国憲法の効力を全面的に認める国家文書を発表して、実質的にフィンランドの独立を承認した。「われわれは、この文書をもって、フィンランド国民に、その憲法にもとづいて、その内的自主性の不動の維持、その国民的文化と言語の権利を厳粛に認める。われわれは、ロシアとフィンランドが、このの ち相互の友情と自由な両国民の幸福のために、法に対する敬意によって結ばれることを確信する[44]」。

ロシアはなお、フィンランドとの国家連合を維持するつもりであった。独立性の承認は、なお独立の完全な承認にはいたらなかった。

陸海軍相グチコフの憂鬱

臨時政府の閣僚の中で、もっとも困難な課題に取り組んだのは、陸海軍相グチコフであった。戦争に対して立ち上がった兵士たちによる軍隊革命の要求に直面して、どのように軍隊改革を進めながら、軍隊の再建を果たすかが問われていたのである。グチコフは、陸軍省に国会臨時委員会軍事委員会に集まった軍人たちを引き連れていって、三月六日、省令一一五号で、軍改革を考えるためのポリヴァーノフ委員会を発足させた[45]。ポリヴァーノフは一九一五年の陸軍大臣であり、グチコフの友人であった。彼をはじめ、ムイシラエフスキー、ミフネーヴィチ、アヴェリヤーノフ、アルハンゲリスキーらの改革派の将軍たち、さらに技師パリチンスキーを中心とした、ヤクボーヴィチ、トゥマーノフ、エンゲリガルト、ギリビッヒ、トゥガン＝バラノフスキーら参謀本部の「青年トルコ党」と呼ばれる改革派将校の一派が集まっていた。そこに、カフカースの騎兵師団参謀長ポロフツォーフも顔を見せていた。

グチコフが、まっ先に取り組まなければならなかったのは、命令第一号に対する対処策であった。ポリヴァーノフ委員会は、パリチンスキーが書いた案を検討のうえ採択し、グチコフが署名して、陸軍省命令一一四号として、三月五日に発した。[46] その内容は以下の通りである。

(1)「兵卒(nizhnii chin)」という言葉の使用を禁止し、「兵士(soldat)」に統一する。

(2)上官に閣下などの称号を付けず、「ガスパジーン・ゲネラル(gospodin general)(ミスター将軍)」「ガスパジーン・ポルコーヴニク(gospodin polkovnik)(ミスター大佐)」と呼ぶ。

(3)兵士に対しては、軍務にあるときも、軍務外でも、「ヴィ(Vy)(君)」と呼びかける。つまり「トゥイ(Ty)(貴様)」とは言わない。

(4)兵士たちに、路上での喫煙、クラブ・集会への参加、市電乗車、各種組合・団体加入を制限する諸規則を廃止する。[47]

命令第一号に対応するために、このような兵士に対する態度の初歩的な改善からはじめなければならなかったということは、ロシア軍の身分制の驚くべき状態を示している。

これに対してソヴィエト執行委員会の方は、三月六日、命令第二号を採択した。第一号が混乱を引き起こしたと

陸海軍相グチコフ(左)は、友人の元陸軍大臣ポリヴァーノフ(左)を誘い、軍改革を考えるためのポリヴァーノフ委員会を発足させた

いう判断にもとづく措置であった。この第二号の内容は以下の通りである。

(1) 命令第一号は、各部隊で委員会を選出するように提案しているが、この委員会は将校を選挙するためのものではない。

(2) 部隊長選挙制についての決定がなされるまで、ソヴィエトは各委員会が任命した将校に反対する権利を認める。

(3) 命令第一号は、兵士がその社会的・政治的活動において労兵ソヴィエトに従うように命じているが、「軍権力については、兵士は軍務に関するそのすべての命令に従わなければならない」[48]。

執行委員会は、この命令第二号をグチコフ陸海軍相と協議するため、執行委員会の代表を送ることを決めた。将校選挙制を主張し、さらに将校と兵士の対立を管理する第三者委員会の設置も要求することが申し合わされた。近衛連隊の廃止、敬礼の廃止などもあげられた。スコベレフ、ソコロフ、グヴォズジェフ、スチェクロフ、クドリャフツェフらが、この日の夕刻、グチコフ陸海軍相を訪問した[49]。

当然ながら、話し合いは難航した。グチコフはソヴィエト側の要求を拒絶した。これでは大臣をやっていられないとして、何回も話し合いの席から立ち去った。国会臨時委員会軍事委員会のポターポフ将軍がグチコフに代わって、話し合いをまとめ、グチコフも招き入れて、命令第三号という文書を作成した[50]。

これは、ペトログラードのソヴィエト執行委員会の前線軍部隊へのメッセージであった。次のように書かれている。

自由の確立をさまたげる可能性があるのは、軍隊内の不和、将校と兵士の対立である。ロシアの新体制を認める将校と兵士の関係の調整を促進する義務が、すべての市民にかかっている。そこでわれわれは、将校たちに、勤務内外において市民兵士の人格に対して敬意を払うように訴える。将校がわれわれの訴えを聞き入れてくれることを期待して、われわれは隊列にあり、軍務を履行中の兵士に対しては、軍事的義務を履行することを呼びかける。同時に、委員会は前線の軍部隊に、命令第一号と第二号は（……）ペトログラード軍管区の部隊にのみ適用されることを通告する。前線の軍部隊については、陸軍大臣は労兵ソヴィエト執行委員会と協議して、兵士と指揮幹部との関係の新しい規則をただちに作成することを約束する。

この文書には、ソヴィエト執行委員会代表スコベレフと国会臨時委員会軍事委員会議長ポターポフ少将が署名し、「この呼びかけは陸軍大臣グチコフとの合意によって作成された」として、グチコフも署名した。[51] これは三月八日に新聞各紙に発表された。

このような動きが進められるあいだ、グチコフはドイツ軍のペトログラード進撃の危険を知らせ、臨時政府のまわりに団結するよう訴える軍と市民への呼びかけを準備していた。これは臨時政府の官房長になるナボコフが起草し、九日の閣議で承認された。それは過剰な警告であって、政治的効果を狙ったものと言わねばならない。次のような文章が含まれていた。

「諸君が防衛に全力をそそぐことを信じて、臨時政府の下に団結してほしい。首都では一部の集団が不和を巻き起こし、臨時政府の決定に従わず、その実施を妨害している。（……）不和を巻き起こす者に耳を貸すな。兵隊外套に隠れたドイツのスパイが多くいて、諸君たちを先導し、動揺させている」[52]。

だが、ナボコフ自身は戦争の続行は無理だと考えていた。彼は、グチコフが絶望的な気分に落ち込んでいるのを感じていた。三月七日の閣議で、グチコフは「Ne do zhiru, byt' by zhivu」（贅沢は論外だ。なんとかして生きていければよい）

臨時政府の官房長になるナボコフ

と述べた。閣議のあとで、グチコフはナボコフに意見を求めた。ナボコフは、グチコフの情勢評価が正しいなら、ドイツとの単独講和に進むほかないのではないかと答えた。グチコフは同意しなかったが、反論はしなかった。ミリュコーフとの違いである。ナボコフは考えた。「最初の数週間で、ロシアにとって戦争は絶望的な敗北に終わり、それをつづけるあらゆる試みはいかなる結果もみちびかないということが、はっきりと意識されたのであれば、この基本問題について別の方向性がありうるのか、破局を避けることができるのか、誰が知り得よう」。「戦争をどういうかたちにせよ勝利のうちに進めるということと、革命が国家の内部で提起した課題とは両立しえないのであり、その課題を実現することになる条件とも両立しえないと、私はなお深く確信していた。グチコフにもこの意識があったと感じられた[53]」。

ニコライ二世は退位の前に、ロジャンコ議長とグチコフの要請で、ニコライ・ニコラエヴィチ大公を最高総司令官に任命した。これは専制体制の廃止後には、到底受け入れられるものでなかった。この人事にまっ先に異を唱えたのは、ケレンスキーであった。彼は、三月七日のモスクワ演説でそのことを指摘した。

しかし、大本営はいまやニコライ大公を最高総司令官にいただくことで、軍の安定がはかれるとして、その実現を願っていた。アレクセーエフは、三月七日、リヴォーフ首相とグチコフ陸海軍相にその旨の電報を打った[54]。グチコフはただちに「戦争を勝利の結末まで戦い抜くために、必要なものすべてをわが軍に保証するよう全力を尽くす」との返電を送った[55]。しかし、首都における反皇帝の雰囲気は、ニコライ大公の最高司令官就任を許容しなかった。ニコライ・ニコラエヴィチ大公は、三月一一日朝に大本営に到着し、その旨を臨時政府に報告したが[56]、リヴォーフ首相はニコライ大公の最高総司令官就任は受け入れられない、自発的に辞任していただきたいと、大公に通告した。この考えは、アレクセーエフ参謀総長との電信対話によっても伝えられ、アレクセーエフはそれを受け入れた[57]。この経過もグチコフの徒労感をさらに高めたことだろう。のちの四月二日、臨時政府は、アレクセーエフを最高総司令官に任命する[58]。

「婦人に選挙権を」

ロシアに解放のときが訪れる際には、女性が前に進み出て声をあげる。三月一九日、首都では、憲法制定会議選挙において、婦人にも選挙権を与えよというデモが行なわれた。ネフスキー大通りの市会前に集まったデモ参加者に向かって、婦人同権同盟会長シシキナ＝ヤヴェインとカデット党の女性活動家トゥイルコーヴァ＝ヴィリアムスが演説した。この日のデモのもっとも重要なゲストは、一八八一年に皇帝暗殺を実行した「人民の意志」党の執行委員として要塞監獄に二〇年間投獄されていた、ヴェーラ・フィグネルであった。正午すぎ、四万人の女性たちは、花束を抱えたフィグネルとシシキナ＝ヤヴェインを乗せた車を先頭に、二組のブラスバンドとともに、タヴリーダ宮殿をめざしてデモ行進を開始した。プラカードには「憲法制定会議に婦人の参加がなければ、普通選挙にならない」「女性の場を憲法制定会議に」「自由のために闘った女性闘士に栄光あれ」「勝利まで戦争を」「婦人は持ち場を離れるな」などと書かれていた。タヴリーダ宮殿の前では、国会側からロジャンコ議長、ソヴィエト側からチヘイゼが出て、挨拶した。婦人同権同盟会長シシキナ＝ヤヴェインは、フィグネルらの闘いのことを引き合いに出しながら、婦人の選挙権を要求し、憲法制定会議選挙に婦人を参加させると明言するまで、この場を立ち去らないと言った。ところが、そこに一人の女子労働者が飛び出してきて、演説をはじめた。「〔自分たちは〕ブルジョア階級の婦人たちとは若干意見を異にする。私たちには婦人特有の利害というものはない」。社会民主党の旗の下、労働者として団結しようと叫んだのである。これには憤慨する人も多く、混乱が生じた。[59]

そのような事件はあったにせよ、ロシア史上初の女性のデモは、新しい時代の到来を印象づけたのであった。

宗教的・民族的差別の廃止

三月二〇日、臨時政府は宗教的・民族的差別を廃止する法令を公布した。

上：憲法会議選挙の投票権を求める女性たちのデモ（1917 年 3 月 19 日）。プラカードには「自由ロシアの女性は選挙権を要求する」「憲法制定会議に女性の議席を」とある。
下：革命勝利後にはじまったもう一つの女性たちのデモ（ 3 月後半）。横断幕には「配給の増量を。自由と人民の平和を守る兵士の家族に」「祖国の守り手の子どもたちに食事を与えよ」とある

「自由な国にあっては、すべての市民が法の前に平等でなければならず、国民の良心は、その信仰と出自によって個々の市民の権利が制限されることを認めることはできないという不動の確信から出発して、臨時政府は、現行法が定める、あれこれの信仰、あるいは民族に属することから生じるロシア市民の権利に対するいっさいの制限が廃止されると決定する」。以下、第一項の九点、第二項から第一〇項にわたり、廃止される具体的な法的な制限措置が列挙されている[60]。

この法令のことを二日後に知った、ユダヤ人学者ドゥブノフは日記に書いた。「全生涯の夢、四〇年にわたる受難と闘争の目的が実現されたのだ。この瞬間、その劇的な大きさを捉えることがなおできない。のちに、歴史の水平線上のこの太陽の恐ろしい惑星たち、戸口に立つドイツのハンニバル◆たちと反革命または無政府状態の幻が消えるとき、われわれは新しい燭台の光と温かみを感じることができるだろう[61]」。

差別の撤廃で最大の問題は、身分制の廃止◆であった。しかし、この問題は、貴族団や農民の村団、郷などの身分自治団体の廃止をも含むものであり、簡単には実現できなかった。専制君主制を廃止した革命ロ

ユダヤ人学者ドゥブノフ

◆ハンニバル　カルタゴの将軍。古代ローマの最強の敵とされる。

◆身分制の廃止　これは一〇月革命によってなされた。一九一七年一一月一〇日（西暦二三日）の人民委員会議法令「身分と官等の廃止に関する法令」で宣言された。*Dekrety Oktiabr'skoi revoliutsii*. I. Moscow, 1933, pp. 68-69.

シアは、なお身分制が存続している国であったのである。

革命犠牲者の市民葬と追悼集会

三月の最後で最大の革命賛美の式典は、革命犠牲者の市民葬であった。

革命による死傷者の数は、都市連合ペトログラード市委員会統計部によって調査された。ソ連の歴史研究者レイベーロフは、この集計によって一四四三人の死傷者が報告されたと述べている[62]。とすると、トロツキーの『ロシア革命史』に書かれている死傷者一四四三人は、この都市連合委員会の数字だということになる。トロツキーは、死傷者一四四三人のうち八六九人が軍人で、将校は六〇人であったとしている。つまり兵士は八〇九人であり、さらに民間人は五七四人ということになる。トロツキーはここから、無血革命とまでは言わないが、犠牲者の数は驚くほどわずかであったと指摘している[63]。

この調査の未公刊資料を調べたマルトゥイノフによれば、病院の記録から作成された死傷者一六五六人のリストが発見されている。しかし、二六五人の病名は普通の疾病で、革命とは関係がない。また七六人は姓名がダブっている。そこでマルトゥイノフは、これらをのぞいて、一三一五人というのが革命の死傷者数ということになると考えた[64]。その内訳は、将校五三人、兵士六〇二人、警官七三人、労働者を含む市民五八七人だとしている。私は革命の年に出版されたパンフレット『当面の事態についての社会主義者の主張』の中に、都市連合委員会の別の調査が紹介されているのを発見した。それによれば、死傷者総数は一一六四人であり、死者一六九人の内訳は、労働者二二人、兵士五九人、一般市民五五人、大学生六人、一五歳未満の少年少女五人、それに将校一一人、警官一一人である。負傷者は九九五人であり、その内訳は、労働者二〇二人、一五歳未満の少年少女一五人、それに将校四〇人、警官五〇人である。したがって、負傷者中の兵士および大学生・一般市民は六八八人ということになる。この数字から計算すると、死傷者一一六四人の内訳は、将校五一人、警官六一人、労働者二二四人、少年少女二〇人、兵士・大学生・一般市民八〇八人となる。この最後の数字を、兵士五〇〇人、一般市民三〇八人に分けると、大筋でマルトゥ

二月革命犠牲者の市民葬行進。ネフスキー大通り（1917 年 3 月 23 日）

金属工組合本部が、葬送行進に出発するところ

この日、184 の棺がマルス原に埋葬された

イノフの数字と似通った数字になる。なお一般市民のなかには、警察の手先の役割を果たしていた門衛たちも含んでいる[65]。この調査は病院への収容者のみを対象にしている。労働者・学生は集団で行動していて負傷者や死者を連れ帰った場合があるため、調査からの漏れが多いと思われる。

新しい研究としては、レイベーロフが特別市長官府の資料も勘案したとして、次のような犠牲者数を算出している。死傷者の総数は一七四〇人。死者は三一三人で、内訳は労働者一〇六人、兵士水兵八七人、大学生二八人、その他の市民など九二人である。負傷者は一四二七人で、内訳は労働者四二九人、兵士水兵七四五人、大学生六九人、その他の市民など一八四人である[66]。レイベーロフの数字は、将校・警官と一般市民とを区別していないことが欠陥である。

以上を総合してみると、私が発見した死者一六九人の内訳、労働者一三％、兵士三五％、一般市民三二・五％、大学生三・五％、一五歳未満の少年少女三％、それに将校六・五％、警官六・五％という比率が、二月の民衆革命の実像を示していると考えることができる。労働者・学生以外に、一般の市民が多く行動に加わり、犠牲になったのである。

この犠牲者を悼み葬ることは、三月五日のソヴィエト総会で討議され、三月一〇日に市民葬を行なうこととし、遺体の埋葬場所は冬宮前広場とすることが決定された[67]。しかし、埋葬場所を冬宮前広場とすることには異論が出た。三月七日の執行委員会で、日時の延期と場所の再検討がはじまり[68]、総会でのゴーリキーの発言によって、文化遺産の保護の観点から、埋葬は、練兵場とマルス原とすることが提案された[69]。結局、この意見が支持を得て、三月五日の決定は修正され、三月二三日にマルス原に埋葬するとの決定がなされたのである。

三月二三日（西暦四月五日）、首都を挙げての一大式典が催された。二月革命の犠牲者がマルス原に埋葬されるのである。曇り空の日であった。労働者・学生・市民・兵士は、朝八時から各地区ごとに集まり、病院から死者の棺を担ぎ出し、順次、マルス原めざして行進した。先頭を切ったのは、ヴァシリエフスキー島地区のデモ隊で、二時間半つづいた。二番目に到着したのはペトログラード地区の行進である。昼一二時半にマルス原に入りはじめたこの地区の行進の先導車に乗っていたのは、地区内に居住する一九世紀のナロードニキ革命家、ヴェーラ・ザスーリチ、ゲルマン・ロパーチン、それにヴェーラ・フィグネルであった。ソヴィエト執行委員会のツェレテリとペトログラード地区の地区長シニートコフも同乗していた。人々は、古参革命家たちに歓呼の声をあげた。新聞は、ザスーリチが「ロシア革命の第二版は、第一版よりもずっと素晴らしい」と挨拶したと報じている。▼70 記録映画で見ると◆、ザスーリチはまったくの老婆で、にこにこ笑っているが、フィグネルはいつもながらの平静さを失わぬ、しっかりした表情で掘られた墓穴に歩み寄っている。▼71 広場に掘られた墓穴に、棺は四つずつ降ろされた。ペトログラード地区の行進の次は、四時間待っていた、二月革命の発火点、ヴィボルク地区の行進であった。いつ果てるとも知れない数十万の人波であった。人々は驚くほどの規律と統制を示し、この日、一八四の棺をマルス原に埋葬したのである。

この日の光景を見た日本人・今井政吉◆は、次のような感想を日本に書き送っている。

> 棺は各個に四人ずつの肩に担がれ、各遺族の者がそれに従った。黒紗を帽子の上から覆った、黒服の未亡人が、面を伏せてしずしずと棺について行くのも見えた。赤い棺が通るごとに、街の両側に人垣をつくった人々は、帽子を脱して胸に十字を切った。悲しい特別の弔歌が、葬列の隊から合唱される時には、見物の群衆は皆帽子をとるように注意された。かくして、葬列はネウスキー街の西アレキサンダー公園の果てから、限りもなく流れ出てくる。ポリツェフスキー橋の上に立って遥かに東を望めば、蜿蜒《えんえん》たる葬列、林立せる赤旗は、遠く遠く果てしなくつづいている。（……）

◆記録映画で見ると……　アクセルバンクの撮った記録映画 Soviet Union and Lenin の一コマに見られる。

◆今井政吉　今井は、三井物産社員としてロシアに駐在していた。その見聞を、埋花畔人の筆名で『東京朝日新聞』（一九一七年六年五月一二日～六月一日付）に「露都革命見聞録」と題して連載した。

幾十万の大葬列、空前の大行列、私が今にしてこの葬列を思う時は、遠く連なる赤旗の林立と軍楽隊の喇叭《ラッパ》の響きと、女の群より起こる悲しい歌と、ただそれのみが鮮やかな印象となって、脳裏に浮かんで来る。そしてその墓の上に、やがては天を摩する自由の高塔が建てられ、塔の周囲には、再生したロシア共和国の最高官衛が、堂々と窓を並べて建つ日の偉観を想像せざるをえない[72]。

二日後の三月二五日、兵士革命の火蓋を切ったヴォルイニ連隊の主催で、マリインスキー劇場にて、革命犠牲者追悼のコンサートが催された。二階正面の皇帝専用の桟敷席に招かれたのは、約三〇人の古参革命家たちであった。「人民の意志」党の執行委員で、ともに要塞監獄に二〇年間投獄されていたモローゾフとロパーチン、それにザスーリチたち、そしてフィグネルが最前列に座った。コンサートは「ラ・マルセイエーズ」の演奏からはじまり、司法相ケレンスキーの長い演説があり、それから休憩となった。再開されると、オーケストラ・ボックスの指揮者の台に、六五歳のヴェーラ・フィグネルが上がった。フランス大使モーリス・パレオローグは、その日記風の回想に書いている。

「とても質素で、灰色の髪を左右に分け、黒い絹の服を着て、白い肩掛けを羽織った彼女は、名家の老婦人という風であった。かつて若いころ、恐ろしい女ニヒリストであったと思わせるものは、何もなかった[73]」。

フィグネルは、落ち着いた声で、たんたんと話しはじめた。

解放されたロシアが、その新生活の最初の日々を祝うときにあたり、この集会でご挨拶できるのは、うれしいことです。ツァリーズムが打ち倒された今、われらの祖国に広い地平が開かれました。自由獲得の道は困難でしたが、それを守り、強化するのは、あるいはもっと困難でしょう。われわれは無法と無権利の王国に生きてきましたが、このことが、われわれすべての心理に反映しなかったはずがありません。われわれは法を尊重することに慣れていませんし、権利を行使する能力をもっていません。他人の権利を尊重することも学んでいません。しかし、共通共同の努力で民主共和国が樹立され、われわれが政治的・市民的自由をしっかり確保すれば、ロシアの幸福が達成されるだけでなく、全ヨーロッパ諸国の民主主義が確保されるでしょう。国際関係も変わります。そのときには、あるいは、現在人類が苦しんでいるような流血の戦争が終わるという黄金の夢が実現されるかもしれません。周囲では、このところの革命が、きわめてわずかの犠牲者しか出さなかった、それがあんなにも心を一つにして、問題なく進んだことに驚いています。しかしそれは、現在だけを見る人々の意見です。もしも過去を振り返れば、事態はまったく違って見えてきます。[74]

フィグネルは、高い壁をよじ登ろうと挑戦し、落下して死んだ人々の死骸が、次第にうず高く積み上がっていって、ついにその死骸をよじ登って壁の上に達することができたという、作家アンドレーエフの小説を紹介し、「自由達成の道もそういうものでした。先行する幾世代にもわたって専制と闘った人々の

ヴェーラ・フィグネル

死を代償として、現在の人々はロシアの革新を見るのです」と述べた。彼女はさらに、シリッセリブルグ要塞監獄の死者たちをうたった自作の詩を朗読しながらつづけた。

　彼らの想い出は、私の心のなかに生きつづけており、現在の若い世代の心を打ち振るわせているあの喜びに浸りきるのを妨げています。（……）

「死んだ者たちの遺灰が、私の心の扉を叩いている」。

私は、みなさんが私の気持ちを分かちもって下さると思います。話を終えるにあたり、自由のために死んでいったすべての人々、人知れず、緩慢なる飢えにより、あるいは獄中で殺されたすべての人々のために、起立して下さるように提案いたします。[75]

　パレオローグは、「一段とゆっくりと語り出された最後の言葉は、悲しみ、あきらめ、哀れみの交じりあった翻訳不可能な調子のものだった。おそらくスラブの魂だけが、このような響きを発することができるのだろう」と書いている。フィグネルが話し終えると、全員が起立し、オーケストラはシチェイン作曲の葬送行進曲を演奏した。大半の人々が涙していた。[76]

　フィグネルは、二月革命を歓迎するとともに、これからの困難を予言し、民主主義のためにいっそうの努力を求めた。過去を振り返ることは、未来へ向けての努力の呼びかけと結び付けられていたのである。

［あとがきにかえて］

私は二月革命をどのように研究してきたか

私は、一九三八年一月、日中戦争の最中、日本軍による南京陥落の熱狂の中で生まれた。そして日本が、中国との五〇年戦争に敗れ、ロシアとの四〇年来の戦争に敗北し、米国との五年戦争に完敗した一九四五年には、私は七歳で、国民学校の二年生であった。だから精神的には、私は戦後日本の子、その第一世代に属している。だが、中学校に入学した一九五〇年に朝鮮戦争が勃発し、それが停戦協定締結で休戦したのは高校に入った一九五三年のことだった。私は二つの戦後で育ち、歴史家となった。したがって、戦争と平和の問題が、八〇歳となった私の歴史学にとって生涯の基本問題であったのである。

ロシア史について最初に読んだ本は、英国のロシア史の大家バーナード・ペアズの『ロシア――過去と現在（*Russia: Past and Present*）』である。一九五二年に岩波新書で翻訳（上下、内山敏訳）が出ていた。私は一九五四年に、英語の原本と翻訳とを並べて読んだ。ペアズは革命前からロシア人と深く交流した学者で、革命によって打倒されたリベラル派の友であり、支持者であった。当然、一〇月革命に強く反対したのだが、一九三〇年代にナチが台頭した後は、英ソ協力を支持した。戦後の冷戦のなかでもソ連を理解し、ソ連との戦争を回避するように訴えた。この本は第二次大戦中に出版され、戦後に改訂された本であった。ペアズは、この本の最後で、「世界における主要な事実は世界平和への切実な要望であるが、ロシアほどそれが強いところはない」と書き、「知るというだけで、理解することがなかったならば、十分ではない」「裂け目を埋めなければならぬ、さもないと、われわれは高い代償を払うことになる」と結んでいる。これらの言葉に、私は赤鉛筆でアンダーラインを引いている。

高校三年のころ、大学に入ったら、西洋史学科に進んでロシア史をやろうと決めたのだが、そのとき、今井登志喜監修・林健太郎編『西洋史学入門』（上下、大月書店、一九四八年）を読んだ。高校の歴史の教師をしていた父のわずかな蔵書の一冊であった。そこに、岩間徹「ロシア革命」という文章が載っていた。ロシア二月革命について、どのように豊富な資料があるかということが、詳しく生き生きと書かれていた。歴史家の仕事が面白そうだと思わせてくれた文章だった。

一九五六年に大学に入り、翌年には民間の研究者の集まり、ロシア史研究会に通って、ロシア革命に関心を向け、岩間先生にもお会いした。そして、先生の巣鴨の豪邸をお訪ねして、蔵書も見せていただくようになった。そのころ私は、神保町の古本屋・崇文荘書店で、ペアズの大著『ロシア君主制の倒潰（*The Fall of Russian Monarchy*）』（一九三九年）を購入した。これを読んで、私に強い印象を与えた岩間先生の二月革命研究資料の紹介は、この本の序文の達意の翻訳であったことを知った。

二月革命については、亡命者たちが多くの回想を出し、ソ連も一九二〇年代には良質の資料を公開した。ペアズがこの本を執筆する前には、臨時政府非常審問委員会での旧政府関係者の陳述録、『ツァーリ政府の倒壊』全七巻（モスクワ、一九二四〜二七年）があり、皇帝の日記、皇帝と皇后の往復書簡の英語版、皇帝と皇太后の往復書簡、皇后の友・女官ヴィルボーヴァの回想、皇太子の教育係ジリヤールとモソーロフの回想、大公たちの書簡、皇帝の従弟アレクサンドル・ミハイロヴィチ大公の回想、国会議長ロジャンコの回想、ラスプーチンのユダヤ人の秘書シマノーヴィチ、ラスプーチンの敵イリオドール神父の回想、ラスプーチン殺害者ユスーポフ公爵と議員プリシケーヴィチの回想、首相ウィッテとココフツォフ、外相イズヴォリスキーとサゾーノフ、警保局長ヴァシリエフらの回想、内相プロトポーポフの最終陳述、ミリュコーフの著作『第二次ロシア革命史』（一九三四年）、ケレンスキーの回想、右翼議員シュリギンの回想、マンガ家カリックの日記、英仏大使ブキャナンとパレオローグの回想、将軍たち（ゴローヴィン、ダニーロフ、ブルシーロフ、グルコー、ポリヴァーノフら）の回想が出ていたのである。

このような資料を広く検討して出されたペアズの結論について、「私は帝政崩壊の原因が毫《ごう》も下からではなく上から生じたことを全く確信するに至った」という言葉を岩間先生は紹介された。確かにペアズは、序文の結びで、「今一度言おう。イニシアティヴは上からきた。その上にあるのは、最も奇妙な人間の絡み合い、ラスプーチンと皇后と皇帝の複雑で、異常な関係があったのである」と述べている。岩間先生は、この結論は「書龍《（ママ）》点睛を欠く」とし、その理由を、「〔ペアズの〕視野にプロレタリアートの姿が大きく浮かび上がらなかったからに他ならない」と断定しておられた。私はなるほどと思った。

岩間先生には学生時代にいろいろお教えを受けたが、仕事もさせてくださった。一九五九年には、『図説 世界文化史大系』（角川書店）の第一二巻『東欧・ロシア』の編集助手をさせていただいた。そして、一九六二年には、先生から『少年少女世界の歴史』（あかね書房）の第九巻『ロシア革命物語』のために、ペアズのこの本の要約をするようにとのお話をいただいた。先生がクリュチェフスキーの「ピョートル大帝」を要約され、二冊の名著を合わせて紹介したこの本は、ロングセラーとなり、私に長いあいだ印税を払ってくれたのもありがたいことだった。

私が大学に入った一九五六年は、ソ連共産党の第二〇回大会でスターリン批判がなされた年であり、秋にはハンガリー事件が勃発した。ソ連で歴史学におけるスターリン批判の先頭に立ち、党中央から批判を受け、一九五七年に学界から追放された歴史家ブルジャーロフは、私の英雄となった。私は、一九五七年、ロシア革命四〇周年の年に、学生の雑誌に「ロシア革命史研究の諸問題」という論文を投稿し採用された。これからロシア革命を研究するために、自分なりの見通しをつけようとして書いたものである。稚拙な文章だが、革命の原因については、世界史における後進国としてのロシア社会の特質に求めている。革命そのもののダイナミズムについては、篠原一氏の当時の新著『ドイツ革命史序説』の影響を受けて、旧体制の抵抗力、革命的エリートの嚮導力、大衆の革命的エネルギー、この三者の相関関係の中で見るべきだとしていた。これが私の出発点となった。

卒業論文では、最初は、大衆の革命的エネルギーの源泉を探るため、農民のツァーリ崇拝の問題を取り上げようとしたが、資料的に難しく断念せざるをえなかった。そこで革命的知識人の研究に移り、ナロードニキをテーマにすることを決めた。その間に、批判されたブルジャーロフの論文「一九一七年三〜四月におけるボリシェヴィキの戦術について」（『歴史の諸問題』一九五六年四月号）の追試をやってみようという気になった。関東大震災後にソ連政府から東京大学に寄贈された図書を発掘したので、その中に『ツァーリ政府の倒壊』（全七巻）もあれば、シリャプニコフの回想、カユーロフの雑誌掲載の回想もあって、同じ資料のベースで研究ができると思ったからである。

このブルジャーロフ論文の再検証の成果は、一九五九年春、ロシア史研究会の月例会での報告「二月革命とボリシェヴィキ――ソヴェトをめぐるエリート＝マス関係」（研究会会報、一九五九年四月・五月）となった。私は、一九五七年にソ連で刊行された革命資料集に、ボリシェヴィキが発行したものとして発表された三枚のビラの発行主体を検証し、ボリシェヴィキは〝ソヴィエトを結成せよ〟と大衆に訴えることはなかったのだと主張し、ブルジャーロフを援護した。これは、日本でロシア革命についてなされた最初の研究であった。私の後から研究者が次々と現われた。五年後の一九六四年、長谷川毅氏が、報告「二重政権とボリシェヴィキ」を研究会例会で発表した。これは、彼の東京大学の卒業論文であった。彼は大学院に入ると、米国ワシントン大学に留学し、日本ではじめた研究をアメリカの学界で花開かせることになる。もう一人は長尾久氏で、一九六五年に修士論文「二月革命期におけるボリシェヴィキの混迷とレーニンの『四月テーゼ』」を例会で報告した。

一九六七年は、ロシア革命五〇周年にあたり、ロシア史研究会も創立して一〇年目だった。そこで、会員の総力を結集して、ロシア革命研究の論文集を出そうということになった。私が二月革命を、長尾氏が一〇月革命を、菊地昌典氏が農民革命とコミンテルンについて書くのが、中核の論文になるはずであった。

私と菊地氏はともに東京大学の講師・助教授になっていた。この年、思いがけないことに、一〇年前に姿を消したブルジャーロフが、第二次スターリン批判の中で復活し、『第二次ロシア革命――ペトログラードの反乱』という著書を世に問うたのである。ソ連資料の渉猟は徹底的で、二月革命直後、ポリエフクトフなる歴史家が二月革命関係者に行なったヒアリングの資料を発掘することまでしていた。民衆の側からの、民主党派の側からの、つまり下からの二月革命研究の名著だと言える。私には大いに参考になった。

私たちの論文集は、研究の遅れもあり、菊地昌典氏の中公新書『ロシア革命』の失敗という思いがけない事件もあり、遅れて一九六八年になって出版された。これは、江口朴郎編『ロシア革命の研究』(中央公論社)で、九〇〇頁を超す大著となった。

私の論文「二月革命」は、民衆の動きと民主諸党派に注目した研究であった。私は、ボリシェヴィキが世界大戦の前夜、首都の労働者の間でヘゲモニーを確立していたことを確認した。ソ連では、ボリシェヴィキについての資料・研究しか公表しない。しかしそれを見ても、この時期のボリシェヴィキの影響力には疑いの余地はなかった。その一方で私は、ブルジョアジーの中に、コノヴァーロフ、リャブシンスキーを中心として左翼自由主義勢力が誕生し、それがコノヴァーロフ、ケレンスキーらが加わったフリーメーソン式の秘密政治結社を生み、ついには民衆闘争と結合し、そのコントロールを狙う動きとなったと見た。二月革命を導く際に、ボリシェヴィキ党はいかなる決定的な行動提起もなすことができなかったのに対して、左翼自由主義と結びついた戦時工業委員会「労働者グループ」は、コノヴァーロフらとの合議のうえで、国会再開日の二月一四日に国会デモを呼びかけることで、決定的な役割を演じたと見た。この呼びかけは、ほとんど労働者を街頭に進出させることはできなかった。しかしこの失敗が、二月二三日の爆発的な行動を呼び起こしたと見ることができる。その結果、私は、二月の民衆闘争は二月二三日からはじまったと見るべきでなく、二月一四日の国会デモの呼びかけからはじまったとするように、革命史叙述を書き換えるべきだと考え、そのように叙述するようになった。

私がこの論文を書いていたときは、ベトナム戦争の最中であった。私の家の上の空を、ベトナムの戦場で傷ついた米兵が、連日、ヘリコプターで、北三キロの朝霞にある米軍病院に運ばれていた。その爆音を聞きながら私は、五〇年前のロシアの兵士が、攻撃命令を拒否して軍法会議にかけられ、銃殺されることを論文に書いていた。論文を書き上げるとともに、私は米軍病院とベトナム戦争に反対する市民運動をはじめ、ついには反戦の意思を固めた米軍兵士を助けて、〝反戦ＧＩ新聞〟（米兵による反戦新聞）を出すようになった。ベトナム戦争中にアメリカの兵士が戦争反対を叫んで立ち上がったというのは、ロシア革命以来の画期的な世界史的行為だった。

　私は、そうして書いた論文を書き直して本にまとめたいという希望をもち、そのための努力をつづけた。一九七八年から七九年にかけて、ソ連に一年間滞在し、ナロードニキの歴史を書くために文書館に入って史料を調査したが、一方で、ブルジャーロフの本で教えられた二月革命の文献をもれなく渉猟した。

　一九八一年になると、米シアトルのワシントン大学教授になった長谷川毅氏の著書 *The February Revolution: Petrograd, 1917,* (Seattle, 1981) が刊行された。六五〇頁の大著であり、米国内にある亡命者資料を徹底的に発掘し、ソ連の文書館の文書資料も調べ、当然ながら私の研究にも目を配り、もっとも総合的で、当時の世界最高水準の二月革命研究となった。私は、『ロシア史研究』三六号（一九八二年）に長文の書評論文を書いた。

　長谷川氏の著書も、ブルジャーロフの著書や私の論文と同じように、民衆と民主党派の動きに中心を置いて二月革命を見ている。しかしながら長谷川氏は、ブルジョアジーの革命性を否定するという伝統的な考えから脱していないため、フリーメーソン的結社の意義を軽視し、コノヴァーロフらと「労働者グループ」の国会再開日デモの呼びかけを取り上げても、結局は失敗したとして、その意義を否定してしまっている。だが、二月二三～二七日の過程の叙述は、この本の中心部分をなし、ブルジャーロフをも超える詳細さをもっている。そして、この本の力がもっとも発揮されたのは、革命の勝利局面での、ツァーリ、軍部、国会臨時委員会の交渉の過程の分析であった。新しい資料の発掘もあり、すぐれた分析となっている。

一九八三年、私は初めて米国を訪問し、スタンフォード大学フーヴァー研究所で史料の収集を行なった。長谷川氏の本で教えられた文献・資料を見た。とくに特別市長官バルクの回想を筆写した。その後、ワシントンに行き、議会図書館ではラスプーチン関係の文献を集め、さらにはニューヨークのコロンビア大学図書館で資料調査をした。そこで、首都保安部長グロバチョフの回想を発見した。ニューヨークの市立図書館では、ジョン・リードのコレクションの中に、一九一七年に出たラスプーチン暴露のパンフレットを発見した。この旅行での収穫は大きかったが、結局、私は、その成果を生かして、二月革命史研究を完成させる方向には進むことにはならなかった。一九八六年に「ラスプーチン、皇后、皇帝――ピークリの歴史小説を読む」（和田春樹編『ロシア史の新しい世界』山川出版社）を書いただけだった。

一九九〇年に、アメリカの研究者、オバーン大学の准教授マイケル・メランコンが *The Socialist Revolutionaries and the Russian Anti-War Movement 1914-1917.* (Ohio State University Press, 1990) を刊行した。彼は、ブルジャーロフ、和田、長谷川の流れに立つ民衆史、民主党派の研究者の最後の代表者であろう。彼は、二月二七日に出たビラとして、一九五七年のソ連の資料集に発表された三枚のビラについて私がはじめた検証に注目し、長谷川が試みた一九七七年の検証について細かく調べて、自説を立てた第三の論文の執筆者でもある。この本も新しい史料を拾い上げた、有益な分析であった。

私が二月革命研究をまとめるという研究を進めきれなかったのは、新たにはじめた北朝鮮研究のためでもあるが、一九八〇年代に入って、ロシア革命観をすっかり考え直す方向に進んだためでもある。二〇世紀を〝世界戦争の時代〟と捉え、ロシア革命は世界戦争に反対して起こった革命であるが、その時代の条件を利用して、社会主義のユートピアを実現する方向に進み、時代の条件を超えることができずに終わった革命であった、と捉えるようになった。私の関心は、一〇月革命にはじまるレーニンの跳躍を考え直すことに惹きつけられた。そのかぎりで、私は二月革命から遠ざかっていったのであった。

一九八〇年代の末、ペレストロイカの時代が到来し、その帰結としてソ連が崩壊し、ロシア史のソ連社会主義時代が終焉を迎えた。私は、八〇年代初めからの考えを進めて、『歴史としての社会主義』（岩波新書、一九九二年）を書いた。

ロシア本国でも、ロシア革命についての見方が大きく変わっていった。社会主義革命―一〇月革命の評価は地に落ち、民主主義革命としての二月革命が高く評価されるようになった。リベラルの再評価が、顕著な傾向として現われた。二〇〇二年に出たペテルブルクのゲルツェン教育大学教授アレクサンドル・ニコラーエフの著書『二月革命における国会』（リャザン）は、二月革命における国会の積極的で革命的な役割を新資料をもって主張した。長谷川氏は、ニコラーエフの主張に衝撃を受けたと告白している。ニコラーエフよりも若いクリコフも新しい観点で仕事をしている。もっとも重要な彼の論文は、「二月革命の前夜とその過程における中央戦時工業委員会」（『祖国史』二〇一二年一号）である。中央戦時工業委員会労働者グループが、革命へ向かう重要な役割を果たしたことを積極的に評価している。しかし、これがグチコフら中央戦時工業委員会の指示と支持によるものだとして、グチコフとコノヴァーロフの立場の差に無関心であるのは、歴史の単純化である。

その後、セミョーン・リャンデルスが編集した『ツァリーズムの倒壊――一九一七年二月革命の語られざる物語』（*The Fall of Tsarism: Untold Stories of the February 1917 Revolution*, Oxford University Press, 2013）も出版された。ブルジャーロフが発掘したポリエフクトフのヒアリング・プロジェクトの成果を再発掘・整理し、解説をつけて発表したもので、リベラルと軍人たちの新しい貴重な証言が得られた。これは最後に出てきた証言であろう。

歴史研究所ペテルブルク支部で、長年、レニングラード学派の中心であったガネーリンが、生涯の最後に二月革命のプロセスの研究に没頭し、アメリカにまで出かけて得た資料の復刻も行なった。その仕事は、二〇一四年に最後の論文集『二〇世紀のロシアにて』に収められたが、また、第一次世界大戦一〇〇年記念の出版『世界戦争の中のロシア』第三巻の『二月革命』に、ニコラーエフ、クリコフらの仕事と一緒にまとめられた。二〇一四年に八八歳でこの世を去ったガネーリンは、二月革命の真実の姿を最終的に明らかにしようと願ったのだが、残念ながら、十分に成功したとは言えないと思う。

私は、二〇一六年にコロンビア大学のシンポジウムに参加して、大学図書館バフメーチェフ・コレクションを三〇年ぶりに訪れ、ガネーリンに教えられたポクロフスキー外相の回想のファイルを入手した。私の二月革命史料収集の旅も、これで終わった。

私は結局、ロシア革命一〇〇年の年である二〇一七年に、かつての二月革命について本をまとめるという計画を改めて実行するために、五〇年前の論文を書き直し、新たな資料や研究、新たな構想を加えて、本書を書きはじめた。東京大学文学部西洋史学科教授であった石井規衛氏は、私の大学院生であった人だが、彼も二月革命についての大作を完成しようとしていた。その石井氏の大学院生であった現・西洋史学科准教授の池田嘉郎氏は、この年の初めに『ロシア革命――破局の8か月』（岩波新書）を刊行した。革命一〇〇年記念のさまざまな機会に、石井・池田の両氏ともロシア革命についていろいろと論議することがあった。私は、二月革命についての自分の歴史像を提示するとともに、二月革命からはじまり、一〇月革命、そして第三のレーニンの革命にいたる、三段階のロシア革命像に行きついた。

二月革命は、専制君主制と闘ったブルジョア市民による革命、世界戦争および帝国軍隊と闘った労働者兵士による革命からなっていた。二月革命は、一九世紀の幕を閉じた最後の市民革命であるとともに、世界戦争の世紀である二〇世紀の幕を開いた、反戦・反軍の民衆革命のはじまりであったのである。この民衆の反戦・反軍の革命が、ブルジョア市民の革命との共同の成果である臨時政府を押し倒したのが、一〇月革命である。そこで権力を握ったレーニンの政府が、一九一八年一月に憲法制定会議を解散して、内戦を通じて、第三の革命である社会主義革命を開始するのである。

私は、二〇一七年一〇月九～一〇日にモスクワで開かれた革命一〇〇周年記念の国際シンポジウム「大ロシア革命」に招かれ、「二月革命――日本人歴史家の新しい見方」と題した報告を行ない、私の新しいロシア革命像を報告した。

＊

本書を書き始めてからも、書き上げた後からも、私はさまざまな修正・補足を加え、作品社編集部の内田眞人さんに多大な苦労をかけた。前著『スターリン批判』につづけて本書の編集を担当して下さった内田さんが寛大に対処してくださったことに対して感謝の言葉も見つからない。本書は、八〇歳となった私の生涯最後の本の一冊である。本書を完成して世に送り出すことができて、私は喜びを感じている。

ロシア革命年表

・日付は、(西)とあるのは西暦(グレゴリウス暦)、(露)はロシア暦で、何もないのはすべてロシア暦である
・各章のおおよその内容で区切ったが、厳密ではない
・太字はロシア以外の出来事

●第1章

1773～75年	プガチョフ反乱
1789年	**フランス大革命はじまる、三部会の国民議会宣言**
	パリ民衆蜂起、バスチーユ監獄陥落
	8月26日(西)、人権宣言
1790年	『ペテルブルクからモスクワへの旅』の著者ラジシチェフ逮捕
1791年	**国王ルイ一六世と王妃、国外逃亡を企て逮捕**
	立憲君主制憲法制定、革命戦争
1792年	**9月21日(西)、共和政宣言**
1793年	**国王と王妃、裁判のうえ処刑。ジャコバン独裁が確立**
1794年	**テルミドール・クーデター、ロベスピエール派を逮捕**
1796年	エカチェリーナ女帝死去、パーヴェル即位
1799年	**ブリュメール一八日のクーデター、ナポレオン統領政府が成立**
1801年	3月11日(露)、宮廷革命、パーヴェル殺害、皇太子アレクサンドル即位
1804年	**ナポレオンが帝位に就く**

1812年	ナポレオン軍、ロシアに侵攻。祖国戦争がはじまる
1814年	ロシア軍がパリ入城
1825年	12月14日(露)、デカブリスト、反乱を起こすが壊滅。ニコライ一世即位
1848年	**フランス二月革命**
1853年	クリミア戦争はじまる
1855年	ニコライ一世死去、アレクサンドル二世即位。セヴァストーポリ陥落
1857年	「大改革」はじまる
1861年	農奴解放令
1863年	ポーランド反乱
1864年	ゼムストヴォ設置、司法改革
1866年	4月4日(露)、皇帝アレクサンドル二世が狙撃される
1874年	「民衆の中へ(ヴ・ナロード)」運動がはじまる
1876年	「土地と自由」結社が誕生
1881年	3月1日(露)、「人民の意志」党執行委員会が、アレクサンドル二世を暗殺 4月29日(露)、アレクサンドル三世、専制護持の詔書を発す
1891年	シベリア鉄道建設開始
1894年	アレクサンドル三世死去、ニコライ二世即位
1904年	日露戦争開戦
1905年	
1月9日(露)	「血の日曜日」事件、第一革命はじまる
8月23日(露)	9月5日(西)、ポーツマス講和条約調印
10月17日(露)	国会開設と政治的自由を与える詔書(一〇月詔書)

1906年	
2〜3月	第一国会選挙
4月23日(露)	憲法公布
1908年	
10月7日(西)	オーストリア帝国がボスニア＝ヘルツェゴヴィナ併合を宣言
1911年	
9月5日(露)	ストルイピン首相暗殺
1912年	
	ロシア社会民主党プラハ協議会、レーニンの党（ボリシェヴィキ）誕生 進歩党結党、第四国会議員選挙 フリーメーソン結社「ロシア諸民族の大東洋」結成
1913年	
2月21日(露)	ロマノフ朝三〇〇年祭
1914年	
6月28日(西)	**15日(露)、オーストリア帝位継承者フェルディナンド夫妻、サラエヴォで暗殺**
7月20〜29日(西)	7〜16日(露)、首都労働者のストとバリケード闘争
23日(西)	**10日(露)、オーストリア、対セルビア最後通牒**
24日(西)	11日(露)、ロシア大臣会議で協議、部分動員で合意
25日(西)	12日(露)、皇帝臨席の六大臣会議。**セルビア、対オーストリア妥協的回答**
28日(西)	**オーストリア、対セルビア宣戦布告**
29日(西)	16日(露)、皇帝、総動員令公布を承認。ドイツ皇帝の電報を受け、取り消し。部分動員発令

30日(西)	17日(露)、皇帝、総動員令発令を承認
8月1日(西)	ドイツ、対露宣戦布告
2日(西)	7月20日(露)、ロシア、対ドイツ宣戦布告
3日(西)	ドイツ、対フランス宣戦布告。フランス、対ドイツ宣戦布告
30日(西)	17日(露)、タンネンベルクの戦いで、ロシア軍第二軍全滅
31日(西)	18日(露)、首都ペテルブルク、ペトログラードに改称
21日(露)	ロシア軍、リヴォフを占領
10月22日(露)	皇帝、ミンスクを行幸
11月20日(露)	皇帝、スモレンスクを行幸。26日(露)、チフリス行幸
1915年	
1月	最高総司令官によるユダヤ人敵視の布告が、ガリツィア各地に
2月	ボリシェヴィキ国会議員団逮捕
3月20日	ミャソエードフ憲兵大佐、スパイとして処刑
4月19日	ドイツ軍、ガリツィアでロシア軍を撃退
4月	ゴーリキー、出版社「パールス」を起こす。西部諸県のユダヤ人に立ち退き命令
5月	火器砲弾の補給強化の特別審議会が設置
26日	第九回全ロシア商工業代表大会が、戦時工業委員会設置を決定
6月5日	マクラコーフ内相更迭、後任はシチェルバートフ
10日	皇后アレクサンドラが、皇帝にラスプーチンの話を聞き、厳しくするようにと説得する書簡
18日	スホムリーノフ陸相更迭、後任はポリヴァーノフ
7月5日	サブレル宗務院総監更迭、後任はサマーリン
16〜17日	ケレンスキー宅で、全国ナロードニキ系組織の代表者会議

19日	再開国会に国防特別審議会法が提出される ボリシェヴィキ党の首都協議会が開催
25~27日	第1回戦時工業委員会の代表者大会が開催。労働者代表の参加を決定。中央戦時工業委員会議長にグチコフ、副議長にコノヴァーロフを選出
23日	ワルシャワ陥落、ポーランドで大退却はじまる
8月1日	国会が、国防・燃料・食糧・輸送の四つの特別審議会設置法を採択
13日	『ロシアの朝』紙、国防内閣の顔ぶれを発表
19日	グロドノ陥落
21日	八人の大臣が、皇帝に最高総司令官就任をいさめる書簡を送る
8月23~26日	9月5~8日(西)、ツィンメルヴァルドで反戦社会主義者の国際会議
25日	進歩ブロックが、綱領を政府に提出
23日	ニコライ大公を罷免、皇帝が最高総司令官となる
9月3日	国会休会
3~5日	首都労働者逮捕抗議スト、五九の工場・六万九八一七人が参加
19日	ついにヴィリノが陥落
26日	フヴォストフが内相事務取扱に任命。皇后とラスプーチンによる人事
27日	戦時工業委員会の労働者代表選挙人集会で、代表が選出されず
29日	軍需産業で、婦人・年少者の就業制限を解除する勅令
10月19日	戦艦「ガングート」で水兵が抵抗
11月29日	戦時工業委員会の労働者代表のやり直し選挙人集会で代表選出
12月	ゴーリキーが雑誌『レートピシ』創刊。スハノフが編集長
年末	クロンシタット水兵のボリシェヴィキ組織メンバー逮捕

1916年	
1月9日	首都労働者が「血の日曜日」記念スト。五五の工場・六万六七六七人が参加
20日	シチュルメルが首相に任命。皇后・ラスプーチンによる人事
2月	戦時工業委員会の第二回大会で、労働者代表も会議を開き、宣言を発表
3月	モスクワでゼムストヴォ連合大会と都市連合大会が開催
7月〜12月	中央アジアの反乱
9月16日	プロトポーポフが内相事務取扱に任命。皇后・ラスプーチンによる人事
●第2章・第3章・第4章	
10月	前線兵士の攻撃命令拒否の抵抗がはじまる。12月までつづく
初め	グチコフとネクラーソフが会談し、軍事クーデター計画推進で合意。遅れてチェレーシチェンコも参加
13日	グチコフ、病気療養のため、キスロヴォーツクへ赴く
17日	首都で、歩兵第一八一連隊予備大隊の兵士が、労働者デモを弾圧する警官を攻撃
月末	露英協会の再建の会が、ペトログラード市会で開かれる。英大使ブキャナンが挨拶
10月26日〜11月1日	クロンシタット海軍の軍法会議に、バルト海艦隊水兵ボリシェヴィキ党組織二〇人がかけられる
11月1日	国会再開。ミリュコーフは「愚かなのか、裏切りなのか」と演説
2日	「労働者グループ」と左翼議員の会合が、「救国政府」樹立の決議を採択
10日	シチュルメル首相が解任、後任にトレポフ
18日	ジナイーダ・ユスーポヴァが、息子フェリックスに書簡。「ラスプーチンを処分して、皇后を抑えないかぎり、どうにもならない」
19日	国会で右翼議員プリシケーヴィチが、ラスプーチン非難の演説

21日	フェリックスがプリシケーヴィチを訪問し、仲間に引き入れる 夕方、フェリックス邸で、フェリックス、ドミトリー大公、プリシケーヴィチら四人がラスプーチン暗殺について会合
22日	12月5日(西)、ルーマニアの首都ブカレスト陥落
29日	12月12日(西)、ベートマン＝ホルヴェーク独首相が、協商国側に講和を提案
12月1日	ユスーポフら、ラスプーチン暗殺を16日に決行と決定 連合貴族会議第一二回大会、「暗黒勢力」糾弾の決議を採択
3日	エリザヴェータ大公妃、実妹の皇后アレクサンドラに会い、ラスプーチン排除を忠告
5日	18日(西)、ウィルソン米大統領、交戦諸国に和平条件の提示を求める
9日	全国ゼムストヴォ連合大会が禁止され、ゲオルギー・リヴォーフが抗議集会で演説 夜、リヴォーフがチフリス市長ハティーソフに、ニコライ・ニコラエヴィチ大公が軍事クーデターを実行するよう説得することを依頼
12日	ニコライ二世が、講和しないと述べた陸海軍将兵への命令を発す
13日	ケレンスキーが国会の演壇から革命の必要を語る
13〜15日	ペトログラードで地方戦時工業委員会会議が開催。労働者代表は会合をもち、「体制の除去と完全な民主化」を求める決議を採択
16日	ラスプーチンがユスーポフ邸で暗殺され、遺体はネヴァ川に捨てられる
17日	朝、ラスプーチンが帰宅しないことが問題となる。皇后が不安に陥る 午後4時半、皇后が皇帝に電報 ユスーポフが皇后に面会を願うが、皇后は拒否。ユスーポフが書簡を送る 皇后が、ユスーポフの首都の出発禁止を命令。ユスーポフは停車場で乗車を拒否される 『ビルジェヴイエ・ヴェドモスチ』(夕刊紙)、ラスプーチンの死を報道

12月18日	朝刊各紙、ラスプーチンの死を報道 午後3時、皇帝がモギリョフにある大本営を出発、ツァールスコエ・セローへ向かう
19日	正午すぎ、ラスプーチンの遺体発見 皇族が集まり、ドミトリー大公の裁判中止を訴えることを申し合わせる 午後6時、皇帝がツァールスコエ・セローに帰る
20日	グチコフ、病気療養からモスクワへ戻る
21日	ラスプーチンの遺体を、ツァールスコエ・セローに埋葬
23日	皇帝の命令で、ドミトリー大公がペルシャ国境近くの部隊での勤務を命ぜられ出発
25日	首相更迭、ゴリーツィン公爵が首相に任命される
29日	皇族一六人が、ドミトリー大公への処分取り消しの嘆願書を提出 皇后の姉エリザヴェータ大公妃が、皇帝にラスプーチン殺害を擁護する書簡を書く
30日	皇帝が、皇族一六人の嘆願書を突き返す リャブシンスキー邸でモスクワの市議会、産業界の有力者が会合。皇帝の国会解散命令には闘うべきという雰囲気になる
年末	グチコフの協力者ヴャゼムスキー公爵が、前線で被弾し入院

●第5章

1917年

1月	チフリスで、ハティーソフが新年祝賀でニコライ大公を訪問。リヴォーフの軍事クーデター計画を伝える。ニコライ大公は翌日、拒否を回答
	首都では、ウスリー騎兵旅団長クルイモフが、要人たちに軍事クーデターの必要を説く。チェレーシチェンコが連携する。三月初め決行という案がまとまる
3日	ペトログラード軍管区司令官ハバーロフ、「労働者グループ」の政治集会について警告

7日	国防特別審議会で、マニコフスキー砲兵局長官が、燃料危機のため軍需生産激減のおそれがあると発言
9日	首都の労働者が「血の日曜日」記念スト。一一一の工場・一四万五三〇一人参加。
16日	「労働者グループ」が、2月14日に国会行進を呼びかけることを決定
	英仏伊代表、ミルナー卿、ドゥメルグ元首相、シャロイヤ無任所相らが、ペトログラード到着
18日	協商国のペトログラード会議がはじまる
26日	「労働者グループ」事務室に手入れ、幹部全員が逮捕。コノヴァーロフ、グチコフら、ゴリーツイン首相に抗議
28日	国防特別審議会で、クルペンスキー委員が、危機打開のため、皇帝臨席のもとに全特別審議会の合同会議を開くことを提案
29日	戦時工業委員会が緊急会議を開き、「労働者グループ」逮捕に抗議
	この頃、ガリペールン宅で民主党派が懇談会
2月4日	国防特別審議会で、グチコフがクルペンスキー提案を支持し、一七人連署の意見書が皇帝に送られる
8日	協商国ペトログラード会議が終了、代表ら首都を去る
9日	ハバーロフ軍管区司令官が、国会開会日の国会行進禁止を布告
10日	ボリシェヴィキ党のペトログラード市委員会が呼びかけた、党議員団裁判記念ストに反応なし
	ロジャンコが、皇帝に最後の上奏
13日	コロムナ地区で召集を受けた国民兵五〇〇人（第一種か第二種かは不明）がデモ、暴力化
14日	国会再開、シドロフスキー意見をめぐり討論 五八の工場・八万九五七六人がスト。国会行進は阻止される。学生たちはネフスキー大通りでデモを試みる
15日	国会でケレンスキーが「国は混沌の中にあり、中世的体制の打破が必要」と演説

2月17日	国会でケレンスキーが、再び「デスポット的権力」の最後の時が来た、と演説
21日	プチーロフ工場で全面スト、当局が工場をロックアウト
22日	ヴィボルク地区の北で、国際婦人デー集会が開かれる
23日	ヴィボルク地区の繊維工場の女子労働者がストライキ。近隣の機械工場も、呼びかけに応え、スト突入。労働者たちは、ただちにデモを開始。 午後には、ヴィボルク地区はゼネスト状態。デモ隊はネヴァ川を越えようとする。五〇の工場・八万七五三四人がスト参加（警保局の記録）
24日	ストは全都に拡大し、一三一の工場・一五万八五八三人がスト参加（保安部の記録）。ネフスキー大通りで労働者がデモ
25日	全都がゼネスト状態となる。二四万人参加 午前10時、ヴィボルク地区からのデモ隊が、リチェイヌイ橋の突破をはかり、シャルフェーエフ警視を攻撃し負傷させる 午後3時、ニコライ停車場前広場で、クルイロフ警察署長がカザーク兵に切り殺される。ネフスキー大通りで、軍隊が最初の発砲。ペトログラード鋼管工場で将校が発砲し、労働者を殺害 夜、市会会議室で市民集会。ケレンスキーが演説。 アレクサンドリンスキー劇場で、レールモントフ作『仮面舞踏会』（メイエルホリド演出）初演 「明日は騒乱状態を鎮圧せよ」との皇帝の命令届く。当局、労働者グループ、ボリシェヴィキらを逮捕
26日	日曜日。ハバーロフ司令官布告、軍隊による武力行使を予告。 午後、軍隊が労働者市民のデモに発砲し、死者多数。 夕刻、パヴロフスキー連隊第四中隊が発砲に抗議して、発砲拒否を宣言したが、弾圧される 夜、閣議で国会休会命令を出すことを決定。ロジャンコ、アレクセーエフに電報し、信任内閣を求める

27日	朝、ヴォルイニ連隊で、兵士が命令拒否を宣言し、将校を殺害して反乱。近接の三連隊に波及し、兵士たちは砲兵局を攻撃し、さらに「クレストゥイ」監獄を解放。首都革命はじまる

●第6章

2月27日	早朝、国会議員に国会休会勅令が伝わる。兵士反乱のニュースも。
	午前9時、議員たちが登院しはじめる
	午前12時、長老会議開会の予定時間になるが、開会されず。予算委員長室で、ネクラーソフが長老会議を非公式に開く。ロジャンコが抗議し、長老会議が正式に開会
	午後2時頃から、反乱兵士がタヴリーダ宮殿につめかける
	午後2時半頃、国会の非公式会議が半円会議場ではじまる
	午後3時半すぎ、ロジャンコが国会対処四案を採決にかけ、国会特別委員会の設置が決定
	その頃、国会内で、グヴォズジエフ、ボグダーノフ、カペリンスキー、ソコロフらが会合し、労働者・兵士代表ソヴィエトの結成を呼びかけることを決定。
	市内では、「結成せんとする労働者ソヴィエト」と署名されたビラが配布される。飛行機からも散布
	午後遅く、「労働者ソヴィエト臨時執行委員会」の名でビラが配布（労兵代表は午後7時に国会へ集まれ、と訴えている）
	ソヴィエト結成を呼びかける「ロシア社会民主労働党」の題字のビラが配布
	夕刻、臨時革命政府の選出を呼びかけた「ボリシェヴィキ党中央委員会宣言」が印刷
	午後5時、ロジャンコが、ガッチナのミハイル大公を首都に呼び出す
	午後5時半、国会に、シチェグロヴィートフ国家評議会議長が連行されてくる。ケレンスキーが逮捕を宣言
	午後7時、ロジャンコらが、マリインスキー宮でミハイル大公と会い、信任内閣制への移行を、皇帝に説得することを要請

2月27日	夜、モスクワで革命がはじまる。社会団体委員会が権力掌握を決定し、軍管区司令官の解任を決め、グルジーノフを新司令官に指名。臨時革命委員会が、労働者ソヴィエトの結成を呼びかける 午後9時ないし10時、タヴリーダ宮殿内で、労兵ソヴィエト結成会議が開かれ、執行委員会を選出 大本営で、皇帝が、イヴァーノフに革命鎮圧部隊を指揮するように命令 午後10時半、ミハイル大公がアレクセーエフ参謀総長と電信で対話し、信任内閣への移行案を皇帝に伝えるように要請。皇帝からは拒否の回答
28日	午前1時前、ロジャンコら、ミハイル大公のもとから国会へ戻る 午前2時、ロジャンコの決断で、国会臨時委員会は権力掌握の動きを開始する 午前5時、皇帝列車がツァールスコエ・セローをめざし、大本営のあるモギリョフを出発
●第7章・第8章	
2月28日	午前8時、国会臨時委員会の軍事委員会命令第一号が発令される シチュルメル元首相が連行されてくる。ブーブリコフが交通省の接収のため出発。各省にコミサールを派遣 午前10時50分、イヴァーノフの革命鎮圧部隊に合流するゲオルギエフスキー大隊が、モギリョフの大本営から出発 午前11時半、イヴァーノフが、ハバーロフと電信で通話、首都が革命軍に制圧されていることを知る 正午、海軍本部のハバーロフ軍が解散し、それぞれ原隊に復帰 午後1時、革命鎮圧の命を受けたイヴァーノフが、モギリョフを出発 午後1時50分、国会議員ブーブリコフが、全国の鉄道駅に〝革命の宣言〟と〝職務の遂行〟の命令を打電。首都革命の最初の告示であり、全国民に革命を報せた 午後3時、皇帝の列車がヴャジマ到着。皇帝は皇后に電報 午後、『ペトログラード労兵ソヴィエト・イズヴェスチヤ』発刊。ソヴィエト結成のアピールを発表

	この日、ロジャンコは、パーヴェル大公の使者である弁護士イヴァーノフの訪問を受け、大公から皇帝に、責任内閣制への移行を説得するよう依頼 午後9時、皇帝の列車がリホスラヴリ駅に到着 ツァールスコエ・セローの狙撃兵連隊が革命側につく 夜、クロンシタットで反乱が全面化。将校士官多数が殺害される
3月1日	午前1時15分、アレクセーエフが、イヴァーノフに宛て、革命鎮圧作戦の中止を示唆する電報を打つ 午前3時45分、皇帝列車がマーラヤ・ヴィシェラ駅に到着 午前6時、クロンシタットのヤーコリ（錨）広場で、反乱兵士・水兵が大集会を開く。ヴィーレン司令官が引き出され殺害 午前9時、皇帝列車がボロゴーエ駅到着。ロジャンコが皇帝宛てに電報を打ち、謁見を求める 午前中　弁護士イヴァーノフが、ツァールスコエ・セローのパーヴェル大公を訪問し協議。責任内閣制の詔書案を作成。パーヴェル、ミハイル、キリルの三人の大公が連署 ツァールスコエ・セローに、国会臨時委員会のコミサールが到着。革命に同調した連隊と会う 正午ないし午後2時、ソヴィエト総会に兵士代表が出席し、兵士問題について討議。合意二項目が決定し、執行委員会への兵士代表一〇人を選出。総会後、ソコロフと執行委員が、合意二項目を「命令第一号」にして発表 午後3時5分、皇帝列車がドノー駅に到着。ロジャンコが電報し、拝謁にうかがえないと伝える 午後3時55分、アレクセーエフが、皇帝にモスクワの革命事態を知らせ、信任内閣を求める電報を打つ 午後4時、キリル・ヴラジーミロヴィチ大公が、近衛海兵団の将兵とともに国会を訪問し、国会への忠誠を表明 モスクワのムロゾフスキー軍管区司令官の電報「モスクワは完全な革命」が大本営に届く

3月1日	午後6時、ソヴィエト執行委員会で政権問題を論議し、連合政府に反対し、国会による臨時政府を承認するための条件を決定
	イヴァーノフ軍がヴイリーツァ駅に到着
	午後6時すぎ、クレムボフスキー参謀次長が、首都、モスクワ、クロンシタットでの革命を方面軍司令官に伝える電報を打電
	夕刻、弁護士イヴァーノフが、三人の大公連署の責任内閣制の詔書案を、ロジャンコに届ける
	ルーガの騎兵部隊駐屯地で反乱が全面化。メングデン司令官が殺害される
	クロンシタットで反乱がはじまったことが大本営に伝わる
	午後7時、皇帝列車がプスコフに到着。ルーズスキーが皇帝に拝謁
	イヴァーノフが単身でツァールスコエ・セローに赴き、関係者と協議。密かに皇后に拝謁し、そのままヴイリーツァへ戻る
	午後10時20分、ルーズスキーが皇帝に、責任内閣制を求めるアレクセーエフの電報を渡す
	夜、ボリシェヴィキ党ヴイボルク地区委員会の再建集会が、臨時革命政府の樹立を決議
	エスエル左派とメジライオンツィによる兵士向けのビラが出る。ソヴィエトを基礎とする臨時革命政府の樹立を求める

●第9章

3月1日	深夜12時、ソヴィエト執行委員会有志と国会臨時委員会、政権についての協議をはじめる
2日	午前2時半、ロジャンコとルーズスキーが、ヒューズ式印字通信機で対話。ロジャンコが情勢の急変を理由に、皇帝の退位を要求
	グチコフが、皇帝に退位と皇太子への譲位を求めるため、皇帝のいるプスコフに行く意志を国会臨時委員会に表明し、承認される
	午前5時半～6時、国会臨時委員会が、アレクセーエフにリヴォーフ首班臨時政府の樹立を知らせ、首都の軍管区司令官にコルニーロフを任命するように要請

	午前10時45分、ルーズスキーが皇帝に、皇帝退位を求めるロジャンコの意見を伝える
	午前10時〜11時半、アレクセーエフが、皇帝退位のほかなしという意見を、各方面軍司令官に知らせる
	正午すぎ、ソヴィエト総会が政権問題を討議。スチェクロフが、国会臨時委員会との協議について報告。修正のうえ原案が採択
	午後2時30分、ルーズスキーとアレクセーエフが、方面軍司令官の皇帝退位やむなしという意見を、皇帝に伝える。皇帝が皇太子への譲位に同意すると回答
	午後3時、ミリュコーフが、タヴリーダ宮殿内で臨時政府について最初の発表
	午後9時20分、皇帝が、イヴァーノフに代えてコルニーロフをペトログラード軍管区司令官に任命
	午後10時、グチコフとシュリギン、プスコフに到着し、皇帝に拝謁。皇帝は、皇太子の退位も宣言し、ミハイル大公に譲位するとの意志を明らかにする
	深夜12時、皇帝の退位の詔書。リヴォーフを首相に、ニコライ・ニコラエヴィチ大公を最高総司令官に任命する勅令に署名
3日	午前1時、退位したニコライ（旧帝）の列車が、プスコフを出発
	午前3時、旧帝ニコライによるミハイル大公への譲位の決定が、国会臨時委員会に伝わる
	朝、臨時政府の樹立が報道され、大臣の名簿が発表される。この政府の活動の原則も発表
	午前9時半、ミハイル大公の滞在先を、ロジャンコと臨時政府閣僚が訪問し協議。ミハイル大公は説得を受け、帝位継承を拒否
	午後11時、旧帝ニコライの列車がモギリョフに到着
●第10章	
3月4日	朝、新聞に皇帝の退位の詔書が掲載。ミハイル大公による帝位の継承拒否の口上書も掲載
	午後1時45分、バルト海艦隊司令長官ネペニンが、反乱水兵たちによって殺害
	午後3時35分、グチコフ陸海軍相が、マクシモフを新バルト海艦隊司令長官に任命

3月4日	臨時政府が、全国各県の県知事・副知事を解任し、その代わりに各県のゼムストヴォ参事会議長を、臨時政府県コミサールに任命 外務大臣ミリュコーフが、ロシアの在外公館に対して、臨時政府の外交方針を伝える電報を送る 「旧大臣、長官、その他の高級官吏の職務上の違法行為を調査するため」に、非常審問委員会を設置
5日	グチコフ陸海軍相が、「陸軍省命令一一四号」を発す ソヴィエト総会が、革命犠牲者を3月10日に冬宮前広場に埋葬すると決定
6日	臨時政府の大赦令 臨時政府が宣言を発表「勝利の日まで戦争を戦い抜く」 グチコフ陸海軍相が「省令一一五号」を発し、軍改革を検討するポリヴァーノフ委員会が発足 ソヴィエト執行委員会が「命令第二号」を採択
7日	全国の司法機関に「政治犯と宗教犯の釈放を直ちに実行せよ」という司法大臣通達が出される 旧帝ニコライと家族の自由を剥奪し、一家をツァールスコエ・セローに移送することが決定 臨時政府、フィンランド大公国憲法の効力を全面的に認める国家文書を発表
8日	ソヴィエト執行委員会と国会臨時委員会軍事委員会の「命令第三号」発表 コルニーロフ首都軍管区司令官がツァールスコエ・セローへ赴き、旧帝・旧皇后・旧皇太子たちの身柄拘束を宣言
9日	アメリカ政府が臨時政府の承認を発表 旧帝ニコライの列車がツァールスコエ・セローに到着。旧帝は宮殿に監禁となる
10日	内務省警保局が廃止
11日	24日(西)、ロシア駐在の英仏伊の大使が臨時政府を訪問し、正式の承認を伝える 臨時政府首相が、ニコライ・ニコラエヴィチ大公の最高総司令官就任を否定
12日	臨時政府が死刑を廃止

	ボリシェヴィキ党幹部のカーメネフ、スターリンらが首都に到着
14日	ソヴィエト総会が開かれ、宣言「全世界の諸国民へ」を採択 パリの保安部在外代表部が閉鎖
15日以降	ツェレチェリ、アブラム・ゴーツが、イルクーツクを出発
19日	憲兵軍団が廃止 女性団体が、「憲法制定会議選挙の投票権を女性に与えよ」と要求するデモを、首都の街頭で敢行
20日	宗教的・民族的差別を廃止する法令を公布
23日	革命犠牲者の市民葬。マルス原に革命犠牲者が埋葬さる
25日	革命犠牲者追悼のコンサートが、マリインスキー劇場で開かれる。革命運動の長老ヴェーラ・フィグネルが弔辞を読む

●二月革命後

1917年	
3月28日	リヴォーフ首相の市民への宣言、戦争目的を語る
4月3日	レーニン帰国
18日	ミリュコーフの覚書「世界戦争を決定的な勝利にまで貫徹する」
20~21日	首都の労働者・兵士デモ（四月危機）
5月5日	グチコフとミリュコーフが大臣を退陣。連立政府が成立。ケレンスキー陸海軍相に
6月18日	ケレンスキー、全軍にドイツ軍への攻勢を命令
7月3日	首都の兵士による反政府武装デモ、銃撃戦が発生（七月危機）。ボリシェヴィキ指導者逮捕
24日	ケレンスキー首相の連立政府が誕生
8月12日	モスクワ国家会議が開幕

8月27日	ケレンスキーがコルニーロフ最高総司令官を解任。コルニーロフ部隊が首都へ
9月2日	コルニーロフ逮捕
●一〇月革命	
9月14〜21日	民主主義派会議が開かれる
25日	臨時政府の最後の改組
10月7日	予備議会（共和国評議会）開会
9日	ペトログラード・ソヴィエトが革命防衛委員会（軍事革命委員会と改称）を設置
10・16日	ボリシェヴィキ党中央委員会で、レーニンの武装蜂起決議採択
25日	午前10時、レーニン起草のソヴィエト軍事革命委員会の告示「臨時政府は打倒された」発表 ケレンスキーが冬宮を脱出。他の閣僚は冬宮に立てこもる 午後2時半、ペトログラード・ソヴィエトが総会、トロツキーとレーニンが演説 夜11時近く、第二回全ロシア労兵ソヴィエト大会が開会
26日	午前2時、冬宮の臨時政府が抵抗を止め、拘束される 午前3時、ソヴィエト大会が再開。ルナチャルスキーが提案したアピール「労働者・兵士・農民諸君へ」採択され、革命の五つの課題が明記 午後9時〜27日午前5時、第二回ソヴィエト大会で「平和に関する布告」が採択、つづけて「土地に関する布告」採択され、最後に臨時労農政府が選出
11月12日以降	憲法制定会議選挙が全国で行なわれる
12月2日	カデット党が非合法化
7日	非常取り締まり機関「チェカー」が設置
16日	「全軍人の権利の平等化についての法令」と「軍隊における選挙制と権力の組織についての法令」公布
●レーニンの「第三革命」以降	

1918年	
1月5日	憲法制定会議開会
6日	レーニン政府が憲法制定会議を解散（第三革命の開始）
15日	志願制の労農赤軍を創設
3月3日	ドイツとの講和条約調印
6〜8日	第7回党大会、党名を「ロシア共産党」と改める
5月13日	食糧独裁令
25日	チェコ軍団反乱が開始
6月11日	貧農委員会組織令
28日	大企業国有化令
6〜7月	赤軍が徴兵制に移行
7月6日	左翼エスエルが反乱
7日	レーニンのスターリン宛ての電報「冒険主義者どもを容赦なく鎮圧せよ」
17日	ウラルで旧帝一家が殺害される
8月2日	日本がシベリア出兵を宣言
3日	米国がシベリア出兵を宣言
30日	レーニンに対して、エスエルの女性カプランがテロ
9月5日	レーニン政権が赤色テロルを宣言し、帝政派の政治家・軍人五一二人を処刑
1919年	
3月2〜6日	コミンテルン創立大会
18〜23日	第八回党大会で、共産党一党支配をめざすことを決議、党国家体制の構築へ
3月	コルチャーク軍が攻撃開始

5月	赤軍が撃退
7月	ジェニーキン軍が攻撃開始
10月	赤軍が撃退
1920年	
4月	ポーランド軍がウクライナ侵入
7月	コミンテルン第二回大会、「民族・植民地主義問題に関するテーゼ」採択
8月	タムボフ県で農民軍の反乱はじまる
1921年	
3月8〜16日	第10回党大会、食糧現物税導入を決定（新経済政策の導入）
夏	ヴォルガ流域で飢饉が発生
7月21日	全ロシア中央執行委員会、全ロシア飢民救援委員会設置を決定
8月27日	全ロシア飢民救援委員会の解散が命令
1922年	
4月	スターリンが党書記長に任命される
5月	レーニン、最初の発作
10月6日	党中央委員会、ソ連結成の原則決定
12月22日	レーニン、二回目の発作
24日	レーニン、後継者についての人物評を書く
1923年	
1月4日	レーニン、スターリンを書記長から解任せよと書く
3月6日	レーニン、スターリンに謝罪するか絶縁するかを迫る手紙を執筆
3月10日	レーニン、3回目の致命的な発作

年	月日	事項
1924年	1月21日	レーニン死去、53歳

Tiutiukin, S. V. *Voina, mir, revoliutsiia. Ideinaia bor'ba v rabochem dvizhenii Rossii 1914-1917 gg.*, Moscow, 1972.

Tiutiukin, S. V. *Aleksandr Kerenskii: stranitsy politicheskoi biografii (1905-1917 gg.).* Moscow, 2012.

Tokarev, Iu. S. *Petrogradskii Sovet rabochikh i soldatskikh deputatov v marte-aprele 1917 g.* Leningrad, 1976.

Vada Kharuki, Fevral'skaia revoliutsiia 1917 goda, in *Politicheskaia istoriia Rossii. Izbrannye trudy 1960-2017*, Moscow, 2018.

Vada Kharuki, Fevral'skaia revoliutsiia: novaia kontseptsiia iaponskikh istorikov, in *Politicheskaia istoriia Rossii. Izbrannye trudy 1960-2017*, Moscow, 2018.

Verzhkhovskii, D. V. and Liakhov, V. F. *Pervaia mirovaia voina 1914-1918 gg.* Moscow, 1964.

Volobuev, P. V. *Ekonomicheskaia politika Vremennogo pravitel'stva.* Moscow, 1962.

Wada, Haruki, The Russian February Revolution of 1917, *Annals of the Institute of Social Science*, No. 15, 1974.

Wada Haruki, Lev Tikhomirov: His Thought in His Later Years 1913-1923, *Annals of the Institute of social Science,* No. 28, 1987.

White, James D. The Sormovo-Nikolaev zemliachestvo in the February Revolution, *Soviet Studies*, Vol. XXXI, No. 4. 1979.

Zaslavskii, D. O. and Kantrovich, V. A. *Khronika Fevral'skoi revoliutsii,* Vol. I, Petrograd, 1924.

Zlokazov, G. I. O zasedanii Petrogradskogo Soveta rabochikh i soldatskikh deputatov 28 fevralia 1917 g., in *Oktiabr' i grazhdanskaia voina v SSSR,* Moscow, 1966.

Zlokazov, G. I. Sozdanie Petrogradskogo Soveta, *IS*, 1964, No. 5.

池田嘉郎「コーポラティヴな専制から共和制の帝国ソ連へ」、『第一次世界大戦と帝国の遺産』山川出版社、2014年。

池田嘉郎『ロシア革命——破局の8か月』岩波新書、2017年。

石井規衛「ロシア革命と第一次世界大戦時の過剰動員」、『歴史評論』810号、2017年10月。

加納格『ロシア帝国の民主化と国家統合——二十世紀初頭の改革と革命』御茶の水書房、2001年。

菊地昌典『ロシア革命と日本人』筑摩書房、1973年。

バーバラ・タックマン（山室まりや訳）『八月の砲声』下、筑摩書房、1965年。

トロツキー（藤井一行訳）『ロシア革命史』1、岩波文庫、2000年。

和田春樹「二月革命」、江口朴郎編『ロシア革命の研究』中央公論社、1968年。

和田春樹『ニコライ・ラッセル——国境を越えるナロードニキ』下、中央公論社、1973年。

和田春樹「ラスプーチン、皇后、皇帝——ピークリの歴史小説を読む」、『ロシア史の新しい世界——書物と史料の読み方』山川出版社、1986年。

和田春樹『日露戦争——起源と開戦』上下、岩波書店、2009-10年。

和田春樹・あき子『血の日曜日——ロシア革命の発端』中公新書、1970年。

Sankt-Peterburg, 2014.

Pervaia mirovaia voina: Prolog XX veka. Moscow, 1998.

Petrash,V. V. *Moriaki Baltiiskogo flota v bor'be za pobedu Oktiabria,* Moscow-Leningrad, 1966.

Petrogradskie bol'shevki v trekh revoliutsiiakh. Leningrad, 1966.

Petrov, V. A. *Ocheki po istorii revoliutsionnogo dvizheniia v russkoi armii v 1905 g.* Moscow-Leningrad, 1964.

Pogrebinskii, A. P. K istorii soiuzov zemstv i gorodov v gody imperialisticheskoi voiny, *IZ*, Vol. 12, 1941.

Pogrebinskii, A. P. Voenno-promyshlennye komitety. *IZ*, Vol. 11, 1941.

Poletika, N. P. *Vozniknovenie pervoi mirovoi voiny (Iiul'skii krizis 1914 g.)*. Moscow, 1964.

Popov, I. I. *Ocherki istorii VKP(b),* 12th ed., vyp. 1, Moscow-Leningrad, 1931.

Radzinsky, Edward. *The Rasputin File,* Doubleday, New York; 2000. ラジンスキー（沼野充義・望月哲男訳）『真説ラスプーチン』下、日本放送出版協会、2004 年。

Rashin, A. G. *Formirovanie rabochego klassa Rossii*. Moscow, 1958.

Rashin, A. G. *Naselenie Rossii za 100 let*. Moscow, 1956.

Repnikov, Aleksandr and Milevskii, Oleg. *Dve zhizni L'va Tikhomirova,* Moscow, 2011.

Russian Schools and Universities in the World War. New Haven, 1929.

Shchegolev, P. E. *Poslednii reis Nikolaia Vtorogo,* Moscow-Leningrad, 1928.

Seiranian, B. S. *Bor'ba bol'shevikov protiv voenno-promyshlennykh komitetov*. Erevan, 1961.

Senin, A. *Aleksandr Ivanovich Guchkov,* Moscow, 1996.

Shalaginova, L. M. Esery-internatsionalisty v gody pervoi mirovoi voiny, in *Pervaia mirovaia voina 1914-1918*. Moscow, 1968.

Shatsillo, K. F. Delo Polkovnika Miasoedova, *VI,* 1967, No. 4.

Sheliubskii, A. P. Severnyi front v dni Fevral'skoi revolitsii, *IS*, 1967, No. 1.

Siegelbaum, Lewis H. *The Politics of Industrial Mobilization in Russia, 1914-17: A Study of the War-Industries Committees,* Oxford, 1983.

Slonimskii, A. G. *Katastrofa russkogo liberalizma: Progressivnyi blok nakanune i vo vremia Fevral'skoi revoliutsii 1917 goda*. Dushanbe, 1975.

Sobolev, G. A. *Petrogradskii garnizon v bor'be za pobedu Oktiabria*. Leningrad, 1985.

Solzhenityn, Aleksandr. *Krasnoe koleso. August chetyrnadtsatogo*. Kniga 1-2, Moscow, 2007; *Oktiabr' shestnadtsatogo*. Kniga 1-2, Moscow, 2007; *Mart semnadtsatogo*. Kniga 1-2, Moscow, 2008. (Polnoe sobranie, Vol. 7-12).

Startsev, V. I. *Ocherki po istorii petrogradskoi Krasnoi gvardii i rabochei militsii*. Moscow-Leningrad, 1965.

Startsev, V. I. *Tainy russkikh masonov*. Sankt-Peterburg, 2004.

Stepanov, Z. V. *Rabochie Petrograda v period podgotovki i provedeniia Oktiabr'skogo vooruzhennogo vosstaniia*. Moscow-Leningrad, 1965.

Stepanov, Z. V. Voprosy chislennosti i struktury rabochikh Petrograda v 1917 g. *Rabochii klass i rabochee dvizhenie v Rossii v 1917 g.,* Moscow,1964.

Stites, Richard. *The Women's Liberation Movement in Russia. Feminism, Nihilism and Bolshevism 1860-1930*. Princeton University Press, 1978.

Studentsova, E. E. V bor'be za sverzhenie tsarizma, in *Vyborgskaia storona. Sbornik statei i vospominanii*. Leningrad, 1957.

Tarnovskii, K. N. *Formirovanie gosudarstvenno-monopolisticheskogo kapitalizma v Rossii v gody pervoi mirovoi voiny*. Moscow, 1958.

mirovoi voiny i Fevral'skoi revoliutsii, Moscow, 1979.

Leiberov, I. P. O vozniknovenii revoliutsionnoi situatsii v Rossii v gody pervoi mirovoi voiny (iiul'-sentiabr'1915 g.), *IS*, 1964, No. 6.

Leiberov, I. P. Petrogradskii proletariat v bor'be za pobedu Fevral'skoi burzhuaznodemokraticheskoi revoliutsii v Rossii, *IS*, 1957, No. 1.

Leiberov, I. P. Stachechnaia bor'ba Petrogradskogo proletariata v period pervoi mirovoi voiny, in *Istoriia rabochego klassa Leningrada*, vyp. II, Leningrad, 1963.

Leiberov, I. P. and Shkaratan, O. I. K voprosu o sostave petrogradskikh promyshlennykh rabochikh v 1917 godu. *VI*, 1961, No. 1.

Letopis' zhizni i tvorchestva A. M. Gor'kogo, Vol. 2, Moscow, 1958.

Longley, David. The February Revolution in the Baltic Fleet at Helsingfors: Vostanie or Bunt? *Canadian Slavonic Papers,* Vol.20, No. 1 (1978).

Lukoianov, I. V. *U istokov rossiiskogo parlamentarizma*, Sankt-Peterburg, 2003.

MacKenzie, David. *The "Black Hand" on Trial Salonika, 1917,* Columbia University Press, 1995. マッケンジー（柴宜弘他訳）『暗殺者アピス――第一次世界大戦をおこした男』平凡社、1992年。

Maevskii, Evg. Obshchaia kartina dvizheniia, in *Obshchestvennoe dvizhenie v Rossii v nachale XX-go veka.*Vol. II, ch. 1, S.-Peterburg, 1910.

Martov, L. *Istoriia Rossiiskoi sotsial-demokratii.* Petrograd-Moscow, 1923.

Martynov, E. I. *Tsarskaia armiia v Febrial'skom perevorote*, Leningrad, 1927.

Melancon, Michael. Who wrote What and When? Proclamations of the February Revolution in Petrograd, 23 February—1 March 1917, *Soviet Studies,* Vol. XL, No. 3, July 1988.

Melancon, Michael. *The Socialist Revolutionaries and the Russian Anti-war Movement, 1914-1917,* Ohio State University Press, 1990.

Melancon, Michael. Rethinking Russia's February Revolution: Anonymous spontaneity or socialist agency?, in *Politicheskie partii v rossiiskikh revoliutsiiakh v nachale XX veka*. Moscow, 2005.

Mel'gunov, S. P. *Legenda o separatnom mire. Kanun revoliutsii,* Moscow, 2006.

Mel'gunov, S. P. *Martovskie dni 1917 goda.* Paris, 1961.

Mel'gunov, S. P. *Na putiakh k dvortsovom perevorotu,* Paris, b. g.

Menitskii, I. *Revoliutsionnoe dvizhenie voennykh godov 1914-1917.* Vol. 2, Moscow, 1925.

Miller, V. I. Nachalo demokratizatsii staroi armii v dni Fevral'skoi revoliutsii. Zasedanie Petrogradskogo Soveta 1 marta 1917 g. i prikaz No. 1, *IS*, 1966, No. 6.

Mints, I. I. *Istoriia Velikogo Oktiabria*, Vol. 1, Moscow, 1967.

Mitel'man, M., Glebov, B. and Ul'ianskii, A. *Istoriia Putilovskogo zavoda.* Moscow, 1961.

Nikolaev, A. B. Vospominaniia predsedatelia voennoi komissii Vremennogo komiteta Gosudarstvennoi Dumy o Fevral'skoi revoliutsii 1917 g. *Klio,* 2003, No. 1 (20).

Nikolaev, A. B. *Gosudarstvennaia duma v Fevral'skoi revoliutsii: ocherki istorii*, Riazan', 2002.

Nikolaevskii, B. I. *Russkie masony i revoliutsiia.* Terra: Moscow, 1990.

Ocherki istorii Leningrada, Vol. III, Moscow-Leningrad, 1956.

Ovchenko, Iu. F. Sergei Vasil'evich Zubatov, *VI*, 2005, No. 8.

Oznobishin, D. V. Bor'ba bol'shevikov s soglashateliami v Petrogradskom Sovete. *IZ* , Vol. 75. 1965.

Pares, Bernard. *The Fall of the Russian Monarchy.* London: Jonathan Cape, 1939.

Pervaia mirovaia voina i konets Rossiiskoi imperiii, Vol. III. *Fevral'skaia revoliutsiia.*

Efremov, E. Podvig na Znamenskoi, *Neva, 1962, No. 2.*

Gaida, A. *Liberal'naia oppozitsiia na putiakh k vlasti(1914-vesna 1917 g.),* Moscow, 2003.

Ganelin, R. Sh. *V Rossii dvadtsatogo veka. Stat'i raznykh let,* Moscow, 2014.

Gindin, I. F. Russkaia burzhuaziia v period kapitalizma, ee razvitie i osobennosti, *IS,* 1963, No. 3.

Golovin, N. N. *Iz istorii kampanii 1914 goda na russkom fronte.* Prague, 1926.

Golovin, N. N. *Voennye usiliia Rossii v mirovoi voine,*Vol. I-II, Paris, 1939.

Grave, B. B. Militarizatsiia promyshlennosti i rossiiskii proletariat v gody pervoi mirovoi voiny, in *Iz istorii rabochego klassa i revoliutsionnogo dvizheniia.* Moscow, 1958.

Grunt, A. Ia. Vozniknovenie Moskovskogo Soveta rabochikh deputatov v 1917 g., *IS,* 1967, No. 2.

Gushchin, F. A. and Zhebrovskii, S. S. *Plennye generaly Rossiiskoi imperatorskoi armii 1914-1917.* Moscow, 2010.

Gusiatnikov, P. S. Studencheskoe dvizhenie v 1905 godu. *VI,* 1955, No. 10.

Emets, V. A. O roli russkoi armii v pervyi period mirovoi voiny 1914-1918 gg. *IZ,* Vol. 77, 1965.

Fevral'skaia revoliutsiia 1917 goda: problem istorii i istoriografii. Mezhdunarodnaia nauchnaia konferentsiia. Sbornik dokladov. Sankt-Peterburg, 2017.

Haimson, L. The Problem of Social Stability in Urban Russia, 1905-1917, *Slavic Review,* Vol. XXIV, No. 1 (March 1965) .

Hasegawa, Tsuyoshi. The Bolsheviks and the Formation of the Petrograd Soviet in the February Revolution, *Soviet Studies,* Vol. XXIX, No. 1, January 1977.

Hasegawa, Tsuyoshi. *The February Revolution: Petrograd, 1917,* University of Washington Press, 1981.

Hasegawa, Tsuyoshi. Rodianko and the Grand Dukes' Manifest on 1 March 1917, *Canadian Slavonic Papers,* 18, no. 2(1976).

Hasegawa, Tsuyoshi. The February Revolution of 1917 in Petrograd Revisited: the Duma Committee, the Provisional Government and the Birth of Dual Power, Paper presented at the conference of the Slavic Research Center, Hokkaido University, July 11, 2014.

Ioksimovich, Ch. M. *Manufakturnaia promyshlennost' v proshlom i nastoiashchem.* Vol. I, Moscow, 1915.

Istoriia grazhdanskoi voiny v SSSR, Vol. 1, Moscow, 1935.

Istoriia Moskvy, Vol. V, Moscow, 1955.

Istoriia pervoi mirovoi voiny 1914-1918, Vol. 1-2, Moscow, 1975,.

Istoriia rabochego klassa Leningrada, vyp. II. Leningrad, 1963.

Iudin, E. E. Iusupovy i Nikolai II(1890-1916 gg.), *VI,* 2009, No. 7.

Ivanov, A. A. *Vladimir Purishkevich—opyt biografii pravogo politika (1870-1920).* Moscow-Sankt Peterburg, 2011.

Katkov. G. *Russia 1917. The February Revolution,* London, 1967.

King, Greg and Woolmans, Sue. *The Assassination of the Archduke*, St. Martin's Press: New York, 2013.

Kochakov, B. M. Sostav petrogradskogo garnizona v 1917 g. *Uchenye zapiski LGU.* No. 205, Leningrad, 1956.

Kruze, E. E. *Peterburgskie rabochie v 1912-1914 godakh.* Moscow-Leningrad, 1961.

Kulikov, S. V. Tsentral'nyi Voenno-promyshlennyi komitet nakanune i v khode Fevral'skoi revoliutsii 1917 goda, *OI,* 2012, No. 1.

Laverychev, V. Ia. *Monopolisticheskii kapital v tekstil'noi promyshlennosti Rossii (1900-1917 gg.).* Moscow, 1963.

Laverychev, V. Ia. *Po tu storonu barrikad.* Moscow, 1967.

Leiberov, I. P. *Na shturm samoderzhaviia. Petrogradskii proletariat v gody pervoi*

Kuznetsov, N. Okhtenskii raion v fevral'skie dni 1917 g. *KL*, 1926, No. 3.

Meisner, D. *Mirazhi i deistvitel'nost'. Zapiski emigranta*, Moscow, 1966.

Sliozberg, G. B. *Dela minuvshikh dnei. Zapiski russkogo evreia,* Vol.III, Paris, 1934.

Strumilin, S. G. *Statisticheskie ekonomicheskie ocherki,* Moscow, 1958.

Strumilin, S. G. *Iz perezhitogo,* Moscow, 1957.

Trifonov, Iu. Mal'chik vel dnevnik. *Literaturnaia gazeta,* 6 November 1965.

Vasil'chkov, I. S. *To, chto mne vspomnilos',* Moscow, 2002.

Vysshie zhenskie (Bestuzhevskie) kursy, Moscow, 1966.

●研究

Abraham, Richard. *Alexander Kerensky: the First Love of the Revolution,* New York, 1987.

Airapetov, O. V. *Uchastie Rossiiskoi imperii v Pervyi mirovoi voine(1914-1917). 1916 god,* Moscow, 2016; *1917 god.* Moscow, 2016.

Aluf, I. A. O nekotorykh voprosakh Fevral'skoi revoliutsii, *VIK,* 1967, No. 1.

Arbertini, Luigi. *The Origins of the War of 1914,* Vol. II, Oxford University Press, 1965.

Artem'ev, S. A. Sostav Petrogradskogo Soveta v marte 1917 g., *IS*, 1964, No. 5.

Astashov, Aleksandr. *Russkii front v 1914—nachale 1917 goda: voennyi opyt i sovremennost',* Moscow, 2014.

Astrakhan, Kh. M. O pervom izdanii Manifesta TsK RSDRP(b) "Ko vsem grazhdanam Rossii", *VIK,* 1964, No. 6.

Avdeev, N. *Revoliutsiia 1917 goda (Khronika sobytii),* Vol. 1, Moscow-Petrograd, 1923.

Avrekh, A. Ia. *Tsarizm i IV Duma 1912-1914 gg.,* Moscow, 1981.

Barshtein and Shalaginova, Partiia bol'shevikov v period podgotovki i provedeniia Fevral'skoi burzhuazno-demokraticheskoi revoliutsii, *VIK,*1957, No. 1.

Blok, A. Poslednie dni imperatorskoi vlasti, Peterburg, 1921; *Sobranie sochinenii,* Vol. 6, Moscow- Leningrad, 1962.

Bokhanov, A. N. *Pravda o Grigorii Rasputine,* Moscow, 2011.

Borisov, G. and Vasil'ev, S. *Stankostroitel'nyi imeni Sverdlova.* Leningrad, 1962.

Buldakov, V. P. and Leont'eva, T. G. *Voina porodivshaia revoliutsiiu. Rossiia, 1914-1917 gg.* Moscow, 2015.

Burdzhalov, E. N. O taktike bol'shevikov v marte-aprele 1917 goda, *VI,* 1956, No.4 .

Burdzhalov, E. N. *Vtoraia russkaia revoliutsiia. Vosstanie v Petrograde.* Moscow, 1967.

Burdzhalov, E. N. *Vtoraia russkaia revoliutsiia. Moskva, front, periferiia,* Moscow, 1971.

Chermenskii, E. D. *Burzhuaziia i tsarizm v revoliutsii 1905-1907 gg.* Moscow-Leningrad, 1939.

Chermenskii, E. D. *Burzhuaziia i tsarizm v pervoi russkoi revoliutsii.* 2-e izd., Moscow, 1970.

Chermenskii, E. D. *IV gosudarstvennaia duma i sverzhenie tsarizma v Rossii.* Moscow, 1976.

Chernov, Viktor. *Rozhdenie revoliutsionnoi Rossii. Fevral'skaia revoliutsiia.* Paris, Prague, New York, 1934.

Cullen, Richard. *Rasputin: the Role of Britain's Secret Service in His Torture and Murder.* Dialogue: London, 2010.

Dan, Theodore. *The Origins of Bolshevism.* London, 1964.

Diakin, V. S. *Russkaia burzhuaziia i tsarizm v gody pervoi mirovoi voiny.* Leningrad, 1967.

Dlugolenskii, Iakov. *Voenno-grazhdanskaia i politseiskaia vlast' Sankt-Peterburga,* Sankt-Peterburg, 2001.

Efimov, A. Problema vlasti v pervye dni Fevral'skoi revoliutsii 1917 g., *Revoliutsiia prava,* 1928, No. 3, p. 59.

pis' rabochego), *Volia Rossii,* 1927, No. III.

Mil'chik, I. *Rabochii fevral',* Moscow-Leningrad, 1931.

Mstislavskii, S. *Piat' dnei. Nachalo i konets Fevral'skoi revoliutsii.* 2nd ed., Berlin-Peterburg-Moscow, 1922.

Peshekhonov, A. Pervye nedeli, in *Fevral'skaia revoliutsiia.* Moscow, 1926.

Rafes, M. Moi vospominaniia, *Byloe,* No. 19. 1922.

Roshal', M. G. *Na putiakh revoliutsi.Vospominaniia bol'shevika.*Moscow, 1957.

Shliapnikov, A. *Kanun semnadtsatogo goda,* ch. 1-2, Moscow-Petrograd, 1923.

Shliapnikov, A. *Semnadtsatyi god.* Kn. 1, Moscow-Petrograd, 1923.

Shmidt, V. V "Krestakh", *Pravda,* 12 March 1917.

Skalov, S. 27 fevralia 1917 g. v Peterburge. Vospominaniia uchastnika vosstaniia. *Krasnaia nov',* 1931, No. 3.

Sokolov, N. D. Kak rodilsia prikaz No. 1, *Ogonek,* 1927, No. 11.

Stankevich, V. B.*Vospominaniia 1914-1919 g.,* Berlin, 1920.

Steklov, Iu. Po povodu stat'i A. G. Shliapnikova, *PR,* 1923, No. 4.

Steklov, Iu. *Vospominaniia i publitsistika.* Moscow, 1965.

Sukhanov, Nik. *Zapiski o revoliutsii,* kn. 1, Berlin-Peterburg-Moscow, 1922 .

Sukhanov, N. N. *Zapiski o revoliutsii,* Vol. 1, kn. 1-2, Moscow, 1991.

Sveshnikov, N. Otryvki iz vospominanii, *Petrogradskaia Pravda,* 14 March 1923.

Sviatitskii, N. Voina i predfevral'e, *Katorga i ssylka,* No. 75(1931).

Tsereteli, I. G. *Vospominaniia o Fevral'skoi revoliutsii,* kn. 1, Paris, 1968.

V ogne revoliutsionnykh boev (Raiony Petrograda v dvukh revoliutsiiakh 1917 g.). Sbornik vospominanii starykh bol'shevikov pitertsev. Moscow, 1967.

Vishniak, M. *Dan' proshlomu.* New York, 1954.

Voronovich, N. Zapiski predsedatelia Soveta soldatskikh deputatov, *Arkhiv grazhdanskoi voiny,* vyp. II, Berlin, n. d..

Zalezhskii, V. Pervyi legal'nyi Pe-Ka, *PR,* 1923, No. 1.

Zalutskii, P. A. V poslednie dni podpol'nogo Peterburgskogo komiteta bol'shevikov v nachale 1917 g., *KL,* 1930, No. 2.

Zenzinov, V. *Iz zhizni revoliutsionera.* Paris, 1919.

Zenzinov, V. Fevral'skie dni, in *The Russian Provisional Government,* Vol. 1. Stanford University Press, 1961.

[外国人]

Buchanan, G. *My mission to Russia and Other Diplomatic Memories.* Vol. I-II, Cassell: London, 1923.

Hoare, Samuel. *The Fourth Seal: The End of Russian Chapter,* London, 1930.

Knox, A. *With the Russian Army 1914-1917,* Vol. II, London, 1921.

Lockhart, Bruce. *Memoirs of a British agent,* London and New York, 1932.

Paleologue, Maurice. *La Russie des tsars pendant la grande guerre,* Tom I-III, Paris, 1922.

芦田均『革命前夜のロシア』文藝春秋新社、1950年。

埋花畔人「露都革命見聞録」17、『朝日新聞』1917年5月28日。『歴史と人物』1971年9月号再録。

[その他]

Tri poslednikh samoderzhtsa. Dnevnik A. V. Bogdanovich, Moscow/Leningrad, 1924.

Kolyshko, I. I. *Velikii spad. Vospominaniia,* Sankt-Peterburg, 2009.

Krushenie tsarizma. Vospominaniia uchastnikov revoliutsionnogo dvizheniia v Petrograde, Leningrad, 1986.

Kugel', A. Poslednii maskarad, *Ogonek,* 1927, 24 April.

droviche. *Arkhiv russkoi revoliutsii,* Vol. XIX, Berlin, 1928.

Danilov, Iu. N. *Velikii kniaz' Nikolai Nikolaevich,* Paris, 1930.

Denikin, A. I. *Ocherki russkoi smuty.* Vol. I, vyp. 1, Paris, 1921.

Grigorovich, N.K. *Vospominaniia byvshego morskogo ministra 1853-1917,* Kronshtadt-Moscow, 2005.

Iz dnevnikov A. N. Kuropatkina, *KA*, 1927, Vol. 1.

Lemke, Mikh. *250 dnei v tsarskoi stavke.* Peterburg, 1920.

Vospominaniia generala A. S. Lukomskogo, Vol. 1-2, Berlin, 1922.

Peretts, G. P. *V tsitadeli russkoi revoliutsii. Zapiski komendanta Tavricheskogo dvortsa.* Petrograd, 1917.

Polivanov, A. A. *Iz dnevnikov i vospominanii po dolzhnosti voennogo ministra i ego pomoshchnika 1907-1916 g.* Vol. 1, Moscow, 1924.

Polovtsov, P. A. *Dni zatmeniia.* Paris, n. d..

Verkhovskii, A. I. *Na trudnom perevale,* Moscow, 1959.

Zapiski P. N. Vrangel', *Beloe delo*, kn. 5, 1928.

[学者・作家・知識人]

Gippius, Zinaida. *Dnevniki,* Vol. 1, Moscow, 1999.

Dubnov, S. M. *Kniga zhizni. Materialy dlia istorii moego vremeni. Vospominaniia i razmyshleniia*, Moscow, 2004.

Karrik, V. Voina i revoliutsiia. Zapiski 1914-1917 g., *Golos Moinuvshego*, 1918, No. 5-6.

Shklovskii, V. *Sentimental'noe puteshestvie. Vospominaniia 1917-1922.* Moscow- Berlin, 1923.

Slonimskii, Mikh. *Kniga vospominanii*, Moscow-Leningrad, 1966.

[革命家・社会運動家]

Arskii, P. V Petrograde vo vremia voiny. *KL*, 1923, No. 7.

Badaev, A. *Bol'sheviki v Gosudarstvennoi dume. Vospominaniia.* Moscow, 1954.

Kratkaia avtobiografiia chlena partii V.D. Bonch-Bruevica. *IS*, 1967, No. 2.

Dingel'shtedt, F. Vesna proletarskoi revoliutsii, *KL*, 1925, No. 1.

Efimov, A. Iz istorii partiinogo kollektiva na petrogradskom zavode Staryi Parviainen. *KL*, 1926, No. 3.

Egorov, Iv. Matrosy-bol'sheviki nakanune 1917 goda. *KL*, 1926, No. 3.

Ermanskii, O. A. *Iz perezhitogo, 1887-1921 gg.*, Moscow-Leningrad, 1927.

Gordienko, M. *Iz boego proshlogo*, Moscow, 1957.

Iordanskii, N. I. Voennoe vosstanie 27 fevralia, *Molodaia gvardiia*, 1928, kn. 2.

Iurenev, I. "Mezhraionka" (1911-1917), *PR,* 1924, No. 2.

Ivanov-Razumnik, *Pered grozoi, 1916-1917 g.*, Petrograd, 1923.

Kaiurov, V. N. Shest' dnei Fevral'skoi revoliutsii, *PR*, 1923, No. 1.

Kaiurov, V. N. *Sormovo v pervoi revoliutsii,* Nizhnii-Novgorod, 1920.

Kalinin, M. I. *Za eti gody*, kn. 3, Moscow, 1929.

Kel'son, Z. S. Militsiia Fevral'skoi revoliutsii, *Byloe*, 1925, No. 1.

Khovrin, N. A. *Baltiitsy idut na shturm*, Moscow, 1966.

Kirpichnikov, T. Vosstanie l. -gv. Volynskogo polka v fevrale 1917 g., *Byloe,* 1917, No. 5-6.

Kondrat'ev, A. Vospominaniia o podopol'noi rabote peterburgskoi organizatsii RSDRP(b) v period 1914-1917 gg., *KL*, 1922, No. 5; 1923, No. 7.

Kovnator, R. Nakanune "Fevralia" (Otryvki iz vospominanii), in *Revoliutsionnoe iunoshestvo.* Sbornik I, Leningrad, 1924.

Lobov, S. and Gavrilov, I. Iz istorii partiinoi organizatsii na "Krasnom Vyborzhtse", *KL*, 1926, No. 5.

Markov, I. Kak proizoshla revoliutsiia (Za-

revoliutsiia, 1914-1917 gg., Vol. 1-3, New York, 1962.

Spiridovich, *Zapiski zhandarma,* Moscow, 1991.

Wassiljew, A. T. *Ochrana: Aus den Papieren des letzten russischen Polizeidirektors.* Zürich, 1930.

Zapiski knizhnika G. A. Ivanishina. *Minuvshee,* Vol. 17, Moscow-Peterburg, 1994.

[国会議員・リベラル]

Bublikov, A. A. *Russkaia revoliutsiia. Vpechatleniia i mysli ochevidtsa i uchastnika.* New York, 1918.

Buryshkin, P. A. *Moskva kupecheskaia.* New York, 1954.

Demidov, I. Tsarskoe selo 1-go marta 1917 goda. *Poslednie novosti,* 12 March 1927.

B. E.[Engel'gardt, B.] Revoliutsionnye dni (Vospominaniia uchastnika fevral'skikh denei 1917 g.), *Obshchee delo,* 1921, No. 244, 16 March.

Engel'gardt, B. Potonuvsii mir, *VIZ,* 1964, No. 1.

Engel'gardt, B. Vospominaniia kamer-pazha, *VIZ,* 1993, No. 12; 1994, No. 2, 3, 5, 7.

Engel'gardt, B. Fevral'skaia revoliutsiia. *Klio,* 2003, No. 1(20).

Iz vospominanii A. I. Guchkova, *Poslednie novosti,* 9, 12, 16, 19, 23, 26, 30 August 1936.

Aleksandr Ivanovich Guchkov rasskazyvaet, *VI,* 1991, No. 7, 8, 9-10, 11, 12.

Aleksandr Ivanovich Guchkov rasskazyvaet…, Moscow, 1993.

Kerenskii, A. Nechto o demagogii, *Severnye zapiski,* 1917, No. 1.

Kerensky, A. *The Catastrophe,* New York, London, 1927.

Kerensky, A. *The Crucifixion of Liberty,* London, 1934.

Kerensky, A. *Russia and History's Turning Point,* New York, 1965.

Lomonossoff, G. V. *Memoirs of the Russian Revolution,* New York, 1919.

L'vov, Kn. G. E. *Vospominaniia,* Moscow, 1998.

Lyanders, Semen. *The Fall of Tsarism: Untold Stories of the February 1917 Revolution,* Oxford, 2014.

Mansyrev, S. Moi vospominaniia o rabote v Gosudarstvennoi Dume, *Istorik i sovremennost',* III, Berlin, 1922.

Miliukov, P. Pervyi den', *Poslednie novosti,* 12 March 1927.

Miliukov, P. N. *Istoriia vtoroi russkoi revoliutsii,* Moscow, 2001.

Miliukov, P. N. *Vospominaniia,* Vol. II, New York, 1955.

Nabokov, V. Vremennoe Pravitel'stvo, *Arkhiv russkoi revoliutsii,* Vol. I. Berlin, 1922.

Iz sledstvennykh del N. V. Nekrasova 1921, 1931 i 1939 godov, *VI,* 1998, No. 11/12.

Nol'de, B. E. V. D. Nabokov v 1917g., *Arkhiv russkoi revoliutsii,* Vol. VII. Berlin, 1922.

Nol'de, B. E. V. D. Nabokov in 1917, *V. D. Nabokov and the Russian Provisional Government, 1917.* Edited by V. D. Medlin and S. L. Parsons, Yale University Press, 1976.

Rodzhianko, M. V. *Krushenie imperii i gosudarstvennaia duma i Fevral'skaia revoliutsiia,* Moscow, 2002.

Shidlovskii, S. I. *Vospominaniia,* Vol. II, Berlin, 1923. In *Fevral'skaia revoliutsiia.* Moscow-Leningrad, 1926.

Shul'gin, V. V. *Dni,* Lenjngrad, 1925; Moscow, 1989. 岡野五郎訳『革命の日の記録』河出書房、1956 年.

Skobelev, M. I. Gibel' tsarizma, *Ogonek,* 1927, No. 11(207), 13 March.

M. I. Tereshchenko o gen. Krymove, *Den',* 2 September 1917.

[軍人]

Danilov, Iu. N. *Rossiia v mirovoi voine 1914-1915 gg.,* Berlin, 1924.

Danilov, Iu. N. Moi vospominaniia ob Imp. Nikolae II i Vel. Kn. Mikhaile Aleksan-

Shilov, D. N. *Gosudarstvennye deiateli Rossiiskoi Imperii 1802-1917. Glavy vysshikh i tsentral'nykh uchrezhdenii. Biobibliograficheskii spravochnik.* Sankt-Peterburg, 2001.

●日記・書簡・回想など

[皇帝皇后・皇族と廷臣]

Benckendorff, Paul. *Last Days at Tsarskoe selo,* London, 1927.

Dehn, Lili. *The Real Tsaritsa,* London, 1922.

Dnevniki Imperatora Nikolaia II 1894-1918, Vol. I (1894-1904), Moscow, 2011; Vol. II, ch. 1(1905-1913)-2(1914-1918), Moscow, 2013.

Dnevnik i perepiska Velikogo kniazia Mikhaila Aleksandrovicha 1915-1918, Moscow, 2012.

Dubenskii, D. N. Kak proizoshel perevorot v Rossii, in *Otrechenie Nikolaia II. Vospominaniia ochevidtsev,* Leningrad, 1927.

" Slava BOGU za vse...". Pis'ma velikoi kniagini Elizavety Fedorovny k imperatoru Nikolaiu II, *Istochnik*, 1994, No. 4.

Iz dnevnika A. V. Romanova za 1916-1917 gg., *KA*, 1928, Vol. 1.

Marie, Grand Duchess of Russia, *Things I Remember,* Cassell: London, 1931 マーリヤ大公女（平岡緑訳）『最後のロシア大公女マーリヤ――革命下のロマノフ王家』、中央公論社、1984年.

Nikolai II i Velikie kniaz'ia. Leningrad-Moscow, 1925.

Parley, Princess. *Memories of Russia, 1916-1919,* London, n. d..

Perepiska Nikolaia i Aleksandry Romanovykh. Vol. III. 1914-1915 gg., Moscow-Petrograd, 1925; Vol. IV. 1916 god, Moscow-Leningrad, 1926, Vol. V. 1916-1917 gg., Moscow-Leningrad, 1927.

Pis'ma Imperatritsy Aleksandry Fedorovny k Imperatoru Nikolaiu II, Vol. I, Berlin, 1922.

Voeikov. V. N. *S tsarem i bez tsaria.* Gel'singfors, 1936.

Zapiski N. M. Romanova, *KA,* 1931, Vol. 6.

Zershchikov, K. Sobstvennyi Ego Velichestva konvoi v dni revoliutsii, *Chasovoi*, No. 205.

[ラスプーチン関係]

Dnevnik i vospominaniia Anny Vyrubovoi, Moscow, 1991.

Iusupov, Feliks. *Konets Rasputina. Vospominaniia,* Paris, 1927.

Iusupov, Kniaz' Feliks. *Memuary.* Moscow, 1998.

Maklakov, V. A. Nekotorye dopolneniia k vospominaniiam Purishkevicha i kn. Iusupova ob ubiistve Rasputina, *Sovremennye zapiski,* 1928, Vol. XXXIV, pp. 262-265.

Purishkevich, V. M. *Ubiistvo Rasputina (Iz dnevnika),* Moscow, 1990.

Simanovich, A. *Rasputin, der almächtige Bauer,* Berlin, 1928.

Za kulisami tsarizma. Arkhiv tibetskogo vracha Badmaeva. Leningrad, 1925.

[帝政政治家・官僚]

Bark, P. L. Vospominaniia. Iiul'skie dni 1914 goda. *Vozrozhdenie,* No. 91, Juillet 1959, Paris,.

de Basily, Nicholas. *Diplomat of Imperial Russia 1903-1917; Memoirs.* Hoover Institution Press; Stanford, 1973.

Dzhunkovskii, V. F. *Vospominaniia,* Vol. I-II, Moscow. 1997.

Globachev, K. I. Pravda o russkoi revoliutsii, *VI,* 2002, No. 7, 8, 9, 10.

Protokoly o K. I. Globacheve, *VI,* 2002, No. 7.

Padenie tsarskogo rezhima. Stenograficheskie otchety doprosov i pokazanii, dannykh v 1917 g. v Chrezvychainoi Sledstvennoi Komissii Vremennogo Pravitel'stva, Vol. I-VII, Leningrad, 1924-1927.

Iz dnevnika A. D. Protopopova, *KA,* 1925, Vol. 3.

Predsmertnaia zapiska A. D. Protopopova, *Golos minuvshego na chuzhoi storone,* 1926, No. 2(XV).

Spiridovich, A. I. *Velikaia voina i fevral'skaia*

Leningrad, 1939.

Petrogradskii Sovet rabochikh i soldatskikh deputatov. Protokoly zasedanii IK, Moscow-Leningrad, 1925.

Petrogradskii sovet rabochikh i soldatskikh deputatov v 1917 godu, Vol. I, Sankt-Peterburg, 1993.

Politicheskoe polozhenie Rossii nakanune Fevral'skoi revoliutsii v zhandarmskom osveshchenii. *KA*, 1926, No. 4.

Proval popytki Stavki podavit' Fevral'skuiu revoliutsiu 1917 goda v Petrograde, *VA,* 1962, No. 1.

Rabochee dvizhenie v gody voiny. Moscow, 1925.

Rabochee dvizhenie v Petrograde v 1912-1917 gg. Dokumenty i materialy. Leningrad, 1958.

Paionnye Sovety Petrograda v 1917 godu. Vol. I-III, Moscow-Leningrad, 1964.

Razlozhenie armii v 1917 g. Moscow-Leningrad, 1925.

Revoliutsionnoe dvizhenie v armii i na flote v gody pervoi mirovoi voiny. Sbornik dokumentov, Moscow, 1966.

Rossia v mirovoi voine 1914-1918 goda (v tsifrakh). Moscow, 1925.

The Russian Provisional Government 1917; Documents. Edited by R. P. Browder and Alexander Kerensky, Vol. I, Stanford University Press, 1961.

Semenov, E. P. Fevral'skie i martovskie dni, *Istoricheskii vestnik*, Vol. 147, No. 2, March 1917.

Skorbnyi put' Romanovykh 1917-1918 gg. Gibel' tsarskoi sem'i. Sbornik domumentov i materialov, Moscow, 2001.

Soiuz russkogo naroda. Moscow-Leningrad, 1929.

Sotsialisty o tekushchem momente. Moscow-Petrograd, 1917.

Statisticheskii sbornik za 1913-1917 gg. Vyp. 2, Moscow, 1922.

Svod otchetov fabrichnykh inspektorov za 1913 g. Sankt-Peterburg, 1914.

V ianvare i fevrale 1917 g. Iz donesenii sekretnykh agentov A. D. Protopopova. *Byloe,* 1918, No. 13.

V Petrograde nakanune Fevral'skoi revoliutsii (V osveshchenii Petrogr. Okhrannogo otdeleniia), *KL*, 1927, No. 1.

Velikaia Oktiabr'skaia sotsialisticheskaia revoliutsiia. Dokumenty i materialy. Revoliutsionnoe dvizhenie posle sverzheniia samoderzhaviia [*VOSR RDPSS* と略記]. Moscow, 1957.

Velikie dni Rossiiskoi revoliutsii. Petrograd, 1917.

Voennaia promyshlennost' Rossii v nachale XX veka 1900-1917. Vol. 1, Moscow, 2004.

Vosstanie 1916 goda v Srednei Azii i Kazakhstane. Sbornik dokumentov. Moscow, 1960.

Zapiska Durnovo, *Krasnaia nov',* 1922, No. 6.

Zhurnaly Osobogo soveshchaniia po oborone gosudarstva. 1916 god. IV, Moscow, 1977; *1917 god.* I, Moscow, 1978.

Zhurnaly zasedanii Vremennnogo Pravitel'stva, Vol. 1. Moscow, 2001.

『露国研究』同文館、1916 年 .

●事典

Deiateli SSSR i revoliutsionnogo dvizheniia Rossii. Entsiklopedicheskii slovar' GRANAT, Moscow, 1989.

Delovoi mir Rossii. Istoriko-biograficheskii spravochnik. Sankt-Peterburg, 1998.

*Entsiklopedicheskii Slovar' Brokgauz-Efron,*Vol. XXXV, Sankt-Peterburg.

Otechestvennaia istoriia s drevneishikh vremen do 1917 goda. Entsiklopediia, Vol. 1, Moscow, 1994.

Politicheskie deiateli Rossii. 1917. Moscow, 1993.

Rossiiskii liberalizm serediny XVIII-nachala XX veka. Entsiklopediia. Moscow, 2010.

Sankt Peterburg. Petrograd. Leningrad. Entsiklopedicheskii spravochnik. Moscow, 1992.

Cherkasskii, A. M. *Pervye dni russkoi revoliutsii*, Petrograd, 1917.

Dnevnik L. A. Tikhomirova 1915-1917 gg., Moscow, 2008.

Doklad po evreiskomu voprosu Ts. Komiteta Partii K.D.. Istoriia odnogo pogroma. Izdanie Zagranichnogo Komiteta Bunda. 1916.

Dnevniki imperatritsy Marii Fedorovny (1914-1920,1923 gody). Moscow, 2005.

Doneseniia L. K. Kumanina iz Ministerskogo pavil'ona Gosudarstvennoi dumy, dekabr' 1911—fevral' 1917 goda, *VI*, 2000, No. 3.

Fevral'skaia revoiutsiia i Okhrannoe otdelenie, *Byloe*, 1918, No. 1.

Fevral'skaia revoliutsiia 1917. Sbornik dokumentov, Moscow, 1996.

Fevral'skaia revoliutsiia 1917 goda (Dokumenty stavki verkhovnogo glavnokomanduiushchego i shtaba glavnokomanduiushchego armiiami Severnogo fronta), *KA*, 1927, Vol. 1-2.

Fevral'skaia revoliutsiia v Baltiiskom flote (Iz dnevnika I. I. Rengartena), *KA*, 1929. Vol. 1.

Figner, Vera. P*olnoe sobranie sochinenii,* Vol. 5, Moscow, 1932.

Goroda Rossii za 1910 g. Sankt-Peterburg, 1914.

Gosudarstvennaia duma. IV-i sozyv. Stenografichestii otchet. Petrograd, 1917.

Gvozdevshchina v dokumentakh, *Izvestiia obshchestva arkheologii, istorii i etnografii pri Kazanskom gosudarstvennom universitete,* No. 34 (1929).

Iakhontov, A. I. Tiazhelye dni. Sekretnye zasedaniia Soveta ministrov 16 iiulia—2 sentiabria 1915 g. *ARR*, Vol. XVIII.

Iiul'skie volneniia 1914 g. v Peterburge, *PR*, 1924, No. 7.

K istorii gvozdevshchiny, *KA*, 1934, Vol. 6.

K istorii poslednikh dnei tsarskogo rezhima (1916-1917 gg.), *KA*,. 1926, No. 1(14).

K istorii ubiistva Grigoriia Rasputina, *KA*, 1923, No. 4.

Kak obrazovalsia Petrogradskogo Soveta, *Izvestiia*, 27 August 1917.

Kanun revoliutsii, Petrograd, 1918.

Kobyl' -Bobul', I. *Vsia Pravda o Rasputine.* Petrograd, 1917.

Krupskaia, N. K. Samoubiistva sredi uchashchikhsia i svobodnaia trudovaia shkola. *Pedagogicheskie sochineniia,* Vol. 1. Moscow, 1960.

Listovki peterburgskikh bol'shevikov. 1902-1917, Vol. 2, Leningrad, 1939.

Martynov, E. *Iz pechal'nogo opyta Russko-Iaponskoi voiny.* Sankt-Peterburg, 1906.

*Mensheviki v 1917 godu.*Vol. 1, Moscow, 1994.

Mezdunarodnye otnosheniia v epokhu imperializma, Series III, Vol.IV-V, Moscow-Leningrad, 1931.

Nachalo voiny 1914 g. *KA*, 1923, No. 4.

Neznamov, A. *Iz opyta Russko-iaponskoi voiny (Zametki ofitsera General'nago Shtaba).* Sankt-Peterburg, 1906.

Ob'edinennoe dvorianstvo: S'ezd upolnomochennykh gurbernskikh dvorianskikh obshchestv. Vol. 1-3, Moscow, 2002.

Osobye zhurnaly Soveta ministrov Rossiiskoi Imperii. 1915 god. Moscow, 2008.

Pamiatniki agitatsionnoi literatury Ross. sots.-dem.rabochei partii, Vol. 6, vyp. 1. Proklamatsii 1914 g. Moscow- Petrograd, 1923.

Partii demokraticheskikh reform, mirnogo obnovleniia, progressistov. Dokumenty i materialy 1906-1916 gg., Moscow, 2002.

Perepiska V.A. Sukhomlinova s N. N. Ianushkevichem, *KA,* 1922, Vol. 1-2.

Perepiska Vilgel'ma II s Nikolaem II 1894-1914, Moscow, 2007.

Peterburgskii komitet RSDRP(b) v 1917 godu. Protokoly i materialy zasedanii, Sankt-Peterburg, 2003.

Petrogradskii proletariat i bol'shevistskaia organizatsiia v gody imperialisticheskoi voiny. Sbornik materialov i dokumentov.

参考文献一覧

●略語一覧

ARR : Arkhiv russkoi revoliutsii.
GARF : Gosudarstvennyi arkhiv Rossiiskoi Federatsii.
IA : *Istoricheskii arkhiv.*
IS : *Istoriia SSSR.*
IZ : *Istoricheskie zapiski.*
KA : *Krasnyi arkhiv.*
KL : *Krasnaia letopis'.*
OI : *Otechestvennaia istoriia.*
PR : *Proletarskaia revoliutsiia.*
RGIA : Rossiiskii gosudarstvennyi istoricheskii arkhiv.
VA : *Voprosy arkhivovedeniia.*
VI : *Voprosy istorii.*
VIK : *Voprosy istorii KPSS.*
VIZ : *Voenno-istoricheskii zhurnal.*
VOSR RDPSS : *Velikaia Oktiabr'skaia sotsialisticheskaia revoliutsia. Revoliutsionnoe dvizhenie posle sverzheniia samoderzhavi-ia.*

●文書

GARF (Gosudarstvennyi arkhiv Rossiiskoi Federatsii).
F. 634, Op. 1, Ed. khr. 27.
RGIA (Rossiiskii Gosudarstvennyi Istoricheskii Arkhiv).
F. 1282, Op. 1, D. 741.
Bakhmetiev Collection of Columbia University Library.
Globachev, Pravda o russkoi revoliutsii. Vospominaniia byvshego Nachal'nika Petrogradskogo Okhrannogo otdeleniia.
Vospominaniia N. N. Pokrovskogo .
Hoover Institution on War, Revolution and Peace.
A. Balk, Poslednie piat' dnei tsarskogo Petrograda (23-28 fevralia 1917 g.). Dnevnik poslednego Petrogradskogo gradonachal'nika.
G. A. fon Tal', Memuary ob otrechenii ot prestola Rossiiskogo Gosudaria Imperatora Nikolaia II. 1925.

●新聞

Den'.
Izvestiia Petrogradskogo Soveta rabochikh i soldatskikh deputatov.
Literaturnaia gazeta.
Novoe vremia.
Petrogradskaia pravda.
Poslednie novosti.
Pravda.
Rech'.
Utro Rossii.

●資料

Akaemov, I. O. Agoniia starogo rezhima, *Istoricheskii vestnik*, 1917, April.
Aleksandr Feodorovich Kerenskii (Po materialam Departamenta Politsii), Petrograd, 1917.
Arkhiv A. M. Gor'kogo, Vol. IX, Moscow, 1966.
Barshtein, E. K. and Shalaginova, L. M. Departament politsii o plane petrogradskikh bol'shevikov v fevrale 1917 g. *VA*, 1962, No. 1.
Blok, Aleksandr. *Sobranie sochinenii*, Vol. 8, Moscow-Leningrad, 1963.
Bol'sheviki v gody imperialisticheskoi voiny. Moscow, 1939.
Bol'shevizatsiia petrogradskogo garnizona. Leningrad, 1932.
Burzhuaziia nakanune Fevral'skoi revoliutsii, Moscow-Leningrad, 1927.

▶71　アクセルバンクが撮った記録映画 *Soviet Union and Lenin* の一コマにある。Hoover Institution on War, Revolution and Peace, Stanford University.

▶72　埋花畔人「露都革命見聞録」17、『朝日新聞』1917年5月28日。『歴史と人物』1971年9月号、246頁。

▶73　Maurice Paleologue, *La Russie des tsars pendant la grand guerre,* tome III, Paris, 1922, p. 293.

▶74　Vera Figner, *Polnoe sobranie sochinenii,* Vol. 5, Moscow, 1932, p. 437.

▶75　Ibid., p. 439.

▶76　Paleologue, op. cit., p. 293. *Rech',* 28 marta 1917 , p. 4.

▶20 *The Russian Provisional Government,* Vol. I, pp. 199-200.

▶21 *Zhurnaly zasedanii Vremennnogo Pravitel'stva,* Vol. 1. Moscow, 2001, pp. 66-67.

▶22 Ibid., p. 95.

▶23 Ibid., p. 133.

▶24 *VOSR RDRPSS,* pp. 422-424.

▶25 *Zhurnaly zasedanii Vremennnogo Pravitel'stva,* Vol. 1, p. 23.

▶26 Ibid., p. 38. V. Nabokov, op. cit., p. 30.

▶27 *VOSR RDRPSS,* pp. 424-425.

▶28 Buchanan, op. cit., Vol. II, pp. 91-92.

▶29 Sukhanov, op. cit., kn. II, pp. 266-269.

▶30 *Petrogradskii Sovet rabochikh i soldatskikh deputatov v 1917 g.,* Vol. I, pp. 323-324.

▶31 Ibid., pp. 301-302, 312-313, 315.

▶32 Zinaida Gippius, *Dnevniki,* Vol. 1, Moscow, 1999, p. 496.

▶33 *Petrogradskii Sovet rabochikh i soldatskikh deputatov v 1917* g., Vol. I, pp. 81-82.

▶34 G. A. fon Tal', Memuary ob otrechenii ot prestola Rossiiskogo Gosudaria Imperatora Nikolaia II. 1925, manuscript, Hoover Institution on War, Revolution and Peace, pp. 59-61.

▶35 *KA,* 1927, Vol. 3, pp. 53-54.

▶36 Ibid., p. 54.

▶37 Ibid., p. 55.

▶38 Ibid., p. 154.

▶39 *Zhurnaly zasedanii Vremennnogo Pravitel'stva,* Vol. 1, pp. 49-50.

▶40 *Skorbnyi put' Romanovykh 1917-1918 gg. Gibel' tsarskoi sem'i. Sbornik domumentov i materialov,* Moscow, 2001, p. 67.

▶41 *Petrogradskii Sovet rabochikh i soldatskikh deputatov v 1917 g.,* Vol. I, pp. 205, 218.

▶42 Avdeev, op. cit., pp. 76-77.

▶43 Ibid., p. 78.

▶44 *VOSR RDRPSS,* pp. 427-428.

▶45 Avdeev, op. cit., p. 70.

▶46 P. A. Polovtsov, *Dni zatmeniia.* Paris, n. d., pp. 26-27.

▶47 *VOSR RDRPSS,* pp. 424.

▶48 *Petrogradskii Sovet rabochikh i soldatskikh deputatov v 1917 g.,* Vol. I, pp. 156-157.

▶49 Ibid., pp. 153-154, 155.

▶50 Avdeev, op. cit., p. 71.

▶51 *Petrogradskii Sovet rabochikh i soldatskikh deputatov v 1917 g.,* Vol. I, pp. 178-179.

▶52 Nabokov, op. cit., pp. 40-41. Avdeev, op. cit., p. 79.

▶53 Nabokov, op. cit., p. 41.

▶54 *KA,* 1927, Vol. 3, p. 65.

▶55 Ibid., p. 65.

▶56 Iu. N. Danilov, *Velikii kniaz' Nikolai Nikolaevich,* Paris, 1930, p. 326.

▶57 *KA,* 1927, Vol. 3, p. 68-69.

▶58 *VOSR RDRPSS,* pp. 449.

▶59 *Rech',* 21 marta 1917 g., p. 5. Richard Stites, *The Women's Liberation Movement in Russia. Feminism, Nihilism and Bolshevism 1860-1930.* Princeton University Press, 1978, pp. 292-293. スタイツはデモの日を３月20日と誤記している。

▶60 *Zhurnaly zasedanii Vremennogo pravitel'stva,* Vol. 1, pp. 142-146.

▶61 S. M. Dubnov, *Kniga zhizni. Materialy dlia istorii moego vremeni. Vospominaniia i razmyshleniia,* Moscow, 2004, p. 410.

▶62 I. P. Leiberov, Na shturm samoderzhaviia, Moscow, 1979, p. 272.

▶63 トロツキー（藤井一行訳）『ロシア革命史』１、岩波文庫、2000年、263-264頁。

▶64 Martynov, op. cit., p. 148.

▶65 *Sotsialisty o tekushchem momente.* Moscow-Petrograd, 1917, p. 5. 和田春樹「二月革命」、『ロシア革命の研究』中央公論社、1968年、417-418頁。

▶66 Leiberov, op. cit., p. 273.

▶67 *Petrogradskii Sovet rabochikh i soldatskikh deputatov v 1917 g.,* Vol. I, pp. 132, 151.

▶68 Ibid., p. 177.

▶69 Ibid., pp. 193, 196.

▶70 *Rech',* 25 March 1917, p. 3.

▶87　*Izvestiia revoliutsionnoi nedeli,* No. 7, 3 March 1917, p. 1. Cited by *The Russian Provisional Government 1917; Documents,* Vol. I, 1961, pp. 135-136.

▶88　Shul'gin, op. cit., p. 274.

▶89　Nicolas de Basily, op. cit., p. 143.

▶90　Shul'gin, op. cit., p. 276.

▶91　Nicolas de Basily, op. cit., pp. 144-145.

▶92　Shul'gin, op. cit., p. 277.

▶93　Miliukov, *Vospominaniia,* Vol .II, p. 318.

▶94　B. D. Nabokov, Vremennoe pravitel'stvo, *Arkhiv Russkoi revoliutsii,* Vol. 1, p.17-18.

▶95　二人の経歴は、*Rossiiskii liberalism serediny XVIII—nachala XX veka. Entsiklopediia,* Moscow, 2010, pp. 606-607,651-652.

▶96　Nabokov, op. cit., pp.20-21. B. E. Nol'de, V. D. Nabokov in 1917, in *V. D. Nabokov and the Russian Provisional Government, 1917.* Edited by V. D. Medlin and S. L. Parsons, Yale University Press, 1976, pp. 19-20.

▶97　*Izvestiia,* 4 March 1917, No. 5, p. 1.

▶98　Miliukov, Vospominaniia, Vol. II, p. 318.

▶99　エンゲリガルトのヒアリング、Lyanders, op. cit., p. 63. しかし、エンゲリガルトが軍事委員会を辞める気になったということは、彼の後年の回想には、まったく書かれていない。三日間寝ていなかったので、寝に帰ったのだと説明している。Vospominaniia predsedatelia voennoi komissii Vremennogo komiteta Gosudarstvennoi Dumy o Fevral'skoi revoliutsii 1917 g. *Klio,* 2003, No. 1(20), p. 188.

▶100　*KA,* 1927, Vol. 3, p. 36-39.

▶101　Ibid., p. 44.

▶102　Nol'de, op. cit., p. 17.

第10章　革命勝利の日々

▶1　Aleksandr Blok, *Sobranie sochinenii,* Vol. 8, Moscow-Leningrad, 1963, p. 480.

▶2　GARF, F. 634, Op. 1, Ed. Khr. 27, L. 114, 114ob.

▶3　Ibid., L. 115.

▶4　*Arkhiv A. M. Gor'kogo,* Vol. IX, Moscow, 1966, pp. 194. これは、ペシコーヴァ宛ての書簡集（1906-1932）である。

▶5　Ibid., p. 195.

▶6　*Perepiska Nikolaia i Aleksandry,* Vol. V, p.232.

▶7　Spiridovich, *Zapiski zhandarma,* Moscow, 1991, p. 107. Iu. F. Ovchenko, Sergei Vasil'evich Zubatov, *VI,* 2005, No. 8, p. 66.

▶8　Fevral'skaia revoliutsiia v Baltiiskom flote (Iz dnevnika I. I. Rengartena), *KA,* 1929. Vol. 1, p. 105.

▶9　Ibid., p. 106.

▶10　Ibid., pp. 107-108.

▶11　Ibid., pp. 109-110. ゲリシンクフォルスの悲劇については、David Longley, The February Revolution in the Baltic Fleet at Helsingfors: "Vosstanie" or "Bunt?", *Canadian Slavonic Papers,* Vol. XIX, No. 2 (June 1977) を参照。

▶12　Iz dnevnikov A. N. Kuropatkina, *KA,* 1927, Vol. 1, p. 59.

▶13　*The Russian Provisional Government,* Vol. I, pp. 196-198.

▶14　I. G. Tsereteli, *Vospominaniia o Fevral'skoi revoliutsii,* kn. 1, Paris, 1968, pp. 15-18, 25-26.

▶15　*Deiateli SSSR i revoliutsionnogo dvizheniia Rossii. Entsiklopedicheskii slovar' GRANAT,* Moscow, 1989, pp. 429, 699.

▶16　*Padenie tsarskogo rezhima,* Vol. I, p. V.

▶17　*Zhurnaly zasedanii Vremennnogo Pravitel'stva,* Vol. 1. Moscow, 2001, pp. 79-80.

▶18　*Padenie tsarskogo rezhima,* Vol. I, pp. V-VI. Aleksandr Blok, *Sobranie sochinenii,* Vol. 8, p. 481.

▶19　*VOSR RDRPSS,* p. 422.

ia 1917, pp. 136-137. 国会臨時委員会のアレクセーエフ宛て電報は *VOSR RDRPSS,* pp. 409-410.

▶29 *KA*, 1927, Vol. 3, p.7.

▶30 Shul'gin, op. cit., p. 232. 邦訳、二一六頁。

▶31 Shul'gin, op. cit., pp. 232-234.

▶32 Ibid., p. 235.

▶33 *KA,* 1927, Vol, 2, p. 67.

▶34 Ibid., p. 75

▶35 Ibid., p. 75.

▶36 Voeikov, op. cit., pp. 209-211.

▶37 *KA*, 1927, Vol. 2, pp. 67-70.

▶38 Ibid., pp. 72-73.

▶39 Ibid., p. 73.

▶40 Ibid., p. 74.

▶41 Iu. N. Danilov, Moi vospominaniia ob Imp. Nikolae II i Vel. Kn. Mikhaile Aleksandroviche. *Arkhiv russkoi revoliutsii,* Vol. XIX, Berlin, 1928, pp. 230-231.

▶42 Ibid., pp. 231-232. Martynov, op. cit., p. 231.

▶43 Sukhanov, op. cit. Kn. I, p. 309.

▶44 この総会の内容は、*Izvestiia,* 3 March 1917, p. 4 に報道され、それは *VOSR RDPSS.* pp. 194-195 に収録された。また、現在では議事録メモが発見され、公刊されている。*Petrogradskii sovet rabochikh i soldatskikh deputatov v 1917 godu,* Vol. I, Sankt-Peterburg, 1993, pp. 61-75. 二つの資料を合わせて、議事の内容を見ていく。

▶45 *Petrogradskii sovet rabochikh i soldatskikh deputatov v 1917 godu,* Vol. I, pp. 63-65.

▶46 Ibid., p.66.

▶47 *VOSR RDPSS*, p. 195.

▶48 *Velikie dni Rossiiskoi revoliutsii*, pp. 50-52.

▶49 Sukhanov, op. cit. Kn. I, p. 314.

▶50 Shliapnikov, *Semnadtsatyi god*, kn. I, pp. 240-242.

▶51 Rafes, op. cit., p. 197.

▶52 Zaslavskii, Kantrovich, op. cit., pp. 44-45.

▶53 *Petrogradskii sovet rabochikh i soldatskikh deputatov v 1917 godu*, pp. 67-68.

▶54 Ibid., p. 69.

▶55 Ibid., pp. 68, 69.

▶56 Ibid., p. 73.

▶57 Ibid., p. 67.

▶58 Ibid., pp. 72-73.

▶59 *VOSR RDPSS*, p. 195.

▶60 *Petrogradskii sovet rabochikh i soldatskikh deputatov v 1917 godu*, p. 74.

▶61 Shliapnikov, *Semnadtsatyi god,* kn. I, p. 241.

▶62 Miliukov, Vospominaniia, Vol. II, p. 314.

▶63 *Velikie dni Rossiiskoi revoliutsii,* pp. 44-48.

▶64 Nicolas de Basily, *Diplomat of Imperial Russia 1903-1917; Memoirs*. Hoover Institution Press; Stanford, 1973, p. 122.

▶65 *KA*, 1927, Vol. 3, p. 7.

▶66 Ibid., pp. 9-10

▶67 Ibid., p. 10.

▶68 Martynov, op. cit., p. 160.

▶69 Spiridovich, op. cit., Vol. III, p. 298.

▶70 Danilov, op. cit., pp. 236-237.

▶71 Shul'gin, op. cit., p. 253. 岡野訳、225-226 頁。

▶72 *Aleksandr Ivanovich Guchkov raskazyvaet,* p. 69.

▶73 Nicolas de Basily, op. cit., pp. 129-130.

▶74 KA, 1927, Vol. III, p. 15.

▶75 *Arkhiv russkoi revoliutsii,* Vol. III, p. 265.

▶76 *KA*, 1927, Vol. 3, pp. 15-16.

▶77 Ibid., p. 19.

▶78 Voeikov, op .cit., p. 229.

▶79 *Dnevniki imperatora Nikolaia II,* Vol. II, ch. 2, p. 296.

▶80 P. N. Miliukov, *Istoriia vtoroi russkoi revoliutsii,* Moscow, 2001, pp. 50-51.

▶81 Miliukov, *Vospominaniia,* Vol. II, pp. 314-315.

▶82 KA, 1927, Vol. 3, p. 26.

▶83 Ibid., p. 27.

▶84 Ibid., p. 19.

▶85 Ibid., p. 28.

▶86 Ibid., p. 29.

▶49　Lomonosov, op. cit., p. 239.

▶50　ルーガの状況については、N. Voronovich, Zapiski predsedatelia Soveta soldatskikh deputatov, *Arkhiv grazhdanskoi voiny*, vyp. II, Berlin [n. d.], pp. 11-28.　また A. P. Sheliubskii, Severnyi front v dni Fevral'skoi revoliutsii, *IS*, 1967, No. 1, p. 20.

▶51　Proval popytki Stavki podavit' Fevral'skuiu revoliutsiu, pp. 106-107.

▶52　*KA*, 1927, kn. 2, p. 36.　北部方面軍司令官に打電されたことは、*Arkhiv russkoi revoliutsii*, Vol. III, p. 252.

▶53　エーヴェルトとルコムスキーの電信。*KA*, 1927, kn. 2, p. 37.

▶54　Ibid., pp. 44-45.

▶55　Ibid., p. 39.

▶56　Ibid., pp. 39-40.

▶57　Burdzhalov, *Vtoraia russ Ka ia revoliutsiia. Moskva, front, periferiia,* Moscow, 1971, p. 23.

▶58　いずれも *KA*, 1927, kn. 2, p. 45.

▶59　Ibid., p. 43.

▶60　*Burdzhalov, Vtoraia russ Ka ia revoliutsiia. Moskva, front, periferiia*, pp. 110-111

▶61　*KA*, 1927, kn. 2, p. 43.

▶62　Ibid., pp. 43-44.

▶63　Fevral's Ka ia revoliutsiia v Baltiiskom Flote(Iz dnevni Ka I. I. Rengartena), *KA*, 1929, No. 1, p. 102.

▶64　*KA*, 1927, kn. 2, pp. 40-41.

▶65　Ibid., p. 48.

▶66　Ibid., p. 47.

▶67　Ibid., pp. 50.

▶68　Voeikov, op. cit., p. 207.

▶69　*KA*, 1927, kn. 2, pp. 53-54.

▶70　Voeikov, op. cit., p. 208.

▶71　*KA*, 1927, kn. 2, pp. 51-52.

▶72　Voeikov, op. cit., p. 209.

▶73　*KA*, 1927, kn. 2, p. 96.

▶74　Ibid., p. 53.

▶75　Proval popytki Stavki podavit' Fevral'skuiu revoliutsiu, p. 107.

第9章　臨時政府の成立と帝政の廃止

▶1　Rafes, op. cit., p. 194.

▶2　Sukhanov, op. cit., Kn. I, p. 267-271.

▶3　Ibid., p. 272.

▶4　Ibid., pp. 275-278.

▶5　Miliukov, *Vospominaniia,* Vol. II, p. 307.

▶6　Miliukov, *Vospominaniia,* Vol. II, p. 307. Shul'gin, op. cit., p. 227.

▶7　Miliukov, *Vospominaniia,* Vol. II, p. 307.

▶8　Ibid., pp. 307-308.

▶9　Sukhanov, op. cit., Kn. I, pp. 281-283.

▶10　Miliukov, *Vospominaniia,* Vol. II, p. 308.

▶11　*Izvestiia,* 3 March 1917, p. 1.

▶12　Rafes, op. cit., p. 195.

▶13　[Bazarov] Uchastie demokratii v Vremennoe pravitel'stvo, *Izvestiia,* 2 March 1917.

▶14　議事録が *VOSR RDRPSS,* pp. 9-12.

▶15　Shliapnikov, *Semnadtsatyi god,* Vol. 1, pp. 223-225.

▶16　F. Dingel'shtedt, Vesna proletarskoi revoliutsii, *KL*, 1925, No. 1, p. 193.

▶17　Zalezhskii, op. cit., pp. 142-143.

▶18　決議は *VOSR RDRPSS,* p. 6.

▶19　Shliapnikov, *Semnadtsatyi god,* Kn. 1, pp. 330-331.

▶20　Sukhanov, op. cit., Kn. I, p. 294.

▶21　Shliapnikov, *Semnadtsatyi god,* Kn. 1, pp. 231-234.

▶22　*KA*, 1927, Vol, 2, pp. 55-59.

▶23　Miliukov, *Vospominaniia,* Vol. II, p. 296.

▶24　*KA*. 1927, Vol. 2, p. 55.

▶25　Ibid., pp. 52-53.

▶26　*Aleksandr Ivanovich Guchkov rasskazyvaet,* p. 72.

▶27　コルニーロフについては、F. A. Gushchin, S. S. Zhebrovskii, *Plennye generaly Rossiiskoi imperatorskoi armii 1914-1917.* Moscow, 2010, pp. 221-227.

▶28　Protokol sobytii, *Fevral'skaia revoliutsi-*

第8章　軍部と皇帝

▶1　D. N. Dubenskii, Kak proizoshel perevorot v Rossii, in *Otrechenie Nikolaia II. Vospominaniia ochevidtsev*, Leningrad, 1927, pp. 49-52. ドゥベンスキーの日記風の回想は1922年に雑誌に載った。それがこの本に収められている。

▶2　Ibid., p. 51.

▶3　いずれも *KA*, 1927,Vol. 2, p. 9.

▶4　Ibid., pp. 9-10.

▶5　Proval popytki Stavki podavit' Fevral'skuiu revoliutsiu 1917 goda v Petrograde, *VA*, 1962, No. 1, p. 104.

▶6　この日の北部方面軍参謀長ダニーロフとの直通電話（*KA*, 1927, Vol. 2, pp. 9-10）。および28日付の各軍司令官へのアレクセーエフの電報（Ibid., p. 23）。

▶7　Ibid., pp. 10-11.

▶8　Voeikov, op. cit., pp. 200-201.

▶9　Dubenskii, op. cit., p. 49.

▶10　*KA*, 1927, kn. 2, p. 12.

▶11　Lukomskii, A. S., Vospominaniia generala A. S. Lukomskogo, Vol. I, Berlin, 1922, pp. 126-128.

▶12　*KA*, 1927, kn. 2, pp. 13-14.

▶13　Ibid., p. 9.

▶14　Ibid., pp. 18-19.

▶15　Dubenskii, op. cit., p. 53.

▶16　皇后への電報。*Perepiska Nikolaia i Aleksandry*, Vol. V, p. 225.

▶17　Proval popytki Stavki podavit' Fevral'skuiu revoliutsiu, p. 102.

▶18　Ibid., p. 103.

▶19　Ibid., p. 105.

▶20　Danilov to Alekseev, *KA*, 1927, kn. 2, p. 14.

▶21　Proval popytki Stavki podavit' Fevral'skuiu revoliutsiu,, p. 103.

▶22　Evert to Alekseev, *KA*, 1927, kn. 2, p. 17.

▶23　Proval popytki Stavki podavit' Fevral'skuiu revoliutsiu, p. 103.

▶24　Ivanov to Ruzskii, and Ivanov to Evert, *KA*, 1927, kn. 2, p. 21.

▶25　ハバーロフの回答は、Ibid., p. 20. イヴァノフの質問は Martynov, op. cit., pp. 117-119.

▶26　Ivanov to Ruzskii, and Ivanov to Evert, *KA*, 1927, kn. 2, p. 21. Proval popytki Stavki podavit' Fevral'skuiu revoliutsiu,, p. 104.

▶27　Alekseev to Ruzskii and Alekseev to Grigorovich, *KA*, 1927, kn. 2, p. 19.

▶28　Alekseev to Brusilov, Ibid., p. 24.

▶29　*KA*, 1927, kn. 2, pp. 22-24.

▶30　Ibid., p. 27.

▶31　Ibid., pp. 27-28, 29.

▶32　Blok, op. cit., p. 252. これは英文の原文からの引用である。

▶33　Dubenskii, op. cit., p. 54.

▶34　*Perepiska Nikolaia i Aleksandry,* Vol. V, p. 225.

▶35　Dubenskii, op. cit., p. 54.

▶36　*KA*, 1927, kn. 2, p. 35.

▶37　Ibid., p. 31.

▶38　Dubenskii, op. cit., pp. 54-55.

▶39　Ibid., p. 55-56. Voeikov, op. cit., pp. 204-205.

▶40　Lomonosov, op. cit., pp. 233-234.

▶41　P. E. Shchegolev, *Poslednii reis Nikolaia Vtorogo*, Moscow-Leningrad, 1928, pp. 45. モルドヴィーノフの回想には、そのような記述はない。A. A. Mordvinov, Poslednie dni Imperatora. In *Otrechenie Nikolaia II. Vospominaniia ochevidtsev..* Leningrad, 1927, pp. 103-104.

▶42　Lomonosov, op. cit., pp. 234-235.

▶43　Mordvinov, op. cit., p.103-104.

▶44　Voeikov, op. cit., pp. 205-206.

▶45　*KA*, 1927, kn. 2, p. 48.

▶46　K. Zershchikov, Sobstvennyi Ego Velichestva konvoi v dni revoliutsii, *Chasovoi*, No. 205.

▶47　I. Demidov, Tsarskoe selo 1-go marta 1917 goda. *Poslednie novosti,* 12 March 1927.

▶48　Proval popytki Stavki podavit' Fevral'skuiu revoliutsiu, p. 106.

gawa, Rodianko and the Grand Dukes' Manifest on 1 March 1917, *Canadian Slavonic Papers,* 18, no. 2(1976).

▶85　*Dnevnik i perepiska Velikogo kniazia Mikhaila Aleksandrovicha,* pp. 397-398, 498-499, 611-612.

▶86　Ganelin, *V Rossii dvadtsatogo veka,* Moscow, 2014, pp. 603-621.

▶87　Princess Paley, Memories of Russia, 1916-1919. London, 1924, pp. 46-47.

▶88　N. Ivanov, Manifest Velikikh kniazei, Ganelin, op. cit., pp. 614-615.

▶89　Princess Parley, op. cit., p. 52.

▶90　N. Ivanov, op. cit., pp. 615-617.

▶91　Princess Parley, op. cit., p. 53.

▶92　*Perepiska Nikolaia i Aleksandry,* Vol. V, p. 227.

▶93　*Ogonek,* 1923, No. 1. Burdzhalov, op. cit., p.309. Hasegawa, op. cit., p. 445.

▶94　Burdzhalov, op. cit., p.309. Ivanov, op. cit., p. 619.

▶95　*Dnevnik i perepiska Velikogo kniazia Mikhaila Aleksandrovicha,* p. 397.

▶96　Ibid., p. 469.

▶97　Buchanan, op. cit., Vol. I, p. 68.

▶98　Burdzhalov, op. cit., p.310. Ivanov, op. cit., p. 621.

▶99　*Dnevnik i perepiska Velikogo kniazia Mikhaila Aleksandrovicha,* p. 611.

▶100　Shidlovskii, op. cit., pp. 294-295.

▶101　Lomonosov, op. cit., pp. 235-238.

▶102　スコベレフのヒアリング、Lyanders, op. cit., pp. 181-182.

▶103　Hasegawa, op. cit., pp. 452-454.

▶104　S. V. Kulikov, Tsentral'nyi Voenno-promyshlennyi komitet nakanune i v khode Fevral'skoi revoliutsii 1917 goda, *OI,* 2012, No. 1, p. 83.

▶105　*Izvestiia,* No. 1, 28 February 1917, p. 1; pribavlenie k No. 1, 28 February 1917, p. 1.

▶106　Ivanov-Razumnik, *Pered grozoi, 1916-1917 g.* Petrograd, 1923, pp. 134-135.

▶107　*Izvestiia,* No.32, 31 March 1917, p. 3.

▶108　Sukhanov, op. cit., kn. 1, pp. 223-225, 229-240.

▶109　以下は、この総会の議事録メモによる。Petrogradskii sovet rabochikh i soldatskikh deputatov v 1917 godu, Vol. I, Sankt-Peterburg, 1993, pp. 46-55.

▶110　Ibid., p. 48.

▶111　Ibid., p. 49.

▶112　Ibid., p. 52.

▶113　Ibid., pp. 48-49.

▶114　Ibid., p. 54.

▶115　Ibid., p. 51.

▶116　Ibid., p. 50.

▶117　Ibid., p. 51.

▶118　Ibid., p. 52.

▶119　Ibid., p. 54.

▶120　Ibid., pp. 54-55.

▶121　Ibid., p. 55. 兵士についての説明は、この議事メモを初めて研究した以下の論文による。V. I. Miller, Nachalo demokratizatsii staroi armii v dni Fevral'skoi revoliutsii. Zasedanie Petrogradskogo Soveta 1 marta 1917 g. i prikaz No. 1, *IS,* 1966, No. 6, p. 41.

▶122　Shliapnikov, *Semnadtsatyi god,* kn. 1, p. 194.

▶123　パジェーリンの回想、*PR,* 1925, no. 8-9, p. 401. また N. D. Sokolov, Kak rodilsia prikaz No. 1, *Ogonek,* 1927, No. 11. またソコロフは、命令文書を作成する委員会が構成され、ソコロフ、リンジェ、パジェーリン、サドフスキーらが入ったと書いている。N. D. Sokolov, Kak rodilsia prikaz No. 1, *Ogonek,* 1927, No. 11, p. 10.

▶124　*Izvestiia,* 2 March 1917, p. 3.

▶125　エンゲリガルトのオーラル・ヒストリー、Lyanders, op. cit., p. 62.

▶126　P. A. Polovtsov, *Dni zatmeniia,* Paris, pp. 17-18.

▶127　Sukhanov, op. cit., Vol. I, pp.240-241, 254-256.Shliapnikov, *Semnadtsatyi god,* kn.l. 1, pp.215-220. Rafes, op. cit., p.195. Zaslavskii, Kantrovich, op. cit., p.42-43.

▶128　*Izvestiia,* No.32, 31 March 1917, p. 3.

▶28 トゥガン＝バラノフスキーからの聞き取り、Lyanders, op. cit., p. 121.

▶29 Ibid., p. 122. チコリーニからの聞き取り、Ibid., p. 78, 84.

▶30 エンゲリガルトからの聞き取り、Ibid., pp. 60-61. ニコラーエフは、エンゲリガルトの別の回想に依拠して、グチコフが3月1日から軍事委員会委員長に就任したと書いている。A. B. Nikolaev, op. cit., p. 124.

▶31 P. A. Polovtsov, Dni zatmeniia, Paris, [n. d.], pp. 14-16.

▶32 A. Efimov, Problema vlasti v pervye dni Fevral'skoi revoliutsii 1917 g., *Revoliutsiia prava,* 1928, No. 3, p. 59.

▶33 *Velikie dni Rossiiskoi revoliutsii,* pp. 16, 29. *Rech',* 5 March 1917, p. 3.

▶34 Z. S. Kel'son, Militsiia Fevral'skoi revoliutsii, *Byloe,* 1925, No. 1, p. 162.

▶35 Ibid., p. 164. *Rech',* 5 March 1917, p. 3.

▶36 Kel'son, op. cit., pp. 162-163.

▶37 V. I. Startsev, *Ocherki po istorii petrogradskoi Krasnoi gvardii i rabochei militsii.* Moscow-Leningrad, 1965, pp. 50-51.

▶38 *Rech',* 5 March 1917, p. 3.

▶39 *Izvestiia,* 5 March 1917, p. 5.

▶40 Lobov, Gavrilov, op. cit., p. 137.

▶41 Kondrat'ev, op. cit., *KL,* 1923, No. 7, p. 69.

▶42 Gordienko, op. cit., p. 70.

▶43 *V ogne revoliutsionnykh boev.* p. 131.

▶44 *Paionnye Sovety Petrograda v 1917 godu.* Vol. I, Moscow-Leningrad, 1964, p. 125.

▶45 Skorodnikov, op. cit., p. 165.

▶46 D. V. Oznobishin, Bor'ba bol'shevikov s soglashateliami v Petrogradskom Sovete. *IZ* , Vol. 73, p. 117.

▶47 Skalov, op. cit., p. 121. Potekhin, op. cit., p. 324.

▶48 Zlokazov, Sozdanie Petrogradskogo Soveta, *IS,* 1964, No. 5, p. 106.

▶49 *Bastiony revoliutsii,* Leningrad, 1957, p. 226.

▶50 S. A. Artem'ev, Sostav Petrogradskogo Soveta v marte 1917 g., IS, 1964, No. 5, p. 124.

▶51 *Bastiony revoliutsii,* p. 138.

▶52 Lemeshev, op. cit., p. 123.

▶53 Artem'ev, op. cit., p. 124.

▶54 *Bastiony revoliutsii,* p. 273.

▶55 Zlokazov, op. cit., p.108.

▶56 *Izvestiia,* 5 March 1917, p. 5. Tikhanov, Tkachev, op. cit., p. 88.

▶57 Ibid., pribavlenie k No. 1, p. 2; 2 March 1917, p. 4.

▶58 Ibid., 4 March 1917, p. 5.

▶59 Artem'ev, op. cit., p. 126.

▶60 Ibid., p. 121. Zlokazov, op. cit., p. 110.

▶61 *Izvestiia,* 4 March 1917, p. 6; 5 March 1917, p. 5.

▶62 S. G. Strumilin, *Iz perezhitogo,* Moscow, 1957, p. 280.

▶63 Artem'ev, op. cit., pp. 120-121.

▶64 Pravda, 11 March 1917, p. 2.

▶65 *Izvestiia,* pribavlenie k No. 1, p. 2; 2 March 1917, p. 4.

▶66 Artem'ev, op. cit., p. 121.

▶67 Startsev, op. cit., pp. 54, 58.

▶68 *Raionnye Sovety Petrograda v 1917 godu.* Vol. I, p. 123.

▶69 Startsev, op. cit., pp. 43-44.

▶70 Ibid., p. 44. *Izvestiia,* 2 March 1917, p. 3.

▶71 Startsev, op. cit., p. 56.

▶72 Ibid., p. 70.

▶73 *Izvestiia,* 5 March 1917, p. 4.

▶74 *Raionnye Sovety Petrograda v 1917 godu.* Vol. I, p. 72. Startsev, op. cit., p. 43,

▶75 Startsev, op. cit., pp. 44-45.

▶76 Peshekhonov, op. cit., pp. 438-439.

▶77 *Izvestiia,* 2 March 1917, p. 4.

▶78 Peshekhonov, op. cit., pp. 442, 449.

▶79 *Izvestiia,* 5 March 1917, p. 4.

▶80 Peshekhonov, op. cit., pp. 454-456.

▶81 Ibid., p. 461. *Raionnye Sovety Petrograda v 1917 godu.* Vol. III, pp. 8-11.

▶82 *Izvestiia,* 2 March 1917, p. 4.

▶83 Burdzhalov, op cit., pp. 308-309. *Ogonek,* 1923, No. 1.

▶84 Hasegawa, op. cit., pp. 444-446. また Hase-

らである。*Izvestiia,* 5 March 1917, p. 1. Rafes, op. cit., pp. 191. また、ボリシェヴィキの一人をスターリンとしているのも直した。シュートコは、3月4日には執行委員であったことは確かである。*Peterburgskii komitet RSDRP(b) v 1917 godu. Protokoly i materialy zasedanii,* Sankt-Peterburg, 2003, p. 59.

▶110 *Petrogradskii Sovet rabochikh i soldatskikh deputatov. Protokoly zasedanii IK,* Moscow-Leningrad, 1925, p. 42.

▶111 S. I. Shidlovskii, *Vospominaniia,* Vol. II, Berlin, 1923, p. 55.

▶112 Miliukov, *Vospominaniia,* Vol. II, p. 298. また Shul'gin, op. cit., pp. 181-182.

▶113 Lyanders, op. cit., pp. 58-59.

▶114 Cherkasskii, op. cit., p. 60. Shidlovskii, op. cit., pp. 67-68.

▶115 Burdzhalov, op. cit., p. 236.

▶116 *Velikie dni Rossiiskoi revoliutsii,* pp. 7-8.

▶117 Mstislavskii, op. cit., pp. 23-24.

▶118 Kerensky, *The Catastrophe,* p. 25.

▶119 Mstislavskii, op. cit., p. 26.

▶120 Ibid., pp. 29-31.

▶121 *KA,* 1930, Vol. 4-5, p. 78.

▶122 Ibid. pp. 78-84.

▶123 P. V. Volobuev, *Ekonomicheskaia politika Vremennogo pravitel'stva.* Moscow, 1962, p. 390. *Izvestiia,* 28 February 1917, p. 2.

▶124 *Izvestiia,* 2 March 1917, p. 2.

第7章　二つの革命

▶1 *KA,* 1930, Vol. 4-5, pp. 78-79.

▶2 G. P. Peretts, *V tsitadeli russkoi revoliutsii. Zapiski komendanta Tavricheskogo dvortsa.*Petrograd, 1917, p. 37. *Izvestiia,* Pribavlenie k No. 1, 28 February 1917, p.2.

▶3 Iz dnevnika A.D.Protopopova, *KA,* 1925, Vol. 3, p. 180.

▶4 Shul'gin, op. cit., Moscow, 1989, p. 200. 岡野訳 , 171 頁。

▶5 *Vozrozhdenie,* No. 183, pp. 95-97.

▶6 Bublikov, op. cit., p. 21.

▶7 Ibid., p, 22. Iu. V. Lomonosov, Vospominaniia o martovskoi revoliutsii 1917 g. Stockholm and Berlin, 1921; Moscow, 1994, p. 229.

▶8 Lomonosov, op. cit., pp. 229-230.

▶9 Bublikov, op. cit., pp. 22-23.

▶10 *KA,* 1927, Vol. 2, pp. 32-33.

▶11 Bublikov, op. cit., p. 24.

▶12 Shul'gin, op. cit., p. 198. 岡野訳 , 168 頁。

▶13 *Velikie dni Rossiiskoi revoliutsii,* p. 18.

▶14 Ibid., pp. 31-32. この点について、新たなニコラーエフの研究を参照してほしい。A. B. Nikolaev, *Gosudarstvennaia duma v Fevral'skoi revoliutsii: ocherki istorii,* Riazan', 2002, pp. 75-92.

▶15 G. I. Zlokazov, O zasedanii Petrogradskogo Soveta rabochikh i soldatskikh deputatov 28 fevralia 1917 g. In *Oktiabr' i grazhdanskaia voina v SSSR,* Moscow, 1966, pp. 55-56. *VOSR RDPSS,* pp. 190-191.

▶16 Martynov, op. cit., p. 119.

▶17 Shul'gin, op. cit., pp. 204-208. 岡野訳、177-184 頁。

▶18 Zapisnye knizhki G. A. Ivanishina, p. 539.

▶19 グリゴローヴィチのこの時の気分については N. K. Grigorovich, *Vospominaniia byvshego morskogo ministra 1853-1917,* Kronshtadt-Moscow, 2005, p. 120.

▶20 *Padenie tsarskogo rezhima,* Vol. II, pp. 205-206.

▶21 *KA,* 1927, Vol. 2, p. 79. 20

▶22 *Bol'shevizatsiia petrogradskogo garnizona,* p. VI.

▶23 *Velikie dni Rossiiskoi revoliutsii,* p. 13.

▶24 Ibid., p. 15.

▶25 Ibid., pp. 10-11, 19.

▶26 Burdzhalov, op. cit., pp. 275, 288-289. Rafes, op. cit., p.193. Sukhanov, op. cit., kn. 1, p. 207.

▶27 *Pravda,* 11 March 1917, p. 2.

likie dni Rossiiskoi revoliutsii, p. 5.

▶59 *Izvestiia*, 27 August 1917, p. 7. M. Vishniak, *Dan' proshlomu*. New York, 1954, pp. 234-236.

▶60 Iu. S. Tokarev, *Petrogradskii Sovet rabochikh i soldatskikh deputatov v marte-aprele 1917 g.* Leningrad, 1976, pp. 50-51. Hasegawa, op. cit., p. 334.

▶61 *Izvestiia*, 27 August 1917, p. 6. S. Mstislavskii, *Piat' dnei. Nachalo i konets Fevral'skoi revoliutsii*. 2nd ed., Berlin-Peterburg-Moscow, 1922, pp. 17- 21.

▶62 Mstislavskii, op. cit., p. 22.

▶63 Ibid., p. 24.

▶64 *Velikie dni Rossiiskoi revoliutsii*, p. 5.

▶65 *Novaia zhizn'*, 27 August 1917, p. 1.

▶66 *Istoriia Moskvy*, Vol. V, Moscow, 1955, p. 350. Mints, op. cit., Vol. I, pp. 666-667.

▶67 Cherkasskii, op. cit., pp. 41-43.

▶68 Bublikov, op. cit., p. 21.

▶69 *Dnevnik i perepiska Velikogo kniazia Mikhaila Aleksandrovicha*, p. 379.

▶70 Lyanders, op. cit., p. 109.

▶71 Rodzianko, *Krushenie imperii*, p. 296.

▶72 Lyanders, op. cit., p. 146.

▶73 *Dnevnik i perepiska Velikogo kniazia Mikhaila Aleksandrovicha*, pp. 394-396.

▶74 Lyanders, op. cit., p. 109.

▶75 Rodzianko, *Krushenie imperii*, p. 296.

▶76 Lyanders, op. cit., pp. 146-147.

▶77 *Fevral'skaia revoliutsiia 1917 g.*, pp. 115-116.

▶78 *Dnevnik i perepiska Velikogo kniazia Mikhaila Aleksandrovicha*, p. 396.

▶79 Lyanders, op. cit., p. 110.

▶80 *KA*, 1927, No. 2, pp, 11-12.

▶81 Rodzianko, *Krushenie imperii*, p. 297.

▶82 *Dnevnik i perepiska Velikogo kniazia Mikhaila Aleksandrovicha*, p.397.

▶83 Sukhanov, op. cit., kn. 1, pp. 122-126.

▶84 Shliapnikov, *Semnadtsatyi god*, kn.1, pp. 142-144.

▶85 Rafes, op. cit., pp. 188-189.

▶86 Sukhanov, op. cit., kn. 1, p. 127. Shliapnikov, *Semnadtsatyi god*, kn.1, p. 146. *Izvestiia*, 27 August 1917, p. 6.

▶87 *Izvestiia*, pribavlenie k No. 1, 28 February 1917, p. 1.

▶88 Kerensky, The Catastrophe, p. 29.

▶89 *Izvestiia*, 27 August 1917, p. 6. Sukhanov, op. cit., kn. 1, p. 128.

▶90 Rafes, op. cit., pp. 190.

▶91 Sukhanov, op. cit., kn. 1, pp. 133-134, 141. Peshekhonov, op. cit., pp. 434-435.

▶92 Sukhanov, op. cit., kn. 1, p. 132. Shliapnikov, *Semnadtsatyi god*, kn.1, p. 150.

▶93 Rafes, op. cit., pp. 190. Sukhanov, op. cit., kn. 1, pp. 145-146. Shliapnikov, *Semnadtsatyi god*, kn.1, p. 153.

▶94 *Izvestiia*, pribavlenie k No. 1, 28 February 1917, p. 1.

▶95 *Izvestiia*, 28 February 1917, p. 1.

▶96 Sukhanov, op. cit., kn. 1, p. 147. Shliapnikov, *Semnadtsatyi god*, kn.1, p. 150.

▶97 Iu. Steklov, Po povodu stat'i A. G. Shliapnikova, *PR*, 1923, No. 4, p. 177.

▶98 Sukhanov, op. cit., kn. 1, p. 149.

▶99 Steklov, op. cit., p. 177.

▶100 Sukhanov, op. cit., kn. 1, p. 149.

▶101 Steklov, op. cit., pp. 176-177.

▶102 Ibid., pp. 176-177. Shliapnikov, *Semnadtsatyi god*, kn.1, p. 150.

▶103 Sukhanov, op. cit., kn. 1, p. 159.

▶104 *Izvestiia*, 28 February 1917, p. 2. Shliapnikov, *Semnadtsatyi god*, kn.1, pp. 151-152.

▶105 Kpatkaia avtobiografiia chlena partii V.D. Bonch-Bruevicha. *IS*, 1967, No. 2, p. 100. Shliapnikov, *Kanun*, ch. I, p. 179.

▶106 Steklov, op. cit., p. 181. Steklov, *Vospominaniia i publitsistika*. Moscow, 1965, p. 78.

▶107 *Novaia zhizn'*, 27 August 1917, p. 1.

▶108 *Velikie dni Rossiiskoi revoliutsii*, p. 9.

▶109 Sukhanov, op. cit., kn. 1, p. 179. ただし、エスエルの一人をルサーノフとしているのを直した。スヴャチツキーは、3月5日には執行委員であったことが確実だか

2, March 1917, p. 19. Michael Melancon, Who wrote What and When? Proclamations of the February Revolution in Petrograd, 23 February-1 March 1917, *Soviet Studies*, Vol. XL, No. 3, July 1988, p. 493.

▶30　P. Luchinitskii, V ob'ektive—revoliutsiia, *Literaturnaia gazeta*, 1967, No.2, p. 3.

▶31　Skalov, op. cit., p. 118.

▶32　Ibid., pp. 117-118.

▶33　Shliapnikov, *Semnadtsatyi god*, kn.1, pp. 134-135.

▶34　Leiberov, Petrogradskii proletariat v bor'be za pobedu Fevral'skoi burzhuazno-demokraticheskoi revoliutsii v Rossii, *IS,* 1964, No. 6, pp. 65-66. E. E. Studentsova, V bor'be za sverzhenie tsarizma, in *Vyborgskaia storona. Sbornik statei i vospominanii*. Leningrad, 1957, p. 29. Burdzhalov, op. cit., p. 210. 私は、1968年の論文では、ストゥジェンツォーヴァを回想の筆者と誤解していた。

▶35　この報告は、ロシア史研究会で、1959年5月と7月に行なわれ、会報の6月・8月号に掲載された。この主張は、次の論文（和田春樹「二月革命」、『ロシア革命の研究』中央公論社、1968年）でも再論された。英文でも発表されている。Haruki Wada, The Russian February Revolution of 1917, *Annals of the Institute of Social Science,* No. 15, 1974, p. 83.

▶36　T. Hasegawa, The Bolsheviks and the Formation of the Petrograd Soviet in the February Revolution, *Soviet Studies,* Vol. XXIX, No. 1, January 1977, p. 98. また Hasegawa, *The February Revolution; Petrograd, 1917.* University of Washington Press, 1981, pp. 333-334.

▶37　Michael Melancon, Who wrote What and When?, pp. 489-493. また、Melancon, *The Socialist Revolutionaries and the Russian Anti-war Movement, 1914-1917,* Ohio State University Press, 1990, pp. 269-270. この他に、D. A. Longley, The mezhraionka, the bolsheviks and international women's day: In response to Michael Melançon, *Soviet Studies*, Vol. XLI, no. 4, octorber 1989 がある。

▶38　*VOSR RDPSS,* pp. 4-5.

▶39　前掲、和田春樹「二月革命」422頁。

▶40　Hasegawa, The Bolsheviks and the Formation of the Petrograd Soviet, pp. 97-98.

▶41　Melancon, Who wrote What and When?, pp. 486-489.

▶42　Kak obrazovalsia Petrogradskogo Soveta, *Izvestiia*, 27 August 1917, p. 6. チヘンケリの演説 *Izvestiia Bakinskogo Sov. rab. i voenn. dep.,* No. 23, cited by E. B. Genkina, Fevral'skii perevorot. In *Ocherki istorii Oktiabr'skoi revoliutsii,* Vol. II, Moscow-Leningrad, 1927, p. 82.

▶43　*Velikie dni Rossiiskoi revoliutsii,* p. 5.

▶44　A. Ia. Grunt, Vozniknovenie Moskovskogo Soveta rabochikh deputatov v 1917 g., *IS,* 1967, No. 2, pp. 13-14.

▶45　N. D. Sokolov, Kak rodilsia prikaz No. 1, *Ogonek,* 1927, No. 11.

▶46　Kondrat'ev, op. cit., *KL,* 1923, No. 7, p. 68.

▶47　N. I. Iordanskii, Voennoe vosstanie 27 fevralia, *Molodaia gvardiia*, 1928, kn. 2, p. 169.

▶48　Sukhanov, op. cit., kn. 1, p. 89.

▶49　Kaiurov, op. cit., p. 167. また Zalezhskii, op. cit., p. 140. モロトフの承認は *IA,* 1956, No. 5, p. 148.

▶50　Kh. M. Astrakhan, O pervom izdanii Manifesta TsK RSDRP(b) “Ko vsem grazhdanam Rossii”, *VIK,* 1964, No. 6, pp. 64-65.

▶51　*VOSR RDPSS*, pp. 3- 4.

▶52　Kaiurov, op. cit., pp. 169, 170.

▶53　Iurenev, op. cit., *PR,* 1924, No. 2, pp. 141-142.

▶54　Ibid., p. 143.

▶55　*Izvestiia*, No. 1, 28 February 1917, p. 2.

▶56　Burdzhalov, op. cit., p. 211.

▶57　Iurenev, op. cit., *PR,* 1924, No. 2, p. 143.

▶58　*Izvestiia,* 27 August 1917, p. 6. また *Ve-*

▶310 B. Starkov, Prisoedinenie finliandtsev. *Pravda,* 1 April 1917, p. 3.

▶311 Vystuplenie leib-gvardii Finliandskogo zapasnogo polka. Ibid., 11 April 1917, p. 3.

▶312 *Pravda*, 1 April 1917, p. 3; 12 April 1917, p. 3.

▶313 I. N. Zhuravlev, Prisoedinenie semenovtsev, *Pravda,* 17 March 1917, p. 3.

▶314 S. D. Izmailovets, Vystuplenie izmailovtsev, *Pravda*, 21 March 1917, p. 4.

▶315 *Padenie tsarskogo rezhima*, Vol. I, p. 207. Martynov, op. cit., p. 107.

▶316 *Padenie tsarskogo rezhima*, Vol. I, pp. 203-204. Martynov, op. cit., pp. 107-108.

▶317 Vospominaniia N. N. Pokrovskogo, pp. 169-170.

▶318 *KA,* 1927, Vol. 2, p. 13.

▶319 Vospominaniia N. N. Pokrovskogo, pp. 169-170.

第6章 国会臨時委員会とソヴィエト

▶1 P. Miliukov, Pervyi den', *Poslednie novosti*, 12 March 1927.

▶2 V. V. Shul'gin, *Dni*, Leningrad, 1925, p. 103; Moscow, 1989, p. 173. 岡野五郎訳『革命の日の記録』河出書房、1956年、135頁。

▶3 S. Mansyrev, Moi vospominaniia o rabote v Gosudarstvennoi Dume, *Istorik i sovremennost',* III, Berlin, 1922, pp. 25, 26.

▶4 Kerensky, *The Catastrophe*, New York, London, 1927, p. 7.

▶5 M. I. Skobelev, Gibel' tsarizma, *Ogonek,* 1927, No. 11(207), 13 March, p. 9.

▶6 Kerensky, *The Catastrophe*, p. 8.

▶7 V. B. Stankevich, *Vospominaniia 1914-1919 g.*, Berlin, 1920, pp. 66-67.

▶8 *KA,* 1927, Vol. 2, pp. 6-7.

▶9 Burdzhalov, op. cit., p. 229.

▶10 Skobelev, op. cit. p. 9.

▶11 Kerensky, *The Catastrophe*, pp. 11-12. Shul'gin, op. cit., pp. 156-157. Moscow, 1989, pp. 177-178. 岡野訳、140-141頁。

▶12 *Fevral'skaia revoliutsiia,* p. 208, 211-216.

▶13 *Velikie dni Rossiiskoi revoliutsii,* pp. 2-3.

▶14 A. M. Cherkasskii, Pervye dni russkoi revoliutsii, Petrograd, 1917, p. 26.

▶15 *Velikie dni Rossiiskoi revoliutsii,* p. 3.

▶16 Cherkasskii, op. cit., pp. 28-32.

▶17 Kerensky, *The Catastrophe,* p. 15.

▶18 A. A. Bublikov, *Russkaia revoliutsiia. Vpechatleniia i mysli ochevidtsa i uchastnika.* New York, 1918, pp. 17-18.

▶19 *Volia Rossii,* Praha, No. 153, 15 March 1921, *The Russian Provisional Government,* 1917; *Documents.* Edited by R. P. Browder and Alexander Kerensky, Stanford University Press, 1961, Vol. 1, pp. 45-47.

▶20 B. Engel'gardt, Potonuvshii mir, *VIZ,* 1964, No. 1, pp. 80-81.

▶21 *Velikie dni Rossiiskoi revoliutsii,* p. 4.

▶22 P. N. Miliukov, *Istoriia vtoroi russkoi revoliutsii*, Vol. I, ch. 1, Sofiia, 1921, p. 42.

▶23 Burdzhalov, op. cit., p. 381.

▶24 Shmidt, op. cit., p. 4.

▶25 V. Zalezhskii, Pervyi legal'nyi Pe-Ka, *PR*, 1923, No. 1, p. 139.

▶26 Lemeshev, op. cit., p. 38.

▶27 全文は D. O. Zaslavskii, V. A. Kantrovich, *Khronika Fevral'skoi revoliutsii,* Vol. I, Petrograd, 1924, p. 281.

▶28 *Velikaia Oktiabr'skaia sotsialisticheskaia revoliutsiia. Dokumenty i materialy. Revoliutsionnoe dvizhenie posle sverzheniia samoderzhaviia*（以下 *VOSR RDPSS* と略記）. Moscow, 1957, p. 5. 原典は、TsGAVMF, F. 92, Op. 1, D. 128, L. 86 である。この編者は、署名を「Organiziruite Sovet rabochikh deputatov（労働者ソヴィエトを組織せよ）」と読んでいる。

▶29 E. P. Semenov, Fevral'skie i martovskie dni, *Istoricheskii vestnik,* Vol. 147, No.

▶269　*Istoriia grazhdanskoi voiny v SSSR,* Vol. 1, Moscow, 1935, p. 66.

▶270　Kirpichnikov, op. cit., pp. 10-14. *Byloe,* 1918, No. 1, pp. 175-176.

▶271　G. V. Lomonossoff, *Memoirs of the Russian Revolution,* New York, 1919, p. 12.

▶272　Vpechatleniia soldata zapasnogo batal'ona leib-gvardii Litovskogo polka, *Pravda,* March 1917, p. 2.

▶273　*Padenie tsarskogo rezhima,* Vol. I, p. 198. *Byloe,* 1918, No. 1, p. 176.

▶274　Slonimskii, op. cit., p. 13.

▶275　A. Knox, *With the Russian Army 1914-1917,* Vol. II, London, 1921, pp. 553-554.

▶276　チェレーシチェンコからの聞き取り Lyanders, op. cit. pp. 256-257.

▶277　埋花畔人「露都革命見聞録」(朝日新聞、1917年5月17日)、『歴史と人物』1971年9月号、232頁。菊池昌典『ロシア革命と日本人』筑摩書房、1973年、12頁。

▶278　Kirpichnikov, op. cit., p. 14. *Byloe,* 1918, No. 1, p. 176.

▶279　Kondrat'ev, op. cit., *KL,* 1923, No. 7, p. 67. Taimi, op. cit., p. 354.

▶280　Dnevnik soldata na Vyborgskoi storone, *Pravda,* 11 March 1917, p. 2.

▶281　Kirpichnikov, op. cit., pp. 14-15.

▶282　S. Skalov, 27 fevralia 1917 g. v Peterburge. Vospominaniia uchastnika vosstaniia. *Krasnaia nov',* 1931, No. 3, pp. 115-116. スカーロフは、10月革命当時はボリシェヴィキとしてペトログラード・ソヴィエトの執行委員を務めている(*Protokoly Tsentral'nogo komiteta PSDRP(b).* Moscow, 1958, p. 117)が、2月革命当時の党籍は定かではない。彼が上京してきたのは「2月の事件のせいぜい4、5か月前であったので、私と党との結びつきはまだ大きくなかった」と書いている。

▶283　M. I. Kalinin, *Za eti gody,* kn. 3, Moscow, 1929, p. 432.

▶284　Burdzhalov, op. cit., p. 190.

▶285　Lemeshev, op. cit., p. 38.

▶286　Rafes, op. cit., p.185.

▶287　V. Shmidt, V "Krestakh", *Pravda,* 12 March 1917, p. 4.

▶288　Kirpichnikov, op. cit., p. 15.

▶289　Kondrat'ev, op. cit., *KL,* 1923, No. 7, pp. 67-68. *Pravda,* 11 March 1917, p. 2.

▶290　*Bol'shevizatsiia petrogradskogo garnizona,* p. 36.

▶291　Rafes, op. cit., p. 185.

▶292　*Velikie dni Rossiiskoi revoliutsii.* Petrograd, 1917, p. 2. これは革命最初期に出た *Izvestiia revoliutsionnoi nedeli* を復刻したものである。革命当時、首都に滞在した埋花畔人、今井政吉が持ち帰り、東京大学社会科学研究所に寄贈したものを利用している。

▶293　*KA.* 1927, No. 2, p. 8.

▶294　*Padenie tsarskogo rezhima,* Vol. I, p. 198.

▶295　Vospominaniia N. N. Pokrovskogo, p. 167.

▶296　*Padenie tsarskogo rezhima,* Vol. I, p. 199.

▶297　Ibid., pp. 202-203.

▶298　Balk, op. cit., L. 10. ハバーロフによれば、午後5時か6時であった。*Padenie tsarskogo rezhima,* Vol. I, p. 201.

▶299　Balk, op. cit., L. 11.

▶300　*Padenie tsarskogo rezhima,* Vol. I, pp. 202-203.

▶301　Burdzhalov, op. cit., p. 198. Martynov, op. cit., p. 106.

▶302　Balk, op. it., L. 12.

▶303　ゴリーツインの陳述、*Padenie tsarskogo rezhima,* Vol. II, p. 267. Blok, op .cit., p. 240.

▶304　Vospominaniia N. N. Pokrovskogo, pp. 167-168.

▶305　A. Peshekhonov, Pervye nedeli, in *Fevral'skaia revoliutsiia.* Moscow, 1926, p. 430.

▶306　I. Golubev, Kak grenadery prisoedinilis' k narodu, *Pravda,* 12 March 1917, p. 2.

▶307　Peshekhonov, op. cit., pp. 431-432.

▶308　Gordienko, op. cit., p. 63. Shklovskii, op. cit., pp. 16-17.

▶309　Kuznetsov, op. cit., p. 66.

しい。*Fevral'skaia revoliutsiia, 1917. Sbornik dokumentov*, Moscow, 1996, pp. 51-56. またShliapnikov, *Semnadtsatyi god*, kn. 1, pp. 329-335.

▶228　この公演の政治的意味について、A. Kugel', Poslednii maskarad, *Ogonek*, 1927, 24 Aprilを引用して、最初に指摘したのは、ブルジャーロフである。Burdzhalov, op. cit., pp. 150-151. 私はレールモントフのテキストを読んで、滅びゆく者への葬送とともに、復讐を願ってきた者の勝利が表現されていると見た。「見知らぬ男」の最後の言葉は、M. Iu. Lermontov, *Stikhotvoreniia. Poemy. Maskarad*. Moscow, 1976, p. 294.

▶229　Akaemov, op. cit., p. XIX.

▶230　Blok, op. cit., Moscow, 1962, p. 228.

▶231　ハバーロフの陳述、*Padenie tsarskogo rezhima,* Vol. I, pp. 190-191

▶232　Shliapnikov, *Semnadtsatyi god*, kn. 1, p. 129.

▶233　Martynov, op. cit., p.85. Blok, op. cit., p. 231.

▶234　Mints, op. cit., Vol. 1, p. 523.

▶235　*KA*, 1927, Vol. 1, p. 5.

▶236　Vospominaniia N. N. Pokrovskogo, pp. 161-163.

▶237　*Perepiska Nikolaia i Aleksandry,* Vol. V, p. 222.

▶238　Ibid., p. 224.

▶239　Shliapnikov, *Semnadtsatyi god,* kn. 1, p. 130. この日の状況の基礎資料は、この保安部長報告しかない。

▶240　Kaiurov, op. cit., p. 165.

▶241　*Byloe,* 1918, No. 1, p. 172.

▶242　Shliapnikov, *Semnadtsatyi god*, kn. 1, pp. 129-130.

▶243　Akaemov, op. cit., p. XXII.

▶244　Shliapnikov, *Semnadtsatyi god*, kn. 1, p. 130.

▶245　T. Kirpichnikov, Vosstanie l. -gv. Volynskogo polka v fevrale 1917 g., *Byloe,* 1917, No. 5-6, pp. 6-10.

▶246　1917年5月のこの連隊兵士の証言は、キルピーチニコフの回想と同趣旨である。*Bol'shevizatsiia petrogradskogo garnizona*. Leningrad, 1932, pp. 37-39.

▶247　Blok, op. cit., p. 232.

▶248　ベリャーエフの陳述による。*Padenie tsarskogo rezhima*, Vol. II. Moscow-Leningrad, 1925, p. 226.

▶249　Balk. op. cit., L. 7.

▶250　Rodianko, *Krushenie imperii,* p.299. Blok, op. cit., p. 232. Avdeev, op. cit., p. 39. Spiridovich, op. cit., Vol. III, pp. 162-163.

▶251　*KA*, 1927, No. 2(XXI), p. 8.

▶252　*Padenie tsarskogo rezhima*, Vol. I, p. 195. ペテロパウロ要塞監獄長イヴァニーシンの日記には、26日にハバーロフが電話してきて、パヴロフスキー連隊の兵800人の収容を求めてきたが、実際には27日未明5時半に19人が送られてきたとある。Zapiski knizhnika G. A. Ivanishina. *Minuvshee*, Vol. 17, Moscow-Peterburg, 1994, pp. 536-537.

▶253　Akaemov, op. cit., pp. XXII-XXVIII.

▶254　Balk, op. cit., LL. 5a-5/b.

▶255　*Fevral'skaia revoliutsiia*, pp. 136-138.

▶256　Shliapnikov, *Semnadtsatyi god*, kn. 1, p. 126-129.

▶257　Kaiurov, op. cit., pp. 165-166.

▶258　*Byloe*, 1918, No. 1, p. 171.

▶259　Kerensky, *The Crucifixion of Liberty*, London, 1934, p. 236. V. Zenzinov, Fevral'skie dni, in *The Russian Provisional Government,* Vol. 1, p. 32-33.

▶260　Iurenev, op. cit., *PR,* 1924, No. 2, pp. 137-138.

▶261　Sukhanov, op. cit., kn. 1, p. 58.

▶262　Globachev, op. cit., p. 81.

▶263　Vospominaniia N. N. Pokrovskogo, pp. 164-165. ベリャーエフの陳述、*Padenie tsarskogo rezhima,* Vol. II, pp. 236-238.

▶264　*KA*, 1927, kn. 2, pp. 5-6.

▶265　Ibid., p. 7.

▶266　Blok, op. cit., p. 232.

▶267　Kirpichnikov, op. cit., pp. 10-11.

▶268　Kuznetsov, op. cit., pp. 61-62.

たのだと解釈している。

▶185　RGIA, F. 1282, Op. 1, D. 741, L. 74-74ob. Akaemov, op cit., p. XVIII.

▶186　Kondrat'ev, op. cit., *KL*, 1923, No. 7, p.65. バルクは、その回想でこの事件が24日に発生したと記し、自分は25日にシャルフェーエフを見舞ったとしている。Balk, op. cit., L. 4b. これは誤りである。

▶187　Akaemov, op. cit., p. XVIII.

▶188　RGIA, F. 1282, Op. 1, D. 741, L. 99.

▶189　*Perepiska Nikolaia i Aleksandry,* Vol. V, p p . 217-218.

▶190　Kondrat'ev, op. cit., *KL,* 1923, No. 7, pp. 65-66.

▶191　Iu. Trifonov, Mal'chik vel dnevnik. *Literaturnaia gazeta*, 6 November 1965, p. 2. ヴァシリエフスキー島のボリシェヴィキのアジトの女主人の息子の中学生の日記。

▶192　Shliapnikov, *Semnadtsatyi god*, kn. 1, p. 111.

▶193　Akaemov, op. cit., p. XIX.

▶194　Ibid., p. XX.

▶195　Shliapnikov, *Semnadtsatyi god*, kn. 1, p. 110-111.

▶196　時間としては、ハバーロフの大本営宛ての報告が三時ごろとしている（KA, 1927, Vol. 1, p. 4）。状況については、このカザークの名を初めて明らかにした調査（E. Efremov, Podvig na Znamenskoi, *Neva*, 1962, No. 2, pp. 218-219）による。

▶197　Kaiurov, op. cit., pp. 162-163

▶198　RGIA, F. 1282, Op. 1, D. 741, L.73.

▶199　*KA,* 1927, Vol. 1, p. 5. Shliapnikov, *Semnadtsatyi god,* kn. 1, p. 323.

▶200　Kaiurov, op. cit., p. 164.

▶201　RGIA, F. 1282, Op. 1, D. 741, L. 105.

▶202　Burdzhalov, op. cit., p. 152.

▶203　Mints, op. cit., Vol. 1, p. 514.

▶204　Kaiurov, op. cit., p. 162.

▶205　*Literaturnaia gazeta,* 6 November 1965, p. 2, 4.

▶206　Gordienko, op. cit., p. 58.

▶207　*Gosudarstvennaia Duma,* IV-i sozyv, 25 February 1917, col. 1755-1758.

▶208　Shliapnikov, *Semnadtsatyi god,* kn. 1, pp. 101-102.

▶209　Ibid., p. 105.

▶210　L. Trotskii, *Istoriia russkoi revoliutsii,* Vol. 1, Berlin, 1931, p. 148. 藤井一行訳、岩波文庫版、第1巻、234-235頁。

▶211　Martynov, op. cit., pp. 80.

▶212　Zalutskii, op. cit., pp. 36-37.

▶213　報告の当該箇所の全文は、E. K. Barshtein, L. M. Shalaginova, Departament politsii o plane petrogradskikh bol'shevikov v fevrale 1917 g. *VA*, 1962, No. 1, pp. 111-112.

▶214　Barshtein and Shalaginova, Partiia bol'shevikov v period podgotovki i provedeniia Fevral'skoi burzhuazno-demokraticheskoi revoliutsii, *VIK,* 1957, No. 1, p. 135.

▶215　*Listovki peterburgskikh bol'shevikov,* Vol. 2, p. 201.

▶216　Sveshnikov, op. cit.

▶217　Iurenev, op. cit., *PR,* 1924, No. 2, pp. 138-139. オリジナルは、リトアニア人の活動家 Vladas Pozela (1879-1960) と同一人物と思われる。ボリシェヴィキのペテルブルク委員会で働き、革命後に党を離れた。

▶218　Kak obrazovalsia Petrogradskogo Soveta, *Izvestiia*, 27 August 1917, p. 6

▶219　N. Sukhanov, *Zapiski o revoliutsii,* kn. 1, Berlin-Peterburg-Moscow, 1922, pp. 34-35.

▶220　Ibid., pp. 20-25, 28-30.

▶221　Ibid., pp. 38-39, 49.

▶222　Spiridovich, op. cit., Vol. III, pp. 98-99.

▶223　*KA*, 1927, Vol. 1, pp. 4-5.

▶224　Blok, op. cit., Moscow, 1962, p. 231.

▶225　ゴリーツインの陳述 *Padenie tsarskogo rezhima,* Vol. II, p. 265. Vospominaniia N. N. Pokrovskogo, p. 161. プロトポーポフの日記、*KA*, 1925, No, 3(10), p. 12. 彼は日付を2月24日と間違えて、書いている。

▶226　ベリャーエフの陳述 *Padenie tsarskogo rezhima,* Vol. II, pp. 232-233.

▶227　この会議については保安部長の報告が詳

nogo dvizheniia v Petrograde. Leningrad, 1986 に収録されている。当該箇所は、p. 233-234. ザルツキーは、この会合と 24 日の市委員会・地区委員会の合同会議を間違えて述べているのだが、会議の内容は 23 日夜のこの会合の内容である。Zalutskii, op. cit., 37.

▶146　Iurenev, op. cit., PR, 1924, No. 2, p. 140. ユレーネフは、この決定が 24 日の夜になされたと間違えている。ビラは Burdzhalov, op cit., p. 155 にある。

▶147　Balk, op. cit. LL.1-2. Ganelin, op. cit., pp. 506-507.

▶148　全文は Blok, op. cit., Moscow, 1962, p. 223.

▶149　Ibid., p. 224.

▶150　この日の運動の基礎史料は、各警察署からの報告（RGIA, F. 1282, Op. 1, D. 741）、各警察署よりの保安部宛ての文書報告集成 (Shliapnikov, *Semnadtsatyi god,* kn. 1, pp. 91-101)、保安部長報告（Byloe, 1918, No. 1, pp. 164-167）、特別市長官のもとに入った報告のまとめ（Akaemov, op. cit., pp. XI- XVII）である。

▶151　*Byloe*, 1918, No. 1, p. 164. Akaemov, op. cit., p. XI. Leiberov, *Na shturm camoderzhaviia,* p. 144.

▶152　*Byloe,* 1918, No. 1, p. 165.

▶153　Ibid., p. 167.

▶154　Kaiurov, op. cit., p. 159. Gordienko, op. cit., p. 57.

▶155　Akaemov, op. cit., p. XI. RGIA, F. 1282, Op. 1, D. 741, L. 16, 24-24ob.

▶156　Sveshnikov, op. cit., p.10.

▶157　RGIA, F. 1282, Op. 1. D. 741, L. 34, 34ob., 35. Shliapnikov, *Semnadtsatyi god,* kn. 1, p. 97.

▶158　RGIA, ibid., L. 162. Shliapnikov, op. cit., p. 95.

▶159　RGIA, ibid., L. 52-52ob. Shliapnikov, op. cit., p. 98.

▶160　ハバーロフの陳述、*Padenie tsarskogo rezhima,* Vol. I, pp. 184-185.

▶161　Ibid., pp. 186-189. Martynov, op. cit., p. 75. Avdeev, op. cit., p. 34.

▶162　RGIA, F. 1282, Op. 1, D. 741, L. 38, 38ob., 39, 39ob.

▶163　*Byloe,* 1918, No. 1, p. 164.

▶164　RGIA, F. 1282, Op. 1, D. 741, L. 51-51ob.

▶165　Ibid., L. 40.

▶166　*Byloe,* 1918, No. 1, p. 162. Mints, op. cit., p. 510.

▶167　Kaiurov, op. cit., p. 161.

▶168　Avdeev, op. cit., p. 33.

▶169　*Vospominaniia generala A. S. Lukomskogo,* Vol. 1, Berlin, 1922, p. 121.

▶170　Martynov, op. cit., p. 73.

▶171　Akaemov, op. cit., pp. XVI-XVII.

▶172　Balk, op. cit., L. 4/a-4/b.

▶173　Blok, op. cit., Moscow, 1962, p. 223. Avdeev, op. cit. p. 35. しかし、ロジャンコの回想にも、ハバーロフ、ゴリーツインの陳述にも出てこない。

▶174　*Perepiska Nikolaia i Aleksandry,* Vol. V, pp. 214-215.

▶175　Spiridovich, op. cit., Vol. III, pp. 87-88.

▶176　Sveshnikov, op. cit., p. 10.

▶177　Shliapnikov, *Semnadtsatyi god,* kn. 1, pp. 87-88.

▶178　Ibid., p. 320. Akaemov, op. cit., p. XVII. Leiberov, *Na shturm camoderzhaviia,* p. 189.

▶179　この日の運動の基礎史料は、各警察署からの報告（RGIA, F. 1282, Op. 1, D. 741）、各警察署から保安部宛ての文書報告集成 (Shliapnikov, *Semnadtsatyi god,* kn. 1, pp. 110-118)、特別市長官のもとに入った報告のまとめ（Akaemov, op. cit., pp. XVII-XXII）である。

▶180　Avdeev, op. cit., p. 36.

▶181　Kondrat'ev, op. cit., *KL,* 1923, No. 7, p. 64.

▶182　Kaiurov, op. cit., p. 162.

▶183　Shliapnikov, *Semnadtsatyi god,* kn. 1, p. 117.

▶184　Kovnator, op. cit., pp. 187-188. Hasegawa, op. cit., p. 248. 長谷川は、コヴナートルは男性で、女友だちのスカートをもらっ

Vol. 2, pp. 8-12.

▶111　*Listovki peterburgskikh bol'shevikov,* Vol. II, pp. 143, 198-201.

▶112　Iurenev, op. cit., *PR,* 1924, No. 2, pp. 132-133.

▶113　Shliapnikov, *Semnadtsatyi god,* kn. 1, p. 74.

▶114　全文は Ibid., pp. 306-308. また *PR,* 1923, No. 1(13), pp. 282-284. *Fevral'skaia revoliutsiia 1917. Sbornik dokumentov,* Moscow, 1996, pp. 19-21.

▶115　*Byloe,* 1918, No. 1, p. 163.

▶116　Ermanskii, op. cit., p. 138.

▶117　Iurenev, op. cit., *PR,* 1924, No. 2, pp. 132-133.

▶118　V. Kaiurov, Shest' dnei Fevral'skoi revoliutsii, *PR,* 1923, No. 1, p. 158.

▶119　RGIA, F. 1282, Op. 1, D. 741, L. 114.

▶120　A. Balk, Poslednie piat' dnei tsarskogo Petrograda (23-28 fevralia 1917 g.). Dnevnik poslednego Petrogradskogo gradonachal'nika, Hoover Institution on War, Revolution and Peace, Stanford University, L. 1. この回想は、ガネーリンによって復刻された。*Sumerki.* Sankt-Peterburg, 1991, Vyp. 13, pp. 126-159.

▶121　I. I. Mints, *Istoriia Velikogo Oktiabria,* Vol. 1, Moscow, 1967, p. 490.

▶122　Kaiurov, op. cit., p. 158.

▶123　*Petrogradskie bol'sheviki v trekh revoliutsiiakh,* pp. 154-155.

▶124　M. Gordienko, *Iz boego proshlogo,* M., 1957, pp. 56-57. 婦人デーだから婦人たちだけでやらせろと言ったのは、メンシェヴィキだったと書いているが、おそらく正しくないだろう。

▶125　ヴイボルク地区警察第2分署長の報告、RGIA, F. 1282, Op. 1, D. 741, L. 10. この日の運動についての基礎史料は、上記のような各警察署長よりの報告である。

▶126　各警察署よりの保安部宛ての文書報告集成、Shliapnikov, *Semnadtsatyi god,* kn. 1, p. 84. これが第二の基本史料である。このほか保安部長の内務大臣宛ての報告書もある。Ibid., pp. 316-319.

▶127　I. Markov, Kak proizoshla revoliutsiia (Zapis' rabochego), *Volia Rossii,* 1927, No. III, pp. 67-70. 筆者は新造兵廠の労働者、エスエルである。

▶128　RGIA, F. 1282, Op. 1, D. 741, L. 111ob.

▶129　Ibid., L. 128.

▶130　Ibid., L. 111ob.

▶131　Ibid., L. 131-131ob.

▶132　Ibid., L. 118-118ob.

▶133　A. P. Balk, op. cit., L. 1.

▶134　Globachev, Pravda o russkoi revoliutsii.Vospominaniia byvshego Nachal'nika Petrogradskogo Okhrannogo otdeleniia, Bakhmet'ev collection, Columbia University Library, p. 77. この回想は、*VI,* 2002, №. 7-10 に公表された。

▶135　R. Sh. Ganelin, *V Rossii dvadtsatogo veka,* Moscow, 2014, pp. 503, 510.

▶136　Shliapnikov, *Semnadtsatyi god,* kn. 1, pp. 79-80.

▶137　RGIA, F. 1282, Op. 1, D. 741, L. 119-119ob.

▶138　Ibid., L. 133.

▶139　Shliapnikov, *Semnadtsatyi god,* kn. 1, p. 78. I. P. Leiberov, *Na shturm samoderzhaviia. Petrogradskii proletariat v gody pervoi mirovoi voiny i Fevral'skoi revoliutsii,* Moscow, 1979, p. 131.

▶140　I. O. Akaemov, Agoniia starogo rezhima, *Istoricheskii vestnik,* 1917, April, pp. X-XI.

▶141　Martynov, op. cit., p.71.

▶142　ケレンスキーの演説は、*Gosudarstvennaia duma,* IV-i sozyv, 23 February 1917, col. 1649-1653.

▶143　Ibid., col. 1660.

▶144　I. P. Leiberov, *Na shturm camoderzhaviia,* pp. 154-155. Hasegawa, op. cit., p. 229.

▶145　N. Sveshnikov, Otryvki iz vospominanii, *Petrogradskaia Pravda,* 14 March 1923, p. 10. 全文が *Krushenie tsarizma. Vospominaniia uchastnikov revoliutsion-*

▶66 A. P. Konstantinov, Rabochii bol'shevik (K 80-letiiu I. D. Chugurina), *VIK*, 1963, No. 8, p. 98.

▶67 A. Ia. Avdeev, *Revoliutsiia 1917 goda (Khronika sobytii)*, Vol. 1, Moscow-Petrograd, 1923, pp. 22-23.

▶68 *Rabochee dvizhenie v Petrograde v 1912-1917 gg.*, pp. 541-542.

▶69 Iurenev, op. cit., *PR.* 1924, No. 2, p. 133.

▶70 RGIA, F. 1282, Op. 1, D. 741, L. 1.

▶71 Kovnator, op. cit., p. 186.

▶72 *Byloe,* 1918, No. 1, p. 160.

▶73 *Rabochee dvizhenie v Petrograde v 1912-1917 gg.*, p. 542.

▶74 Shliapnikov, *Semnadtsatyi god,* kn. 1, p. 311.

▶75 *Pravda*, 5 March 1917, p. 2.

▶76 V Petrograde nakanune Fevral'skoi revoliutsii, p. 42.

▶77 RGIA, F. 1282, Op. 1, D. 741, L. 1ob.

▶78 Shliapnikov, *Semnadtsatyi god,* kn. 1, p. 312.

▶79 V Petrograde nakanune Fevral'skoi revoliutsii, p. 42.

▶80 *Burzhuaziia nakanune Fevral'skoi revoliutsii*, pp. 187-188.

▶81 V Petrograde nakanune Fevral'skoi revoliutsii, p. 44.

▶82 Sviatitskii, op. cit., p. 50.

▶83 Kovnator, op. cit., p. 187.

▶84 *Dnevniki imperatora Nikolaia II,* Vol. II, ch. 2, p. 293.

▶85 Shliapnikov, *Semnadtsatyi god,* kn. 1, pp. 57-58.

▶86 *Rech'*, 14 February 1917, p. 2; 15 February 1917, p. 1.

▶87 *Gosudarstvennaia Duma,* IV-i sozyv, 15 February 1917, col. 1344-1345.

▶88 Ibid., col. 1345-1353.

▶89 Kerensky, *Russia and History's Turning Point,* New York, 1965, p. 186.

▶90 *Gosudarstvennaia duma*, IV-i sozyv, 15 February 1917, col. 1352. Abraham, op. cit., pp. 121-122. Tiutiukin, op. cit., pp. 96-97.

▶91 *Utro Rossii,* 16 February 1917, p. 4.

▶92 Shliapnikov, *Semnadtsatyi god,* kn. 1, p. 312.

▶93 *Rabochee dvizhenie v Petrograde v 1912-1917 gg.*, p. 546.

▶94 Ibid., pp. 546-547.

▶95 全文は、*Listovki peterburgskikh bol'shevikov,* Vol. 2, pp. 247-249.

▶96 I. A. Aluf, O nekotorykh voprosakh Fevral'skoi revoliutsii, *VIK*, 1967, No. 1, p. 24.

▶97 *Rabochee dvizhenie v Petrograde v 1912-1917 gg.*, pp. 543-546.

▶98 *Gosudarstvennaia duma*, IV-i sozyv, 17 February 1917, col. 1525-1531.

▶99 Ibid., col. 1550-1551.

▶100 *Perepiska Nikolaia i Aleksandry,* Vol. V, p. 215.

▶101 *Novoe vremia,* 15 February 1917, p. 6; 16 February 1917, p. 5.

▶102 Rodzianko, *Krushenie imperii,* p. 222.

▶103 M. Mitel'man, B. Glebov and A. Ul'ianskii, *Istoriia Putilovskogo zavoda.* Moscow, 1961, pp. 543-546.

▶104 Abraham, op. cit., p. 122.

▶105 Voeikov, op. cit., p. 192.

▶106 *Dnevniki Imperatora Nikolaia II,* Vol. II, ch. 2, p. p. 294.

▶107 Vospominaniia N. N. Pokrovskogo, p. 160.

▶108 Voeikov, op. cit., p. 193. プロトポーポフは、1918年8月チェカーに銃殺される直前に書いたメモでは、自分は情勢の危険性を語り、大本営行きは短くしてほしいと皇帝に直言したと述べている。Predsmertnaiia zapiska A. D. Protopopova, *Golos minushego na chuzhoi storone*, 1926, No. 2, pp. 191-192. しかし、これはヴォエイコフの証言の方が信憑性が高いとみる。

▶109 *Dnevnik i vospominaniia Anny Vyrubovoi*, p. 173.

▶110 *Istoriia Vtorogo Internatsionala,* Vol. II, Moscow, 1966, pp. 378-379. *KA*, 1938,

▶20　*Padenie tsarskogo rezhima,* Vol. VI, pp. 285.

▶21　*Burzhuaziia nakanune Fevral'skoi revoliutsii,* p.185.

▶22　Ibid., pp. 180-184.

▶23　*Novoe vremia,* 30 January 1917. N. Avdeev, *Revoliutsiia 1917 goda (Khronika sobytii),* Vol. 1, Moscow-Petrograd, 1923, pp. 14-15.

▶24　Paleologue, op. cit., tome III, p. 192.

▶25　全文は Shliapnikov, *Semnadtsatyi god,* kn.1, pp. 280-281.

▶26　*Burzhuaziia nakanune Fevral'skoi revoliutsii,* p. 184.

▶27　Ibid., p. 186.

▶28　Shliapnikov, *Semnadtsatyi god,* kn.1, pp. 52-53.

▶29　Ermanskii, op. cit., p.136.

▶30　Shliapnikov, *Semnadtsatyi god,* kn.1, pp. 53-54.

▶31　Ermanskii, op. cit., pp. 136-137.

▶32　Shliapnikov, *Semnadtsatyi god,* kn.1, p. 38.

▶33　V Petrograde nakanune Fevral'skoi revoliutsii, p. 43.

▶34　*Burzhuaziia nakanune Fevral'skoi revoliutsii,* p.185.

▶35　Fevral'skaia revoiutsiia i Okhrannoe otdelenie, *Byloe,* 1918, No. 1, p. 160.

▶36　*PR,* 1923, No. 1, pp.275-278. Shliapnikov, *Semnadtsatyi god,* kn.1, pp. 287-290.

▶37　ボリシェヴィキの取り組みについてもっとも信頼できる資料は、2月11日付で、シリャプニコフが国外の中央指導部に送った書簡である。*VIK.* 1965, no, 9, p. 81. また *Listovki peterburgskikh bol'shevikov,* pp. 245-246.

▶38　全文は、Ibid., No. 147, pp. 243-245. また Shliapnikov, *Semnadtsatyi god,* kn.1, pp. 41, 42.

▶39　*VIK,* 1965, No. 9, p.81.

▶40　*Bol'sheviki v gody imperialisticheskoi voiny.* Moscow, 1939, p. 172.

▶41　Shliapnikov, *Semnadtsatyi god,* kn.1, pp. 41, 47.

▶42　Ibid., p.81. A. Blok, Poslednie dni imperatorskoi vlasti. *Sobranie sochinenii,* Vol. 6, Moscow-Leningrad, 1962, p. 215. 原著は 1921 年に刊行された。

▶43　*PR,* 1923, No. 1, pp. 273-274. Iurenev, op. cit., *PR,* No. 2, pp. 131 には、2月13日ストを支持したとあるが、間違いであろう。

▶44　R. Kovnator, Nakanune "Fevralia", pp. 185-186.

▶45　V. Karrik, Voina i revoliutsiia. Zapiski 1914-1917 gg. *Golos minuvshego,* 1918, No. 7-9, p.56.

▶46　Ibid., p.58.

▶47　Blok, op. cit., p. 213.

▶48　Ibid., pp. 211-212. Burdzhalov, op. cit., p. 104.

▶49　*Rabochee dvizhenie v Petrograde v 1912-1917 gg.,* pp. 534-539.

▶50　*Rech',* 10 February 1917, p. 3.

▶51　*Byloe,* 1918, No. 1, pp. 160-161.

▶52　Karrik, op. cit., p. 59.

▶53　*Rech',* 10 February 1917, p. 3.

▶54　V Petrograde nakanune Fevral'skoi revoliutsii, *KL,* 1927, No. 1, p. 44.

▶55　全文は、A. Blok, *Poslednie dni Imperatorkoi vlasti,* Peterburg, 1921, pp. 158-166.

▶56　Block, op. cit., Moscow, 1962, pp. 217-218.

▶57　Shliapnikov, *Semnadtsatyi god,* kn. 1, p. 311. *VIK,* 1965, No. 9, p. 81.

▶58　V Petrograde nakanune Fevral'skoi revoliutsii, p. 44.

▶59　Iurenev, op. cit., PR, 1924, No. 2, p. 133.

▶60　*Burzhuaziia nakanune Fevral'skoi revoliutsii,* p.186.

▶61　V Petrograde nakanune Fevral'skoi revoliutsiii, p. 41.

▶62　Ibid., p.42. *Burzhuaziia nakanune Fevral'skoi revoliutsii,* p.188. Shliapnikov, *Semnadtsatyi god,* kn. 1, p. 312.

▶63　*Burzhuaziia nakanune Fevral'skoi revoliutsii,* pp. 185-186.

▶64　Ibid., pp. 186-187.

▶65　Kovnator, op. cit., p.186.

138.

▶135 *V gody podopol'ia*. Moscow, 1964, p. 250.

▶136 当時のソコロフについては、Iu. Martov, *Zapiski sotsial-demokrata*. Moscow, 1924, pp. 74, 81.

▶137 D. Sverchkov, *Na zare revoliutsii,* Leningrad, 1925, p. 194.

▶138 Ermanskii, op. cit., p. 115.

▶139 Shliapnikov, *Kanun*, ch. 1, pp. 103-104, 294-295.

▶140 和田あき子「ゴーリキーと二人の妻」、『図書』1968年6月号, 46-51頁。

▶141 A. Ovcharenko, *Publitsistika M. Gor'kogo,* Moscow, 1965, pp. 316-317.

▶142 M. Gor'kii, *Sobranie sochinenii,* Vol. 24, pp. 159-160.

▶143 *Letopis' zhizni i tvorchestva A. M. Gor'kogo,* Vol. 2, Moscow, 1958, pp. 492, 499-500, 507, 522.

▶144 和田春樹『マルクス＝エンゲルスと革命ロシア』勁草書房、1995年、406-408頁。『レーニン全集』第20巻、494-498頁。N. Sukhanov, *Nashi levye gruppy i voina,* Petrograd, 1916. コルニコフの著者紹介が以下にある。Sukhanov, *Zapiski o revoliutsii,* Vol. 1, Moscow, 1991, pp.16-23.

▶145 Ermanskii, op. cit., pp. 123-125.Arskii, op. cit., pp.82-83. *Letopis' zhizni i tvorchestva A. M. Gor'kogo,* Vol. 2, pp. 514, 518, 522, 566, 576-577, 583.

▶146 Sviatitskii, op. cit., pp. 28-37.

▶147 V. Zenzinov. *Iz zhizni revoliutsionera.* Paris, 1919, pp. 77-80.

第5章　首都の革命

▶1 Buchanan, op. cit., Vol. II, p. 52. M. Paleologue, op. cit., tome III, p. 177.

▶2 *Dnevniki Imperatora Nikolaia II,* Vol. II, ch. 2, pp. 288.

▶3 Buchanan, op. cit., pp. 52-53.

▶4 Paleologue, op. cit., tome III, p. 181.

▶5 Buchanan, op. cit., pp. 53-54.

▶6 Paleologue, op. cit., tome III, p. 187.

▶7 Airapetov, op. cit. 1917, Moscow, 2016, pp. 38-39.

▶8 Bruce Lockhart, *Memoirs of a British agent,* London and New York, 1932, pp. 163-167.

▶9 Vospominaniia N. N. Pokrovskogo, L. 151-152.

▶10 Paleologue, op. cit., tome III, p. 198.

▶11 *KA*, 1933, Vol. 2. pp. 70-72.

▶12 *Byloe*, 1918, No. 13, pp. 103, 109.

▶13 *Burzhuaziia nakanune Fevral'skoi revoliutsii*, pp. 174, 179.

▶14 全文は「組織された労働者社民派（Organizovannye Rabochie S, -D.)」の署名のものが、*Kanun revoliutsii*, pp.94-100 に収録された。現在では、「組織された社民労働者の会議（Soveshchanie Organizovannykh rabochikh s-d.)」という署名がある同文の呼びかけが文書館で発見され、資料集に収録されている。RGASPI, F. 451, Op. 2, D. 143, L. 7, 7ob., 8, 8ob. *Mensheviki v 1917 godu*.Vol. 1, Moscow, 1994, pp. 108-112. どちらにも日付はない。

▶15 全文は、和田春樹・あき子『血の日曜日』91-98頁。

▶16 Evg. Maevskii, Obshchaia kartina dvizheniia. In *Obshchestvennoe dvizhenie v Rossii v nachale XX-go veka*.Vol. II, ch. 1, S.-Peterburg, 1910, pp. 34-184.

▶17 こちらは、Shliapnikov, *Semnadtsatyi god*, kn.1, pp. 279-280 に発表された。ほぼ同じ文章で、結びが長いヴァリアントが文書館で発見され、資料集に収録されている。RGASPI, F. 451, Op. 2, D. 143, L. 3ob. *Mensheviki v 1917 godu*.Vol. 1, pp. 120-122.

▶18 V Petrograde nakanune Fevral'skoi revoliutsii, *KL*, 1927, No. 1, p. 43.

▶19 *KA*, 1933, vol. 2, p. 72. *Padenie tsarskogo rezhima,* Vol. VI, pp. 286-287. *Kanun revoliutsii,* p. 101.

chei partii, Vol. 6, pp. 81-82.

▶90　Iurenev, op. cit., *PR,* 1924, No. 1, pp. 128-136.

▶91　Popov, op. cit., pp. 97-100. Iurenev, op. cit., *PR,* 1924, No. 2, p. 116.

▶92　L. Leont'eva, V riadakh "Mezhraionki", *KL,* 1924, No. 2, pp. 143-144.

▶93　Ibid., p. 134.

▶94　Iurenev, op. cit., *PR,* 1924, No. 2, p. 123.

▶95　*KA,* 1926, Vol. 4, p.8.

▶96　Iurenev, op. cit., *PR,* 1924, No. 2, pp. 116-117, 119, 124.

▶97　Ibid., pp.118, 128.

▶98　*Politicheskie deiateli Rossii. 1917,* pp. 366-367.

▶99　Iurenev, op. cit., *PR,* 1924, No. 2, pp.126-128.

▶100　V Petrograde nakanune Fevral'skoi revoliutsii, p. 45.

▶101　Iurenev, op. cit., *PR,* 1924, No. 1, pp.135-136.

▶102　1916年10月のビラ Shliapnikov, *Kanun,* ch. II, pp. 136-137.

▶103　Shliapnikov, *Semnadtsatyi god,* kn. 1, pp. 265-268.

▶104　Lenin, *Sochineniia.,* 3-d edition., Vol. XVI, p. 707.

▶105　*Pamiatniki agitatsionnoi literatury Ros. sots.-dem. rabochei partii,* Vol. 6, pp. 95-96.

▶106　O. A. Ermanskii, *Iz perezhitogo, 1887-1921 gg.,* Moscow-Leningrad, 1927, pp. 112-113, 121-122. グリネーヴィチについては、*Men'sheviki v 1917 godu.* Vol. I, Moscow, 1994, p. 664 のアンケート（本名 K. S. Shekhter のもの）により推測。

▶107　IA, 1961, No. 5, p. 78.

▶108　Shliapnikov, *Kanun,* ch. II, pp. 17-18.

▶109　Ermanskii, op. cit., pp. 129-134.

▶110　Ibid., p. 127.

▶111　Shliapnikov, *Kanun,* ch. I, p. 293. Shliapnikov, *Semnadtsatyi god,* kn. I, pp. 264-265.

▶112　*Politicheskie deiateli Rossii. 1917,* pp. 353-354.

▶113　Ibid., p. 290.

▶114　Startsev, *Tainy russkoi masonov,* pp. 235-236.

▶115　Shliapnikov, *Kanun,* ch. I, p. 103. シリャプニコフは、チヘンケリとハウストフの愛国主義を指摘している。

▶116　Ermanskii, op. cit., pp. 119-121.

▶117　V Petrograde nakanune Fevral'skoi revoliutsii, p. 46.

▶118　*Protokoly pervogo s'ezda Partii sotsialistov-revoliutsionerov.* 1906, p. 360.

▶119　『レーニン全集』第12巻、63-67、83-89頁。

▶120　P. P. Maslov, Narodnicheskie partii. *Obshchestvennoe dvizhenie v Rossii v nachale XX veka,* Vol. III, Sankt-Peterburg, 1914, p.128.

▶121　和田春樹「歴史の中のエスエル党」、『思想』1977年12月号、4-6頁。

▶122　N. Sviatitskii, Voina i predfevral'e, *Katorga i ssylka,* No. 75(1931), p. 9.

▶123　*Gosudarstvennaia Duma. IV-i sozyv. Stenograficheskii otchet.*26 July 1914, col. 18-19.

▶124　*Aleksandr Feodorovich Kerenskii (Po materialam Departamenta Politsii), Petrograd, 1917, pp. 18-19.*

▶125　Hasegawa, op. cit., p.136. L. M. Shalaginova, Esery-internatsionalisty v gody pervoi mirovoi voiny, in *Pervaia mirovaia voina 1914-1918.* Moscow, 1968, p. 330. Melancon, op. cit., pp. 94-97.

▶126　Melancon, op. cit., pp. 99-100.

▶127　*Aleksandr Feodorovich Kerenskii,* pp. 35-36.

▶128　*Rabochee dvizhenie v Petrograde v 1912-1917 gg.,* p. 405.

▶129　Melancon, op. cit., pp. 108-110.

▶130　Sviatitskii, op. cit., p. 39.

▶131　Shliapnikov, *Kanun,* ch. 1, pp. 208-209, 293; ch. II, pp. 139-140.

▶132　Sviatitskii, op. cit., pp. 40-42.

▶133　*KA,* 1926, No. 4, p. 8.

▶134　Shliapnikov, *Semnadtsatyi god,* kn. I, pp. 160-161. Iurenev, op. cit., *PR,* 1924, No. 2, p.

cit., p. 112. M. G. Skorodnikov, *A. K. Skorokhodov. Biograficheskii ocherk*. Leningrad, 1965, pp. 160-181. A. P. Konstantinov, Rabochii bol'shevik (K 80-letiiu I. D. Chugurina). *VIK*, 1963, No. 8, pp. 97-99.

▶56 Tikhanov and Tkacheva, op. cit., pp. 88-89.

▶57 Lemeshev, op. cit., p. 34.

▶58 Leiberov, Petrogradskii proletariat v bor'be za pobedu Fevral'skoi burzhuazno-demo kraticheskoi revoliutsii v Rossii, *IS*, 1957, No, 1, p. 55. *V ogne revoliutsionnykh boev (Raionny Petrograda v dvukh revoliutsiiakh 1917 g.) Sb. Vospominanii starykh bol'shevikov-pitertsev*. Moscow, 1967, pp. 81, 83.

▶59 *Pravda,* 7 March 1917, p. 4; 8 March 1917, p. 3.

▶60 V. N. Kaiurov, *Sormovo v pervoi revoliutsii,* Nizhnii-Novgorod, 1920, pp. 23-27, 162-164, 172-173. このことを「ソルモヴォ＝ニコラーエフ同郷人会」の存在として最初に指摘したのは以下の論文である。James D. White, The Sormovo- Nikolaev zemliachestvo in the February Revolution, *Soviet Studies,* Vol. XXXI, No. 4, pp. 475-504.

▶61 Lemeshev, op. cit., pp. 21-25. Kashchevskaia, op. cit., pp. 101-104.

▶62 Narvskaia zastava v 1917 godu. Leningrad, 1960, pp. 59, 62.

▶63 S. I. Tsukerman, Petrogradskii raionnyi komitet bol'shevikov v 1917 godu. KL, 1932, No. 4, p. 32.

▶64 *Petrogradskie bol'sheviki v trekh revoliutsiiakh,* Leningrad, 1966, p. 137.

▶65 A. P. Taimi, Stranitsy proshlogo. In *V gody podpol'ia*. Moscow, 1964, p. 349. M. M. Koronen, Finny-uchastniki Oktiabria. *VI*, 1967, No. 6, pp. 19, 22.

▶66 Shliapnikov, *Kanun,* ch. II, p. 267.

▶67 *Entsiklopedicheskii slovar' Granata,* Vol. 41, ch. 1, col. 225.

▶68 *Sed'maia (Aprel'skaia) Vserossiiskaia konferentsiia RSDRP(b). Protokoly*. Moscow. 1959, p. 201.

▶69 *Kanun revoliutsii,* Petrograd, 1918, pp. 15-16.

▶70 Lenin, *Sochneniia,* 3-d edition. Vol. XVII, p. 761.*Politicheskie deiateli Rossii. 1917. Biograficheskii slovar',* Moscow, 1993, pp. 76-77. Theodore Dan, *The Origins of Bolshevism*. London, 1964, p. 393.

▶71 Lenin, *Sochneniia,* 3-d edition, Vol. XVI, p. 756.

▶72 *Kanun revoliutsii,* p. 16. *Rabochee dvizhenie v gody voiny,* p. 276. Lenin, Sochineniia, 3-d edition, Vol. XVI, pp. 707, 778-779; Vol. XIX, p. 452.

▶73 Theodore Dan, op. cit., p. 391-394.

▶74 全文 Shliapnikov, *Kanun,* ch. 1, pp. 128-129.

▶75 *Kanun revoliutsii,* pp. 17-21.

▶76 Ibid., pp. 21-23.

▶77 Ibid., pp. 25-26.

▶78 Ibid., pp. 26-27.

▶79 Ibid., pp. 27-32.

▶80 Ibid., pp. 38-41.

▶81 Ibid., pp. 41-42.

▶82 Ibid., pp. 43-46.

▶83 *KA*, 1934, Vol. 6, pp. 46-47.

▶84 *Kanun revoliutsii,* pp.59-61.

▶85 Ibid., pp. 61-62.

▶86 *KA*, 1933, Vol. 2, pp. 49-63. Gvozdevshchina v dokumentakh, *Izvestiia obshchestva arkheologii, istorii i etnografii pri Kazanskom gosudarstvennom universitete,* No. 34 (1929), pp. 246-255.

▶87 *KA,* 1933, Vol. 2, p. 63.

▶88 I. Iurenev, "Mezhraionka"(1911-1917 gg.), *PR,* 1924, No. 1, pp. 115-117, 123-125. ユレーネフがポーランド系だということは、R. Kovnator, Nakanune "Fevralia" (Otryvki iz vospominanii), In *Revoliutsionnoe iunoshestvo*. Sbornik I, Leningrad, 1924, p. 182.

▶89 Ibid., p. 127. A. Popov. Stranichka vospominanii o rabote v "Mezhraionke", PR, 1923, No. 10, p. 96. *Pamiatniki agitatsionnoi literatury Ros.sots.-dem. rabo-*

156, 159.

▶27　Kondrat'ev, op. cit., *KL*, 1923, No. 7, p. 40. Shliapnikov, *Kanun*, ch. 1, p. 180.

▶28　Krestinskii, op. cit., pp. 61, 64.

▶29　Podopol'naia rabota v gody imperialisticheskoi voiny v Petrograde. *KL*, 1922, No. 2-3, pp. 116-117, 129-131, 136-137. Kondrat'ev, op. cit., *KL*, 1922, No. 5, pp. 230-232, 241-242. ビラは *Pamiatniki agitatsionnoi literatury*, pp. 84-85.

▶30　Kondrat'ev, op. cit. *KL*, 1923, No. 7, p. 32. M. G. Fleer, Peterburgskii komitet bol'shevikov v gody imperialisticheskoi voiny. *KL*, 1926, No. 4, pp. 112-118.

▶31　Kondrat'ev, op. cit. *KL*, 1923, No. 7, p p . 36-37.

▶32　R. Arskii, V Petrograde vo vremia voiny. *KL*, 1923, No. 7, pp. 80-81. Shliapnikov, *Kanun*, ch. I, p. 183, 188.

▶33　Kondrat'ev, op. cit., *KL*, 1923, No. 7, pp. 34, 37, 49-53.

▶34　V. Vasil'evskaia, Zabastochnoe dvizhenie v Peterburge za 1914-1916 gg. Po agenturnym dannym. *PR*, 1923, No.1, p. 65,

▶35　V. Vinogradov, Organizatsiia bol'shevikov na peterburgskoi Metallicheskom Zavode v 1915 godu. *KL*, 1926, No. 3, p. 34.

▶36　『レーニン全集』第21巻、417頁。

▶37　Lenin, *Polnoe sobranie sochinenii,* Vol. 49, p.160.

▶38　*Listoki peterburgskikh bol'shevikov,* Vol. 2, pp. 173-175.9

▶39　*Rabochee dvizhenie v Petrograde v 1912-1917 gg.,* p. 235. *Rabochee dvizhenie v gody voiny,* pp. 392, 631.

▶40　*Rabochee dvizhenie v Petrograde v 1912-1917 gg.,* pp. 419-420.

▶41　Shliapnikov, *Kanun,* ch. I, pp. 188-198. P. Arskii, op. cit., p. 81. Kondrat'ev, op. cit., *KL*, 1923, No. 7, p. 40.

▶42　*Rabochee dvizhenie v Petrograde v 1912-1917 gg.,* pp. 435-436.

▶43　*Listovki peterburgskikh bol'shevikov,* pp. 197-198.

▶44　*Petrogradskii proletariat i bol'shevistskaia organizatsiia v gody imperialistticheskoi voiny,* p.166.

▶45　Kondrat'ev, op. cit., *KL*, 1923, No. 7, pp. 61-62. A. Ia. Tikhanov and Tkacheva, Podopol'naia bol'shevistskaia pechat' v gody pervoi mirovoi voiny, *VIK,* 1963, No. 9, pp. 87-88.

▶46　指令とビラは *Listovki peterburgskikh bol'shevikov,* pp. 220-224.

▶47　*Petrogradskii proletariat i bol'shevistskaia organizatsiia v gody imperialistticheskoi voiny,* p. 167. F. Lemeshev, Na Putilovskom zavode v gody voiny. KL, 1927, No. 2, p. 32.

▶48　*Listovki peterburgskikh bol'shevikov,* pp. 225-226.

▶49　*Rabochee dvizhenie v Petrograde v 1912-1917 gg.,* , p. 508.

▶50　*Deiateli SSSR i revoliutsionnogo dvizheniia Rossii. Entsiklopedicheskii slovar' GRANAT.* Moscow, 1989, pp. 553-557, 766-769. Shliapnikov, *Kanun*, ch. 1, pp. 249-250. P. A. Zalutskii, V poslednie dni podpol'nogo Peterburgskogo komiteta bol'shevikov v nachale 1917 g., *KL*, 1930, No. 2, p. 34.

▶51　E. D. Stasova, *Stranitsy zhizni i bor'by.* Moscow, 1960, pp. 60-61.

▶52　Shliapnikov, *Kanun,* ch. I1, pp. 35-42. *VIK*, 1965, No. 9, p. 81.

▶53　Shliapnikov, *Kanun,* ch. II, pp. 26-34. Shliapnikov, *Semnadtsatyi god.* Kn. 1, Moscow-Petrograd, 1923, pp. 60-61.

▶54　Shliapnikov, *Kanun,* ch. I1, pp. 72-75.

▶55　P. A. Zalutskii, V poslednie dni poslednego Peterburgskogo komiteta bol'shevikov v nachale 1917 g. *KL*, 1930, No. 2, pp. 34-35. I. Menitskii, *Revoliutsionnoe dvizhenie voennykh godov 1914-1917.* Vol. 2, Moscow, 1925, pp. 192-193. Kondrat'ev, op. cit., *KL*, 1923, No. 7, p. 61. Fleer, op.

tokoly. Moscow, 1959, pp. 450-452. および四回大会のためにレーニンが書いた決議案（*Chetvertyi s'ezd RSDRP. Protokoly*. Moscow, 1959, pp. 480-483, 490-491）による。

▶2　Ibid., p. 484.

▶3　*Piatyi s'ezd. RSDRP. Protokoly*. Moscow, 1963, p. 724.

▶4　L. Martov, *Istoriia Rossiiskoi sotsial-demokratii*. Petrograd-Moscow, 1923, pp. 115, 132-135, 140-142.

▶5　I. I. Popov, *Ocherki istorii VKP(b),* 12th ed., vyp. 1, Moscow-Leningrad, 1931, pp. 132-152.

▶6　Ibid., pp. 158-159.

▶7　クルプスカヤ『レーニンの思い出』下、青木文庫、1954年、97-98頁。V. T. Loginov, Lenin i "Pravda", in *Bol'shevistskaia pechat' i rabochii klass Rossii v gody revoliutsionnogo pod'ema 1910-1914,* Moscow, 1965, p. 55.

▶8　*Istoriia KPSS,* Vol. II, Moscow, 1966, p.372. A. Kiselev, V iiule 1914 g. *PR*, 1924, No. 7, p. 42.

▶9　Loginov, op. cit., pp. 193, 224. W. Bassow, The Pre-revolutionary PRAVDA and Tsarist Censorship, *American Slavic East European Review,* Vol. XIII, No. 1, p. 61. Zhandarmy o Pravde. *PR*, 1933, No. 2, p. 463.

▶10　プチーロフ工場はその典型である。E. I. Kashchevskaia, Bol'nichnaia kassa Putilovskogo zavoda. *VIK*, 1963, No. 8, p. 101.

▶11　M. K. Korbut, Strakhovye zakony 1912 goda i ikh provedenie v Peterburge.*KL*, 1928, No. 2, pp. 173-174.

▶12　『レーニン全集』第20巻、414、416頁。Kruze, op. cit., pp. 227-228.A. Mitrevich, Vospominaniia o rabochem revoliutsionnom dvizhenii. *PR,* 1922, No. 4, pp. 225-227.

▶13　Kruze, op. cit., pp. 232-236. G. Shiklovskii, Peterburgskii komitet bol'shevikov v kontse 1913 g. i v nachale 1914 g. *KL*, 1926, No. 7, pp. 124-125.

▶14　Shiklovskii, op. cit., pp. 126-138.

▶15　クルプスカヤ『レーニンの思い出』下、青木文庫、143-149頁。V. I. Lenin, *Polnoe sobranie sochinenii,* Vol. 48, pp. 295-332. A. Kiselev, V iiule 1914 g. *PR*, 1924, No. 7, pp. 39-43.

▶16　*Listovki peterburgskikh bol'shevikov. 1902-1917,* Vol. 2, Leningrad, 1939, pp. 106-108. *PR*, 1924, No. 7, pp. 185-186. *Bol'shevistskaia pechat',* vyp. III, p. 508. A. Badaev, *Bolisheviki v Gosudarstvennoi dume. Vospominaniia,* Moscow, 1954, pp. 300-302.

▶17　Kiselev, op. cit., pp. 44-45, 47-48.

▶18　Ibid., pp. 48-50.

▶19　*PR*, 1924, No. 7, p. 213. *Listovki peterburgskikh bol'shevikov,* Vol. 2, pp. 109-110.

▶20　*PR*. 1924, No. 8/9, pp. 314-315, 318-319. *Pamiatniki agitatsionnoi literatury Ross. sots.-dem.rabochei partii,* Vol. 6, vyp. 1. Proklamatsii 1914 g. Moscow- Petrograd, 1923, p.79.　ビラの署名は "D. K. L. B."。

▶21　*Pamiatniki agitatsionnoi literatury,* pp. 80-81. Shliapnikov, *Kanun*, ch. I, p. 28. Kondrat'ev, op. cit., *KL*. 1922, No. 5, p. 229.

▶22　*Gosudarstvennaia duma. IV-i sozyv. Stenografichestii otchet.* 27 July 1914, col. 19-20. N. N. Krestinskii, Iz vospominanii o 1914 gode. *PR,* 1924, No. 7. pp. 59-60. A. Kerensky, *The Crucifixation of Liberty,* London, 1934, p. 209.

▶23　全文 *Pamiatniki agitatsionnoi literatury,* pp. 86-88. Badaev, op. cit., p.350.

▶24　Krestinskii, op. cit., pp. 60-64. D. Baevskii, Partiia v gody imperialisticheskoi voiny. In *Ocherki po istorii Oktiabr'skoi revoliutsii,* Vol. I, Moscow-Leningrad, 1927, p. 353. *Pamiatniki agitatsionnoi literatury,* p. 279.

▶25　『レーニン全集』第21巻、3-7頁。

▶26　Baevskii, op. cit., p. 356. F.N. Samoilov, Protsess bol'shevistskoi fraktsii IV Gosudarstvennoi dumy. *PR*, 1926, No. 3, pp.

▶84　*KA*, 1926, Vol. 4, pp. 31-34.
▶85　*Rabochee dvizhenie v Petrograde v 1912-1917 gg.,* pp. 513-514.
▶86　Kochakov, Sostav petrogradskogo garnizona v 1917 g. p. 64.
▶87　和田春樹「２月革命」357 頁。
▶88　E. N. Burdzhalov, *Vtoraia russkaia revoliutsiia. Vosstanie v Petrograde.* Moscow, 1967, p. 96.
▶89　G. A. Sobolev, *Petrogradskii garnizon v bor'be za pobedu Oktiabria.* Leningrad, 1985, pp. 6-14.
▶90　Kochakov, op. cit., pp. 67-77.
▶91　Sobolev, op. cit., p. 9-10.
▶92『露国研究』同文館、1916 年、53-54 頁。Kochakov, op. cit., p.64.
▶93　Ibid., p. 57.
▶94　Ibid., pp. 59-60.『露国研究』68-69 頁。
▶95　Ibid., pp. 61-64, 69.
▶96　V. B. Stankevich, *Vospominaniia 1914-1919 g.,* Berlin, 1920, p.37.
▶97　Kochakov, op. cit., p. 77.
▶98　*Entsiklopedicheskii slovar' Brokgauz-Efron,* Vol. XXXV, Sankt-Peterburg, 1902, pp. 106-107.
▶99　Zametki soldata o revoliutsionnykh dniakh. *Pravda,* 10 March 1917, p. 2. *Ocherki istorii Leningrada,* Vol. III, pp. 977-978.
▶100　V. Shklovskii, *Sentimental'noe puteshestvie. Vospominaniia 1917-1922.* Moscow- Berlin, 1923, p. 10.
▶101　E. I. Martynov, *Tsarskaia armiia v fevral'skom perevorote,* Leningrad, 1927, p. 59.
▶102　Shklovskii, op. cit., p. 10.
▶103　A. I. Denikin, *Ocherki russkoi smuty.* Vol. I, vyp. 1, Paris, p. 8.
▶104　*Rabochee dvizhenie v Petrograde v 1912-1917 gg.,* pp.494, 499.
▶105　Sobolev, op. cit., p.27.
▶106　V. V. Petrash, *Moriaki Baltiiskogo flota v bor'be za pobedu Oktiabria,* Moscow-Leningrad, 1966, p. 14.
▶107　Ibid., p. 16.
▶108　Ibid., pp. 18-19.
▶109　Ibid., pp. 20-21.
▶110　Ibid., p. 31.
▶111　N. A. Khovrin, *Baltiitsy idut na shturm,* Moscow, 1966, p. 9.
▶112　*Sankt Peterburg. Petrograd. Leningrad. Entsiklopedicheskii spravochnik.*Moscow, 1992, pp. 299-300.
▶113　和田春樹『ニコライ・ラッセル――国境を越えるナロードニキ』下、中央公論社、1973 年、169-170 頁。
▶114　Iv. Egorov, Matrosy-bol'sheviki nakanune 1917 goda. *KL,* 1926, No. 3, p.9.
▶115　Ibid., pp.10-11. *Revoliutsionnoe dvizhenie v armii i na flote v gody pervoi mirovoi voine,* pp. 320-322, 437.
▶116　Ibid., pp. 319-320, 436-437.
▶117　Egorov, op. cit., pp. 14-24.
▶118　*Revoliutsionnoe dvizhenie v armii i na flote v gody pervoi mirovoi voine.* p. 379-380.
▶119　Ibid., p. 443.
▶120　Ibid., p. 385.
▶121　Ibid., p. 386-387.
▶122　Ibid., p. 396-398.
▶123　Rashin, *Naselenie Rossii za 100 let.* Moscow, 1956, p. 325.
▶124　*Ocherki istorii Leningrada,* Vol. III, p. 105.
▶125　Roshal', op. cit., pp. 32-34.
▶126　*KA*, 1926, Vol. 4, p. 8.
▶127　*Soiuz russkogo naroda.* Moscow-Leningrad, 1929, pp. 10, 15-16.
▶128　*Rabochee dvizhenie v Petrograde v 1912-1917 gg.* p. 248.
▶129　*KA*, 1926, Vol. 4, p. 6.
▶130　N. Kuznetsov, Okhtenskii raion v fevral'skie dni 1917 g. *KL*, 1926, No. 3, p. 58.

第４章　首都の民主党派

▶1　三回大会決議（*Tretii s'ezd RSDRP.Pro-*

444.

▶47 Ibid., pp. 445-446.

▶48 Ibid., pp. 447-451.

▶49 Kondrat'ev, op. cit., *KL*, 1923, No. 7, pp. 57-59.

▶50 *Petrogradskii proletariat i bol'shevistskaia organizatsiia v gody imperialisticheskoi voiny. Sbornik materialov i dokumentov.*Leningrad, 1939, p. 166.

▶51 *KA*, 1934, Vol. 6, pp. 84-85. *Petrogradskii proletariat i bol'shevistskaia organizatsiia*, p. 166.

▶52 *Rabochee dvizhenie v Petrograde v 1912-1917 gg.*, pp.490-493.

▶53 Ibid., pp. 493-505, 507-508.

▶54 Ibid., pp. 510-514, 636.

▶55 Ibid., pp. 523-526, 529.

▶56 Kondrat'ev, op. cit., *KL*, 1923, No. 7, pp. 48-50. 党員数は、*Petrogradskie bol'sheviki v trekh revoliutsiiakh.* Leningrad, 1966, p. 134.

▶57 A. A. Babitsin, Podopol'naia rabota partiinoi organizatsii zavoda "Novyi Parviainen" v 1915 g. In *V ogne revoliutsionnykh boev,* pp. 93, 100, 106-107

▶58 S. Lobov and I. Gavrilov, Iz istorii partiinoi organizatsii na "Krasnom Vyborzhtse", *KL*, 1926, No. 5, pp. 134-137.

▶59 A. Efimov, Iz istorii partiinogo kollektiva na petrogradskom zavode Staryi Parviainen. *KL*, 1926, No. 3, pp. 41-43.

▶60 V Petrograde nakanune Fevral'skoi revoliutsii (V osveshchenii Petrogr. Okhrannogo otdeleniia), *KL*, 1927, No. 1, p. 45.

▶61 G. Borisov and S. Vasil'ev, *Stankostroitel'nyi imeni Sverdlova.* Leningrad, 1962, pp. 66-73. *V ogne revoliutsionnykh boev,* pp. 109, 112-114, 127.

▶62 I. Iurenev, "Mezhraionka" (1911-1917), *PR*, 1924, No. 2, p. 123.

▶63 *Ocherki istorii Leningrada,* Vol. III, pp. 548, 552.

▶64 Ibid., pp. 548-552.

▶65 Ibid., pp. 555-559.

▶66 Mikh. Slonimskii, *Kniga vospominanii,* Moscow-Leningrad, 1966, p. 9. N. K. Krupskaia, Samoubiistva sredi uchashchikhsia i svobodnaia trudovaia shkola. *Pedagogicheskie sochineniia,* Vol. 1. Moscow, 1960, pp. 135-142.

▶67 M. G. Roshal', *Na putiakh revoliutsii. Vospominaniia bol'shevika.*Moscow, 1957, pp. 13-15.

▶68 A. Shliapnikov, *Kanun semnadtsatogo goda.* ch. I, Moscow-Pgd., 1923, p. 20.

▶69 Slonimskii, op. cit., p. 11.

▶70 D. Meisner, *Mirazhi i deistvitel'nost'. Zapiski emigrantia.* Moscow, 1966, p. 24.

▶71 *Ocherki istorii Leningrada,* Vol. III, pp. 561-562.

▶72 Ibid., pp. 564-565.

▶73 Ibid., p. 562.

▶74 B. M. Kochakov, Sostav petrogradskogo garnizona v 1917 g. *Uchenye zapiski LGU.* No. 205, Leningrad, 1956, p. 82.

▶75 S. G. Strumilin, *Statisticheskie ekonomicheskie ocherki.* Moscow, 1958, p. 222.

▶76 *Ocherki istorii Leningrada,* Vol. III, pp. 567-570. P. S. Gusiatnikov, Studencheskoe dvizhenie v 1905 godu. *VI,* 1955, No. 10, pp. 75-81.

▶77 Strumilin, op. cit., p. 223.

▶78 *Ocherki istorii Leningrada,* Vol. III, p. 571. *Russian Schools and Universities in the World War.* New Haven, 1929, pp. 149-150.

▶79 *Rabochee dvizhenie v Petrograde v 1912-1917 gg.,* pp.160-161.

▶80 Ibid., p. 249. *Russian Schools and Universities*, pp. 158-159.

▶81 *Vysshie zhenskie (Bestuzhevskie) kursy.* Moscow, 1966, pp. 120-121.

▶82 もちろんその中に入って政治工作をしようとした人々もいた。Roshal', op. cit., pp. 33-37.

▶83 *Russian Schools and Universities,* pp. 159, 161, 190-192.

klassa Rossii. Moscow, 1958, p. 83.

▶9　Ibid., pp. 64-65.

▶10　Rashin, op. cit., p. 83.

▶11　*Rabochee dvizhenie v Petrograde v 1912-1917 gg. Dokumenty i materialy*. Leningrad, 1958, pp. 274-275.

▶12　Stepanov, *Rabochie Petrograda v period podgorovki i provedeniia Oktiabr'skogo vooruzhennogo vosstaniia*. Moscow-Leningrad, 1965, p. 34.

▶13　A. I. Dabilenko, K voprosu o chislennosti i sostave proletariata Peterburga v nachale XIX veka. *Istoriia rabochego klassa Leningrada,* vyp.II. Leningrad, 1963, pp. 110-111.

▶14　E. E. Kruze, *Peterburgskie rabochie v 1912-1914 godakh*. Moscow-Leningrad. 1961, p.71.

▶15　表１（184頁）より計算。

▶16　Stepanov, *Rabochie Petrograda*, p. 32.

▶17　Ibid., p.31.

▶18　Kruze, op. cit., p. 119. Stepanov, Voprosy chislennosti, p.86.

▶19　Ibid., pp. 58-60.

▶20　Kruze, op. cit., p.103.

▶21　B. B. Grave, Militarizatsiia promyshlennosti i rossiiskii proletariat v gody pervoi mirovoi voiny. In *Iz istorii rabochego klassa i revoliutsionnogo dvizheniia*. Moscow, 1958, pp. 416, 420.

▶22　*Rabochee dvizhenie v Petrograde v 1912-1917 gg.,* p. 315.

▶23　Grave, op. cit., p.417.

▶24　Kruze, op. cit., pp. 118-120.

▶25　*Ocherki istorii Leningrada,* Vol. III, Moscow-Leningrad, 1956, pp.950-951.

▶26　スターリン「ペテルブルク労働者クーリヤの選挙の総決算によせて」、『スターリン全集』２巻、大月書店、1952年、285－291頁。A. Badaev, *Bol'sheviki v Gosudarstvennoi dume. Vospominaniia*.Moscow, 1954, pp. 24-46.

▶27　B. S. Seiranian, *Bor'ba bol'shevikov protiv voenno-promyshlennykh komitetov*. Erevan, 1961, pp. 60, 61, 64. シーゲルバウムの新研究はこの点では参考にならない。Lewis H. Siegelbaum, *The Politics of Industrial Mobilization in Russia, 1914-17: A Study of the War-Industries Committees,* Oxford, 1983, pp. 166-167.

▶28　Shliapnikov, *Kanun,* ch. 1, pp. 112, 130.

▶29　*Statisticheskii sbornik za 1913-1917 gg.,* vyp. II, Moscow, 1922, pp.140-141, 150-151, 160-161.

▶30　*Rabochee dvizhenie v Petrograde v 1912-1917 gg.,* pp. 145-149, 155, 158-161, 170-173.

▶31　Ibid., pp. 298-299.

▶32　Ibid., pp. 173-178, 617-618.

▶33　Ibid., pp. 185-189, 190-194.

▶34　Kruze, op. cit., p. 318.

▶35　Iiul'skie volneniia 1914 g. v Peterburge, *PR*, 1924, No. 7, pp. 181-214; No. 8-9, pp. 306-323. また *Rabochee dvizhenie v Petrograde v 1912-1917 gg.,* pp.215-218, 221-225, 230-231. Rech', 12 July 1914, p. 2. *KA*, 1939, Vol. 4, pp. 137-155.

▶36　*PR*, 1924, No. 7, p. 203.

▶37　*Rech'*, 19 July 1914, p. 2.

▶38　*Rabochee dvizhenie v Petrograde v 1912-1917 gg.,* pp. 247-248.

▶39　A. Kondrat'ev, Vospominaniia o podopol' noi rabote peterburgskoi organizatsii RSDRP(b) v period 1914-1917 gg., *KL*, 1922, No. 5, pp. 229-230.Badaev, op. cit., p. 339.

▶40　Kondrat'ev, op. cit., p. 229.

▶41　*Rabochee dvizhenie v gody voiny*.Moscow, 1925, pp. 255-258.

▶42　*Rabochee dvizhenie v Petrograde v 1912-1917 gg.,* pp. 325-328, 335.

▶43　Leiberov, O vozniknovenii revoliutsionnoi situatsii v Rossii v gody pervoi mirovoi voiny (iiul'-sentiabr'1915 g.), *IS,* 1964, No. 6, p. 53.

▶44　*Rabochee dvizhenie v Petrograde v 1912-1917 gg.,* pp.336-345.

▶45　Ibid., pp. 398-404.

▶46　Ibid., pp. 431-432, 435-437, 439-440, 441-

443-445. *Delovoi mir Rossii. Istoriko-biograficheskii spravochnik.* Sankt-Peterburg, 1998, pp. 203-205.

▶130　ケレンスキーの伝記は、Richard Abraham, *Alexander Kerensky: the First Love of the Revolution.* New York. 1987. S. V. Tiutiukin. *Aleksandr Kerenskii: stranitsy politicheskoi biografii (1905-1917 gg.).* Moscow, 2012.

▶131　*Burzhuaziia nakanune Fevral'skoi revoliutsii,* pp. 29-31.

▶132　Ibid., p. 40.

▶133　*Aleksandr Feodorovich Kerenskii, (Po materialam Departamenta Politsii),* Petrograd, 1917,pp. 19-20.

▶134　*Burzhuaziia nakanune Fevral'skoi revoliutsii,* pp. 94-95.

▶135　Ibid., p. 91.

▶136　Ibid., p. 89.

▶137　Ibid., p. 95.

▶138　Ibid., pp. 139-140.

▶139　Ibid., pp.141-142.

▶140　*KA,* 1926, No. 4, pp. 29-30.

▶141　*KA,* 1934, Vol. 6, p.90.

▶142　Ibid., pp. 91-92. Shliapnikov, *Kanun semnadtsatogo goda,* ch. II, Moscow-Petrograd, 1923, p. 175.

▶143　M. Rafes, Moi vospominaniia, *Byloe,* No. 19. 1922, p. 170.

▶144　O. A. Ermanskii, *Iz perezhitogo, 1887-1921,* Moscow-Leningrad, p. 137. 発行主体は、「Petrogradskoe ob'edinenie rabochikh kooperativov」と書かれている。これを「ペトログラード生協連合会」のことだと理解した。

▶145　*Gosudarstvennaia Duma,* IV-i sozyv, 13 December 1916, col.1220-1226.

▶146　Abraham, op. cit., p. 119.

▶147　*Kanun revoliutsii,* pp. 79-81.

▶148　Ibid., pp. 81-83.

▶149　Ibid., pp. 5-6.

▶150　V ianvare i fevrale 1917 g. Iz donesenii sekretnykh agentov A. D. Protopopova. *Byloe,* 1918, No. 13, p. 94.

▶151　Shliapnikov, *Semnadtsatyi god,* kn. 1, Moscow-Petrograd, 1923, p. 273.

▶152　Doneseniia L. K. Kumanina iz Ministerskogo pavil'ona Gosudarstvennoi dumy, dekabr' 1911—fevral' 1917 goda, *VI,* 2000, No. 3, pp. 28.

▶153　Ibid., pp. 29-30.

▶154　*Burzhuaziia nakanune Fevral'skoi revoliutsii,* pp. 164-165.

▶155　A. Kerenskii, Nechto o demagogii, *Severnye zapiski,* 1917, No. 1, p. 203. このエッセーに注目したチュチューキンは、ケレンスキーが、その結びで、先延ばしは死に等しい、「民主主義の外に出口はない」と書いているとするが（Tiutiukin, op. cit., p. 93）、原文にそのような言葉はない。そもそも一般雑誌で、そのようなストレートな発言ができる状況ではない。

第3章　首都ペトログラードの民衆

▶1　*Ocherki istorii Leningrada,* Vol. III, Moscow-Leningrad, 1956, p.105. *Istoriia Moskvy,* Vol. V, Moscow, 1955, p. 15.

▶2　*Goroda Rossii za 1910 g.* SPb., 1914, p. 3.

▶3　O. R. Airapetov, *Uchastie Rossiiskoi imperii v pervoi mirovoi voine. 1917 god.* Moscow, 2016, p. 403.

▶4　Tsuyoshi Hasegawa, *The February Revolution: Petrograd, 1917,* University of Washington Press, 1981, p. 160.

▶5　A. T. Wassiljew, *Ochrana: Aus den Papieren des letzten russischen Polizeidirektors.* Zürich, 1930, S. 195-197.

▶6　Iakov Dlugolenskii, *Voenno-grazhdanskaia i politseiskaia vlast' Sankt-Peterburga,* Sankt-Peterburg, 2001, pp. 384-388.

▶7　Protokoly o K. I. Globacheve, *VI,* 2002, No. 7, pp.103-113.

▶8　A. G. Rashin, *Formirovanie rabochego*

▶90　Meilunas and Mironenko, op. cit., p. 526.

▶91　Iz vospominanii A. I. Guchkova, *Poslednie novosti,* 9, 12, 16, 19, 23, 26, 30 August 1936, p. 2.

▶92　Aleksandr Ivanovich Guchkov rasskazyvaet, *VI,* 1991, No. 7, 8, 9-10, 11, 12. のちに冊子になって、出版された。*Aleksandr Ivanovich Guchkov rasskazyvaet...,* Moscow, 1993. 以下、この冊子版を使う。

▶93　以上はA. Senin, *Aleksandr Ivanovich Guchkov,* Moscow, 1996.

▶94　*Aleksandr Ivanovich Guchkov rasskazyvaet.* pp. 14-15. F. A. Gaida, *Liberal'naia oppozitsiia na putiakh k vlasti(1914-vesna 1917 g.),* Moscow, 2003, p. 253 は、この会合は10月半ばに開かれたとしている。

▶95　*Aleksandr Ivanovich Guchkov rasskazyvaet.* pp. 15-16.

▶96　Ibid., pp. 16-17.

▶97　Mikh. Lemke, *250 dnei v tsarskoi stavke.* Peterburg, 1920, p. 545.

▶98　*Aleksandr Ivanovich Guchkov rasskazyvaet.* pp. 18-20.

▶99　I. S. Vasil'chkov, *To, chto mne vspomnilos'.* Moscow, 2002, pp. 123-124.

▶100　*Aleksandr Ivanovich Guchkov rasskazyvaet.* p. 20

▶101　Diakin, op. cit., p.301.

▶102　*Utro Rossii,* 18 December 1916, p. 4.

▶103　Vasil'chkov, op. cit., p. 124.

▶104　*Aleksandr Ivanovich Guchkov rasskazyvaet.* p. 20.

▶105　A. I. Verkhovskii, *Na trudnom perevale,* Moscow, 1959, p. 147.

▶106　経歴は、O. R. Airapetov, *Uchastie Rossiiskoi imperii v Pervyi mirovoi voine, 1916,* Moscow, 2016, pp. 356-357. 日露戦争後の感想はグチコフが語ったもの。*Aleksandr Ivanovich Guchkov rasskazyvaet.* p. 23.

▶107　Rodzianko, *Krushenie imperii,* p. 208.

▶108　M. I. Tereshchenko o gen. Krymove, *Den',* 2 September 1917, p. 2. Martynov, Tsarskaia armiia v Febrial'skom perevorote, Moscow, 1927, p. 56.

▶109　Zapiski P. N. Vrangel', *Beloe delo,* kn, 5, 1928, p. 11.

▶110　*Aleksandr Ivanovich Guchkov rasskazyvaet.* p. 23.

▶111　M. I. Tereshchenko o gen. Krymove, *Den',* 2 September 1917, p. 2.

▶112　Verkhovskii, op. cit., p. 228.

▶113　Kn. G. E. L'vov, *Vospominaniia,* Moscow, 1998, pp. 5-18.

▶114　*Burzhuaziia nakanune Fevral'skoi revoliutsii,* pp. 155-157.

▶115　*Aleksandr Ivanovich Guchkov rasskazyvaet,* pp. 30-32.

▶116　Spiridovich, op. cit., Vol. III, pp.15-16.

▶117　Mel'gunov, *Na putiakh k dvortsovom perevorotu,* Paris, pp. 105-112.

▶118　以下から数えた。*Zhurnaly Osobogo soveshchaniia po oborone gosudarstva. 1916 god.* IV, Moscow, 1977. これは科学アカデミー・ソ連史研究所の出版物である。

▶119　*Zhurnaly Osobogo soveshchaniia po oborone gosudarstva. 1917 god.* I. Moscow, 1978, pp. 41-42.

▶120　Ibid., pp. 138, 142, 144, 145.

▶121　Ibid., pp. 158-159, 161.

▶122　Ibid., pp. 170-173.

▶123　Ibid., pp. 178-180.

▶124　エンゲリガルトのヒアリング（1917年）は、Semen Lyanders, op. cit., pp. 57-58. また、エンゲリガルトの回想（1956年）B. Engel'gardt, Potonuvsii mir, *Voenno-istoricheskii zhurnal,* 1964, No. 1, pp. 80-81.

▶125　P. N. Miliukov, *Vospominaniia,* Vol. II, p. 332.

▶126　Iz sledstvennykh del N. V. Nekrasova 1921, 1931 i 1939 godov, *VI,* 1998, No. 11/12, p. 38.

▶127　Startsev, op. cit., pp. 90, 253.

▶128　ネクラーソフの経歴は、*Rossiiskii liberalizm serediny XVIII-nachala XX veka. Entsiklopediia.* Moscow, 2010, pp. 629-632.

▶129　コノヴァーロフの経歴は、Ibid., pp.

Memuary, pp. 200-210.

▶45　カレンの疑問と彼の結論を見られたい。Cullen, op. cit., pp. 167-211.

▶46　Ibid., pp. 212-213.

▶47　写真2枚はラジンスキーによって最初に発表された。Edward Radzinsky, *The Rasputin File,* Doubleday, New York; 2000, pp. 334-335. 日本語訳：ラジンスキー（沼野充義・望月哲男訳）『真説ラスプーチン』下、日本放送協会、2004年では、口絵に1枚が載せられている。カレンは3枚の写真を発表している。Cullen, op. cit., pp. 108-109.

▶48　A. A. Ivanov, *Vladimir Purishkevich—opyt biografii pravogo politika (1870-1920).* Moscow-Sankt Peterburg, 2011, p. 260. イヴァノーフも、ユスーポフ、プリシケーヴィチの説明は虚偽を含むとしているが、イギリス人の説には同調していない。

▶49　I. Kobyl'-Bobul', *Vsia Pravda o Rasputine.* Petrograd, pp. 89-90.

▶50　Spiridovich, op. cit., Vol. II, pp. 217-218.

▶51　Cullen, op. cit., p. 213.

▶52　Ibid., pp. 161, 165, 199.

▶53　Iusupov, *Memuary,* p. 210.

▶54　A. Simanovich, *Rasputin, der almaechtige Bauer,* Berlin, 1928, S. 274. Spiridovich, op. cit., Vol. II, p.199.

▶55　*Dnevnik i vospominaniia Anny Vyrubovoi,* p. 172.

▶56　*Perepiska Nikolaia i Aleksandry,* Vol. V, pp. 203-204.

▶57　Ibid., Vol.V, p. 205.

▶58　Lili Dehn, *The Real Tsaritsa*, London, 1922, pp. 117-119.

▶59　Iusupov, *Memuary,* p. 214-215.

▶60　Spiridovich, op. cit., Vol. II, pp. 200-202. この手紙全文は、K istorii ubiistva Grigoriia Rasputina, *KA,* 1923, No. 4, pp. 425-426.

▶61　Iusupov, *Memuary,* p. 216-217.

▶62　*Perepiska Nikolaia i Aleksandry,* Vol. V, p. 206.

▶63　Zapiski N.M. Romanova, *KA*, 1931, Vol. 6, p. 97.

▶64　*Utro Rossii,* 18 December 1916, p. 4.

▶65　Spiridovich, op. cit., Vol. II, p. 206.

▶66　V. N. Voeikov. *S tsarem i bez tsaria.* Gel' singfors, 1936, p. 180.

▶67　Spiridovich, op. cit., Vol. II, pp. 210-211.

▶68　Ibid., pp. 212-217.

▶69　*Dnevniki Imperatora Nikolaia II,* Vol. II, ch. 2, p. 271. Voeikov, op. cit., p. 182.

▶70　"Duma—tak Duma!...": Khudozhnik Varelii Karrik i ego karrikatury. *Istochnik,* 1994, No. 3, pp. 32-34.

▶71　V. Karrik, Voina i revoliutsiia. Zapiski 1914-1917 g., *Golos minuvshego,* 1918, No. 6, pp. 46-47.

▶72　Ibid., p. 48.

▶73　アンドレイ・ヴラジーミロヴィチ大公の日記、*KA*, 1928, Vol. 1, pp. 187-188.

▶74　*Dnevnik i vospominaniia Anny Vyrubovoi,* p. 175.

▶75　Spiridovich, op. cit., Vol. II, p. 221.

▶76　Ibid., pp. 223-224.

▶77　Princess Parley, *Memories of Russia, 1916-1919*, London, n. d. p. 37.

▶78　書簡全文は、KA, 1928, No. 1, pp. 191-192.

▶79　Spiridonovich, op. cit., Vol. II, pp. 228-229.

▶80　全文は、*Istochnik*, 1994, No. 4, pp. 37-38.

▶81　Spiridovich, op. cit., Vol. II, pp. 225-226.

▶82　Zapiski N. M. Romanova, *KA*, 1931, Vol. 6, p. 102.

▶83　*Dnevniki Imperatora Nikolaia II,* Vol. II, ch. 2, p. 285.

▶84　Buchanan, op. cit., Vol. II, pp. 50-51.

▶85　Karrik, op, cit., *GM*, 1918, No. 6, p. 51.

▶86　GARF, F. 634, Op. 1, Ed. Khr. 27, L. 88, 88ob. *Dnevnik L. A. Tikhomirova 1915-1917 gg.*, Moscow, 2008, p. 329.

▶87　*Nikolai II i Velikie Kniaz'ia.* Leningrad-Moscow, 1925, p. 119.

▶88　M. V. Rodzhianko, *Krushenie imperii i gosudarstvennaia duma i Fevral'skaia revoliutsiia,* Moscow, 2002, p. 220.

▶89　*KA*, 1926, No. 1, 246-247.

No. 28, 1987 を見ていただきたい。

▶7　GARF, F. 634, Op. 1, Ed. khr. 27, L. 67.

▶8　Ibid., L. 69.

▶9　*Tsareubiistvo 11 marta 1801 goda.* Sankt-Peterburg, 2001.

▶10　ユスーポフ公爵家については、フェリックス・ユスーポフの 1952 年刊の回想（Felix Youssoupoff, *Memoires,* Paris, 1952, 1954）に詳しい。ここでは、1998 年に出たロシア語訳を使う。Kniaz' Feliks Iusupov. *Memuary.* Moscow, 1998, pp. 9-28.

▶11　肖像が以下にある。I. A. Murav'eva, *Vek moderna,* Vol. 1, SPb., 2001, p. 55.

▶12　A. N. Bokhanov, *Pravda o Grigorii Rasputine,* Moscow, 2011, p. 462.

▶13　Iusupov, op. cit., pp. 63-64, 75-80.

▶14　Ibid., pp. 101-104, 126-137.

▶15　Ibid., pp. 143-152.

▶16　Ibid., pp. 166-167. V. F. Dzhunkovskii, *Vospominaniia,* Vol. II, Moscow. 1997, pp. 552-562. また E. E. Iudin, Iusupovy i Nikolai II(1890-1916 gg.), *VI,* 2009, No. 7, pp.126-128.

▶17　Iusupov, op. cit., pp. 163, 166.

▶18　Iusupov, *Konets Rasputina. Vospominaniia,* Paris, 1927, p. 55.

▶19　Iusupov, *Memuary,* p. 168.

▶20　Richard Cullen, *Rasputin: the Role of Brittain's Secret Service in His Torture and Murder.* Dialogue: London, 2010, pp. 16-17.

▶21　K istorii poslednikh dnei tsarskogo rezhima (1916-1917 g. g.), *KA.* 1926, No. 1(14), p. 236.

▶22　Katkov, op. cit., p.100, 484. *Dnevnik i perepiska Velikogo kniazia Mikhaila Aleksandrovicha 1915-1918,* Moscow, 2012, p. 763

▶23　Iusupov, *Memuary,* p. 177.

▶24　この姉弟とエリザヴェータとの関係については、Grand Duchess Marie of Russia, *Things I Remember*, Cassell: London, 1931.『最後のロシア大公女マーリヤ——革命下のロマノフ王家』（平岡緑訳）中央公論社、1984 年に詳しい。

▶25　Iusupov, *Memuary,* p. 178.

▶26　V. A. Maklakov, Tragicheskoe polozhenie, *Russkie Vedomosti,* 1915, No. 221.

▶27　V. A. Maklakov, Nekotorye dopolneniia k vospominaniiam Purishkevicha i kn. Iusupova ob ubiistve Rasputina, *Sovremennye zapiski*, 1928, Vol. XXXIV, pp. 262-265. Iusupov, Memuary, p. 193.

▶28　*Gosudarstvennaia Duma,* IV-i sozyv. 19 September 1916, col. 286-288. 全体は col. 260-288.

▶29　*KA,* 1926, No. 1, p. 234.

▶30　V. M. Purishkevich, *Ubiistvo Rasputina (Iz dnevnika),* Moscow, 1990, pp. 38-42. 原著はリガで、1924 年に刊行された。

▶31　A. I. Spiridovich, *Velikaia voina i fevral'skaia revoliutsiia, 1914-1917 gg.,* Vol. II, New York, 1962, p.214.

▶32　Iusupov, *Memuary,* pp. 193-194. Purishkevich, op. cit., pp. 42-44, 48-52.

▶33　Purishkevich, op. cit., pp. 64-68.

▶34　S.P. Mel'gunov, *Legenda o separatnom mire. Kanun revoliutsii,* Moscow, 2006, p. 419.

▶35　Spiridovich, op. cit., Vol. II, pp. 85-186.

▶36　*KA*, 1926, No.1, p.235.

▶37　Maklakov, Nekotorye dopolneniia, pp. 268-272.

▶38　Ibid., p. 275.

▶39　Samuel Hoare, *The Fourth Seal: The End of Russian Chapter,* London, 1930, p. 68.

▶40　Iusupov, *Memuary,* pp. 216-217.

▶41　Cullen, op. cit., pp. 18-19, 209-211. ほかに、ジャイルズ・ミルトン（築地誠子訳）『レーニン対イギリス秘密情報部』原書房、2016 年、12 −30、430 頁も参照されたい。

▶42　Mel'gunov, *Legenda o separatnom mire,* pp. 415-416.

▶43　*Utro Rossii,* 16 December 1916, p. 6.

▶44　関係者の語るところは、大筋においては一致している。Purishkevich, op. cit., pp. 107-108. Iusupov, *Konets Rasputina. Vospominaniia,* pp. 135-172. Iusupov,

V, p. 146.

▶123　Ibid., Vol. V, pp. 148-149, 151.

▶124　A. I. Spiridovich, *Velikaia voina i fevral'skaia revoliutsiia, 1914-1917 gg.,* Vol. II, New York, 1962, p. 176.

▶125　Dnevniki imperatora Nikolaia II, Vol II, ch. 2, pp. 264, 266.

▶126　Perepiska Nikolaia i Aleksandry, Vol. V, pp. 154-155.

▶127　*Rossiia v mirovoi voine,* p. 30.

▶128　Ibid., p. 18.

▶129　V. A. Petrov, *Ocherki po istorii revoliutsionnogo dvizheniia v russkoi armii v 1905 g.* Moscow-Leningrad, 1964, p. 33.

▶130　この意見書は、ボリス・エンゲリガルトが保存していたもので、カーネギー国際平和財団図書館に寄贈されたものである。それが、N. N. Golovin, *Voennye usiliia Rossii v mirovoi voine,* Vol. I, Paris, 1939, pp. 97-105. に初めて公表された。執筆の経過については、エンゲリガルトのオーラル・ヒストリーがある。Semen Lyanders, *The Fall of Tsarism: Untold Stories of the February 1917 Revolution,* Oxford, 2014, pp. 56-57. なお、ソ連の歴史学では、L.M. Gavrilov,V. V. Kutuzov, Istoshchenie liudskikh rezervov russkoi armii v 1917 g., *Pervaia mirovaia voina 1914-1918.* Moscow, 1968, pp. 152-154で文書館の文書として紹介されている。

▶131　Golovin, *Voennye usiliia Rossii,* pp. 121-123.

▶132　*Revoliutsionnoe dvizhenie v armii i na flote v gody pervoi mirovoi voiny. Sbornik dokumentov*, Moscow, 1966, pp. 204-205, 424.

▶133　Ibid., pp. 205-206,

▶134　Aleksandr Astashov, *Russkii front v 1914—nachale 1917 goda: voennyi opyt i sovremennost',* Moscow, 2014, pp. 683-684.

▶135　*Revoliutsionnoe dvizhenie v armii i na flote v gody pervoi mirovoi voiny*, pp. 247-253.

▶136　Ibid., p. 237.

▶137　*Razlozhenie armii v 1917 g.* Moscow-Leningrad, 1925, p. 7. *Istoriia pervoi mirovoi voiny,* Vol. 2, pp. 304, 308-309.

▶138　Astashov, op. cit., pp. 688-691.

▶139　Ibid., pp. 691-692.

▶140　*Istoriia pervoi mirovoi voiny,* Vol. 2, p. 307.

▶141　全文は、*Vosstanie 1916 goda v Srednei Azii i Kazakhstane. Sbornik dokumentov.* Moscow, 1960, pp. 25-26.

▶142　全文はIbid., pp. 87-100.

▶143　Ibid., pp. 87-88.

▶144　Ibid., p. 88.

▶145　Ibid., pp. 88-89.

▶146　Ibid., pp. 89-90.

▶147　Ibid., pp. 90-92.

▶148　Ibid., pp. 93-94.

▶149　Ibid., pp. 95-96.

▶150　Ibid., pp. 97-98.

▶151　この点についての概観は、和田春樹『ニコライ・ラッセル——国境を超えるナロードニキ』下、中央公論社、1973年、288-291頁にある。

第2章　革命の序幕

▶1　G. Buchanan, *My mission to Russia, and Other Dplomatic Memories.* Cassell: London, 1923, p. 29.

▶2　国会の議事録は正式な記録だが、削除がある。*Gosudarstvennaia Duma, IV-i sozyv,* 1 November 1916, col. 35-50. 完全版は、A. S. Rezanov, *Shturmovoi signal' P. N. Miliukova,* Paris, 1924, pp. 45-61.

▶3　Rezanov, op. cit., p. 56.

▶4　Buchanan, op. cit., p. 30

▶5　*Ob'edinennoe dvorianstvo: S'ezd upolnomochennykh gurbernskikh dvorianskikh obshchestv.* Vol. 3, Moscow, 2002, p. 713.

▶6　チホミーロフのこのころについては、Wada Haruki, Lev Tikhomirov: His Thought in His Later Years 1913--1923, *Annals of the Institute of social Science,*

▶101　1915年の陸軍省報告より。*Voennaia promyshlennost' Rossii v nachale XX veka 1900-1917*. Vol. 1, Moscow, 2004, p. 545.

▶102　*Burzhuaziia nakanune Fevral'skoi revoliutsii,* Moscow-Leningrad, 1927, pp. 21-23. Iakhontov, op. cit., p. 82.

▶103　*KA*, 1932, Vol. 1/2, pp. 117-160. Iakhontov. op. cit., pp. 109-110. P. N. Miliukov, *Vospominaniia,* Vol. II, New York, 1955, pp. 206-218.

▶104　Iakhontov, op. cit., pp. 69-71.A. A. Polivanov, *Iz dnevnikov i vospominanii po dolzhnosti voennogo ministra i ego pomoshchnika 1907-1916g.* Vol. 1, Moscow, 1924, pp. 203-339.

▶105　Iakhontov, op. cit., pp.105-116.

▶106　Ibid., pp. 119-125.

▶107　Ibid., pp.132-133.

▶108　和田春樹『日露戦争　起源と開戦』上、岩波書店、2009年、398-400頁。

▶109　*Dnevniki imperatora Nikolaia II,* Vol. II, ch. 1, p. 68.

▶110　ラスプーチンについては、臨時政府非常審問委員会のスミッチェン報告書 Poslednii vremennik poslednego tsaria (Materialy Chrezvychainoi sledstvennoi komissii Vremennogo Pravitel'stva o Rasputine i razlozhenii samoderzhaviia), *Voprosy istorii,* 1964, No. 10, 12; 1965, No. 1, 2. および上記委員会の資料ファイルを発掘検討した研究　Eduard Radzinskii, *Rasputin: Zhizn' i smert'.* Moscow, 2000. 沼野充義・望月哲男訳『真説ラスプーチン』(上下、日本放送出版協会、2004年) に依拠した。2012年10月の事態については、*Dnevnik i vospominaniia Anny Vyrubovoi,* Moscow, 1991, pp. 130-132.

▶111　V. M. Khrustalev, Velikii kniaz' Mikhail Aleksandrovich i ego dnevniki, *Dnevnik i perepiska Vel. Kn. Mikhaila Aleksandrovicha*, Moscow, 2012, pp. 30-46. 1910年のゴシップは *Tri poslednikh samoderzhtsa. Dnevnik A. V. Bogdanovich,* Moscow/Leningrad, 1924, p. 482.

▶112　*Perepiska Nikolaia i Aleksandry Romanovykh*. Vol. III. 1914-1915 g.g., Moscow-Petrograd, 1925, p. 199. *Pis'ma Imperatritsy Aleksandry Fedorovny k Imperatoru Nikolaiu II,* Vol. I, Berlin, 1922, p. 462.

▶113　*Perepiska Nikolaia i Aleksandry,* Vol. III, p.200. *Pis'ma Imperatritsy*, Vol. I, p. 462.

▶114　シーロフの大臣経歴事典、D. N. Shilov, *Gosudarstvennye deiateli Rossiiskoi Imperii 1802-1917. Glavy vysshikh i tsentral'nykh uchrezhdenii. Biobibliograficheskii spravochnik.* Sankt-Peterburg, 2001 によって確認した。

▶115　伝記的な事実は Ibid., pp. 550-551. 産業界との関係については、Laverychev. *Monopolisticheskii kapital,* pp. 98-101, 171, 293.V. S. Diakin, op. cit., pp. 150-151, 176-177.Predsmertnaia zapiska A. D. Protopopova, *Golos minuvshego na chuzhoi storone,* 1926, No. 2(XV), pp. 181-182.

▶116　*Za kulisami tsarizma. Arkhiv tibetskogo vracha Badmaeva.* Leningrad, 1925, pp. 17-18. プロトポーポフの陳述、*Padenie tsarskogo rezhima,* Vol. I. Leningrad, 1924, p. 115.

▶117　S. P. Mel'gunov, *Legenda o separatnom mire. Kanun revoliutsii.* Moscow, 2006, pp. 283-300.I. I.Kolyshko, *Velikii spad. Vospominaniia,* Sankt-Peterburg, 2009, pp. 104-109. コルイシコは政治評論家で、自身ストックホルムでの単独講和工作に関わった。

▶118　*Perepiska Nikolaia i Aleksandry Romanovykh,* Vol. IV. 1916 god, Moscow-Leningrad, 1926, p. 381.

▶119　Ibid., Vol. 1916-1917, g.g., V. Moscow-Leningrad, 1927. pp. 11-12

▶120　Ibid., Vol.V, pp. 73-75.

▶121　Vospominaniia N. N. Pokrovskogo, Manuscript. Bakhmetiev Collection of Columbia University Library, pp. 91-93.

▶122　Perepiska Nikolaia i Aleksandry, Vol.

1922, pp. 46-47.
▶65 Ibid., pp. 51-52.
▶66 *Gosudarstvennaia Duma.* IV-i sozyv, 26 July 1914, col. 1-36. 池田嘉郎「コーポラティヴな専制から共和制の帝国ソ連へ」、『第一次世界大戦と帝国の遺産』山川出版社、2014年、169-171頁。
▶67 A.P. Pogrebinskii, K istorii soiuzov zemstv i gorodov v gody imperialisticheskoi voiny, *IZ*, Vol. 12, 1941, pp. 40, 42. Laverychev, *Po tu storonu barrikad*, pp. 96-97.
▶68 Paleologue, *La Russie des tsars*, tom I, p. 106.
▶69 *Rossiia v mirovoi voine 1914-1918 goda (v tsifrakh).* Moscow, 1925, p. 18.
▶70 Golovin, op. cit., p. 26.
▶71 Ibid., p. 55.
▶72 V. A. Emets, O roli russkoi armii v pervyi period mirovoi voiny 1914-1918 gg. *IZ*, Vol. 77, 1965, pp. 60-71. Golovin, op. cit., pp. 80-107.
▶73 Golovin, op. cit., p. 111.
▶74 バーバラ・タックマン（山室まりや訳）『八月の砲声』下、筑摩書房、1965年、72頁。
▶75 *Istoriia pervoi mirovoi voiny 1914-1918,* Vol. 1. Moscow, 1975, p. 318.
▶76 Ibid., p. 325.
▶77 前掲、タックマン『八月の砲声』下、88-89頁。
▶78 *Istoriia pervoi mirovoi voiny,* Vol. 1, pp. 326-328.
▶79 Ibid., pp. 329-352.
▶80 *Rossiia v mirovoi voine, p. 18.*
▶81 Ibid., p. 30.
▶82 *Dnevniki imperatora Nikolaia II.* Vol. II, ch. 2, pp. 67-69.
▶83 Ibid., p. 74-79.
▶84 Perepiska V.A. Sukhomlinova s N. N. Ianushkevichem, *KA*, 1922, Vol. 1, p.246.
▶85 Ibid., p. 249.
▶86 Ibid., p. 258.
▶87 *KA*, 1922, Vol. 2, pp.143-144.
▶88 *Istoriia pervoi mirovoi voiny 1914-1918,* Vol. 2 . Moscow, 1975, pp. 28-36.
▶89 D. V. Verzhkhovskii and V. F. Liakhov, *Pervaia mirovaia voina 1914-1918 gg.Mos*cow, 1964, pp. 123-131. *Otechestvennaia istoriia s drevneishikh vremen do 1917 goda. Entsiklopediia,* Vol. 1, Moscow, 1994, p. 388.
▶90 K. F. Shatsillo, Delo polkovnika Miasoedova, *VI*, 1967, No. 4, pp. 103-116. G. Katkov. *Russia 1917. The February Revolution*, London, 1967, pp. 119-132
▶91 *Rossiia v mirovoi voine,* p. 30.
▶92 *Doklad po evreiskomu voprosu Ts. Komiteta Partii K.D.. Istoriia odnogo pogroma.* Izdanie Zagranichnogo Komiteta Bunda. 1916, pp. 20-22.
▶93 Ibid., p. 26.
▶94 Ibid., pp. 38-39.
▶95 *G. B. Sliozberg, Dela minuvshikh dnei. Zapiski russkogo evreia, Vol.III, Paris, 1934, pp.* 324-342.
▶96 K. N. Tarnovskii, *Formirovanie gosudarstvenno-monopolisticheskogo kapitalizma v Rossii v gody pervoi mirovoi voiny.* Moscow, 1958, pp. 43-46.
▶97 I. F. Gindin, Russkaia burzhuaziia v period kapitalizma, ee razvitie i osobennosti, *IS*, 1963, No. 3, p. 55.
▶98 Pogrebinskii, Voenno-promyshlennye komitety. *IZ*, Vol. 11, 1941, pp. 160-164. V. S. Diakin, *Russkaia burzhuaziia i tsarizm v gody pervoi mirovoi voiny.* Leningrad, 1967, pp. 72-76, 91-96. Lewis H. Siegelbaum, *The Politics of Industrial Mobilization in Russia, 1914-17: A Study of the War-Industries Committees,* Oxford, 1983, pp. 40-49. *Osobye zhurnaly Soveta ministrov Rossiiskoi Imperii. 1915 god.* Moscow. 2008. pp. 362-363. A. I. Iakhontov. Tiazhelye dni. Sekretnye zasedaniia Soveta ministrov 16 iiulia—2 sentiabria 1915 g. *ARR*, Vol.XVIII, p. 36.
▶99 Diakin, op. cit., pp. 87-90.
▶100 Tarnovskii, op. cit., pp. 48-51.

1906-1916 gg., Moscow, 2002, pp. 282-301.

▶23　V. I. Startsev, *Tainy russkikh masonov.* Sankt-Peterburg, 2004, pp. 86, 90.

▶24　Iz sledstvennykh del N. V. Nekrasova 1921, 1931 i 1939 godov, *VI*, 1998, No. 11-12, pp. 38.

▶25　V. I. Startsev, *Tainy russkikh masonov.* Sankt-Peterburg, 2004, pp. 83-84、90-95.

▶26　A. Kerensky, *Russia and History's Turning Point*, New York, 1965, pp. 89-90.

▶27　A. M. Volodarskaia, Lenin i partiia v gody nazrevaniia revoliutsionnogo krizisa. Moscow, 1960, pp.38-47. *IA*, 1959, No. 2, pp.13-17.

▶28　*Dnevniki Imperatora Nikolaia II*, Vol. II, ch. 1, Moscow, 2013, p. 738. V. F. Dziunkovskii, *Vospominaniia*, Vol. II, Moscow, 1997, pp. 149-150.

▶29　Zapiska Durnovo, *Krasnaia nov'*, 1922, No. 6, pp. 187-189, 195-196.

▶30　Luigi Arbertini, *The Origins of the War of 1914*, Vol. II, Oxford University Press, 1965, Chapter I. Archduke Francis Ferdinand and the Sarajevo Outrage, pp. 1-38. Greg King and Sue Woolmans, *The Assassination of the Archduke*, St. Martin's Press: New York, 2013.

▶31　N. P. Poletika, *Vozniknovenie pervoi mirovoi voiny (Iiul'skii krizis 1914 g.).* Moscow, 1964, pp. 18-35. Arbertini, op, cit., Chapter II.The Threads of the Conspiracy, pp, 39-88. デイヴィッド・マッケンジー（柴宜弘他訳）『暗殺者アピス――第一次世界大戦をおこした男』平凡社、1992年。David MacKenzie, The "Black Hand" on Trial Salonika, 1917, Columbia University Press, 1995.

▶32　Arbertini, op. cit., pp. 18-35. King and Woolmanis, op. cit., pp. 163-209.

▶33　Arbertini, op. cit., pp. 35-38. King and Woolmanis, op. cit., pp. 227-251.

▶34　*Mezdunarodnye otnosheniia v epokhu imperializma*〔以下*MO*と略記〕, Series III, Vol.IV, Moscow-Leningrad, 1931, p. 15.

▶35　*Dnevniki Imperatora Nikolaia II*, Vol. II, ch. 2, Moscow, 2013, p. 39.

▶36　*MO*, Series III, Vol. IV. pp. 345-346.

▶37　*MO*, Series III, Vol. V, pp. 3-5.

▶38　Ibid., 外相日誌、1914年7月24/11日、p. 45.

▶39　*Dnevniki Imperatora Nikolaia II*, Vol. II, ch. 2, p. 45.

▶40　P. L. Bark, Vospominaniia. Iiul'skie dni 1914 goda. *Vozrozhdenie*, No. 91, Juillet 1959, Paris, pp. 19-21.

▶41　Ibid., pp. 21-22.

▶42　Ibid., p. 23.

▶43　*MO*, Series III, vol. V, 外相日誌、1914年7月24/11日、p. 46.

▶44　*Vozrozhdenie*, No. 91, pp. 25-26.

▶45　N. N. Golovin, *Iz istorii kampanii 1914 goda na russkom fronte.* Praha, 1926, p. 6.

▶46　*MO*, Series III, vol. V. pp. 85-95.

▶47　*Vozrozhdenie*, No. 91, pp. 28-29.

▶48　*Dnevniki Imperatora Nikolaia II*, Vol. II, ch. 2, p. 46.

▶49　*MO*, Series III, vol. V, No. 120, ニコライ２世からセルビア国王へ、pp. 145-146.

▶50　*Dnevniki Imperatora Nikolaia II*, Vol. II, ch. 2, p. 46.

▶51　*KA*, 1923, no. 4, p. 19.

▶52　*Dnevniki Imperatora Nikolaia II*, Vol. II, ch. 2, p. 47.

▶53　*KA*, 1923, No. 4, p. 20.

▶54　Ibid., p.21.

▶55　Ibid., p. 24.

▶56　Ibid., p. 22.

▶57　Golovin, op. cit., p. 8.

▶58　*KA*, 1923, No. 4, p. 25.

▶59　Ibid., pp.29-31.

▶60　Golovin, op. cit., p. 15.

▶61　*Perepiska Vilgel'ma II s Nikolaem II 1894-1914.* Moscow, 2007, pp. 458-459.

▶62　*Vozrozhdenie*, No. 91, pp. 35-37.

▶63　*Rech'*, 23 July 1914, p. 1.

▶64　Maurice Paleologue, *La Russie des tsars pendant la grande guerre*, Tom I, Paris,

出典一覧

・資料名の略語は「参照文献一覧」参照

第1章　ロシア帝国と世界戦争

▶1　フランス革命については、柴田三千雄『フランス革命』岩波書店、1989年（セミナーブックス版）、2007年（現代文庫版）による。

▶2　*Sbornik imperatorskogo Russkogo istoricheskogo obshchestva,* Sankt-Peterburg, VII, p. 345, cited by Natan Eidel'man, *Gran' vekov. Politicheskaia bor'ba v Rossii. Konets XVIII-nachalo XIX stoletiia,* Moscow, 1986, p. 9.

▶3　ゲルツェン（金子幸彦・長縄光男訳）『過去と思索』1、筑摩書房、1998年、94頁。

▶4　ゲルツェン（金子幸彦訳）『ロシヤにおける革命思想の発達について』岩波文庫、1950年、114－115頁。

▶5　P. Valuev, Duma russkogo (vo vtoroi polovine 1855 goda), *Russkaia starina,* 1891, Vol. LXX, May, pp. 353, 354.

▶6　やや詳しくは、和田春樹「ロシアの『大改革』時代」、『岩波講座世界歴史』20、岩波書店、1971年を見てほしい。

▶7　クロポトキン（大杉栄訳）「一革命家の思出」、『クロポトキン全集』6、春陽堂、1928年、195頁。

▶8　詳しくは、和田春樹『テロルと改革――アレクサンドル二世暗殺前後』山川出版社、2005年を見てほしい。

▶9　日露戦争開戦にいたる過程については、和田春樹『日露戦争――起源と開戦』上下、岩波書店、2009－2010年を見てほしい。

▶10　詳しくは、和田春樹・あき子『血の日曜日――ロシア革命の発端』中公新書、1970年を見てほしい。

▶11　1906年憲法全文は、*Novoe vremia,* 26 April(9 May) 1906, pp. 1-2. 憲法の制定過程とその内容については、加納格『ロシア帝国の民主化と国家統合――二十世紀初頭の改革と革命』（御茶の水書房、2001年）の第六章が詳しい。加納は、1906年憲法を「近代憲法の規定に倣い、権力の分立を図った」ものと評価している。

▶12　A. Neznamov, *Iz opyta Russko-iaponskoi voiny (Zametki ofitsera General'nago Shtaba).* Sankt-Peterburg, 1906. E. Martynov, *Iz pechal'nogo opyta Russko-Iaponskoi voiny.* Sankt-Peterburg, 1906.

▶13　Ch. M. Ioksimovich, *Manufakturnaia promyshlennost' v proshlom i nastoiashchem.* Vol. I, Moscow, 1915, pp. 95-107, 133-135.

▶14　E. D. Chermenskii, *Burzhuaziia i tsarizm v revoliutsii 1905-1907 gg.* Moscow-Leningrad, 1939, pp. 98-99, 187-188.

▶15　P. A. Buryshkin, *Moskva kupecheskaia.* New York, 1954, pp. 293-301.

▶16　Ibid., pp. 289-290. *Utro Rossii,* 1 January 1912, p. 2.

▶17　V. Ia. Laverychev, *Po tu storonu barrikad.* Moscow, 1967, p. 91.

▶18　Ibid., p. 80.

▶19　Laverychev, *Monopolisticheskii kapital v tekstil'noi promyshlennosti Rossii (1900-1917 gg.).* Moscow, 1963, pp. 69-71.

▶20　*Svod otchetov fabrichnykh inspektorov za 1913 g.* Sankt-Peterburg, 1914, p. LXXII. *Statisticheskii sbornik za 1913-1917 gg.* Vyp. 2, Moscow, 1922, pp. 140-141.

▶21　A. Ia. Avrekh, *Tsarizm i IV Duma 1912-1914 gg.,* Moscow, 1981, p. 25. I. V. Lukoianov, *U istokov rossiiskogo parlamentarizma,* Sankt-Peterburg, 2003, pp. 292-293.

▶22　結党大会の記録は、*Partii demokraticheskikh reform, mirnogo obnovleniia, progressistov. Dokumenty i materialy*

のブルジョアジーの代表者。綿業企業・機関銀行などを擁す財閥の総帥。進歩党に参加し、日刊『ウートロ・ロシーイ（ロシアの朝）』新聞社社長。モスクワ戦時工業委員会の議長。二月革命後は全国商工組織のために努力。コルニーロフ反乱後、政治活動をやめる。亡命した。

ルコムスキー , A. S.　111, 396, 399, 400, 411, 416, 429, 432, 532

Lukomskii, A. S. (1868-1939)　陸軍中将。1916年末から最高総司令官参謀部兵站監。二月革命後、最高総司令官参謀総長。コルニーロフ反乱に加担したとして逮捕。脱走して、反ボリシェヴィキ軍の組織に参加。コルニーロフ、ジェニーキン、ヴランゲリらを援助する。パリで死去。回想録がある。

ルーシン , A. I.　396, 413

Rusin, A. I. (1861-1956)　海軍大将。日露戦争前夜に駐日海軍武官。開戦後は満州軍総司令官付き。1913年に海軍軍令部長。大戦中は大本営付き。一〇月革命後に亡命。

ルーズスキー , N. V.　56, 80, 396, 400, 402, 403, 416, 417, 427-430, 432-434, 440, 442, 444-446, 459, 508, 509

Ruzskii, N. V. (1854-1918)　陸軍大将。大戦では第3軍司令官・西北方面軍司令官となり、1916年8月に北部方面軍司令官。二月革命時には、ロジャンコの意を受けて皇帝に退位を要請した。革命後に退役し、キスロヴォーツクに在住。内戦には不参加。革命派に捕らえられ、赤色テロルで殺害。

レイベーロフ , I. P.　161, 268, 272, 332, 478, 480

Leiberov, I. P. (1928-)　ロシアの歴史家。二月革命にいたる首都労働者の運動を研究。

レーメシェフ , F. A.　201, 312, 329, 369

Lemeshev, F. A. (1891-1954)　ボリシェヴィキの労働者活動家。1914年からプチーロフ工場で働き、ナルヴァ地区委員となる。1917年1月に逮捕され、二月革命で解放。

レンネンカンプフ , P. K.　55, 56

Rennenkampf, P. K. (1854-1918)　騎兵大将。日露戦争に参加。大戦では西北方面軍第1軍司令官。サハロフ軍を助けず、全滅させたという批判を受けた。自軍も敗北し後退。1915年10月に免職。二月革命後、逮捕。一〇月革命で釈放されたが、タガンロクで革命軍に捕らえられ銃殺。

ロシャーリ , S. G.　165

Roshal', S. G. (1896-1917)　ユダヤ人。ヴィトメール中学在学中に逮捕。精神神経高専に入学。1914年、ボリシェヴィキに入党し、逮捕され召集された。1915年、首都に休暇で来て逮捕され、二月革命で解放。クロンシタットへ派遣され活動する。一〇月革命後、ルーマニア戦線コミサールとして派遣され、白軍に捕らえられ殺害。

ロジャンコ , M. V.　37, 39, 40, 52, 61, 63, 64, 72, 92, 99, 110, 117, 118, 120, 125, 129, 130, 241, 242, 245-257, 272, 278, 294, 300, 301, 304, 305, 323-325, 328, 340-345, 353-356, 359, 360, 364, 365, 375, 376, 378-380, 383-385, 388, 392, 399, 400, 405, 407, 408, 411, 414-417, 420, 426-434, 437, 438, 443-446, 448-450, 474, 475, 486, 503-509, 543

Rodzianko, M. V. (1859-1924)　オクチャブリストで、第三・第四国会の議長。ユスーポフのラスプーチン殺害計画の周辺にいた。二月革命時、国会臨時委員会の責任者として、皇帝ニコライを退位させ帝政を護持するという路線を貫こうとしたが失敗。最後はミハイル大公に帝位拒否を促した。一〇月革命後、反ボリシェヴィキ運動に参加し亡命。回想録がある。

ロモノーソフ , Iu. V.　360, 379, 405, 407

Lomonosov, Iu. V. (1876-1952)　鉄道技師。交通技師高専を卒業し、交通省に入省。技術関係の著作も多く執筆。革新的な思想の持ち主。1912年に交通省技術評議会メンバー。二月革命では革命側で交通省を掌握。一〇月革命後、ソヴィエト政権に協力した。1923年からは国外で活動。カナダで死去。回想録がある。

省官房長代理、14年に参謀総長を経て最高総司令官参謀総長、15年にカフカース総督代理を経て同軍管区司令官代理。一〇月革命後、赤色テロルで銃殺。

ユスーポヴァ, Z. N. 96, 103, 111, 118, 500
Iusupova, Z. N. (1861-1939) 公爵。夫はモスクワ総督フェリックス・ユスーポフ伯爵。エリザヴェータ大公妃の親友。ラスプーチン抹殺の陰謀の中心人物。一〇月革命後に亡命。

ユスーポフ, F. F. 96, 98, 99, 103, 105, 118, 486, 501, 557, 558
Iusupov, F. F. (1887-1967) ユスーポフ公爵家の後継者。英オックスフォード大留学。ロシア駐在のイギリス秘密情報機関員ライナーと友人。ラスプーチン暗殺の陰謀の実行者。一〇月革命後に亡命。回想録がある。

ユレーネフ, K. K. 208, 210, 221, 234, 235, 238, 243, 245, 246, 260, 290, 303, 336, 352, 391, 426, 436, 437, 541, 543, 549
Iurenev(Krotovskii), K. K. (1888-1938) ポーランド人。メジライオンツイの指導者。二月革命後、ソヴィエト執行委員となり、ボリシェヴィキに入党。一〇月革命に参加。チェコ、イタリア、イラン、オーストリア、日本、ドイツ大使を務める。大量テロルで逮捕・処刑。

ラ行

ライナー, オズワルド 98, 99, 105, 106, 108, 109
Rayner, Oswald (1888-1961) イギリスのロシア駐在秘密情報機関（SIS）員。ユスーポフのオックスフォード大留学時代の知人。ラスプーチン暗殺時にペトログラードにいて、ユスーポフと接触。二月革命後、イギリスの各種の代表団の一員として訪露。1927年、ユスーポフの回想録を翻訳。

ラスプーチン, G. E. 61, 65, 66, 68, 70-74, 77, 93-116, 118-120, 142, 175, 228, 246, 298, 375, 378, 440, 486, 487, 491, 498, 499, 500-502, 516, 517, 524, 557, 560
Rasputin, G. E. (1869-1916) シベリア出身の宗教家。1904年に首都に来ると、つてを得て05年に皇帝・皇后に会う。苦痛にあえぐ血友病の皇太子が、彼の呪術で症状が改善したように見えたため、皇后の絶対的な信頼を得る。1915年夏、皇帝と大臣たちが対立した際、皇帝の大臣人事に、皇后と介入。ラスプーチンはドイツとの戦争に賛成せず、ユダヤ人迫害にも反対した。一方で、女性の信者たちと性的な関係を持っていると信じられていた。宮廷革命を志向するユスーポフ公爵とドミトリー大公に謀殺された。

リヴォーフ, G. E. 15, 36, 53, 63, 127, 128, 226, 328, 343, 344, 399, 420, 430, 435, 438, 443-446, 448-450, 456, 458, 460, 461, 468, 474, 498, 501, 502, 508, 509, 511
L'vov, G. E. (1861-1925) 公爵。モスクワ帝大卒。トゥーラで領地経営にあたり、ゼムストヴォ活動も行なった。1900年にトゥーラ県ゼムストヴォ参事会議長となる。日露戦争では全国ゼムストヴォ救護団体の総代として活動。1905年革命後、カデット党から第一国会議員となる。国会解散後は国会には戻らず、大戦中は全国ゼムストヴォ連合の指導者として重きをなす。軍事クーデターを夢見たこともあった。二月革命後、臨時政府首相。辞任後は謹慎。亡命した。

リヴォーフ, V. N. 63, 64, 120
L'vov, V. N. (1872-1934) 地主貴族。モスクワ帝大卒。オクチャブリストで、第三・第四国会議員。独立派オクチャブリストから中央派へ。国会の正教会問題委員会委員長。二月革命後、臨時政府で宗務院総監。コルニーロフ事件であいまいな態度をとり逮捕。1920年に亡命し、22年に帰国。ソヴィエト政権に協力。

リッチフ, A. A. 245, 272, 286, 293, 296, 300, 304
Rittikh, A. A. (1868-1930) リツェイ卒。財務省入省。ストルイピン土地改革に関与。1916年に農業省大臣事務取扱、17年に農業大臣。二月革命後は身を隠し亡命。

リャブシンスキー, P. P. 34-36, 62, 64, 133, 144, 340, 412, 489, 502
Riabushinskii, P. P. (1871-1924) モスクワ

Martynov, E. I. (1864-1937) 帝国陸軍中将。日露戦争に参加。1906年、厳しい軍批判の書を刊行。1913年、軍内の汚職を告発し軍を去る。大戦開戦後、軍に復帰を認められたが、ドイツ軍偵察中に搭乗機が撃墜され捕虜に。大戦終結で帰国。ソヴィエト政権に協力した。二月革命研究の著作を刊行。大量テロルで逮捕され銃殺。

ミハイル・アレクサンドロヴィチ大公 15, 68-70, 122, 318, 341-345, 353, 365, 376, 378, 388, 399, 420, 421, 428, 434, 439, 440-445, 448-450, 452, 453, 456, 460, 461, 464, 468, 505-507, 509
Mikhail Aleksandrovich, vel. kn. (1878-1918) 皇帝の弟。陸軍中将。1912年、離婚歴のある女性と「左手結婚」をしたため、皇帝によって帝位継承権を剥奪される。大戦が開戦するとロシアに戻り、カフカース現地騎兵師団長に。二月革命で皇帝から帝位を譲るとされたが、臨時政府の要求を受け入れ拒否。一〇月革命で逮捕され、1918年6月、ウラルに追放。そこでチェカーに殺害。日記が残る。

ミリュコーフ, P. N. 16, 17, 39, 63, 64, 92-94, 101, 120, 121, 131-133, 135, 138, 217, 231, 232, 241, 250-252, 270, 291, 322, 328, 329, 340, 353, 364, 409, 420-422, 426, 431, 435, 438, 439, 444-446, 448-452, 464-466, 474, 486, 500, 509-511
Miliukov, P. N. (1859-1943) 歴史家。カデットの指導者。モスクワ帝大卒。母校で教鞭を執る。1895年、大学を追われ流刑。1905年革命後、カデット党中央委員会議長に。第三・第四会議員。大戦中、進歩ブロックを組織し、信任内閣を求めて政府に圧力を加える合法路線に固執。二月革命が勃発しても、君主制の護持と戦争継続の方針を貫こうとした。結果、君主制は廃止されたが、戦争継続は臨時政府の方針となった。臨時政府では外相を務める。四月事件でソヴィエト勢力に圧力をかけられ辞任。一〇月革命に反対し亡命。反ボリシェヴィキ運動を支持。独ソ戦の際は、ソ連に連帯を表明した。フランスで死亡。回想録、二月革命研究を残す。

ムスチスラフスキー, S. D. 337, 338, 354-356
Mstislavskii(Maslovskii), S. D. (1876-1943) エスエルの知識人。ペテルブルク帝大卒。人類学・文献学で著述を行なう。1905年革命に参加。フリーメーソンのメンバー。大戦中は陸軍大学校図書館に勤務。ペトログラード生協連合会理事長にもなる。二月革命の際、呼び出されてソヴィエトの軍事委員会に協力。一〇月革命後は亡命せず文筆業。

メイエルホリド, V. E. 295, 504
Meierhol'd, V. E. (1874-1940) ユダヤ人。演劇演出家。帝室アレクサンドリンスキー劇場で演出を担当。ロシア革命後、ソ連の代表的な演出家となる。大量テロルにより逮捕され獄死。

メランコン, マイケル 203, 332, 333, 491
Melancon, Michael (1940-) アメリカの歴史家。オーバーン大学教授。インディアナ大学で学位を取得。著書『エスエルとロシアの反戦運動 1914-1917』(1990年)を著わす。

メリグーノフ, S. P. 128
Mel'gunov, S. P. (1880-1956) ロシアの歴史家。モスクワ帝大卒。ネヌエス党員。一〇月革命後、1921年に国外追放。本格的な歴史研究をはじめ、二月革命関係の多くの著書を著わした。

モロトフ, V. M. 199, 335, 352, 390, 391, 427, 436, 437, 538
Molotov (Skriabin), V. M. (1890-1986) ボリシェヴィキ。綜合技術高専中退。党活動によって逮捕。1916年に戻り、党中央委員会ロシア・ビューローのメンバー。二月革命後、ソヴィエト執行委員。一〇月革命では軍事革命委員会で活動。その後、党書記、組織局員、政治局員。スターリンの忠実な部下として、首相、外相を務める。スターリン批判に抵抗し党除名。

ヤ行

ヤヌシケーヴィチ, N. N. 49, 58, 61, 65, 128, 396
Ianushkevich, N. N. (1868-1918) 陸軍大将。1905年に陸軍省官房立法部長、11年に陸軍

領後は、民族主義運動に参加。1941年に亡命し、オーストリアで死亡。

ポターポフ ,A. S. 365, 472, 473
Potapov, A. S. (1872-1924以後) 陸軍少将。大戦中は第64師団旅団長。二月革命で国会臨時委員会軍事委員会に入り、グチコフの補佐を経て軍事委員会委員長。その後、陸軍省で働く。一〇月革命後、ソ連政府に協力。情報将校として中国共産軍との連絡にあたったという。

ポリヴァーノフ ,A. A. 62, 64, 327, 470, 487, 498, 510
Polivanov, A. A. (1855-1920) 陸軍次官(1906-12) を経て、陸軍大臣 (1915-16)。二月革命後、陸海軍省に設置された軍改革委員会を主宰。一〇月革命後も亡命せず、1920年に赤軍に協力する協議会に参加。回顧録がある。

ポロフツォーフ ,P. A. 365, 388, 470
Polovtsov, P. A. (1874-1964) 陸軍中将。大戦でカフカース騎兵師団タタール騎馬連隊長。二月革命で国会臨時委員会軍事委員会に参加し、5月にペトログラード軍管区司令官。一〇月革命直前にテール州軍務知事。この地方の軍司令官。1918年に亡命。回想録がある。

ボンチ=ブルエーヴィチ ,M. D. 350, 351
Bonch-Bruevich, M. D. (1873-1955) ボリシェヴィキ。クルスク土地測量学校卒。1890年代に亡命。国外で古儀式派を研究。二月革命ではソヴィエト新聞の発行にあたる。一〇月革命後は人民委員会議官房長。兄は赤軍に協力した陸軍少将。

マ行

マエフスキー ,E. 202, 205, 221, 227, 230, 231
Maevskii, E. (生没年不詳) メンシェヴィキ。1905年革命での首都組織の中心人物。1905年革命研究 (全5巻) の編集刊行に関わる。大戦中は戦時工業委員会「労働者グループ」書記。国会再開日の国会行進の計画を立案し推進。二月革命後は政治活動の表に出なくなった。一〇月革命以後の消息は不明。

マクラコーフ ,V. A. 70, 100, 101, 104, 105, 142, 143, 278, 293, 296, 297, 304, 49
Maklakov, V. A. (1869-1957) カデットの弁護士。弟は内相。モスクワ帝大卒。第二・三・第四国会議員。ラスプーチン殺害者を精神的に支持し助言した。二月革命後はほとんど目立った活動はしなかったが、7月にフランス大使に任命され、一〇月革命でそのまま亡命。回想録がある。

マニコフスキー ,A. A. 129, 130, 310, 326, 327, 503
Manikovskii, A. A. (1865-1920) 砲兵大将。大戦前夜はクロンシタット港要塞司令官。1915年、陸軍省砲兵総局長。国防特別審議会で戦時特別体制を主張した。二月革命後、陸軍次官。一〇月革命後、ソヴィエト政権に協力し、砲兵総局長、赤軍補給局長。列車事故で死亡。

マヌイロフ ,A. A. 34, 93, 136, 446, 448, 464, 465
Manuilov, A. A. (1861-1929) 貴族。新ロシア帝大卒。ドイツに留学。農業経済学者。モスクワ帝大教授で、カデット党中央委員。1908年、モスクワ帝大総長になるも、11年に抗議の辞任。二月革命後、臨時政府の文部大臣。一〇月革命後、ソヴィエト政権に協力を申し出て協力をつづけた。

マリヤ・パヴロヴナ大公妃 113, 114
Mariia Pavlovna, vel. kn. (1854-1920) ヴラジーミル・アレクサンドロヴィチ大公の妃。1920年に亡命。

マリヤ・パヴロヴナ大公妃 100, 114
Mariia Pavlovna, vel. kn. (1890-1958) パーヴェル・アレクサンドロヴィチ大公の娘。スウェーデン国王の第二王子と結婚するも、離婚。二月革命後に亡命。回想録がある。

マリヤ・フョードロヴナ (皇太后) 31, 39, 99, 113, 118, 127, 486
Mariia Fedorovna (1847-1928) アレクサンドル三世の妃。デンマーク王家出身。大戦時、自らの資金で赤十字列車を組織し、キエフで病院を経営。二月革命後に亡命。日記が残る。

マルトゥイノフ ,E. I. 33, 125, 288, 316, 401, 429, 441, 478

コルチャーク政権の財務相。のち亡命。回想的研究がある。

ブルジャーロフ, E. N.　170, 172, 316, 329, 331, 332, 335, 375, 376, 487-492, 541
Burdzhalov, E. N. (1906-1985)　ロシアの歴史家。アルメニア人。1953年、『歴史の諸問題』副編集長となり、歴史学におけるスターリン主義批判のキャンペーンを行ない、当局に批判され解任。1967年、二月革命研究の名著を刊行した。

ブルシーロフ, A. A.　66, 81, 122, 305, 396, 400, 403, 415, 432, 433, 487
Brusilov, A. A. (1853-1926)　陸軍大将。大戦中、第8軍司令官、西南方面軍司令官。二月革命後、ロシア軍最高総司令官。1920年から赤軍に協力。回想録がある。

フレジェリクス, V. B.　396, 399, 405, 415, 432, 440, 442
Frederiks, V. B. (1838-1927)　伯爵。騎兵大将。1897年に宮内大臣。二月革命で逮捕され、一〇月革命後に亡命。

ブローク, A. A.　457, 463
Blok, A. A. (1880-1921)　シンボリズムの詩人。左派エスエルのシンパ。臨時政府の非常審問委員会のスタッフとして活動する。

プロトポーポフ, A. D.　72-74, 75, 99, 101, 109-111, 113, 117, 118, 137, 150, 151, 230, 233, 238, 241, 242, 251, 257, 258, 279, 281, 292, 293, 297, 298, 304, 314, 359, 362, 486, 500, 542, 545, 560
Protopopov, A. D. (1866-1918)　オクチャブリストで、第三国会より議員、第四国会で副議長。進歩ブロックに参加。毛織物工場を経営。金属加工業代表者大会の評議会議長になる。バドマーエフの治療を受け、ラスプーチンを知る。皇后の推薦で、1916年、内務大臣に任命される。皇后とラスプーチン派の人事として怨嗟の的となる。二月革命で逮捕・投獄。赤色テロルで銃殺。

ペシェホーノフ, A. V.　138, 166, 220, 317, 346, 350, 352, 357, 373, 374, 390
Peshekhonov, A. V. (1867-1933)　神学校卒。穏健なナロードニキ。『ロシアの富』誌編集部員。1906年、ネヌエス党結党に参加。二月革命では労兵ソヴィエト執行委員。1922年、国外追放された。

ベリャーエフ, M. A.　116, 130, 224, 249, 257, 272, 277, 293, 300, 304, 314, 315, 319, 397, 403, 404, 541, 542
Beliaev, M. A. (1863-1918)　陸軍大将。開戦時は参謀本部総務局長。1917年1月に陸相となり、二月革命の鎮圧に失敗。逮捕。赤色テロルで銃殺

ペレヴェルゼフ, P .N.　232
Pereverzev, P .N. (1871-1944)　弁護士。トルドヴィキで第四国会議員。フリーメーソンのメンバー。二月革命後、ペトログラード高裁検事、司法大臣。一〇月革命後に亡命。

ベンケンドルフ, P. K.　376, 377, 398
Benkendorf, P. K. (1853-1921)　伯爵。皇宮警備司令官代理。

ボグダーノフ, B. O.　202, 217, 221, 227, 231, 312, 333, 352, 366, 390, 505
Bogdanov, B. O. (1884-1960)　メンシェヴィキで、解党派・国防派。戦時工業委員会「労働者グループ」書記。1917年2月14日、国会行進を推進し逮捕。二月革命で解放。ソヴィエト結成に努力し執行委員となる。一〇月革命に反対し、12月に逮捕。1918年、メンシェヴィキを脱党。12月に逮捕。さらに1922年に逮捕され、最終的に釈放されたのは1955年。モスクワで病死。

ポクロフスキー, N. N.　16, 217, 224, 226, 249, 257, 293, 296, 297, 304, 314, 316, 319, 493
Pokrovskii, N. N. (1865-1930)　帝政政府最後の外相。モスクワ帝大・ペトログラード帝大で学ぶ。財務省入省。1904年に次官、16年に会計検査院総裁を経て、外相となる。一〇月革命後に亡命し、リトワニアの大学で教授を務めた。未公刊の回顧録がある。

ポジェラ, ヴラダス　201, 290, 424
Pozela, Vladas (1879-1960)　リトワニア人の社会民主主義者。タルトゥ法科大学で学ぶ。リトワニア人組織で革命に参加し逮捕。大戦中にボリシェヴィキに接近し、ペテルブルク委員会のリトワニア代表となる。赤軍のヴィリニウス占領後、リトワニア政府に参加。1919年のポーランド軍によるリトワニア占

市長官。二月革命で逮捕、のち釈放された。内戦期にユーゴスラヴィヤに亡命し、ブラジルで死亡。回想録がある。

バルク , P. L.　47, 224, 304, 359

Bark, P. L. (1869-1936)　財務大臣。ペテルブルク帝大卒。財務省入省。1911 年に商工次官、14 年に財務相。二月革命で自主的に出頭し逮捕。1920 年に亡命した。回想録がある。

パーレイ公爵夫人（オリガ・パーレイ）　113, 115, 375, 376

Palei, O. V. (1865-1929)　最初の結婚によってピストリコルス姓を名乗っていた。パーヴェル大公との再婚は、「左手結婚」として皇帝に認められなかったが、その後、認められ、公爵身分とパーレイの姓が与えられた。夫と息子が殺害された後、亡命。回想録がある。

パレオローグ , モーリス　52, 226, 233, 482, 484, 487

Paleologue, Maurice (1859-1944)　フランス大使。二月革命支持の立場から臨時政府を支援。5 月にロシアを去る。日記風の回想3 巻を刊行。

フィグネル , V. N.　475, 481-484

Figner, V. N. (1852-1943)　ナロードニキの女性革命家。チューリヒ大学に留学し、帰国後に農民工作。「人民の意志」党執行委員会のメンバーとして活動をつづけ、1883 年に逮捕。無期禁固刑となり、シリッセリブルグ要塞監獄で 20 年を過ごす。1904 年に釈放され、静養後、エスエル党のために活動する。1910 年から、スイスを中心に政治囚救援運動を組織し、1915 年に帰国。二月革命後は、政治犯救援、女性参政権、革命博物館などのために活動。一〇月革命後は、ソヴィエト政権の政治犯を救援する政治犯救済赤十字、クロポトキン顕彰委員会などで活動し、体制を批判する姿勢を保った。全集7 巻や回想録がある。独ソ戦の最中、モスクワで死去。

フィリッポフスキー , V. N.　337, 338, 354, 355, 358

Filippovskii, V. N. (1882-1940)　海軍大尉。1905 年革命時、エスエルの軍人組織のメンバー。二月革命で、軍事委員会で活動をはじめ、3 月末にソヴィエト執行委員。憲法制定会議の防衛を行ない、サマーラ政府商工大臣。1920 年に逮捕されるが釈放され、ソ連で学校教師。1930 年代に何度も逮捕され、36 年に投獄、獄死。

ブキャナン , ジョージ W.　92, 93, 114, 115, 224, 225, 378, 465, 487, 500

Buchanan, George W. (1854-1924)　イギリス大使。二月革命を歓迎し、その後、革命政局に介入。12 月に帰国。回想録がある。

プチャーチン , M. S.　376

Putiatin, M. S. (1861-1938)　公爵。少将。1911 年から宮廷執事。二月革命後に亡命。

プチーロフ , A. I.　61, 63

Putilov, A. I. (1866-1937)　ロシアの保守的で親専制的な大ブルジョアジーの代表。司法省から財務省に移った官僚。ヴィッテに見出され、財務省官房次長を経て官房長に。1905 年10 月に財務次官、08 年に露清銀行理事を経て専務理事、10 年にロシア＝アジア銀行頭取。プチーロフ工場の社長ともなる。二月革命後、ロシア経済再生協会を設立、コルニーロフ反乱を支援。一〇月革命後に亡命。

ブーブリコフ , A. A.　231, 326, 327, 341, 359-361, 403, 404, 410, 469, 506

Bublikov, A. A. (1875-1941)　交通省職員の子。ペテルブルク交通技師高専卒。交通省に入省。第四国会議員で進歩党。二月革命で交通省コミサールとなり鉄道網を掌握。一〇月革命後に亡命。回想録がある。

プリシケーヴィチ , V. M.　37, 101-106, 108-110, 118, 246, 486, 500, 501, 557

Purishkevich, V. M. (1870-1920)　ラスプーチンを殺害した右翼国会議員。新ロシア帝大卒。第二・第三・第四国会議員。大戦中、赤十字列車を動かす。一〇月革命後、帝政復活の運動を起こすが逮捕。釈放され南へ。チフスにかかり死亡。回想録がある。

ブルイシキン , P. A.　34

Bryshkin, P. A. (1887-1955)　モスクワのブルジョアジー。モスクワ帝大卒。商事会社社長。1912 年にモスクワ市会議員。『ウートロ・ロシーイ（ロシアの朝）』編集人。進歩党中央委員。フリーメーソンに参加。大戦中はモスクワ戦時工業委員会メンバー。一〇月革命後、

1919年から生協連合会で活動。1930年以後、くり返し逮捕されたが、39年の逮捕で40年に処刑。内務人民委員部に供述を残した。

ネペニン , A. I.　396, 414, 415, 460, 461, 509
Nepenin, A. I. (1871-1917)　海軍中将。バルト海艦隊司令長官。二月革命を受け入れたが、水兵によって殺害された。

ノリジェ , B. E.　450, 452, 453
Nol'de, B. E. (1876-1948)　男爵。ペテルブルク帝大卒。外務省に入省し、その後、国際法を研究し教授となる。大戦時はサゾーノフ外相の顧問。二月革命ではミハイル大公の口上書の作成に参加。臨時政府法律協議会メンバーとなる。戦争をやめるべきだと主張した。一〇月革命は受け入れなかったが、1919年までは帝大で講義をつづけた。のちに亡命。回想がある。

ハ行

パーヴェル・アレクサンドロヴィチ大公　23, 99, 100, 112-115, 375-378, 459, 507
Pavel Aleksandrovich, vel. kn. (1860-1919)　皇帝の父の末弟。騎兵大将。最初に結婚した妃の間にマリヤとドミトリーの2子をなしたが、この妃の死後、オリガ・ピストリコルス（のちのパーレイ公爵夫人）と「左手結婚」した。二月革命で、皇帝に立憲制を与えるという詔書を出せと迫る試みをしたが実らなかった。1918年、ボリシェヴィキに逮捕され、人質として殺害された。

パジェーリン , A. N.　385, 386, 534
Padelin, A. N. (生没年不詳)　ボリシェヴィキの兵士活動家。プレオブラジェンスキー連隊予備大隊に属す。二月の兵士反乱に加わり、兵士ソヴィエトの執行委員となる。「命令第一号」作成に参加。

バジーリー , N. A.　119, 122, 429, 440, 442
Bazilii, N. A. (1883-1963)　外務省官房長から、大戦中は最高総司令官参謀部官房外交部長。二月革命時に皇帝の退位を詔書を起草。のちにパリ大使館審議官となり、反ボリシェヴィキ運動に参加。米国に亡命し、銀行に勤務。グチコフの聞き取りを行なう。

長谷川毅　317, 332, 333, 376, 380, 488, 490-492, 543
はせがわ・つよし (1941-)　アメリカの歴史家。日本人。東京大学・ロシア史研究会で二月革命の研究をはじめ、米国で研究を完成させた。1976年に米国籍を取得し、81年に二月革命についての大著を刊行。その後は、北方領土問題や日本の敗戦の過程を研究。カリフォルニア大学サンタ・バーバラ校教授であったが、2016年に退官。

バドマーエフ , ジャムサラン　73, 74
Badmaev, Zhamsaran 1851-1920)　チベット人の医師。皇族や有力者に治療を施し、政治的な影響力を持とうとした。ラスプーチンとも近く、プロトポーポフの登用を助けた。

ハバーロフ , S. S.　150, 175, 227, 239, 240, 241, 269, 271, 272, 275, 277-279, 292, 293, 295, 296, 298, 300, 301, 304, 313-316, 318, 319, 338, 344, 345, 359, 362, 363, 398, 402-404, 429, 503, 504, 506, 533, 540-543
Khabalov, S. S. (1858-1924)　陸軍中将。1903年から士官学校校長。大戦開戦とともにウラルの軍務知事。1916年にペトログラード軍管区司令官。二月革命鎮圧に失敗した。革命政府に逮捕。一〇月革命後に釈放され、亡命。

パリチンスキー , P. I.　365, 470
Pal'chinskii, P. I. (1875-1929)　鉱山高専卒の鉱業技師。1905年革命後、叔父チャイコフスキーの事件で、国外へ。南ロシア鉱山業者大会評議会の在外代表。ロンドンでクロパトキンと交流。1915年から中央戦時工業委員会、国防特別審議会で活動。ここでの実績・人脈で国会臨時委員会軍事委員会に入り、グチコフの代理役を務める。コルニーロフ事件の際、ペトログラード総督代理に任命され、一〇月革命では冬宮防衛の責任者。逮捕・釈放後、ソヴィエト政権に協力。1928年に逮捕され銃殺。

バルク , A. P.　110, 150, 239, 260, 265, 266, 269, 271, 275, 278, 293, 300, 301, 315, 316, 359, 403, 491, 542
Balk, A. P. (1866-1957)　ペトログラード特別

時政府の経済会議議長となる。一〇月革命で逮捕され、のち亡命。反ボリシェヴィキ運動に参加し、コルチャーク政権の副首相・商工相。1929年、ソ連のゲーペーウーのエージェントとなり、ドイツ軍占領下で逮捕され銃殺。

トレポフ, A. F. 74, 94, 102, 113, 251, 293, 500
Trepov, A. F. (1862-1928) 帝政ロシアの首相。父はザスーリチに狙撃された特別市長官。貴族幼年学校卒。軍人となり、1889年に内務省に入る。国家評議会で働くなどして、1916年1月に交通相、9月に首相代行となり、12月に解任。一〇月革命後に亡命。

ナ行

ナボコフ, V. D. 449, 450, 452, 464, 473, 474
Nabokov, V. D. (1870-1922) リベラル。ペテルブルク帝大卒。帝室法律学校教師。1905年革命でリベラル活動。カデット党中央委員。第一国会議員。二月革命後、臨時政府官房長となる。一〇月革命後、クリミアで反ボリシェヴィキ運動に参加し、亡命。ミリュコーフへのテロを防ごうとして、身代わりで死亡。回想録がある。作家ウラジーミル・ナボコフの父親。

ニコライ二世(皇帝) 14, 15, 26-33, 39, 40, 42, 44, 47-52, 56, 57, 61, 64, 66, 83, 95-122, 127-133, 137, 148, 149, 169, 172, 175, 217-227, 238, 242, 249, 256-258, 281, 292-298, 30-305, 308,314, 319, 323-325, 331, 341-345, 358, 361, 362, 369, 375-381, 391, 396-418, 427-434, 439-446, 451, 453, 456-458, 460-463, 468-469, 474, 482, 486-487, 496, 501
Nikolai II (1868-1918) 1894年、父の死で即位し、結婚。ハーグ万国平和会議を推進。極東政策を積極化し、日露戦争に導く。1905年革命では「一〇月詔書」を出し、立憲専制体制への移行で革命を乗り切る。大戦の試練に耐えきれず、皇后とラスプーチンに翻弄され政治が混乱し、二月革命で打倒された。ツァールスコエ・セロー宮殿に7月まで拘禁されたが、トボリスクへ送られ、1918年、ウラルのエカチェリンブルクの山中で、革命派によって、家族とともに殺害された。

ニコライ・ニコラエヴィチ大公 31, 59, 51, 52, 55,61, 64, 70-72, 112, 123, 128, 396, 415, 433, 443, 446, 460, 468, 474, 499, 501, 509, 510
Nikolai Nikolaevich vel. kn. (1856-1929) 皇帝の祖父の弟の息子。騎兵大将。1905年革命で、一〇月詔書の公布を皇帝に進言。1905年から近衛軍総司令官、ペテルブルク軍管区司令官となり、大戦では最高総司令官。1915年の大退却で解任。カフカース軍総司令官。一〇月革命後、亡命。

ニコライ・ミハイロヴィチ大公 99, 110, 114-116, 118
Nikolai Mikhailovich vel. kn. (1859-1919) 皇帝の祖父の末弟の息子。アレクサンドル・ミハイロヴィチ大公の兄。生涯、独身だった。陸軍大将であり、歴史家。帝室地理学会会長、帝室歴史学会会長を務める。ラスプーチン殺害後、所領に蟄居を命じられる。二月革命を支持。ボリシェヴィキに銃殺された。

ニコラエフスキー, B. I. 39
Nikolaevskii, B. I. (1887-1966) メンシェヴィキに所属し、一〇月革命後に亡命。歴史家となり、社会民主党史、フリーメーソンの資料の収集に努力し、著書も多い。

ネクラーソフ, N. V. 36, 38, 39, 64, 120, 122, 129, 130-136, 138, 140, 165, 206, 234, 252, 323-328, 338, 341-343, 362, 375, 383, 420, 431, 439, 444-446, 448, 449, 452, 458, 464, 465, 500, 505, 556
Nekrasov, N. V. (1879-1940) 司祭の息子。交通技師高専卒。トムスク工業技術高専に採用。ドイツで在外研究中からリベラルとして活動。カデットに入党。第三・第四国会議員。フリーメーソンのロシア組織を結成。ミリュコーフと対立し、左派カデットの道を進む。大戦中は国会副議長。1916年末から、軍事クーデター・ブルジョア市民革命の道を追求。二月革命後、国会臨時委員会メンバーとなり、臨時政府の交通大臣。秋にはケレンスキーと意見が合わなくなり、大臣を辞任し、フィンランド総督となる。一〇月革命の際の臨時政府声明に同調せず、ロシアにとどまった。

チヘイゼ, N. S. 37, 38, 138, 212, 216, 221, 232, 234, 235, 246, 269, 286, 290, 291, 303, 325-329, 333, 341, 346, 347, 349, 350, 379, 390, 420, 434, 435, 446, 448, 468, 475

Chkheidze, N. S. (1864-1926) グルジア人。メンシェヴィキで、第三・第四国会議員。フリーメーソンに参加。ケレンスキーに協力した。二月革命では、ソヴィエトで活動し、国会臨時委員会メンバー。臨時政府に労働相として入閣を提案されたが、拒否した。一〇月革命後はグルジアに帰り、グルジア民主共和国成立後、グルジア憲法制定会議議長となる。赤軍のグルジア侵入後に亡命。

チホミーロフ, L. A. 95, 116, 117, 456-458, 559

Tihomirov, L. A. (1852-1923) ナロードニキで、「人民の意志」党理論家。皇帝暗殺後に亡命。転向し、嘆願書を書いて帰国。右翼新聞『モスクワ報知』寄稿者、のち主筆。ラスプーチン問題から皇帝に批判的になり、主筆を辞任。二月革命を支持。一〇月革命時は強い国家を待望。ソ連政府から学者生活の支援を受ける。

チャイコフスキー, N. V. 136, 137, 218, 220, 352, 390

Chaikovskii, N. V. (1850-1926) ペテルブルク帝大生のとき、ナロードニキの最初のサークルを組織。のち神人主義に傾斜して、米国に渡る。1878年にヨーロッパに戻り、亡命者グループで活動。第一革命期にエスエルに入党、ウラルでパルチザン闘争を企て、逮捕。1910年に自由の身となり、協同組合運動に参加、エヌエス党の幹部となる。二月革命の際、ソヴィエト執行委員。1918年、反ボリシェヴィキ運動に参加し、アルハンゲリスク白色政権の首班となり、亡命。

チュグーリン, I. D. 199, 200, 245, 253, 284, 288, 331, 332, 368, 425

Chugurin, I. D. (1883-1947) ソルモヴォ工場出身の労働者。メンシェヴィキ党維持派に属すが、レーニンのロンジュモの党学校で学ぶ。帰国後に逮捕。1916年に首都に来て、アイヴァス工場に入る。ボリシェヴィキ党ヴイボルク地区委員。一〇月革命後、非常委員会（チェカー）でも活動する。

デーン, リリー A. 109

Den, Iuliia(Lili) A. (1885-1963) リトワニア・タタール人の貴族の娘。宮廷付き海軍士官の妻。皇后に仕え、革命後も皇帝一家に付き添う。亡命。回想録がある。

ドゥベンスキー, D. N. 292, 397, 399, 404, 405, 533

Dubenskii, D. N. (1857-1923) 陸軍少将。参謀本部で調査研究面を担当。記録の編集などを多くした。開戦直後から大本営に向かう皇帝に随行して記録を作成する任務を与えられる。二月革命で逮捕され、釈放後、反ボリシェヴィキ軍に参加。亡命。回想録がある。

ドゥルノヴォー, P. N. 41

Durnovo, P. N. (1842-1915) 軍事法務大学校卒。軍法会議で働いたのち、司法省に移り、一般裁判所で判事・検事を務める。1883年、警保局次長、のち局長。1900年に内務次官、05年に内相事務取扱となり、06年に解任。国家評議会議員としてストルイピン改革に抵抗。大戦中には進歩ブロックに対抗して、黒色ブロックを結成しようとしたが、失敗。老衰死。

ドミトリー・パヴロヴィチ大公 99, 102, 104-115, 378

Dmitrii Pavlovich, vel. kn. (1891-1942) パーヴェル大公の最初の妃から生まれた息子。皇帝の従弟。大戦開戦時から、近衛騎兵連隊の将校として参戦。ラスプーチン殺害の陰謀に加担。罰としてペルシャ前線に赴任命令を受けた。二月革命後はクリミアの領地にいて、亡命。

ドミトリューコフ, I. I. 37, 63, 64, 297, 328, 342, 343

Dmitriukov, I. I. (1872-1918) 第三・第四国会議員。ゼムストヴォ議員オクチャブリスト派に属す。第四回国会書記。進歩ブロックに属す。二月革命で国会臨時委員会メンバー。

トレチャコーフ, S. N. 34, 62

Tretiakov, S. N. (1882-1944) モスクワの企業家でリベラル。モスクワ帝大中退。コストロマーの亜麻織物工場を経営。リャブシンスキーの協力者。新聞『ウートロ・ロシーイ（ロシアの朝）』編集人。進歩党中央委員。モスクワ戦時工業委員会副議長。二月革命後、臨

279, 441
Spiridovich, A. I. (1873-1952) 憲兵少将。1899年に憲兵となり、モスクワ保安部に配属され、1903年にキエフ保安部長、1906年に皇宮警備司令官付きとなり、皇宮保安部主任となる。大戦中は皇帝のすべての旅行に供奉したが、1916年8月、ヤルタ特別市長官に左遷される。二月革命後に逮捕され、釈放後に亡命。大戦中に、エスエル党史、ボリシェヴィキ党史を著わし、1960-2年に『大戦と二月革命 1914-1917』全3巻を刊行した。回想録もある。

スホムリーノフ, V. A. 47, 49, 54, 57, 59, 62, 70, 251, 396, 498
Sukhomlinov, V. A. (1848-1926) 騎兵大将。1908年に参謀総長、09年に陸相となり、15年に解任。1916年に逮捕され、二月革命後に再逮捕。釈放され亡命。回想録がある。

スリオーズベルク, G. B. 61
Sliozberg, G. B. (1863-1937) ユダヤ人の弁護士。ペテルブルク帝大卒。カデットに近く、ユダヤ人の人権保障要求の運動に大きな役割を果たした。大戦開始後は、戦時下に被害を受けたユダヤ人の救済運動を組織。一〇月革命後、亡命。回想録がある。

セルゲイ・アレクサンドロヴィチ大公 96, 97
Sergei Aleksandrovich, (1857-1905) 皇帝の伯父。モスクワ総督。エスエル戦闘団に暗殺される。大公妃は皇后の姉エリザヴェータ。

ゼンジーノフ, V. M. 218, 219, 257, 303, 349, 352, 363, 389, 390, 463
Zenzinov, V. M. (1880-1953) エスエル党中央委員。ドイツの大学で学ぶ。何度も逮捕され、流刑されたが、1915年に首都に戻り、ケレンスキーの協力者となる。二月革命後、ソヴィエト執行委員、エスエル党首都委員会委員長。憲法制定議会が解散されると、その権威を擁護する政府をサマーラに設立するのに参加。コルチャーク政権に打倒される。亡命。回想録がある。

ソコロフ, N. D. 38, 133, 134, 138, 194, 195, 211, 213, 216, 217, 234, 250, 290, 292, 303, 333-335, 337, 338, 346, 349, 350, 355, 356, 383, 385, 386, 390, 420, 422, 463, 472, 505, 507, 534
Sokolov, N. D. (1870-1928) レニングラード帝大卒。マルクス主義青年の第一世代。卒業後に弁護士となり、人権弁護士の代表格。フリーメーソンのメンバー。ボリシェヴィキに近かったが、大戦中は離れ、無党派の進歩的知識人の中心となる。二月革命後、労兵ソヴィエト執行委員。「命令第一号」の作成に参加。非常審問委員会審問官。ソヴィエト政権下で外交面で活動。

タ行

ダニーロフ 302, 396, 416, 429, 432-434, 440, 442, 487, 533
Danilov, Iu. N. (1866-1937) 陸軍大将。大戦開戦とともに、最高総司令官ニコライ大公の兵站監。1915年、大公の解任後は第25軍団長になり、16年から北部方面軍参謀長。一〇月革命後、レーニン政権に協力。トロツキーと対立して離れ、ヴランゲリ政府の軍責任者となる。亡命した。多くの回想録を執筆。

チェルノコーフ, M. V. 53, 63, 130, 134, 226, 340
Chelnokov, M. V. (1863-1935) モスクワのブルジョアジーで、カデットに所属。進歩党に近い。第二・第三・第四国会議員。大戦開戦後、全ロシア都市連合の総代表。モスクワ市長。二月革命後、臨時政府のモスクワ・コミサール。一〇月革命後、反ボリシェヴィキ運動を行ない、亡命。

チェレーシチェンコ, M. I. 62, 121, 122, 124-127, 131, 132, 310, 327, 439, 446, 448, 500, 502, 540
Tereshchenko, M. I. (1888-1956) キエフの製糖工場主。首都で出版社も経営。大戦時には、前線兵士のための赤十字活動に参加。キエフ戦時工業委員会議長を務め、グチコフの軍事クーデター計画に参加。二月革命後、臨時政府の財務相・外相・副首相。一〇月革命で逮捕され、釈放後に亡命。フランスとマダガスカルでビジネス活動を行ない、成功した。

年1月、収監されていたペテロパウロ要塞からマリインスキー宮殿に移送された後、革命派兵士・水兵に殺害された。

スヴェシニコフ, N. F. 200, 279, 289

Sveshnikov, N. F. (1888-1969) ボリシェヴィキの労働者活動家。ソルモヴォ工場で1905年革命を経験。1913年に首都に来た。党のヴイボルク地区委員として二月革命を闘う。

スヴャチツキー, N. V. 215, 218, 219, 249, 352, 390, 537

Sviatitskii, N. V. (1887-1937) エスエルの知識人。1905年革命から地下工作をはじめる。亡命し、1912年に帰国。ハリコフ帝大の卒業検定試験に合格し、首都の弁護士補となる。首都でエスエル組織再建を工作した。国際派の立場で、アレクサンドローヴィチが潜入してくると、協力して、労働者のエスエル左派グループを組織した。二月革命ではソヴィエト執行委員。一〇月革命後は憲法制定会議を擁護して活動した。のちにソ連政府に協力。大量テロルで逮捕・処刑。回想録がある。

スコベレフ, M. I. 36, 37, 212, 221, 234, 269, 294, 323, 324, 326, 333, 346, 349, 379, 390, 472, 473, 534

Skobelev, M. I. (1885-1938) バクーの新宗派モロカーネの家庭に生まれる。メンシェヴィキに所属。1905年革命に参加して亡命し、ウィーンのポリテフニクムで学ぶ。トロツキーの『プラウダ』で働いた後、帰国して、第四国会議員となる。フリーメーソンのメンバー。二月革命では、ソヴィエトで活動し、臨時政府の労働大臣。一〇月革命は受け入れなかったが、1920年にパリにいて、仏ソ関係の確立に努力。1922年、ロシア共産党に入党し、1925年からソ連で生活する。大量テロルで逮捕・処刑。

スコロホードフ, A. K. 199, 200, 288, 368

Skorokhodov, A. K. (1880-1919) ボリシェヴィキの労働者活動家。ソルモヴォ工場で1905年革命を経験。ニコラーエフの「ナヴァリ」造船工場を経て、1916年に首都へ。ペテルブルク市委員として二月革命を闘う。ペトログラード地区ソヴィエト議長。一〇月革命後、北部州非常委員会（チェカー）議長。白軍により銃殺。

スタールツェフ V. I. 39, 373

Startsev, V. I. (1931-2000) ロシアの歴史家。レニングラード大卒。1984年からレニングラード教育大教授。最初の仕事は労働者赤衛隊の研究で、のちに臨時政府の研究。ペレストロイカ以後、米国の資料を使い、フリーメーソン問題について本格的な研究を発表した。

スチェクロフ, Iu. M. 346, 34-350, 381, 382, 389-392, 420-422, 434-437, 466, 472, 509

Steklov(Nakhamkes), Iu. M. (1873-1941) ユダヤ人。社会民主主義者として活動し、逮捕・流刑になったが、脱走してヨーロッパへ。レーニンと出会い、ボリシェヴィキに入る。帰国して1905年革命に参加し、逮捕され国外追放に。大戦開戦後にロシアに戻り、雑誌社で働く。二月革命が勃発すると、タヴリーダ宮へ行き、ソヴィエトを結成する活動に協力を申し出て、執行委員となる。新聞発行を行なう。ソ連でも文筆家として働いたが、大量テロルで逮捕・下獄。

ズバートフ, S. V. 460

Zubatov, S. V. (1864-1917) モスクワ保安部長、内務省警保局特別部長。革命青年だったが、転向して警察に入り、官許の労働者社会主義を提唱し推進。ガポン組合が最大の成功となる。警察を追放され、文筆活動をした。二月革命で自殺。

スハノフ, N. N. 208, 210, 217, 291, 292, 303, 345-350, 382, 389-392, 420, 422, 426, 427, 434, 436, 466, 499

Sukhanov(Gimmer), N. N. (1882-1940) ドイツ人の父とユダヤ人の母の間に生まれた。両親はトルストイの小説『生ける屍』のモデル。パリの自由大学で学び、帰国後、モスクワ帝大入学。エスエル党員。1905年革命後、経済学者として文筆活動。フリーメーソンに参加。1913年、『ソヴレメンニク』編集部に入る。ゴーリキーと交わる。二月革命で、ソヴィエト執行委員となり活躍。一〇月革命の頃はメンシェヴィキ党役員。ソ連時代は経済・農業問題で活動。1930年のメンシェヴィキ事件で逮捕・下獄。1940年に銃殺。回想録がある。

スピリドーヴィチ, A. I. 103, 108, 127, 128,

露戦争では対日軍総司令官参謀長。大戦では第2軍団長。最後はルーマニア方面軍参謀長。内戦時にクリミアで殺された。

サムソーノフ　55, 56, 125
Samsonov, A. V. (1859-1914) 騎兵大将。日露戦争でカフカース旅団・師団長。戦後、トルキスタン総督、軍管区司令官、大戦では第2軍司令官、タンネンベルク会戦で敗北し、自決。

ザルツキー, P. A.　199, 270, 288, 335, 350, 390, 391, 543
Zalutskii, P. A. (1888-1937) ボリシェヴィキの労働者活動家。1912年、プラハ協議会出席。1916年、ボリシェヴィキ党中央委員会ロシア・ビューローのメンバー。二月革命ではソヴィエト執行委員。ジノヴィエフ派に入り、1934年のキーロフ暗殺事件で逮捕され下獄、37年に処刑。

シチェグロヴィートフ, I. G.　70, 118, 130, 251, 326, 340, 403, 505
Shcheglovitov, I. G. (1861-1918) 帝室法律学校卒。司法界に入り、1900年に司法省局次長、05年に局長、06年に司法相となり、15年に解任。二月革命で逮捕され、1918年に赤色テロルで銃殺。

シチュルメル, B. V.　72-74, 93, 94, 100, 112, 135, 251, 358, 500, 506
Shtiurmer (1848-1917) ドイツ系。ペテルブルク帝大卒。司法省に入省。1878年に宮内省儀典課書記官。1896年にヤロスラヴリ県知事。1904年に国家評議会議員、16年に首相・内相・外相となる。ラスプーチン派。二月革命で逮捕。釈放されず、一〇月革命後に獄死。

シドロフスキー, S. I.　63, 64, 120, 125, 245, 324, 328, 353, 379, 420, 503
Shidlovskii, S. I. (1861-1922) リツェイ卒。内務省の特任官、農民土地銀行評議員を経て、第三・第四国会議員となる。オクチャブリストとして、進歩ブロックに参加し、同ビューロー議長。二月革命で国会臨時委員会メンバー。一〇月革命後、逮捕され、釈放後に亡命。回想録がある。

シミット, V. V.　192, 195, 201, 329, 424
Shmidt, V. V. (1886-1938) ボリシェヴィキの労働者活動家。首都出身で、何度も逮捕されながら、首都に舞い戻り工作活動をつづけた。1916年にも逮捕され、二月革命で解放。一〇月革命後、労働人民委員となる。1928-33年、ソ連副首相。1937年、逮捕され銃殺。

ジャーキン, V. S.　123
Diakin, V. S. (1928-1994) ソ連の歴史家。レニングラード大卒。歴史研究所レニングラード支所に勤務。二月革命にいたるリベラルと専制政府について重要な研究。

シュリギン, V.V.　37, 76, 322, 327, 328, 361-363, 420, 421, 430, 431, 435, 442, 444, 448, 449, 486, 509
Shul'gin, V.V. (1878-1976) 民族派の第二・第三・第四国会議員。キエフ出身。キエフ帝国大学卒。新聞『キエヴリャーニン』に入社。次第に穏健化し、大戦中は進歩ブロックに参加。二月革命では国会臨時委員会メンバー。グチコフの皇帝退位の要請の訪問に同行。一〇月革命後に亡命。1945年に密かに帰国し、逮捕され投獄。1950年に釈放。回想録がある。

シリャプニコフ, A. G.　196-220, 234-237, 248, 250, 279, 286, 287, 302, 332, 336, 345, 347, 348, 350, 372, 386, 389, 390, 424, 425, 427, 436, 437, 438, 488, 546, 548
Shliapnikov, A. G. (1885-1937) ボリシェヴィキの金属工の活動家。二月革命時の党責任者。1916年に国外から潜入して、首都にボリシェヴィキ党中央委員会ロシア・ビューローを組織した。二月革命ではソヴィエト執行委員。一〇月革命で誕生した新政権の労働人民委員。1921年、コロンタイとともに「労働者反対派」を結成し、批判を受ける。1933年に党除名、35年に流刑、36年に再逮捕され銃殺。回想録がある。

シンガリョフ, A. I.　63, 64, 120, 125, 130, 166, 294, 322, 324, 356, 439, 446, 448, 452, 453
Shingarev, A. I. (1869-1918) カデット党の第二・第三・第四国会議員。モスクワ帝大卒。中央黒土地帯の農村の巡回医師を務める。観察記『死にゆく農村』を1901年刊行。フリーメーソン組織のメンバー。進歩ブロックの中心人物。二月革命では、国会臨時委員会には入り、臨時政府農業相、のち財務相。1918

Gor'kii, Maksim (1868-1936) 作家、ボリシェヴィキのシンパ。のち無党派革新知識人の代表的存在。新聞『ノーヴァヤ・ジーズニ』刊行。一〇月革命を批判し、イタリアへ移住。1932年に帰国し、スターリンに協力。

ゴリーツイン, N. D. 99, 113, 143, 144, 231, 272, 293, 298, 304, 314, 319, 342, 344, 399, 502, 503, 540, 542, 543

Golitsyn, N. D. (1850-1925) 公爵。帝政最後の首相。県知事、最高法院法官などを歴任。大戦中はロシア人捕虜救援委員会委員長。1916年12月から首相。二月革命で逮捕。首都にとどまり、靴職人として生活したが、ソヴィエト政権に逮捕され銃殺。

ゴルジエンコ, I. M. 263, 273, 285, 368

Gordienko, I. M. (1884-1957) ボリシェヴィキの労働者活動家。ニコラーエフから、大戦中に首都に来た。ノーベリ工場で働く。一〇月革命時もヴイボルク地区の赤衛軍参謀長を務める。回想録がある。

コルニーロフ, L. G. 17, 429, 430, 440, 469, 508-510, 512, 532

Kornilov, L. G. (1870-1918) 陸軍大将。情報将校として、中央アジア、イラン、インドで活動。日露戦争に参加。1907年から中国駐在武官、1911年からマルトゥイノフの国境警備軍で勤務。その際、軍内の汚職を暴露。大戦では師団参謀長となり、オーストリア軍の捕虜となるが、脱走。西南方面軍第25軍団長となる。二月革命でペトログラード軍管区司令官に任命されるが､2か月で辞任。7月、西南方面軍司令官からロシア軍最高総司令官に任命される。8月、コルニーロフ反乱を起こすが、失敗。一〇月革命後、反ボリシェヴィキ軍を組織する。エカチェリノダールでの戦闘で戦死。

ゴレムイキン, I. L. 47, 51, 65, 359

Goremykin, I. L. (1839-1917) 大戦開戦時の首相。帝室法律学校卒。最高法院に入り、1967年に内務省へ。1995年に内務次官、内相事務取扱いとなり、99年に解任。1905年革命後、06年に首相。1914年1月、首相に再任され、15年に解任。二月革命で逮捕。釈放されソチに住んでいたが、無法武力集団により一家皆殺しにされる。

ゴローヴィン, N. N. 487

Golovin, N. N. (1875-1944) 陸軍中将。ロシア軍内の英才として知られた。二月革命後、ルーマニア方面軍総司令官代理参謀長を務める。反ボリシェヴィキ運動に参加し、亡命。大戦について重要な著作を著わした。

コンドラチエフ, T . K. 160, 195, 280-282, 310, 312, 367

Kondrat'ev, T . K. (1892-1937) ボリシェヴィキの労働者活動家。新レスネル工場に勤務。1913年入党。内戦期に軍事面で活動。回想録がある。

サ行

サヴィチ, N. V. 120, 129, 297, 304, 327, 342, 343, 433, 434

Savvich, N. V. (1869-1942) 第三・第四国会議員。オクチャブリスト議員団書記。グチコフの僚友。一〇月革命後、反ボリシェヴィキ運動に参加し、亡命。

ザスラフスキー, D. I. 330, 391, 436, 437

Zaslavskii, D. I. (1880-1965) ユダヤ人。メンシェヴィキを経て、ブンドに入る。一〇月革命に批判的であったが、ソ連に残り、文筆家として活動。二月革命研究を著わす。のちに御用文士となる。

サゾーノフ, S. D. 44-50, 65, 94, 297, 450, 486

Sazonov, S. D. (1860-1927) リツェイ卒。外務省に入省し、1909年に外務次官、11年に外相となり、16年に解任。1917年、駐英大使に。一〇月革命後に亡命。コルチャーク政権で外相に任命される。回想録がある。

サドフスキー, A.D. 385, 386, 534

Sadovskii, A.D. (1880-1927) 兵士ソヴィエト執行委員。鉄道技師で、社会民主党を支持。召集されて入隊。二月革命時は「国際派」という立場で、6月にボリシェヴィキに入党。一〇月革命では軍事革命委員会のメンバー。

サハロフ, V. V. 396, 432, 433

Sakharov, V. V. (1853-1920) 陸軍大将。日

官。一〇月革命後に第一次大戦史委員会に協力。1920 年には、赤軍への協力の呼びかけに参加。

グローテン , P. P. 409
Groten, P. P. (1870-1962) 侍従少将、近衛擲弾兵連隊長。ヴォエイコフが留守中、皇宮警備司令官代理。

グロバチョフ , K. I. 151, 266, 271, 275, 304, 491
Globachev, K. I. (1870-1941) ペトログラード保安部長。軍人となり、憲兵隊へ。1905 年、ウッジの憲兵隊本部長と保安部長を兼務。1909 年、ワルシャワ保安部長に異動。1915 年、ペトログラードに異動となった。二月革命で逮捕。一〇月革命後に釈放され、南部へ逃げ、1920 年にトルコへ。1923 年、アメリカへ渡る。回想録がある。

クロパトキン , A. N. 83, 87, 88, 461
Kuropatkin, A. N. (1848-1925) 士官学校、陸大卒。中央アジアで軍管区参謀。1899 年、陸軍大臣。日露戦争では満州軍総司令官。1916 年、トルキスタン総督、軍管区司令官。革命後は亡命せず、郷里で教師をしていて、盗賊に殺害された。日記が残る。

グローマン , V. G. 337, 346, 356
Groman, V. G. (1874-1940) メンシェヴィキ党の統計家。都市連合で働く。二月革命でソヴィエトが設置した食糧委員会委員長となり、国会臨時委員会の所管となっても引きつづき働いた。ソヴィエト政権下でも活動。1930 年、逮捕され 15 年の刑。

ケレンスキー , A. F. 15, 17, 18, 36-39, 124, 131-135, 138, 140, 145, 195, 214-216, 218, 220, 232, 234, 235, 250-253, 255-257, 269, 270, 278, 286, 292, 294, 299, 303, 323, 325, 326-328, 338, 340, 341, 346, 347, 349, 353, 355, 358, 359, 362, 363, 375, 379, 380, 383, 390, 420, 422, 426, 431, 435, 43-438, 444-446, 448, 449, 458, 460, 462, 463, 465, 469, 474, 482, 486, 489, 499, 501, 504, 505, 511, 512, 544, 555
Kerenskii, A. F. (1881-1970) ペテルグルク帝大卒。弁護士となり、政治人権弁護士に加わる。トルドヴィキ。第四国会議員となる。フリーメーソン組織に加入。大戦中はブルジョア市民革命派のスポークスマンとなる。二月革命を牽引し、国会臨時委員会メンバー、ソヴィエト副議長、臨時政府司法大臣となる。のち連立政府の首相・陸海軍相。6 月の攻勢作戦を推進。コルニーロフ反乱と戦い、ソヴィエトの力に依拠した。一〇月革命で打倒され、逃走。巻き返しをはかるが失敗し、亡命。1940 年にアメリカに移住し、70 年にニューヨークで死去。回想録がある。

コヴァレフスキー , M. M. 36
Kovalevskii, M. M. (1851-1916) 歴史家、人類学者、社会学者。1887 年、モスクワ帝大教授の地位を追われ、欧州で活動。1901 年、フランスのフリーメーソン組織「ロシア諸民族の大東洋」に参加。1905 年革命で帰国し、民主改革党を創設。国家評議会議員。

ゴドネフ , I. V. 120, 420, 446, 448, 453
Godnev, I. V. (1854-1919) 医師。カザン帝大卒。第三・第四国会議員。オクチャブリスト。第一次臨時政府会計検査院総裁。

コノヴァーロフ , A. I. 34, 36-38, 62-64, 122, 129-139, 142-144, 204, 206, 207, 227, 231, 232, 234, 254, 328, 339, 340, 341, 375, 431, 437, 439, 445, 446, 448, 449, 489, 490, 492, 499, 503, 556
Konovalov, A. I. (1875-1949) モスクワのブルジョアジーの代表者。モスクワ帝大卒。コストロマーで大綿業企業を経営。1905 年革命後、リベラル左派として活動を開始。1911 年、進歩党の結成を推進。1912 年、フリーメーソン組織に参加、第四国会議員となる。大戦中は中央戦時工業委員会副議長として、「労働者グループ」組織を援助した。ネクラーソフ、ケレンスキーらとブルジョア市民革命路線を進める。二月革命で、国会臨時委員会メンバー、臨時政府商工大臣。7 月、カデット党に入り、戦争中止・単独講和を主張。9 月には再び商工相・副首相となるが、事態を変え得なかった。一〇月革命で逮捕されるが、釈放され亡命。1924 年から『パスレードニエ・ノーヴォスチ』編集理事会議長。第二次大戦開戦とともにアメリカに移り、死亡。

ゴーリキー , マクシム 113, 216, 217, 234, 292, 303, 345, 458, 480, 498, 499, 547

に、労働者を決起させるべく努力。革命後はソヴィエト執行委員となる。臨時政府の労働相。ソヴィエト時代には協同組合で働く。1931年、逮捕され下獄、1941年に再裁判、下獄。1956年に釈放され、2か月後に死亡。

クスコーヴァ,E.D. 38, 39, 137
Kuskova, E. D. (1869-1958) 独学。ナロードニキのプロコポーヴィチと出会い、結婚し、社会民主主義者となる。のちに「解放同盟」に加わり、リベラルとなる。カデット党には加わらず、独自の立場を取った。フリーメーソン組織に加わる。二月革命後、臨時政府を支持して、協同組合運動を展開。一〇月革命に反対し、1922年に国外追放。

クセニヤ・アレクサンドロヴナ（大公妃） 98
Kseniia Aleksandrovna (1875-1960) 皇帝の妹。アレクサンドル・ミハイロヴィチ大公の妃。フェリックス・ユスーポフの妻イリーナの母。亡命した。

グチコフ,A.I. 17, 35-37, 62-64, 118-130, 139, 206, 227, 231, 232, 365, 384, 388, 429-431, 434, 437, 438, 442-444, 446, 448-450, 452, 453, 461, 470, 472-474, 492, 499, 500, 502, 503, 508-510, 511, 535, 556
Guchkov, A. I. (1862-1936) モスクワの商人の家に生まれた。モスクワ帝大卒。モスクワ市会議員を経て、1907年の第一国会から議員となる。オクチャブリスト党の党首。1912年、落選。1915年、中央戦時工業委員会議長に選出され復活し、国家評議会議員に任命。1916年にはクーデター計画を推進したが、実行できなかった。臨時政府で陸海軍相。一〇月革命後、亡命。聞き書きによる回想録がある。

クリヴォシェイン,A.V. 46, 47, 51, 65
Krivoshein, A. V. (1857-1921) 農民身分出身の軍人の子。ペテルブルク帝大卒。鉄道会社に勤務し、モロゾフ一族の娘と結婚。内務省に入り、ストルイピン改革を推進する。1906年に財務次官、1908年に農業庁長官、1915年に農相となるが、皇帝への批判行動によって解任。以後、ロシア赤十字総裁となる。一〇月革命後、反ボリシェヴィキ活動を行ない亡命。

グリゴローヴィチ,I.K. 47, 224, 362, 536
Grigorovich, I. K. (1853-1930) 海軍大将。日露戦争では戦艦「ツェサレーヴィチ」艦長。1911年に海相。二月革命後は退任。一〇月革命後、海軍歴史委員会で働く。1923年に出国し、帰国しなかった。回想録がある。

グリネーヴィチ,K.S. 211, 333, 346, 349, 390, 548
Grinevich (Shekhter), K . S . (1879-?) ユダヤ人、メンシェヴィキ。労働組合運動家。大戦中は国際派。1915年に首都に来て、「イニシャティヴ・グループ」に参加。逮捕流刑されるが脱走し、1917年2月半ば首都に戻る。ソヴィエト執行委員。

クルイモフ,A.M. 122, 124-126, 429, 502
Krymov, A. M. (1871-1917) 陸軍中将。ウスリー騎兵旅団長で、西南方面軍に所属。クーデターで皇帝を退位させることを願ったが、実現にいたらなかった。二月革命後、コルニーロフ将軍のクーデター計画に参加し、首都へ進撃したが失敗し、自殺。

グルコー,ヴァシーリー 78, 118, 129, 130, 224-226, 487
Gurko, Vasilii I. (1864-1937) 陸軍中将。貴族幼年学校、陸大卒。日露戦争史編纂委員会の委員長。大戦中、第5軍司令官、のち最高総司令官参謀総長代行。 二月革命後に西部方面軍司令官となり、5月に辞任。逮捕され、9月に国外追放。

グルコー,ヴラジーミル 76
Gurko, Vladimir I. (1885-1927) グルコー中将の弟。モスクワ帝大卒。内務省に入省し、1906年に次官。背任嫌疑を受け、退職。1912年、国家評議会議員となる。進歩ブロックに同調。一〇月革命後に亡命。回想録（戦前まで）がある。

クルロフ,P.G. 150, 359
Kurlov, P. G. (1860-1923) 検事となり、1907年に内務次官。一〇月革命後に亡命、回想録がある。

クレムボフスキー,V.N. 396, 415, 432, 508
Klembovskii, V. N. (1860-1921) 陸軍大将。大戦時に、西部方面軍参謀長から最高軍総司令官参謀次長。二月革命後は北部方面軍司令二月革命の研究書を刊行。

ガネーリン R. Sh. 266, 271, 302, 376, 492, 493, 544

Ganelin, R. Sh. (1926-2014) ロシアの歴史家。ユダヤ人。レニングラード大卒。歴史研究所レニングラード支所で終生働いた。専攻は近現代史研究。2014 年、二月革命研究を刊行。

カペリンスキー , N. Iu. 139, 142, 221, 290, 333, 337, 348, 349, 390, 505

Kapelinskii, N. Iu. (生没年不詳) メンシェヴィキ。「イニシャティヴ・グループ」のメンバー。二月革命でソヴィエト執行委員となる。

カーメネフ , L. B. 191, 194, 195, 220, 462, 511

Kamenev (Rosenfel't), L. B. (1883-1936) ユダヤ人。ボリシェヴィキ・プラハ協議会の中央委員。大戦開戦後に逮捕。二月革命後、首都に来て活動。一〇月革命前夜は決起に批判的だった。一〇月革命後に、党政治局員、副首相。1920 年代半ば、合同反対派となり失脚、流刑。モスクワ裁判の被告となり処刑。

カユーロフ , V. N. 200, 260, 262, 263, 274, 277, 280, 283-285, 298, 302, 332, 335, 336, 488

Kaiurov, V. N. (1876-1936) ボリシェヴィキの労働者活動家。1905 年革命にソモルヴォ工場で参加。1917 年革命は首都で参加。1921 年から経済部門で働く。1932 年、リューチンのスターリン批判組織に、息子 A. V. カユーロフとともに参加し逮捕。党を除名され獄死。息子は銃殺。1962 年、名誉回復の要求は却下。1988 年、名誉回復。

カラウーロフ , M. A. 326-328, 448, 449

Karaulov, M. A. (1878-1917) カザーク出自の貴族。ペテルブルク帝大卒。軍人となり、日露戦争に参加。第二・第四国会議員。進歩党に属したが、無所属になる。二月革命では国会臨時委員会メンバー。テール州のコミサールに任命。一〇月革命後、同州の政府の首班となるが、兵士に殺害された。

カラハン , L. M. 208, 210

Karakhan, L. M. (1889-1937) アルメニア人。ペトログラード帝大生、メジライオンツイに参加し逮捕。二月革命後にボリシェヴィキに入党。一〇月革命後、軍事革命委員会メンバー。ブレスト講和交渉代表団書記。1918 年に外務人民委員代理となり、21 年に中国とカラハン宣言を締結。1930 年代に逮捕され処刑。

カリーニン , M. I. 110, 192, 195, 201, 220, 297, 311

Kalinin, M. I. (1875-1946) ボリシェヴィキの労働者活動家。プラハ協議会の中央委員候補。大戦中は国防派となり党を離れた。二月革命で復帰し、1919 年に全ロシア中央執行委員会議長となり、終生この国家元首の地位にあった。

カントローヴィチ , V. A. 330, 391, 436, 437

Kantrovich, V. A. (1886-1923) ユダヤ人。ブンドのメンバー。二月革命時、ソヴィエト総会で発言した。二月革命研究を執筆。

ギッピウス , Z. N. 467

Gippius, Z. N. (1869-1945) シンボリズムの女流詩人。メレジコフスキーの妻。カデット党に近い。一〇月革命後に亡命。日記がある。

キリル・ヴラジーミロヴィチ大公 69, 114, 315, 376-378, 388, 507

Kirill Vladimirovich vel. kn. (1876-1938) 皇帝の伯父の長男。帝位継承順位はミハイル大公の次。従姉妹のヴィクトリア・フョードロヴナと結婚。当初はこの結婚は皇帝の許可が得られなかったが、2 年後に承認。海軍軍人として日露戦争に参加。大戦中、近衛海兵団司令官。革命が勃発すると、皇族のトップを切って革命支持を表明。亡命後は帝位継承を主張。

キルピーチニコフ , T. I. 299, 300, 306, 307, 310-312, 541

Kirpichnikov, T. I. (1892-1886) ヴォルイニ連隊予備大隊教導隊曹長。二月革命でデモ隊鎮圧に反対して、兵士を反乱に導いた。内戦時に白衛軍に銃殺されたとされる。

グヴォズジェフ , K. A. 135, 201-207, 210, 221, 231, 237, 296, 329, 333, 335, 345, 346, 349, 390, 472

Gvozdev, K. A. (1882-1956) 金属工。エスエルとして、1909 年、ペテルブルク金属工組合を結成、組合長となる。メンシェヴィキに転じ、大戦中、中央戦時工業委員会の労働者グループ代表。ブルジョア市民革命派ととも

Vinaver, M. M. (1862-1926) ユダヤ人。ワルシャワ帝大卒。弁護士。カデット党創設に参加。第一国会議員、カデット党中央委員。一〇月革命後に逮捕。釈放後に亡命。

ヴイルボーヴァ, A. A. 109, 111, 115, 116, 118, 258

Vyrubova, A. A. (1884-1964) 宮廷女官。皇后とともにラスプーチンに心酔。二月革命後に逮捕され、国外追放となるが、国境で再逮捕。釈放後、皇后支援の地下活動を行ない、亡命。修道女となる。回想録がある。

ヴェルホフスキー, A. I. 124, 126

Verkhovskii, A. I. (1886-1938) 陸軍少将。二月革命後に、モスクワ軍管区司令官、コルニーロフ反乱後、臨時政府陸軍大臣。1919 年、赤軍に参加。大テロルで処刑。回想録がある。

ヴォエイコフ, V.N. 101, 109-111, 257, 292, 376, 396, 398, 399, 405, 408, 417, 432, 434, 440, 444, 545

Voeikov, V.N. (1868-1947) 陸軍少将。皇宮警備司令官。宮内大臣の娘と結婚。二月革命後に逮捕。一〇月革命後に脱走し、亡命。回想録がある。

ヴォルコフ, N. K. 327, 337

Volkov, N. K. (1875-1950) 農業技師。カデット中央委員、第三・第四国会議員。フリーメーソン会員。一〇月革命後に反ボリシェヴィキ活動を行ない、亡命。

ヴャゼムスキー, D. L. 123-125, 430, 431, 502

Viazemskii, D. L. (1885 年頃 -1917) 公爵。ペテルブルク帝大卒。最高法院に勤務し、大戦中は赤十字部隊で活動。グチコフに誘われ、軍事クーデター計画に参加。二月革命の最中、市内を通行中に狙撃され死亡。

ヴラジーミル・アレクサンドロヴィチ大公 34, 69, 113, 388, 566

Vladimir Aleksandrovich, vel. kn. (1847-1909) 皇帝の伯父。軍人。血の日曜日事件の近衛軍総司令官、ペテルブルク軍管区司令官。

エーヴェルト, A. E. 396, 397, 400, 416, 432, 433, 532

Evert, A. E. (1857-1926) 陸軍大将。日露戦争ではクロパトキン司令部の一員。大戦では第4 軍司令官、西部方面軍司令官。

エフレーモフ, I. N. 36-38, 64, 134, 143, 246, 323, 325

Efremov, I. N. (1866-1945) 地主貴族。穏健リベラル。ドン地方から第一・第三・第四国会議員。フリーメーソン会員。1916 年、進歩党結党に参加。二月革命後に、司法相、国家保護大臣。スイス大使。一〇月革命後はそのまま外国に滞在。

エルマンスキー, O. A. 139, 211-213, 217, 221, 234, 235, 259, 260, 437

Ermanskii (Kogan), O. A. (1867-1941) ユダヤ人。新ロシア帝大卒。スイスに亡命。メンシェヴィキ。大戦中、国際派の立場で、首都の「イニシャティヴ・グループ」の指導者。二月革命後、メンシェヴィキ党の幹部となる。一〇月革命後、ソヴィエト統一政府を主張し、ボリシェヴィキ政権に協力する立場に変わっていく。著述活動をつづけた。回想録がある。

エールリヒ, G. M. 303, 345, 352, 389, 390

Erlikh, G. M. (1882-1942) ブンドの幹部。二月革命後、ソヴィエト執行委員。ユダヤ人。一〇月革命後、ポーランドへ。1939 年、ソ連に戻り、41 年に逮捕。

エンゲリガルト, B. A. 76, 129, 130, 326, 353, 355, 356, 358, 362, 365, 388, 452, 470, 530, 534-556, 559

Engel'gart, B. A. (1877-1962) 軍人。貴族幼年学校、陸軍大学校卒。日露戦争に参加、中佐。1906 年に負傷して退役、第四国会議員。二月革命で国会臨時委員会に入り、同軍事委員会委員長となる。一〇月革命後は、反ボリシェヴィキ運動を行ない、フランスに亡命。のちにラトヴィアに移住するが、同国の併合によってソ連の居住となり、回想録を執筆。

カ行

カトコフ, ジョージ 39, 405

Katkov, George. (1903-85) ロシア生まれ。一家の亡命でチェコに。プラハ大卒。第二次大戦とともに、英国へ移り、オックスフォード大学トリニティ・カレッジの講師となる。

人物解説・索引

・日付はすべてロシア暦である。

ア行

アジェーモフ, M. S.　129, 231, 232, 327, 420
Adzhemov, M. S. (1878-1950)　ナヒチェヴァン出身。ラザレフ東洋語学院、モスクワ帝大を卒業し、弁護士補となる。カデット党に入党し、第二・第三・第四国会議員。二月革命で、国会臨時委員会メンバー、司法省コミサールとなる。法律協議会メンバー。1917年9月には即時講和派となる（ナボコフ、ノリジェとともに）。1919年、パリへのカデットの派遣代表。

アレクサンドラ・フョードロヴナ（アリックス）（皇后）　29, 31, 39, 65-75, 77, 93-100, 103-105, 109-118, 120, 125, 128, 238, 256, 258, 264, 277-281, 297, 304, 376, 377, 398, 404, 409-411, 427, 459, 469, 498, 501
Aleksandra Fedorovna (Aliks) (1872-1918)　ドイツ、ヘッセン＝ダルムシュタット大公の娘。1894年に結婚。ウラルで家族とともに革命派に殺害された。皇帝との書簡が残る。

アレクサンドル・ミハイロヴィチ大公　98, 112, 117, 118, 124, 486
Aleksandr Mikhailovich, vel. kn.　(1866-1933)　アレクサンドル二世の末弟の子で、皇帝の友。海軍大将。皇帝の妹と結婚。1918年に亡命。回想録がある。

アレクサンドローヴィチ, P.　213, 215, 219, 234, 235, 290, 303, 336, 348-350, 356, 381, 391, 426
Aleksandrovich, P. (Dmitrievskii, P. A.) (1881-1918)　エスエル左派の活動家。1916年、スイスからロシアに潜入し、首都にグループを組織。二月革命後、ソヴィエト執行委員。一〇月革命後、非常委員会（チェカー）副議長。1918年、左翼エスエル反乱に参加し、銃殺。

アレクセイ・ニコラエヴィチ（皇太子）　15, 39, 66-78, 88, 94-100, 104, 111, 122, 399, 408, 409, 420, 421, 428, 430, 432-435, 440-443, 445, 450, 486
Aleksei Nikolaevich (1904-18)　ニコライ皇帝の息子。血友病を発症。ウラルで家族とともに革命派に殺害された。

アレクセーエフ, M. V.　65, 69, 78, 118, 122, 200, 292, 297, 305, 314, 343, 344, 396-401, 403-405, 409, 411, 412, 414-417, 429-434, 439, 440, 444, 445, 452, 453, 468, 474, 504, 506-509, 531, 533
Alekseev, M. V. (1857-1918)　陸軍大将。1915年に参謀総長、17年に最高総司令官。反ボリシェヴィキ軍に参加。病死。

イヴァーノフ, N. I.　344, 361, 397-403, 405, 408-411, 415-417, 430, 440, 463, 506-508
Ivanov, N. I. (1851-1919)　陸軍大将。大戦中は西南方面軍司令官、二月革命で革命鎮圧軍司令官に任命されるも、首都に到達できず、逮捕。釈放後、反ボリシェヴィキ軍に参加。チフスで死亡。

イヴァーノフ, N. N.　376-378, 507, 508
Ivanov, N. N. (生没年不明)　弁護士。パーヴェル大公に近く、大公の皇帝詔書工作の中心人物。回想録がある。

イヴァノフ＝ラズームニク, R. V.　213, 214, 381
Ivanov-Razumnik, R. V. (1878-1946)　エスエル系評論家。左派エスエルに協力。二月革命当時はタヴリーダ宮殿でソヴィエトの活動に参加。一〇月革命を支持、左翼エスエル党に参加した。1919年以降は文化活動に注力し、しばしば政権に抑圧され、37年逮捕されたが、釈放された。独ソ戦でドイツ軍の捕虜となり、ドイツへ。回想録がある。

ヴァシリエフ, A. T.　150, 151, 202, 486
Vasil'ev, A. T. (1869-?)　内務省警保局長。革命後に亡命。回想録がある。

ヴィナヴェル, M. M.　465

[著者紹介]

和田春樹（Haruki Wada）

1938 年、大阪生まれ。東京大学文学部卒業。東京大学社会科学研究所教授、所長を経て、現在、東京大学名誉教授、東北大学東北アジア研究センター・フェロー。専攻は、ロシア・ソ連史、現代朝鮮研究。著書は 60 冊を超えるが、ソ連・ロシア関係の主な著書に以下がある。

『ニコライ・ラッセル――国境を越えるナロードニキ（上・下）』（中央公論社、1973 年）
『マルクス・エンゲルスと革命ロシア』（勁草書房、1975 年）
『レーニン』（編著、平凡社、1977 年）
『農民革命の世界――エセーニンとマフノ』（東京大学出版会、1978 年）
『私の見たペレストロイカ――ゴルバチョフ時代のモスクワ』（岩波新書、1987 年）
『ペレストロイカ――成果と危機』（岩波新書、1990 年）
『北方領土問題を考える』（岩波書店、1990 年）
『ロシアの革命 1991』（岩波書店、1991 年）
『開国――日露国境交渉』（NHK ブックス、1991 年）
『歴史としての社会主義』（岩波新書、1992 年）
『ロシア・ソ連』（朝日新聞社、1993 年）
『北方領土問題――歴史と未来』（朝日新聞社、1999 年）
『世界史の問題としてのロシア』（ロシア語、モスクワ、1999 年）
『ロシア――ヒストリカル・ガイド』（山川出版社、2001 年）
『朝鮮戦争全史』（岩波書店、2002 年）
『テロルと改革――アレクサンドル二世暗殺前後』（山川出版社、2005 年）
『日露戦争　起源と開戦（上・下）』（岩波書店、2009-10 年）
『領土問題をどう解決するか』（平凡社新書、2012 年）
『スターリン批判 1953 ～ 56 年』(作品社、2016 年)
『レーニン――二十世紀共産主義運動の父』（山川出版社、2017 年）
『Политическая история России. Избранные труды（ロシア政治史 選集）』（ロシア語、モスクワ：АИРО-XXI、2018 年）ほか。

ロシア革命
――ペトログラード 1917年2月

2018年9月10日 第1刷印刷
2018年9月20日 第1刷発行

著　者――和田春樹

発行者――和田 肇
発行所――株式会社作品社
102-0072 東京都千代田区飯田橋 2-7-4
Tel 03-3262-9753 Fax 03-3262-9757
振替口座 00160-3-27183
http://www.sakuhinsha.com

編集担当――内田眞人
本文組版――DELTANET DESIGN：新井満
装丁――伊勢功治
印刷・製本―シナノ印刷㈱

ISBN978-4-86182-672-6　C0022